Novelas cortas del siglo XVII

Letras Hispánicas

Novelas cortas del siglo XVII

Edición de Rafael Bonilla Cerezo

CÁTEDRA

LETRAS HISPÁNICAS

1.ª edición, 2010

Ilustración de cubierta: Peter Paul Rubens,
El jardín del amor (fragmento)

Reservados todos los derechos. El contenido de esta obra está protegido por la Ley, que establece penas de prisión y/o multas, además de las correspondientes indemnizaciones por daños y perjuicios, para quienes reprodujeren, plagiaren, distribuyeren o comunicaren públicamente, en todo o en parte, una obra literaria, artística o científica, o su transformación, interpretación o ejecución artística fijada en cualquier tipo de soporte o comunicada a través de cualquier medio, sin la preceptiva autorización.

© Ediciones Cátedra (Grupo Anaya, S. A.), 2010
Juan Ignacio Luca de Tena, 15. 28027 Madrid
Depósito legal: M. 24.451-2010
I.S.B.N.: 978-84-376-2674-1
Printed in Spain
Impreso en Closas-Orcoyen, S. L.
Paracuellos de Jarama (Madrid)

Índice

INTRODUCCIÓN	9
1. La creación de un género y otras novelerías	11
1.1. Relección del horizonte crítico: hacia la novela culta	19
1.1.1. Góngora en la ficción	19
1.1.2. Fortunas y adversidades críticas	26
1.2. Del vacío teórico a la poética *in progress*: nacimiento y evolución	32
2. El *Teatro popular* de Lugo y Dávila: *Las dos hermanas*	38
3. *La ingratitud hasta la muerte*	46
3.1. Invidia de las ninfas y cuidado	49
3.2. Palestra de olímpicos villanos	57
3.3. Celoso sátiro antiguos robles mueve	60
3.4. Mortal horror con rugido cierto	62
4. *La prodigiosa*	64
4.1. Sexteto de triángulos	66
4.2. Mi reino por un salvaje	73
5. *Del celoso desengañado*	76
5.1. Laberinto de pasiones	78
5.2. ¿Celos aun del aire matan?	82
6. *El culto graduado*	89
6.1. Tardes entretenidas	92
6.2. El ingenioso bachiller Alcaraz de Casarrubios	94
6.2.1. Rumbo a la Corte	98
6.2.2. Tribunal de *Nocturnos*	100
6.2.3. La novela entremesil	102
7. *El monstruo de Manzanares*	106
7.1. El carnaval de los sátiros	107
7.2. Flora: el «talado virgíneo»	111
7.3. Discurso jurídico sobre el amor	117

Esta edición	123
Bibliografía	129
Novelas cortas del siglo XVII	157
Las dos hermanas	159
La ingratitud hasta la muerte	181
La prodigiosa	201
Del celoso desengañado	245
El culto graduado	285
El monstruo de Manzanares	339

Introducción

*A mi padre,
firme en la silla, atento en la carrera*

1. LA CREACIÓN DE UN GÉNERO
   Y OTRAS NOVELERÍAS

A principios del siglo XVII, Cristóbal Suárez de Figueroa confesaba en el Alivio II de *El Pasajero* (1617): «No comprendo el término novela, si bien a todas tengo poca inclinación» [1988: 178]. Y tampoco dudaba en añadir:

> [...] por novelas al uso entiendo ciertas patrañas o consejas propias del brasero en tiempos de frío, que, en suma, vienen a ser unas bien compuestas fábulas, unas artificiosas mentiras. [...] Tomadas con el rigor que se debe, es una composición ingeniosísima, cuyo ejemplo obliga a imitación o escarmiento. No ha de ser simple, ni desnuda, sino mañosa y vestida de sentencias, documentos y todo lo demás que puede ministrar la prudente filosofía [1988: 178-179].

Esta definición del moralista, censor de vicios y reconocido curioso, preludia varias claves del género durante el Seiscientos: 1) la ausencia de fronteras entre «patraña», «conseja», «novela», «fábula» y «mentira»; 2) la función «ejemplar», o sea, didáctica, que dio origen a este tipo de relatos; 3) el valor de lo narrado como texto artificioso; 4) la conciencia —por parte de autores y lectores— de que se trata de una ficción todavía en mantillas, libre de las preceptivas que dominaban tanto la poesía como el teatro de la época. Por ello, en virtud de su apuesta por una narrativa mixta, falta de modelos, el responsable de la *Plaza universal de todas las ciencias y artes* defendía un estilo no siempre sencillo («ni simple, ni desnuda») y la mezcla de sentencias, documentos y máximas filosóficas[1].

De la mano de la paradoja —como tantas veces en la literatura— el elemento más atractivo de su teoría no es otro que el brasero en tiempos de frío. Porque rastreando los inicios de la novela en Italia, Francia o España, acaso signifique el rescoldo de una idea enunciada por Boccaccio —supuesto padre del género— trescientos años antes. El florentino declaraba en su «Proemio» al *Decamerón* que pretendía «contar cien novelas, o fábulas, o parábolas, o historias, como las queramos llamar» [1999: 5]. Frente a esta tesis, tan seminal y tan próxima a la de *El Pasajero,* cabe hacerse dos preguntas: ¿se frenó el avance de la *novella* en la cumbre del *Decamerón*, sin ningún cambio teórico desde el Quattrocento hasta el Barroco? ¿Debemos colocar al mismo nivel todos los conceptos del «Proemio» boccacciano?

Pamela Stewart [1979: 69; 1986] ha razonado que si bien las palabras «fábula» e «historia» proliferan en la colección medieval, casi nunca aluden a los cuentos que la constituyen. De modo que se emplean con un sentido específico, claramente distinto. Así, «fábula» es aquella que la encantadora Ciciliana narraba para Andreuccio (II. 5. 25); o, según Mecer Guasperrin, las advertencias de Giannotto-Giuffredi que Currado Malaspina «ha de tener muy en cuenta» (II. 6. 72). «Historia», en cambio, se reserva para los hechos que realmente han sucedido o son asumidos como verdaderos por el narrador. El término «parábola» —trasunto de «fábula»— no vuelve a aparecer pero es recuperado por Boccaccio en su *Genealogia deorum gentilium* (XIV. 9) como variante de «novela». La repetición de esta última para aludir a los cuentos *(racconti)* que integran el *Decamerón*, el escaso

---

[1] Lope de Vega [2002: 103-106] reproduce esta *summa* al comienzo de las *Novelas a Marcia Leonarda* (1621-1624). Sobre los primeros pasos de la *novella* en nuestro país, véanse los artículos de Vallín y Avenoza [1992: 31-30] y Blecua Perdices [1983: 91-95]. El primer epígrafe de esta «Introducción» es una síntesis de mi monografía *La novela culta del siglo XVII*, Sevilla, UNIA, en prensa. Sobre la «miscelánea» como estructura barroca que exige la presencia de notas eruditas, técnicas y hasta científicas investiga en la actualidad Jonathan Bradbury (Universidad de Cambridge).

menudeo de «fábula» e «historia» y la ausencia de «parábola» permiten concluir a Stewart [1979: 69] que *«novella es el rótulo general e incluye a todos los demás»*[2].

Volviendo a la definición de Suárez de Figueroa, que sirve de brújula en nuestros tientos genéricos, parece claro que el Doctor de *El Pasajero* encontraba similares las voces que identifica con la novela —patraña, mentira, fábula—, concibe su perfil de manera tan amplia como la Edad Media y suma un detalle respecto al *Decamerón:* la miscelánea de formas y estilos como divisa barroca de un género huérfano de preceptiva.

Por el momento habrá que acudir a otro criterio para describir la novela corta: la ejemplaridad. Más aún cuando los textos aquí reunidos son deudores de Cervantes en el mismo grado en el que se alejan de su magisterio o asumen otros modelos. Con todo —y por tantos motivos—, Cervantes es y seguirá siendo «ejemplar». Sólo hay un problema: si el *Decamerón* (1370), las *Cent nouvelles nouvelles* (1462), *Il novelliere,* de Sercambi, las *Historias trágicas,* de Bandello (*c.* 1485-1562), el *Heptamerón,* de Margarita de Navarra (1540-1549), los *Hecatommithi,* de Cinthio (1565), las *Novelas ejemplares* (1613), las *Novelas ejemplares y prodigiosas historias,* de Piña (1624), los *Sucesos y prodigios de amor* (1624), de Pérez de Montalbán, y otras colecciones entienden igual la noción de ejemplaridad.

No por conocido debemos huir del párrafo comúnmente citado como partida de bautismo de la novela en España. Cervantes, con una edad que «al cincuenta y cinco de los años gana por nueve más y por la mano», escribía el prólogo de las que llamó *Ejemplares* (1613):

> yo soy el primero que he novelado en lengua castellana, que las muchas novelas que en ella andan impresas, todas son traducidas de lenguas extranjeras, y éstas son mías propias, no imitadas ni hurtadas; mi ingenio las engendró y las parió mi pluma, y van creciendo en los brazos de la estampa [Cervantes, 2001: 19].

---

[2] Véanse también Piccone [1988: 91-104] [ed. 1999: XXV], Branca [1976] y Wetzel [1989: 267].

Desde la impresión del volumen cervantino, el adjetivo «ejemplar», usado como sinónimo de «moral», se convierte en una constante para titular esta clase de obras [Arredondo, 1989: 86]: las *Novelas morales* (1620), de Agreda y Vargas, el *Teatro popular. Novelas morales* (1622), de Francisco Lugo y Dávila, las *Historias peregrinas y ejemplares* (1623), de Céspedes y Meneses, los *Sucesos y prodigios de amor en ocho novelas ejemplares* (1624), de Montalbán, etc. Sin anular su fortuna editorial, tenemos que examinar dos detalles: a) una segunda lectura para el concepto de ejemplaridad; b) si esa ejemplaridad del alcalaíno cristalizó en la legión de prosistas que solemos catalogar como sus «epígonos». Narradores que eligieron el prototipo de 1613 o buscaron alternativas para un género que al decir de muchos críticos nació y murió con Cervantes.

Américo Castro [1967: 452-453] fue pionero en observar que destacan en las novelitas dos aspectos fácilmente distinguibles: la finalidad moral de los relatos y la pretensión de que sean morales, manifestada por el mismo autor en su prólogo[3]. No basta con declarar que estas novelas cultivaron la virtud —misterio más teológico que puramente narrativo— y son apropiadas para cualquier tipo de público. Historias como la de *Rinconete y Cortadillo* plantean serias dificultades para sacar una enseñanza moral, en el sentido lato del término. Y lo mismo sucede con aquellas donde se burla de los eruditos; o en *El celoso extremeño,* casi un tratado sobre la locura de amor. Por las *Ejemplares* desfila una multitud de tipos que representan el lado malo de la vida: pícaros, nigromantes, iracundos... Pero todos ellos, incluidos los envenenadores y las brujas, «son sólo medio malos, gente que se mueve por unas pasiones indomables y acaba siendo perdonada por los protagonistas. [...] Ésta es, probablemente, la ejemplaridad que se puede extraer de cada novela y de todas en conjunto» [Blecua, 1989: 75-76].

Otros piensan que lo único que pretendió Cervantes era indicar «la novedad de un género que, todavía oscilatorio en

---

[3] Véanse Casalduero [1974: 53-55] y Molho [2005: 147-156]. Remito especialmente a García López [2001: LXXXIX-XCV].

su fisonomía, ya no era el cuento de la tradición medieval» [Ruta, 2001: 1169]. El añadido de la categoría «ejemplar» implica una declaración teórica de principios con la que se adhiere a los modelos italianos, aunque liberando sus relatos del tono licencioso que caracteriza la estela del *Decamerón*. Procuró ofrecer una enseñanza moral sin que por ello —y esto es básico para estudiar las novelas de Lugo, Camerino, Castillo o Piña— sus textos dejaran de tener un valor modélico en el ámbito estético. Además, según razona Blasco [2001: XXI], «no creo que les diera ese nombre en previsión del magisterio que habría de seguirse de su presumible éxito. Son *ejemplares* porque plantean, de acuerdo con la definición que Quintiliano daba al *exemplum*, el desarrollo narrativo de una *quaestio*»[4].

Podemos aducir otras claves para explicar la evolución del «invento», bastante más numeroso que las doce novelitas impresas por el autor del *Quijote*. Lo primero es matizar el calificativo «ejemplar» como etiqueta no sólo moral y estética, sino, esencialmente, genérica. Los océanos de bibliografía no han resuelto un misterio: si el triunfo de la colección de 1613, que indudablemente creó un modelo, aceptado y transformado durante el Seiscientos, se cifra en su estructura, libre del marco que abría el *Decamerón,* en sus personajes, en los pocos incisos, en un estilo no muy oscuro... Conviene releer el ufano prólogo cervantino, pues «su intento ha sido poner en plaza de nuestra república una mesa de trucos, donde cada uno pueda llegar a entretenerse» [Cervantes, 2001: 18]. La idea de «truco» implica que no debemos creer todo lo dicho en el prefacio y en los relatos. Circunstancia que se ilumina, siquiera parcialmente, al reparar en varios precursores que brindaron otras pautas a nuestros ingenios. Fórmulas asumidas y hasta reelaboradas por Lope, Tirso, Castillo Solórzano o Montalbán. No se trata, por tanto, de discutirle al complutense la paternidad del género,

---

[4] Sobre los vaivenes de la voz *exemplum*, véanse Del Corno [1989: 7-22] y Dardano [1969: 17-45]. A propósito de la huella de la Contrarreforma, véase Rabell [2001: 309-325].

sino de subrayar una poligénesis autorial en la floración de la novela corta.

Poco antes de que aparecieran las *Ejemplares*, el sangüesino Antonio de Eslava dio a la imprenta sus *Noches de invierno* (1609), cuya influencia fuera de la Península fue mucho mayor que en tierras españolas [Barella, 1985: 489-501; 1986: 15]. Considerando sus deudas con el *exemplum* y la escuela italiana —las *Piacevoli Notti* de Straparola—, destaca en el autor navarro una «vocación enciclopédica» que aproxima sus *Noches* a las *Novelas a Marcia Leonarda* (1621-1624), a *El subtil cordobés Pedro de Urdemalas,* de Salas Barbadillo (1620), o a las *Tardes entretenidas,* de Alonso de Castillo Solórzano (1625); distanciándolas, simultáneamente, del alumbramiento firmado por Cervantes un lustro después. Dicha propiedad confirma que Eslava cultivó una ejemplaridad estética bien distinta de la del alcalaíno. Un paradigma directa o indirectamente heredado por varias de las plumas que fundaron el camino para la novela junto o en paralelo a Cervantes. Las *Noches de invierno* se estructuran, pues, como una miscelánea, según advertía Suárez de Figueroa; como un prototipo mejorado por Lope, Tirso *(Cigarrales de Toledo,* 1624), Mariana de Carvajal *(Navidades de Madrid,* 1663) o Castillo, que enriqueció sus colecciones con poemas y entremeses: *Tiempo de regocijo* (1627), *La niña de los embustes* (1632), *Fiestas del jardín* (1634)...

Reconocemos al menos dos formas de novelar, si es que no hubo tantas como prosistas:

a) la cervantina «sin paréntesis», autoridades, mitos ni entremeses, aun cuando las *Ejemplares* incluyan poemas en *La gitanilla, La ilustre fregona, El celoso extremeño* y *El licenciado Vidriera*. Técnica que no impide hablar de un libro barroco; en la medida en que todos los relatos participan de otras modalidades [Daros, 1996: 7-47]: picaresca *(Rinconete y Cortadillo, La ilustre fregona), novelle* a la italiana *(La señora Cornelia, El celoso extremeño, La española inglesa),* fabliella *(El casamiento engañoso),* bizantina *(El amante liberal),* pastoril *(La gitanilla),* diálogo lucianesco *(El coloquio de los perros),* apotegma *(El licenciado Vidriera)*... Esta matriz de la variedad confluyendo en el umbral de la unidad es seguida por los mismos narradores que otras veces la rechazan: Céspedes *(Historias peregrinas y ejemplares,* 1623), Castillo *(Jornadas alegres,* 1626; *Noches de placer,* 1631; *La quinta de Laura,* 1649), Camerino *(Novelas amorosas,* 1624), Pérez de Montalbán *(Sucesos y prodigios de amor,* 1624), Carrillo Cerón *(Novelas de varios sucesos en ocho discursos morales,* 1635), Sanz del Castillo *(La mojiganga del gusto,* 1641), Andrés de Prado *(Meriendas del ingenio,* 1663).

b) la opción miscelánea: colecciones en las que la historia se ve interrumpida por los *Apophthegmata,* de Plutarco, los *Factorum et dictorum memorabilium libri novem,* de Valerio Máximo, el *Epithetorum opus,* de Ravisio Téxtor, o las *Etimologías,* de San Isidoro [Schwartz, 2000: 285]; cuando no mezclada con «intercolunios» *(Novelas a Marcia Leonarda),* entremeses, comedias, emblemas o largos pasajes en verso: Lugo y Dávila *(Teatro popular,* 1622), Tirso *(Cigarrales de Toledo,* 1624; *Deleitar aprovechando,* 1635), Castillo Solórzano *(Tardes entretenidas,* 1625; *Tiempo de regocijo,* 1627; *Lisardo enamorado,* 1629; *Huerta de Valencia,* 1629; *Fiestas del jardín,* 1634; *Sala de recreación,* 1649), Juan de Piña *(Novelas ejemplares y prodigiosas historias,* 1624), Pérez de Montalbán *(Para todos,* 1632), Arnal de Bolea *(El forastero,* 1636), Matías de los Reyes *(Para algunos,* 1639), etc. Ingenios que confirman el notable incremento del artificio durante el segundo tercio del siglo XVII, a sabiendas de que la unidad orgánica de la ficción se vería perjudicada[5].

No encuentro mejor manera para razonar que el apellido que el padre del *Quijote* otorgó a sus relatos debe ser reformulado: las ideas del «Prólogo» no son una confesión mesiánica sobre el éxito de las *Ejemplares,* sino, más bien, una oferta narrativa —en el plano moral y en el artístico— que no caló en todos los autores, ni tampoco se adueñó de su estilo, aunque copiaran muchos de los temas cervantinos y su retablo de personajes [Moner, 1999: 251]. Para expresarlo con

---

[5] Véanse Oltra [1985: 138] y Brau [1991].

palabras del tiempo, entraron en liza dos «artes nuevos» de hacer novelas [Rabell, 1992] [Carreño, 2002: 26-36]: la teoría de las *Ejemplares* y su refutación por Lope y otros autores (Castillo, Tirso, Montalbán, Piña...), cuestionando la práctica de Cervantes en *El coloquio de los perros*. La única donde resucita el marco italiano, ya que *El casamiento engañoso* sirve como moldura para el diálogo entre Cipión y Berganza. Pero la ironía, la sombra de la duda, aflora en un paréntesis de esta última: las aventuras de Berganza, cuyos hilos mueve el narrador de *El casamiento engañoso*, son trabadas por numerosas digresiones del protagonista. Habría que discutir entonces si las críticas de Cipión contra los paréntesis resultan creíbles.

La interrupción de cualquier historia acostumbraba a derivar en meandros y rodeos, como argumenta Cervantes en *El coloquio de los perros*. Si bien el alcalaíno frecuentó este arbitrio en la Primera parte del *Quijote*, donde conviven las aventuras del hidalgo con la muerte del pastor Grisóstomo, la novela cortesana de *El curioso impertinente* y la morisca de *El capitán cautivo*. La diferencia es que Cervantes interrumpe la acción principal menos que Lope, ya que Quijano escucha dichos relatos en la Venta de Palomeque, un lugar aquietado donde la humanidad desfila. En cambio, las *Novelas a Marcia Leonarda* se fingen narradas de viva voz por el autor, actor y festejante de Marta de Nevares, que no es sino el Fénix. La distancia de programas entre ambos no existía en el origen. Cervantes, para acentuar la unidad de sus libros, omite en las *Ejemplares* y en la Segunda parte del *Quijote* —aunque no siempre— las «colas de pulpo» que tanto fastidiaban a Cipión. Pero no olvidemos que moldeó dicha unidad sobre el yunque de la variedad. Lope tuvo la misma intuición en las *Novelas a Marcia Leonarda*, si bien «entorpece» su discurso para mostrarnos el esqueleto —con todas las trampas del mundo— que articula sus cuentos. Finge colocar las cartas que había escondido Cervantes en otra mesa de trucos, brindando, desde la emulación, una alternativa a la ejemplaridad del complutense[6].

---

[6] Sobre la construcción del *Coloquio* como novela tentacular —Cipión compara los paréntesis de Berganza con las colas de un pulpo—, véase Fer-

1.1. *Relección del horizonte crítico: hacia la novela culta*

1.1.1. Góngora en la ficción

Perseguir una definición unitaria de la novela corta, a la luz de los problemas que suscitan tanto su heterogeneidad como la falta de estudio de un buen número de obras, equivale a «tropezar aquí y allá con criterios tempranos —basados casi siempre en Cervantes— que no hacen sino sobrevalorar la estética del autor de las *Ejemplares*» [Rodríguez Cuadros, 1986: 9]. Quiero subrayar con ello que la retórica de muchas colecciones se aleja de su magisterio para aproximarse al de Góngora. Los narradores nos brindan una relección de los versos del cordobés desde cinco perspectivas, en lo que puedan tener de poética en la crítica o de crítica en la poética: 1) el auge del conceptismo *(Las dos hermanas)*; 2) la novelización de varios pasajes del *Polifemo (La ingratitud hasta la muerte; La prodigiosa);* 3) la imitación sintáctica y figurativa de las *Soledades (Del celoso desengañado);* 4) la parodia de Góngora y sus epígonos *(El culto graduado);* 5) el barroquismo de la prosa entre 1640 y 1663 *(El monstruo de Manzanares).* Un triunfo culto, pues, que no responde al capricho de un solo autor ni a una moda arbitraria, seguida por frívolas razones. Se trata, más bien, de un hecho vital e inevitable, de una atmósfera ante la cual era imposible sustraer la respiración.

---

nández Prieto [2008: 199-224]. Intercalados en *La Filomena* (1621) y en *La Circe* (1624), Lope dio a la imprenta cuatro relatos con los que sugería un «arte nuevo»: *Las fortunas de Diana, La desdicha por la honra, La prudente venganza* y *Guzmán el Bravo*. Leamos sus ideas —tan opuestas a las cervantinas— en *La desdicha por la honra*: «Ya de cosas altas, ya de humildes, ya de historias, ya de fábulas, ya de reprehensiones y ejemplos, ya de versos y lugares de autores, pienso valerme para que ni sea tan grave el estilo que canse a los que no saben, ni tan desnudo de algún arte que le remitan al polvo los que entienden» [2002: 182-183]. Acerca de la bibliografía que han merecido las *Novelas a Marcia Leonarda*, véanse Carreño [ed. 2002] y Bonilla Cerezo [2007: 91-145].

Estos ingenios se hicieron eco de una detalle que la crítica parece soterrar: el obstinado deseo de los escritores por llegar a convertirse un día en personajes de ficción y ser juzgados como tales. Si muchas anécdotas de los poetas de la Edad de Oro —Garcilaso, Quevedo, Pablo de Céspedes, el mismo Góngora— quedaron reflejadas como materia jocosa en los cuentos orales, todavía hay que profundizar en la forma en que dichos creadores pudieron espejarse sobre las novelas. Porque si «el Góngora valorado y apreciado en los cuentecillos era el de los romances y las letrillas burlescas, [...] no el de los poemas cultos, que despertaron el desprecio y la burla» [Ruiz Pérez, 1984: 39], la situación es distinta cuando examinamos un género a caballo entre la corte y los inicios de la «burguesía», en tanto que los versos gongorinos que cautivaron a los narradores fueron los del *Polifemo* (1612) y las *Soledades* (1613-1614). La paradoja es que esa inclinación culta haya impedido que sus libros vieran la luz en ediciones modernas[7].

Fue Montoliu y Togores [1937: 344-345] el primero en denunciar —sin fundamento alguno— el páramo de la literatura nacional en lo que respecta a la novela «culta»; pues así deberíamos clasificarla, como un subgénero dentro de la modalidad «corta» o «cortesana». Su tozudez favorece nuestra labor al comparar estas palabras con los juicios barrocos sobre la prosa de ficción. Pedro Díaz de Ribas, uno de los defensores de Góngora, sugería que «el intento del poeta ha de ser decir con tropos, aunque así se oscurezca la oración, de modo que si los versos se desatan de los números y se truecan en prosa, en ésta parezcan los miembros desatados» [Gates, 1960: 59]. Sus *Discursos apologéticos* tienen una fecha temprana (1624), circunstancia que po-

---

[7] Difuminadas por el triunfo del complutense, la mayoría de estas colecciones han sido arrinconadas como un fenómeno vulgar, casi una banalización escapista; olvidando que «la novela reclama el análisis de todos sus cultivadores y obras para conocer en qué medida coadyuvan al tapiz cultural no sólo de la centuria en que se escribieron sino también de las venideras» [Fernández, 1982: 437-443]. Remito a los deslindes de Jones [1974: 251-278], Lacarra [1990: 264], Rodríguez Cuadros [1996: 32] y Baquero Escudero [1996: 299-305].

dría hacernos vacilar sobre la proyección del gongorismo a lo largo de todo el XVII, pues, como tanto se ha repetido, las *Ejemplares* condicionaron la escritura novelesca durante las primeras décadas. Ahora bien, la intuición del panegirista, discutiendo la posibilidad de que la oscuridad de los relatos fuera casual, reaparece en las conclusiones de Vázquez Siruela a su *Discurso sobre el estilo de don Luis de Góngora* (1645), donde afirma que la mayor revolución del cordobés no incidió sobre la poesía sino, curiosamente, sobre la prosa [Yoshida, 1995: 94].

El descrédito de estas novelas quizá obedezca a otro abandono, puesto de relieve en contadas ocasiones. Tanto Sánchez Robayna [1993: 169-189] como yo mismo [2006: 25-54] insistimos en que la huella de Góngora en la prosa de ficción no ha sido objeto de un estudio particular[8]. No aspira este volumen a convertirse en dicho estudio, ni siquiera a establecer un panorama de las obras teñidas de gongorismo, pues tan sólo en el tapiz del Seiscientos —prosa de ideas, sermones, etc.— habría de ser considerablemente amplio. Pero una vez abierto el camino para la recepción del creador de la última rebeldía anterior al siglo XIX, sería oportuno aclarar a qué nos referimos cuando se alude a la difusión espacial y temporal del gongorismo, a la calidad y cantidad de sus cultivadores, grupos y variantes.

Para ello hay que liberarse de ciertas anteojeras y asumir que la «relectura» de Góngora no se limitó a la parodia, ya que el homenaje de sus giros y metáforas desfila por estas novelas con igual frecuencia que las pullas o los dicterios. Aunque se trata de un terreno muy virgen, considero —a partir de lo insinuado por Díaz de Ribas y Vázquez Siruela— que el cordobés fue valorado como un espléndido poeta narrativo [Ares Montes, 1956: 391-394]. Parece indudable que cuando compuso el romance de Angélica y Medoro, los dedicados a Belerma y doña Alda, el idilio de Polifemo y Galatea, el díptico jocoserio sobre Píramo y Tisbe o las propias *Soledades* hubo de acudir a modelos de la literatura lati-

---

[8] Véanse también Vitse [1980: 5-142] y Samonà [1990: 109-187].

na y renacentista: las *Metamorfosis,* el Romancero, Ariosto, Tasso, Sannazaro, Montemayor...

Tales referentes, lo mismo que Homero, Virgilio, Stigliani o Marino, favorecieron el diseño de personajes muy «novelescos» [Pozuelo Yvancos, 1996: 438]. Sin embargo, el hecho de que sólo cultivara la prosa en su *Epistolario* ha limitado —llegando a polarizarlo— el interés de los críticos. Dicho de otro modo: los romances cortesanos y moriscos de don Luis, las canciones y las décimas, el arrebatador mito en octavas reales y las *Soledades* apenas se han explorado, de forma puntual y hasta fechas recientes, como textos de ficción seudonovelesca. Es como si el cuento, la bizantina, los libros de caballería y los de pastores girasen en torno a Góngora sin rozarlo nunca. Como si esos relatos perdieran algo de su lustre cuando se trasvasan a un molde métrico, diluidos por el inigualable estilo del cordobés, quedando transformado el exterior, aunque en esencia fueran los mismos[9].

A fin de dar cuenta de los pocos asedios a la narrativa de Góngora —o mejor, al rastro de la narrativa en sus versos—, Lida de Malkiel [1975: 244] enfatizó la huella en las *Soledades* del Discurso VII de Dión Crisóstomo: la *Historia del cazador de Eubea,* o *Discurso euboico.* Los préstamos son sugestivos pero otra tradición —la de los diálogos y la «económica» renacentista— funciona como mediadora entre el *Discurso euboico* y las *Soledades* (1613-1614): *Il padre de famiglia,* de Torquato Tasso, vinculó la corriente clásica y la obra de Dión Crisóstomo con las silvas del cordobés; lo que nos permite revisar la teoría del ambiente rural como trasfondo del viaje del peregrino y la falta de correspondencia entre el argumen-

---

[9] Vilanova [1989: 410-446] ha definido las *Soledades* como el «gran poema novelesco del Barroco», en función de la presencia de temas y motivos de la épica grecolatina, del bucolismo eglógico y la poesía caballeresca en su rica multiplicidad de figuras y tradiciones. Pero su influencia principal procede de Heliodoro, de la *Gerusalemme,* de Tasso, y, sobre todo, de la bizantina. Ficciones que unidas al género bucólico, al morisco *(El Abencerraje),* e incluso al *Lazarillo,* asoman por varios de sus romances («Escuchadme un rato atentos», «Diez años vivió Belerma», «Amarrado al duro banco», «Entre los sueltos caballos»), algún que otro soneto («Muerto me lloró el Tormes en su orilla») y hasta en el *Polifemo.* Véase también Cruz Casado [1990: 84-96].

to y el estilo [Lara Garrido, 2003: 5-34]. Recorro aquí el camino en la otra dirección: o sea, cómo Góngora se reflejó sobre la novela. Y lo que parece más atractivo: de forma poliédrica.

También hay que reparar en una curiosidad que justifica esta edición. Después de cuatro siglos, las colecciones poscervantinas se antojan provechosas para hacer verosímil un género tan en boga como la novela histórica. Hoy creemos necesario que una intriga ambientada en la Edad Media, o en el Siglo de Oro, llegue barnizada con la retórica de aquel tiempo: *El nombre de la rosa* (Umberto Eco), *Los pilares de la tierra* (Ken Follet) o *Bomarzo* (Mujica Lainez) son tres buenos ejemplos. Pero cuando leemos otros volúmenes —tan barrocos que no podían ser sino cultos—, escritos por los seguidores de Góngora y Cervantes, esa condición desagrada a muchos especialistas. Quizá sea cierto que durante el Seiscientos, obligados por la falta de preceptivas y el triunfo gongorino, los autores prescindieron ligeramente del «arte» —de las reglas— para crear sus novelas y hasta sus juicios sobre la ficción. Conviene meditar sobre ello, ahora que tanto se prescinde del juicio para crear y explicar el arte. Tampoco niego que «la lectura de estos relatos exige paciencia, destacando el servilismo a la topística culterana, a la hipérbole mitológica y a la obsesiva adjetivación evadida a lo sublime» [Rodríguez Cuadros, 1986: 65-66]. Lo que no termino de comprender es por qué el estilo de estos ingenios, sus caprichos de emancipación frente a Cervantes, tienen que incomodarnos o ser más difíciles —siempre y cuando las ediciones dispongan de aparato crítico— que el de las historias, opulentas, pero también exigentes, de Joyce, Proust, Faulkner, Martín Santos, Goytisolo, Lezama o Severo Sarduy.

Al indicar que carecemos de estudios sobre el gongorismo en la narrativa, sugiero implícitamente que contamos con algún testimonio. Así, Pérez Galdós puso en boca de Benigno Cordero, personaje de *Un faccioso más y algunos frailes menos* (1878), un octosílabo —y no el primero— de la famosa letrilla «Ándeme yo caliente» (1581): «Yo me atengo a lo del poeta: *mantequillas y pan tierno;* sí, señor: mantequillas, es decir, amores puros y tranquilos; pan tierno, es decir, la sosegada compañía de una esposa honesta y casera, el besuqueo del nene, el trabajo y cien mil alegrías que, cruzándose con algunas penillas, van tejiendo nuestra vida» [Pérez Galdós, 1941: II, 219]. Cualquier lector valoraría este guiño como una anécdota. Un homenaje que el novelista rindió a un poema ya célebre en el XVII. Sin embargo, la cita de Galdós, que recupera un verso juvenil de Góngora, presente —como otros de los suyos— en las colecciones barrocas, invita a creer que en tiempo de los Austrias dicha anécdota no hubiera sido una anécdota sino un lugar común.

Tal vez el problema resida en que nos acercamos a la literatura clásica, y más a este tipo de relatos, como el forense a los muertos. Hacemos desde las universidades y muchas revistas especializadas una crítica cientifista en lugar de una lectura crítica. Pensemos en un personaje y en una saga que han terminado por formar parte de la Enseñanza Secundaria: el Capitán Alatriste. Cuando Pérez-Reverte encaró el desafío de popularizar ese Imperio donde las letras eran de oro y el sol comenzaba a ocultarse, no sospechaba que su espadachín se convertiría en un fenómeno editorial. Pero lo que debe sorprendernos no es su éxito de ventas sino que figuras de las prendas de Quevedo, Espinel, Rojas Zorrilla, Tirso o Góngora interactúen con los seres de ficción sin aburrir a los lectores. Si analizamos sus argumentos, que no sueñan con leyes metafísicas ni critican la razón pura —tampoco Camerino o Montalbán lo pretendieron—, deduciremos que su mosaico de duelistas, soldados y actrices no es muy diferente al de la novela corta. Pérez-Reverte remeda con habilidad el léxico, las voces de germanía y ciertas fórmulas sintácticas para dotar de verosimilitud al lienzo de *El caballero del jubón amarillo*. La única diferencia respecto a los textos barrocos es que atenúa el hermetismo de la prosa.

A pesar de su mesura estilística, don Luis desfila por las novelas del cartagenero como un vecino más del protagonista. Sin cobrarnos derechos de autor, salpicando el estilo —insisto, atenuado— de sus aventuras. Ya que la situación es idéntica a la de hace cuatrocientos años, ¿por qué olvidar a Góngora en las colecciones del XVII, cuando habló, sintió y polemizó con esos escritores, antes de que lo sorprendiera la muerte y fueran sus textos los que hablaran por él? El gongorismo de los libros de Alatriste apenas difiere del que hallaremos en *Las dos hermanas* (1622), *La ingratitud hasta la muerte* (1624), *La prodigiosa* (1624), *Del celoso desengañado* (1624), *El culto graduado* (1625) o *El monstruo de Manzanares* (1641). Hasta el punto de concretarse en cinco tipos de recepción: 1) la originalidad de su poética; 2) la burla de sus giros o metáforas; 3) la imitación ponderativa; 4) el uso de hipotextos; 5) la polémica sobre los «poemas mayores». Extraigo algunos ejemplos de *El caballero del jubón amarillo* para mostrar su afinidad con la relección de Lugo, Camerino, Montalbán, Piña, Castillo Solórzano y Andrés Sanz del Castillo:

> El señor Moscatel parecía salido de una comedia de capa y espada. [...] Por añadidura se apellidaba de poeta: hacía alarde de amistad con Góngora, sin el menor fundamento, y perpetraba versos con ripios infames que publicaba a su propia costa, pues era hombre de posibles [Pérez-Reverte, 2004: 30-31].

> Sonreía mucho al decirlo, mostrando sus dientes blancos y el óvalo perfecto de la cara, que sin duda Luis de Góngora, el enemigo mortal de don Francisco de Quevedo, habría trocado en nácar y aljófares menudos [Pérez-Reverte, 2004: 35].

> Muriéndose está el cordobés, según dicen —confirmó Contreras. «—No importa —opuso Quevedo—, que relevos tendrá. Pues cada día, de la codicia de la fama, nacen en España tantos poetas cagaversos y pericultos como hongos de la humedad del invierno» [Pérez-Reverte, 2004: 59].

> Comprada por Quevedo su casa de la calle del Niño, arruinado por el vicio del juego y el ansia de figurar [...], el jefe de las filas culteranas había renunciado al fin, retirándose a su Córdoba natal en donde iba a morir, enfermo y amargado, al año siguiente [Pérez-Reverte, 2004: 50].

> El cisne racionero era de aquellos a los que se echa de comer aparte: nunca se dejó camelar. [...] Profesaba al Fénix constante y manifiesta inquina, burlándose de su relativa cultura clásica [...], de sus comedias y de su éxito entre el

pueblo adocenado: *Patos del aguachirle castellana, / Que de su rudo origen fácil riega, / Y tal vez dulce inunda nuestra vega / Con razón Vega, por lo siempre llana* [Pérez-Reverte, 2004: 59-60].

1.1.2. Fortunas y adversidades críticas

Poca tinta se ha gastado en deslindar las propiedades de la novela corta y menos aún en iluminar el pensamiento del siglo XVII sobre el poeta «cuyos versos fueron más difundidos» [Herrero García, 1930: 140][10]. El defecto que Cotarelo [1906: VII-IX] achacó a los narradores barrocos, o sea, los «vicios del culteranismo y del conceptismo», no es sino la repetición de una advertencia de Ticknor en su *Historia de la literatura española* [1851: 331-357]: «fruto del conceptismo y las extravagancias de la escuela culta, todas las novelas aparecidas después de 1635 tienen escaso mérito». Conclusión algo gratuita que la crítica posterior ha tardado en derogar.

Bourland (1905), Menéndez Pelayo (1907) y Place (1926) fueron los primeros en ocuparse de uno de los pilares del género: la autoridad de los *novellieri*. Con todo, hay que atribuir a este último la premisa de que la *novella* peninsular nació estrechamente ligada a otros patrones narrativos: la novela didáctica, la novela satírica escrita en diálogo, la pastoral y la picaresca. De esta forma, se rebajaría el peso de la literatura italiana sobre nuestras ficciones, ya que los florilegios que circulaban en España a partir del siglo XV —tanto originales como traducciones— «se hicieron sentir muy indirectamente hasta la segunda década del siglo XVII» [Place, 1926: 20].

Si atendemos no tanto al *Decamerón* cuanto a los herederos de Boccaccio, la situación no resulta favorable hasta fines del XVI. Sólo Bandello, Cinthio y Straparola fueron traducidos total o parcialmente a nuestra lengua, aunque podamos conjeturar que autores como Timoneda o Sebastián Mey gustaban

---

[10] Detallo todas las aportaciones críticas desde 1851 a la actualidad en *La novela culta del siglo XVII*.

de ellos y poseían los conocimientos para disfrutarlos en su idioma original. Así, Francisco Truchado dio a luz la versión española de las *Piacevoli Notti,* de Straparola (Granada, Rabut, 1583), reimpresa en Madrid (1598) y en Pamplona (1612). Casi coetáneos, aparecieron catorce de los cuentos de Bandello, a partir de la paráfrasis francesa de Boistuau y Belleforest, con el título de *Historias trágicas* (Salamanca, 1589) [Arredondo, 1989: 217-226]. Y en 1590, en Toledo, las primeras dos *Décadas* de los *Hecatommithi,* de Giraldi Cinthio [Aldomà García, 1996: 15-21], traducidos por Luis Gaytán de Vozmediano, además de las *Hore di recreatione,* de Ludovico Guicciardini, que Vicente de Millis Godínez hizo trasladar al romance en 1588 a un desconocido escritor[11].

Caroline B. Bourland publicó en 1927 la primera monografía bio-bibliográfica sobre la novela corta, que sirvió de pauta a las de Giovanna Formichi [1973] y Begoña Ripoll [1991]. Repara en la necesidad de ofrecer una sistematización del material, fijando los antecedentes sin prescindir de Timoneda, Eslava o Lucas Hidalgo. Pero lo que supuso una verdadera revolución fue el alcance que otorga a las *Ejemplares* y la defensa de una narrativa que apunta hacia un costumbrismo centrípeto o nacional [Rodríguez Cuadros, 1986: 11]; además de situar el género en la ideología ética del Barroco [Bourland, 1973: 18-44].

Durante el primer tercio del siglo XX, las colecciones alumbradas entre 1600 y 1700 fueron bautizadas como «novela cortesana». El lema lo acuñó González de Amezúa en su Discurso de Ingreso en la Real Academia Española (1929), dedicado a la ficción postcervantina: «Formación y elementos de la novela cortesana» [reed. 1951: 194-279]. Por «cortesana» entendía él una rama de la llamada, colectivamente, «novela de costumbres»: «nace a principios del siglo XVII; [...] tiene por escenario y campo de sus proezas casi exclusivamente la Corte y ciudades populosas, y esta circunstancia

---

[11] Para las traducciones es fundamental el libro de Laspéras [1987: 56-71]. Véase también Arredondo [1986] [1989: 217-226]. María Hernández dirige en la actualidad un Proyecto I+D sobre la fortuna de Boccaccio en la narrativa española.

tan peculiar es la que me ha movido a denominarla así. El fondo de la intriga es también, con muy raras excepciones, el amor; sus protagonistas, caballeros, hidalgos y gente de viso» [González de Amezúa, 1951: 198 y 231][12].

Más allá de su carácter pionero, el académico se equivoca al inducir dos conclusiones que han repercutido negativamente: 1) resta valor a las colecciones impresas después de 1630, porque se adentran en la «viciosa y enmarañada fronda del culteranismo» [1951: 277]; 2) define la novela secentista como básicamente cortesana, o «corta», al estilo de Zayas, ignorando las características (estructurales, formales, estilísticas) de la novela larga, e incluso misceláneas tan difíciles de clasificar como el *Lisardo enamorado* (1629), de Castillo, el *Para todos* (1632), de Montalbán, o *El forastero* (1636), de Jacinto Arnal de Bolea. Detalles sin importancia cuando nos detenemos en sus ataques —casi bacteriológicos— contra los que publicaron después de 1635: «infectaron la lengua con gérmenes que la hicieron estéril durante dos siglos» [1951: 277-278][13].

Los trabajos de los años treinta repiten estos agravios, subrayando que nos encontramos ante diversas modalidades de «novela corta», a las que se añaden elementos de otros géneros (bizantina, pastoril, etc.). Pfandl propuso que sería precisamente la anécdota, como pieza más elemental de la narrativa, lo que singulariza en nuestro país la larga transición desde el gran arte idealista de la novela hasta la pequeña labor realista de la novela corta. Sin embargo, el estilo con el que se narraron muchas obras surgidas entre 1624 y 1700 negaría esa supuesta evolución que condujo de la solemnidad de la ficción quinientista al mundo amable, entretenido y proto-burgués de la novela corta, que no siempre es tan amable, y a veces nada burgués. Frente a los ataques contra la tendencia gongorina de Castillo, Camerino o Montal-

---

[12] Véanse Hurtado [1983] —muy apegado a Amezúa— y las matizaciones de Román [1981: 141-146].

[13] Perfila algunas de sus conclusiones en los dos volúmenes de *Cervantes, creador de la novela corta española* [González de Amezúa, 1956, reed. 1982: 349-465].

bán [Pfandl, 1933: 355-368], Spieker [1975: 41-42] y Gallo [2003: 19-21] han precisado que podría trazarse un paralelo entre la fabricación de argumentos destinados a deleitar a los lectores de *novelle,* merced a sus reacciones de sorpresa y admiración, por un lado, y los fenómenos sintáctico-estilísticos por los cuales demuestran tanta afición los autores en el terreno de la expresión literaria, por otro.

Podría decirse que sólo a partir del capítulo de Valbuena Prat sobre «La evolución de la picaresca y otras formas de novela» [1937, reed. 1982: 173-206], donde postula que «hasta el mundo alegórico de Gracián y sus derivaciones (1635-1700) no nace una verdadera novela barroca comparable a la lírica de Góngora y al teatro de Calderón» [1982: 199], comenzaron a desaparecer las glosas subjetivas. Muy poco científicas, si no ladinamente morales, significaban la imposición de unos gustos muy determinados.

La segunda mitad del siglo XX se abre con un repertorio de Joaquín del Val [1949, reed. 1968: XLV-LXXX] que se limita a calcar aspectos ya examinados, como el problema de las fuentes, las relaciones entre la novela y la comedia, la intención moral de los escritores, etc. La triste novedad es que define la novela como la causa última de la «ruina peninsular», consecuencia de los «necios artificios de ingenio» [Del Val, 1968: XLV][14]. Tras el breve capítulo de Díez Echarri y Roca Franquesa [1960, reed. 1979: 262-271] sobre la novela bizantina, morisca, italianizante y cortesana, King [1963: 105 112] dedicó un epígrafe a estos ingenios en su monografía sobre la prosa y las academias del Barroco. Sus contribuciones son capitales: a) denuncia la esterilidad del concepto de «novela cortesana»; b) entiende que los elementos que pueden adornar esta clase de relatos son tan variados como sus formas externas; c) niega la superioridad de ninguna modalidad sobre las otras; d) subraya la importancia estructural de la «academia» en estos libros, dominados por la inserción de distintos tipos de discurso (entremés, co-

---

[14] Véase también el apretado capítulo de Ferreras [1987: 35-45]. Remito por último a García Lorenzo [1982: 553-570].

medias, cuentos, acertijos, relatos cortos); e) la búsqueda de la novedad en la «culta elaboración del estilo» [1963: 132][15].

Formichi [1973: 5-105] nos brindó el segundo catálogo bio-bibliográfico de la novela secentista. Cuatro son sus problemas: 1) aunque abarca desde 1609 hasta 1689, no parece válido explicar un periodo tan concreto en función de unas obras cuyas partes, orígenes y desarrollo son muy heterogéneos. Por ejemplo, mezcla textos como la *Guía y avisos de forasteros* con las *Noches de invierno*, las novelas picarescas de Salas Barbadillo, las *Academias* de Polo de Medina o la *Vigilia y octavario de San Juan Bautista*, de la monja cisterciense Francisca Abarca de Bolea; 2) toma sus apuntes de fuentes diversas; 3) no ha consultado muchas de las ediciones de las que habla; 4) menciona de oídas algunas de las ediciones descubiertas [Ripoll, 1991: 24]. Aunque sería temerario llamar «ensayo» a sus quince páginas de «introducción bibliográfica», «historia literaria» y «análisis comparado», Formichi [1973: 46], con perspicacia estimable, defiende que «el género no murió por el abuso culterano, sino por un exceso de técnica que la Contrarreforma no pudo ni quiso tolerar».

Las teorías de Pilar Palomo [1976] en su libro sobre la novela corta, formado por seis capítulos de corte semiótico-estructuralista, tuvieron mucho alcance, en la medida en que no especula demasiado sobre los elementos y niveles de la descripción. Así, propone tres modelos: 1) tipos de sistemas narrativos de estructura yuxtapositiva (exemplos, novelas de estructura abierta); 2) formas cortesanas de estructura coordinativa; y 3) causas concertadas de la narración, profundizando en los vínculos entre el marco y sus unidades[16]. Sin embar-

---

[15] Sección aparte merecerían el libro de Pabst sobre la novela corta en la teoría y la creación literarias [1953] y el de Krömer, centrado en las formas de la narrativa breve en las literaturas románicas [1973]. Aun concediendo poca importancia a los autores poscervantinos, puntualizan la antinomia entre ejemplaridad y entretenimiento, clarificada, a su vez, en la contradicción entre *proemio* y *narratio*. Véase *La novela culta del siglo XVII*.

[16] Talens [1977: 123-181] —poco después que Palomo— apuntó la funcionalidad ideológica y social del marco narrativo. Define la novela como un producto del dirigismo cultural del Barroco, razonando que la pretendida decadencia genérica se cifra en la antinomia entre la estructura narrativa y la realidad exterior.

go, el giro copernicano hay que otorgárselo a la tesis de Evangelina Rodríguez Cuadros sobre la «novela corta marginada» del siglo XVII. Centrada en las colecciones de Camerino *(Novelas amorosas,* 1624) y Andrés de Prado *(Meriendas del ingenio,* 1663), acuña cuatro criterios: 1) sublimación estética; 2) formalización en géneros; 3) aproximación semiológica-lingüística al texto; 4) formalización funcional. Tampoco descuida la dignificación de la «topística culterana» [1979: 155-164], el asunto de las tradiciones y las preceptivas, sobre las que ha vuelto en las mejores páginas de su «Introducción» a *Novelas amorosas de diversos ingenios del siglo XVII* [1986: 17-27] y en el prefacio a su antología con Marta Haro Cortés: *Entre la rueca y la pluma. Novela de mujeres en el Barroco* [1999: 17-32].

Orientando su labor hacia planteamientos historiográficos, bibliográficos y textuales, pero limitando los datos al primer tercio del siglo XVII, la monografía de Laspéras [1987] aborda el género desde finales del siglo XV hasta 1637, año en que Zayas publicó la primera parte de sus novelas. Se trata de una aportación espléndida para iluminar dos claves: a) la influencia de los *novellieri* y sus traducciones en España [1987: 31-48]; b) la distinción de una «pragmática literaria» para esas primeras ficciones en prosa [1987: 103-124].

En un capítulo («Otras formas narrativas») de su *Historia de la literatura española,* Martinengo y Gargano [1990: 565-577] se detuvieron en las *Ejemplares* y en las colecciones de Céspedes, Zayas, Castillo y Salas Barbadillo. Su lectura puede ser útil como paso previo a la del inventario de Ripoll [1991] sobre la novela barroca. Aunque prescinde de los «muñones» del género —Timoneda, Gaspar Lucas Hidalgo, Eslava—, Ripoll supera los catálogos de Bourland y Formichi, denunciando que falta un panorama global sobre estos narradores. Por otra parte, sugiere el marbete de «novela barroca» como sustituto de «cortesana» o «corta» y presenta un verdadero repertorio selectivo: datos biográficos, rigurosa descripción de las ediciones príncipe, aportaciones críticas, etc.[17].

---

[17] Cuando corrijo estas líneas Juan Ignacio Ferreras ha publicado *La novela en España. Catálogo de novelas y novelistas españoles desde la aparición de la*

La contribución más documentada en los últimos tiempos es el libro de Isabel Colón [2001] para «Arcadia de las Letras». Repasa tanto el debate terminológico como las relaciones con el teatro, el rastro de los *novellieri* y la categoría de los impresores. No carecen de sugerencias los capítulos sobre el espacio, la primacía del tema amoroso y el ajustado epílogo que dedica a «Los caminos de la crítica» [2001: 109-116]. A propósito de los novelistas cultos de nuestra edición, define el gongorismo como un fenómeno más de la época. Hasta concluir que su prosa es una continuación, y quizá un paralelo, de la polémica sobre el autor de las *Soledades* [2001: 17-18].

1.2. *Del vacío teórico a la poética «in progress»: nacimiento y evolución*

¿Es la novela consecuencia del cuento tradicional, literaturizado en su recorrido desde las culturas orientales a su más cortesana forma renacentista, pasando por la fabulística medieval; o es tan sólo la continuación prosificada de la vieja poesía épica degenerada en literatura caballeresca? Para dar respuesta a esta pregunta habría que distinguir qué entendemos por «cuento tradicional literaturizado» y, sobre todo, considerar que pueden existir dos tipos de ficción poética: aquella que lo es por su lenguaje y la que privilegia, en cambio, la naturaleza del asunto, de manera que su tono poético procede de la trama, de la calidad de sus argumentos y no de un estilo fastuoso o rítmico.

Antes de profundizar en sus elementos, el primer escollo que se nos presenta es la clasificación de los textos. Dificultad que condiciona el bautismo de unas colecciones no siempre favorecidas por las mejores aguas de sus ministros[18]. Quizá desde ese vacío haya que juzgar la riada de adjetivos que califican a unos relatos difíciles de encorsetar. Aunque los llamemos «novela cortesana» (González de Amezúa),

---

imprenta hasta principios del siglo XIX, Madrid, Biblioteca del Laberinto, 2009, compendio valioso que complementa al de Ripoll.
[18] Véanse Gillespie [1967: 117-127] y Paredes [2004: 71].

«romántica» (Pfandl), «de cortejo» [Armon, 2001: 151-157], «corta» (Ticknor, Martinengo y Gargano), «corta marginada» (Rodríguez Cuadros) o simplemente «barroca» (Ripoll), etiquetas sobre las que podríamos debatir eternamente, poco o nada habremos dicho acerca de libros tan peregrinos como los *Varios efectos* de Alcalá o las *Soledades* de Cristóbal de Lozano. Por ello, este tipo de novelas debe concebirse como «un núcleo narrativo que forma parte de un plan literario mayor, ya sea una colección de novelas, con o sin marco, una novela larga como el *Quijote* o una miscelánea» [Miñana, 2002: 80][19]. Si partimos, en cambio, de la correspondencia que la dialéctica entre la forma y el fondo establece entre los signos lingüísticos de que se compone una terminología, un concepto útil sería el de «novela culta», aplicable a buena parte de los narradores, aunque, sin desdeñar las tramas, claro está, el análisis se oriente hacia la retórica o el estilo.

Reparemos en la carencia de normas y en cómo los autores fundaron su «preceptiva». Aristóteles no se ocupa de la novela y las ideas más cercanas al género hay que tomarlas de su explicación sobre la «fábula» [1974: 160]. De acuerdo con Pacheco-Ransanz [1984: 114-123], el uso antiguo de la voz «novela» —trasunto de novela corta— tendría como paralelo más próximo lo que Aristóteles llamó «poema heroico». Pero modificado en parte por «la particular interpretación que la teoría renacentista dio a la idea de verosimilitud, y por la importancia concedida al principio ético-estético del *prodesse et delectare* que domina toda la teoría de aquellos siglos» [1984: 120][20]. Cuando rastreamos las poéticas del Humanismo, donde la autoridad de Aristóteles continúa siendo mayúscula, y a pesar del debate sobre la novela griega o bizantina, la conclusión es que apenas cambió la desidia de los eruditos. Ni Pinciano tenía clara conciencia de lo que pudiera juzgarse como novela ni mostró excesivo interés por desen-

---

[19] Véase Etiemble [1977: 127-137].

[20] La primera traducción al latín de la *Poética* de Aristóteles fue obra de Valla en 1498, a la que seguiría la magnífica versión italiana con los comentarios de Robortelli (1548). Ambas paráfrasis supusieron la recuperación del pensamiento del Estagirita en Italia y el resto de Europa.

trañar sus secretos. Dado que Aristóteles se había limitado a estudiar la épica y la tragedia, reduciendo la lírica a unas breves líneas, e ignorando la novela, esto es, la narración totalmente ficticia en prosa, el autor de la *Filosofía antigua* tenía ante sí el problema de definir ese nuevo género y relacionarlo con las ideas del sabio griego antes de entrar a discutir su funcionamiento [Shepard, 1970: 127] [Durán, 1976: 57-58][21].

Tampoco resulta terminante la visión de Carvallo [1997: 124] en el *Cisne de Apolo* (1604) —pionero en percatarse de la categoría estética de la oscuridad—, ni la de Cascales, quien separa en sus *Tablas poéticas* [1975: 42-72] las ficciones «verdaderas» de las «fingidas». Así las cosas, «la teoría de la novela corta sólo podía estar escrita entre sus propias páginas» [Gutiérrez Hermosa, 1997: 158]. Dicho de otro modo: debemos distinguir entre las «poéticas escritas» (Pinciano, Carvallo, Cinthio...), que resucitaron los principios aristotélicos, aunque desatendiendo este género, y la seria preocupación de los narradores por hallar un modelo de ficción en el interior de sus relatos o en los preliminares a los mismos. Lo que Renato Poggioli [1959: I, 192-204] ha denominado «poéticas no escritas» o escritas *in progress*.

Respecto a los ingredientes que contribuyen al nacimiento del género, hay que unir los vértices del «triángulo de los orígenes» [Rodríguez Cuadros, 1986: 17]: a) la literatura oral; b) el cuento o narración breve de carácter didáctico; c) el concepto de literatura moralizadora en sus dos modalidades: *exempla* (religiosos y sermonarios) y *nova* (profanos, eróticos y con gusto por lo extraordinario)[22]. Tengamos en cuenta que se trata de colecciones cuyos primeros destinatarios hubieron de identificarse con los cortesanos, pero inscritos en un marco social muy diferente al de la Italia de Castiglione. Romero-Díaz [2002: 35] ha estudiado el papel de la nueva «aristocracia urbana» como receptora de las colecciones. Por los mismos años en que la nobleza

---

[21] Véanse Weinberg [1961: II, 962], García Berrio [1977, I; 1980, II], Vilanova [1968: III, 567-687] y Porqueras Mayo [1986: 47-50 y 163-200].

[22] Sobre la evolución de la prosa desde Pedro Mejía (1540) a las *Novelas a Marcia Leonarda*, véase Yarbro-Bejarano [1991].

se acercaba a la incipiente burguesía, surgió en la Península otra clase social: la de los académicos o «letrados». Estos eruditos y doctores de nuevo cuño integran lo que Pfandl [1994: 110-113] llamó «aristocracia intelectual», mal mirada por los ingenios legos. Hasta el punto de que podríamos caracterizar este periodo como el momento en que «la novela se hizo más sociable que social» [Vossler, 2000: 27-38][23]. En palabras de González Camino, «el escritor de novelas cortas utilizaba los elementos de la tradición popular y de la realidad protoburguesa para representar los conflictos de la formación de la subjetividad señorial» [1996: 39]. La duda es si esta «primeriza literatura de consumo» [Rodríguez Cuadros y Haro Cortés, 1999: 33-34], fruto del creciente desarrollo de la ciudad como espacio social, cultural y libresco, ofreció al público lo que deseaba o le hizo desear aquello que le ofrecía[24].

Público aparte, una de las hormas para la ficción nacional se deriva del marco boccacciano, que los narradores tomaron del *Decamerón* y las colecciones de los *novellieri*[25]. Aunque fruto de la escasa difusión de estas obras en los siglos XIV y XV, también valoremos precursores como *El Con-

---

[23] Véase también Cowan [1991: 121-137]. Solomon [1982: 259-318] y Nalle [1989: 65-96] han perfilado la aptitud lectora de jornaleros, artesanos y comerciantes. Remito a las monografías de Chevalier [1976: 13-64], Maravall [1981] y Dadson [1998: 25], así como al epígrafe «Lecturas y lectores» de *La novela culta del siglo XVII*.
[24] Véase Green [1959: 413-422]. Sobre la presencia en los propios textos de «lectores literaturizados» o «modelo», son valiosos los trabajos de Rodríguez Cuadros [1986: 24], Copello [1990] [2001: 353-367] y Colón [2001: 42].
[25] A propósito de la difusión de Boccaccio en España, véanse los *Orígenes de la novela* [1907, reed. 1943] de Menéndez Pelayo y la monografía de Bourland [1905: 1-232] sobre la recepción del florentino en las literaturas catalana y castellana. Es sabido que la imprenta madrugó mucho para difundir el *Decamerón*. A una edición sin año, que se estima como la primera, sucedieron las de Venecia (1471), la de Mantua (1472) y luego otras trece dentro del siglo XV, rarísimas todas ellas. Ninguna sirvió de base a la española, publicada en Sevilla en 1496 y reimpresa cuatro veces hasta mediados del Quinientos (Toledo, 1524; Valladolid, 1539; Medina del Campo, 1543; Valladolid, 1550) [Menéndez Pelayo, 1943: 18-25]. Véanse también Balduino [1983: 170-171], Lacarra [1990: 263], Gómez [1998: 23-46] y la monografía de Mazzacurati [1996] sobre la novela entre Boccaccio y Bandello.

de Lucanor, El Patrañuelo y *Sobremesa y alivio de caminantes* (1563), de Timoneda. Recordemos que la huella de estas narraciones orales o escritas en la formación de los grandes señores data de los tiempos de Castiglione [1994: 266]. Hablo de unos cuentos abocetados, muy episódicos; anécdotas que allanaron la creación de la novela pero que a menudo —junto al sello de don Juan Manuel— venían impregnados por las facecias de las clases cultas de Aragón y Cataluña, por las *novelle* italianas del Quattrocento y, a veces, por el *conteur* francés del siglo XV [Chevalier, 1978: 101-153] [Vallín y Avenoza, 1992: 31-40]. Además, los hombres renacentistas disponían de pocos libros medievales impresos; de modo que no siempre es fácil trazar una continuidad entre la literatura vernácula de los siglos XII-XIV y la de la Edad de Oro. Por ello cuando se alude al «cuento medieval literaturizado» nos referimos a un proceso poligenético que participa de todas las tipologías narrativas del Medievo: de la *legenda* a la *vida* trovadoresca; del *exemplum* al *milagro* latino, y de éste al *fabliau;* del cuento folklórico al *lai*. Reconociendo, con todo, que la *novella* es mucho más que el resultado de esos sumandos [Segre, 1989: I, 48][26].

Luego el cuento medieval, con su rico crisol de tradiciones, fue haciéndose cada vez más refinado y hasta culto. La España del Renacimiento no dudó en imbricarlo con la línea del apotegma clásico, la facecia ingeniosa y el cuentecillo popular autóctono, fundiéndolos en un nuevo paradigma [Cacho Palomar, 1986: 117-119]. También hay que apreciar las misceláneas y los volúmenes sentenciosos del último tercio del XVI: la *Novela del Gran Soldán*, de Lucas Gracián Dantisco, incluida en su *Galateo español* (1599); la *Selva de varia lección* (1540), de Pedro Mexía; los *Coloquios de Palatino y Pinciano* (*c.* 1550-1560), de Otárola, estructurados, como el *Sobremesa* de Timoneda, en torno al motivo del «alivio de caminantes»; el *Liber facetiarum,* de Pinedo; la *Floresta,* de Santa Cruz (1574); la obra apotegmática de Mal Lara (1568) y Rufo (1596), influidas por la de Erasmo;

---

[26] Remito a las páginas de Krömer [1979: 41-80] acerca de estos géneros medievales.

o los relatos breves del *Scholastico,* de Villalón. Todas estas piezas deben atenderse para estudiar el puzzle de la novela barroca; en el mismo grado que las *Noches de invierno* (1609), de Eslava, o los no menos valiosos *Diálogos de apacible entretenimiento* (1605), de Gaspar Lucas Hidalgo [Costa, 1994: 263-272] [ed. Alonso y Madroñal, 2010][27].

Para encajar las teselas del mosaico de la novela en España es necesario acudir por último a la impronta de los géneros narrativos que triunfaron en el XVI; o sea, los libros de caballerías, pastoriles, moriscos, bizantinos y —más secundarios— picarescos. Junto a otra creación del Seiscientos: la comedia nueva. Los lectores descubrían en estas colecciones una identidad de tramas, espacios y personajes que poco difieren de lo que contemplaban cuando acudían a los corrales. Moríñigo [1957: 41-61] ha sostenido que desde finales del XVI el teatro se percibe como sustituto de la novela. En esta línea, Yudin [1968: 181-188] [1969: 585-594] y Fernández Nieto [1985: 151-167] iluminaron cómo la narrativa comienza a adoptar técnicas dramáticas para el desarrollo de los argumentos, copiando incluso la expresión de la comedia en lo que atañe a la interpolación de poesías y canciones, cada vez más frecuente, además de los disfraces[28].

---

[27] No hay que perder de vista que los *novellieri* también se nutrieron de una retórica culta. Desarrollo esta cuestión a partir de Boccaccio, Bandello y Cinthio, pasando por Sacchetti, Sercambi, Ser Giovanni Fiorentino, Poggio, Eneas Silvio Piccolomini, la *Novella del Grasso Legnaiuolo* y, sobre todo, Masuccio Salernitano en *La novela culta del siglo XVII.*

[28] A la luz de lo expuesto, la popularidad de la novela en el Barroco informa sobre la naturaleza de sus lectores más que sobre la fortuna de los textos. El recuento minucioso del género en bibliografías e índices ofrece unos saldos bastante humildes. La cifra total de títulos originales registrados entre 1600 y 1700 apenas llega a doscientos, «de los cuales poco más de una cuarta parte lo son de colecciones de novelas cortas» [Pacheco-Ransanz, 1986: 407-421]. Véanse también Montero Reguera [2006: 165-175], Whinnom [1980: 189-198] y Cayuela [1996: 89-96]. Fruto de la proliferación de ediciones en los talleres de los mejores impresores, habría que situar la fecha de decadencia en torno a 1665, aunque el 52 % de las colecciones originales (30 de 58) se comercializaran entre 1609 y 1635. En estos altibajos repercutió la censura de la Junta de Reformación, que prohibió la publicación de novelas y comedias en los reinos de Castilla desde 1625 hasta 1634. Véanse Moll [1974: 97-103] y Cayuela [1993: 51-76].

2. El «Teatro popular» de Lugo y Dávila: «Las dos hermanas»

Amigo de Salas Barbadillo y de otras figuras cortesanas, apenas disponemos de noticias sobre Francisco Lugo y Dávila. Nacido en Madrid a finales del siglo XVI *(c.* 1588), se sabe que vivía en 1659. Cotarelo [1906: XI-XIII] remonta sus orígenes a Canarias y Ávila; precisando que sirvió a don Jorge de Cárdenas, cuarto duque de Maqueda, como reza en la dedicatoria de su hermano —Dionisio Dávila y Lugo— a la única colección que nos legó: el *Teatro popular* (1622). Dada a la imprenta por aquél, como consecuencia de un viaje del escritor a México, y celebrada por paratextos de Medrano, Francia y Acosta, Montalbán y el propio Salas, nos devuelve la imagen de un narrador más que atractivo[29].

Lugo cursó estudios profundos en toda clase de letras humanas, según se deduce de las ocho historias y de las frecuentes citas de autores griegos y latinos que suele emplear[30]. Debió de seguir también la carrera de Jurisprudencia, fundamento del cargo que le granjeó su mecenas hacia 1621, cuando lo nombró gobernador de la provincia de Chiapa, en el virreinato americano de Nueva España. Su residencia

---

[29] La reciente tesis de María de los Ángeles Arcos Pardo, *Edición y estudio del Teatro popular de Francisco de Lugo y Dávila*, Madrid, Universidad Complutense, 2009, ha exhumado documentos de extraordinario valor para su biografía: el testamento (21 de marzo de 1651), el Nombramiento Real como Alcalde Mayor de Chiapas (7 de mayo de 1634), el papel, como albacea, de José Alfa, la concesión de licencia para pasar a Puerto Rico... Su defensa después de que entregara este libro a la editorial me ha impedido citarla tanto como merece. Véase también la tesis de Caballero-Glassberg [1990: microfichas].

[30] Jalón [2008: 70] ha señalado que en el Siglo de Oro se utilizó el concepto de «teatro» para aludir a «escenarios de conocimientos», tesoros, muestrarios de usos y costumbres o inventarios de lugares comunes, según se infiere, entre otros, de la *Oficina o teatro poético e histórico* de Ravisio (1522); *La idea del teatro* (1550) de Camillo, sobre el artificio de la memoria; el *Teatro del mundo* de Pierre Boaistuau (1559), sobre las miserias humanas; el programa museístico de Quiccheberg, *Inscripciones o títulos del teatro* (1565), etc.

en México hubo de prolongarse hasta 1632, pues ese año se hallaba de nuevo en Madrid, como recuerda Pérez de Montalbán en el *Para todos:* «don Francisco de Lugo y Dávila, erudito poeta, grande humanista y noticioso generalmente de todas [las] materias. Publicó unas *Novelas* y tiene para dar a la estampa muchos libros importantísimos» [Cotarelo, 1906: XIV]. En la capital se deslizó su vida hasta el final, y allí residía en 1656, cuando se hizo la solemne dedicación del nuevo templo de Santo Tomás, erigido en la calle de Atocha por la Orden de Santo Domingo. Para la efeméride, Lugo colaboró con una canción real al titular en el *Certamen angélico* de José de Miranda y la Cotera, además de imprimir en los preliminares un elogio en prosa al compilador.

Después de ese año tenemos menos datos sobre sus actividades, quedándose en el limbo muchos de los textos aventurados por Montalbán, entre los que destaca, sin embargo, una extensa genealogía sobre su familia: *De la nobleza exemplificada en el linaje de Lugo*. En 1649 imprimió un bosquejo histórico acerca de la dinastía de los Marqueses de Rivas, con el título de *Origen de la gran casa de Saavedra*, y por las mismas fechas compuso un panegírico a don Gaspar de Seyxas Vasconcellos y Lugo, impreso al inicio del libro del mismo homenajeado: *Corona de espinas de Christo redentor nuestro* [Murga, 1965: 77-91]. Falleció de perlesía en Madrid, en la calle de Cava Baja de San Francisco, el 14 de diciembre de 1662, como consta en el certificado de defunción guardado en los archivos parroquiales de la iglesia de San Justo (libro 9 de defunciones, pág. 291, asiento núm. 643). El 19 de diciembre de 1662 se levantó inventario y venta de sus bienes, según justifica Arcos Pardo: 5 libros grandes, todos escritos en latín, y 46 libros viejos, pequeños.

Juzgado por Cotarelo [1906: XX] y Del Val [1968: 54] uno de los primeros discípulos e imitadores de Cervantes, podemos tender lazos entre *El andrógino*, que tiene similitudes con *El celoso extremeño, La hermanía*, un trasunto de *Rinconete y Cortadillo, La juventud*, inspirada por *La señora Cornelia*, y *Cada uno hace como quien es*, que recuerda al *Curioso impertinente*. Pero quisiera subrayar dos aspectos que hacen del *Teatro popular* una obra original: a) Lugo abre su colección con un «Proemio al lector» y una «Introducción a las novelas» que debemos considerar «el primer escrito teórico español en que se exponen los principios de un determinado tipo de prosa novelística» [Riley, 1966: 16][31]; b) la fortuna de este volumen sobresale por sus ideas literarias y los vínculos cervantinos, aunque también por la inclusión de un relato: *Las dos hermanas*. Censurado por Cotarelo [1906: XXII], que lo tildó de «muy seco y áspero», es un buen testimonio para documentar el auge del conceptismo, con párrafos dignos de las agudezas de Gracián.

Prueba de lo «adelantado de su sabiduría», la novela comienza y acaba con un marco reducido a la mínima expresión: un epigrama que sirve como advertencia moral, sentenciosa y conminatoria:

In duas sorores diversorum morum (Ausonius, *[E]pig.*).

Enseña cuánto dañan a las mujeres los trajes y acciones libres, aunque las costumbres sean virtuosas, y cuán poco aprovecha la ceremonia ni el hábito honesto para encubrir las falacias en las obras; y cómo aquellos fines que se pretenden por malos medios, deseando defraudar al prójimo, resultan —sin valor la astucia— en mayor daño, en lugar del pretendido aprovechamiento.

El epigrama de Ausonio —en atribución apócrifa— actúa como lanzadera del relato. Dicho de otro modo: es un «pretexto» para dos proverbios mucho más castizos: «El hábito no hace al monje» y «No es oro todo lo que reluce» [Jurado, 1996: 121-143]. He aquí una de las singularidades de esta colección. Lugo acude a un recurso que da cuenta de los debates sobre el castellano literario y la altura que había alcanzado

---

[31] Dominados ambos por la fusión de las ideas aristotélicas con las horacianas, Lugo toma como ejemplo práctico la obra de Boccaccio, según habían hecho en Italia dos de sus predecesores: Francesco Bonciani, autor de la *Lección o tratado sobre la composición de las novelas* (1574), recitada en la *Accademia degli Alterati*, y Girolamo Barbagli, que imprimió el curioso *Diálogo de los juegos que suelen hacerse en las veladas sienesas* (1572), donde podemos espigar algún apunte sobre la novela como «entretenimiento» cortesano. Sobre este particular remito a *La novela culta del siglo XVII*.

con el apogeo del gongorismo. Acostumbra a incluir textos en latín, como la autoridad seudoausoniana («Delia, nos miramur, et est mirabile, quod tam / disimiles estis, tuque, sororque tua [...]»), para traducirlos después; sin que la cita clásica rebaje el valor de la glosa en romance.

Las dos hermanas viene precedida de una reflexión sobre su valor «ejemplar». De acuerdo con Aristóteles, Lugo se apoya en la imitación, cuyo uso había trazado ya en el «Proemio». Además, deja el «coturno», más propio de la tragedia, para calzar el «zueco», símbolo de la comedia. Sorprende que no utilice el marco para describir el escenario de la reunión o la categoría como narradores de Celio, Fabio y Montano. En su caso, el pórtico a cada una de las historias se afianza como complemento de las tesis enunciadas tanto en el «Proemio» como en la «Introducción». Así, *Las dos hermanas* destaca por la elección de un registro cómico, entendiendo el adjetivo a la manera de Aristóteles, y por la defensa de la erudición, el valor de las «sentencias» y la apuesta por un «estilo lacónico», aunque sin afectación, próximo a lo que llamamos conceptismo. Lugo concibe la retórica —dada la brevedad de esta intriga y el punto de partida epigramático— como el desarrollo de una *quaestio* con finalidad ejemplar. Una novela culta, pues, pero no oscura; concisa, pero no corta; aticista, pero libre del gongorismo que inundó las de Camerino, Piña o Sanz del Castillo.

En Madrid tienen lugar los amoríos de Lamia y Delia, máscaras de las dos damas que actualizan en su apariencia y costumbres a las del epigrama latino: Lamia es sibilina y licenciosa, aunque de hábito recatado. Delia, bella y seductora, procede de manera intachable, a pesar de las malas lenguas. Lo sugestivo de la pareja es que Lugo asienta su retrato en paralelismos («Hermanas eran, huérfanas quedaron»), juegos de palabras, antítesis, políptotos («menor de edad, mayor de astucias»; «semejantes», «desemejantes»), epítesis («blancas manos, modestos ojos»; «tupido manto»; «corazón astuto») y, sobre todo, en un estilo seco, aforístico, con pocas subordinadas:

> Hermanas eran, huérfanas quedaron, desemejantes en las inclinaciones, aunque algo semejantes en los pocos años y en

41

las buenas caras. Lamia era menor de edad, mayor de astucias. Delia, contraria en todo, la mocedad libre. [...] Veía Lamia válida la ceremonia y que los exteriores granjean el crédito, aunque lo contradigan los actos, dejábase llevar de su discurso, púsose hábito de beata, honesto y aliñado, que ayudaba más a la perfección de las facciones que a desfigurarlas.

Otros ejemplos —basados en el quiasmo— oponen las actitudes de las protagonistas: «Desdeñaba en las veras Delia, admitía en las veras Lamia. Lamia menospreciando burlas, Delia menospreciando veras»; «Granjea, Lamia, para que pierda conmigo Delia, si Delia no gana lo que pretende Lamia». Cara y cruz del eterno femenino, esta presentación simétrica, especular, en función también de la sintaxis, obliga a que sus pasiones sean muy distintas: Lamia favorece a Ronsardo, un profesor francés de Jurisprudencia, mientras que Delia otorga sus gracias a Fernando, un contador. Las posturas ante sus galanes resultan antitéticas. Lamia, siempre interesada, ambiciona el dinero de Ronsardo, avanzado industrias de la picaresca cortesana de Castillo Solórzano: *Las harpías en Madrid* (1631), *La niña de los embustes* (1632) y *La garduña de Sevilla* (1642). Delia no desea la fortuna del contador, y tampoco su satisfacción sexual, sino que le pide un compromiso. Lugo lo explica en una frase con zeugma, otro de los recursos de la agudeza: «Él solicitaba el gusto, ella su casamiento».

Apenas necesita tiempo Lamia para cambiar de gustos. Sabedora de que su afición por Ronsardo durará lo que su caudal, esto es, un párrafo, se dispone a buscar otra víctima. De nuevo una propiedad coherente con la poética del concepto: Lugo no se recrea en los episodios, verdaderamente ligeros. Sus novelas parecen anécdotas ficticias o epigramas amplificados. Lo cierto es que descubrimos enseguida a Lamia prendada del novio de Delia. Giro argumental que deviene en cuarteto amoroso, según los esquemas de la comedia lopista, e invierte la condición de las damas a ojos de Fernando. Porque Lamia acude al mismo argumento que Delia: el matrimonio. Ahora bien, aunque las palabras y el motivo del casorio parecen idénticos, el narrador nos brinda otro punto de vista: la ortodoxia con la que Lamia defiende las nupcias contradice la desvergüenza con la que moteja a su hermana por exhibirse públicamente. Lugo desarrolla la antinomia por medio de oxímoros y cláusulas condicionales («si A, B») («si no el alma, los ojos»), estilema gongorino que reaparece en otros pasajes.

Fernando, dudando de ambas mujeres, rechazará desde entonces las caricias de Delia. Nótese que Lugo estructura su novela en pequeñas escenas; técnica tan deudora del cuento como del teatro. Cuando Fernando abandona a la joven virtuosa, el madrileño narra el primer encuentro físico entre Lamia y Delia: la segunda escena dentro del «cortejo comediesco». La astuta Lamia es interrogada por su hermana sobre el extraño proceder del galán y la respuesta, como no podía ser de otra manera, vuelve a concretarse en un retruécano: «Lo que hoy les agrada, mañana les fastidia; lo que hoy adoran, mañana lo aborrecen. [...] Déstos es Fernando».

Dicha réplica preludia la engañifa de Lamia, que, todavía a la expectativa, fundando sus anhelos en el contador, no ha renunciado a Ronsardo. Pasará la noche junto al abogado mientras Delia, apostada en la ventana, como un retrato de medio cuerpo, sueña con que su belleza sea índice y testigo de prudencia. Frente a la callada Delia, Lugo subraya la verbosidad de Lamia, que utiliza la palabra y los cambios de espacio —como en la picaresca y las comedias— para embaucar a sus galanes. Al balcón de Delia llegan entonces unos versos (3.ª escena) que parafrasean un dístico de Ausonio: «Hanc amo quae me odit, contra hanc: quoniam me amat odi. / Compone inter nos si potes, Alma Venus».

Casi se diría que la trama vuelve sobre sí misma, pero el poema nos sirve para afirmar que Lugo cita con errores. Quizá acudiera a repertorios de la época y no a la fuente original. El texto del satírico latino es glosado por un romance («Niño mal contento amor») y un soneto («Brotar pimpollos, matizar con flores») que añaden otro tema: el del enamorado en discordia. Se trata, por tanto, de una serenata nocturna, atribuible a Fernando, que recalca el gusto del novelista por la variedad. Pero esta vez no es gratuita. Los poemas favorecen el desarrollo de un idilio a tres bandas. No en vano, el último verso del soneto —acentuando la teatralidad—, coincide con el instante en que Delia cierra la ventana.

De inmediato (4.ª escena) irrumpe en la calle don Alonso, nuevo pretendiente de Delia, que se vale del portugués Vasco para cantarle unas coplas («Atrevido es mi deseo»). La huella de este interludio sobre los hechos es mínima, limitándose a duplicar el modelo del episodio anterior: 1) Fernando (poeta), Florino (cantor); 2) Alonso (poeta), Vasco (cantor). Esta segunda declaración sólo abunda en la lindura de Delia, pues son varios los caballeros que aspiraban a su mano. Circunstancia que apunta —por antítesis estructural— a Lamia, verdadera cortesana del relato, y a sus devaneos sentimentales.

Ronsardo deja la cama de Lamia mientras Delia redacta una carta —otro género literario— para quejarse de la ingratitud de Fernando, sospechando que éste comienza a inclinarse por su hermana (5.ª escena). El contador le explica que fue manipulado por Lamia y firma una cédula de casamiento que se antoja esencial para el desenlace. La disputa entre ambas mujeres no se hará esperar; si bien Lamia insiste en que Fernando —antes de suscribirla— la había informado de que tomó esta determinación para huir del escándalo, pues su corazón le pertenece (6.ª escena). El relato cobra aires folletinescos cuando Lamia pide a Delia el billete que le había firmado el galán para aducirlo como prueba de impostura en caso de aceptar su palabra de matrimonio. Al parecer, según tópico del género, Lamia piensa ingresar en un convento una vez haya «desenmascarado» a Fernando. Ronsardo recibe el encargo de cambiar la fecha de la cédula con unos polvos. Adelantando los días, expondrá ante la justicia que la petición de mano de Fernando era un fraude, porque no coincide con la que figura en la copia de Delia.

Por encima de las tretas de Lamia y del candor de su hermana, Fernando, desde la atalaya del lector, es un tipo sin profundidad, un juguete en manos de ambas mujeres. Ahora bien, si para Lamia actúa como un embustero —aunque sepamos que la verdad es otra—, para Delia resulta sospechoso, y para Lugo y su público un pobre crédulo. He aquí el valor del protagonista, que no se deriva de su entidad novelesca, sino de los puntos de vista de las hermanas y del narrador; de la capacidad de fingir y representar en una historia cuyo esqueleto es muy teatral.

Delia acepta el plan de Lamia sólo si la corrección se lleva a cabo en su presencia. El falsificador Ronsardo cobra entonces una función inusitada que propicia la séptima escena. Convencido de que un matrimonio con Lamia resultaría ventajoso para él, entiende que «la que doncella, sin serlo, bien sabía aparentar», también sería una perfecta casada, además de adúltera. Con otras palabras: está dispuesto a tolerar la infidelidad de Lamia con Fernando incluso después de las bodas, lo que nos recuerda al último tratado del *Lazarillo:* 1) Lázaro (pícaro) aprueba el engaño de su mujer (barragana) con el Arcipreste de San Salvador (clérigo y benefactor del protagonista); 2) Ronsardo (abogado) asumiría los cuernos de su esposa (pícara cortesana) con Fernando (aspirante a un casorio con cualquiera de las hermanas). Pero Lugo no llega a invertir el paradigma —es más conservador que el texto picaresco— y frustra los deseos de Ronsardo.

Corregida la cédula y en posesión tanto de Lamia como de Delia, la primera se la hace llegar a Fernando en nombre de la segunda: la trampa final. El contador entra en casa de Delia a las doce, ignorando que Lamia, de acuerdo con Ronsardo, había cambiado el texto y previsto la llegada de la justicia (escena 8.ª). Otro recurso típico del entremés. Delia, ventanera virtuosa, advierte cierto bullicio en su hogar, ignorando el ardid de su hermana. Nótese cómo Lugo opone la privacidad de Delia, cuyo papel es exterior, a la lascivia de Lamia, «de puertas adentro» y con clara repercusión sobre su fama. Cuando ésta sostiene ante el alguacil que Fernando le debe su honra y exige el cumplimiento de su palabra, el contador, aturdido, no puede sino negarse. El epílogo alcanza su clímax con el veredicto del juez, que encarcela al galán. Pero no terminan aquí las estafas de Lamia, antepasada de Feliciana y Luisa, protagonistas de *Las harpías en Madrid,* de Castillo Solórzano (1631). La versión de la joven es que en realidad esa noche aguardaba a Ronsardo y por un suceso inexplicable —trazado por ella— acudió a su llamada Fernando. Además, existe un contrato (falso) en el que Delia da evidentes razones de la preferencia del galán por Lamia.

Delia saca entonces de su escritorio la copia sobre la que se había gestado el fraude, con el color de la tinta perdido.

Tras una discusión entre las hermanas, que poco añade a la anterior, la autoridad judicial resuelve el caso de forma curiosa: dado que el original no puede leerse, ambas mujeres sellan un pacto tácito, fraterno, pero más ventajoso que el billete de Fernando. Delia lo visita en la prisión, informa del truco de la cédula y termina convenciéndolo de su amor. El caballero encarga a sus amigos que sorprendan a Ronsardo con Lamia para disponer de argumentos ante el juez y sellar su boda con Delia. Paso previo al cambio de «hábitos» de la muchacha y —paralelamente— a la entrada de Lamia en una orden religiosa. Lugo, insistiendo en la ejemplaridad del relato, cierra de manera circular su doble noviazgo a cuatro bandas; esto es, con los mismos versos que lo habían prologado. Justifica así su talento para estirar los tiempos —la anécdota— en una intriga que participa de la picaresca, la novela cortesana, los entremeses, las parejas cruzadas de la comedia, la epístola, la poesía y una decidida vocación conceptista.

3. «LA INGRATITUD HASTA LA MUERTE»

Poeta de origen italiano, «confirmado loco», al decir de Pantaleón de Ribera, zurdo y mujeriego, el infortunio de la obra de José Camerino ha corrido paralelo a los vejámenes de sus coetáneos[32]. Nacido en Fano (Umbría), en el seno de una familia vinculada a la curia pontificia, vino a residir a Murcia, donde conocería a su esposa, la poetisa Águeda Vita y Matarrubia, según revela una décima incluida en los preliminares de *La dama beata* (1655)[33]. Rodríguez Cuadros [1979: 26] afirma que «su ambición literaria le impulsa a marchar pronto a Madrid, ciudad en la que desempeñó el cargo de Procurador de los Reales Consejos, Notario y Se-

---

[32] Véanse King [1963: 156-158], Brown [1980: 289-290; 1982: 9-56] y Madroñal [2005]. Este apartado de la «Introducción» resume un artículo que aparecerá en *Studi Ispanici* [Bonilla Cerezo, 2009].

[33] Sobre su biografía, véanse Levi [1934: 687-736] y las apostillas de Rodríguez Cuadros [1979: 33-36 y 253-262] y Vilar [1973: 276-288].

cretario de Breves y Comisiones Apostólicas en el Tribunal de la Nunciatura de Su Santidad».

Burócrata y arbitrista, además de promotor de una banca de efímera existencia, la vida de Camerino en la Corte se caracteriza por su intensa actividad en las Academias. Dicha vocación lo puso en contacto con autores como Lope, Alarcón o Gabriel del Corral y con la *Academia Selvaje* (1612-1614), fundada por don Francisco de Silva, hermano del Duque de Pastrana, a quien el italiano dedicará su *opera prima:* las *Novelas amorosas* (1624). Tenemos constancia, asimismo, de su participación en la *Academia de Mendoza* (1622-1623) y en el *Certamen del Retiro* de 1638, siendo uno de los ciento setenta y seis poetas que colaboraron en las *Lágrimas panegíricas a la temprana muerte de Juan Pérez de Montalbán* (1639).

Las *Novelas amorosas,* consideradas por Levi [1934: 704] el «anillo intermedio en la cadena de experimentos estilísticos que va de Cervantes a María de Zayas», son una colección de doce relatos en los que se deja sentir la huella de las *Ejemplares*. Sin embargo, Rodríguez Cuadros [1979: 79-80] nos ofrece una clave preciosa al afirmar que «su temperamento literario está más próximo a Góngora que a la escuela del complutense. [...] Vemos funcionar la estética gongorina en unos cauces de novela trágico-romántica, mito-pastoril, amoroso-itinerante y seudopicaresca».

Examino *La ingratitud hasta la muerte* por dos razones: 1) los críticos han destacado el núcleo del volumen, formado por historias de argumento español: *El pícaro amante, El amante desleal, El casamiento desdichado, Los efectos de la fuerza* y *La catalana hermosa*. Empero, apenas se ha estudiado el resto: *La voluntad dividida, La firmeza bien lograda, Los peligros de la ausencia, La triunfante porfía, La soberbia castigada, La persiana* y *La ingratitud hasta la muerte,* que es la que nos ocupa; 2) esta novela comparte con la poesía de Góngora su sentido sensualista del color y, sobre todo, la invasión mitológica del escenario pastoril. Pero también una línea intelectualista con clara conciencia de estilo. Hasta el punto de que «es factible sentar un paralelismo entre sus personajes y los de la *Fábula de Polifemo* (1612): Sátiro/Cíclope; Clérida/Galatea;

Floristo/Acis» [Rodríguez Cuadros, 1979: 162]. Procuraré mostrar que los lazos con las octavas del cordobés son bastante más significativos[34].

La trama puede resumirse como sigue: Floristo descubre en un bosque de Creta a la ninfa Clérida. La joven opone resistencia durante su cortejo, obligándolo a superar tres pruebas: 1) juegos deportivos con varios rústicos; 2) derrotar a un sátiro; 3) una escaramuza con un oso. Bien cumplidaspor Floristo, sólo aceptará su amor al tener falsa noticia de la muerte del caballero, que regresa para celebrar las nupcias.

A primera vista el esquema recuerda «al de la *Aminta*, pero con final feliz» [Levi, 1934: 705][35]. La aportación de Camerino nace de su destreza para aglutinar dos tradiciones latinas: el mito y la égloga con tintes bucólicos. Así, mientras esta última es fundamentalmente ficción, los mitos son hábito comunitario. Dicho de otro modo: dos subgéneros que remiten como fuentes a Virgilio y a las *Metamorfosis* de Ovidio. Esta alianza se daba ya en ambos poetas clásicos, «puesto que los versos del sulmonense, cantera de los mitos de la Antigüedad, solían ubicarse en escenarios selváticos. Y al contrario: los mitos se injertaban en la antigua ficción pastoril de las *Bucólicas* o en los *Idilios* de Teócrito» [Cristóbal, 2002: 109-110].

La cita no es gratuita. Recordemos que fue Teócrito (310-250 a.C.) quien inauguró la modalidad amorosa en la trayectoria literaria de Polifemo: *Los bucoliastas* (IV) y *El cíclope* (XI). La novela de Camerino disuelve el mito ovidiano en la historia pastoril, aunque su «proyección» no impide que percibamos el esqueleto general, sus tópicos y motivos, aun cuando se adapten —pasando por la mediación de Góngora— a una nueva concreción temática. De

---

[34] Tanto sus muchos detractores [Pfandl, 1933: 363-364] [Díez Echarri y Roca Franquesa, 1960, reed. 1979: 266] como los contados apologetas [Ticknor, 1851: 341] [Place, 1926: 82] [Carrasco, 1995: 47-69] [López Díaz, 1998: 909-915] [Sánchez Jiménez, 2002: 118-119] [Formichi, 1973: 82], [López Díaz, 1982: 247-253; 1992: 297; 1998: 601-612] inciden en su gusto por la miscelánea y en los guiños cultos, que lindan con la afectación.

[35] No es desdeñable su parecido con *L'Astrée* (1607-1627) de Honoré d'Urfé.

acuerdo con la fragua argumental de Camerino (Virgilio, Ovidio, Góngora), esta novela resulta perfectamente decorosa. Siempre que leamos el adjetivo al modo clásico; o sea, como la adecuación entre la retórica, el tema y los personajes. No debe extrañar, pues, su muestrario de cultismos e hipérbatos para calcar la excelencia de los modelos. Trama y estilo caminan de la mano con una armonía difícil de encontrar en otras novelas de la colección, donde afloran, superpuestas en ocasiones, la picaresca, la cortesana, la morisca, etc.

3.1. *Invidia de las ninfas y cuidado*

La ingratitud hasta la muerte comienza con una escena en la que Floristo, libre de las flechas de Cupido, sigue a un ciervo por un bosque consagrado a Júpiter. Nada original si no fuera porque Camerino ha prescindido del marco boccacciano y del tópico del *laus urbis* —no hay datos sobre la ciudad—, reemplazados por una introducción venatoria[36]. Se trata de una floresta, sin ningún punto a lo largo de ocho líneas, en la que el narrador hace gala de todos sus «vicios»: polisíndetos, cláusulas de participio y de gerundio, abuso de los mitos y de la epítesis, ditologías de verbos, sustantivos y adjetivos. Es cierto que Camerino pide mucho de sus lectores pero quien sea capaz de terminar el primer párrafo observará dos detalles que apuntan hacia Góngora. Y no sólamente estilísticos. La cinegética tiene lugar en verano («ardiente estío»), rodeada por varios elementos que sugieren el calor o el fuego («incendio»; «el soberbio carro»). Floristo captura al ciervo en un paisaje que recuerda al de la *Égloga* III de Garcilaso (III, 81-96); si bien con unos coros de dríadas y napeas que evocan las de los lienzos barrocos. Todo termina con el descubrimiento de una zagala.

---

[36] Duplica este recurso en *La firmeza bien lograda*, durante la presentación de Arseo, Dorindo y la cazadora. Véanse Camerino [1992: 96-97] y Zerari [1995: 180].

Tengamos presente que la *Fábula* de Góngora insistía en la canícula y que la hermosa Galatea, yaciendo entre la «verde hierba» (1612, 177-180), armoniza con la no menos bella Clérida. Descubrimos ciertos paralelismos con el *Polifemo* (1612, XXI-XXIV): el noviazgo de Acis y la nereida, precedido por un breve sueño del muchacho (1612, XXXIII) —como en *La ingratitud hasta la muerte* y *Los peligros de la ausencia*—, acentúa el bochorno («arde la juventud y los arados») (1612, 161), el «sol ardiente» (1612, 178) y la metáfora sobre el «Can del cielo» (1612, 185-186). No finalizan aquí los parecidos. Floristo lleva a cabo una regresión clásica, es decir, abandona el mundo de la novela cortesana para ingresar en la mitología pastoril. Égloga ovidiana, pues, donde lo primero que admira el caballero es una ninfa. Ahora bien, Clérida, según apunta Camerino, actúa como una joven «oprimida» que huye de cuatro rústicos. Su comportamiento —desde el *incipit* narrativo— se define por la fuga. Negará tres veces a Floristo, a pesar de la destreza que éste muestra en la resolución de las pruebas. Un detalle similar a dos octavas de la *Fábula* de don Luis: Galatea, hija de Doris, declina las súplicas de Glauco y Palemo, que la festejan con deseo (1612, XV-XVII), antes de conocer al lindo Acis.

Góngora llama a Galatea «corza en tierra» (1612, 136). Esta imagen nos brinda otra pista para juzgar a la pastora de *La ingratitud hasta la muerte* y a otras damas del genio cordobés. Lo sorprendente del primer episodio de la novela es la facilidad con la que Floristo cambia el «herido ciervo» por la «oprimida ninfa». Con otras palabras: la cinegética se transforma de inmediato en una montería pasional. No olvidemos que el cazador tiene mucho de Tenorio, y de la misma manera que Don Juan busca el *crescendo* en sus conquistas, pasando de la mujer fácil a la honesta, para concluir en la novicia, Floristo no tarda en sucumbir ante la hermosa Clérida, que corre por un bosque ofrecido a Diana, hija de Júpiter, cazadora y virgen.

El motivo tampoco resulta casual. He dedicado un largo trabajo a explicar cómo buena parte del corpus gongorino, incluido el *Polifemo*, puede leerse como una cacería de amor. Don Luis emplea a menudo los símbolos del montero y la cierva para narrar sus idilios. Así, en los sonetos «No destrozada nave en roca dura» (1584), «Tres veces de Aquilón el soplo airado» (1585), «Descaminado, enfermo, peregrino» (1594) y «Verdes juncos del Duero a mi pastora» (1602); o en los romances «Aquí entre la verde juncia» (1584), «Famosos son en las armas» (1590), «Frescos airecillos» (1590), «Las aguas de Carrión» (1599), «En tanto que mis vacas» (1601), «Sobre unas altas rocas» (1601), «A un tiempo dejaba el sol» (1605), «Musa, si la pluma mía» (1606), «Pintado he visto al amor» (1607), «Flechando vi con rigor» (1607), «Donde esclarecidamente» (1607) y «Los montes que el pie se lavan» (1609). Son de interés para el cotejo con la novela la canción «Corcilla temerosa» (1582), el romance «Moriste ninfa bella» (1594) y las décimas con estribillo «De un monte en los senos donde» (1603) [Bonilla Cerezo, 2007: 157-263].

Verdaderas églogas venatorias —como *La ingratitud hasta la muerte*—, destacan por la habilidad de Góngora para invertir los papeles del cazador y la presa, con especial atención a las fugas de sus personajes femeninos. De hecho, la imagen del *Polifemo* («corza en tierra») sugiere que Galatea, hostigada por Glauco y Palemo, en primer término, y «cobrada» finalmente por Acis, que era «un venablo de Cupido» (1612, 93), se instituye como eje de la fábula, pero también de la cinegética. Un mito en octavas reales donde —igual que en los textos citados— se alternan las funciones del montero y la corcilla, transformando la cacería en símbolo de la rendición amorosa.

Otra curiosidad nos orienta hacia el cordobés. Cuando Floristo, que parecía un trasunto de Acis, cambia la corte de Creta por el bosque, interactuando con las varias figuras que le salen al encuentro, su función en el relato se acerca a la del peregrino en las *Soledades* (1613-1614). Ni Góngora ni Camerino colocan a sus protagonistas en un espacio armónico, en el sentido de que las selvas de *La ingratitud hasta la muerte* y la «Arcadia» de don Luis no son lugares naturales para sus héroes. Tanto Floristo como el peregrino se desenvuelven en ellos como dos intrusos, pues sólo el anciano pescador isleño y los rústicos, en el caso de Góngora, y las ninfas y los juegos con los pastores —habría que ver hasta qué punto la disputa con el sátiro—, en la novela, pasan por rasgos canónicos del *locus amoenus*. La diferencia es que si el misterioso peregrino se comporta esencialmente como un observador, Floristo también tendrá que mostrar su habilidad en la lucha. Casi podríamos decir que *La ingratitud hasta la muerte* acaba donde empiezan las *Soledades*. El protagonista de Góngora huye de un antiguo amor, sin que vuelva a interesarse por el asunto a lo largo de dos mil versos. En el relato de Camerino sucede justo lo contrario: Floristo corre tras una ninfa que será su primer y último objetivo.

Detengámonos en la victoria del cretense sobre los salteadores de Clérida, que no ha de estimarse todavía como un reto de la pastora. El triunfo se caracteriza por su extraordinaria velocidad —duplicada en la sintaxis con el polisíndeton— y por un motivo frecuente en la novela pastoril del Renacimiento: el de los rústicos violadores y las zagalas acosadas. Entre otros ejemplos, asomaba ya por el libro II de *La Diana* (1559), de Montemayor [1995, 185-186], donde tres salvajes que sitian a unas nereidas son muertos por las flechas de Felismena. Y en la peripecia de *La Diana*, de Alonso Pérez (1563), en la que el gigante Gorforosto acorrala a la ninfa Stela; lo que obliga a esta última a arrojarse a las aguas del Duero, buscando refugio en la morada de sus hermanas [Pérez, 1574: 129-140]. Camerino, sin embargo, destaca la reacción de Floristo, que «se muestra colérico», alejándose esta vez del sereno Acis —el único personaje irascible de la *Fábula* es Polifemo (1612, LIX)—, y la conversión en perlas del agua del arroyo («cristal») al contacto con el rostro de Clérida. Tópico que figuraba en la descripción de Clori, protagonista de las gongorinas décimas con estribillo «De un monte en los senos donde» (1603)[37].

Clérida tiene el atractivo de esas mujeres que son algo menos que diosas y algo más que mujeres. Sin embargo, la escena del rescate se centra en la maniobra de Floristo, que liquida a los rústicos en apenas dos líneas. El autor de Fano

---

[37] Sobre este tópico véanse Manero Sorolla [1990: 472-474] y Bodini [1964: 40-61]. En el relato de Camerino será Floristo, esto es, el cazador, quien termine transformado en trofeo de la «cierva».

presenta los hechos con rapidez, a pesar de que, paradójicamente, el duelo está dominado por un sinfín de polisíndetos («y para desasirla», «y le arrojó», «y sin darle lugar a que se admirase», «y del castigo de los villanos»...). Esa maraña sintáctica nos permite comprobar su asimilación de los estilemas manieristas. Aunque abuse de la conjunción copulativa, la escena merece la pena por las bimembraciones con las que diseña a los personajes. Así, toda la contienda se asienta sobre dos pares de correlaciones que aluden a Clérida («oprimida ninfa», «bella zagala»; «libre el campo», «libre la ninfa»), a los villanos («primeras ofensas», «muertos placeres»; «razones de ira», «desdén a las armas») y al propio Floristo, enfocando el resultado de la lucha («colérico en la voz», «valeroso en las manos»; «dos perdieron con la sangre la vida», «heridos los otros dos»).

El bosque de *La ingratitud hasta la muerte* se configura como lugar favorable y adverso —simultáneamente— para el proceso de conquista y bastidor adecuado para la narración oral. La primera recompensa que obtendrá el montero es una fábula en la que Clérida refiere su vida. Se trata de un arbitrio que vincula a la pastora no tanto con la silente Galatea de Góngora cuanto con la raíz clásica de este tipo de amores: las *Metamorfosis* de Ovidio, donde la nereida asumía la voz narradora. Por otro lado, Clérida discurre como las ninfas de las églogas garcilasianas y, sobre todo, como las adustas jóvenes de la pastoril: Diana y Selvagia, en *La Diana* de Montemayor; Gelasia, en *La Galatea* (1585) de Cervantes; o la libérrima Marcela de la Primera parte del *Quijote* (1605).

Camerino crea con esta autobiografía un cuento intranovelesco. En la medida en que la secuencia inicial podría clasificarse como una cinegética cortesana que encuadra el relato de la joven. Dicho de otro modo: la hibridación de géneros domina *La ingratitud hasta la muerte*. Clérida, ninfa desamorada que escapa del «yugo de Himeneo» y de las súplicas de los villanos, resulta la candidata perfecta para conquistar a Floristo, que a sus veinticinco años nunca «había turbado su quietud» por razones de Amor. Pero lo más valioso del relato de la muchacha es que Camerino asume otro motivo polifémico: Clérida ha escogido «entre frondosos árboles —alivio de la siesta— una florida isleta»; igual que Galatea ejercitaba su descanso y huye por una isla: Sicilia. En el caso de la novela, el sustantivo «isleta» ayuda a validar nuestra premisa: *La ingratitud hasta la muerte* es una fábula a pequeña escala de la grandiosidad del mito gongorino[38].

Más allá de la naturaleza plateada de las aguas y del cuerpo de las respectivas mujeres, también Galatea disfrutaba del sueño (1612, XXIII) antes de la irrupción de Acis, su cuarto y definitivo galán. Sin descartar el valor simbólico de la sangre en el relato de Camerino y en la propia *Fábula*: el novelista da comienzo a su idilio con un combate en el que los restos mortales de los rústicos tiñen de rojo el tapiz virgiliano. A continuación, desgranará tres pruebas que encaminan la historia hacia un final feliz. Góngora, en cambio, propone una bucólica destruida cuando Polifemo arroja el farallón del Etna sobre los amantes (1612, LXII). Utiliza la sangre, el homicidio, como dramático broche del mito y paso previo a la metamorfosis de Acis en río.

La respuesta de Clérida a los agravios de los villanos y al favor del montero no es otra que fugarse, adelantando el núcleo de la novela y de su relación con Floristo. Nos topamos ahora con un narrador preocupado por el preciosismo y la variedad de sus imágenes, aun cuando la *descriptio puellae* descanse sobre una cadena de tópicos. No es baladí el símbolo de los ruiseñores en el primer diálogo entre Floristo y la ninfa, ya empleados por Góngora para el descubrimiento de Acis y Galatea, presidido por una pareja de palomas (1612, XL-XLII) y otra de ruiseñores (1612, XXIII, 177-180). Pero Camerino los incluye de forma más convencional. Se creía en la época que si los novios escuchaban el canto de esta ave se mantendrían unidos, pero morirían, como le sucede al joven siciliano. Dicha conjetura no la aprovecha el

---

[38] A propósito del erotismo, el despertar al amor en estos lugares, los abrazos de Júpiter —recordemos que el bosque de *La ingratitud hasta la muerte* está consagrado al señor de los dioses—, las Dianas bañándose y el sinnúmero de ninfas y lánguidas Venus, véase Civil [1990: 39-49].

autor de las *Novelas amorosas,* ya que nos cuenta un idilio que remata en jubilosa boda. La similitud con Góngora nace de la función del Amor, que, humanizado, se pasea sin arco ni aljaba por la frente de Clérida[39].

El caballero se declara tras escuchar los sucesos que la condujeron hasta el bosque. Para ello elige una súplica («que desterréis al rigor que hace a tantos desdichados») semejante a la de la octava XLVIII del *Polifemo,* cuando el monstruo, después de enumerar sus riquezas —omitidas en el caso de Floristo—, exigía a la «sorda Galatea» (1612, 378) que fuera menos arisca y desdeñosa (1612, LI, 401-408). La negativa de la joven se expresa por medio de una trimembración («se verán estrellados los campos, los cielos floridos y los ríos más caudalosos») que resucita vagamente el *incipit* de la *Soledad* I [Góngora, 2000: 366]: «Era del año la estación florida / en que el mentido robador de Europa / media luna las armas de su frente, / y el Sol todos los rayos de su pelo, / luciente honor del cielo, / en campos de zafiro pace estrellas» (1613, 1-6). Clérida, con un mutis teatral, abandona la floresta sin dar ninguna opción a Floristo. Toda la novela gira alrededor de las tres fugas de la pastora, que originan a su vez tres pruebas y tres «cuadros» que pueden definirse como lienzos poéticos o *tableaux*. La ninfa se define como un ídolo huidizo; como una volátil incorporeidad, o un cuerpo volatilizado —es cristalina y acuática—, que se solidifica y se esfuma por tres veces.

Tanto la disposición de los hechos como la actitud de la dama se parecen a los de la canción gongorina «Corcilla temerosa» (1582). Poema híbrido —igual que la novela del italiano—, a mitad de camino entre la égloga y el epigrama, no se restringe al tema venatorio, aunque la imagen de la mujer, corriendo a través de un bosque, proceda del mundo de la

---

[39] El *topos* aparece en varios textos de don Luis, ya sean los romances moriscos «Famosos son en las armas» (1590, 11-14) y «Criábase el albanés» (1585, 29-32), el romance venatorio «Los montes que el pie se lavan» (1609, 25-28), o el soneto «Verdes juncos del Duero a mi pastora» (1602, 12-14). No en vano, la figura antropomorfa del Amor, que circula por el rostro de Clérida para seducir a Floristo, recuerda a una escena idéntica del *Polifemo:* el galanteo de Acis y la nereida (1612, XXX-XXXI).

caza y no ande lejos de lo que nos sugiere Camerino[40]. Sorprende que tanto este poema como *La ingratitud hasta la muerte*, dos microéglogas, reduzcan el universo pastoril a su armazón mínimo y con uno o dos pasos retóricos lo encaminen hacia lo menudo, lo delicado y lo primoroso del madrigal. Ambos ingenios coinciden en el propósito de llevar al extremo el aliento idealista de la pastoral —imbricado con las *Metamorfosis* en el texto de Camerino—; quizá por el contenido aristocrático de la montería amorosa que pretenden evocar [Jammes, 1987: 349]. Nótese que Floristo lamenta los rigores de la ninfa en una trimembración nada azarosa: «Pero, sorda, no oyes mis quejas, mi dolor no sientes, mi pena no te mueve». Desconsuelo que no lo relaciona tanto con Acis como con Polifemo, en su papel de galanes —mudo y facundo, respectivamente— y apunta a la octava LVIII de la *Fábula*.

La filografía de Floristo da paso a un desmayo con indudable efecto dramático. Dicho paroxismo lo sitúa momentáneamente junto a los cadáveres de los villanos y favorece la llegada de un compañero que lo devolverá a Creta. Pero el muchacho, juzgando una cobardía renunciar a la ninfa, se fabrica un disfraz rústico —otro recurso barroco— y fatiga las selvas el día del cumpleaños del mayoral, padre de Clérida. Todo se organiza en torno a las idas y venidas del bosque a la corte; lo que supone un balanceo de tipologías novelescas: cortesana y bucólica. Parafraseando a Cervantes, la vuelta de Floristo al mundo de Clérida simboliza su primera salida pastoril. El protagonista —como el peregrino de las *Soledades*— tropieza con unos juegos deportivos para coronar a la más bella zagala con una guirnalda de flores. La diferencia entre *La ingratitud hasta la muerte* y los versos de Góngora es que la intervención de Floristo, recibido y honrado por extranjero, habrá de ser activa y no meramente ob-

---

[40] «Corcilla temerosa, / cuando sacudir siente / al soberbio aquilón con fuerza fiera / la verde selva umbrosa, / o murmurar corriente / entre la hierba, corre tan ligera / que al viento desafía / su voladora planta: / con ligereza tanta, / huyendo va de mí la ninfa mía, / encomendando al viento / sus rubias trenzas mi cansado acento» (1582, 1-12) [Góngora, 2000: 27-29].

servadora. El cretense se adentra en una especie de «teatro dulce» donde halla a dos viejos pastores —Oruste y Alcedo—, cuya función es idéntica a la del «*político serrano, / de canas grave* [...]» (1613, 364-365) de la *Soledad* I. Junto a estos magistrados, abundan los villanos que presumen de nietos de Neptuno, los atletas, las dríadas, los sátiros y alguna que otra bestia.

En paralelo, los sucesivos espacios agrestes: el bosque, primero; el prado, poco después; y la selva. Ahora bien, con ser fragosos y deleitables, no reflejan las tópicas versiones del *locus amoenus*. Camerino construye una novela —y unos paisajes— más próximos a las selvas de Góngora, trasunto de las bacanales/Arcadias de Tiziano, Rubens, Poussin o Claudio Lorena, que a la pastoril del Renacimiento. Un lienzo narrativo donde ensambla figuras en actitudes tremendamente diversas y, por extraño que resulte, armónicamente conformes. Tres episodios, tres cuadros literarios, tres duelos para alcanzar el amor, donde el mito de Polifemo —su rastro, un tanto difuminado— subsiste en varios detalles. El sustrato gentílico de Ovidio y Góngora permanece en el idilio porque, según ha indicado Blanco [1998: 268] a propósito de las *Soledades,* las figuras pueblan el cuadro virgiliano «como huella no de un mito sino del ambiente mitológico en general; queda la armonía de un entorno montaraz verosímil y de la presencia humana; en suma, el paisaje ideal no ya como fondo y marco de una historia, sino como matriz de la que podría emerger una historia».

3.2. *Palestra de olímpicos villanos*

La primera prueba de Floristo se desarrolla —como diría el cordobés— en una «palestra de olímpicos villanos». Camerino pinta un círculo que acoge las evoluciones de los rústicos, dignas de la lucha grecorromana. Pronto será ocupado por Arbelo, quien, igual que el cretense al inicio del relato, somete a cuatro pastores. Sin perder un momento, y para castigar la vanidad de Arbelo, que se jactaba de su parentesco con Neptuno, entra en la arena el valiente Coranto:

abrazado con él, debatiéndose los dos furiosamente, después de larga pelea, no pudiendo regirse más en pie, se arrodilló —blasfemando de los dioses— la estirpe de Neptuno y, levantándose a pesar del contrario, airado le apretó tan fuertemente entre los robustos brazos que juzgaron los circunstantes haberle hecho pedazos. Pero [...] reforzado Coranto con la ira de la nueva ofensa, le derribó furiosamente en el suelo y, revolcándose sin desasirse y conocerse ventaja, le reventó al soberbio Arbelo por la mucha fuerza una vena en el pecho y, ahogado con la sangre, quedó, si vencido, negando en el semblante la victoria, la cual celebraron todos con alegres voces, siendo de cada uno aborrecido por su soberbia Arbelo. Y habiéndose concedido bastante tiempo a Coranto para tomar aliento, entraron otros pastores a probar su dicha, que, si robustos, quedaron todos vencidos.

Junto a la fórmula condicional gongorina («si A, B») («quedó, si vencido, negando en el semblante la victoria») («si robustos, quedaron todos vencidos») para subrayar la adversación de dos términos lógicamente contradictorios («vencer»/ «ser vencido»), la escena remite a los juegos de la *Soledad* I (1613). Inspirados por modelos de corte épico, Góngora [2000: 381] acuñaba varios sintagmas que reproduce el párrafo de Camerino: «él sólo desafía» (1613, 567), el «círculo espacioso» (1613, 573) y, sobre todo, «calzada abriles y vestida mayos» (1613, 577), que el italiano copió en otros lugares. Los préstamos se vuelven categóricos cuando analizamos el combate de las *Soledades*. Góngora detallaba el «abrazo» entre los luchadores, el número de rústicos, que también son cuatro, la recurrencia del adjetivo «robusto», el verbo «derribar» y la mención de un personaje mitológico (Alcides) que Camerino sustituye por Neptuno. El autor de Fano profundiza en la pintura de los árboles y rebaños arrastrados por la fuerza de las aguas —simbolizando el brío de Coranto—, que don Luis había limitado a la metáfora de los «pinos» (1613, 975-976), y modifica el epílogo de la lucha: Coranto asfixia a Arbelo y le rompe una vena. Veamos los juegos del poeta cordobés (1613, 963-980) [Góngora, 2000: 392]:

> Llegó la desposada apenas, cuando
> feroz ardiente muestra
> hicieron dos robustos luchadores
> de sus músculos, menos defendidos
> del blanco lino que del vello obscuro.
> Abrazáronse pues los dos, y luego,
> humo anhelando el que no suda fuego,
> de recíprocos nudos impedidos
> cual duros olmos de implicantes vides,
> yedra el uno es tenaz del otro, muro.
> Mañosos, al fin, hijos de la tierra,
> cuando fuertes no Alcides,
> procuran derribarse y, derribados,
> cual pinos se levantan arraigados
> en los profundos senos de la sierra.
> Premio los honra igual, y de otros cuatro
> ciñe las sienes gloriosa rama,
> con que se puso término a la lucha.

Otra coincidencia es que tanto en las *Soledades* como en *La ingratitud hasta la muerte* los luchadores sólo inician la pelea cuando están presentes las mujeres. Hasta el punto de que las espectadoras villanas de Góngora, así como Clérida y Zelarda, compañera de Ormindo, el rústico que derrota a Coranto en el relato de Camerino, parecen disfrutar del aspecto deportivo del juego en la misma medida que de la turbación erótica que les produce la contemplación de los cuerpos de los atletas[41]. Por encima de este detalle, Góngora y el novelista avienen en la creación de episodios independientes que pautan sus aventuras. Lo que equivale a decir que incluyen «marcos» dentro de la ficción, pues los lectores disfrutamos de un reto protagonizado por figuras que se convierten, a su vez, en público de otro episodio.

Cuando Zelarda casi roza con los dedos la guirnalda para «la más bella ninfa», Floristo desafía a Ormindo; no sin antes medir sus opciones. El hipotexto gongorino se hace evidente en la imagen del nudo («enlazados») que forman los luchadores y en la cita de Alcides y Anteo. Nótese la postura estatua-

---

[41] Véase en este sentido Issorel [1995: 103-123].

ria, pictórica («clavados en el suelo, sin poderse mover a una ni otra parte, parecía que artífice famoso representase en mármol»), duplicando la plasticidad de la prosa. Así, el abrazo de Floristo y Ormindo, como antes el plano-detalle de la vena de Coranto, remiten a un fino observador de la pintura. Quizá Camerino evoque la serie de cuadros de Zurbarán para el Salón de Reinos del Buen Retiro, dedicada a los doce trabajos de Hércules, y más concretamente el titulado *Hércules y Anteo*[42].

Floristo, tras varios forcejeos, se alza con la victoria y corona a Clérida, que volverá a rechazarlo. Es notable la liberalidad del galán con Ormindo, evidenciando su pertenencia a la corte, y el ofrecimiento de la guirnalda con una frase conceptuosa que recuerda a los motes de la tradición caballeresca: «Vencí en el bosque a tus enemigos y de haberme vencido te corono».

3.3. *Celoso sátiro antiguos robles mueve*

La renuencia de la ninfa obliga a Floristo a retirarse a una selva cercana para llorar su desdicha: «triste y afligido de tanta ingratitud». Pareja de adjetivos que no sólo había utilizado Góngora en «Triste pisa y afligido» (1586), romance burlesco sobre los amores de Zulema y Balaja, sino que aparece con carácter formular en muchos otros del Barroco. De nuevo en la *boscarecha*, aguarda oportunidades para servir a Clérida:

> [...] habiendo ido [Clérida] con su amiga Zelarda a pasar la siesta junto a la fuente de Venus que estaba en el mismo bosque, fue salteada de un fiero sátiro a quien había muchas veces burlado, fingiendo amarle, temerosa de su fuerza. Y dejando a Zelarda, que espantada y no bien segura de su libertad fue a dar cuenta del desgraciado suceso a su Ormindo, la llevó hacia donde dormía Floristo y, desnudándola hasta la cintura, la ató fuertemente a un antiguo roble y, con una verde rama que desgajó dél, sin piedad ninguna empezó a castigar con crueles veras las burlas que dél había hecho.

---

[42] La colección pertenece al Museo del Prado. Véase López Torrijos [1995²: 115-185].

La escena de las ninfas durmiendo junto a la fuente de Venus se asemeja a la de Galatea cuando daba «la nieve de sus miembros a una fuente» (1612, XXIII, 177-184). No tanto la afrenta, pero sí la condición lasciva del sátiro, aparecía en dos pasajes del *Polifemo* («No al cíclope atribuye, no, la ofrenda; / no a sátiro lascivo, ni a otro feo / morador de las selvas [...]», 1612, 233-236) y las *Soledades* («al son de otra zampoña que conduce / ninfas bellas y sátiros lascivos», (1613, 1073-1083), así como en «De un monte en los senos donde» (1603, 45-46). Detengámonos en el verbo «salteó» («fue salteada por un fiero sátiro»), que también consta en la octava XXXVIII de la *Fábula*, a propósito del despertar de Acis («Galatea lo diga, salteada», 1612, 304), metaforizado como «venablo de Cupido, / de un fauno, medio hombre, medio fiera, / en Simetis, hermosa ninfa, habido» (1612, 193-195). En consecuencia, Acis posee en el mito de Góngora una serie de rasgos que Camerino no asigna a Floristo, sino al sátiro violador; de igual modo que el galán de Creta —reflejo en principio de Acis— toma algún trazo del cíclope.

Floristo se batirá con el fauno que capturó a Clérida y la desnudó hasta la cintura. El erotismo de la imagen —los bellos senos de la joven— no es muy común en las ficciones del Seiscientos, dado que la atmósfera contrarreformista solía imponer la moralidad sobre los relatos, de acuerdo con no sobrepasar los estrictos límites fijados por la religión católica y por la censura. Es significativo que el sátiro arranque un árbol con la misma facilidad con la que Polifemo convertía un pino en cayado (1612, 53-56) o desgajaba un peñasco del Etna (1612, 489-492)[43].

El triunfo de Floristo termina otra vez en desmayo, consecuencia de la pérdida de sangre por la herida que le asestó el fauno. Y Clérida se aterroriza, aunque no tanto por la caída del galán cuanto por su situación personal, a merced de

---

[43] Sobre la fortuna de este tipo de personajes —sátiros, faunos, etc.— en las novelas del Siglo de Oro, véanse Bernheimer [1952]; Deyermond [1964: 97-111]; Dunley y Novak (ed.) [1972]; Street [1976]; Husband [1980]. Asimismo son valiosos los trabajos de Egido [1983: II, 171-186] y López-Ríos [1994: 145-156] [2006: 233-250].

las fieras. Habida cuenta del peligro, pide protección al cielo, que como *deus ex machina* le envía a Ormindo y Zelarda. La ninfa se viste entonces con tranquilidad, desamparando de nuevo a su caballero. He aquí la clave de *La ingratitud hasta la muerte:* la «montería» exige que Clérida huya por las selvas, evaporándose como un fantasma. Los pastores, mientras tanto, conducen al infortunado cazador hasta un albergue donde curan sus heridas.

Después de varios días, Clérida consentirá en visitar a Floristo, siempre que no le hable de amor, pues «su dura condición negó admitir el grande que le tenía». Se trasluce entonces un atisbo de piedad en la muchacha. Es ahora cuando se impone la «supraintención proselitista cristiana que defiende Camerino y su tramoya mítico-estilística como forma de explicar la realidad» [Rodríguez Cuadros, 1979: 157-158]. Dicha huella de la Contrarreforma, muy sutil, crece a lo largo de veinte líneas; desde la victoria de Floristo a la fuga de Clérida, el viaje al albergue, conducido por Ormindo y Zelarda, y la breve visita de la protagonista. Así, *La ingratitud hasta la muerte* desarrolla cinco de las obras de misericordia: 1) redimir al cautivo, cuando Ormindo desata a Clérida; 2) vestir a la desnuda; 3) dar posada al peregrino —qué otra cosa es Floristo en la novela—; 4) consolar al triste; y, por último, 5) visitar al enfermo.

3.4. *Mortal horror con rugido cierto*

La posición de Floristo, ya restablecido, no parece mejorar. A la espera de que cambie su suerte, opta una mañana por salir de caza, atravesando la tópica espesura de un bosque. No se dilata su duelo con un oso. El tercer *tableaux* es mucho más breve que los otros: la palestra rústica y el sátiro. Camerino nos sorprende con imágenes extraordinariamente cruentas, como los «arroyos de sangre» que manan del cuerpo de Floristo y el zarpazo de la fiera, que casi lo parte por la mitad. Este motivo también procede de la tradición amadisiesca y cierra las pruebas del caballero. *La ingratitud hasta la muerte* puede leerse como un tríptico. El novelista repite su anécdota por tres veces. Floristo y Clérida —tan quejoso como huraña— son los mismos en todo momento, y algo parecido ocurre con su función narrativa: la bravura y el soliloquio, en el caso del cazador; la fuga, como símbolo de la pastora. Más que una novela, Camerino dibuja tres estampas del mismo cuadro mito-pastoril. Tres «poesías», como llamó Tiziano a las pinturas gentílicas que le encargara Felipe II: *Danae, El rapto de Europa, Diana y Ateneo, Venus y Adonis, Diana y Calisto, Antíope sorprendida por Júpiter*, etc. La diferencia entre Góngora —que pudo inspirarse en las obras del maestro véneto— y el idilio de las *Novelas amorosas* es que don Luis convirtió las octavas del *Polifemo* en «pinturas que hablan»; mientras que el autor de Fano parece interesado en que sus personajes dialoguen lo menos posible. Su novela se define, pues, como «tres pinturas mudas» que cambian en virtud de los rivales de Floristo: rústicos (humanos), sátiro (híbrido de humano y cabra) y oso (fiera, animalidad en estado puro).

La fortuna del cretense adquiere tintes ariostescos cuando Clérida, aterrorizada por la escaramuza con el oso, se apiada y ata sus heridas con unas tocas blancas. Nuevo símbolo de castidad y preludio, quizá, de la muerte de Floristo, según nos revela el propio montero en un agónico planto sobre la crueldad de las mujeres. La llegada al albergue reproduce el *incipit* de otra pieza gongorina: el *Romance de Angélica y Medoro* (1602). El cordobés esboza aquí varios motivos que emergen en la prueba final: el desmayo del soldado, el símbolo del roble, las heridas casi mortales de Medoro, la sangre sobre la hierba, el tipo de hospedaje, la insistencia en la piedad... Sin embargo, la tosca cirugía que recibe Floristo sólo enciende en Clérida nuevos deseos de huir. El episodio avanza con celeridad para detenerse en un intervalo onírico: el caballero, por gentileza de Morfeo, tiene la dicha de ver en sueños a la ninfa, ahora dulce y nada desdeñosa.

El regreso a Creta nos enfrenta con el origen urbano del galán y de la novela. No en balde será en la ciudad natal donde se reponga de sus lesiones. Transcurridos dos meses, con un detalle poco verosímil, Clérida tiene noticia de la muerte de su protector. Sólo entonces rompe a llorar con lágrimas que «enternecían a las mismas piedras». Floristo vuelve a la selva —no hay datos del tiempo que media entre ambas escenas— y acredita su condición de «vivo» con un abrazo que Clérida ya no se atreve a rehusar. La joven acepta su petición de matrimonio, celebrándose las bodas junto a las de Ormindo y Zelarda, que, en un epílogo muy decoroso, residirán hasta el final en las selvas, mientras que los protagonistas se trasladan a Creta.

4. «LA PRODIGIOSA»

En la décima de Tirso de Molina que sirve de prólogo a la única colección de Juan Pérez de Montalbán, hallamos uno de los tibios aplausos que ha recibido la prosa de este comediógrafo: «prodigioso es el autor / que a tales prodigios llega» [1624: 5]. Dicho elogio viene a completar el de Lope en la censura que abre los *Sucesos y prodigios de amor*: «no queda inferior al Cintio, Bandelo y Bocacio en la invención de estas fábulas; y en acercarse a la verdad los excede» [1624: 4]. Pero no todo fueron cumplidos para un ingenio que, según Quevedo [1981: 176-177], fruto de la polémica suscitada por la circulación manuscrita de la *Perinola* el mismo año en que se publicó el *Para todos* (1632), era pedantesco, fraudulento y un mero «retacillo» del Fénix[44].

La verdad es que todavía conocemos poco del Montalbán novelista. Su labor como dramaturgo y las deudas hacia el padre del *Arte nuevo* han ocultado buena parte de su narrativa. La crítica —con excepciones— sólo se ha detenido ante él para examinar las comedias o para citar su papel como discípulo lopista en la corte madrileña. Algo semejante podríamos decir de su poesía, que se caracteriza por el auge del cultismo[45].

---

[44] Véanse González de Amezúa [1951: 64-94], Ruiz Fernández [1995: 26-37] y Laplana [1999: IX-XV].

[45] En este sentido, Sánchez Puerta [1934: 211-213] ha espigado fragmentos de sus piezas teatrales que muestran a un escritor seducido por el estilo gongorizante, y hasta retorcido, que se adueñó de las letras del momento.

Nacido en Madrid, probablemente en 1602, aunque se especula que pudo venir al mundo un año antes [Dixon, 1961: 96], era hijo de Felipa de la Cruz y del famoso librero Alonso Pérez, que trasladó su negocio de Alcalá de Henares a la capital [Cayuela, 2005]. La familia tuvo cuatro hijos más —Cristóbal, Isabel, Petronila y Águeda— y parece que era extraordinariamente piadosa, debido quizá a su probable ascendencia judaica [Profeti, 1970] [Parker, 1975]. Cursó Humanidades y Filosofía en la Universidad de Alcalá de Henares y se licenció en 1620, doctorándose más tarde en Teología (1625-1626). Por las mismas fechas fue ordenado sacerdote y obtuvo la capellanía de la parroquia de San Juan en Ocaña, además de ser admitido en la Congregación de San Pedro. Seis años después ingresaría como discreto en la Venerable Orden Tercera de San Francisco, aunque no entró a formar parte de ella hasta 1633.

Hacia 1636 comenzaron a observarse anomalías en su comportamiento. Verdaderos problemas mentales, posiblemente heredados, aunque sin duda agudizados por el exceso de estudio, las guerras literarias en las que se había visto envuelto y la reciente muerte de Lope. Falleció el 25 de junio de 1638, sin llegar a ver impreso el *Segundo tomo de las comedias,* preparado por su padre. Fue objeto de lujosas exequias y se le ofrecieron encomios, entre los que destacan el *Elogio evangélico funeral* de Fray Diego Niseno y la *Oración panegírica* de Francisco de Quintana, compilados por su amigo el licenciado Pedro Grande de Tena y publicados por Alonso Pérez con el título de *Lágrimas panegíricas.* [...] *Lloradas y vertidas por los ilustres ingenios de España,* Madrid, Imprenta del Reino, año de 1639[46].

Ocho relatos muy distintos integran los *Sucesos y prodigios de amor* (1624), a los que se antepone una dedicatoria dirigida a algún personaje más o menos vinculado a Alonso Pérez. Es oportuno leerlos de acuerdo con los criterios clasificatorios

---

[46] Las principales aportaciones sobre la bio-bibliografía de Montalbán son: Bacon [1912: 1-475], Parker [1975] y Profeti [1970] [1976]. Sobre las actitudes críticas de los siglos XVII, XVIII, XIX y XX, véase Ruiz Fernández [1995: 94-115].

de Ruiz Fernández [1995: 52-53]: a) sucesos: narraciones que combinan la información histórico-costumbrista con una envoltura moral que se superpone a la trama: *El envidioso castigado, La mayor confusión, La fuerza del desengaño, Los primos amantes;* b) prodigios, que a su vez pueden basarse en: 1) la incorporación primaria del modelo bizantino de cautivos: *La villana de Pinto, La desgraciada amistad, La prodigiosa;* 2) la idealización mítico-caballeresca: *La hermosa Aurora*[47].

4.1. *Sexteto de triángulos*

Si algo define a *La prodigiosa,* incluida en esta antología por sus paralelismos con *La ingratitud hasta la muerte* (1624) y *El monstruo de Manzanares* (1641), es la hibridación de las modalidades cortesana, bizantina y pastoril [Rey Hazas, 2007: 210-212]. Tras una dedicatoria al Veinticuatro sevillano Antonio Domínguez de Bobadilla, en la que Montalbán parece aludir a dos de los enfrentamientos literarios de Lope con Torres de Rámila y Alarcón [Laplana, 1996: 92-93], el inicio del relato, casi una acotación [Giuliani, 1992: XXVIII], atrae por la figura de un hombre con aires de salvaje; motivo que constaba en el segundo *tableaux* de Camerino —el dedicado al sátiro— y se configura como eje de *El monstruo de Manzanares.*

El comienzo *in medias res,* rompiendo la linealidad de los hechos, no resulta muy distinto al de esta última. En cierto modo, los relatos de Montalbán «se plantean como una incorporación de secuencias o microsecuencias referidas a un pasado más o menos lejano que el hilo conductor va recuperando a medida que se aproxima el desenlace» [Ruiz Fernández, 1995: 127]. Para ello —como en la novela de Sanz del Castillo—, la primera incógnita que ha de disipar el lector atañe a la identidad del rústico que yace sobre «una alfombra de olorosas, aunque groseras, flores». Elemento de

---

[47] Rey Hazas [1995: 439] ha observado que si bien no existe una *cornice* a la manera tradicional, la ordenación de las ocho narraciones responde a criterios uniformadores.

la bucólica que el mismo Góngora incluyó en la seducción de Acis y Galatea (1612, XL, 313-320). Pero este salvaje tiene además la capacidad de arrancar un árbol con la misma destreza que el sátiro de *La ingratitud hasta la muerte* o el cíclope Polifemo.

Junto a los préstamos de la égloga y de la corriente etiópica, hay que considerar que el personaje dirige su monólogo —similar a los de Floristo en el texto de Camerino— a un retrato de Policena, de la que también ignoramos todo por el momento. Dicho soliloquio informa del origen noble del protagonista, pues hace años sostuvo un torneo en Albania con el «vestido que bordaron las bellas manos de la dama». Montalbán remite ahora a la literatura caballeresca, ya sugerida en el nombre de Policena, cuya sufijación concierta con el de Elicena, mujer del rey Perión y madre de Amadís de Gaula; más allá de homenajear a la hija de Écuba, reina de Troya. Los caprichos de la diosa Fortuna y otros accidentes que el salvaje justifica a continuación mudaron su categoría áulica por las pieles de animales y el palacio por una gruta donde vive con dos leones. A mitad de camino entre un «solitario velloso» y el Grisóstomo de la Primera parte del *Quijote,* insinúa que su estado deriva del exilio de la corte albanesa hace ya doce años. Periodo durante el que no ha hecho otra cosa que confiar en que Policena no haya perdido su firmeza de costumbres ni su amor por él.

Mientras ensalza la figura de su «amadora en ausencias», el narrador interrumpe la analepsis con el canto de una pastora que recita el romance «Una zagaleja hermosa». Tampoco conocemos su procedencia ni los motivos que la guían hasta Armenia. Montalbán construye la novela sobre un rosario de secretos que nos ocultan datos de los personajes hasta bien avanzada la acción. Con todo, estos versos anticipan una clave sobre la estructura de *La prodigiosa.* La joven poetiza un triángulo amoroso: Menga, prendada del rústico Antón, y Teresa, que también «solía mirarlo». Los octosílabos de «Una zagaleja hermosa» confirman que sus protagonistas son pastores incluidos en una ficción en prosa cuyos héroes —un ermitaño y una zagala— participan del mismo género. Sin embargo, los personajes centrales son más propios de la corte que de los bosques. Con una singularidad: la historia de amor a tres bandas del romance anuncia la que nos propone el argumento de la novela: Policena fue cortejada por Gesimundo y Flaminio, príncipes y, además, hermanastros. Lo que cambia en los versos es que el objeto de deseo era el pastor Antón y dos rústicas las antagonistas que se lo disputan.

Sólo cuando termina el canto de la muchacha, el narrador da cuenta de quién es el salvaje, un «monstruo de la Fortuna» que atiende por Gesimundo. Maravillado por la dulzura de su voz, el ermitaño se presenta ante la zagala, que comienza a huir del «fingido sátiro». Pero antes, Montalbán precisa que la joven casi era una copia de Policena. La pastorcilla, fatigada, se desmayará enseguida; ocasión que aprovecha Gesimundo para llevarla a su cueva, donde le ofrece agua en una concha de tortuga y la regala con «un panal de miel y abundancia de conservados nísperos». Dones que no persiguen sino retenerla a su lado para aliviar su «soledad». Se trata de un tópico que prolifera en otras ficciones arcádicas; sin menospreciar el *Polifemo* de Góngora, donde Acis obsequiaba a Galatea con almendras, mantequilla y miel (1612, XXVI).

Bodegones naturales del mismo tipo encontraremos en las ofrendas de Alasto a la ninfa Crisalda en la novelita que Lope interpolaba en *La Arcadia* (1598); en los regalos de Fenixardo en la Égloga III del *Desengaño de amor en rimas*, de Soto de Rojas; o incluso en la *Soledad* I (1613, 865-882) [Góngora, 2000: 389]. La fortuna de este recurso no impide que existan diferencias entre Gesimundo, Acis y Fenixardo. El salvaje de *La prodigiosa* es un anacoreta, doce años mayor que la pastora y prescinde de los odres que el mancebo gongorino utilizaba para transportar los alimentos: la «blanca mimbre», los «verdes juncos» y el «breve corcho» (1612, XXVI). Montalbán, por tanto, nos invita a una suerte de Edad de Oro que se concreta en el símbolo de la miel [Cancelliere, 2006: 66-71] y en una isla de Asia Menor que remite a los paisajes de la caballería y las leyendas artúricas. La cueva del salvaje Gesimundo es, como la de Polifemo, refugio ideal, protegida contra la fiereza del exterior y abastecida gratuitamente por la naturaleza. Este espacio recóndito «refuerza la doble articulación espacial de la novela: de la civilización a la barbarie; de lo poblado a lo despoblado» [Ruiz Fernández, 1995: 236][48].

Es ilustrativo —como adelanto del final— que Gesimundo, ignorando la biografía y el nombre de la joven, le solicite que viva con él por su parecido con Policena. Así, Montalbán encadena dos fugas: la de Gesimundo, que tuvo que dejar Albania por un caso relacionado con Policena; y la de Ismenia —pues así se llamaba la zagala—, que vino a la isla huyendo del rústico que sus padres quisieron darle por marido. El madrileño alcanza tres logros estimables: 1) apenas sabemos nada del exilio de Gesimundo, relegado a una analepsis posterior; 2) el «caballero salvaje», que podría haber sido un buen título para esta novela, busca la *admiratio* de sus lectores desde el principio; 3) al pedir a Ismenia que se asiente en la cueva, confirma que su belleza actúa como lenitivo natural y sustituto del artificioso, o sea, del camafeo donde estaba pintada Policena.

La pastorcilla escuchará el relato de Gesimundo (segunda analepsis), un cortesano con rasgos del quejumbroso Floristo de *La ingratitud hasta la muerte* y del Juan Osorio de *El monstruo de Manzanares*. Nos cuenta que es hijo natural de Policarpo, soberano de Albania, quien, enamorado de la duquesa Clori, hubo de unirse, sin embargo, con Rosimunda. Matrimonio que no evitó que dejara encintas a las dos nobles. Montalbán anuncia con este episodio la antinomia entre Gesimundo, tan prudente como querido por el pueblo, y Flaminio, el heredero, cuyo simple entendimiento no impide que reciba el afecto del rey. Toda la novela descansa en un sexteto de triángulos que arranca del romance intercalado («Una zagaleja hermosa»), continúa en la analepsis de Gesimundo, que muestra a Policarpo dividido entre Clori y Rosimunda, y se abrocha en el núcleo de *La prodigiosa:* dos nuevos triángulos, escindidos en otros dos —no consuma-

---

[48] El mito de Polifemo desfila por varias obras de Montalbán, descollando el auto sacramental incluido en el *Para todos* (1632). Véanse Glaser [1960: 103-120] y Soler Merenciano [1998: 573-583].

dos—, donde el salvaje se instituye como vértice: Gesimundo y Flaminio aspiran al corazón de Policena; de igual forma que, desde el comienzo, el anacoreta quedará hechizado por Ismenia, mezclándose los sentimientos eróticos y los paternales. Ismenia es festejada a su vez por Tancredo, que también favorecía a una infanta de Albania.

Dentro de la analepsis que incluye la autobiografía del salvaje, la rivalidad con Flaminio y la consumación del amor entre Gesimundo y Policena, aún queda espacio para el embarazo de la joven. Se reproduce un hito de la literatura caballeresca, pues la escena recuerda al encuentro del rey Perión y la reina Elicena en el primer capítulo del *Amadís de Gaula* (1508). Luego las aventuras de Gesimundo —y su triángulo— podrían leerse como una especie de sergas de las de Policarpo. Pero no hemos desbrozado aún cuál será la conducta del monarca con sus hijos; ni la actitud de Gesimundo respecto a Policena e Ismenia. Montalbán tiene ahora la oportunidad de renovar el episodio del triángulo formado por Clori, Policarpo y Rosimunda. Cuando el soberano deja encintas a las dos damas, se ve obligado a priorizar los derechos del hijo legítimo, olvidando el cariño que sentía por la madre del bastardo. Subtrama que reformula un capítulo del *Éxodo* —qué otra cosa sufre Gesimundo en la isla—; o sea, la disolución de la hermandad entre los hijos del faraón: Moisés y Ramsés. Gesimundo, al igual que Moisés, descendiente de una judía, era un príncipe espurio, alumbrado por una duquesa que nunca ostentó el trono de Albania.

Montalbán no tarda en revelar que Policena dio a luz a una niña y la entregó a dos hombres para que la protegiesen de la ira de Flaminio y Policarpo. Desafortunadamente, uno de los emisarios resulta ser el heredero, que manda a sus criados que apuñalen a la menina. El duelo entre los hermanastros no se demorará. El ultrajado Gesimundo amenaza con dar muerte al infanticida cuando menos lo imagine. Prolepsis que anuncia el final del teórico sucesor de Policarpo. Además, Flaminio injuria a Clori, provocando la embestida de Gesimundo y el posterior exilio del bastardo. Pero éste no se produce por cuestiones familiares sino de honra: el rey declara que castigará la afrenta contra su sucesor. En este sentido, Policarpo siempre se muestra como un tirano que hace valer su autoridad. No obstante, un detalle invalida su papel, justificando el desenlace de *La prodigiosa:* su bigamia con Clori y Rosimunda no parece muy distinta de la pasión —lógicamente frustrada entre Gesimundo e Ismenia— del salvaje, Policena y la zagala.

La peripecia prosigue con la huida de Gesimundo tras una serie de agüeros que lo convierten de modo alternativo en un príncipe castigado y asistido por los dioses. Trasunto de Edipo caucásico y anacoreta velloso, domina un paraíso terrenal con la sola compañía de dos leones, según la historia de Androclo, incluida por Aulo Gelio en sus *Noctes Atticae*. Los bienes de la isla remiten otra vez a la Edad de Oro y anuncian una constante en la sintaxis de Montalbán: el uso de la trimembración:

> Halleme dentro de un año tan dueño deste monte, destos riscos y destas fieras que todo me obedecía como al primer hombre, y por esta razón no quise salir de aquí. [...] Esas colmenas me ofrecen miel, esos arroyos cristales, esos montes sombra con su presencia y aquellos árboles frutas silvestres. Los osos y jabalíes que despedazo me dan vestido, aquel mar me regala con pescados y ese bosque con liebres y conejos.

Dos detalles apuntan a la Sicilia poetizada por Góngora: 1) las trimembraciones «deste monte, destos riscos y destas fieras» y «esas colmenas me ofrecen miel, esos arroyos cristales, esos montes sombra [...] y aquellos árboles frutas silvestres» son casi idénticas a las de un soneto juvenil del cordobés: «Ni en este monte, este aire, ni este río (1583); 2) el párrafo de *La prodigiosa* y el soneto de don Luis coinciden en la presencia de la «fresca cueva», del «árbol verde» y del «arroyo frío». Si reparamos en el listado de frutas y animales, tanto la miel como la cornucopia de serbas, peras, castañas, membrillos, manzanas y bellotas que Polifemo guardaba en su zurrón (1612, X-XI), los jabalíes que cobra Gesimundo —iguales a los del monstruo (1612, LIV)— y las liebres, presentes en la *Fábula* («de liebres dirimió copia así amiga») (1612, LX), sugieren la vecindad entre los textos. Sin soslayar que Gesimundo, como el cíclope, «apunta hacia los límites del paisaje a la vista y, gracias a una serie de adjetivos demostrativos, llena con palabras un escenario que hasta entonces estaba vacío de objetos» [Giuliani, 1992: XXVIII].

Podríamos decir que el tópico de la Edad de Oro es aquí menos tópico que nunca. Gesimundo crea su paraíso mediante la palabra y no se resigna a esta vida de renunciamiento, alejado de la corte —a diferencia de don Juan Osorio en *El monstruo de Manzanares*—. Su único objetivo es volver junto a Policena. La evasión a la isla no supone un adiós definitivo al palacio sino una fuga temporal, motivada por la necesidad de salvar su vida de la cólera de Policarpo y Flaminio. Reparemos, sin embargo, en otro par de sutilezas: 1) Gesimundo ofrece a Ismenia una vida retirada; la antítesis de todos los vaivenes cortesanos que acaba de narrar. Y lo hace cuando apenas sabe nada de ella, exceptuando su resistencia a dejar su «libre condición» por un marido. Justo lo que le plantea el anacoreta; 2) Montalbán fija la oposición entre el estatismo de lo sucedido en Armenia hasta la llegada de Policena y las frenéticas aventuras de Gesimundo en Albania; o sea, entre los diálogos del salvaje e Ismenia —que sirven de marco a sendos cuentos autobiográficos— y las analepsis de sus impetuosas vidas.

Ismenia se afinca en la isla porque «una inclinación natural la movía a estimarle y a serle obediente, como si fuera quien la hubiera engendrado». Nueva prolepsis que augura el final del trastierro de Gesimundo y ratifica que *La prodigiosa* no se basa en la intriga sino en la restauración del honor. Lo mismo sucederá —por otro camino— con *El monstruo de Manzanares* de Sanz del Castillo.

El siguiente romance de la pastorcilla («Codiciosa de un arroyo») mezcla el mito de Narciso con el de Orfeo y Eurídice: Narcisa admira su belleza en un «muro de hielo», antesala del episodio en que Ismenia se deleita con su reflejo mientras observa la llegada de Tancredo —similar al Floristo de *La ingratitud hasta la muerte*—, que se duerme junto a la orilla. Las deudas con el *Polifemo* son considerables. Ismenia, «con grillos en los pies para irse y con mucha voluntad para quedarse, [...] se llegó a él con pasos mudos y le sacó la espada de la cinta». Movimiento que armoniza con la octava LXI de don Luis, donde también figuraba el sintagma «paso mudo» («Viendo el fiero jayán, con paso mudo / correr al mar la fugitiva nieve») (1612, 481-482); y, sobre todo, con la XXVIII: «Huyera; mas tan frío se desata / un temor perezoso por sus venas, / que a la precisa fuga, al presto vuelo, / grillos de nieve fue, plumas de hielo» (1612, 221-224).

Ismenia cree mentir al caballero cuando declara que se ha retirado a la caverna por lazos filiales y no amorosos; como, sin ella sospecharlo, descubriremos más tarde. Finalmente, la extrañeza de Tancredo ante su vestido nos retrotrae a la «acotación» del inicio, cuando el traje de Gesimundo asombraba a la pastora. Tales atuendos, que no son disfraces puros, como ocurre en *El monstruo de Manzanares,* pero sí impropios de cortesanos, simbolizan el misterio sobre la herencia del trono albanés.

Montalbán, a medida que desgrana las citas de Tancredo e Ismenia, marca la separación física y cognitiva entre el espacio del salvaje, es decir, la cueva, y el de Tancredo, que —como Floristo en *La ingratitud hasta la muerte*— ingresa en un valle para cortejar a Ismenia. Se perfila entonces el cuarto triángulo: Gesimundo, Ismenia y Tancredo. Pero la pastorcilla halla entre las pertenencias de éste el retrato de otra dama. Sus celos crecen rápidamente, avivados por una carta donde se notifica la futura boda entre Tancredo y una infanta de Albania. Sin embargo, ni Ismenia ni los lectores estamos informados de esa parte del argumento. Hablaríamos de un triángulo *in fieri*, el quinto, a la postre anulado, entre Tancredo, Ismenia y Florinda, cuyo nombre ni siquiera se cita en la epístola.

4.2. *Mi reino por un salvaje*

Pérez de Montalbán postula y deroga a capricho las normas de la verosimilitud. O las apuntala con pilares inestables. La reacción de Ismenia al leer la carta no es otra que deducir que su amor por Tancredo será vencido por su condición social: rústica/noble. Con todo, *La prodigiosa* nace precisamente de otro idilio: los amores furtivos —aunque decorosos en lo que atañe a su linaje— de Policarpo y Clori. No en vano, el triángulo de Gesimundo, Ismenia y Tancredo se hace efectivo en la analepsis donde la zagala le confiesa al montero que el salvaje no es su padre, sino un exiliado al que dio promesa de matrimonio. Biografía que Ismenia juzga verdadera y resultará apócrifa. De cualquier forma, la joven, despechada, huye por lo más áspero del valle, como hiciera la Clérida de *La ingratitud hasta la muerte*. La habilidad del narrador reside en que Tancredo le envía un soneto exculpatorio («El alma y voluntad tras sí me lleva») para comunicarle que ha renunciado a su boda con Florinda. Paso previo a un romancillo («Divina sirena») en el que se permite desconfiar tanto de la sinceridad de Ismenia como de la relación que mantiene con Gesimundo.

Esta tensión novelesca —los amores desanudados— se complica con la llegada a la isla de una barca en la que yacen un hombre bañado en sangre y una mujer. Se trata de un recurso eficaz para dar pie a la agnición entre Gesimundo y Policena. Y no sólo por la importancia del reencuentro, sino porque motiva el sexto triángulo: Gesimundo, Policena e Ismenia. El eterno amor del protagonista utiliza otra analepsis para resumir que, tras el exilio del bastardo, ella y otros vasallos intentaron derrocar a Flaminio. Éste descubrió la intriga y Policena sufrió presidio por orden de su padre.

En paralelo, Tancredo aclara las cosas a Ismenia, celebrando que sea hija de Gesimundo y nieta del rey de Albania. Pero la ruptura de la promesa de matrimonio con la infanta Florinda desencadena una guerra. Encabezan el ejército Policarpo y el cruel Flaminio, que arriban a la isla de Gesimundo, Policena, Tancredo e Ismenia. Cuando la escaramuza se hace inevitable, el príncipe salvaje se une a las tropas de Tancredo, juzgando que podrá ultimar su desquite. El azar conduce a Gesimundo hasta la fronda del valle donde Flaminio urde una conspiración contra Policarpo. Todavía vestido de sátiro, advierte a su padre del peligro, pero el soberano —que no lo reconoce— se niega a creerlo. Cuando la infamia es un hecho, Gesimundo salva a Policarpo de la muerte. Sin duda el clímax novelesco, porque el rey de Albania confiesa al protagonista y a los lectores que cuando Clori y Rosimunda dieron a luz él intercambió a sus hijos. En consecuencia, Gesimundo es el príncipe legítimo, aunque fuera criado por Clori, y Flaminio el bastardo.

Montalbán —como en *Al cabo de los mil años*— desarrolla *La prodigiosa* a partir de una impostura. Toda la acción se narra como «una serie de episodios equívocos que llevan al lector al convencimiento de que no existe solución posible y casi anulan la posibilidad de un final feliz. La acumulación de mentiras a lo largo de la novela exige una nueva acumulación en los inicios del desenlace: relatos curriculares encargados de restaurar la verdad y, con ella, instaurar el «bien perfeccionado» de los protagonistas» [Ruiz Fernández, 1995: 165]. Cuando Ismenia reconoce a Tancredo que fingió ser la hija de Gesimundo, lo que dificultaría el posible matrimonio entre un noble y una pastora, otro relato, en boca de Lucio Camilo, criado de la corte albanesa, señala que el asesinato del comienzo no fue tal. La niña apuñalada no era el fruto de Gesimundo y Policena, sino la hija de unos sirvientes que había muerto dos días antes. De hecho, la infanta creció en el hogar de una pareja de aldeanos que le dieron el nombre de Ismenia. Así, mientras «el relato de Policarpo redistribuye la herencia en términos legítimos, el de Lucio Camilo anula el pecado de infanticidio y reinstaura lazos de sangre y derechos de sucesión» [Ruiz Fernández, 1995: 166].

He adelantado que *La prodigiosa* podría definirse como un sexteto de triángulos, tanto reales como impostados. Pero también cabría valorarla como la historia de dos trueques: 1) el cambio de las víctimas, o sea, de la criatura concebida por Gesimundo y Policena, que activa la trama de Ismenia y Tancredo, y la difunta hija de los criados; y 2) la mudanza de los sucesores de Policarpo, que determina la restauración de los derechos de Gesimundo.

El relato concluye con las dobles bodas de Gesimundo y Policena, por una parte, y de Tancredo e Ismenia, por otra. Sólo falta liquidar el problema de Flaminio, condenado por su hermanastro a «una muerte tan callada que el mismo que la padece no la presume ni la excusa». Similar a la que decreta Carlos, protagonista y desheredado en *El envidioso castiga-*

do, cuando represalia a Alfredo, legatario del mayorazgo y del título de conde. Sin embargo, lo original de ambas novelas es que Pérez de Montalbán incide en la maldad del hermano, que no responde a cuestiones de honra, sino de legitimidad dinástica. Con lo que se actualiza un problema que persigue a los estados hasta nuestros días: entre los hijos de un soberano, ¿cuál de ellos debe heredar títulos y prebendas: el primogénito, con independencia de su condición, o el más virtuoso, el mejor preparado para el gobierno de los bienes, aunque se trate del menor?

5. «Del celoso desengañado»

El análisis de la novelística de Juan de Piña —o más bien la ausencia del mismo— ha padecido la firmeza de este juicio de González de Amezúa [1951: 277-278]: «metáforas absurdas, transposiciones violentas, de estilo oscurísimo, crespo y depravado, se hallarán por doquier en las novelas de Piña, abortos de una estética degenerada e insufrible». Tampoco Pfandl [1933: 404], que negó el pan y la sal a los narradores cultistas, se muestra generoso con los textos suyos que leyera. De hecho, puede decirse que la recuperación de este ingenio conquense data de apenas cuatro décadas. Fue Giovanna Formichi [1967: 104-120] la primera en cartografiar su aportación a la prosa barroca: «literariamente vecino a la corriente culterana de Góngora, introduce las teorías del *Libro de la erudición poética*, de Carrillo y Sotomayor. Es un *dilettante* en el amplio sentido de la palabra». Esta opinión, que he perfilado en los últimos tiempos [Bonilla Cerezo, 2005: 69-85; 2006: 25-54], puede ampliarse con el cotejo de las *Ejemplares*, las *Novelas a Marcia Leonarda* y los *Sucesos y prodigios de amor;* en la medida en que si Montalbán fue el discípulo preferido de Lope, también la amistad de este último con Piña se refleja en no pocos pasajes de las *Novelas ejemplares y prodigiosas historias* (1624).

Como asegura el Fénix en su *Laurel de Apolo* [2007: 180-181], Juan Izquierdo de Piña nació en Buendía (Cuenca) hacia 1566. Debió de trasladarse a Madrid a una edad temprana, pues Barrera lo supone residente perpetuo en la corte, donde obtuvo los cargos de Escribano de Provincia y Notario del Santo Oficio. Contrajo matrimonio en 1594 con Estefanía Ordaz, del que nacieron cuatro hijos: Clementa Cecilia, Ana, Luisa y Jacinto. Conocemos el día de su muerte, acaecida el 9 de julio de 1643, pero no cuándo comenzó a escribir, ya que sus relatos se publicaron en fecha tardía. Tras las *Novelas ejemplares y prodigiosas historias* (1624), vieron la luz cuatro libros más: *Varias fortunas* (1627), en el que prescindió del acusado tono gongorino que dominaba su anterior colección; *Casos prodigiosos y cueva encantada* (1628), su obra más popular; *Segunda parte de los casos prodigiosos* (1629); y *Epítome de la primera parte de las fábulas de la antigüedad* (1636). *Del celoso desengañado* es el segundo de los siete relatos que forman su primer volumen: *La duquesa de Normandía, Los amantes sin terceros, El casado por amor, El engaño en la verdad, Amar por ejemplo* y *El matemático dichoso*[49].

Juicios aparte, el examen de una prosa tan increíblemente retorcida puede ser útil por los siguientes motivos: 1) durante el lustro en que Piña da a conocer sus novelas (1624-1629) la polémica sobre las *Soledades* estaba en pleno apogeo, como han detallado Jammes [1994: 607-719] y Roses [1994]; 2) la narrativa de 1620-1630 tuvo que hacerse eco de las opiniones sobre los poemas mayores de Góngora, vertidas en comentarios, antídotos o pareceres; 3) cuando se editan los relatos de Piña, que son difíciles de leer, pero no mucho más que el *Deleitar aprovechando* (1635), de Tirso, o las *Meriendas del ingenio* (1663), de Prado, apenas se habían impreso las colecciones de Eslava, Salas, Cervantes y Lope. Por tanto, unas novelas tempranas, coetáneas de las de Castillo, las *Academias del jardín* (1630), de Polo de Medina, o los *Cigarrales de Toledo* (1624), del mismo Tirso, no pudieron ser las únicas culpables de los «virus» y «abortos» [González de Amezúa, 1951: 277-278] que corrompieron el idioma.

---

[49] Para la biobibliografía de Piña, véanse Cotarelo y Mori [1907], Formichi [1967: 101-115], Fonquerne [1976], García de Dini [1980: 99-116] y Ripoll [1991: 90-93].

Los esfuerzos de Formichi y Encarnación García de Dini para fijar los rasgos de su estilo se concretan en: la elipsis de verbos y preposiciones, que a veces se sustituyen con otras más breves; el uso excesivo de adjetivos, la abundancia metafórica, las pocas hipérboles y una sorprendente ausencia de latinismos. Hablamos, pues, de unos textos en los que se mezclan y entrecruzan figuras retóricas y citas de autoridades clásicas (Horacio, Ovidio, Salustio) e italianas (Dante, Marino, Ariosto). Sin soslayar que *Del celoso desengañado* se inspira en *El celoso extremeño* y *El curioso impertinente;* además de la huella de los cuatro relatos que Lope dedicó a Marta de Nevares y ciertas analogías con *La prodigiosa* de Montalbán.

5.1. *Laberinto de pasiones*

Casi al final de la historia que nos ocupa, el narrador indica que don Bernardo guió a su esclavo Jorge «a la primera sala en laberintos», con objeto de interrogarlo sobre el dueño de un papel que creía dirigido a su esposa. Pocas metáforas sugieren con tanta claridad las bases de la trayectoria de Piña: un jeroglífico sintáctico que orienta al lector por varias estancias donde parece fraguarse la trama de un adulterio.

Del celoso desengañado comienza con un marco-prólogo donde una digresión prepara la entrada del protagonista. El párrafo es una alegoría sobre los hombres celosos, comparados con un palomo y un erizo, para concluir, en varias subordinadas que se encrespan hasta lo inaudito, que «de la esfera del amor vienen a ser los celos como del mundo los que llaman polos». Famoso caballero de Jerez, don Bernardo se prenda de doña Teodora de Oliver, hija de Aldonza y señora principal, aunque no demasiado rica. La condición huraña de su dama obligará al soldado a servirse de «terceras, billetes, infamadores paseos y rondas peligrosas» para alcanzar su conquista.

Desde el prefacio, Piña parece observar a distancia —incluso con ironía, como su amigo Lope— los tópicos de la novela corta. Así, el recurso de las cartas, parodiado por el

Fénix en *Las fortunas de Diana* y en *La prudente venganza,* fue elegido por Lugo y Pérez de Montalbán como desencadenante de los matrimonios de *Las dos hermanas* —todo gira en torno al engaño de la cédula— y *La prodigiosa,* donde una carta hacía dudar a Ismenia de la sinceridad de Tancredo. Prueba evidente de que Piña lo consideraba gastado es que insiste en el trasiego de epístolas que se enderezan unos personajes y otros. Pero a diferencia de Lope, Camerino o Sanz del Castillo, sólo reproduce una a lo largo del relato. Igualmente manoseados le resultarían los «paseos y rondas peligrosas», origen de la violación de *El monstruo de Manzanares.*

El lugar común de la alcahuetería y el intento de festejar a Teodora con escudos, doblones y diamantes apuntan a la tradición celestinesca, burlada por el autor de las *Rimas humanas* en la primera de sus *Novelas a Marcia Leonarda.* Lo cierto es que esos «equívocos papeles» a los que alude Piña rendirán la fortaleza en que se ha transformado Teodora, cuyo retrato —por inexistente— nada tiene que ver con los de Lamia, Delia, Clérida, Policena, Ismenia o Flora, respectivas protagonistas de *Las dos hermanas, La ingratitud hasta la muerte, La prodigiosa* y *El monstruo de Manzanares.*

Después del matrimonio —que tampoco se describe—, don Bernardo da muestras de un extraño comportamiento. Su primera decisión es que el tálamo nupcial se revista con sábanas de tafetán negro, porque el sueño es «imagen de la muerte». Lo que podría resultar un capricho termina convirtiéndose en el rasgo más definitorio del marido. Hasta el punto de que cierto día, deambulando por un jardín, siente «abrasantes celos» de cualquiera que mire a su mujer:

> Disimuló, volvieron a su casa con el gusto que Teodora deseaba dar al disimulador herido, error de los celosos, que, siendo Teodora más alma que cuerpo en la verdad, honestidad y valor, a penetrar que culpaba estudiosos recíprocos, hijos legítimos de solo su divino ingenio y del arte *amandi* en las insignes comedias del que las sacó del caos de las ignorancias, chozas y oficinas a las luces eternas hasta el fin del mundo.

El párrafo es significativo. Piña alaba la honestidad y el recato de Teodora, al tiempo que subraya cómo los celos del jerezano crecen hasta el infinito. Sin embargo, lo interesante es que filtra un paréntesis sobre el amor en los libros de Ovidio —el *Ars amandi*— y la relectura que firmó Lope en muchas de sus comedias: «el mismo que las sacó del caos de las ignorancias, chozas y oficinas a las luces eternas hasta el fin del mundo». Detengámonos en el sustantivo «oficinas», pues concierne a la estructura de las *Novelas a Marcia Leonarda* (1621-1624) y de las *Novelas ejemplares y prodigiosas historias* (1624). En *La desdicha por la honra*, el Fénix señala que «en este género [...] ha de haber una oficina de cuanto se viniere a la pluma, sin disgusto de los oídos, aunque lo sea de los preceptos». En principio, sería lógico pensar que Piña sostiene justo lo contrario. Pero tanto la colección del madrileño como la del conquense se definen por la interrupción de los hechos con franjas catalíticas; o sea, con digresiones, poemas, cartas e intercolunios que rompen la unidad de la trama.

Ahora entendemos el valor del prólogo en *Del celoso desengañado*. No se trata de una *cornice* como la de Boccaccio, sino de un marco que se cose y se descose en el interior del relato. Recordemos que el narrador (o emisor) de las *Novelas a Marcia Leonarda* fracturaba cada una de ellas con paréntesis. De hecho, casi no hay diferencia entre el cortejo que diseña Piña y los que había creado su maestro en *Las fortunas de Diana*, *La desdicha por la honra*, *La prudente venganza* y *Guzmán el Bravo*. Con la excepción de que en los cuentos para Marta de Nevares destaca un quinto idilio: el del narrador y su narrataria, ubicados en la «carta-marco». Piña no supo o no quiso copiar este artificio, omitiendo la pareja externa, que en su caso se limita a los excursos de un narrador en tercera persona. Sin embargo, ambos combinan la *imitatio*, que era la técnica más usual de producción de un texto en la época, con el trabajo de *auctoritates* en las digresiones [Barella, 1985: 545-546] [Schwartz, 2000: 273]. Su originalidad no nace, pues, de los temas, sino de la manera de contarlos; y más precisamente de los marcos, que se abren y se cierran a medida que progresa la historia.

Desde un punto de vista argumental, don Bernardo, cavilando sobre la posibilidad de que su esposa transforme «el amor en amores», nos invita a esperar un triángulo como los cervantinos de *El celoso extremeño* o *El curioso impertinente*. Ahora bien, según veremos, la infidelidad de Teodora no pasa de ser una conjetura del marido. Piña ofrece un sutil tratado sobre el amor y los celos. Nos enamoramos cuando, sin conocerla del todo, nuestra imaginación proyecta sobre otra persona inexistentes perfecciones. Pero un día, la quimera, que suplantaba a la realidad, se desvanece, y con ella suele morir el amor. Lo curioso es que don Bernardo recorre un camino inverso: el veneno de los celos puede atribuir a una mujer casi perfecta una serie de vicios —la promiscuidad, el oprobio— que no le corresponden en absoluto; arriesgando su matrimonio por una fantasmagoría que nunca existió. Dicho de otro modo: si el síntoma supremo del verdadero amor es estar al lado de la persona amada, en un contacto y proximidad más hondos que los espaciales, don Bernardo, desde la noche de bodas, se afana sin motivo en recluir a su mujer. Su papel es el de maniático, entendiendo el término como aquel que se fija más tiempo o con más frecuencia de lo normal en un «objeto», que en este caso es Teodora.

La enajenación de don Bernardo aumenta durante un viaje. Buscando aposento «más sólo en que no dormía nadie, que a ser de Angélica y Medoro no faltara el furioso Orlando» —nueva digresión erudita—, comienza a desconfiar de la extrema agudeza de Teodora, acaso una prueba más de su deshonra. Piña profundiza en el tema del honor mancillado, como hicieron Cervantes, Pérez de Montalbán o Sanz del Castillo, pero su protagonista no será infiel. Don Bernardo sufre un trastorno sicótico, pues el adulterio sólo ocurre en su mente. Los celos son una impostura desde la perspectiva de Teodora y fruto del desequilibrio de su marido.

Piña insinúa un giro hacia el tema de la casada infiel cuando ella concibe un hijo mientras su hermano vuelve a Jerez. Toda la novela se balancea sobre un hilo de alambre: la visión distorsionada que el caballero tiene del amor y la honra. Así, el hermano de Teodora, ni siquiera presentado, actúa como un forastero que aviva las dudas del protagonista; antesala para otro galán que dará pie a un posible triángulo: don Diego Fernández, familiar esta vez de don Bernardo.

Buena oportunidad para confundir al lector, que vislumbraba un cortejo a tres bandas, como el de Carrizales, Leonora y Loaysa en *El celoso extremeño;* como los seis triángulos que Montalbán superpone en *La prodigiosa;* o como el de don Juan Osorio, Flora y don Gaspar Leonardo en *El monstruo de Manzanares*. Pero si el casamiento de Leonora naufragaba por su desliz con Loaysa y termina con la muerte de Carrizales, el viaje del seductor a las Indias y la toma de hábitos de la protagonista, el final será feliz en *Del celoso desengañado*. Carrizales actúa como un marido más cercano a Anselmo, protagonista de *El curioso impertinente;* aunque coincide con Bernardo en que ambos son más ricos que sus mujeres, desean formar una familia y crean una casa-fortaleza que aísla a Leonora y Teodora. Ahora bien, mientras la solución cervantina resulta natural, pues el viejo expira tras sorprender a los amantes, la novela de Piña invierte los papeles: nadie muere porque nadie infringe las reglas y, además, no hay diferencia de edad entre los cónyuges. Muy al contrario, será don Diego, el tercero en discordia, quien asuma el papel de «viejo nada celoso».

5.2. *¿Celos aun del aire matan?*

Don Diego Fernández es responsable de una serie de indicios que arrastran al lector por un camino equivocado. Dos notas presentan a este caballero y posible candidato al corazón de Teodora. Era un «poeta crítico de las doctas espumas, cisnes de Aganipe». El adjetivo «crítico» tenía un valor muy concreto en la época. Piña lo utiliza de manera positiva, como sinónimo de culto o gongorino; a diferencia de la parodia de Castillo Solórzano en *El culto graduado*. No obstante, hay que reparar en otros usos. Tirso describía en los *Cigarrales de Toledo* [1995: 197-198] un «Parnaso crítico», que también era una naumaquia, similar a la del *Viaje del Parnaso:* «pues si toda su elegancia consiste en anteponer y posponer vocablos, entretejiendo verbos entre adjetivos y sustantivos —que también tiene Apolo sus pedantes—, del mismo modo les pareció podían criticuzar sus vestidos, posponiendo los unos y anteponiendo los otros»[50].

Pero si algo determina la función de don Diego es su fama de conquistador. Reputación que en principio apunta a los textos cervantinos sobre los celos. He aquí otra novedad. Piña desecha esa opción y la sustituye por la biografía del recién llegado, cuya narrataria (Teodora) —recordemos el «marco» de las *Novelas a Marcia Leonarda*— oirá con deleite. La diferencia entre Lope y Piña es que el conquense obliga a don Diego a contar su vida, en primera persona, mientras que el narrador bajo el que se ocultaba el Fénix se desdobla en los cuatro personajes masculinos de sus ficciones.

Descubrimos entonces que el primo de don Bernardo se enamoró hace años de una dama de «rico entendimiento, [...] cuyas gracias eran más de mil [...] y muy estudiosa». Breve presentación que remite al instante en que don Bernardo sospecha de Teodora por su notable inteligencia. Lo sugerente es que Piña subvierte el modelo de Cervantes al unir a dos iguales, dama y caballero, que gozan de una edad similar. Don Diego no es un joven cortesano como Loaysa y tampoco se ajusta al tipo de Tancredo en *La prodigiosa;* sino al de Gesimundo, padre de Ismenia y marido de la hermosa Policena. No en balde, *Del celoso desengañado* termina con la revelación de que don Diego era el padre de Teodora y futuro marido de Aldonza, su amor desde la juventud.

Ambas facetas de don Diego —la de poeta crítico y la de tenorio— se dan la mano en un soneto («En rizos de oro y fuego, en crespo vuelo») que sigue a un inciso sobre la calidad de la fuente escogida por Piña: el caballero Marino. Ni el poema, apócrifo, ni el intercolunio sobre el autor napolitano carecen de interés. Si Castillo se burla de los cultos con

---

[50] Castillo desarrolló otro binomio que atañe a estos términos. El autor de *La garduña de Sevilla* (1642) empleaba la voz «culto» —que carecía de matices peyorativos para Tirso— como el mercedario usa el adjetivo «crítico». Véanse también Velázquez [ed. 1906: 294], Moreno [ed. 1906: 5], Liñán y Verdugo [1980: 201-203], Palomo [1999: 374] y Nougué [1962: 376].

la inserción de versos llenos de latinismos y bizarrías sintácticas, el autor de las *Novelas ejemplares y prodigiosas historias* interpola el soneto como un alarde literario. No obstante, mientras don Diego narra la analepsis repara en que Teodora puede sentirse atraída por él. Piña escinde así los valores de los dos personajes masculinos, que son los mismos, concluyendo que el primo de don Bernardo no alentó dicha confusión. Temeroso de darle esperanzas, don Diego refiere sus correrías juveniles en unos párrafos llenos de trimembraciones; además de confesar, finalmente, su idilio con una señora a la que tardó más de dos años en rendir. Pero los datos son escasos. Más aún cuando el marco, o sea, el diálogo entre don Diego y Teodora, vuelve a asomar por la analepsis. Nótese el contraste entre el relato de Piña y los de Lope: en las *Novelas a Marcia Leonarda* la dueña no toma la palabra en ningún momento, ya que el Fénix se disfraza de autor, narrador, actor, festejante e incluso narrataria de todos los personajes y voces. Piña, en cambio, alterna las réplicas de don Diego y Teodora, frenando la analepsis del primo de don Bernardo: «—Señor don Diego —dijo Teodora—, dichosa yo que no le amo, que soy celosa y me cuenta sus amores con mucha dulzura. [...] Prosiga vuesa merced».

La pasión de don Diego vuelve a sonar a tópico de novela. Gracias a una carta tuvo noticia de que la dama sevillana a la que pretendía iba a ser entregada por sus padres a don Jerónimo Ribera. Irrumpe entonces —dentro de la analepsis— el único triángulo amoroso de este relato, si bien retrospectivo: don Diego, doña Aldonza y don Jerónimo. Bastante similar, por cierto, al del salvaje Gesimundo, Policena y Flaminio en *La prodigiosa*. Un triángulo inserto dentro de una historia que, a su vez, esboza un segundo triángulo —don Bernardo, Teodora, don Diego— que no se lleva a término.

El duelo entre los pretendientes de doña Aldonza no benefició a don Jerónimo, noble y soldado de Flandes, pero también un tipo desvaído; mucho más simple que el antagonista que Piña bosqueja en el argumento central. La narración de don Diego concluye con la muerte de don Jerónimo, sin que por ello —acaso una debilidad técnica— se cierna ninguna sospecha sobre el homicida. Su crimen quedará impune. La novela se aleja en este punto del cierre de *La prodigiosa*, donde Gesimundo ejecuta a Flaminio por los delitos de sedición e «intento de infanticidio». La estocada de don Diego se encadena con una reflexión de Teodora, otra vez en el presente: «—Bien —dijo Teodora—, señor don Diego, sabe vuesa merced cometer un delito y disimularle. [...] Pésame del pobre caballero, que sin causa padeciese el cuerpo y no sé si el alma».

Se diría que la novela puede cambiar a partir de ahora. Mas lo que parecía un lance de comedia termina siendo una intriga detectivesca sin solución. A ninguno de los personajes, exceptuando a don Pedro Ribera, hermano del difunto, que persiguió a don Diego por todo Jerez, le interesa este crimen de la analepsis. Y al culpable menos que a nadie. Si la historia marco reproducía elementos de *El celoso extremeño*, la primera parte del «cuento» del primo se basa en los desafíos de las comedias de capa y espada. Pero ni una ni otra avanzan como debieran, pues Piña añade otro paréntesis por boca de don Diego. El marco que separaba ambas tramas vuelve a disolverse —para forjarse de nuevo— cuando éste indica a Teodora que «temo cansar a vuestra merced, que me dilato mucho, y deseo no disgustar a quien debo servir».

Tras el entierro de don Jerónimo, el duelista emigra a Flandes, donde al cabo de un año recibe noticias de Aldonza: la dama le comunica que sus padres van a desposarla con otro caballero, cuyo nombre no se menciona. Resulta divertido que también muera en apenas seis líneas. La desesperación de don Diego se solapa con el parto de la bella sevillana, que, según el narrador, dio a luz una «hija hermosísima y discreta, que a poder dijera ser en todo parecida a vuesa merced». Piña desarrolla esta parte de forma muy confusa. Nos informa de que Aldonza también engendró otro hijo y de la muerte de su marido a los pocos años. Ignoramos cuánto tardó don Diego en volver de Holanda. Lo único seguro es que lo encontramos en la alcoba de su amada mientras las dos criaturas duermen. Y con una hombría y destreza inauditas, pues la deja «preñada de un niño que hoy tiene cuatro años, llámanle don Juan, [y] tiénele en su compañía a título de sobrino». ¿Cuál es el padre de los primeros hijos? ¿Son fruto de la relación de Aldonza con don Diego? ¿Eran mellizos? ¿Acaso descienden del finado esposo? ¿Dejó encinta don Diego a la dama antes de escapar a Flandes? No hay respuesta de momento para estas preguntas. Piña elide la progresión natural de la analepsis para enlazarla con la llegada a Jerez de don Bernardo y su matrimonio con Teodora.

El parecido de doña Aldonza y Teodora presagia la anagnórisis entre el donjuán —que resulta ser el padre de la mujer de don Bernardo— y la hija de la dueña hispalense. Nada se nos dirá del misterioso hijo que media entre ambos viajes; en el supuesto de que no fuera mellizo de la protagonista y heredero, por tanto, de don Diego; o acaso el fruto de la corta unión de Aldonza con su anónimo esposo. El encuentro entre padre e hija permite anudar los dos itinerarios novelescos: Teodora presume con acierto que «si tuviera celos don Bernardo del señor don Diego y de mí, con tan buen desengaño le pudiéramos llamar el celoso desengañado». Presunción que se desmorona cuando ni uno ni otra comunican la verdad al marido, escamado del trato y la intimidad que se dispensaban. Piña, siempre irónico, juguetea con los géneros de su época. *Del celoso desengañado* no es sólo un relato en la línea de *El celoso extremeño* y tampoco una novelización de las comedias de capa y espada. Se convierte también en una pieza de horror o de truculencias que no cristaliza como tal. ¿A qué tipología pertenece? Quizá a ninguna y a las tres, porque las subvierte en sus rasgos centrales.

Comparemos esta obrita con una pieza temprana de Lope, *Los comendadores de Córdoba* (c. 1596-1598), y con *La prudente venganza* (1624), tercera de las *Novelas a Marcia Leonarda*[51]. Don Bernardo no se demora en urdir el asesinato del que juzgaba un primo traidor. Para ello, lo invita a una cena en la que observará su actitud con Teodora. Tanto el proceder del marido como el banquete son idénticos a los del Fénix en *Los comendadores de Córdoba:* el Veinticuatro Fernán Alfonso intuye la deslealtad de Beatriz, su mujer, con su primo don

---

[51] Véanse Lope de Vega [ed. 2003] y Bonilla Cerezo [2007: 138-145].

Jorge. La primera medida para orquestar su venganza será precisamente una cena. Sobre la mesa, perdices, capones y palominos, viandas de marcada simbología erótica. Un festín de miradas secretas, gestos dudosos y roces clandestinos que el Veinticuatro transcribe al público con ardientes palabras: «¡Que cuando se ciegan dos, / se desvergüencen así! / ¡Caso extraño, que imaginan / que son ciegos los demás! / ¡Pues que presto el fin verás / a que tus pasos caminan: / ¡Ah, traidor, que hablarme puedes / sin que la vida te quite!» (III, 2555-2563) [Lope de Vega, 2003: 163-164].

Fernán Alfonso y don Bernardo coinciden además en que cuando el protagonista de la novela sorprende a don Diego besando los pies de su esposa, volvía de una jornada de caza. Lope se sirve de este ardid en *Los comendadores* como paso previo al plurihomicidio del Veinticuatro. Terminada la colación, Fernán Alfonso ordena a sus criados que dispongan los arreos para salir de montería. Un pretexto para regresar de improviso a la casa de los Condes de Priego (III, 2614-2618) [Lope de Vega, 2003: 165-166].

Piña mezcla por arte de birlibirloque una historia de infidelidad, que nunca existió, con un pasaje de capa y espada —la muerte de don Jerónimo— también impuro, pues nadie restaura el honor de la víctima; y, finalmente, con un cierre digno del teatro de horror, pero sin uxoricidio ni muertes cruentas. Con todo, don Bernardo registrará los escritorios de Teodora a fin de hallar cualquier billete. Proceder idéntico al de Marcelo en *La prudente venganza*, que rastreaba el contador de Laura para descubrir alguna carta que probase su infidelidad [Lope, 2002: 280]. La diferencia es que don Bernardo no encuentra ningún papel, con lo que su venganza queda temporalmente frustrada. El broche de la peripecia se ve obstaculizado —irónicamente— por varios intercolunios didácticos. Así, encontraremos a Piña ensalzando el linaje de don Jorge de Cárdenas, Duque de Maqueda y buen amigo de don Diego; reflexionando sobre las costumbres del adive, mamífero africano con cuerpo de podenco y cola de zorra; glosando el sentido de la expresión «la cama del Duque» a partir del pareado que cierra la *Soledad* I (1613, 1090-1091), etc.

El Duque de Maqueda nos interesa porque regala a don Diego un esclavillo que atiende por Jorge —nombre idéntico al de uno de los criados de *Los comendadores*—. Teodora enseguida se encapricha del muchacho. Si no tenía bastante don Bernardo con los celos hacia su primo, ahora se duplican. Apenas tardará don Diego en ofrecérselo a Teodora y el sirviente menos aún en adentrarse por las estancias de su señora. Este personaje hubo de crearlo Piña a partir de Luis, el negro eunuco de la casa de Carrizales, que precipita y allana los encuentros entre Leonora y Loaysa en *El celoso extremeño*. Ahora bien, cuando don Bernardo acusa a Jorge de ser el correveidile entre su mujer y don Diego, el marido no sanciona la muerte del esclavo, como sí hiciera Fernán Alfonso con todos los sirvientes de *Los comendadores*; o Marcelo, que liquida al esclavo Zulema y al secretario Antandro en *La prudente venganza*. Piña evita el derramamiento de sangre —estaría infundado— y lo devuelve a Orán, con el lógico disgusto de Teodora.

La biografía de Jorge y el final del enojo de la protagonista son elididos. El narrador retoma la relación entre los primos, que se topan con doña Inés, una antigua conquista de don Diego. La dama no dudará en pedirle que lo visite esa noche para arreglar un «negocio». De nuevo afloran los celos en don Bernardo, no muy distintos de los que sintió durante el diálogo entre su mujer y su cuñado, o en la cena con don Diego. Esperando una reacción negativa de su mujer, informa del sucedido a Teodora, que —como suponen los lectores y no el protagonista, ignorante de los lazos entre ambos— no muestra la menor sorpresa. De hecho, sólo pregunta si doña Inés es bella, dueña con donaire y bien entendida.

Tremendamente confuso, don Bernardo se apresta a maquinar el último lance de la novela. Acompaña a don Diego a una galería y le tiende la última emboscada. Un plan que lo vincula con el Marcelo de *La prudente venganza* y no tanto con el Veinticuatro de *Los comendadores*. La industria consiste en proponerle matrimonio con una parienta de Teodora, acompañado de una generosa renta de tres mil ducados. Si el primo accediera, don Bernardo podría entenderlo como una estrategia para eludir la pena por deshonor; en caso contrario, confirmaría que su traición era cierta y necesaria la venganza. Ante este dilema, Piña opta por una solución distinta a las de Cervantes y Lope. Cuando don Diego acepta las nupcias, la tiranía de los celos libera el corazón de don Bernardo, desechando tanto el epílogo sanguinario —típico del teatro valenciano de Virués o Bermúdez— como la ejecución de Teodora. No hay motivos para la muerte y más en una novela que se alejó de los códigos del género al incluir un crimen al principio.

La resolución, irónica, o al menos ambigua, no es necesariamente «ejemplar»: Bernardo es puesto al día de los vínculos entre Aldonza y Teodora, así como de su condición de yerno respecto a don Diego. Cierto que la historia parece concluir con una moraleja sobre el veneno de los celos («estaba loco, volvió en sí, tuvo dicha en no haberlo entendido») pero Piña se resiste a dejar las armas de la ironía. Con un giro de lo más beato, precisa que el marido continuó ofreciendo novenas a milagrosas imágenes, deseando que «todos los días fueran pardos, para que el sol no pudiera ver a Teodora»[52]. Quién sabe si la enfermedad de Bernardo —en un relato cuya disposición circular resulta evidente— ha tocado a su fin. Libre ya de don Diego, tal vez el celoso invente nuevas medidas contra cualquiera que ose mirar a su dueña. Y todo vuelve a empezar.

6. «El culto graduado»

La trayectoria biográfica de Alonso de Castillo Solórzano discurrió entre claroscuros. Más allá de los apuntes de Mayans, que le atribuye origen andaluz, Mesonero Romanos y Nicolás Antonio, no conocimos su lugar de nacimiento hasta las pesquisas de Cotarelo y Mori [1906: VI]. Primoroso fabulista, acaso uno de los mejores barrocos, su papel en las Academias ha merecido poca atención [Kennedy,

---

[52] Véase Formichi [1967: 125-126] a propósito de la imagen de Apolo.

1968: 189-200] [Brown, 1980: 265-266]. Juzgado por la crítica como un epígono costumbrista de Quevedo y Lope [Montero Reguera, 1998: 107-118], asomó por vez primera en Madrid para exaltar con un soneto la *Vida y penitencia de Santa Teodora de Alejandría,* de González del Torneo (1619). Arellano [1989: 13] traza el perfil de un «escritor nobiliario, poco innovador, autor de colecciones novelísticas de consumo, integrado cómodamente en el sistema, de pluma fácil y abundosa invención». En 1621 lo reclama Tirso de Molina para que celebrase junto a Lope la miscelánea impresa bajo el título de *Cigarrales de Toledo.* Tres siglos después, la publicación de su partida bautismal (1-10-1584) certificó su venida al mundo en Tordesillas (Valladolid) y la ascendencia valenciana de sus padres, servidores de la grandeza, lo que «sugiere una educación literaria mínima» [Juliá Martínez, 1944: VIII-IX].

Sólo existen noticias sobre el vallisoletano desde 1616, cuando una seria enfermedad le dispuso a formular testamento. Nombra entonces heredera a su tía Catalina Griján y menciona a su esposa, doña Agustina de Paz. Redactaría un segundo protocolo (1618) en el que alude a una misteriosa hija adoptiva: Ana Velarde. No hay pruebas de que tuviera descendencia. Algunos investigadores especulan sobre sus estudios en Salamanca —más tarde abandonados—, descritos en las *Aventuras del bachiller Trapaza.* Renuncia que nunca pudo deberse al fallecimiento de su padre, pues Castillo sólo contaba tres años de edad [Jauralde, 1979: 728].

Parece que entre los balbuceos de aquel niño y el inicio de su «oficio público» (1619) median siete lustros de vacío. Eran los días de mayor oleaje en torno a las academias y el poeta gustaba de acudir a la de Madrid, organizada alrededor de Sebastián Francisco de Medrano (1617); aunque no hay que descartar su asistencia a otras periódicas, como la de Francisco de Mendoza, secretario del Conde de Monterrey, donde se leyeron varios poemas de sus *Donaires del Parnaso* (1624-1625). Emerge paulatinamente «una personalidad que se pregona como la del clásico hombre de letras, paniaguado de nobles y mecenas» [Jauralde, 1979: 730]. Castillo viajó con las más notables figuras de la política y las artes, siendo el Conde de Benavente, a quien sirvió como gentilhombre desde 1620, el primero en darle empleo. Hacia 1623 el matrimonio se libera de su capital en Tordesillas y acuciado por la indigencia sigue a don Juan de Zúñiga Requeséns, marqués de Vilar.

Con más humor que dinero pasó al séquito de don Luis Fajardo, marqués de los Vélez y Molina (1627). Su tarea fue la de maestresala, bastante inferior a la que hubiera aspirado un hombre de sus prendas. Fallecido don Luis en 1631, se asentó con su heredero, don Pedro Fajardo y Zúñiga, valiéndole en la misma condición. En 1635 escolta a su titular en Aragón, donde aquel iba encargado del virreinato. Mientras vive en Zaragoza termina sus *Aventuras del bachiller Trapaza* (1637) y la *Sala de recreación,* colección póstuma publicada en 1649. El último informe se refiere al nombramiento de don Pedro como embajador en Roma (1642). Es probable que al imprimir *La garduña de Sevilla* —en julio de ese año— Castillo lo acompañase durante su investidura. No quedan más detalles que esclarezcan su cobijo italiano e ignoramos el tiempo de permanencia en el reino de los Césares. Se cree que falleció en 1648 siendo otro misterio los pormenores del lugar y las circunstancias de su muerte.

Desde los inmoderados elogios de Lope a las líneas, mucho más tibias, que le dedica Velasco Kindelán, los hispanistas han ofrecido una imagen contradictoria del pucelano. Ruiz Morcuende [1955: XXV-XXVI] repara en su facilidad para adaptar el estilo al género que se trajera entre manos: «cuentista en las *Jornadas alegres,* en las *Fiestas del jardín* y en las *Noches de placer,* hagiógrafo en el *Sagrario de Valencia,* historiador en el *Epítome de la vida y hechos del ínclito Rey Don Pedro de Aragón* y en la *Historia de Marco Antonio y Cleopatra,* novelista en la *Huerta de Valencia* y en el *Tiempo de regocijo,* se supera [...] en las novelas picarescas de *La niña de los embustes,* las *Aventuras del bachiller Trapaza* y *La garduña de Sevilla*»[53]. Valbuena Prat [1937, reed. 1982: 179-181], para quien Casti-

---

[53] Sobre la picaresca femenina de Castillo, véanse Palomo [1976: 66] y Rey Hazas [1986: 85-118; 2003: 341-373]. Acerca de las *Noches de placer,* remito a Cayuela y Gandoulphe [1999: 91-110].

llo fue el «Moreto de la novela», aplaude la calidad de su pluma, que ha motivado atribuciones espurias; como la autoría del *Quijote* de Avellaneda, refutada por Hornedo [1952: 251-267]. Más que notable resultó la empresa de Dunn [1952: X-XII], responsable de la primera monografía sobre Castillo y piedra de toque para futuros análisis. Sin embargo, no vacila en admitir que el narrador de *La garduña de Sevilla* no le merece demasiada simpatía[54].

6.1. *Tardes entretenidas*

En paralelo a la Segunda parte de los *Donaires del Parnaso*, Castillo imprimió su puesta de largo novelesca: las *Tardes entretenidas* (1625). Su intención no era otra que adaptar a la literatura nacional la estructura narrativa de los *novellieri*: Boccaccio y Straparola. De ahí el valor de un marco en el que dos viudas, con sus cuatro hijas, se dirigen a una finca de los alrededores de Madrid para «tomar el acero»; lugar común reproducido al comienzo de *El monstruo de Manzanares* (1641). Las acompaña Otavio, un gracioso que sugiere que cada uno de los seis días se cuenten historias «de corte o de ciudad», amenizadas por enigmas y poemas: *El amor en la venganza, La fantasma de Valencia, El Proteo de Madrid, El socorro en el peligro, El culto graduado* y *Engañar con la verdad*.

Aunque esta clase de reuniones tuvieran mucho más de tertulia burguesa que de ideal de cortesanía, entre el marco y las seis novelas existe una trabazón más sutil que la señalada por los críticos. Especialmente en lo que atañe a *El culto graduado*. Una lectura atenta permite observar la variedad de cronografías con las que inicia sus cuentos, alternando los hipocorísticos de Febo: «desprecio de la ingrata Dafne», «alma del mundo», «cuarto Planeta», «pastor Admeto», «rubio Dios», «Apolo», «hijo de Latona y gemelo de

---

[54] Las bibliografías más completas de Castillo son las de Bacchelli [1983] y Bonilla Cerezo / Edo [2009: en prensa]. Sobre su *propalladia* lírica, los *Donaires del Parnaso* (1624-1625), véanse Velasco Kindelán [1983: 27-41], López Gutiérrez [2003] y Bonilla Cerezo [2006].

Diana», «délfico planeta», «protector de las Musas», «Cintio» y «alma del día». A esta serie debemos añadir un guiño gongorino: la metáfora «grillos de cristal», semejante a la empleada durante el conato de fuga de Galatea (1612, 224). Todo el paisaje se caracteriza por la barroca adjetivación («compuestos cuadros», «tejidos», «artificiales fuentes»), la cita del monte Hibla, una de las cumbres de Sicilia, la isla donde se desarrollaba el *Polifemo,* y la perífrasis sobre el signo de Géminis para aludir al mes de mayo («Iluminaba con sus lucientes rayos el hermoso desprecio de la ingrata Dafne [...] la celeste casa de los hermosos hijos de Leda, hermanos suyos, que [...] fueron colocados en la tercera mansión del Zodíaco»), presente, de forma indirecta, en el idilio de Acis y la nereida. Recordemos que el mancebo, simbolizado por la «estrella del Can» y el «Trópico del Cancro», se unía en un abrazo con Galatea. Prueba de que Castillo tenía a la vista las octavas de 1612 es que en su parodia «Esta que me dictó rimas jocosas» *(Donaires del Parnaso,* 1624) define la unión de los novios del siguiente modo: «Tanto los dos amantes se pagaron / de la estancia fragante y nemorosa, / que en dulce sueño en el ameno suelo / retrataron al Géminis del cielo» (1624, L, 397-400) [Bonilla Cerezo, 2006: 147].

La conclusión sobre la secuencia en las orillas del Manzanares es que Castillo no pudo resistirse a los estilemas que dominaban la poética del momento: la admiración por Góngora y la crítica de sus epígonos. Otra curiosidad es que *El culto graduado* no se pone en boca de ninguna de las damas sino en la de un médico que llega a la quinta para divertirlas. Un profesional que frecuenta la corte sin integrarse del todo en ella. Reparemos, además, en su montura —una mula— frente a los coches de doña Violante y doña Luisa. Sin descuidar la ironía final de Castillo: la novela más difícil de las *Tardes entrenidas,* adobada con versos cultos, se cuenta oralmente, como el resto. Pero dada la complejidad de sus poemas y el uso de la sintaxis paródica, es necesario que el médico la lea en un cuaderno. He aquí a un narrador que no inventa su historia de repente y prolifera en muchas sátiras del XVII. Los galenos eran blanco fácil para la burla a causa de su aspecto —los guantes, el sortijón— y de su alarde verboso, que rozaba el galimatías. Podría decirse que el médico-narrador actúa como «figurón de la ciencia» y antesala del «figurón gongorino» (Alcaraz) que protagoniza la novela[55].

6.2. *El ingenioso bachiller Alcaraz de Casarrubios*

Decía Erasmo [1976: 157] que todos los asuntos humanos tienen dos aspectos, en nada semejantes. De modo que «aquello que a primera vista [...] es muerte, si lo examinas con mayor profundidad, aparece como vida; en cambio, lo que parece vida es muerte; lo hermoso, deforme; lo opulento, paupérrimo; lo infame, glorioso; lo docto, indocto; [...] en suma, si abres el isleño, de repente aparecerá todo cambiado». Sus palabras, aplicadas a las aventuras del bachiller Alcaraz, protagonista de *El culto graduado,* nos llevan a plantearnos varias preguntas: ¿qué es un loco? ¿Cuál es la diferencia entre el docto y el indocto? ¿Dónde hay que fijar los límites entre la sátira y la parodia?

Cualquier lector apresurado concluiría que Castillo se alista del lado de los enemigos del culteranismo [Campana, 1992: XXIX]. Pero un examen cuidadoso permite responder a dos de nuestras cuestiones: la «manía» del loco literario, que no siempre lo está —pensemos en el licenciado Vidriera o en don Quijote—, ha de mirarse desde la «perspectiva disparatada que practica conscientemente el rito de la inversión de valores con el propósito de ofrecer una lectura crítica de la realidad» [Reyes Cano, 1996: 462]; aun cuando la historia descanse sobre figuras que, en principio, carecen de legitimidad racional.

Tampoco olvidemos que «la sátira abarca desde la burla de modales inoportunos hasta la feroz denuncia de defectos personales o injusticias sociales» [Schwartz, 1990: 260-282].

---

[55] Sobre el entremés y la tipología de «figuras» y «figurones», véanse Asensio [1971: 80-81], Lanot y Vitse [1976: 189-213], Romanos [1982: 905] y Huerta Calvo [1999: 26-27].

Cuando tales defectos —como en la biografía de Alcaraz— tienen que ver con la adopción de una forma de escribir, dicha sátira pide el respeto de un código interno: el dominio de un contexto «pretextual», pues el médico asume la competencia de su público, familiarizado con los epígonos de Góngora. Por ello habría que definir esta sátira como híbrida, ya que mezcla lo general —la polémica sobre el gongorismo— con lo particular —cómo se literaturiza dicha polémica en *El culto graduado*.

Considerado por su autor una graciosa burla, el relato del médico termina afirmándose como un pastiche satírico que adopta muchos rasgos cultos con intención ridiculizadora. Sin embargo, Castillo incumple dos máximas de cualquier sátira: la preferencia por un estilo «bajo» y el protagonismo de hombres «infames». *El culto graduado* satiriza a la inversa. Nos topamos con un estilo «alto» —paródico en los poemas del bachiller e imitativo en la prosa del médico—, y con un personaje/poeta gongorino, pero no infame, que crece al lado del Tomás Rodaja de Cervantes; o de Alonso Quijano, otro santo patrón de la lectura cuyo amor por los libros derivó en «manía» (o en juego). No en vano, los interlocutores que se mofan de Alcaraz terminan copiando su idiolecto (oscuridad, hipérbaton, latinismos...), como muchos de los detractores de Góngora[56].

Castillo persigue cuatro propósitos: 1) reprender a los hombres que se alejan del «provechoso empleo de las letras»; 2) ironizar las ocupaciones inútiles, como el «doctorado en cultismo» con el que sueña Alcaraz; 3) mostrar los daños de esta poética, que afectan a la reputación; 4) satirizar a los letrados, tema común en la época, sobre todo en obras de aliento quevedesco. A los autores les bastaba con otorgar a sus «figuras» la máscara de hombres sabios, dueños de una importante biblioteca que se jactan de su dominio de los clásicos y del lujo de sus vestidos. Pero también, y esto es básico, seres que «releen y reinterpretan esquemas temáticos y

---

[56] La sátira de Castillo atañe a tres detalles idénticos a los de los capítulos V y VI del *Discurso poético* (1624) de Jáuregui: oscuridad, neologismo e hipérbasis. Véase Matas Caballero [1990: 252-263].

verbales ya existentes, prestigiados o censurados por tradiciones culturales» [Schwartz, 1986: 46].

La historia comienza en Casarrubios del Monte, villa próxima a Madrid donde asistía a «pasar sus estudios el bachiller Alcaraz, después de haber cursado los dos Derechos [...] en la eminente [...] academia salmantina». Hombre de presencia agradable y «candidísimas entrañas», pecaba algo de presumido. Lo sugerente es que —ocioso, como don Quijote en su aldea— se afana en leer libros de poesía culta, además de «obras sueltas manuscritas de ingeniosos y conocidos vates». He aquí la primera alusión a Góngora. Es sabido que sólo al final de su vida el cordobés se reunió con don Antonio Chacón para preparar un manuscrito de sus textos con vistas a la imprenta. Sus versos habían circulado proporcionándole fama y popularidad; pero no los estampaba, ni dejaba imprimir apenas. Al racionero le interesó escribir para pocos y sólo de algunos (Pedro de Valencia, el Abad de Rute) aceptó la corrección o el consejo. Quizá Castillo en virtud del «gran poema» que escribe Alcaraz («El circo mantuano»), aluda a la difusión manuscrita de las *Soledades* (1613-1614).

Indicio de que la novela recrea dicha batalla literaria es la primera vocación de Alcaraz: glosar «cualquier verso destos», aspirando a un «dilatado comento sobre cada dificultad». Castillo se burla de la riada de opiniones acerca de los «poemas mayores», con tesis similares a las del *Antídoto contra la pestilente poesía de las Soledades* (1616) y el *Discurso poético* (1624), de Jáuregui [1978: 140]. Sin desdeñar el parecido de Alcaraz con otro personaje cervantino: don Diego de Miranda, quien en la Segunda parte del *Quijote* (II, 16) es definido como sigue: «Todo el día se le pasa en averiguar si dijo bien o mal Homero en tal verso de la *Ilíada;* si Marcial anduvo deshonesto o no en tal epigrama; si se han de entender de una manera u otra los versos de Virgilio» [Cayuela, 2000: 457].

Llegado el tiempo de vacaciones, el bachiller discurre «sobre aquellas obras obscuras» con dos estudiantes de Salamanca. Naturales de Casarrubios, se dedican a escribir versos llenos de hipérbatos y exquisitas voces para reírse del villano. Unos poemas que desencadenan la locura del protagonista aun sin ser «reproducidos» por el médico que narra los hechos. Alcaraz no se dilata en «salir eminente en culta poesía», aunque la mayor parte de las veces ni siquiera él sepa lo que dicen sus textos. Buena muestra son los octosílabos («Caracteres de crueldad») que dedica a los rigores de una vecina, hija de labrador y analfabeta, que también leerán los estudiantes, anunciando la futura burla en Madrid.

El romance sirve de estímulo a Alcaraz para componer un soneto («Esplendente deidad, cándido tiro») dominado por esdrújulos, participios y gerundios latinizantes. Tanto un poema como el otro subrayan el rastro de Góngora en la lírica barroca. Los conocimientos —paródicos— de los compatricios del bachiller y las obras manuscritas que desbroza Alcaraz indican que no sólo los romances y las letrillas de don Luis alcanzaron un éxito general, sino que también el *Polifemo* y las *Soledades* circularon entre los estudiantes de una ciudad universitaria o en un villorrio cercano a la corte. Nótese que los lectores de los versos de Alcaraz son variados y no siempre cultos. Alejados, pues, de los principales focos de la polémica: la campesina Inés, su primo, los licenciados, el caballero don Diego, etc.

La facundia de Alcaraz es análoga a la de otro «figurón» de Castillo. Hasta el punto de que el vallisoletano adaptó materiales de *El culto graduado* a su entremés de *El casamentero*, incluido en *Tiempo de regocijo* (1627). Ya hemos visto que la función de Inés, el primo y los licenciados de la novela de las *Tardes entretenidas* (1625) es meramente episódica. Los tipos se encadenan sin descripción alguna, como sucede en muchas piezas de su teatro breve [Rey Hazas, 2003: 347]. El entremés de *El casamentero* desarrolla el cortejo de una mujer que busca a un «poeta en crepúsculo» para escribir «obras claras». La diferencia con *El culto graduado* es que si el bachiller de Casarrubios dirigía su romance a Inés, una aldeana, Piruétano, alcahueto del entremés, tiene como interlocutora a una dueña erudita que exige un contrato prenupcial en lengua culta: «No apetezco riquezas, cuyo cúmulo / oprime el alma al prevenir el túmulo, / sólo la elevación de los espíritus / [...] ¡Si yo hallara un filósofo poeta / al uso de Teócrito y Homero, / cuya fama del tiempo preservada / por tan remotos climas se dilata!»[57].

6.2.1. Rumbo a la Corte

Terminado el recital del bachiller, Castillo informa de la llegada a Casarrubios de un caballero madrileño, que pregunta al ventero cómo podría divertirse. Es probable que para entonces la locura de Alcaraz lo hubiera convertido en una celebridad local. Así las cosas, don Diego, pues éste era el nombre del cortesano, se encamina al hogar de nuestro protagonista. Si Cervantes había escrito en *El licenciado Vidriera* que la fama de las respuestas y los dichos de don Tomé se extendieron por toda Castilla y «llegando a noticia de un príncipe o señor, que estaba en la Corte, quiso enviar por él y encargóselo a un caballero amigo suyo que estaba en Salamanca» [Cervantes, 2001: 281], don Diego comienza a urdir una farsa con un grupo de nobles de la capital. Consciente de la extravagancia del poeta, alaba sus versos hasta el infinito, engatusándolo con dos mentiras: 1) Madrid demanda autores como él, porque los hay mucho peores; 2) un tribunal de expertos será el responsable de evaluarlo.

Tamaño elogio alimenta la vanidad del figurón, que se dispone a escribir su *tour de force* culto: un poema que servirá para confirmar «que dudo, y no es arrogancia, que haya nadie que me aventaje en los agudos y nuevos modos de versificar». Pagado de sí mismo, Alcaraz no sospecha que don Diego lo atrae hacia una trampa fatal para sus intereses. Lo primero que necesita saber su «valedor» es la trayectoria del bardo, pues Alcaraz se había consagrado al teatro durante los años en Salamanca: treinta comedias que nunca subieron a las tablas por la negativa de los representantes, los altos honorarios del dramaturgo y, sobre todo, porque eran más deudoras del modelo cervantino que del lopista. Nótese la hinchazón de una de las más «logradas», el *Epítome de prodigios,* cuya primera escena protagonizan nada menos que los Nueve de la Fama y las Diez Sibilas.

---

[57] Sobre los entremeses de Castillo, véanse Fernández Nieto [1983: 189-199] y Domínguez de Paz [1987: 251-270].

El título de la comedia apunta hacia una pieza mitológica que no desmerecía de las otras, igualmente ridículas: *La burra de Balán, El mayor miércoles, La infanta sin calzas, El regoldar en ocasión, Los ojos en ajuar, Las doncellas en camisa, El viudo risueño, La mona en Tetuán, El devoto de Monjas, La cocina de amor, Los celos en letuario, Los dones al quitar, La tragedia de Babieca, El escabeche de amor, El blasón de Pero Tierno* y *Los amantes en cazuela*. Obras más o menos hilarantes, escritas en «quincenas, diez y ochenas, veintenas y octavas de a veinticuatro consonantes», que ayudan a iluminar dos ideas sobre la narrativa y el teatro de Castillo: 1) la fusión de géneros en *El culto graduado* invita a clasificarla como una novela entremesil sobre la lírica culta; 2) el pucelano acostumbra a reciclar motivos y personajes de unos libros a otros [Arredondo, 2006: 35-51].

Podemos concluir que todas estas comedias sirven de paradigma a las que compone Jaime, dramaturgo de *La garduña de Sevilla*, que ataviado con una loba, anteojos y sombrero de falda, irrumpe en el Mentidero de Madrid bajo la máscara del bachiller Domingo Joancho: *La infanta descarriada, El tenga tenga, Ahí me las den todas, Escarpines en Asturias, El Lucifer de Sayago, La Gandaya, El roto para vestir, No me los ame nadie, Tárraga, por aquí van a Málaga, Los lamparones en Francia, Turrones donde no hay muelas, La Señoresa de Vizcaya* [Castillo, 1955: 202-204]. Lo mismo sucede en el entremés de *El casamentero*, que repite la figura de un poeta, autor de veinte comedias nunca representadas, cuyos títulos coinciden en algún caso con las de *El culto graduado*: «La primera que hice fue *La púpura,* / pastoral a lo antiguo, pero buena, / *La infanta nariguda, El catecúmeno,* / *El jabalí de Adonis*, excelente; / *Vida y costumbres de la Zarabanda,* / *El machuelo de la Bamba, La chanfaina.* / [...] / *La mula de Balán,* extremadísima, / *Los celos en ajuar...* / [...] / *El apodo al revés* y *La Tarántula,* / *La mona en Tetuán*, historia célebre, / *El honroso blasón de Pero Tierno,* / *El viudo risueño, La ensalada* / *La cocina de amor, Martín Lutero* / y otras que por olvido no refiero» [Castillo, 1907: 275][58].

---

[58] Sobre el mal poeta de comedias en la narrativa del XVII, véanse Sobejano [1973: 313-330] y Herrero García [1977: 233-258].

Tras el rosario de disparates de Alcaraz, don Diego sólo puede contener la risa. Pero no termina aquí la burla. El bachiller se ufana de su gran poema, una joya que lo consagrará en los cenáculos del Barroco: *El circo mantuano,* «alabanzas de la plaza de Madrid, reprehensiones a los pródigos y manirrotos que en festivos días de toros gastan superfluamente sus haciendas en opulentos banquetes y colaciones». Castillo saca de nuevo a pasear la ironía. Porque el protagonista —objeto de la sátira— es autor de una segunda sátira sobre los estados de la corte.

El *incipit* de *El circo mantuano* está lleno de adjetivos que imitan por sufijación los participios latinos de presente, esdrújulos y fórmulas condicionales del tipo «A sí, B»: «atento el culto sí, prevenga oído, / plebeyo no, si agrícola nacido». Don Diego refrena la carcajada por una razón más profunda que el «respeto al artista». Sólo al final, cuando el bachiller ha sido humillado por los nobles, la risa se adueñará de la novela. Sólo en Madrid, sobre el proscenio del «entremés del figurón», la parodia toma carta de naturaleza. Dicho de otro modo: sobre las tablas del jardín de los Agustinos, el «cómico» (Alcaraz) no sabe todavía que actúa para un auditorio de *beffatori* que permanecen escondidos. Es durante el examen culto cuando Alcaraz se teatraliza, pasando de «raro poeta» a «figurón».

6.2.2. Tribunal de *Nocturnos*

En Madrid tiene lugar el segundo acto de la trama. Alcaraz se graduará como poeta culto ante un tribunal formado por maestros de varias naciones, todos impostados: Latino, Griego y Garamanta. Micer Tenebroso, portero de este cónclave, «simboliza tanto la tiniebla gongorina como los seudónimos que se atribuyeron los poetas que participaban en la *Academia de los Nocturnos*» [Campana, ed. 1992: 280-281]. La preocupación de don Diego no es otra que adecentar el recinto para la burla del bachiller, una suerte de carnaval académico. Los bromistas se reúnen junto al monasterio de los Agustinos, cuyo pensil albergará la tramoya del «entremés del villano».

La querencia de Castillo por el carnaval reaparece en otra de sus colecciones: *Tiempo de regocijo y carnestolendas de Madrid* (1627). Don Diego sólo recibirá a su víctima tras preparar una farsa que no difiere en su planificación de las que dan paso a las glotonerías y el bullicio que siguen a los días de Cuaresma. La parodia de los ritos carnavalescos brilla sobre la palestra del jardín, embrión para la sátira del poeta. Enmascarados de ambos sexos se permitían en aquellos tiempos toda clase de desmanes y exhibiciones; tendían cuerdas transversales de calle a calle para que los paseantes dieran con sus huesos en la tierra, espantaban a los caballos con buscapiés y triquitraques, arrojaban ceniza, confeti o polvos para estornudar y vertían al paso de las gentes líquido de no muy noble origen.

Junto a lo carnavalesco habría que añadir una tradición que contribuye al diseño del examen: el *opus ridicularium* sobre los pedantes. La premisa de Castillo, teniendo en cuenta su deuda con Straparola —tanto en los títulos como en los enigmas—, entronca con varias ficciones italianas que se mofaban del saber teórico, la educación universitaria o la lectura. Motivo que puede remontarse al triángulo formado por Bruno, Buffalmacco y Calandrino en el *Decamerón* (VIII, 9), pasando por el *Grasso Legnaiuolo*, el *Bianco Alfani* y las farsas estudiantiles del XVI. Sin despreciar la historia de Scheggia, Piluca, Monaco y Zoroastro, incluida por Grazzini en *Le cene* (1540), ni la *favola* del humanista en las *Piacevoli Notti* (1550-1553), tan próxima a la de las *Tardes entretenidas*[59].

Aunque los vecinos de Alcaraz le habían advertido sobre don Diego, el protagonista se persona en la capital con el fin de superar la primera de las pruebas. El encuentro entre el burlador y el futuro burlado se aderaza con chirimías. Complemento musical que permite leer este pasaje como una loa narrativa de los hechos —terriblemente cómicos— que nos aguardan en el coliseo. He aquí la parte más valiosa de *El*

---

[59] El «examen de Alcaraz» es similar a un episodio de la Novela IV (cena II) de Grazzini [1912: 117-137, 122-123]: Gian Simone, enamorado de su vecina, sufre los engaños de Scheggia, que terciará en sus amores si le permite hablar con Pilucca. Éste, a su vez, necesita la ayuda de Zoroastro, un milagrero. Todos conducen a Gian Simone a una sala donde se desarrolla la *beffa*, adornada por extraños vestidos.

culto graduado: Alcaraz se topa con la puerta de acceso a un jardín —que también es laberinto— sobre la que pende una tarjeta: «GYMNASIVM CVLTORVM».

Micer Tenebroso le da la bienvenida a esta «Inquisición culterana», tanto por los versos que el de Casarrubios tendrá que recitar como por el amargo resultado de su viaje. Mosén Crepúsculo, vestido de terciopelo negro, se ubica en la segunda puerta y oficia como bedel. El Ministro, en tonos rojos, sostiene un traje de tafetán blanco para el recién llegado. El Secretario se reclina en la grada inferior de la sala central, mientras que los Regentes dominan la superior. En consecuencia, Castillo distribuye a sus personajes como un director de escena, logrando que Alcaraz se sienta observado desde cualquier perspectiva. Porque tras las bambalinas, presto para la humorada, se oculta el verdadero público.

El ceremonial protagonizado por Alcaraz entronca con el folclore bajomedieval y renacentista de la «fiesta del loco» [Bajtin, 1987: 78]. Basada en la inversión jerárquica de los valores y funciones sociales, se proclamaba soberano al bufón, nombrando un abad, un obispo y un arzobispo de la risa; y en las iglesias sometidas al Papa, un Pontífice jocoso. En la historia de Castillo la investidura tiene que ver con la «graduación culta» de un rústico. A ello contribuye el juego de puertas, entradas y salidas que preceden a la audiencia de los doctores. Alcaraz será evaluado en una sala —casi una logia secreta— decorada por extraños frescos y su reto consiste en leer un memorial («Submiso a vuestro —elegantes») en el que mezcla el encabalgamiento sirremático del primer verso con octosílabos tan ridículos como «Vagarosa a culto solio», cláusulas condicionales no menos peregrinas («si antípoda a la estulticia»), epítetos y superlativos («picrio», «metrificante», «circunspecto», «humilísima», «celebérrimo»...).

6.2.3. La novela entremesil

Durante la discusión del tribunal, el bachiller y don Diego se deleitan con los jeroglíficos de la sala. Pinturas que simbolizan el anuncio de lo que he llamado el entremés de los jueces cultos; o sea, el núcleo de *El culto graduado,* una novela entremesil[60]. Castillo no duda en sumar a este teatro, como en la *Sala de recreación* (1649), un escenario con gradas y frescos —mitad acertijos, mitad emblemas—, además del reservado para el público y las tablas donde se arrodilla Alcaraz. Las pinturas son seis enigmas latinos con glosas en castellano que parodian la oscuridad. Como lo que cierran cada una de las «Tardes», sobrepasan la función de mero adorno. Según Cayuela [2000: 449], los enigmas y jeroglíficos de la *cornice* y los de la novela se caracterizan «por la complementariedad de los mensajes que los componen (un grabado impreso, un enigma en verso, la solución del enigma dada por los personajes del marco); y en el caso de los jeroglíficos, la descripción de una imagen, un mote en latín, seguido por unos versos en castellano». Acudiendo al magisterio de Straparola, las *Tardes entretenidas* se convierten en una colección única en nuestro Barroco. No dispondremos de ningún ramillete novelesco con emblemas hasta bien entrada la segunda mitad del XVII.

La espera del fallo de don Candor, don Esplendente y don Brillante, e incluso la actitud de Alcaraz, respeta el sistema de mistificación carnavalesca y desmitificación social que debe regir un entremés[61]. El tribunal de *El culto graduado* expide un diploma de acuerdo con dos cartas magnas: la legislación griega y el código hebraico —decretado en la torre de Babilonia— sobre los artículos que ha de cumplir todo culto: 1) licencias; 2) licencias penalizadas; y 3) licencias con contrato, asociadas a la oscuridad, los neologis-

---

[60] Acuño este marbete de acuerdo con las teorías de Yudin [1969: 585-594].

[61] Todo el episodio preludia la ropa, el estilo y los modales que don Pedro Osorio y Toledo impostará diecisiete años después en *El Conde de las Legumbres,* novelita interpolada en *La garduña de Sevilla* (1642): Osorio prepara un viaje a Valladolid antes de conocer a Margarita, hija del marqués Rodolfo, gran señor de Alemania. Éste iba a desposarla con Leopoldo, su sobrino, que reside en tierras pucelanas. Cuando faltaban tres meses para el enlace, don Pedro se finge loco, ganándose el afecto del padre de la joven bajo la ridícula apariencia del «Conde de las Legumbres». Descubre entonces que Leopoldo también había dado palabra de matrimonio a su hermana Blanca. Engañifa que facilita al protagonista, ya vestido de noble, la revelación de la verdad a Margarita.

mos, los extranjerismos y las oraciones hiperbáticas; esto es, coincidentes con lo dicho por Jáuregui en su *Discurso poético* (1624). Siles [2002: 364-365] opina que Castillo se pronuncia sobre el gongorismo en las *Tardes entretenidas* con la misma aptitud que Lope o Tirso. A imagen del Fénix, se pregunta en qué reside la extrañeza del nuevo estilo, pero «no intenta analizarlo desde su horizonte de expectativas como lector y escritor, sino desde otros parámetros que —supone— conforman la voluntad y el ideario de los cultos». En virtud de sus testimonios, el público de la época sintió un cambio que alteraba las reglas gramaticales —sintaxis, concordancia y adjetivación— y se tradujo en un nuevo *modus dicendi* que oscurecía el discurso e intrincaba su recta comprensión.

Cuando los tres regentes han firmado el título, el Secretario lo entrega al bachiller y éste a su padrino, don Diego. Es el instante en que se activan los mecanismos de la sátira. Los jueces se despojan de la máscara y uno de ellos impone a Alcaraz un capirote de colores y un collar con higas de azabache y box. Castillo evoca así otra figura burlesca de raíz italiana: el falso filósofo. El vallisoletano copia su propio intertexto y la mención de las higas en el entremés de *La castañera* [Castillo, 1986: 256-257], una de las piezas cómicas de las *Aventuras del bachiller Trapaza* (1637): «El cielo le maldiga y remaldiga / A quien al verla no le da una higa». La broma del capirote también desfila por *El comisario de figuras*, entremés de *Las harpías en Madrid* (1631): un juez con vara, ropa negra, herreruelo y gorra de terciopelo, como el trío nocturnal de *El culto graduado*, condena a un «poeta de prestado» al manicomio del nuncio de Toledo. Lo seguirán una dama caprichosa, un lindo y un caballero que se precia de ser pariente de Favila y Pelayo.

El comisario de figuras es un entremés de «civilidades», o sea, de burlas lingüísticas [Madroñal, 2001: 177-197], al igual que la novelita de las *Tardes entretenidas*. Castillo pasa revista a varios de los tipos más pintorescos del siglo no sólo «con intención ridiculizadora, sino también moralista, ya que desea imponerles un castigo o un correctivo, aun cuando éste sea de tipo alegórico» [Huerta Calvo, 1995: 148]:

COMISARIO.	¡Figura, figurón y figurinísima;
	figura de figuras sin cimientos,
	que es lo mismo que decir, cuento de cuentos.
	¿Escribes en el limbo o en el infierno,
	que con lo obscuro das tormento eterno?
CULTO.	Esta de mi capricho culta ciencia
	vulgar no admite pedantina plebe.
COMISARIO.	¿Qué pedantina? ¡Belcebú te lleve!
	Ministros figurosos, yo os advierto
	que de esta gente no toméis memoria. [...]
	Pague aquéste por todos el escote.
CULTO.	¿Cómo, cómo?
COMISARIO.	Ponedle capirote.

[Castillo, 1985: 122-123].

La *beffa, baia, astucia* o *novella*, según la taxonomía florentina para este tipo de travesuras [Vitse, 1980: 123-124], llega ahora a su cumbre paródica. Cuando Alcaraz abandona la escena se ha identificado ya con figuras como el Licenciado Vidriera, cercado por los muchachos y blanco de un ejército de piedras; a diferencia de este bachiller, presa fácil para los pepinazos de los nobles del «entremés madrileño». El examen acaba como suelen hacerlo los títeres de cachiporra, pues un aire guiñolesco, de matapecados, ronda las aventuras del poeta de Casarrubios. Bañado por la lejía del sarcasmo y antes de regresar a la villa, pide asilo en un zaguán de la calle de Alcalá. Un broche precipitado, y algo banal, que reorienta la estructura dramática de *El culto graduado* para devolverla a los cauces narrativos[62].

Volviendo al árbol de figurones que el autor de Tordesillas diseña desde *El culto graduado* (1625) a *Sala de recreación* (1649), hay que detenerse en Piruétano, cuyo nombre y función son

---

[62] Idéntico trato que Alcaraz recibe Domingo Joancho en *La garduña de Sevilla:* «No entendía el lego auditorio el latín, y así se comenzó a alterar más hasta matar las luces; desenvainaron luego las botas de camino, talegazos de arena, y en forma de culebra de cárcel se vio una confusión en aquella sala, de donde salió el poeta maltratado y perdida su comedia» [Castillo, 1955: 209-210].

idénticos a los del alcahueto de *El casamentero*. Esta vez se trata de un personaje del entremés *El barbador* que coloca unos carteles donde presume de griego y garantiza que hará crecer la barba o la melena a calvos, lampiños y capones[63]. Otros grandes parlanchines son Ardenio, el «mágico» de *Los encantos de Bretaña*, comedia incluida en las *Fiestas del jardín* (1634) [Castillo, 1973: 42 y 54], y Marino, donaire de *El mayorazgo figura* (1640), o mejor, la contrafigura del figurón; «un figurón injerto en un gracioso» [Arellano, 1989: 36 y 47]. Leamos una perla de este ridículo escudero: «Ítem, traigo un papagayo / tan bien plumado y jarifo, / tan pulquérrimo y jovial, / tan faceto y tan festivo, / que es solo la perfección / de todos los que hay en Quito» (vv. 1384-1389) [Castillo, 1989: 126][64]. Con independencia del género o subgénero elegidos por Castillo, creo haber demostrado que el «linaje de figurones» que acabo de esbozar deriva del primero que salió de su pluma: el ingenioso bachiller Alcaraz de Casarrubios.

7. «El monstruo de Manzanares»

Durante el presidio que sufre don Juan Osorio, protagonista de *El monstruo de Manzanares*, incluida por Andrés Sanz del Castillo en *La mojiganga del gusto* (1641), el narrador define la trama que lo condujo a esta suerte de arresto domiciliario como un «increído engaño artificioso». Fórmula que ilumina como pocas dos rasgos del novelista de Guadalajara: 1) el apego por el disfraz y lo carnavalesco, ya patente en el título de la colección; 2) la voluntad gongorina de su estilo, cimentada en el abuso de la epítesis —antepuesta o pospuesta— y las cláusulas subordinadas, según indiqué a propósito de las *Novelas amorosas* de Camerino.

Casi nada sabemos de este olvidado ingenio. Cotarelo sitúa su nacimiento en Brihuega *(c.* 1590) y conjetura que es-

---

[63] Véase también *La prueba de los doctores*, entremés inserto en *La niña de los embustes* [Castillo 1906: 225-226], cuyos protagonistas —Ribete, Matanga y Rebenque— parodian el léxico culto.

[64] Remito a Soons [1978: 118-119].

tudió Leyes en Salamanca, como se deduce de algunas notas de *El estudiante confuso,* tercer relato de la única obra que nos legó [1908: VII-VIII]. Joaquín del Val [1949, reed. 1968: LV] señala que hubo de vivir en Sevilla, Granada y Zaragoza, ciudad en la que publicaría *La mojiganga del gusto*[65]. Sin embargo, la mención de las capitales andaluzas en *La muerte del avariento* —donde la voz narradora dice haber residido dos años en Hispalis— y *Pagar con la misma prenda,* ambientada en las calles del reino nazarí, no pasan de simples tópicos y eran habituales en la época.

Lo único seguro es que *La mojiganga del gusto* se estampó en la imprenta de Pedro Lanaja (1641) y consta de seis novelas: *El monstruo de Manzanares, Quien bien anda bien acaba, El estudiante confuso, La muerte del avariento y Guzmán de Juan de Dios, Pagar con la misma prenda, La libertad inocente y el castigo sin engaño.* Armando Pego ha firmado un completo artículo sobre la primera a partir de la fusión entre el cronotopo bajtiniano del folclore y sus elementos retórico-poéticos. Concluye que «desengaño, resignación, apartamiento del mundo, pero sobre todo una conciencia de que la vida de los hombres está regida por una fuerza superior que no es Dios, sino los códigos de comportamiento social, caracterizan estas historias» [Pego, 1995: 229].

7.1. *El carnaval de los sátiros*

El monstruo de Manzanares, igual que las novelas de Camerino o Juan de Piña, carece de marco boccacciano. No en balde, una de sus cualidades es que comienza *in medias res.*

---

[65] No hay que confundir esta colección con la costeada por José Alfay en 1662: MOGIGANGA / DEL GVSTO / EN SEIS NOVELAS. / Y ESTORVO DE VICIOS. / COMPVESTO POR / don Francisco de la Cueba, / natural de la Uilla de / Madrid. / [Marca del impresor] CON LICENCIA, / En Çaragoça, Por Iuan de Ybar. Año 1662. A costa de Iosef Alfay, Mercader de Libros. En 8.º. 4 h. + 152 págs. Ejemplares: R/6956 y R/12958. Sobre la condición apócrifa de Francisco de la Cueva y la copia del título de Sanz del Castillo, véase González Ramírez [2007: en prensa], así como su edición de la *Mogiganga del gusto* y del *Sarao de Aranjuez* [2008].

Pego [1995: 231-232] apunta que Sanz del Castillo «gradúa con ello la intensidad de la fábula, colocando los motivos en una progresión climática y anticlimática, a fin de suscitar el interés del lector»:

> Con temerarios y espantosos gritos, prometiendo horrible y trágica vista quien los daba, infundiendo temor en los ánimos de las damas que discurrían la tan agradable como hermosa ribera del arenoso Manzanares, río en Madrid tan celebrado como avariento de cristal, bajaba una mañana de las pueriles del mayo desterrando a las que, o ya por medicina o deseoso antojo, habían salido a pasear el acero a aquel frondoso y agradable sitio del suntuoso perfil de nuestro cuarto monarca, uno al parecer monstruo bruto o sátiro vestido de pieles manchadas a trechos, tan guedejudas y ceñosas que ponían espanto aun a quien de lejos le miraba, si bien en el movimiento y disposición de talle se determinaba era aborto racional. Traía en la cabeza otra artificiosamente formada con todas sus facciones, semejante a la de un robador oso, los pies y las manos cubiertos de la misma librea y en ellas un arco en que con liberal destreza ministraba agudas y voladoras flechas, de quien venía copioso un carcaj que descubría por encima del hombro izquierdo. Y tan fiero terror daba su vista que, procurando las humanas diosas que se esparcían en aquel deleitoso campo tomar sagrado, entrándose liberales entre el concurso de la bulliciosa gente que veían ir bajando por la puerta que llaman de la Vega, y salida de doña María de Aragón, tropezaban unas con otras, teniéndose, medrosas como femeniles, a cada paso, por opresas de aquella investigable figura.

Reparemos en la importancia de la máscara que ha elegido Sanz del Castillo. El fauno —como Gesimundo en *La prodigiosa*— participa de varios modelos. De filiación ariostesca, no anda muy lejos del Cardenio de la Primera parte del *Quijote* (I, 23), que llevaba «el cabello y la barba intonsos» y poseía la agilidad de una cabra montés. Lo mismo que el Camilote de *Don Duardos*, pues el escudero de la tragicomedia de Gil Vicente, a diferencia de don Juan Osorio, que será mal escudado por Páez, o de don Gaspar Leonardo, procedía de un país donde la gente es «como salvaje»[66]. En

---
[66] Véase López Ríos [1997: 259-272].

cualquier caso, esta clase de figuras, o sea, el *silvanus*, el *faunus* o *fatuus*, parientes del Puck shakespeareano y de Robin Goodfellow, no se originan en la novela barroca, sino en la transición de la novela sentimental al ideal pastoril» [Deyermond, 1964: 97-111]. Si analizamos el vestido del «monstruo», asoman ciertos guiños al *Polifemo* (1612). Un cíclope que no deja de ser pastor y dueño de una isla con tintes bucólicos. Así lo he razonado en las páginas sobre *La ingratitud hasta la muerte*. Pero la función del sátiro en la novela de Sanz del Castillo y en el *tableaux* de los amores de Floristo y Clérida resulta muy distinta. El caballero de *El monstruo de Manzanares* portaba un «vestido de pieles manchadas a trechos, [...] guedejudas y ceñosas», tópico rentabilizado por el poeta cordobés en la octava IX: «su piel manchada de colores ciento» (1612, XI, 68). Tampoco el arco y el carcaj, habituales en el paganismo grecolatino, con los que el monstruo «ministra voladoras flechas», contravienen los adornos que engalanaban la cueva del coloso gongorino[67].

Recapitulando: la tradición textual de Ariosto, la novela sentimental del siglo XV, la bucólica del Renacimiento y la *Fábula de Polifemo y Galatea* (1612) nos facultan para inducir tres premisas que condicionan la historia:

1) El proteísmo de los sátiros les permite aparecer con los más variados visajes, ya sea en figura de monstruo, fiera, mono, oso, fantasma o demonio. Sin embargo, lo más significativo es el «disfraz de salvaje y sus connotaciones pecaminosas, que desde antiguo identificaban las pieles y el cabello largo con el apetito sexual» [Egido, 1983: 172-173]. Por tanto, Gaspar Leonardo, disfrazado, se distancia del fauno del se-

---

[67] En las estancias LVII-LVIII, Góngora hacía referencia al arco del rey Malaco, único instrumento «actualizador» de su *Fábula*: «Luciente paga de la mejor fruta / que en hierbas se recline, en hilos penda, / colmillo fue del animal que el Ganges / sufrir muros le vio, romper falanges: / arco, digo, gentil, bruñida / aljaba, obras ambas de artífice prolijo, / y de Malaco rey a deidad Java / alto don, según ya mi huésped dijo» (1612, 450-465). Nótese, además, la adopción del verbo «ministrar», atacado en las polémicas anticultas [Alonso, 1961: 95-120].

gundo episodio de *La ingratitud hasta la muerte* —no tanto del Gesimundo de *La prodigiosa*. El salvaje de Camerino era auténtico y se comporta de acuerdo a lo esperado. Pero el novelista italiano no supera la frontera del «tipo». Apenas explotó el potencial de este fauno para complicar el sencillo idilio de Floristo —narrativamente hablando—; mucho más clásico y escueto que el de *El monstruo de Manzanares*.

2) Los disfraces de Osorio y Gaspar Leonardo sugieren que la novela planteará un asunto de «honra mancillada»; consecuencia, claro está, del ardor sexual que adorna a todo sátiro. Si tenemos en cuenta que se trata de personajes muy teatrales, copiados incluso de unos autos sacramentales a otros, y de éstos a las novelas, no sorprenden ni los guiños escénicos de Sanz del Castillo ni el título de su colección.

3) Los alaridos del sátiro abren un relato esencialmente visual. El narrador condena los diálogos a segundo plano; los anula por completo. De ahí que la reacción de las damas, salteadas por la horrible figura —motivo exacto al segundo *tableaux* de *La ingratitud hasta la muerte*—, se limite a constatar el «fiero terror que daba su vista».

Pero no es el disfraz —símbolo de trasgresión sexual y novelesca— lo único relevante en la prosopografía de Gaspar Leonardo. Un caballero, por otra parte, del que aún desconocemos su nombre e intenciones. Sanz del Castillo incorpora en veinte líneas una serie de rincones muy transitados en el Madrid de los Austrias: el río Manzanares, la puerta de la Vega y salida de doña María de Aragón... Un mapa que subraya el entorno urbano frente a los bosques de Camerino. Dicho de otro modo: las ninfas de *La ingratitud hasta la muerte* o *La prodigiosa* son sustituidas aquí por damas; aunque todas sean tan «medrosas» como «femeniles». El autor de *La mojiganga del gusto* transforma el reino bucólico en una mascarada campestre donde sus criaturas juegan a ser faunos y ninfa, respectivamente. En consecuencia, la huida de la madre de Flora y las dos criadas nunca podrá ser como la de

Clérida por las selvas de Creta, sino, más bien, un mutis que las transporta de «la cenefa del envidiado raudal» a la «dilatada villa de Madrid».

El cortejo reelabora e ironiza materiales de la pastoril, convirtiéndolos en trampolín para construir una mojiganga lasciva con un telón de fondo arcádico. Un personaje como el sátiro, que no es propio de los argumentos cortesanos, se reviste de autoridad, de verosimilitud y de eficacia narrativa desde el momento en que entra en juego el disfraz. Sin olvidar un detalle que los críticos no han aducido para explicar la contaminación genérica de la ficción poscervantina: Boccaccio dio origen cuatro siglos antes que Sanz del Castillo al motivo central de este relato. El florentino contaba en el *Decamerón* (VIII, 9) cómo Buffalmacco espantó al Maestro Simone vestido con «una de esas máscaras que suelen usarse en algunos juegos que hoy no se hacen, y se puso encima una pelliza negra del revés, y se la puso de tal manera que parecía un oso, a no ser que la máscara tenía el rostro del diablo y era cornuda» [1999: 620].

7.2. *Flora: el «talado virgíneo»*

La irrupción del sátiro reclama la presencia de una ninfa, zagala o dueña. Este papel lo asumirá Flora, cuya écfrasis se basa en tópicos florales («claveles», «jazmines» y «azucenas») que hacen honor a su nombre. El perfil de la joven como Venus que se reclina en el prado es un calco del sueño de Clérida cuando era sorprendida en su «isleta» por el sátiro; o del reposo de Galatea, que se consagraba al descanso antes de la venida de Acis. Empero, no podemos obviar que el texto de Sanz del Castillo es un carnaval de lugares comunes. Así, matiza que la protagonista, «más de industria que de temor», o sea, por artificio, se quedó «oculta entre las redes sutiles» de unos «tejidos mirtos y parras». La insistencia en el sustantivo «industria» y sus alomorfos confirma que todo responde a un ardid de la muchacha. Las connotaciones de las plantas que rodean a la unión de Flora y el fauno tampoco son gratuitas. El narrador, que había ocultado a los lectores las razones que obligaron al encuentro en la ribera, bien conocidas por sus personajes, equilibra esa descompensación de saberes con pistas —el disfraz, el bastidor pastoril— que anuncian otros episodios.

Los mirtos aparecían ya en dos de las mejores estrofas de la *Fábula* gongorina, con la misma función que en *El monstruo de Manzanares:* 1) «Caluroso, al arroyo da las manos, / y con ellas las ondas a su frente, / entre dos mirtos que, de espuma canos, / dos verdes garzas son de la corriente» (1612, XXVII, 209-212); 2) «reclinados al mirto más lozano» (1612, XL, 317). Estos arbustos, que remiten a Venus y a su hijo Cupido, simbolizan «el amor, la pasión que se hace fuerza fecundante. [...] Pero también la pasión como herida abierta, el cuerpo que hace añicos su unitario candor en la laceración del sacrificio» [Cancelliere, 2006: 50-51]. Las parras —recordemos que los brazos de Galatea eran «cristalinos pámpanos» anudados al cuerpo de Acis, un «infelice olmo» (1612, XLV, 353-355)— aluden al culto a Dionisos y son «símbolo de los misterios de la muerte y del renacimiento y expresión vegetal de la inmortalidad, del supremo conocimiento, así como el vino lo es de la vida eterna» [Cancelliere, 2006: 48-49]. Sin olvidar que también incitan al coito salvaje —el fauno así lo exige—, pues las bacantes entraban en arrebatado éxtasis.

Deducimos que todo se encamina a la unión sexual, pero ignoramos las razones del bizarro atuendo del caballero. El artificio del silbo por el hueco de una llave, nuevo símbolo erótico, y más en Gaspar Leonardo, que se apresura a «desflorar» a la muchacha, reutiliza un motivo de otras novelas. En *Las fortunas de Diana*, Lope lleva a término el noviazgo entre la protagonista y Celio como un «festejo mudo» —ninguno se dirige la palabra durante parte de la seducción, como en *El monstruo de Manzanares*. Sin embargo, el Fénix, siempre irónico, permite que consumen su amor sin decir esta boca es mía. La semejanza del relato de Sanz del Castillo con la primera de las *Novelas a Marcia Leonarda* tampoco resulta baladí. Por tres causas: 1) cuando Celio alcanza el cuarto de Diana apenas se demora en mostrarle la llave de aquellos aposentos; 2) los diálogos de la pareja quedan sustituidos por dos cartas interpoladas; 3) tanto Diana, que envía un billete a Celio donde informa de su propósito de huir a las Indias, eligiendo como contraseña un «ceceo» que él habrá de articular junto a su balcón, como Flora, cuando anuncia a Osorio su cita en el Sotillo, yerran en su decisión: Diana confunde a Celio con otro caballero que le roba sus joyas —justo el momento en que la dueña rompe a hablar— y Flora, una vez oído el silbo, entrega su virginidad a un hombre, disfrazado de fauno, que no era don Juan. El contraste entre ambos relatos se basa en tres detalles: 1) Diana no será violada y queda encinta de Celio; 2) tampoco permanece callada —o en manos del narrador— durante todo el argumento; 3) el papel de la madre y de las damas de compañía en *Las fortunas de Diana* está más difuminado que en la novelita del autor de Guadalajara.

Parece sugestivo que unos minutos antes de que Gaspar Leonardo ejecute su atropello no sepamos quiénes son los personajes y por qué se produce la violación. Sanz del Castillo no ha facilitado dato alguno; de ahí la oportunidad de esta analepsis, llena de cláusulas hipotácticas, para poner en situación a los lectores:

> es necesario que diga cómo don Juan Osorio, caballero noble, hijo de la misma patria, [...] se había pagado tanto de su hermosura y discreta modestia que, siendo el objeto de sus suspensiones, llevado de su amorosa pasión, le venía a el pecho estrecho el sentimiento, y los ojos, pequeños cóncavos para los raudales de lágrimas de su mal lograda voluntad, que tanto le afligía el considerar que, aunque su enternecida dama le deseaba corresponder a sus finezas, no le concediese un minuto el tiempo para ello ni de ocasión para con ella dar algún conveniente medio, teniendo siempre junto a sí a su vigilante madre, con más ojos que el pastor de Juno, por maestra de sus acciones y ceremonias y dos criadas que, por de alguna edad, envidiosas del gusto ajeno, le daban aviso de cualquier, que no muy medida le veían.

En virtud del último párrafo, sería creíble que Flora y Osorio tramaran la mascarada para ahuyentar a las cuidadoras. Como de hecho ha sucedido. Pero Sanz del Castillo se guarda una carta en la manga: el caballero disfrazado no es don Juan. Si antes he señalado que los saltos temporales pautan una historia basada en el *suspense*, con este cambio inesperado de sátiro que, insisto, todavía no conocemos, el narrador incluye un segundo tema: el del «falso culpable», pues la trama gira en torno a la pérdida de la honra de Flora y la injusta acusación que recibe Osorio.

La analepsis, desde un presente impreciso, se encadena a otra, dentro de la primera, donde averiguamos cómo se conocieron los protagonistas. A renglón seguido, con motivo del «diálogo» junto al convento de Nuestra Señora de las Mercedes, don Juan irrumpe en el carruaje de su dama. Es entonces cuando le pide matrimonio. Pero la muchacha —como la Diana de Lope— persiste en su silencio y se limita a mirarlo con ternura. Sólo en la despedida arroja un billete que el galán abrirá más tarde. Quiero subrayar la dificultad para tejer una novela en la que los enamorados no hablan entre sí. Esta determinación, que podría derivar en tedio, o en burla de tópicos sentimentales, en el caso de *Las fortunas de Diana*, obliga a Sanz del Castillo a mezclar varias tradiciones: poéticas, retóricas y hasta jurídicas.

Todo comenzó en un prado y continúa con la huida del séquito de Flora a la villa de Madrid, una analepsis sobre don Juan, que nos conduce a un convento y a un carruaje próximo al hogar del amigo del padre de la protagonista; y dentro de la retrospección, al domicilio de Osorio. Cinco espacios narrativos en apenas tres páginas. Este dinamismo ayuda a paliar tanto la renuencia verbal de los personajes como los efectos de la sintaxis gongorizante.

La carta de Flora ofrece claves valiosas: «he querido mostrar mi voluntad con fingirme desabrida, melancólica y opilada». El término «opilada» es significativo. Flora finge una enfermedad para «pasear el acero de Madrid», que, además de un lugar, es una frase que aludía a la «curación al uso de la corte»; o sea, relativa no tanto a la falsa dolencia de la opilación cuanto a la verdadera y profunda: la privación o el apuro para lograr el amor. La joven simboliza de este modo el tópico de la perfecta enclaustrada —valga la licencia—, esquema que hallamos en *El celoso extremeño* de Cervantes y en *Del celoso desengañado* de Piña. La epístola informa sobre la fecha en la que se produjo el abuso: el 1 de mayo. Luego el «diálogo» en el carruaje, dentro de la analepsis que sigue a la motivada por el interés del novelista en dar explicaciones, hubo de producirse el 30 de abril. Un billete, pues, que describe toda la argucia del disfraz y cómo la reunión de los enamorados tendría como sede «lo más emboscado del Sotillo». La fecha —aunque en un giro novelesco el que acuda a la cita sea Gaspar Leonardo y no Juan Osorio— se sitúa bajo la advocación de Santiago el Verde; día en que «se celebraba una romería, muy dada a los excesos amatorios, cuyo destino era una ermita del paseo del Sotillo» [Pego Puigbó, 1995: 240].

Informado de los pasos que debe seguir, don Juan traslada el contenido de la carta a su criado Páez, que desempeña la función de intermediario espacial. De hecho, Osorio y Gaspar Leonardo son rivales por el amor de la dama sin que exista ninguna relación o coloquio entre ellos. Lo sugestivo es que lectores y personajes ignoran muchos datos de la trama, circunstancia que deriva en unos fatídicos resultados. Páez será el encargado de agenciar el disfraz más indicado para su señor, que, como sospechábamos, es el de sátiro. Pero Sanz del Castillo añade una nota sobre el vestido que no carece de interés, en virtud de la teatralidad de las entradas y salidas de Flora y del propio título de la colección: «le dijo a su amo cómo había visto en casa de un alquilador de vestidos para comedias dos, hechos de horribles y fieras pieles de varios animales, que habían servido en la ciudad de Segovia en unos autos sacramentales».

Terminada la segunda analepsis, volvemos a la secuencia inicial, que se había quedado «congelada»: los gritos del fauno y la huida de las cuidadoras de Flora. El fingido monstruo se abalanza sobre la joven con un deseo tan inesperado que ella comienza a recelar. Todo sigue en silencio, a no ser porque Sanz del Castillo matiza que llamó al sátiro por su nombre —en principio don Juan—, frenando sus ansias. A lo que él, violentamente, en un párrafo dominado por las bimembraciones («la ronca y encavernada voz», «su lascivo y torpe gusto», «codiciosa y inquieta resolución»), dio muestra de que no era el amante que había citado. En buena lógica, Flora y los lectores descubrimos a la vez que la mascarada de la protagonista es en realidad una doble mascarada; un carnaval reversible que se vuelve contra su misma inventora por obra y gracia del narrador, que se ha valido, a su vez, del criado Páez, aparentemente inofensivo.

Detengámonos en la secuencia del estupro, descrita con imágenes gongorizantes y la citada cláusula condicional «A si B»: «cogió en ella desfrutándole las azucenas de su castidad, colmado fruto de su insaciable deseo, dejándola, por huir con brevedad, entre aquella maleza hecha un diluvio de sangrientas en casi frías venas de coral. Y retirándose a la parte donde se había despojado de su acostumbrado hábito, se fue sin atender a la prevención del remedio que pedía semejante estrago, si bien arrepentido de haber sido la causa dél por tales medios».

Como contrapunto, Sanz del Castillo propone otra analepsis que nos lleva de la Casa de Campo (secuencia rústica) al domicilio de don Juan (secuencia cortesana). Un balanceo más eficaz que en *La ingratitud hasta la muerte*, donde Creta sólo servía como tránsito para ingresar en la Arcadia y como sede final de Floristo y Clérida. La Casa de Campo, en cambio, es el pórtico a una mascarada sobre la Arcadia. Retrocediendo al 30 de abril, el novelista colma ciertas lagunas de su historia. Advertimos ahora cómo Páez traicionó a Osorio al dirigirse a casa de don Gaspar Leonardo, caballero laureado en Flandes, que aspiraba al corazón de Flora. En cierto modo, el criado también perpetra una deshonra —no física, pero sí moral— de la lealtad que debía a su señor. Si comparamos este pasaje con el segundo *tableaux* de la novela de Camerino, no es difícil concluir que las mujeres y los sátiros son casi idénticos; con el desacuerdo de que don Gaspar ha culminado la violación.

Los negocios de Gaspar Leonardo con Páez no son muy distintos de los que el sirviente tenía con Osorio: la dificultad para hablar con Flora exige la mediación de un «trotacortes» que anude los hilos del resto de figuras, pero también de los sucesivos espacios: la Casa de Campo, la tienda de disfraces, las casas de los caballeros. Movido por el dinero, el criado llega a parecer ubicuo. Capaz de desplazarse a gran velocidad, es el único que posee información de todo lo ocurrido. Páez y Gaspar Leonardo, confabulados, acuerdan que el primero alquilará dos hábitos de fauno para, llegado el momento, alejar a don Juan Osorio de la escena. Hemos de juzgar esta idea como otro de los aciertos de Sanz del Castillo, dado que remata la antítesis entre ambos festejadores: el exterior de los galanes es idéntico, no así sus deseos y la causa que los incita a tomar el disfraz.

Las horas que van de la noche a la cita con Flora obligan a don Juan a recrearse en la composición de poemas. Sus octosílabos («Esperanza bien lograda») mezclan redondillas con ovillejos, al tiempo que repiten motivos como el *carpe diem* horaciano y garcilasista: «coger dulce fruto espera». Centrados en la dicha que provoca la tardanza amorosa, reciben el complemento de un romance («Gracias le doy al amor») que deviene en serenata junto a «las losas de la casa de Flora». Nos topamos así con un detalle inverosímil: la música del laúd y los propios versos podrían alertar a la madre de la joven. Sin embargo, nadie se apresura ni se despierta.

Cuando llega el 1 de mayo —por tercera vez en la novela—, Sanz del Castillo decide narrar de forma paralela la huida de las acompañantes de Flora, por un lado, y cómo un escudero anciano —espejo invertido del codicioso Páez— guía a la protagonista ante su padre, oidor del Consejo de Castilla. Se trata de una técnica más propia de la ficción moderna y cercana al arbitrio cinematográfico de la «pantalla partida». El oidor convocará más tarde a un alguacil, innominados ambos durante todo el relato, porque «simbolizan la Justicia y la Autoridad dentro de un sistema patriarcal» [Pego, 1995: 245].

7.3. *Discurso jurídico sobre el amor*

Desde este momento todo se desarrolla linealmente, si bien Sanz del Castillo aprovecha otra industria; consecuencia, quizá, de su formación jurídica. La autoridad civil no tarda en ordenar una vista para el culpable del atropello. Un juicio que está precedido por la obsesión de los personajes masculinos por confinar a las mujeres en el hogar. La verdad es que el narrador debe resolver un problema que no atañe únicamente al caso de la muchacha. En la mitad de los hechos, y cuando lo contado en presente —el lance patético de la violación— no supera los quince minutos de tiempo real, observa que nos está refiriendo un idilio en el que no ha sucedido nada. Con más propiedad: nada que no sea el estupro del 1 de mayo. La sintaxis, tan alambicada, impedía que nos percatáramos de la situación. *El monstruo de Manzanares* parece desgranar una trama de suspense y, más aún, el tema del falso culpable, pero dicha posibilidad se deroga casi al inicio —aunque no lo sabíamos—. Una vez conocido que el abusador es Gaspar Leonardo, la técnica narrativa debe cambiar por completo. Así lo entiende Sanz del Castillo, que multiplica la teatralidad de los episodios y, sobre todo, convierte su texto en un «discurso jurídico y literario sobre el amor» [Pego, 1995: 233].

Lo primero que hace Flora, ignorando quién la violó, es intentar averiguarlo; como su padre, el alguacil, la madre, las dueñas y el mismo don Juan. No así Páez, el peón sobre el que gira toda esta partida. Otro detalle sugestivo: el criado, un Catalinón de andar por casa, sirve a dos «burladores» que no desean burlar a nadie, sino seducir a Flora. Pero Gaspar Leonardo no encuentra otro modo de llegar a su corazón —en un final muy ambiguo— que salteándola en un vergel. Tengamos en cuenta que la novela no camina falta de ironía. Aunque Flora inculpa a don Juan, el narrador se apresura a decirnos que lo hizo «liberando en vez de palabras a la lengua lágrimas a los ojos». De hecho, no dijo absolutamente nada, porque es la epístola, caída de la manga de su vestido, la que encausa al pobre Osorio. Nos enfrentamos, pues, con el dilema entre el matrimonio y la restauración de la honra de Flora por el mismo galán que la violó.

La peripecia cuestiona el Código Civil. Se obliga a don Juan a confesar un ultraje, primero, a desposarse con Flora, lo que no parece importarle, y a expiar un pecado que nunca cometió. En palabras de Pego [1995: 233], «el hecho de que todo el curso de la narración se apoye en datos, pruebas, deducciones, [...] así como el motivo de la falsa acusación, es creído porque va acompañado de lo que en la retórica judicial latina se llamaba *probatio* o conjunto de pruebas». Como se encontró la carta de la cita con Osorio y éste y Páez iban vestidos según las instrucciones de la misma, no hay duda de que el responsable del «talado virgíneo» —metáfora bizarra donde las haya— tuvo que ser don Juan.

Sin embargo, durante las tres horas del traslado de Flora a su casa, y mientras ésta acusa a Osorio, el falso culpable no sospecha nada. Incluso se afana por descubrir los motivos que impidieron a su amada acudir a la ribera del Manzanares. Es cierto que los alguaciles merodean junto a su casa, sorprenden a Páez con el disfraz y los capturan de inmediato, pero el caballero —a diferencia del criado— no tiene conciencia de haber infringido ninguna ley. Entonces, el disfraz, la mascarada, se tornan tan paradójicos como barrocos: el mismo traje que permitió a Gaspar Leonardo —culpable *de facto*— gozar las prendas de Flora sirve de indicio para acusar al primero y más inocente de sus galanes.

Tras el resumen de lo sucedido por parte de la autoridad, Osorio se ve condenado a contraer matrimonio, pero «antes de la efectuación del himeneo» solicita hablar con Flora. Su intención no es otra que aclarar las cosas y, por qué no, cruzar alguna palabra que le permita saber cómo habla, piensa y siente su «esposa». La reclusión de don Juan también propicia un diálogo con el criado traidor, cuya doblez también ignora. El caballero se lamenta de su suerte, defendiendo su inocencia, pues «ajena mano» mancilló «flores hasta ahora no ajadas». Mientras Páez atiende a estas razones sólo piensa en huir, ya que el disfraz que portaba lo convierte en cómplice de lo sucedido; o mejor, de lo no sucedido a don Juan y sí a Gaspar Leonardo. Nos hallamos ante lo que «la retórica judicial llamaría *status coniuncturalis*. Flora ha sido violada, se le ha encontrado un papel que corrobora la imputación de culpabilidad y don Juan es detenido con el hábito acusador» [Pego, 1995: 234].

La llegada de Flora no dista de las previas, custodiada por la «guardia pretoriana» de su madre. Imagen simétrica a la que da comienzo a la novela, que podría definirse como la historia de dos prisiones sentimentales: el enclaustramiento al que la mujer del oidor somete a su hija y la pena indebida que merece Osorio por parte del alguacil y el padre de la protagonista. Flora, consciente de que no podrá mantener su primera declaración ni salir bien parada del «engaño», se oculta en el zaguán de la casa donde tiene lugar el juicio. De esta forma, la moralidad del relato queda en entredicho, tornándose problemática o, al menos, ambigua. La dama vuelve a mentir para escapar de los lacayos —«diciendo que quería pasear cierto encogimiento que sentía en una pierna». Otro ardid en el haber de una joven que para expiar la «culpa» de Osorio y su propia mentira no vacila en fingir sobre su dolor y, más tarde, sobre su vocación de ingresar en un convento.

Cercanas al entremés, las entradas y salidas de la dama, hostigada por los criados, no deben disipar el valor simbólico de su movimiento. A medida que ella se oculta, los cuartos que privan de libertad a Osorio reducen sus dimensiones. En una primera fase lo vemos en la cárcel, donde yace encadenado; como un pobre Segismundo, casi risible, que escribe versos mientras la sombra del verdugo se acerca peligrosamente. Esta segunda escena acontece no ya en la prisión sino en un aposento más pequeño —recordemos que durante la violación de Flora pasábamos de la ribera a las frondas; y lo mismo ocurría con el «diálogo» de la pareja dentro del coche—. Pero don Juan no puede confesar algo que no ha hecho y, además, desconoce. El falso culpable carece de información. No entiende por qué nadie le explica su delito. Osorio es un títere en manos del narrador pero también de Flora, que escribió el billete, sugirió la idea del disfraz y concertó el sitio y la fecha para su encuentro; del criado, que será quien elija el traje de sátiro; del alguacil, que fija la hora de su conversación con la protagonista; del padre de Flora, que lo convence de que su hija ingresará en la vida religiosa...

El tercer romance de don Juan («Llorad ojos si tenéis») remansa el clímax novelesco, marcado por la llegada de una carta, datada el 6 de mayo y procedente del convento de Santa Clara. En ella Flora libra de cargos *(confutatio)* a Osorio. Sanz del Castillo utiliza el mismo artificio retórico que había rentabilizado antes para acordar la cita, que nunca llegó a término, y descubrir el amor de la joven por don Juan *(confirmatio)*. Sin embargo, resulta tan crédulo como inaudito que ni el alguacil ni el oidor cuestionen en ningún momento el contenido de la segunda epístola; y tampoco la inocencia de Flora, potencial sospechosa y víctima del caso.

La cadena de inverosimilitudes se precipita hasta el cierre: los jueces ordenan que el escribano y el verdugo torturen a Páez, que confesará el nombre del violador: don Gaspar Leonardo. Éste, al ser inculpado, reconoce sin mayores problemas la autoría, si bien con el «atenuante» de que lo hizo con la sola esperanza de ser su marido. Tanto el oidor como el alguacil liberan a don Juan, no sin antes advertirle que sobre él pesa el delito de haber fijado la cita el día de Santiago el Verde. Infracción que tampoco es del todo cierta, porque fue Flora la encargada de redactar la carta.

Dado que cualquier vínculo con esta mujer terminará en conflicto, don Juan elige la drástica medida de tomar los hábitos en el convento de los Capuchinos. Pero Sanz del Castillo anuncia que antes le donó cuatro mil ducados, creyendo a pie juntillas que Flora iba a profesar. Además, induce a Páez a acompañarlo en esta nueva vida. El final —si nos basamos en la justicia poética— sería coherente para Osorio, que evita las tentaciones del siglo, y para Flora, que no tendrá que volver a mentir. Pero jurídicamente su honra sigue vulnerada y su violador libre. De ahí que los padres se entrevisten a los pocos días con Gaspar Leonardo y el soldado, que viste una cota con la cruz de Santiago, acepte casarse con ella.

Acaso este epílogo linde con la ironía. Sanz del Castillo parece inspirarse en los dramas de honor y en los uxoricidios del teatro valenciano del Quinientos. Nótese el extraño proceder de los personajes, que esconden el casamiento al pobre Osorio, temiendo, quizá, una reacción furiosa. Tan inaudito como el año que Flora soporta enclaustrada en el convento. Una vez superado el noviciado por parte de don Juan, los esposos le participan su matrimonio. Sólo entonces Flora y Gaspar Leonardo se velan sin ostentación, conscientes de que Osorio no está ya interesado por los asuntos mundanos. Lo natural habría sido que don Juan obtuviese la mano de la joven y don Gaspar un castigo sin venganza; o tal vez con ella. Pero el narrador se apresura a derogar esta posibilidad y la tesis del honor que domina tantas novelas y dramas de la época. Es evidente que Osorio nunca podría admitir como esposa a una mujer deshonrada. Pero tampoco siente deseos de exoneración, lo propio en un caballero. *El monstruo de Manzanares* remata los hechos de forma deliberadamente ambigua. Quizá lo más juicioso que podamos inferir de esta novela es que «el honor y el engaño vienen a representar los dos extremos metafóricos de una balanza cuyo fiel estaría sostenido por el amor. [...] Más aún, el amor acaba decantándose del lado del honor con la consecuencia de que el platillo del engaño da paso al desengaño» [Pego, 1995: 243].

Esta edición

Las noticias sobre manuscritos de novelas cortas del siglo XVII son muy escasas. No conservamos autógrafos ni apógrafos de las obras publicadas. Sabemos de cualquier manera que existieron, como ocurre con el de Porras de la Cámara, y se dice que hay continuaciones o fragmentos de unos pocos libros que nunca vieron la luz [Colón, 2001: 29]. Los textos de esta antología se ciñen a las ediciones príncipe del *Teatro popular* (1622), de Francisco Lugo y Dávila, las *Novelas amorosas* (1624), de José Camerino, los *Sucesos y prodigios de amor* (1624), de Juan Pérez de Montalbán, las *Novelas ejemplares y prodigiosas historias* (1624), de Juan de Piña, las *Tardes entretenidas* (1625), de Alonso de Castillo Solórzano, y la *Mojiganga del gusto* (1641), de Andrés Sanz del Castillo, donde aparecen, respectivamente, *Las dos hermanas*, *La ingratitud hasta la muerte*, *La prodigiosa*, *Del celoso desengañado*, *El culto graduado* y *El monstruo de Manzanares*[68]. No prescindo, empero, de otras impresiones neoclásicas ni de las más recientes, apuntando a ellas en las notas y justificando la opción final. La descripción de los ejemplares consultados es la que sigue:

---

[68] La descripción de las ediciones me exime de citarlas en la «Bibliografía». El lector podrá hallar una relación exhaustiva de los trabajos sobre el género en *La novela culta del siglo XVII*. Una excepción a lo aquí apuntado la constituye el descubrimiento, edición y estudio del manuscrito de *El castigo merecido y amistad pagada*, de Juan de Mongastón, por parte de J. Ignacio Díez Fernández [2003: 179-286].

a) Teatro / Popular: / Novelas Morales / para mostrar los generos de vidas / del pueblo, y afectos, costumbres, y / pasiones del ánimo con / aprovechamiento para todas / personas. / Al Excelentíssimo / Señor don Iorge de Cardenas Manrique de La- / ra, Duque de Maqueda, Malques de Elche... / Por D. Francisco de Lugo y Dáuila. / En Madrid, Por la Viuda de / Fernando Correa Montenegro / Año M.DC.XXII. / A costa de Alonso Pérez. 8.º, 12 h. + 218 fols. BNE, R-5412. *De las dos hermanas* se encuentra en los fols. 61-76.

Lugo y Dávila, Francisco de, *Teatro popular (novelas)*, con introducción y notas de Emilio Cotarelo y Mori, Colección Selecta de Antiguas Novelas Españolas, Madrid, Viuda de Rico, 1906, 342 págs.

b) Novelas / Amorosas / Dirigidas / Al Ilvstríssimo, y Excelentíssimo / señor Ruy Gómez de Silva, de Mendoza, y de la Cerda. / Príncipe de Melito, Duque de Pastrana, y de Franca- / uilla, Marqués de Argecilla, Conde de Galue. / Caçador mayor de su Majestad, su Gen- / tilhombre de Camara, y Emba- / xador extraordinario / en Roma. / Compuestas por Ioseph Camerino, natural / de la ciudad de Fano en la provincia de la Vmbria, estado de su Santidad. / En Madrid. Por Tomas Iunti, impresor del Rey nuestro señor. / M.DC.XX.IV. 4.º, 192 fols., + 8 hs. de prels. sin numerar. BNE, R-4136. *La ingratitud hasta la muerte* se encuentra en los fols. 88-101.

Novelas / Amorosas. / Por Joseph Camerino, / Procurador de los Reales Consejos, Notario, y Secretario de Breves, y Comisiones Apostóli- / cas en el Tribunal de la Nunciatura / de su Santidad. / Corregidas, y enmendadas / en esta segunda impresión. / por don Nobeti Ponchi / y Oya Marsac. / Año de 1736. / Con licencia: En Madrid. A costa de D. Pedro Joseph Alonso / y Padilla, Librero de Cámara de su Mag. Se hallará en su imprenta, y / Librería, Calle de de Santo Thomás, junto al Constraste. 4.º, 8hs., + 294 págs., + 5hs. BNE 2-44.624 (extraviado); Biblioteca Universitaria de Oviedo, IV-174.

Camerino / Novelas / Amorosas / Edición, prólogo y notas / por / Fernando Gutiérrez / Selecciones bibliográficas / Barcelona-MCMLV.
Justificación del Tiraje. Este libro «Novelas Amorosas» que escribió José Camerino, decimoséptimo volumen de la serie Selecciones bibliófilas, consta de 300 ejemplares numerados y nominativos, en papel hilo.
Ejemplar núm: 223. Biblioteca Central.
Biblioteca Central de Barcelona, 834.4R (Cam.).
Esta edición sigue con absoluta fidelidad la de 1736.

López Díaz, María Dolores, *Estudio y edición anotada de las Novelas amorosas de José Camerino*, Madrid, Universidad Complutense de Madrid, 1992.

c) Sucesos / y prodigios de / amor / en ocho novelas / Exemplares. / Por el licenciado Iván / Pérez de Montalván, natural / de Madrid / Dirigidas à diversas personas. / Con Privilegio, / en Madrid, Por Iuan Gonçález. / Año M.DC.XXIIII. / A costa de Alonso Pérez Mercader de libros. 8.°, 6 h. más 224 fols. BNE, R-30983. *La prodigiosa* se encuentra en los fols. 195-225.

Pérez de Montalbán, Juan, *Sucesos y prodigios de amor*, edición de Luigi Giuliani, Barcelona, Montesinos, Biblioteca de Clásicos y Raros, 1992.

Pérez de Montalbán, Juan, *Obra no dramática*, edición de José Enrique Laplana, Madrid, Biblioteca Castro, 1999.

d) Novelas / exemplares / y prodigiosas / historias / de Iuan de Piña Escrivano / de Provincia de la Casa y Corte de su Majestad, Fa- / miliar y Notario del Santo / Oficio. / A Luis Sánchez García Secretario de la Santa, suprema y general Inquisición. / Con Privilegio, / En Madrid, Por Iuan Gonçález. / Año M.DC.XXIIII. 4.°, 4 h. + 127 fols. BNE, R-2344. *Del celoso desengañado* se encuentra en los fols. 23-41.

PIÑA, JUAN DE, *Novelas exemplares y prodigiosas historias*, edición, introducción y notas de Encarnación García de Dini, Verona, Università degli Studi di Pisa, Facoltà di Lingue e Letterature Straniere, 1987.

e) TARDES / ENTRETENIDAS. / AL EXCELENTÍSIMO SE- / ñor don Francisco Gómez de Sandoual, Padilla y Acu- / ña, Duque de Uzeda y Cea, Adelantado mayor de Cas- / tilla; Conde de Santa-Gadea y Buendía, Marqués de / Belmonte... / Por don Alonso de Castillo Solorçano. / Año 1625. / CON PRIVILEGIO / En Madrid, Por la viuda de Alonso Martín. / A costa de Alonso Pérez mercader de libros. 8.°, 8 h. + 254 fols. BNE, R-7842. *El culto graduado* se encuentra en los fols. 186-216.

CASTILLO SOLÓRZANO, ALONSO DE, *Tardes entretenidas*, con introducción y notas de Emilio Cotarelo y Mori, Colección Selecta de Antiguas Novelas Españolas, Madrid, Imprenta Ibérica, 1908, 404 págs.

CASTILLO SOLÓRZANO, ALONSO DE, *Tardes entretenidas*, edición Patrizia Campana, Barcelona, Montesinos, 1992.

f) LA / MOGIGANGA / DEL GUSTO, EN / SEIS NOVELAS / A DON FRANCISCO DE / Funes Villalpando y Ariño, Primogéni- / to del Marqués de Osera ... / POR DON ANDRÉS DEL CASTI- / llo, natural de la villa de Brihuega, en el / Arçobispado de Toledo. / 15. / Con licencia. En Zaragoça, por Pedro Lanaja, / Impresor del Reyno de Aragón, y de la / Universidad. Año 1641. 8.°, 2 h. + 236 págs. BNE, R-18305. *El monstruo de Manzanares* se encuentra en los fols. 1-47.

LA MOGIGANGA / DEL GUSTO EN SEIS NOVELAS / POR DON ANDRES DEL CASTILLO / natural de la villa de Brihuega ... / SEGUNDA IMPRESSIÓN / ... Año 1734 / Pliegos 19. / CON LICENCIA. En Madrid. A costa / de D. Pedro Joseph Alonso y Padilla, Li- / brero de Cámara de su Majestad..., 7 h. + 286 págs. BNE, R-33976.

SANZ DEL CASTILLO, ANDRÉS, *La mogiganga del gusto*, con introducción y notas de Emilio Cotarelo y Mori, Colección

Selecta de Antiguas Novelas Españolas, Madrid, Librería de los Bibliófilos Españoles, 1908, 308 págs.

Modernizo las grafías en aquellos lugares que pudieran despistar al lector medio, conservando lo *sustancial* y retocando sólo lo *accidental*. Ya que el principal problema de la edición filológica no radica en modernizar o no modernizar, sino en proporcionar un texto susceptible de ser entendido de la mejor manera, puntúo y acentúo las novelas, regularizando el uso de mayúsculas, según las normas ortográficas actuales. Conservo los usos del siglo XVII cuando la grafía tiene valor fonético o no presenta dificultades: «obscuro», en lugar de «oscuro»; «confecionado», en lugar de «confeccionado»; «concetos», en lugar de «conceptos»; «reprehendo», en lugar de «reprendo». Mantengo, asimismo, la juntura de «preposición más deíctico demostrativo» («desta», en lugar de «de esta») y ciertos grupos cultos simplificados: «perfeto», «otavas» y «dotrina», en lugar de «perfecto», «octavas» y «doctrina». Respeto términos en los que la evolución de las vocales palatales /e/ /i/ dio lugar a vacilaciones fácilmente comprensibles («dislumbró», en lugar de «deslumbró»; «entrincadas», en lugar de «intrincadas»), grupos consonánticos latinos, como «asumpto», en lugar de «asunto», que reflejan el contexto lingüístico de parodias como la de *El culto graduado*, y la palatalización del grupo de consonantes líquidas: alveolar vibrante sonora oral /r/ y alveolar lateral sonora oral /l/: «malbaratallas», en lugar de «malbaratarlas».

Si en la misma novela hay dobletes en el empleo de alguna palabra («ansí» y «así»; «agora» y «ahora»), elijo la opción moderna y repito en lo sucesivo la variante más consistente. Desarrollo el diptongo en aquellos casos en los que la unión de vocales palatales se reduce al fonema de abertura mínima /i/: «veía», en lugar de «vía». Elimino el betacismo y modernizo el uso del fonema alveolar sordo oral /s/ allí donde hoy lo utilizamos como velar fricativo sordo oral /ks/: «exquisitas» en lugar de «esquisitas». Homologo las formas derivadas del verbo «recibir», en lugar de «recebir», vacilación muy frecuente, y corrijo las metátesis de los grupos consonánticos «dental sonora /d/ más líquida /l/»: «juzgadle», en lugar de «juzgalde». Transcribo en mayúscula las iniciales de los apellidos u ordinales regios y sustituyo en los diptongos crecientes «ye» la vocal anterior de abertura mínima por su grafema actual *i*: «hielo» en lugar de «hyelo». Las intervenciones del editor aparecen indicadas entre corchetes. Por lo que respecta a las notas, van dirigidas a explicar con la mayor exhaustividad el léxico de la época y las alusiones mítico-poéticas, los préstamos, acontecimientos, personajes, lugares, tópicos, etc.

Decía Cervantes en *El coloquio de los perros* que «la virtud y el entendimiento siempre es una y siempre es uno; desnudo o vestido, solo o acompañado». Admitiendo que el complutense tendría sus razones, estudiar la novela corta del Barroco ha hecho que algunas tardes —nada entretenidas— me aburriera de tanta soledad umbrosa, sin frío ni calor. De tantos espacios de ficción, misteriosamente tapizados, que difuminaban la prosa en oscuras tintas. Con el deseo de no convertir el libro en una sordina uniforme, quiero recordar a quienes hace años me animaron a fatigar esta narrativa: Manuel Abad (Universidad de Córdoba), Mercedes Blanco (Universidad de la Sorbona), Angelina Costa (Universidad de Córdoba), José Lara (Universidad de Málaga) y Evangelina Rodríguez Cuadros (Universidad de Valencia).

En otra esfera celeste, sin más retórica que la de su hermandad y secular buen gusto, Paolo Tanganelli (Università degli Studi di Ferrara) y Giuseppe Mazzocchi (Università degli Studi di Pavia), quien luciendo su agudeza como hispanista y, más aún, como departamento, casi me convence de que la *novella* empezó con Boccaccio y debería haber terminado con Boccaccio.

No puedo olvidar a los cómplices que tantas veces disculparon mis ausencias: Marian Alcántara, Rafael Crespín, Patricia Fernández Fuente, Nieves García, Rosa González, Javier Gutiérrez, María Moreno, Mari Cruz Oliván y Verónica Santaella. Para cuidar de los pasos perdidos me refugio en la fragua que hace que mis soledades no sean más que literarias: mi madre, Concha, y Carmen, Enrique y Gumersindo, tíos noveleros. Quizá por algún tiempo no tengan ya que repetirme la copla que acompañó a la escritura de este libro: «Las tres de la noche han dado, corazón, y no dormís».

Bibliografía

Fuentes primarias y lexicográficas

ALCIATO, Andrea, *Emblemas*, ed. Santiago Sebastián, Madrid, Akal, 1985.
ALONSO, Álvaro (ed.), *Poesía de Cancionero*, Madrid, Cátedra, 1995.
ARIOSTO, Ludovico, *Orlando furioso*, traducción, introducción y notas de José María Micó, Madrid, Espasa, 2005.
ARISTÓTELES, *Poética*, ed. trilingüe de Valentín García Yebra, Madrid, Gredos, 1974.
— *Retórica*, introducción, traducción y notas de Quintín Racionero, Madrid, Gredos, 1990.
AUSONIO, *Decimi Magni Ausoni Burdigalensis Opuscula* (Recensuit Rudolfus Peiper), 1886; facsímil en Aedibus B. G. Teubneri, 1976.
— *Obras*, traducción, introducción y notas de Antonio Alvar Ezquerra, Madrid, Gredos, 1990.
— *The Works of Ausonius*, edited with introduction and commentary by R. P. H. Green, Oxford, Oxford University, 1991.
— *Ausonius in two volumes, with the Eucharisticus of Paulinus Pellaeus*, translated by H. G. Evelyn White, Cambridge (Mass.), Harvard University Press, 1985.
BOCCACCIO, Giovanni, *Genealogía de los dioses paganos*, Madrid, Editora Nacional, 1983.
— *El Decamerón/La elegía de doña Fiammeta*, introducción de Michelangelo Picone, traducción y anotación de Pilar Gómez, Madrid, Espasa-Calpe, 1999.
BRANCA, Vittore (ed.), *Tutte le opere di Giovanni Boccaccio*, vol. IV: *Decameron*, Milán, Mondadori, 1976.
CANET, Josep Lluís y RODRÍGUEZ, Evangelina (eds.), *Actas de los Nocturnos*, Valencia, Edicions Alfons el Magnanim, 1988, 1990, 1994 y 1997 (4 vols.).

Carrillo y Sotomayor, Luis, *Libro de la erudición poética*, ed. Angelina Costa, Sevilla, Alfar, 1987.
Carvallo, Luis Alfonso de, *Cisne de Apolo*, ed. Alberto Porqueras Mayo, Kassel, Reichenberger, 1997.
Cascales, Francisco, *Tablas poéticas*, ed. Benito Brancaforte, Madrid, Espasa-Calpe, 1975.
Castiglione, Baltasar de, *El Cortesano*, ed. Mario Pozzi, Madrid, Cátedra, 1994.
Castillo Solórzano, Alonso de, *Donaires del Parnaso*, Madrid, Diego Flamenco, 1624.
— *Segunda parte de los Donaires del Parnaso*, Madrid, Diego Flamenco, 1625.
— *La niña de los embustes*, introducción y notas de Emilio Cotarelo, Madrid, Colección Selecta de Antiguas Novelas Españolas, 1906.
— *Huerta de Valencia. Prosas y versos en las Academias de ella*, ed. Eduardo Juliá Martínez, Madrid, Sociedad de Bibliófilos Españoles, XV, 1944.
— *Lisardo enamorado*, ed. Eduardo Juliá Martínez, Madrid, Real Academia Española, 1947.
— *La garduña de Sevilla*, ed. Federico Ruiz Morcuende, Madrid, Espasa-Calpe, 1942; Madrid, Austral, 1955.
— *Fiestas del jardín*, Textos y Estudios Clásicos de las Literaturas Hispánicas, Verlag, Georg Olms, 1973.
— *Sala de recreación*, ed. Richard F. Glenn y Francis G. Very, *Estudios de Hispanófila*, 43, Chapell Hill (NC), 1977.
— *Las harpías en Madrid*, ed. Pablo Jauralde, Madrid, Castalia, 1985.
— *Aventuras del bachiller Trapaza*, ed. Jacques Joset, Madrid, Cátedra, 1986.
— *El mayorazgo figura*, ed. Ignacio Arellano, Barcelona, PPU, 1989.
— *Donaires del Parnaso*, ed. Luciano López Gutiérrez, Madrid, Universidad Complutense, 2003.
— *La niña de los embustes. Teresa de Manzanares*, ed. María Soledad Arredondo, Barcelona, De Bolsillo, 2005.
Castro y Añaya, Pedro, *Auroras de Diana*, ed. María Josefa Díez de Revenga, Murcia, Academia Alfonso X el Sabio, Biblioteca Murciana de Bolsillo, 1989.
Cervantes, Miguel de, *Viaje del Parnaso*, ed. Vicente Gaos, Madrid, Castalia, 1973.
— *Teatro completo*, ed. Florencio Sevilla Arroyo y Antonio Rey Hazas, Barcelona, Planeta, 1987.
— *Los trabajos de Persiles y Sigismunda*, ed. Florencio Sevilla Arroyo y Antonio Rey Hazas, Alcalá de Henares, Centro de Estudios Cervantinos, 1994.
— *La Galatea*, ed. Florencio Sevilla Arroyo y Antonio Rey Hazas, Madrid, Alianza Editorial, 1996.

— *Don Quijote de la Mancha*, edición del Instituto Cervantes dirigida por Francisco Rico, Barcelona, Crítica, 1998.
— *Novelas Ejemplares*, ed. Jorge García López, Barcelona, Crítica, 2001.
CICERÓN, Marco Tulio, *Catilinarias*, texto latino con traducción literal y literaria por Francisco Campos Rodríguez, Madrid, Gredos, 1986.
CINTHIO, Giraldi, *Risposta a M. Giovambattista Pigna* (1554), ed. *Scritti estetici*, Milán, Biblioteca Rara, 1864, LIII, II.
CONTI, Natale, *Mitología*, traducción, con introducción, notas e índices de Rosa M.ª Iglesias Montiel y M.ª Consuelo Álvarez Morán, Murcia, Universidad de Murcia, 2006.
COROMINAS, Joan y PASCUAL, José Antonio, *Diccionario crítico etimológico castellano e histórico*, Madrid, Gredos, 1980-1983.
CORREAS, Gonzalo, *Vocabulario de refranes y frases proverbiales* (1627), ed. Louis Combet, revisada por Robert Jammes y Maïte Mir-Andren, Madrid, Castalia, 2000.
COTARELO Y MORI, Emilio (ed.), *Novelas de Miguel Moreno y del Alférez Baltasar Mateo Velázquez*, Madrid, Colección Selecta de Antiguas Novelas Españolas, 1906.
COVARRUBIAS, Sebastián de, *Tesoro de la lengua castellana*, Madrid, Castalia, 1995.
CUEVA, Francisco de la, *Mogiganga del gusto* y Ayala, Jacinto de, *Sarao de Aranjuez*, ed. David González Ramírez, 2008, en prensa.
DANTISCO, Lucas Gracián, *Galateo español*, ed. Margherita Morreale, Madrid, CSIC, 1968.
DEL CORRAL, Gabriel, *La Cintia de Aranjuez*, ed. Joaquín de Entrambasaguas, Madrid, CSIC, Biblioteca de Antiguos Libros Hispánicos, 1945.
DIOSCÓRIDES, *Plantas y remedios medicinales (De materia medica)*, introducción, traducción y notas de Manuela García Valdés, Madrid, Gredos, 1998.
DURÁN, Agustín (ed.), *Romancero general o colección de romances castellanos anteriores al siglo XVIII*, Madrid, Rivadeneyra, 1849-1851, reed. Madrid, Atlas, 1945.
ENRÍQUEZ GÓMEZ, Antonio, *El siglo pitagórico y Vida de don Gregorio Guadaña*, ed. Teresa de Santos, Madrid, Cátedra, 1991.
ERASMO, *Elogio de la locura*, ed. O. Nortes Valls, Barcelona, Bosch, 1976.
ESLAVA, Antonio de, *Noches de invierno*, ed. Julia Barella, Pamplona, Institución Príncipe de Viana del Departamento de Educación y Cultura del Gobierno de Navarra, 1986.
FEDRO, *Fábulas*, AVIANO, *Fábulas/Fábulas de Rómulo*, introd., trad. y notas de Antonio Cascón Dorado, Madrid, Gredos, 2005.
GARCÍA CARRAFFA, Alberto y Arturo, *Enciclopedia Heráldica y Genealógica Hispano-Americana*, Madrid, Imprenta de Antonio Marzo, 1919-1963.

Gelio, Aulo, *Noches áticas,* introducción, traducción, notas e índices de Manuel-Antonio Marcos Casquero y Avelino Rodríguez García, León, Universidad de León, 2006.
Góngora, Luis de, *Antología poética,* ed. Antonio Carreira, Madrid, Castalia Didáctica, 1986.
— *Canciones y otros poemas en arte mayor,* ed. José María Micó, Barcelona, Espasa-Calpe, 1990.
— *Soledades,* ed. Robert Jammes, Madrid, Castalia, 1994.
— *Romances,* ed. Antonio Carreira, Barcelona, Quaderns Crema, 1998.
— *Obras completas,* ed. Antonio Carreira, Madrid, Biblioteca Castro, 2000.
Gracián, Baltasar, *Arte de ingenio, Tratado de la Agudeza,* ed. Emilio Blanco, Madrid, Cátedra, 1998.
Granada, Fray Luis de, *Introducción símbolo de la fe,* ed. José María Balcells, Madrid, Cátedra, 1989.
— *Guía de maravillas,* ed. Giuseppe Mazzocchi, Sevilla, Fundación José Manuel Lara, 2006.
Grazzini, Antón Francesco, *Le cene,* Lanciano, Carabba Editore, 1912.
Hernández Alonso, César y Sanz Alonso, Beatriz, *Diccionario de germanía,* Madrid, Gredos, 2002.
Hidalgo, Gaspar Lucas, *Diálogos de apacible entretenimiento,* ed. Julio Alonso y Abraham Madroñal, Valencia, Universidad de Valencia, 2010.
Horacio, *Sátiras, Epístolas, Arte poética,* ed. Horacio Silvestre, Madrid, Cátedra, 1996.
— *Arte poética y otros textos de teoría y crítica literarias,* ed. Manuel Mañas Núñez, Cáceres, Universidad de Extremadura, 2006.
— *Odas/Épodos,* ed. Alfonso Cuatrecasas, Madrid, Austral, 2006.
Huerta Calvo, Javier (ed.), *Antología del teatro breve español del siglo XVI,* Madrid, Clásicos de Biblioteca Nueva, 1999.
Jáuregui, Juan de, *Discurso poético (advierte el desorden y engaño de algunos escritos),* ed. Melchora Romanos, Madrid, Editora Nacional, 1978.
— *Antídoto contra la pestilente poesía de las Soledades por Juan de Jáuregui,* ed. crítica José Manuel Rico García, Sevilla, Universidad de Sevilla, 2002.
Liñán y Verdugo, Antonio, *Guía y avisos de forasteros que vienen a la Corte,* ed. Edisons Simons, Madrid, Editora Nacional, 1980.
López Díaz, María Dolores, *Estudio y edición anotada de las Novelas amorosas de José Camerino,* Madrid, Universidad Complutense de Madrid, 1992.
López Pinciano, Alonso, *Philosophia antigua poética* (1596), *Obras completas,* ed. José Rico Verdú, Madrid, Biblioteca Castro, 1998.
Marino, Giovanni Battista, *Opere,* a cura di A. Asor Rosa, Milán, Rizzoli, 1967.

MEY, Sebastián, *Fabulario,* ed. Carmen Bravo-Villasante, Madrid, FUE, 1975.

MINTURNO, *L'arte poetica,* Venecia, Gio. Andrea Valaussori, 1563.

MOLINA, Tirso de, *Deleitar aprovechando,* ed. Pilar Palomo e Isabel Prieto, Madrid, Turner, Biblioteca Castro, 1994.

— *Cigarrales de Toledo,* ed. Luis Vázquez Fernández, Madrid, Clásicos Castalia, 1995.

MONTEMAYOR, Jorge de, *La Diana,* ed. Asunción Rallo, Madrid, Cátedra, 1995.

NASÓN, Publio Ovidio, *Amores, Arte de amar, Sobre la cosmética del rostro femenino, Remedios contra el amor,* traducción, introducción y notas de Vicente Cristóbal López, Madrid, Gredos, 1989.

PÉREZ, Alonso, *La Diana.* [...] *Parte segunda. Nuevamente corregida y revisada por Alonso Ulloa,* Venecia, Comenzini, 1574.

PÉREZ DE MOYA, Juan, *Philosofía secreta,* ed. Carlos Clavería, Madrid, Cátedra, 1995.

PÉREZ GALDÓS, Benito, *Un faccioso de más y algunos frailes de menos. Episodios Nacionales. Segunda Serie. Obras completas,* ed. Federico Carlos Sainz de Robles, Madrid, Aguilar, 1941, vol. II.

PÉREZ-REVERTE, Arturo, *El caballero del jubón amarillo,* Barcelona, Círculo de Lectores, 2004.

PETRARCA, Francesco, *Le rime,* ed. G. Carducci y S. Ferrari, Firenze, Sanzoni, 1957.

PLATÓN, *El banquete, Fedón, Fedro,* trad. Luis Gil, Barcelona, Labor, 1987.

POLO DE MEDINA, Salvador Jacinto, *Obras completas,* ed. Ángel Valbuena Prat, Murcia, Biblioteca de Autores Murcianos, 1948.

QUEVEDO, Francisco de, *Obras festivas,* ed. Pablo Jauralde, Madrid, Castalia, 1981.

— *Prosa festiva completa,* ed. Celsa Carmen García Valdés, Madrid, Cátedra, 1993.

— *Obra poética,* ed. José Manuel Blecua, Madrid, Castalia, 1999.

QUIRÓS, Francisco Bernardo de, *Obras. Aventuras de Don Fruela,* ed. Celsa Carmen García Valdés, Madrid, Instituto de Estudios Madrileños, 1984.

REAL ACADEMIA ESPAÑOLA, *Diccionario de Autoridades / Real Academia Española,* Madrid, Gredos, 1990.

REY HAZAS, Antonio (ed.), *Picaresca femenina (La Hija de Celestina. La niña de los embustes, Teresa de Manzanares),* Barcelona, Plaza y Janés, 1986.

RODRÍGUEZ CUADROS, Evangelina (ed.), *Novelas amorosas de diversos ingenios del siglo XVII,* Madrid, Castalia, 1986.

— y HARO CORTÉS, Marta (eds.), *Entre la rueca y la pluma. Novela de mujeres en el Barroco,* Madrid, Biblioteca Nueva, 1999.

ROJAS VILLANDRANDO, Agustín de, *El viaje entretenido,* ed. Jean Pierre Ressot, Madrid, Castalia, 1995.

SALAS BARBADILLO, Alonso Jerónimo de, *La hija de Celestina,* ed. Enrique García Santo-Tomás, Madrid, Cátedra, 2008.

SALAZAR Y CASTRO, Luis de, *Historia genealógica de la casa de Lara, justificada con instrumentos y escritores de inviolable fe,* Madrid, Imprenta Real, por Mateo de Llanos y Guzmán, 1697.

SALERNITANO, Masuccio, *Il Novellino,* a cura di Alfredo Mauro, Bari, Gius. Laterza et figli, 1940.

SAN PEDRO, Diego de, *Cárcel de amor/Arnalte y Lucenda/Sermón,* ed. José Francisco Ruiz Casanova, Madrid, Cátedra, 1995.

SANTA CRUZ, Melchor de, *Floresta española de apotegmas y sentencias,* (1574), ed. María del Pilar Cuartero y Maxime Chevalier, Barcelona, Crítica, 1997.

SUÁREZ DE FIGUEROA, Cristóbal, *El Pasajero,* ed. María Isabel López Bascuñana, Barcelona, PPU, 1988.

TAMARIZ, Cristóbal de, *Novelas en verso,* ed. Donald McGrady, Charlottesville (Va.), Biblioteca Siglo de Oro, 1974.

TASSO, Torquato, *Discorsi dell'arte poetica e del poema eroico,* a cura di Luigi Poma, Bari, Gius. Laterza & Figli, 1964.

TIMONEDA, Juan de, *El Patrañuelo,* ed. José Romera Castillo, Madrid, Cátedra, 1978,
— *El Sobremesa y Alivio de caminantes,* ed. crítica de María del Pilar Cuartero y Maxime Chevalier, Madrid, Espasa-Calpe, 1990.

VEGA, Garcilaso de la, *Poesía castellana completa,* ed. Elías L. Rivers, Madrid, Castalia, 2001.

VEGA, Lope de, *La Arcadia,* ed. Edwin S. Morby, Madrid, Castalia, 1975.
— *Rimas humanas y otros versos,* ed. Antonio Carreño, Barcelona, Crítica, 1998.
— *El acero de Madrid,* ed. Stefano Arata, Madrid, Castalia, 2000.
— *Novelas a Marcia Leonarda,* ed. Antonio Carreño, Madrid, Cátedra, 2002.
— *Los comendadores de Córdoba,* ed. Manuel Abad y Rafael Bonilla, Córdoba, Ediciones La Posada, 2003.
— *Obras completas. Poesía IV: La Filomena. La Circe,* ed. Antonio Carreño, Madrid, Biblioteca Castro, 2003.
— *Laurel de Apolo,* ed. Antonio Carreño, Madrid, Cátedra, 2007.

VIRGILIO, *Bucólicas,* ed. Vicente Cristóbal, Madrid, Cátedra, 1996.

VITORIA, Fray Baltasar de, *Primera parte del teatro de los dioses de la gentilidad,* Madrid, Imprenta Real, a costa de Mateo de la Bastida, 1676.
— *Segunda parte del teatro de los dioses de la gentilidad,* Barcelona, Francisco Barnola, 1702.

VV. AA., *Las Fuentes del Romancero General,* t. IV, «Qvarta y Qvinta parte de la *Flor de Romances*», Burgos, 1592.
— *Novelistas posteriores a Cervantes,* Biblioteca General de Autores Españoles, Madrid, Real Academia Española, 1854, reimp. 1950.

ZABALETA, Juan de, *El día de fiesta por la mañana y por la tarde*, ed. Cristóbal Cuevas García, Madrid, Castalia, 1983.

ZAYAS, María de, *Novelas amorosas y ejemplares*, ed. Julián Olivares, Madrid, Cátedra, 2000.

FUENTES SECUNDARIAS

ADOLPH, H., «The Ass and the Harp», *Speculum*, 35 (1950), 49-57.

AGÜERA CARMONA, Eduardo, «Los caballos Guzmanes o Valenzuelas», *Córdoba, caballos y dehesas*, Córdoba, Almuzara, 2008, 25-27.

ALARCOS GARCÍA, Emilio, «Quevedo y la parodia idiomática», *Homenaje al Profesor Alarcos García. Selección antológica de sus escritos*, Valladolid, Universidad de Valladolid, 1965, I, 443-472.

ALDOMÀ GARCÍA, M., «Los *Hecatommithi* de Giraldi Cinzio en España», *Studia Aurea. Actas del III Congreso de la AISO*, I. Arellano, M. C. Pinillos, F. Serralta y M. Vitse (eds.), Toulouse-Pamplona, Griso-Lemso, 1996, III, 15-21.

ALONSO, Dámaso, *Góngora y el Polifemo*, Madrid, Gredos, 1960, incluido en *Obras completas. Góngora y el gongorismo*, Madrid, Gredos, 1984, VII, 529-840.

— *La lengua poética de Góngora*, Madrid, *Revista de Filología Española*, Madrid, Anejo XX, Madrid, CSIC, 1961, 3.ª ed., recogido en sus *Obras completas. Góngora y el Gongorismo*, Madrid, Gredos, 1978, V, 11-238.

ARCHER, Robert, *Misoginia y defensa de las mujeres. Antología de textos medievales*, Madrid, Cátedra, 2001.

ARCOS PARDO, María de los Ángeles, *Edición y estudio del Teatro popular de Francisco de Lugo y Dávila*, Madrid, Universidad Complutense, 2009.

ARELLANO, Ignacio, *Poesía satírico-burlesca de Quevedo*, Pamplona, EUNSA, 1984.

— «Alonso de Castillo Solórzano: noticia biográfica», en Alonso de Castillo Solórzano, *El mayorazgo figura*, Barcelona, PPU, 1989, 13-19.

ARES MONTES, José, *Góngora y la poesía portuguesa del siglo XVII*, Madrid, Gredos, 1956.

ARMISTEAD, Samuel G. y SILVERMAN, Joseph H., «Una variación antigua de Tarquino y Lucrecia», *Thesaurus*, XXXIII (1978), 122-126.

ARMON, Shifra, «Women and the *novela de cortejo*», *Zayas and her Sisters: Essays on novelas by 17-th Century Spanish Women*, Judith A. Whitenack y Gwyn E. Campbell (eds.), Studies on Spanish Classical Literature, Binghamtom, Global/IGCS, 2001, 151-157.

ARREDONDO, María Soledad, *Charles Sorel y sus relaciones con la novela española*, Madrid, Servicio de Publicaciones de la Universidad Complutense, 1986.

— «Notas sobre la traducción en el Siglo de Oro: Bandello franco-español», *Imágenes de Francia en las letras hispánicas,* ed. Francisco Lafarga, Barcelona, PPU, 1989, 217-226.
— «Novela corta, ejemplar y moral: las *Novelas morales* de Agreda y Vargas», *Criticón,* 46 (1989), 77-94.
— «Castillo Solórzano y la mixtura barroca: poesía, narrativa y teatro en *La niña de los embustes, Teresa de Manzanares*», *El Siglo de Oro. Homenaje a Marc Vitse,* Toulouse, PUM/Consejería de Educación de la Embajada de España en Francia, 2006, 35-51.
ARTIGAS, Miguel, «*Examen del Antídoto* o *Apología por las Soledades* de Don Luis de Góngora contra el autor de *El Antídoto* [Por Don Francisco de Córdoba Abad de Rute]», *Don Luis de Góngora, Biografía y estudio crítico,* Madrid, Tipografía de la Revista de Archivos, 1925, 400-467.
ASENSIO, Eugenio, *Itinerario del entremés desde Lope de Rueda a Quiñones de Benavente,* Madrid, Gredos, 1971.
AULADELL, Miguel Ángel, *La Guía y avisos de forasteros que vienen a la corte del Licenciado Antonio Liñán y Verdugo en su contexto literario,* Alicante, Universidad, 1991.
BACCHELLI, Franco, *Per una bibliografía di A. Castillo Solórzano,* Verona, Università degli Studi di Verona, 1983.
BACON, G.Y., «The Life and Dramatic Works of Doctor Juan Pérez de Montalbán», *Bulletin Hispanique,* XXVI (1912), 1-475.
BAENA, Julio, «*Los trabajos de Persiles y Sigismunda:* la utopía del novelista», *Cervantes: Bulletin of the Cervantes Society of America,* 8.2 (1988), 127-140.
BAJTIN, Mijaíl, *La cultura popular en la Edad Media y en el Renacimiento,* Madrid, Alianza Universidad, 1987.
BALDUINO, Armando, «Fortune e sfortune della novella italiana fra Tardo Trecento e Primo Cinquecento», *La nouvelle, genése, codification et rayonnement d'un genre medieval. Actes du Colloque International de Montreal (McGill University, 14-16 octobre, 1982),* publiés par Michelangelo Piccone, Giuseppe Di Stefano et Pamela D. Stewart, Montreal, Plato Academic Press, 1983, 155-173.
BAQUERO ESCUDERO, Ana Luisa, «La cuestión de la ficcionalidad en la novela corta del XVII», *Mundos de ficción,* José María Pozuelo y Francisco Vicente (eds.), Murcia, Universidad de Murcia, 1996, 299-305.
— «Espacios de la maravilla en la novela corta áurea», *Loca ficta. Los espacios de la maravilla en la Edad Media y Siglo de Oro. Actas del Coloquio Internacional, Pamplona, Universidad de Navarra, abril de 2002,* Ignacio Arellano (ed.), Universidad de Navarra, Vervuert, 2003, 57-67.
BAQUERO GOYANES, Mariano, «Comedia y novela en el siglo XVII», *Serta Philologica F. Lázaro Carreter,* Madrid, Cátedra, 1983, II, 13-29.

BARELLA, Julia, «Antonio de Eslava y William Shakespeare: historia de una coincidencia», *El Crotalón. Anuario de Filología Española*, 2 (1985), 489-501.
— «Las *Noches de Invierno* de Antonio de Eslava: entre el folklore y la tradición erudita», *Príncipe de Viana*, 175 (1985), 513-565.
BARNARD, Mary E., *The Myth of Apollo and Daphne from Ovid to Quevedo: Love, Agon and the Grotesque*, Durham, Duke University, 1987.
BERETTA, Carlo, Giuseppe Mazzocchi y Anna Maria Negri, «L'archetipo tristaniano: alcune consideración a partire da un episodio», *Actas do XIX Congreso Internacional de Lingüística e Filoloxía Románicas, Universidade de Santiago de Compostela, 1989*, publicadas por Ramón Lorenzo, A Coruña, Fundación «Pedro Barrié de la Maza, Conde de Fenosa», 1994, 425-452.
BERNHEIMER, Richard, *Wild Men in the Middle Ages. A Study in Art, Sentiment and Demonology*, Cambridge (Mass.), 1952.
BLANCO, Mercedes, «*Lienzo de Flandes*: las *Soledades* y el paisaje pictórico», *Actas del IV Congreso Internacional de AISO*, María Cruz García de Enterría y Alicia Cordón Mesa (eds.), Alcalá, Universidad de Alcalá, 1998, I, 263-274.
— *Les rhétoriques de la pointe. Baltasar Gracián et le Conceptisme en Europe*, Ginebra, Editions Slatkine, 1992.
— «Góngora y el concepto», *Góngora Hoy* (I-II-III), ed. Joaquín Roses, Córdoba, Diputación Provincial, 2002, 319-346.
BLASCO, Javier, «Novela («mesa de trucos») y ejemplaridad («historia cabal y de fruto»)», en Miguel de Cervantes, *Novelas Ejemplares*, ed. Jorge García López, Barcelona, Crítica, 2001, IX-XXXIX.
BLECUA, Alberto, «Las *Novelas ejemplares*», *Anthopos*, 98-99. *Miguel de Cervantes. La invención poética de la novela moderna. Estudios de su vida y su obra*, coord. Aurora Egido, 1989, 73-76.
BLECUA PERDICES, José Manuel, «Notas para la historia de la novela en España (manuscrito de Pedro de Salazar)», *Serta Philologica F. Lázaro Carreter*, Madrid, Cátedra, 1983, II, 91-95.
BODINI, Vittorio, «Le lagrime barocche», *Studi sul Barocco di Góngora*, Roma, Edizioni dell'Ateneo, 1964, 40-61.
BONILLA CEREZO, Rafael, «Cítara argentando plumas: el Gongorismo en las *Novelas exemplares y prodigiosas historias* de Juan de Piña», *«Italia-España-Europa: relaciones culturales, literaturas comparadas, tradiciones y traducciones», XI Congreso de la Sociedad Española de Italianistas (Sevilla, 11-13 de mayo de 2005)*, Sevilla, Arcibel, 2005, 69-85.
— «El Gongorismo en las *Novelas exemplares y prodigiosas historias* de Juan de Piña (II), *Il Confronto Letterario*, 45 (2006), 25-54.
— *Lacayo de risa ajena: el gongorismo en la Fábula de Polifemo de Alonso de Castillo Solórzano*, Córdoba, Diputación Provincial, 2006.

- «Sus rubias trenzas, mi cansado acento: ciervas, cazadoras y corcillas en la poesía de Góngora», *Góngora hoy* (IX): *Ángel fieramente humano: Góngora y la mujer,* ed. Joaquín Roses, Córdoba, Diputación Provincial de Córdoba, 2007, 157-263.
- «Máscaras de seducción en las *Novelas a Marcia Leonarda*», *Edad de Oro,* XXVI (2007), 91-145.
- «Pesadilla de médicos, veneno de enfermos: la sátira científica en Alonso de Castillo Solórzano», *Edad de Oro,* XXVII (2008), 47-104.
- «Émulo casi del mayor lucero: *La ingratitud hasta la muerte* (José Camerino, 1624) y el *Polifemo* de Góngora», *Studi Ispanici,* 2009, en prensa.
- / Edo, «Alonso de Castillo Solórzano», *Diccionario Filológico de Literatura Española Siglos XVI y XVII. Textos y Transmisión,* Pablo Jaurable, Delia Gavela, Pedro C. Rojo y Elena Varela (dir. y coord.), Madrid, Castalia, 2009, en prensa.
- *La novela culta del siglo XVII,* Sevilla, UNIA, en prensa.

BOURLAND, Caroline B., «Boccaccio and the *Decameron* in Castilian and Catalan Literature», *Revue Hispanique,* XII (1905), 1-232.
- *The Short Story in Spain in the Seventeeth Century (with a Bibliography of the Novela from 1576 to 1700),* Northampton, Smith College, 1927, reimp. Nueva York, Burt Franklin, 1973.

BRAU, Jean-Louis, *Fonctions des nouvelles intercalées dans le roman spagnol au Siècle d'Or,* Niza, Université de Nice, 1991.

BROWN, Kenneth, *Anastasio Pantaleón de Ribera (1600-1629). Ingenioso miembro de la República Literaria Española,* Potomac, Studia Humanitatis, 1980, 289-290.

BROWNSTEIN, Leonard, *Salas Barbadillo and the New Novel of Rogues and Courtiers,* Madrid, Playor, 1974.

CABALLERO-GLASSBERG, María del Carmen, *Teoría y praxis de la novela corta del siglo XVII: la obra de Francisco de Lugo y Dávila,* Dissertation Abstracts International (51:5), 1990.

CABAÑAS, Pablo, *El mito de Orfeo en la literatura Española,* Madrid, CSIC, 1948.

CABELLO, Gregorio, «La mariposa en cenizas desatada: una imagen petrarquista en la lírica áurea, o el drama espiritual que se combate dentro de sí (primera parte)», *Estudios Humanísticos,* 12 (1990), 255-278.
- «La mariposa en cenizas desatada: una imagen petrarquista en la lírica áurea, o el drama espiritual que se combate dentro de sí (segunda parte)», *Estudios Humanísticos,* 13 (1991), 57-75.

CACHO PALOMAR, María Teresa, «Cuentecillo tradicional y diálogo renacentista», *Formas del relato breve (Coloquio, febrero de 1985),* estudios coordinados por Yves-René Fonquerne y Aurora Egido, Zaragoza, Secretariado de Publicaciones de la Universidad de Zaragoza, 1986, 115-137.

CAMPANA, Patrizia, «Introducción» a Alonso de Castillo Solórzano, *Tardes entretenidas*, Barcelona, Montesinos, Biblioteca de Clásicos y Raros, 1992, VII-XLVII.
CANCELLIERE, Enrica, *Góngora. Itinerarios de la visión*, trad. Rafael Bonilla y Linda Garosi, Córdoba, Diputación Provincial, 2006.
CARRASCO URGOITI, Soledad, *El moro de Granada en la literatura*, estudio preliminar de Juan Martínez Ruiz, Granada, Universidad de Granada, 1989.
— «*La voluntad dividida* de Camerino en la trayectoria de la novela morisca», *Erotismo en las letras hispánicas. Aspectos, modos y fronteras*, Luce López Baralt y Francisco Márquez Villanueva (eds.), México, El Colegio de México, Publicaciones de la *Nueva Revista de Filología Hispánica*, VII (1995), 47-69.
CARREÑO, Antonio, *El romancero lírico de Lope de Vega*, Madrid, Gredos, 1979.
— «Introducción» a Lope de Vega, *Novelas a Marcia Leonarda*, Madrid, Cátedra, 2002, 11-98.
CASALDUERO, Joaquín, *Sentido y forma de las Novelas ejemplares*, Madrid, Gredos, 1974.
CASTRO, Américo, «La ejemplaridad de las novelas cervantinas», *Hacia Cervantes*, Madrid, Taurus, 1967, 451-474.
CAYUELA, Anne, «La prosa de ficción entre 1625 y 1634. Balance de diez años sin licencias para imprimir novelas en los reinos de Castilla», *Mélanges de la Casa de Velázquez*, XXIX, 2 (1993), 51-76.
— *Le paratexte au Siècle d'Or. Prose romanesque, livres et lecteurs en Espagne au XVII siècle*, Ginebra, Droz, 1996.
— y GANDOULPHE, Pascal, «Littérature et pouvoir: dédicaces et dédicataires dans *Noches de Placer*, d'Alonso Castillo Solórzano (1631)», *Bulletin Hispanique*, 101, 1 (1999), 91-110.
— «*Tardes entretenidas* de Alonso de Castillo Solórzano: el enigma como poética de la claridad», *Actas del XIII Congreso de la Asociación Internacional de Hispanistas*, Florencio Sevilla y Carlos Alvar (eds.), Madrid, Asociación Internacional de Hispanistas, Castalia y Fundación Duques de Soria, 2000, I: Medieval, Siglo XVI, Siglo XVII, 449-459.
— *Alonso Pérez de Montalbán. Un librero en el Madrid de los Austrias*, Madrid, Calambur, 2005.
CHEVALIER, Maxime, *Lectura y lectores en la España del Siglo XVI y XVII*, Madrid, Turner, 1976.
— *Folklore y literatura: el cuento oral en el Siglo de Oro*, Barcelona, Crítica, 1978.
— *Cuentos folklóricos españoles del Siglo de Oro*, Barcelona, Crítica, 1983.
— «Los novelistas áureos entre retórica y agudeza», *Bulletin Hispanique*, 106, 1 (2004), 186-194.
CIVIL, Pierre, «Erotismo y pintura mitológica en la España del Siglo de Oro», *Edad de Oro*, IX (1990), 39-49.

COLLARD, Andrée, *Nueva poesía. Conceptismo, culteranismo en la crítica española*, Madrid, Castalia, 1967.

COLÓN CALDERÓN, Isabel, *La novela corta en el siglo XVII*, Madrid, Ediciones de El Laberinto, 2001.

COMPARATO, Vittor Ivo, *Uffici e Società a Napoli (1600-1647). Aspetti dell'Ideologia del Magistrato dell'età Moderna*, Florencia, Leo S. Olschki, 1974.

COPELLO, Fernando, *Recherches sur la nouvelle post-cervantine de 1613 à 1624*, Thèse sous la direction de M. le Professeur Augustin Redondo, París, Université de la Sorbonne Nouvelle, 1990, 2 vols.

— «La interlocución en prólogos de libros de relatos (1613-1624)», *Criticón*, 81-82 (2001), 353-367.

CORNEJO, Manuel, «Reflexiones sobre la ficcionalidad del espacio urbano en *El acero de Madrid* de Lope de Vega», *Criticón*, 87-88-89 (2003), 175-187.

CORNO, Carlo del, *Exemplum e Letterature. Tra Medioevo e Rinascimento*, Bolonia, Il Mulino, 1989.

COSTA, Angelina, «*La Constante Cordobesa* de Gonzalo de Céspedes y Meneses, una muestra de novela corta del siglo XVII», *Alfinge*, 2 (1984), 83-99.

— «Hibridismo y convergencia de formas en los *Diálogos de apacible entretenimiento* de G. Lucas Hidalgo», *Hommage à Robert Jammes*, édité par Francis Cerdan, Anejos de *Criticón*, 1, Toulouse, Presses Universitaries du Mirail, 1994, 263-272.

COTARELO Y MORI, Emilio, «Prólogo» a Francisco de Lugo y Dávila, *Teatro popular (novelas)*, Madrid, Colección Selecta de Antiguas Novelas Españolas, 1906, V-XXIV.

— «Vida literaria de Don Alonso de Castillo Solórzano», en Alonso de Castillo Solórzano, *La niña de los embustes*, introducción y notas de Emilio Cotarelo, Madrid, Colección Selecta de Antiguas Novelas Españolas, 1906, VI.

— «Adiciones a la biografía de D. Alonso de Castillo Solórzano», en Alonso de Castillo Solórzano, *Las harpías en Madrid y Tiempo de regocijo*, Madrid, Colección Selecta de Antiguas Novelas Españolas, 1907, V-XXIV.

COWAN, Alexander, «Urban Elites in Early Modern Europe: An Endagered Species?», *Historical Research. The Bulletin of the Institute of Historical Research*, 64, (1991), 121-137.

CRISTÓBAL, Vicente, «Mitología clásica y novela pastoril», *Estudios sobre Tradición Clásica y Mitología en el Siglo de Oro,* Isabel Colón Calderón y Jesús Ponce Cárdenas (eds.), Madrid, Ediciones Clásicas, 2002, 109-122.

CRUZ CASADO, Antonio, «Un nuevo enfoque de las *Soledades* de Góngora: los modelos narrativos», *Revista de Literatura*, LII, 103 (1990), 67-100.

DADSON, Trevor, *Libros, lectores, lecturas,* Madrid, Arco/Libros, 1998.

DARDANO, Mauricio, *Lingua e tecnica narrativa nel Duecento*, Roma, Bulzoni, 1969.
DAROS, Philippe, «La nouvelle de Boccace à Cervantès», *La nouvelle: Boccace, Marguerite de Navarre, Cervantès*, etudes recueillies par Jean Bessière et Philippe Daros, París, Honoré Champion Éditeur, 1996, 7-47.
DAVID-PEYRE, Yvonne, *Le personnage du médecin et la relation médecin-malade dans la littérature ibérique XVI et XVII siècle*, París, Ediciones Hispanoamericanas, 1971.
DEL CORRAL, José, *El Hospital de Corte. Llamado del Buen Suceso*, Madrid, Instituto de Estudios Madrileños, 2000.
DELEITO Y PIÑUELA, José, *...También se divierte el pueblo*, Madrid, Alianza Editorial, 1988.
— *El rey se divierte*, Madrid, Alianza Editorial, 1988.
DEYERMOND, Alan D., «El hombre salvaje en la novela sentimental», *Filología*, X (1964), 97-111.
DÍAZ JIMÉNEZ, Felipe, *Hado y fortuna en la España del siglo XVI*, Madrid, FUE, 1987.
DÍAZ-MAS, Paloma, «Sobre la fortuna del romance "Mira Nero de Tarpeya"», *Symbolae Ludovico Mitxelena Septuagenario Oblatae*, J. L. Melena (ed.), Vitoria, Universidad del País Vasco, 1985, 1, 795-798.
DÍEZ ECHARRI, E. y ROCA FRANQUESA, José María, «Otras formas novelescas del Siglo de Oro: bizantina, morisca, italianizante y cortesana», *Historia de la literatura española e hispanoamericana*, Madrid, Aguilar, 1960, reimp. 1979, 262-271.
DÍEZ FERNÁNDEZ, J. IGNACIO, *Viendo yo esta desorden del mundo. Textos literarios españoles de los Siglos de Oro en la Colección Fernán Núñez*, Burgos, Instituto de la Lengua Castellano y Leonés, 2003.
DIOS, Salustiano de, *El Consejo Real de Castilla (1385-1522)*, Madrid, Centro de Estudios Constitucionales, 1982.
DIXON, Victor, «Juan Pérez de Montalbán's *Segundo tomo de las comedias*», *Hispanic Review*, XXIX (1961), 91-109.
DOMÍNGUEZ DE PAZ, Elisa, «Construcción y sentido del teatro breve de Alonso de Castillo Solórzano», *Boletín de la Real Academia Española*, LXVII, 241 (1987), 251-270.
DUNLEY, Edward y NOVAK, Maximilliam E. (eds.), *The Wild Man Within. An Image in Western Thought from the Reinassance to Romanticism*, University of Pittsburgh Press, 1972.
DUNN, Peter N., *Castillo Solórzano and the Decline of Spanish Novel*, Oxford, Basil Blackwell, 1952.
DURÁN, Armando, «Teoría y práctica de la novela en España durante el Siglo de Oro», *Teoría de la novela*, Santos Sanz Villanueva y Carlos J. Barbachano (eds.), Madrid, Temas, SGEL, 1976, 55-91.

EGIDO, Aurora, «Variaciones sobre la vid y el olmo en la poesía de Quevedo: Amor constante más allá de la muerte», *Homenaje a Quevedo*, II, Salamanca, Caja de Ahorros y Monte de Piedad, 1982, 213-232.
— «El vestido de salvaje en los autos sacramentales de Calderón», *Serta Philologica F. Lázaro Carreter*, Madrid, Cátedra, 1983, II, 171-186.
— «La cueva de Montesinos y la tradición erasmista de ultratumba», *Cervantes y las puertas del sueño*, Barcelona, PPU, 1994, 137-178.
ETIEMBLE, «Problemática de la novela corta», *Ensayos de literatura (verdaderamente general)*, Madrid, Taurus, 1977, 127-137.
ÉTIENVRE, Jean-Pierre, *Márgenes literarios del juego. Una poética del naipe (siglos XVI-XVIII)*, London, Tamesis Books, 1990.
FERNÁNDEZ, Ángel Raimundo, «Situación actual de los estudios sobre novela corta del siglo XVII», *Actas del VII Congreso de la Asociación Internacional de Hispanistas*, G. Bellini (ed.), Roma, Bulzoni, 1982, I, 437-443.
FERNÁNDEZ DE NAVARRETE, Eustaquio, «Bosquejo histórico de la novela española», *Novelistas posteriores a Cervantes*, Biblioteca General de Autores Españoles, Madrid, Real Academia Española, 1854, reimp. 1950, XXXIII, V-C.
FERNÁNDEZ INSUELA, Antonio, «Sobre la narrativa española de la Edad de Oro y sus reediciones en el siglo XVIII», *Revista de Literatura*, LV, 109 (1993), 55-84.
FERNÁNDEZ NIETO, Manuel, «El entremés como capítulo de novela: Castillo Solórzano», *El teatro menor en España a partir del siglo XVI*, Equipo de Investigación sobre el Teatro Español, Instituto Miguel de Cervantes del CSIC, *Anejos de la Revista Segismundo*, 5, Madrid, CSIC, 1983, 189-199.
— «Función de los géneros dramáticos en novelas y misceláneas», *Criticón*, 30 (1985), 151-167.
FERNÁNDEZ PRIETO, Celia, «Las colas del pulpo», *La tropelía hacia el Coloquio de los perros*, Tenerife-Madrid, Artemisa Ediciones, 2008, 199-224.
FERRERAS, Juan Ignacio, «La novela corta, o cervantina», *La novela del siglo XVII*, Madrid, Taurus, 1987, 35-45.
— *La novela en España. Catálogo de novelas y novelistas españoles desde la aparición de la imprenta hasta principios del siglo XIX*, Madrid, Biblioteca del Laberinto, 2009.
FONQUERNE, Yves R., «Quelques documents inédits sur Juan de Piña et sa famille», *Cahiers du Monde Hispanique et Luso Brasilien, Caravalle*, 27 (1976).
FORMICHI, Giovanna, «Le *Novelas Exemplares y Prodigiosas Historias* di Juan de Piña», *Lavori della Sezione Fiorentina del Grupo Ispanistico C.N.R.*, Serie I, Università degli Studi di Firenze,

Facoltà di Magistero-Istituto Hispánico, Casa Editrice D'Anna (1967), 99-163.
— «Saggio sulla bibliografia critica della novela spagnola seicentesca», *Lavori Ispanistici*, Serie III, Messina-Firenze, Casa Editrice D'Anna (1973), 5-105.
FRENK, Margit, «Lectores y oidores: la difusión oral de la literatura en el Siglo de Oro», *Actas del VII Congreso de la Asociación Internacional de Hispanistas*, Giuseppe Bellini (ed.), Roma, Bulzoni, 1982, I, 101-123.
FUHRMANN, Manfred, «Obscuritas. Das problem der Dunkelheit in der Rhetorischen und Literaturästhetischen Theorie del Antike», *Immanente Ästhetik Ästhetische Reflexion. Lyrik als Paradigma der Moderne*, W. Iser (ed.), Munich, Wilhelm Fink, 1966, 47-72.
GALLO, Antonella, *Virtuosismi retorici barocchi: novelle con lipogramma*, Florencia, Alinea Editrice, 2003.
GARCÍA BERRIO, Antonio, *Introducción a la poética clasicista: Cascales*, Barcelona, Planeta, 1975.
— *Formación de la teoría literaria moderna*, Madrid, Cupsa, 1977, I; Murcia, Universidad, 1980, II.
GARCÍA DE DINI, Encarnación, «Juan de Piña, escribano de oficio y poeta por afición», *Miscelánea Filológico-Letteraria*, I (1980), 99-116.
— «Introducción» a Juan de Piña, *Novelas exemplares y prodigiosas historias*, Verona, Università degli Studi di Pisa, 1987, 5-26.
GARCÍA LÓPEZ, Jorge, «Prólogo» a Miguel de Cervantes, *Novelas ejemplares*, Barcelona, Crítica, 2001, IX-XXXIX.
GARCÍA LORENZO, Luciano, «La prosa en el siglo XVII», *Historia de la Literatura Española. Renacimiento y Barroco. Siglos XVI-XVII*, Madrid, Taurus, 1982, II, 523-586.
GARROTE BERNAL, Gaspar, «El canto órfico de Fray Juan de la Cruz en dos palabras», *Analecta Malacitana*, XXVIII, 1 (2005), 25-48.
GATES, Eunice Joiner, *Documentos gongorinos. Los Discursos apologéticos de Pedro Díaz de Ribas y El Antídoto de Juan de Jáuregui*, México, Colegio de México, 1960.
GIDREWICZ, Joanna, «*Soledades de la vida y desengaños del mundo* de Cristóbal Lozano: Novela barroca de desengaño y *best seller* dieciochesco», *Actas del V Congreso de la Asociación Internacional Siglo de Oro (Münster 1999)*, Christoph Strosetzki (ed.), Iberoamericana-Vervuert, 2001, 614-622.
GILLESPIE, Gerald, «Novella, nouvelle, novela, Short Novel? A Review of Terms», *Neophilologus*, 51 (1967), 117-127.
GIULIANI, Luigi, «Introducción» a Juan Pérez de Montalbán, *Sucesos y prodigios de amor*, Barcelona, Montesinos, 1992, IX-XLV.

GLASER, Edward, *Estudios hispano-portugueses. Relaciones Literarias del Siglo de Oro*, Valencia, Castalia, 1957.
— «Quevedo versus Pérez de Montalbán: the *Auto del Polifemo* and the Odyssean Tradition in Golden Age Spain», *Hispanic Review*, XXVIII, 2 (1960), 103-120.
GLENN, Richard F. y VERY, Francis G., «Introducción biográfica y crítica» a Alonso de Castillo Solórzano, *Sala de recreación*, *Estudios de Hispanófila*, 43, Chapell Hill (NC), 1977, 11-33.
GOLBERG, Harriet, «A Reappraisal of Colour Symbolism in the Courtly Prose Fiction of Late-Medieval Castile», *Bulletin of Hispanic Studies*, LXIX, 3 (1992), 221-237.
GÓMEZ, Jesús, «Boccaccio y Otálora en los orígenes de la novela corta en España», *Nueva Revista de Filología Española*, XLVI, 1 (1998), 23-46.
GONZÁLEZ BARRERA, Julián, «Soldados, doncellas y expósitos: Gonzalo de Céspedes y Meneses. Un fiel lector cervantino», *Nueva Revista de Filología Hispánica*, LVII, 2, 2009, 761-776.
GONZÁLEZ DE AMEZÚA, Agustín, «Formación y elementos de la novela cortesana (1929)», *Opúsculos histórico-literarios*, Madrid, CSIC, 1951, I, 194-279.
— «Dos estudios sobre el doctor Juan Pérez de Montalbán», *Opúsculos histórico-literarios*, Madrid, CSIC, 1951, II, 48-94. Los títulos y paginación respectivos son: «Juan Pérez de Montalbán, novelista» (48-63) y «Las polémicas literarias sobre el *Para todos* del Doctor Juan Pérez de Montalbán» (64-94).
— *Cervantes, creador de la novela corta española. Introducción a la edición crítica y comentada de las Novelas ejemplares*, tomo I (1956), reimp. Madrid, CSIC, 1982.
GONZÁLEZ QUINTAS, Elena, «Góngora, lector de Quevedo: las flores estrelladas», *La hidra barroca. Varia lección de Góngora*, Rafael Bonilla y Giuseppe Mazzocchi (eds.), Junta de Andalucía, Consejería de Cultura, 2008, 291-302.
GONZÁLEZ RAMÍREZ, David, «Lope de Vega y Castillo Solórzano: "Los mejores ingenios de España". Consideraciones críticas sobre la transmisión, la compilación y la repercusión de las *Novelas amorosas* (Zaragoza, 1648)», *Alazet. Revista de Filología*, 19 (2007), en prensa.
— *Transmisión textual y recepción editorial de la Guía y avisos de forasteros (Madrid, 1620) de Liñán y Verdugo*, Madrid, Calambur, 2008.
GREEN, Otis H., «Se acicalaron los auditorios: An aspect of the Spanish Literary Baroque», *Hispanic Review*, XXVII (1959), 413-422.
GUINARD, Paul J., «"Novella": De la nouvelle au roman. Remarques sur l'évolution d'une dénomination littéraire», *Melanges offers a Maurice Molho*, J. C. Chevalier y M. F. Delport (eds.), París, Éditions Hispaniques, 1988, 329-341.

GUTIÉRREZ, Jesús, *La «fortuna bifrons» en el teatro del Siglo de Oro*, Santander, Sociedad Menéndez Pelayo, 1975.

GUTIÉRREZ HERMOSA, Luisa María, «La constitución de un arte nuevo de hacer novelas», *Exemplaria. Revista Internacional de Literatura comparada*, 1 (1997), 157-177.

HENRÍQUEZ DE JORQUERA, Francisco, *Anales de Granada*, ed. Antonio Marín Ocete, Granada, Archivum, 1987.

HERRERO GARCÍA, Miguel, *Estimaciones literarias del Siglo de Oro*, Madrid, Voluntad, 1930.

— *Guía del Madrid de los Austrias (siglos XVI-XVII)*, Madrid, Sección de Cultura Artes Gráficas Municipales, 1958.

— *Madrid en el teatro*, Madrid, Instituto de Estudios Madrileños/CSIC, 1963.

— *Ideas de los españoles del siglo XVII*, Madrid, Gredos, 1966, 258-261.

— «De la profesión a la inadaptación (la sátira social contra los poetas)», *Oficios populares en la sociedad de Lope de Vega*, Madrid, Castalia, 1977, 233-258.

HORNEDO, Rafael María de, «Fernández de Avellaneda y Castillo Solórzano», *Anales Cervantinos*, II (1952), 251-267.

HUERTA CALVO, Javier, «*Stultifera et festiva navis* (de bufones, locos y bobos en el entremés del Siglo de Oro», *Nueva Revista de Filología Hispánica*, XXXIV, 2 (1985-1986), 691-721.

— «De la locura festiva en el teatro breve», *El nuevo mundo de la risa. Estudios sobre el teatro breve y la comicidad en los Siglos de Oro*, Barcelona, Oro Viejo, 1995, 135-155.

— *El teatro breve en la Edad de Oro*, Madrid, El Laberinto, 2001.

HUIZINGA, Johan, *El otoño de la Edad Media*, Madrid, Alianza Editorial, 2005.

HURTADO, Antonio, *La prosa de ficción en los Siglos de Oro*, Madrid, Editorial Playor, 1983.

HUSBAND, Timothy, *The Wild Man. Medieval Myth and Symbolism*, Nueva York, The Metropolitan Museum of Art, 1980.

ISSOREL, Jacques, «Sobre amor y erotismo en las Soledades», *Crepúsculos pisando. Once estudios sobre las Soledades de Góngora*, reunidos y presentados por Jacques Issorel, Crilaup, Presses Universitaires de Perpignan, 1995, 103-123.

JALÓN, Mauricio, «El orden de las ciencias en el siglo XVII y la *Plaza universal*», *Península. Revista de Estudios Ibéricos*, 5 (2008), 65-82.

JAMMES, Robert, *La obra poética de don Luis de Góngora y Argote*, Madrid, Castalia, 1987.

— «La polémica de las *Soledades*» (1613-1666), Apéndice II a su edición de Luis de Góngora, *Soledades*, Madrid, Castalia, 1994, 607-719.

JAURALDE, Pablo, «Alonso de Castillo Solórzano, *Donaires del Parnaso* y la Fábula de Polifemo», *Revista de Archivos Bibliotecas y Museos*, LXXXII, 4 (1979), 727-766.

— «Introducción biográfica y crítica» a Alonso de Castillo Solórzano, *Las harpías en Madrid*, Madrid, Castalia, 1985, 7-37.

JIMÉNEZ, Lourdes, *La novela corta en el siglo XVII: María de Zayas y Sotomayor y Mariana de Carvajal y Saavedra*, Diss. University of Massachussets, Ann Arbor, UMI, 1990.

JOHNSON, Carroll B., *Matías de los Reyes and the Craft of Fiction*, Berkeley, University of California Press, 1973.

JOLY, Monique, *La bourle & son interpretation Espagne 16/17 Siècles*, Éditeur Atelier National de Reproduction des théses difusión, France-Ibérie, Recherche, 1982.

JONES, R. O., «Cervantes y la ficción novelesca posterior», *Historia de la literatura española*, II, *Siglo de Oro: prosa y poesía*, Barcelona, Ariel, 1974, 251-278.

JOSET, Jacques, «Introducción» a Alonso de Castillo Solórzano, *Aventuras del bachiller Trapaza*, Madrid, Cátedra, 1986, 9-49.

JULIÁ MARTÍNEZ, Eduardo, «Observaciones preliminares» a Alonso de Castillo Solórzano, *Huerta de Valencia. Prosas y versos en las Academias de ella*, Madrid, Sociedad de Bibliófilos Españoles, XV, 1944, VI-XL.

JURADO SANTOS, Agapita, «*El Andrógino* de Lugo y Dávila: il perturbante uomo vestito da donna», *Raccontare nella Spagna dei Secoli d'Oro*, Florencia, Alinea Editrice, 1996, 121-143.

KENNEDY, Ruth L., «Pantaleón de Ribera, "Sirene", Castillo y Solórzano and the Academia de Madrid in early 1625», *Homage to John M. Hill (in memoriam)*, Indiana, Indiana University, 1968, 189-200.

KING, Willard F., *Prosa novelística y academias literarias en el siglo XVII*, Madrid, Anejo X del *Boletín de la Real Academia Española*, 1963.

KRÖMER, Wolfram, *Formas de la narrativa breve en las literaturas románicas hasta 1700*, traducción española de Juan Conde, Madrid, Gredos, 1979.

LACARRA, María Jesús, «Pervivencia y transmisión del cuento medieval en la Edad de Oro», *La edición de textos. Actas del I Congreso Internacional de Hispanistas del Siglo de Oro*, Pablo Jauralde Pou, Dolores Nogueras y Alfonso Rey (eds.), Londres, Tamesis Book, 1990, 261-269.

LANOT, J. R., y VITSE, Marc, «Eléments pour une théorie du figuron», *Caravelle*, 27 (1976), 189-213.

LAPLANA GIL, José Enrique, «Lope y los *Sucesos y prodigios de amor*, de Juan Pérez de Montalbán con una nota al *Orfeo en lengua castellana*», *Anuario de Lope de Vega*, 2, Lleida, Milenio (1996), 87-101.

LARA GARRIDO, José, «Un nuevo encuadre de las *Soledades*. Esbozo de una relectura desde la *Económica* renacentista», *Calíope*, IX, 2 (2003), 5-34.

LASKARIS, Paola, *El romancero del Cerco de Zamora en la tradición impresa y manuscrita (siglos XV-XVII)*, Málaga, Universidad de Málaga, 2006.

LASPÉRAS, Jean Michel, *La nouvelle en Espagne au siècle d'or*, Université de Montpellier, Editions du Castillet, 1987.
— «Cervantès et la nouvelle», *La nouvelle: Boccace, Marguerite de Navarre, Cervantès*, études recueillies par Jean Bessière et Philippe Daros, París, Honoré Champion Éditeur, 1996, 109-155.
— «La novela corta: hacia una definición», *La invención de la novela*, estudios reunidos y presentados por Jean Canavaggio, Madrid, Casa de Velázquez, 1999, 307-317.
— «Lope de Vega y el novelar: "un género de escritura"», *Bulletin Hispanique*, 102, 2 (2000), 411-428.
— «Novelar a dos luces», *Bulletin Hispanique*, 106, 1 (2004), 185-202.
LAUER, A. R., «The Use and Abuse of History in the Spanish Theatre of the Golden Age: the Regicide of Sancho II as Treated by Juan de la Cueva, Guillén de Castro and Lope de Vega», *Hispanic Review*, 56, 1 (1988), 17-37.
LÁZARO CARRETER, Fernando, «Sobre la dificultad conceptista», *Estudios dedicados a Menéndez Pidal*, Madrid, CSIC, VI, 1956, 355-386.
LEVI, Ezio, «Un episodio sconosciuto nella storia della novella spagnola», *Boletín de la Real Academia Española*, XXI, CV (1934), 687-736.
LIDA DE MALKIEL, María Rosa, *La tradición clásica en España*, Barcelona, Ariel, 1975.
LIVERANI, Elena, *Narrativa barroca: las Soledades de la vida y desengaños del mundo di Cristóbal Lozano*, Roma, Bulzoni, 2000.
LÓPEZ DÍAZ, María Dolores, «Recapitulando sobre la novela española del siglo XVII», *Romance Notes*, XXXII (1982), 247-253.
— «Un novelista poco conocido: José Camerino y sus *Novelas amorosas*», *EPOS*, VIII (1992), 291-298.
— *Estudio y edición anotada de las Novelas amorosas de José Camerino*, Madrid, Universidad Complutense de Madrid, 1992.
— «Sobre el estilo indecoroso de un novelista del siglo XVII», *Actas del III Congreso Internacional de Hispanistas, celebrado en Ceuta del 26 al 29 de junio de 1997*, Ceuta, Algazara, 1998, 601-612.
LÓPEZ TORRIJOS, Rosa, *La mitología en la pintura del Siglo de Oro*, Madrid, Cátedra, 1995, 2.ª edición.
LÓPEZ-RÍOS, Santiago, «Los desafíos del caballero salvaje: notas para el estudio de un juglar en la literatura peninsular de la Edad Media», *Nueva Revista de Filología Hispánica*, XLIII, 1 (1995), 145-160.
— «La parodia del caballero salvaje en el episodio de Camilote en la *Tragicomedia de don Duardos*», *Comentarios de textos literarios hispánicos: homenaje a Miguel Ángel Garrido Gallardo*, coord. José Luis García Barrientos y Esteban Torre, Madrid, Síntesis, 1997, 259-276.
— «El hombre salvaje entre la Edad Media y el Renacimiento: leyenda oral, iconográfica y literaria», *Cuadernos del CEMYR*, 14 (2006), 233-250.

MADROÑAL DURÁN, Abraham, «La burla lingüística en el entremés del Barroco», *Tiempo de burlas. En torno a la literatura burlesca del Siglo de Oro*, Javier Huerta Calvo, Emilio Peral Vega y Jesús Ponce Cárdenas (eds.), Madrid, Verbum, 2001, 177-197.

— *«De grado y de gracias»: vejámenes universitarios de los Siglos de Oro*, Madrid, Instituto de la Lengua Española, CSIC, 2005.

MALATO, Enrico, «La nascita della novella italiana: un'alternativa letteraria borghese alla tradizione cortese», *La novella italiana. Atti del Convengo di Caprarola, 19-24 settembre, 1988*, Roma, Salerno Editrice, 1989, I, 3-45.

MANERO SOROLLA, Pilar, *Imágenes petrarquistas en la lírica española del Renacimiento. Repertorio*, Barcelona, Promociones y Publicaciones Universitarias, 1990.

MARAVALL, José Antonio, *La cultura del Barroco*, Barcelona, Ariel, 1981.

MÁRQUEZ VILLANUEVA, Francisco, «Literatura bufonesca o del "loco"», *Nueva Revista de Filología Hispánica*, XXXIV, 2 (1985-1986), 501-528.

MARTÍ, Antonio, *La preceptiva retórica española en el Siglo de Oro*, Madrid, Gredos, 1972.

MARTÍN GÓMEZ, Moisés, *Mariana de Carvajal: Industrias y desdenes. Un estudio de las Navidades de Madrid*, Cádiz, Servicio de Publicaciones de la Universidad de Cádiz, 2003.

MARTINENGO, Alessandro y GARGANO, Antonio, «Otras formas narrativas», *Historia de la literatura española*, I. *Desde los orígenes al siglo XVII*, Madrid, Cátedra, 1990, 565-577.

MARTÍNEZ CAMINO, Gonzalo, «La novela corta del Barroco español y la formación de una subjetividad señorial», *Bulletin of Hispanic Studies*, LXXIII (1996), 33-47.

MATAS CABALLERO, Juan, *Juan de Jáuregui. Poesía y poética*, Sevilla, Diputación Provincial de Sevilla, 1990.

MAZZACURATI, Giancarlo, *All'ombra di Dioneo. Tipologie e percorsi della novella da Boccaccio a Bandello*, Florencia, La Nuova Italia, 1996.

MENÉNDEZ PELAYO, Marcelino, «Cuentos y novelas cortas», *Orígenes de la novela*, ed. Enrique Sánchez Reyes, Madrid, CSIC, 1943, III, 3-217.

MIÑANA, Rogelio, *La verosimilitud en el Siglo de Oro. Cervantes y la novela*, Newark (Del.), Juan de la Cuesta, 2002.

MIRRER-SINGER, Louise, «Reinterpreting an Ancient Legend: The Judeo Spanish Versión of the Rape of Lucretia», *Prooftexts*, 6 (1986), 117-130.

MOLHO, Maurice, «Sobre la estructura de las *Novelas ejemplares:* el caso de *Rinconete y Cortadillo*, de Cervantes», París, Éditions Hispaniques, 2005, 147-156.

MOLL, Jaime, «Diez años sin licencias para imprimir comedias y novelas en los reinos de Castilla: 1625-1634», *Boletín de la Real Academia Española*, 54 (1974), 97-103.

MONER, Michel, «Cervantes y la invención de la novela», *La invención de la novela*, estudios reunidos y presentados por Jean Canavaggio, Madrid, Casa de Velázquez, 1999, 233-267.
MONTERO REGUERA, José, «Mitos clásicos y costumbrismo literario en la poesía de Alonso de Castillo Solórzano», *Edad de Oro*, XVII, (1998), 107-118.
— «El nacimiento de la novela corta en España (la perspectiva de los editores)», *Lectura y Signo*, 1 (2006), 165-175.
— «Prosas de Lope», *Lectura y Signo*, 3 (2008), 195-235.
MONTOLIU Y TOGORES, Manuel de, *Literatura castellana*, Barcelona, Cervantes, 1937.
MOREL-FATIO, Alfred, «Les Allemands en Spagne du XV au XVIII siècle», *Revista de Filología Española*, IX (1922), 277-297.
MORÍNIGO, Marcos A., «El teatro como sustituto de la novela en el Siglo de Oro», *Revista de la Universidad de Buenos Aires*, II (1957), 41-61.
MORLEY, S. Griswold, «El acero de Madrid», *Hispanic Review*, 13 (1945), 166-169.
MURGA, Vicente, «Dilucidación histórica en torno al escritor Francisco Dávila Lugo, contemporáneo de Cervantes», *La Torre. Revista General de la Universidad de Puerto Rico*, 13, 50 (1965), 77-91.
NAGY, Edward, *Teatro popular de Francisco de Lugo y Dávila y la ejemplaridad novelística de Cervantes*, Valladolid, Sever-Cuesta, 1983.
NALLE, Sara T., «Literacy and Culture in Early Modern Castile», *Past and Present*, 125 (1989), 65-96.
NOUGUÉ, André, *L'oeuvre en prose de Tirso de Molina. Los Cigarrales de Toledo et Deleitar aprovechando*, París, Centre de Recherches de L'Institut d'Études Hispaniques, 1962.
OLTRA, José Miguel, «La miscelánea en *Deleitar aprovechando*. Reflejo de una coyuntura tirsiana», *Criticón*, 30 (1985), 127-150.
OROZCO DÍAZ, Emilio, *En torno a las Soledades de Góngora. Ensayos, estudios y edición de textos críticos de la época referentes al poema*, Granada, Universidad de Granada, 1969, 147-204.
— *Cervantes y la novela del Barroco*, ed. José Lara Garrido, Granada, Universidad de Granada, 1992.
PABST, Walter, *La novela corta en la teoría y en la creación literaria. Notas para la historia de su antinomia en las literaturas románicas*, versión española de Rafael de la Vega, Madrid, Gredos, 1972.
PACHECO-RANSANZ, Arsenio, «El concepto de novela cortesana», *What's Past is Prologue. A Collection of Essays in Honour of L. J. Woodward*, Edimburgo, Scottish Academic, 1984, 114-123.
— «Varia fortuna de la novela corta en el siglo XVII», *Revista Canadiense de Estudios Hispánicos*, X, 3 (1986), 407-421.
PALOMO, María del Pilar, *La novela cortesana. Forma y estructura*, Barcelona, Planeta, 1976.
— *Estudios Tirsistas*, Málaga, Universidad de Málaga, Thema, 1999.

PAREDES, Juan, *Para una teoría del relato. Las formas narrativas breves*, Madrid, Biblioteca Nueva, 2004.

PARKER, Jack H., *Juan Pérez de Montalbán*, Boston, Twayne, 1975.

PEDROSA, José Manuel, «La mariposa, el amor y el fuego: de Petrarca y Lope a Dostoievski y Argullol», *Criticón*, 87-88-89 (2003), 649-660.

PEGO PUIGBÓ, Armando, «Un discurso jurídico y literario sobre el amor: *El monstruo del Manzanares*», *Dicenda*, 13 (1995), 227-247.

— «Hipertextualidad e imitación (A propósito de los "espíritus de amor" en Garcilaso)», *Revista de Literatura*, LXV, 129 (2003), 5-29.

PÉREZ-ERDELYI, M., *La pícara y la dama. La imagen de las mujeres en las novelas picaresco-cortesanas de María de Zayas y Sotomayor y Alonso de Castillo Solórzano*, Miami (Fla.), Universal, 1979.

PFANDL, Ludwig, «La novela corta», *Historia de la literatura nacional española en la Edad de Oro*, Barcelona, Sucesores de Juan Gili, 1933, 330-405.

PICCONE, Michelangelo, «Preistoria della cornice del *Decameron*», en *Studi di Italianistica. In onore di Giovanni Ceccetti*, Ravena, Longo, 1988, 91-104.

PLACE, Edwin B., *Manual elemental de novelística española. Bosquejo histórico de la novela corta y el cuento durante el Siglo de Oro (con tablas cronológicas descriptivas de novelística desde los principios hasta 1700)*, Madrid, Victoriano Suárez, 1926.

POGGIOLI, Renato, «Poetics and Metrics», *Comparative Literatures*, Chapell Hill (NC), 1959, I, 192-204.

PORQUERAS MAYO, Alberto, *La teoría poética en el Renacimiento y Manierismo españoles*, Barcelona, Puvill Libros, 1986.

POZUELO YVANCOS, José María, «La *Fábula de Polifemo y Galatea* de Góngora como poema narrativo», *Philologica. Homenaje al Profesor Ricardo Senabre*, Cáceres, Universidad de Extremadura, 1996, 435-460.

PROFETI, Maria Grazia, *Montalbán: un commediografo dell'età di Lope*, Pisa, Universidad de Pisa, 1970.

— *Per una bibliografia di Juan Pérez de Montalbán*, Verona, Università di Verona, 1976.

— «La bocca della dama: codice petrarquista e trasgressione barocca», *Quevedo: la scritura e il corpo*, Roma, Bulzoni, 1984, 103-123.

RABELL, Carmen R., *Lope de Vega. El arte nuevo de hacer novelas*, Londres, Tamesis Books, 1992.

— «Bajo la ley: la escritura de la *novella* española posterior al Concilio de Trento», *Revista de Estudios Hispánicos*, XXVIII, 1-2 (2001), 309-325.

— *Rewriting the Italian Novella in Counter-Reformation Spain*, Woodbridge (Suffolk, UK)-Rochester (NY), Tamesis Books, 2003.

RALLO GRUSS, Asunción, «Montemayor, entre *romance* y novela: hibridismo de géneros y experimentación narrativa en *La Diana*»,

La invención de la novela, estudios reunidos y presentados por Jean Canavaggio, Madrid, Casa de Velázquez, 1999, 129-157.

REY HAZAS, Antonio, «El erotismo en la novela cortesana», *Edad de Oro*, IX (1990), 271-288.

— «Madrid en *Sucesos y prodigios de amor:* la estética novelesca de Juan Pérez de Montalbán», *Revista de Literatura,* LVII, 114 (1995), 433-454.

— «Apuntes sobre el género novelesco de *Sucesos y prodigios de amor,* de Juan Pérez de Montalbán», *Edad de Oro*, XXVI (2007), 199-217.

REYES CANO, Rogelio, «Predicadores locos, locos predicadores y locos agudos en la literatura española del Siglo de Oro: los cuentecillos de Juan García», *Philologica. Homenaje al Profesor Ricardo Senabre,* Cáceres, Universidad de Extremadura, 1996, 461-480.

RILEY, Edward C., *Teoría de la novela* en *Cervantes,* versión castellana de C. Sahagún, Madrid, Taurus, 1966.

RIPOLL, Begoña, *La novela barroca. Catálogo Bio-Bibliográfico (1620-1700),* Salamanca, Ediciones de la Universidad de Salamanca, 1991.

ROCHON, A. (dir.), *Formes et significations de la «beffa» dans la littérature italienne de la Renaissance,* París, Université de la Sorbonne Nouvelle, 1972 (v. 1) y 1975 (v. 2).

RODRÍGUEZ CUADROS, Evangelina, *Novela corta marginada del siglo XVII. Formulación y sociología en José Camerino y Andrés de Prado,* Valencia, Universidad de Valencia, 1979.

— «Introducción» a *Novelas amorosas de diversos ingenios del siglo XVII,* Madrid, Castalia, 1986, 9-81.

— «La novela corta del Barroco español: una tradición compleja y una incierta preceptiva», *Monteagudo,* 1 (1996), 27-46.

— y HARO CORTÉS, Marta, «Introducción» a *Entre la rueca y la pluma. Novela de mujeres en el Barroco,* Madrid, Biblioteca Nueva, 1999, 11-132.

ROGERS, E., «El color en la poesía española del Renacimiento y del Barroco», *Revista de Filología Española,* XLVII (1964), 247-261.

ROMÁN, María Isabel, «Más sobre el concepto de novela cortesana», *Revista de Literatura,* XLIII, 85 (1981), 141-146.

ROMANOS, Melchora, «Sobre la semántica de "figura" y su tratamiento en las obras satíricas de Quevedo», *Actas del VII Congreso de la Asociación Internacional de Hispanistas,* publicadas por Giuseppe Bellini, Roma, Bulzoni, 1982, 903-911.

ROMERO-DÍAZ, Nieves, *Nueva nobleza, nueva novela: reescribiendo la cultura urbana del barroco,* Newark (Del.), Juan de la Cuesta, 2002.

ROSELL, Cayetano, «Noticia crítico-bibliográfica», *Novelistas posteriores a Cervantes,* Biblioteca de Autores Españoles, Madrid, Real Academia Española, 1851, reimp. 1946, XVIII, V-XIV.

Roses Lozano, Joaquín, *Una poética de la oscuridad. La recepción crítica de las Soledades en el siglo XVII*, Londres-Madrid, Tamesis Books, 1994.
— *Soledades habitadas*, Málaga, Universidad de Málaga, 2008.
Rozas, José Manuel, *Sobre Marino y España*, Madrid, Editora Nacional, 1978.
Ruiz Fernández, María Jesús, «Del *exemplum* a la novela corta barroca: la ejemplaridad confusa de Juan Pérez de Montalbán», *Congresso da Associação Hispânica de Literatura Medieval*, Lisboa, Cosmos, 1993, 83-91.
— *Novela corta española del siglo XVII: teoría y práctica en la obra de Juan Pérez de Montalbán*, Cádiz, Servicio de Publicaciones de la Universidad de Cádiz, 1995 (microfichas).
Ruiz Pérez, Pedro, «Juan de Arguijo y la literatura barroca oral», *El Barroco en Andalucía*, ed. de Manuel Peláez del Rosal, Córdoba, Universidad de Córdoba, 1984, II, 33-41.
Ruta, Maria Caterina, «¿Se pueden releer las *Novelas ejemplares*?», *Actas del V Congreso de la Asociación Internacional Siglo de Oro (Münster 1999)*, Christoph Strosetzki (ed.), Ibeoamericana-Vervuert, 2001, 1166-1176.
Samonà, Carmelo, «Poesia, teatro: un incontro di forme. L'esperienza cultista nell'età di Lope», *Ippogrifo violento. Studi su Calderón, Lope e Tirso*, Milán, Garzanti Editore, 1990, 109-187.
Sánchez, Alberto, «De las *Novelas ejemplares* de Cervantes a las *Novelas morales* de Lugo y Dávila», *Anales Cervantinos*, XXI (1982), 135-151.
Sánchez, José, *Academias literarias del Siglo de Oro español*, Madrid, Gredos, 1961.
Sánchez Jiménez, Antonio, «Comedia y novela corta en *El pícaro amante* de José Camerino», *RILCE*, XVIII (2002), 109-124.
Sánchez Puerta, G., «Ante el centenario de Lope de Vega. Su discípulo Juan Pérez de Montalbán», *Anales de la Universidad de Madrid*, III (1934), 201-215.
Sánchez Robayna, Andrés, «Góngora y la novela: *Don Julián*, de Juan Goytisolo», *Silva gongorina*, Madrid, Cátedra, 1993, 169-189.
Schwartz Lerner, Lia, «El letrado en la sátira de Quevedo», *Hispanic Review*, 54 (1986), 27-46.
— «Golden Age Satire: Transformations of Genre», *Modern Language Notes*, 105 (1990), 260-282.
— «La retórica de la cita en las *Novelas a Marcia Leonarda* de Lope de Vega», *Edad de Oro*, XIX (2000), 265-285.
Scordilis Brownlee, Mariana, *The Poetics of Literary Theory. Lope de Vega's Novelas a Marcia Leonarda and Their Cervantine Context*, Madrid, Studia Humanitatis, Ediciones José Porrúa Turanzas, 1981.

SEGRE, Cesare, «La novella e i generi letterari», *La novella italiana. Atti del Convengo di Caprarola, 19-24 settembre, 1988,* Roma, Salerno Editrice, 1989, I, 47-57.

SHEPARD, Sanford, *El Pinciano y las teorías literarias del Siglo de Oro,* Madrid, Gredos, 1970.

SILES, Jaime, «Estrategias de lector y experiencias y posibilidades de lectura: Góngora siempre recomenzado», *Góngora Hoy (I-II-III),* Joaquín Roses (ed.), Córdoba, Diputación Provincial, 2002, 347-367.

SOBEJANO, Gonzalo, «El mal poeta de comedias en la narrativa del siglo XVII», *Hispanic Review,* 41 (1973), 313-330.

SOLA, Emilio y PEÑA, José F. de la, *Cervantes y la Berbería (Cervantes, mundo turco-berberisco y servicios secretos en la época de Felipe II),* México, Fondo de Cultura Económica, 1995.

SOLER EMERENCIANO, Alicia, «Presencia ovidiana en el auto sacramental *El Polifemo* de Juan Pérez de Montalbán (1632)», *Cuadernos de Filología Clásica. Estudios latinos. Homenaje al profesor Marcelo Martínez Pastor,* 15 (1998), 573-583.

SOLOMON, Nöel, *La vida rural castellana en tiempos de Felipe II,* Barcelona, Ariel, 1982.

SOONS, Alan C., *Alonso de Castillo Solórzano,* ed. Janet W. Díaz, Chapel Hill (NC), University of North Carolina, 1978.

SOUSA CONGOSTO, Francisco de, *Introducción a la historia de la indumentaria en España,* Madrid, Istmo, 2007.

SPIEKER, Joseph B., «La novela ejemplar: *delectare-prodesse*», *Iberorromania,* 2 (1975), 33-68.

STEWART, Pamela D., «Boccaccio e la tradizione retorica: la definizione della novella come genere letterario», *Standford Italian Review,* I, 1 (1979), 67-74.

— *Retorica e mimica nel «Decameron» e nella commedia del Cinquecento,* Florencia, Olschki, 1986.

STREET, Brian V., *The Savage in Literature,* Londres, Routledge and Kegan Paul, 1976.

TALENS, Jenaro, «Contexto literario y real socializado. El problema del marco narrativo en la novela corta del Seiscientos», *La escritura como teatralidad,* Valencia, Universidad de Valencia, 1977, 123-181.

TANGANELLI, Paolo, «Góngora y la retórica aurisecular: *obscuritas* y *descriptio*», *La hidra barroca: varia lección de Góngora,* Rafael Bonilla Cerezo y Giuseppe Mazzocchi (eds.), Sevilla, Junta de Andalucía, 2008, 303-315.

TICKNOR, George, «Cuentos y novelas cortas», *Historia de la Literatura Española,* traducción, con adiciones y notas críticas por Pascual de Gayangos y Enrique de Vedia, Madrid, 1851, tomo III, capítulo XXXVI, 330-358.

THE CLASSICAL JOURNAL, «On the Writings of Ausonius», *The Classical Journal,* XXXIX, LXXVII (1829), 103-113.

TURNER, John H., *The Myth of Icarus in Spanish Renaissance Poetry*, Londres, Tamesis Books, 1976.

VAL, Joaquín del, «La novela española en el siglo XVII», *Historia General de las Literaturas Hispánicas*, III: *Renacimiento y Barroco*, dirigida por Guillermo Díaz Plaja, Barcelona, Editorial Vergara, 1949, reed. 1968, XLV-LXXX.

VALBUENA PRAT, Ángel, «La evolución de la picaresca y otras formas de novela», *Historia de la literatura española*, Barcelona, Editorial Gustavo Gili, 1937, reimpresión de 1982, III, 173-206.

VALLÍN, Gema y Gema Avenoza, «Los primeros pasos de la *novella* en España: *Cuatro quentos de exemplos*», *Criticón*, 55 (1992), 31-40.

VEGA RAMOS, María José, *La teoría de la novela en el siglo XVI: la poética neoaristotélica ante el Decamerón*, Cáceres, Asociación de Estudios sobre el Renacimiento Europeo y Tradición Clásica, 1993.

VELASCO KINDELÁN, Magdalena, *La novela cortesana y picaresca de Castillo Solórzano*, Valladolid, Institución Cultural Simancas, 1983.

VILANOVA, Antonio, «Preceptistas de los siglos XVII y XVII», *Historia General de las Literaturas Hispánicas*, publicada bajo la dirección de Guillermo Díaz-Plaja, *Renacimiento y Barroco*, Barcelona, Vergara, 1968, III, 567-687.

— «El peregrino de amor en las *Soledades* de Góngora», *Erasmo y España*, Barcelona, Editorial Lumen, 1989, 410-446.

— *Las fuentes y los temas del Polifemo de Góngora*, Madrid, CSIC, 1957, reed. Barcelona, PPU, 1992.

VILAR, Jean, «El caso Camerino: literatura, política y arbitrismo», *Literatura y economía. La figura satírica del arbitrista en el Siglo de Oro*, Madrid, Revista de Occidente, 1973, 276-288.

VITSE, Marc, «Salas Barbadillo y Góngora: burla e ideario de la Castilla de Felipe III», *Criticón*, 11 (1980), 5-142.

VOGEL, M., «Onos lyras. Der Esel mit der Leier», *Orfeus Schriftenr. Zu Grundfragen der Musik*, I, Düsseldorf, 1973, 351-364.

WALTHAUS, Rina (coord.), *La mujer en la literatura hispánica de la Edad Media y el Siglo de Oro*, Foro Hispánico 5, Amsterdam-Atlanta, G. A., 1993.

WEINBERG, Bernard, *A History of Literary Criticism in the Italian Renaissance*, Londres, University of Chicago Press, 1961.

WETZEL, Hermann H., «Premesse per una storia del genere della novella. La novella romanza dal Due al Seicento», *La novella italiana. Atti del Convengo di Caprarola, 19-24 settembre, 1988*, Roma, Salerno Editrice, 1989, I, 265-281.

WHINNOM, Keith, «The Problem of the «Best-Seller» in Spanish Golden-Age Literature», *Bulletin of Hispanic Studies*, LVII (1980), 189-198.

YARBRO-BEJARANO, Ivonne, *The Tradition of the Novella in Spain, from Pedro Mexía (1540) to Lope de Vega's Novelas a Marcia Leonarda (1621, 1624)*, Nueva York, Garland, 1991.

YOSHIDA, Saiko, «Martín Vázquez Siruela, *Discurso sobre el estilo de don Luis de Góngora*. Presentación, edición y notas», *Autour des Solitudes. En torno a las Soledades de Luis de Góngora*, Anejos de Criticón, 4, Francis Cerdan y Marc Vitse (eds.), Presses Universitaires du Mirail, Université de Toulouse-Le Mirail, 1995, 89-106.

YUDIN, Florence L., «The Novela Corta as Comedia: Lope's *Las fortunas de Diana*», *Bulletin of Hispanic Studies*, XLV (1968), 181-188.

— «Theory and Practice of the *Novela Comediesca*», *Romanische Forschungen*, 81 (1969), 585-594.

ZERARI, Maria, «Figures de la cruauté dans les *Novelas amorosas* de José Camerino», *Relations entre hommes et femmes en Espagne aux XVI et XVII siècles: realités et fictions*, París, Presses de la Sorbonne Nouvelle, 1995, 177-186.

— «Los estereotipos del hombre y de la mujer en una novela publicada en 1622: *El andrógino* de Francisco de Lugo y Dávila», *Nueva Revista de Filología Hispánica*, LVI, 1, 2008, 155-173.

— «De la novela: variaciones sobre algunos títulos del siglo XVII», *Paratextos en la literatura española*, María Soledad Arredondo, Pierre Civil y Michel Moner (eds.), Madrid, Collection de la Casa de Velázquez, 111, Madrid, 2009, 91-107.

— «Le cerveau noir des nouvellistes: Remarques chromatiques sur la nouvelle post-cervantine», en prensa.

Novelas cortas del siglo XVII

Las dos hermanas

In duas sorores diversorum morum (Ausonius, *[E]pig.*).

Enseña cuánto dañan a las mujeres los trajes y acciones libres, aunque las costumbres sean virtuosas, y cuán poco aprovecha la ceremonia ni el hábito honesto para encubrir las falacias en las obras; y cómo aquellos fines que se pretenden por malos medios, deseando defraudar al prójimo, resultan —sin valor la astucia— en mayor daño, en lugar del pretendido aprovechamiento.

> *Delia, nos miramur, et est mirabile, quod tam*
> *disimiles estis, tuque, sororque tua.*
> *Haec habitu casto, cum non sit casta videtur.*
> *Tu pr[a]eter cultum ni[hi]l meretricis habes.*
> *Cum casti mores tibi sint, huic cultus honestus,*
> *te tamen, et cultus damnat, et actus eam*[1].

---

[1] Este epigrama no figura en las ediciones modernas que he consultado. Aparece, sin embargo, bajo el título de *Ad Deliam lascivientem cultu,* con el número 32 y también —entre corchetes— con el 104 en la sección XXIII de la edición *Decimi Magni Ausoni Burdigalensis Opuscula* (Recensuit Rudolfus Peiper), 1886. Manejo la reproducción facsímil [1976: 434]. La citada sección XXIII viene intitulada como *Italorum s. XV Epigrammata,* seguida de un elocuente subtítulo: *Ausonii poetae Epigrammata nuper inventa et ab eruditissimo viro Bartholomaeo Merula Publicata.* Parece obvio que en alguna impresión cuatrocentista este y otros poemitas circularon bajo atribución ausoniana. La filología clásica de nuestro tiempo ha descubierto que se trataba de una superchería, eliminándolo de las ediciones más autorizadas: Ausonio [1985] [1990] [1991]. Por tanto, el epigrama no es de Ausonio pero Lugo lo

«Que no es todo oro lo que reluce», añadió Montano a la epigrama que refirió.

—Mucho quisiera —respondió Celio— que diera otro motivo precepto a mi novela, mas ya que Ausonio, como por suerte, me ofrece el caso de mi cuento, dejando aparte los sentimientos de sus expositores, diré los míos, reprehendiendo, no atrevido mordaz sino moral filósofo, el engaño que hay en los virtuosos exteriores y cuánto dañan, ya que no a las costumbres propias, a las ajenas los vestidos rameriles —digámoslo así, por excusar otro más desgarrado término—; y pues Fabio nos mostró la inconstancia de los sucesos de esta vida y habrá dejado el ánimo de quien leyere su discurso con los afectos que dice Aristóteles pretende por fin la tragedia, que es limpiar las pasiones por medio de la conmiseración y el miedo, que no estriba en los fines infelices la puridad trágica, sino en la imitación[2]. Yo, dejando el coturno[3], calzaré el zueco introduciendo

---

leyó «como de» Ausonio en el Siglo de Oro. El propio novelista lo traduce al final de *Las dos hermanas*. Véase la nota 47. En cuanto al título que le otorga *(In duas sorores diversorum morum) [Sobre dos hermanas de costumbres diferentes]*, consta en otras ediciones antiguas. Véase *The Classical Journal* [1829: 109]. Estoy en deuda con la ayuda y los prontos envíos de Jesús Ponce (Universidad Complutense) y Enrique Soria (Universidad de Córdoba), porque «si son buenos los conceptos para que tú los aproveches, para que te acrediten de ingenioso, también lo serán para su primer padre».

[2] Según Aristóteles [1974: 145], «es la tragedia imitación de una acción esforzada y completa, de cierta amplitud, en lenguaje sazonado, separada cada una de las especies [de aderezos] en las distintas partes, actuando los personajes y no mediante relato, y que mediante compasión y temor lleva a cabo la purgación de tales afecciones».

[3] *coturno:* Lugo opone este calzado al más plebeyo «zueco». Así, según el *Tesoro* de Covarrubias, «el zueco que hoy día se usa es un chapín cerrado a modo de pantuflo, salvo que tiene tantos corchos, o pocos más o menos, que el chapín. Usan dél las religiosas, beatas y mujeres ancianas ordinarias. Antiguamente fue el calzado de los comediantes, como lo era el coturno de los clásicos» *(Cov.)*. La dicotomía entre el coturno, asociado con la tragedia, y el zueco, más vinculado a la comedia, la repite el novelista en su «Proemio al lector»: «Espero tu censura, no dictada de la malicia, sino de la corrección sabia y, agradándote este trabajo, en que te represento lo común del pueblo, te ofrezco en otro lo superior con la imitación trágica. Esto se entiende, según Aristóteles, las acciones graves de los príncipes, dignos del coturno de Sófocles, como dijo Virgilio» [Lugo y Dávila, 1622: Prólogo, 4]. Ahora bien, el significado arcaico de «coturno» no debe equivocarnos. Góngora, en ple-

personas y usos cómicos; aunque ya que excuso, por lo propuesto, el adorno de la erudición, que lo siento, porque temo ocasiones hartas, estad atentos, que también me precio de saberme explicar sin valedores[4], aunque nada se dice que no esté dicho, si ya no en la misma frasis[5], en la misma sentencia.

Y pues al curioso y docto se le dedican las novelas que llevan mi nombre, para diferenciar usaré en ésta el estilo lacónico, esto es, conciso, mas no querría afectado[6]. Juzgadle, que agradará a algunos, o por moderno en nuestro vulgar o por parecer ellos sabios; y, en el caso que me toca, será más

---

no Barroco, consideraba esta clase de zapato como el más habitual de las mujeres en el campo: «como el calzado que hoy decimos sandalias» (Pellicer, col. 480). En su largo comentario a la estrofa 38 del *Polifemo,* donde también aparece el término (v. 300), Salcedo Coronel lo identifica como equivalente de «borceguí» o «botilla». Véase Alonso [1984: 713-714]. Parece evidente que aquí se emplea con su sentido más antiguo.

[4] Lugo suele acudir a las citas de autores clásicos, taraceando su discurso con el de ingenios griegos o latinos. Lia Schwartz [2000: 285] apunta que escritores como Lope, en juicio aplicable al *Teatro popular,* «combinan la *imitatio,* técnica más que habitual de producción en los siglos áureos, con el trabajo de la "selva de autoridades" en las digresiones; la aleación de obras científicas o filosóficas, entretejidas con las líricas, y éstas con la emblemática».

[5] *frasis:* «modo de hablar, elegancia en el decir; es nombre griego, *eloquentiae corpus et dicendi modus*. Quintiliano, lib. 10, cap. 1» *(Cov.).*

[6] El narrador procura distinguir el laconismo, o sea, el estilo conciso, de la afectación. Plantea de este modo su tesis sobre el concepto y, más aún, sobre la antinomia entre «conceptismo» y «cultismo» (o «gongorismo»), que no es sino la sublimación del propio «conceptismo» en las primeras décadas del XVII. Gracián [1998: 143-144], teórico del movimiento conceptista en España, considera que «pudiera dividirse la Agudeza de artificio en Agudeza de concepto, de palabra y de acción. [...] Ay Agudeza pura, que no contiene más de una especie de Concepto, sea Reparo o Proporción; y ay Agudeza mixta, monstro del Concepto, porque concurren en ella a vezes dos o tres especies de sutileza, mezclándose las perfecciones y comunicándose las esencias». Véase Collard [1967: 24]. Carreira [1986: 33-35] subraya, a propósito del conceptismo, que «la penetración en España del término en el léxico crítico ocurre mucho después del fenómeno que designa. [...] El primero que usó esta palabra fue Luis Joseph Velázquez, marqués de Valdeflores (1754); hemos de considerar, pues, que es «el uso de varios procedimientos retóricos que los tratadistas italianos del XVI englobaron en la denominación de *concetti,* elementos externos que conferían elegancia y ornato al estilo». Véase sobre la dicotomía con el «culteranismo», hoy bien refutada, Blanco [1992] [2002: 322].

dificultoso, por ser la acción y las personas que se introducen humildes[7].

Madrid, corte de España, mapa de los sucesos humanos, patria y habitación fue de Lamia y Delia, nombres antiguos que confirman otros dos modernos, tan conocidos hoy como ellos entonces. Hermanas eran, huérfanas quedaron, desemejantes en las inclinaciones, aunque algo semejantes en los pocos años y en las buenas caras. Lamia era menor de edad, mayor de astucias[8]. Delia, contraria en todo, la mocedad libre. Los tropezones de la gente ocasionaban a estas dos hermanas distintos pareceres. Veía Lamia válida la ceremonia y que los exteriores granjean el crédito, aunque lo contradigan los actos; dejábase llevar de su discurso, púsose hábito de beata, honesto y aliñado, que ayudaba más a la perfección de las facciones que a desfigurarlas. Blancas manos, modestos ojos, a veces atrevidos, con ser mesurados, t[u]pido[9] manto y, debajo de [la] lana, corazón astuto; limpio el vestido, no menos oloroso, fiada en la sentencia común, que el aseo no desdice de la santidad; en público hablaba contemplativo, en secreto lasciva y entre amigas agradable.

---

[7] Lugo reconoce la dificultad para armonizar el léxico conceptuoso con la condición «humilde» de sus protagonistas, como «humilde» es también la acción que desarrolla. En este sentido, admite los problemas para respetar una de las normas básicas de la literatura de ficción desde los tiempos de Aristóteles: la *imitatio* y el principio del «decoro», o sea, la adecuación entre los hechos, los personajes y los registros expresivos en virtud de la jerarquía social. Lo resume en la «Introducción a las Novelas»: «De manera en la imitación está el todo para acertar [...] Y de toda esta doctrina lo que se saca es que se debe imitar cada persona que se introduce en la novela, con el decoro y la propiedad que le pertenece; hablando el sabio como sabio, el ignorante como ignorante, el viejo como viejo, y el mozo como mozo, sin exceder los límites de su talento y acomodándose al corriente de sus frases y palabras; y si quisiéredes perficionar con más arte estos preceptos, leed todo el segundo libro de los *Retóricos* de Aristóteles, donde, como en retrato, os pone la variedad de afectos y costumbres de los que habéis de imitar, y para la práctica harto os dará el Bocacio en su *Fiameta* y en el *Decamerón* de sus novelas» [1622: fols. 6-7]. Véase, asimismo, Aristóteles [1990: 301-470].

[8] Los retruécanos, juegos de palabras y antítesis («desemejantes/semejantes»; «mayor/menor») son continuos.

[9] En la *princeps* «tapido».

Delia, con opinión al contrario, cintas, flores, lazos y pendientes, trasladando a los tocados la primavera por enero, puños al uso, muñeca libre, acicalado el rostro; matices de rojo y blanco bien partidos, jubones[10] con oro, basquiñas[11] y ropas alegres, pisar airoso y ademanes atractivos. Aficionaba Lamia eclesiásticos graves, ministros pretendientes y personas de madura edad y gobierno en la república. Llevaba tras sí Delia señores mozos, caballeritos libres y otro género de gentes llamados zánganos —perdonen los contadores[12] el nombre, que yo no pongo nada de mi casa—. Déstos y de aquéllos, ésta y aquélla tenían número de pretendientes. Desdeñaba en las veras Delia, admitía en las veras Lamia. Lamia menospreciando burlas, Delia menospreciando veras[13]. Sin otro patrimonio, las dos hermanas por diferentes

---

[10] *jubón*: «prenda ajustada, semiinterior, de origen militar, aparecida hacia 1370, con gran duración en la historia del vestido. Cubría el torso. Solía forrarse de algodón. Sus mangas eran más o menos ajustadas. Inicialmente masculino, hacia la segunda mitad del siglo XVI se empieza a usar el vocablo también para definir una prenda femenina que se usaba conjuntamente con la basquiña» (Sousa Congosto, 2007: 460-461).

[11] *basquiña*: «falda para vestir a cuerpo en combinación con el gonete que se incorpora al traje femenino en el siglo XV. Basquiña es también falda para vestir a cuerpo junto al jubón desde la segunda mitad del siglo XVI, perviviendo en el siglo XVII. Aplicada a la indumentaria popular, basquiña es por lo general falda exterior» (Sousa Congosto, 2007: 445-446).

[12] *contadores*: «esta palabra se dijo del nombre *concertador*, y por contracción (figura que los gramáticos llaman *syncopa*) de *concertador* se dijo *contador*, el cual vocablo se halla en muchos privilegios antiguos de reyes, cuyas cartas dicen haber sido libradas de sus concertadores y escribanos mayores de sus privilegios» *(Cov.)*.

[13] Retruécano frecuente en el Siglo de Oro. Véase este romance de Góngora [2000: 99-102]: «Ahora que estoy de espacio, / cantar quiero en mi bandurria / lo que en más grave instrumento / cantara, mas no me escuchan. / Arrímense ya las veras / y celébrense las burlas, / pues da el mundo en niñerías, / al fin, como quien caduca» (1588). La dualidad reaparece en el soneto «Cisnes de Guadiana a sus riberas» (1607): «no a escuchar vuestras voces lisonjeras, / sino al segundo ilustrador del día / consagralle la humilde musa mía, / que cantó burlas y eterniza veras» [2000: 252-253]. Monique Joly [1982: 77-78] opina: «si ce contraste n'est pas nouveau, la généralité de la formule castillane, à laquelle il semble qu'on arrive par paliers, lui vaut d'avoir, à une époque qu'on peut approximativament situer entre la fin du XVe siècle et 1650-1700, un succès qui la convertit en une sorte de fourretout si commode qu'elle, par là même, le flanc à la parodie et à la critique».

medios conseguían un fin. Sustentábanse personas, casas y criados, ni moderado ni superfluo.

Favorecía Lamia a Ronsardo, francés de nación, profesor de la Jurisprudencia, buen pedazo de caudal en poder de los Fúcares[14] y pretendiente de una plaza para Milán o Nápoles[15]. Ocupaba el estrado de día pocas veces y la calle ninguna, contribuyendo mucho y celando[16] poco. Así los quieren todas; así se usan no sólo galanes pero maridos[17]. Delia, burlona, alentaba pensamientos y concedía dudosas esperanzas; inclinábase a Fernando, contador entretenido en nombre particular —ya queda apuntado el común—. Él solicitaba su gusto, ella su casamiento. Duró la afición de Lamia para con Ronsardo lo que su dinero; conoció flaqueza en su liberali-

---

[14] *Fúcares:* «Fúcar era el hombre rico, hacendado y que tiene grandes conveniencias. Tomóse la voz de los Condes Fúcares Alemanes, que adquirieron mucho caudal» *(Aut.).* Para la trayectoria y el proceso de enriquecimiento de estos banqueros germánicos, véase Morel-Fatio [1922: 288-290]: «Charles V, ayant des besoins d'argent pour ses guerres, s'adressa aux Fugger d'Augsbourg et leur concéda des revenus sur les grandes maitrises de Santiago d'Alcántara: ces revenus étaient, en partie, les mines d'Almadén et de Guadalcanal. La première mention où l'on trouve le nom des Fugger est la pétition 141 des Cortes de Valladolid de l'an 1552, qui réclame contre les privilèges acordés à cette famille allemande. Mais les rois d'Espagne n'en tinrent pas compte et, à partir de Philippe II jusqu'à Philippe IV, les Fugger s'établirent en Espagne où ils jouirent de grands privilèges, au point qu'ils nommaient les juges de la ville d'Almadén. Les Fugger les plus connus sont: Marc et Christoph Fugger, nés en 1564 et en 1566, et dont la mémoire a été conservée dans la rue du Fucár, qui existe encore aujourd'hui à Madrid».

[15] *Milán* y *Nápoles* eran grandes centros receptores de letrados, formados tanto en la Península como fuera, imprescindibles para el gobierno de ambos territorios de la monarquía hispánica. Ivo Comparato [1974: 41 y 46-126] indica que «il secolo XVI rappresentò per la Spagna un periodo di molteplicazione e di perfezionamento del sistema de consigli: gli ultimi in ordine di tempo furono quelli di Portogallo, Fiandra e "Hacienda", cioè di finanza (fine XVI sec.). Al di sopra di tutti i consigli territoriali stava il Consiglio di Stato, che avrebbe dovuto assicurare l'unità della direzione politica. Nell'ambito dei domini spagnoli in Italia, parallelamente, si verificava una serie di adattamenti locali a questo sistema, culminata nel raccordo tra le sezioni del consiglio d'Italia (Sicilia, Napoli e Milano), i vicerè o governatori protempori e i relativi organi consiliari del singoli stati».

[16] *celando:* «encubriendo» *(Cov.).*

[17] *pero maridos:* con el valor de «sino también maridos».

dad[18], entibió los favores y limitó el amor, efectos del que se fundó en el interés[19]. Puso el deseo en Fernando, siendo traidora a su sangre —tanto puede una inclinación depravada—; buscole la ocasión, que suele hallarla quien la busca, mas pocos la logran. Bien pinta Alciato en su emblema sus dificultades[20]. Habló así Lamia y escuchó atento Fernando:

—Debes premio a mi amor cuanto yo me culpo de poco leal a mi hermana, y tú serás ingrato si no me correspondes. En esta casa no puedes alcanzar el fin de tu deseo sino con el del matrimonio. Delia es hermosa, rompe galas, ocupa la ventana y a todas horas míranla muchos; vuelve con facilidad, si no el alma, los ojos[21], y está a riesgo de perder a quien se deja mirar. Que hoy en la corte aquello que se conoce y ve, se juzga, no lo que está escondido; y a ti basta proponerte la dificultad para que la huyas. De mi recato y vida te hago testigo, que no hácense propias alabanzas. Y así excuso las

---

[18] *liberalidad:* «virtud moral que modera el afecto humano en dar las riquezas, sin otro motivo que el de la honestidad. Consiste en el medio de la prodigalidad y de la avaricia, que son sus extremos viciosos». *Liberal* es, por tanto, «generoso, bizarro» *(Aut.)*.

[19] El zeugma, como recurso conceptista, abunda a lo largo de la novela: «del [amor] que se fundó en el interés».

[20] Lugo se refiere al emblema CXXI de Alciato («In occasionem») [«Sobre la ocasión»], cuya imagen alegórica y prestigio vienen dados por su autor, el escultor Lisipo: «Puso sus pies con alas y sobre una rueda para significar que pasa rápida, y además flotando sobre la superficie del mar; para expresar que es más aguda que toda agudeza, lleva una navaja de afeitar, y presenta calva la parte posterior de la cabeza mientras vuela de su frente un largo mechón de cabello». Diego López explica estas rarezas iconográficas porque «la ocasión es la oportunidad de hacer algo, y en viendo la buena ocasión le avemos de echar la mano, y no dexarla passar, y por esto tiene el cabello en la frente para que nos aprovechemos de la buena ocasión, y el tener la postrera parte de la cabeza (calva) significa que passando no hay por donde la podamos coger» [Alciato, 1985: 160-161].

[21] Fórmula condicional típicamente gongorina: «si no A, B». Dámaso Alonso [1978: 149] observa que el poeta en estos casos situaba A («el alma») junto a B («los ojos»), como dando dos alternativas al lector, como instándole a elegir entre las dos por separado, unas veces, y otras cual si presentara una de las dos alternativas como más razonable, más aceptable, mientras muestra por un momento —para retirarla enseguida— otra que no se atreve a ofrecer de lleno por más hiperbólica o extraordinaria En este caso, la opción B, los ojos, es más real y aceptable, desde un punto de vista «físico», que A, el alma.

mías, pues lo que en este rato palabras, en tiempo largo te han dicho mis obras. Este hábito honesto, esta modestia, este recogimiento que tengo, no mi gusto, mi honor es quien me le enseña; y quien se vence a sí libre mejor se vencerá sujeta a un hombre de tus partes. Mi hacienda no es mucha, eslo mi calidad, no desdorada con falta de virtud. Discreto[22] eres y las causas que pueden obligarte y moverte he propuesto.

Este no esperado discurso oyó Fernando; dudoso reparó en la respuesta, movíale el amor de su Delia, persuadíanle las razones de Lamia. Respondió así:

—Facilidad descubre y menos prudencia quien responde a lo dificultoso inconsiderado. Delia es tu hermana, confieso libertad en su hábito, mas niégole en lo interior de sus costumbres. Concedo tus alabanzas, conquistadas a los ojos de las gentes, con excusar tú lo que a Delia daña. La afición de los hombres, de los cielos suele depender, si no forzando, inclinando. Yo amo a Delia; dificultoso es aborrecer en instante lo que se ha querido y quiere en fuerza de tiempo. Éste es sabio artífice y a él remito la fábrica de mi empleo. Granjea, Lamia, para que pierda conmigo Delia, si Delia no gana lo que pretende Lamia[23].

Entre esperanza y temor dejó Fernando a Lamia; quiso replicar y estorbolo entrar Delia trocando en donaires lo que se trataba en juicio. Recibió el amante a su prenda, recatado más que otras veces; a caricias burlonas respondió veras y ponderaciones, dificultando aquellos efectos Delia, como ignorante de la causa. Abrevió el galán la visita, reconociendo por mayor peligro hallarse entre las dos que entre Scila y Caribdis[24].

---

[22] *discreto:* «el hombre cuerdo y de buen seso, que sabe ponderar las cosas y dar a cada una su lugar» *(Cov.).*

[23] Nuevo retruécano con el que se contrastan la posturas de Lamia y Delia a partir del juego de palabras entre «ganar» y «perder».

[24] *Scila y Caribdis:* «pasando por Scyla, estaba allí Scyla, y la ladrona Caribdis, que con atrevimiento notable le hurtaron algunas vacas; pero viendo Júpiter el grande hurto que se le había hecho a su hijo Hércules y la osadía de una mujer tan atrevida, la mató con un rayo, y la convirtió en un gran peñasco a Scyla, como lo dice Natal Comitis, donde peligran muchos pasajeros; y así ha quedado en proverbio, cuando alguno cae en algún gran peli-

Preguntó Delia a su hermana si sabía por qué la negó Fernando el agrado de otras veces, por qué no burlaba alegre, respondiendo mesurado:

—¡Ay, Delia, ay, Delia! —respondió la astuta Lamia—; enfrenar los vientos, quietar el mar, detener los ríos intenta quien pretende sujetar el ánimo del hombre, más vario que el tiempo, más inconstante que la fortuna y tan libre como su albedrío. Lo que hoy les agrada, mañana les fastidia; lo que hoy adoran, mañana lo aborrecen, y por lo que hoy dan la vida, mañana lo entregan al menosprecio. Déstos es Fernando. Tus largas, tus remisiones, enfrían voluntades, que con los tiempos se mudan los gustos y aun las costumbres[25]. Dilatadas esperanzas son hoy desesperaciones, y lo que en otro siglo posesión es hoy esperanza. Ya no alientan deseos flores y papeles no llegando a más, que con el uso ha perdido el amor las ceremonias. Fernando, como desesperado de las tuyas, trueca en mí su voluntad; si le desdeño, le despido; si le acaricio, le ofendo; si se va, a no volver pierdes lo granjeado, sujeta a mayor murmuración; si le entretengo, ha de ser a riesgo tuyo y mío. ¿Qué me aconsejas, que a lo que preguntaste respondo y a lo que dificulto pregunto?[26].

Atenta estuvo Delia, entregose al engaño y, entre enamorada y libre, ya arrojó a Fernando, ya sintió el perderle. Usó palabras desdeñosas, favoreciendo con el alma, que tal vez pronuncia la lengua lo que contradice el corazón. Tras algunos discursos puso la resolución en manos de Lamia. Hízola verdadero dueño[27] de los medios con que pretendía sus fines, mas quien se fía de su enemigo en ocasión de su interés

---

gro, decir que dio en Scyla o en Caribdis» [Fray Baltasar de Vitoria, 1676: I, 419].

[25] El pasaje homenajea difusamente el arranque de las *Catilinarias:* «O tempora, o mores! Senatus haec inteleggit, consul videt; hic tamen vivit» («¡Oh tiempos, oh costumbres! El Senado conoce todo esto, el cónsul lo ve; ¡y éste vive!») [Cicerón, 1986: 6].

[26] Retruécano en quiasmo sobre la base de los verbos «preguntar» y «responder».

[27] *dueño:* «se suele llamar así a la mujer y a las demás cosas del género femenino que tienen dominio en algo, por no llamarlas Dueñas, voz que ya comúnmente se entiende de las dueñas de honor: y en este caso si a la voz *dueño* se añade algún adjetivo, es siempre en terminación masculina» *(Aut.).*

a conocido riesgo se pone; más cerca está de perder lo que pretende que de alcanzarlo. Llegó la noche; la cama ocupó Lamia en compañía de Ronsardo, Delia a solas la ventana. Sepultábase Madrid en las mayores sombras cuando, rompiendo el silencio en la calle, una voz dulce pronunció estos versos, que a mi ver hacen alusión al primer dístico de Ausonio en la epigrama a Venus:

> *Hanc amo qua me odit, contra hanc: quoniam me amat odi.*
> *Compone inter nos si potes, Alma Venus*[28].

> Niño mal contento amor
> da a la voluntad desdén,
> que donde le quieren bien
> allí ejecuta el rigor.
> O ya infamia, o ya furor
> es guía de sus acciones,
> calificando opiniones
> en contra de la prudencia,
> que la razón de su ciencia
> se funda en sus sinrazones.

> Allí se muestra enemigo
> donde es justo acariciar;
> porque a lo que ha de premiar
> da riguroso castigo,
> yo triste en quien más obligo
> menos obligación veo.
> Donde aborrecer deseo
> vive inmortal el querer;
> Venus entra a componer
> pleito en que el actor es reo.

---

[28] Se trata del epigrama XXII, que viene titulado en realidad como *A mi amigo Marco, por el problema que tiene con las muchachas*. Nótese, a propósito de lo comentado en la nota 1, que Lugo no cita con exactitud el primer dístico de Ausonio: «Hanc amo quae me odit, contra illam quae me amat, odi. / Compone inter nos, si potes, alma Venus!» («Amo a la que me odia, y sin embargo, a la que me ama odio. / ¡Ponnos de acuerdo, si puedes, Madre Venus!») [1985: II, 165-166].

Con dilatada esperanza
tormento de amor recibe,
el que, cual Tántalo, vive
cerca de lo que no alcanza[29].
Fugitiva confianza
me anima y me desalienta;
el engaño me sustenta
y habito en torres de viento[30],
en mi tormenta contento
y en mi bonanza en tormenta.

Desvaríos desiguales
padece el enfermo amante,
porque un frenesí inconstante
es la cifra de sus males.
Con infalibles señales
hago pronóstico incierto

---

[29] *Tántalo:* «(según Lactancio) fue hijo de Júpiter y de la ninfa Plote. Otros dicen que fue hijo de Imolo, rey de Lidia, y de la ninfa Pluto. [...] Deste Tántalo escribe Ovidio que un día hizo un convite a los dioses y mató un hijo suyo, y partido en piezas le hizo cocer, quiriendo así saber si los dioses tenían divinal virtud, porque si no conocían la vianda que les daba, no sería ninguna su virtud. Puesto el manjar delante de todos los dioses, ninguno quiso comer dél, si no fue Ceres, la cual, como la más golosa y fatigada de hambre, sin advertir, comió un hombrillo. Iúpiter dijo a los demás dioses: "Por cierto, razón es que a hombre que tan rico manjar nos dio le demos algún galardón, y que sea tal que no le aproveche ni harte más que a nosotros el suyo". Y así, fue condenado para el infierno a perpetua pena, en esta manera: que estuviese metido en las aguas hasta el bezo más bajo de la boca, y árboles cargados de fruta le cuelguen hasta el bezo más alto, y cuando comer quisiese de la fruta, se le alcen los árboles; y Tántalo fue puesto entre frutas y bebida, padeciendo continua sed y hambre» [Pérez de Moya, 1995: 570-571].

[30] Estilema común en la lírica del Siglo de Oro. Véase el romance gongorino «Ciego que apuntas y atinas» (1580): «una torre fabriqué / del viento en la raridad, / mayor que la de Nembrot / y de confusión igual» (vv. 41-44). O el magnífico soneto atribuido contra Lope (1598): «Por tu vida, Lopillo, que me borres / las diecinueve torres del escudo, / porque, aunque todas son de viento, dudo / que tengas viento para tantas torres» (vv. 1-4) [Góngora, 2000: 8 y 625]. Tanto el poeta cordobés como Lugo se hacen eco del adagio «armar torres de viento», o sea, «dejarse llevar de pensamientos varios e invenciones locas» *(Cov.).*

> que este veneno encubierto
> obra por oculto modo,
> pues se pierde a veces todo
> por no conocer el puerto.

Hasta el aire pareció suspenderse, agradecido en apacible calma a los sonoros compases y acentos. Conoció Delia a Florino, que los formaba, y conoció los versos por de Fernando; mas, como oráculo de amor, fácil de pervertir el sentido, apenas quedó lugar para hacer juicio con mayor acuerdo cuando lo estorbaron —y el hablarse de los amantes— nuevos instrumentos y voces que, acercándose a la ventana donde estaba Delia, se pararon tomando la calle cuantidad de gente. Fernando y Florino, éste con disgusto, aquél rabiando de celos, forzados desampararon el puesto, así por el número desigual de los contrarios como por ser dueños de la camarada señores[31], que los tales en la publicidad de sus intentos fundan su deleite. Cerró Delia no de todo punto la ventana, dejando lugar a que entrasen por ella estos versos:

> Brotar pimpollos, matizar con flores,
> tierra y árbol vestirse de esperanza,
> cierta señal y cierta confianza,
> que el alma primavera vierte amores.
>
> Turbar el aire densos los vapores,
> trocarse en las tinieblas la bonanza,
> cierta señal de helada destemplanza
> que niega al sol mostrar sus resplandores.
>
> Hijos del tiempo efectos son contrarios,
> hermanos sí y opuestos, providencia
> en que el rector del orbe se conoce,
>
> y en Lamia y Delia hermanas, gustos varios
> puso el supremo actor; que diferencia
> en una sangre el hombre reconoce.

---

[31] Anástrofe: «dueños [y] señores de la camarada».

Acabó de cerrar Delia su ventana, al tiempo que cerró el último verso el soneto. Hicieron ruido los de la cuadrilla y, no hallando correspondencia, pasaron en busca de mayor agrado. Por gozarle en Delia, don Alonso, cierto caballerito pretendiente, ostentó su ingenio por la voz de Vasco, portugués que pronunció estas coplas:

> Atrevido es mi deseo,
> y, cuanto atrevido, noble,
> que califica el objeto
> la disculpa en los errores.

> Marte a Venus aficiona[32];
> por él a riesgos se pone
> que honoran la valentía
> hasta en los supremos dioses.

> Mostró ser hijo del Sol
> el bien llorado Faetonte[33],
> en regir, si en daño suyo,
> la luz mayor de los orbes.

---

[32] *Marte y Venus:* Venus [diosa de la belleza], fue hija de Júpiter y de Dión, y ésta es la que fue dada por mujer a Vulcano [herrero de los dioses], y la que amó a Marte [dios de la guerra]. Véanse Pérez de Moya [1995: 379] y Fray Baltasar de Vitoria [1676: I, 722-726].

[33] *Faetonte:* «fue hijo del Sol Egipcio y de Clímene, como se pone de manifiesto en el poema de Ovidio [I, 768-71] [...]. Sobre él cuenta Ovidio [I, 751-79; II, 1-332] la siguiente fábula. A saber, ocurrió que al no considerarse Faetón inferior a Epafo, hijo de Júpiter y de Isis, le fue dicho por éste que él no era hijo del Sol, causa por la que Faetón, que se quejó a su madre, fue conducido por ésta hasta el palacio del Sol donde, recibido cariñosamente por su padre, pidió el regalo que ya había jurado que le daría, a saber, que le permitiera conducir el carro de la luz; cosa que, aunque el Sol intentara disuadirlo durante mucho tiempo en vano, concedió al que insistía; pero él, no siendo suficientes sus fuerzas para gobernar los caballos, aterrorizado a la vista de Escorpión, soltó las riendas, causa por la que los caballos, abandonado el itinerario acostumbrado, subiendo ahora hasta el cielo, ahora bajando incluso hacia la tierra, quemaron toda aquella región del cielo e incendiaron casi toda la tierra al haberse desecado muchas fuentes y ríos; la Tierra, alarmada por este incendio, pidió a Júpiter que le prestara ayuda y, conmovido por estos ruegos, Júpiter fulminó a Faetón, que cayó al Po y allí fue llorado y enterrado por sus hermanas» [Boccaccio, 1983: 461-462].

Aunque en vano, al cielo guerra
hizo el gigante disforme,
y sirvió de su verdugo
el propio tonante Jove[34].

Si por aspirar estrellas
audaz Ícaro perdiose,
su nombre escribió en el agua
y vive eterno su nombre[35].

Villano aquel y cobarde
que al riesgo vil no se opone,
pues son premio las desdichas
en intentos superiores.

El intentar la victoria
en la mano está del hombre;

---

[34] *tonante Jove:* es uno de los nombres para designar a Júpiter, el mayor de los dioses [Pérez de Moya, 1995: 131]. Cuando Lugo alude al «gigante disforme» y a su «verdugo» se refiere a uno de los episodios más famosos de Júpiter: la guerra contra los Gigantes o Titanes. Cuenta Ovidio que «los Titanos, o Gigantes, que tenían los pies de serpientes, desearon subir a los reinos celestiales, por echar de allí a Júpiter y a los demás dioses, y para ponerse por obra amontonaron montes unos sobre otros. [...] Entonces Júpiter, indignado de tan gran soberbia, arrojó un rayo del cielo, con que hirió a estos Gigantes, y abriendo la tierra, los puso debajo de ella, poniéndoles encima unos grandes y pesados montes» [Pérez de Moya, 1995: 140-141].

[35] *Ícaro:* «sospechando Minos que Dédalo había dado orden [para que Teseo entrase en el laberinto y venciera al minotauro], le mandó prender, juntamente con su hijo Ýcaro, y poner en gran prisión. Viéndole Dédalo tan encerrado, deseando libertad, [...] rogaba le trujesen muchas plumas de todas suertes, así pequeñas como grandes, fingiendo querer hacer cosas maravillosas dellas, para tener en qué entretenerse. [...] Proveído de plumas, hizo dos pares de alas, las unas para sí y las otras para su hijo Ýcaro, y habiéndose con ellas ejercitado en volar y viendo que ya podían imitar a las aves, comenzaron a alzarse sobre la tierra. Dédalo amonestaba a su hijo, diciéndole: "Mira, hijo, [...] no te desvíes, [...] porque si volares más bajo, las nieblas del mar te mojarán las plumas". [...] Ýcaro, con la presunción de las alas, olvidado del consejo, desamparó a su padre y comenzó a volar alto; mas a poco de tiempo se arrepintió, porque el Sol ablandó la cera con que las alas estaban pegadas, y forzosamente, y contra su voluntad, se dejó caer en el mar, que de su nombre de allí adelante se llamó Ycareo» [Pérez de Moya, 1995: 486-487]. Véase al respecto Turner [1976].

que es arrojarse al peligro
   de valientes corazones.

   Si muero sin alcanzarla,
   no es bien mi nombre se borre;
   porque obras de la fortuna
   poco honor quitan ni ponen.

   Volad mis pensamientos más veloces,
   si desdichados, a lo menos, nobles.

La Aurora, por las ventanas del Oriente, presurosa llegó a las palabras últimas y, por ser parlero[36] testigo, huyó della don Alonso[37]. Y Ronsardo, como erudito, se acordó de la fábula del gallo, que el escarmiento es de los prudentes[38]. Dejó el lado de Lamia, porque no le dejase la opinión, y entonces Delia y sus amantes buscaron el reposo cuando otros el desvelo y el ejercicio. Duró poco el sueño en Fernando y su dama. El sol había corrido corta parte del día al tiempo que Delia escribió las razones que el sentimiento la dictaba, y con una esclavilla las remitió a Fernando; recibiolas, medio vestido, que decía[n]:

«Si como formo los conceptos acertara a explicarlos, más letras ocuparan en este papel. Quejarme quisiera, señor Fernando, que la ingratitud, no palabras, espadas había de conceder contra los desleales. Yo, que tan libre por tan honrada

---

[36] *parlero:* «o el que habla mucho, o el que va con chismes» *(Cov.).*

[37] Lugo usa aquí el tópico de la hipotiposis o amanecer mitológico. Lida de Malkiel [1975: 119-164] ha analizado este motivo en Homero, Virgilio, Estacio, Dante, Petrarca, Boccaccio, Mena, Santillana y un largo ramillete de poetas áureos, con Góngora y Lope a la cabeza.

[38] Es posible que aproveche una de las fábulas del *Fabulario* de Sebastián Mey [1975: 78-79]: encontrándose juntos un asno y un gallo, amenazados por un león, del que se dice que naturalmente tiene miedo del ave, el gallo canta y el león huye, pero el asno presume que escapa por su causa y comienza a perseguirlo, tildándolo de cobarde y otros baldones. La fiera, cuando se ve fuera de la presencia del prudente gallo, se vuelve contra el asno y lo despedaza: «Quien presume de sí demasiado, / del que desprecia viene a ser hollado». Tampoco descarto que se refiera al refrán 353 de Santillana: «Holgar gallinas, que muerto es el gallo», recogido en el *Vocabulario* de Correas.

a nadie favorezco, no sé si rendida, puse en vuesa merced los ojos y los deseos que el decoro y el honor permiten a una doncella noble. Y cuando finezas me prometían premios, el que hallo es ofensas con mi propia sangre. Basta para entenderme y para consolarme el tiempo que ejecutando vuesa merced lo que desea me dará no pequeña venganza. Lo que yo pido ahora es un desengaño. No me lo niegue vuesa merced, a quien guarde, etc.».

Muchas veces pasó la vista Fernando por estos renglones; quiso satisfacer por escrito, revolvió en la imaginación fantasías y desecholas todas. Pareciole mejor resolución la de cara a cara. Acabó de vestirse y, haciendo guía la mensajera, siguió sus pasos.

Fue en sazonada ocasión la entrada de Fernando, porque Lamia, con su acostumbrada ceremonia, estaba en la iglesia. Recibió Delia [a] su amante con torcido rostro, semblante mal contento y ásperas palabras, diciendo:

—¿Es posible que no baste ofenderme sino desestimarme? ¿Es posible que solicitando a mi hermana para casarse con ella se ponga delante de mí hombre tan ingrato? Acaba, traidor, acaba de serlo, y hasta que toques tu desdicha no creas te desengañe de ella.

—Menos rigor —decía Fernando—, menos rigores contra quien no te ha ofendido. Delia, óyeme y hallarás en tu desengaño mi disculpa. Quien te es traidora es tu hermana; ella me persuadió a que fuese su marido. Negué su petición, y a ese propósito cantó anoche Florino las décimas que oíste. Ésta es la verdad, que no la tuya. Juzga ahora quién ofende y quién es el ofendido. Yo lo soy, que tu libertad en el vestir y dejarte celebrar de tantos desdoran tu honor y a mí me abrasan celos.

No dio lugar Delia a más razones, que las iras de los amantes son nueva paz de amor conformes y desengañados. Para asegurarse, Delia pidió cédula de casamiento[39] a Fernando y él, por satisfacerla, se la dio; y a tardarse Lamia, quedara consumado aquel matrimonio. Fuese el galán (¿quién duda que

---

[39] *cédula de casamiento:* «es un pedazo de papel o pergamino donde se escribe alguna cosa, en este caso los votos matrimoniales» *(Cov.).*

si gozara fuera arrepentido?); las dos hermanas riñeron su pendencia, aunque Lamia, sagaz, dijo:

—¡Ay, Delia mía, y cuánto aprovecha para respetarte ser mi hermana mayor! ¡Qué mal conoces las trazas y los engaños de los hombres! A todos blancos tiran, gozosos en el que aciertan y burladores en el que no alcanzan. Fernando te engaña con promesas y papeles, y a mí quiere engañarme y obligarme con obras. La traza de la cédula ya me la había dicho, la cautela también, pues deja ante escribano una protesta hecha de que la da forzado para evitar mayores escándalos, porque su verdadera voluntad es que yo sea su esposa. Y como no puede conseguir esto sino con maña, estorbándolo tú, usó de artificio semejante, bien creo yo comunicado con hombre de letras. Mira lo que me debes, pues no te callo los más íntimos secretos. Mas déjame trazar, que yo abreviaré tu satisfacción. Dame esa cédula que Ronsardo, como tan curioso, trocará los números de la fecha de suerte que, anticipándose al día de la protesta de Fernando, cuando de ella se valga, le sirva de convención[40] y testigo contrario.

Yo, hermana mía, no estoy ya en tiempo de casarme; perdí aquello que las mujeres llamamos nuestro honor. Troqué las galas en este saco, las invenciones y adornos de la cabeza por esta toca, y mañana entraré en un monasterio; y el no estarlo hoy es porque, si bien a riesgo y pérdida de mi honra, en lo secreto, no en lo público, sustento esta causa o la mayor parte de ella; que es ley sin ley a la que obliga la necesidad.

Dificultó Delia el entregar el seguro de su matrimonio, diciendo que en su presencia se hiciese la tropelía. Concedió Lamia, remitiendo a aquella siesta el efecto. Delia creía unas veces, otras dificultaba, y de lo uno y lo otro nacían temores. Llegó al señalado tiempo Ronsardo, prevenido de Lamia y persuadido que según el estado presente, él falto de

---

[40] *convención*: «pacto, ajuste, concierto y tratado hecho de acuerdo y conformidad entre dos o más personas. [...] En lo civil es muy frecuente y universal el uso de esta voz, pues no se puede celebrar contrato u obligación sin el asenso o consentimiento de los contrayentes» *(Aut.)*.

dinero, ella caminando a la edad mayor a riesgo de perder la honra, que en la opinión de los hombres tenía granjeada con su recato, era el más acertado medio casarse, que así no faltaría a su amor, pues quien doncella sin serlo lo sabía ser, mejor casada sería adúltera en lo interior, leal al crédito común de la corte.

Propuso la persona de Fernando, trayendo en su abono la seguidilla:

> Cáseme mi madre
> con un contador, etc.

Ronsardo, necesitado más que persuadido, aprobó el parecer de Lamia, resueltos entrambos que la violencia supliese lo que a Fernando le faltaba de querer. Los conjurados se fueron a Delia y, tomando Ronsardo la cédula, dijo que para enmendarla era menester ciertos polvos que primero gastarían la tinta y luego sería fácil la enmienda.

—Tráigalos vuesa merced —dijo Delia—, que la cédula no ha de salir de mi mano.

Ronsardo, antes que la sacase de las suyas, diciendo que él andaba siempre apercibido[41], sacó de la faltriquera una bujetilla[42] y de ella echó en las letras ciertos polvos que comen la tinta y manchan el papel de modo que no deja leerse; y para deslumbrar señaló primero con tinta fresca los números. Y dando a entender a Delia que en aquella parte sola se obraría el efecto, la volvió su papel, y ella, cuanto inadvertida experimentada de muchas curiosidades que en otras ocasiones había hecho en su presencia el francés, creyó con facilidad el engaño.

---

[41] *apercibido:* «el prevenido para lo que puede suceder, y así dice el refrán "hombre apercibido, medio combatido". [...] Apercibir a uno es avisarle, advertirle, y protestarle, para que después no tenga excusa, porque el que se apercibe va en su entendimiento discurriendo por lo que podría suceder, y previniéndose contra todo lo que le ha de ser dañoso» *(Cov.).*

[42] *bujetilla:* «cierto género de vaso pequeño y pulido en que se echan olores. Díjose así porque de ordinario se hacen estas bujetas de boj, que es madera dura y sin poros, que casi parece hueso en su dureza» *(Cov.).*

Llegó la noche y Lamia envió la esclavilla a Fernando en nombre de Delia, avisándole que a las doce viniese a la calle solo, que ella le aguardaría en la puerta y le daría la entrada que le había prometido. Creyó el amante el recaudo y Delia, confiada, descuidó en el remedio. Llegó la hora, vino Fernando puntual, entreabrió Lamia la puerta, ceceole y como el deseo demasiado y los favores a la vista engendran inconsideración, y aun valentía, ciego el galán, sin advertir el riesgo, entró[43].

Apenas cerró Lamia la puerta cuando la justicia, que tenía prevenida el cauteloso Ronsardo en un zaguán oscuro, llamó. Lamia, como avisada, abrió al punto; entraron de tropel alguacil y ministros. Hallose Fernando, cuando entendió con su Delia, con Lamia al lado. Delia, como solía, cuidadosa por ver si acudió su galán como siempre a aquellas horas, ocupó su ventana a tiempo que salió de su casa tropel de gente. Pretendió examinar el caso y no lo hizo, remitiéndolo a la conjetura, en que se yerra las más veces. Juzgó que, inadvertida, la criada no cerró bien la puerta de la calle y, como acontece en Madrid, algún hombre y mujer se entraron a tiempo que los viese la justicia y que éstos serían los presos. Mas no lo eran sino Lamia y Fernando, a quien llevó el alguacil ante un teniente, ella diciendo que la debía su honor y él afirmando con juramentos lo contrario. Clamábale ella por su marido, negaba él; ella estaba alegre ima-

---

[43] Lugo repite, un tópico que adelantó Lope en sus *Novelas a Marcia Leonarda* (1621-1624): el ceceo (equivalente al sonido «tse») o «chisteo» como señal de reconocimiento entre los enamorados. Así, en *Las fortunas de Diana* [2002: 125] podemos leer: «Diana, que no estaba descuidada de lo que había de hacer ni de lo que había de llevar, vistiose las nuevas galas y, tomando las llaves secretamente, se puso a esperar a Celio a un balcón que sobre la puerta había. Dieron las doce, hora en que siempre venía su hermano de jugar con otros pasatiempos juveniles, y estando llena de mortales sospechas y congojas vio con la claridad de la luna venir un hombre de buen talle y disposición; [...] y así en esto como en lo demás le pareció a Celio. Pasó el hombre sin advertir en nada y ella, temerosa y ciega, le ceceó dos veces. Volvió el hombre el rostro y, viendo tan buena traza de mujer y en casa tan principal, acercose a ella sin hablarla, con miedo de lo que podía sucederle. Diana le dijo entonces: —¿Es ya hora?. Y él respondió: —Cualquiera es buena».

ginando por cumplidos sus deseos y él triste lamentando el frustrarse los suyos. Dieron sus quejas ante el juez; oyolas con severidad, que la prevención de Ronsardo no olvidó el disponer el ánimo del teniente, el cual, llamando reos a Lamia y a Fernando, éste le mandó poner en la cárcel y aquélla volverla a su casa. Ejecutose el decreto, quedó preso el galán sin culpa y la dama culpada se volvió libre. No es la vez primera en que se castiga el inocente y se premia al culpado.

Llegó a vista de Delia la cautelosa Lamia, torciendo las manos, enlazando los dedos, dejándose caer sobre el estrado, arrancando suspiros y, tras estas prevenciones, diciendo:

—Rigurosa fortuna, suerte inadvertida, donde te llaman te niegas, donde te niegan allí acudes. ¡Triste de mí! ¿Qué haré? ¿Cómo guiaré mi suceso? Perdí la opinión que tan trabajosamente conservaba. ¡Ay, Delia! ¡Ay, Delia mía! Que aguardando yo a Ronsardo para que entrase como suele, entró por mi galán el tuyo y casi tras él la justicia[44]; que algún curioso o alguno de los que traes pendientes de tu bizarría[45] habrá seguido las entradas de Ronsardo. Cuando vi luces y alguaciles turbeme y, atajado a más aguda traza el discurso, no halló para acudir a lo que más importaba otro medio que llamar a Fernando marido, fiada en sus promesas; necio dél, negolo, que, a concederlo, con mayor blandura se encaminara. Empeñada yo, afirmé siempre; él, inconsiderado, quizá por la cédula, contradecía. Queda preso, agravando su delito un papel tuyo que el alguacil halló en su faltriquera; allí das evidentes razones que pretende mi casamiento. Juzga tú mi recato en mi favor, contra ti tu galantería, el vestir libre y desautorizado, el papel escrito de tu letra y confesando a Fernando con la culpa que se le imputa. ¿Cómo saldremos de este laberinto? Que yo, para no perder mi honra, sólo se me ofrece un remedio: mi hermana eres, tu sangre

---

[44] Las declaraciones de Fernando, Lamia y Ronsardo ante un alguacil, justificando apresuradamente sus comportamientos, otorgan a este pasaje de la novela cierto aire entremesil. La situación no difiere de la que propone Castillo Solórzano en *El comisario de figuras,* incluido en *Las harpías en Madrid* [1985: 122-123], cuando un comisario y un par de alguaciles pasan revista a una «corte de estados sociales». Véase Huerta Calvo [1995: 148].

[45] *bizarría:* «gallardía, lozanía» *(Cov.).*

soy, mi honor es tuyo como el tuyo es mío; si ahora volvemos atrás yo quedo perdida y tú a mayor riesgo, y si Fernando se casa conmigo todo se enmienda, que a ti te sobran maridos y de más calidad. Don Alonso te pretende, mozo gallardo y bien nacido, y que mañana heredará a sus padres, y si hoy lo sintieren lo abrazarán otro día. Enamorado se confiesa y en tu mano está ganarle. ¿Qué me respondes, que estoy confusa?

—Más lo estoy yo —respondió Delia—; más lo estoy yo, traidora hermana, que ya ni obligaciones de sangre me fuerzan ni en pundonores reparo; yo tengo defensa y con ella descubriré los engaños.

Corrió a su escritorio, sacó su cédula, halló perdido el color la tinta, oscurecidas y borradas las letras de tal suerte que era imposible leerse. Allí afirmó las traiciones de Lamia, allí perdió los estribos la paciencia; allí rasgó los aires con quejas y suspiros. Lamia pretendía consolarla, echando nuevas sombras a su mal trato. Atribuía a error lo que fue aviso, disculpaba a Ronsardo el intento y culpábale el acto. Últimamente, procurando nueva astucia para sosegar a Delia, con seguridad de que gozaría por esposo a Fernando; Delia concedió por entonces, sagaz y escarmentada. Sosegaron aquel día, no entero; trocó el hábito Delia, determinada a romper los mayores peligros, y con sólo una criada se fue a la cárcel, donde Fernando aún no acababa de admirar su fortuna.

Diole cuenta su dama de las traiciones de Lamia y cómo eran todas guiadas por Ronsardo; descubrióle sus amores y de otros, que en lo oculto la gozaban, que la pasión y las ofensas al tiempo se parecen en descubrir secretos. Fernando hacía nuevas admiraciones, juzgándose en nuevos aprietos a causa de que los amigos de quien procuró valerse, para consejo y amparo, la mayor desesperación que le ponían era decir que Lamia vivía honesta en sus acciones y en los trajes, no hallando contra ella causa para jurar; que a ser Delia, era libre en vestir, alegre en los ademanes y festejada de músicas y paseos.

Reducido con estas persuasiones, estuvo cerca Fernando de conceder lo que pretendía Lamia y así Delia no halló en él blanda acogida, antes despego. Preguntó Fernando por su cédula, atajose la dama⁴⁶, despertó mayor curiosidad en el galán, a quien dio aviso de la maldad de Ronsardo con los polvos que echó en ella, mostrándola y pidiendo otra, pues con ella desharía el concepto engañoso del juez. Fernando dio tibias esperanzas a Delia de hacer lo que le pedía, aunque en premio de que le advirtiese a qué hora se veían Ronsardo y Lamia, con qué señas, con qué medios se comunicaban. Y como la desesperación y la ira nada niegan a la venganza, por conseguir la suya, confesó Delia cuanto deseó Fernando.

Despidiéronse los amantes, llamó Fernando a sus amigos, encargoles la negociación contra Lamia y anduvieron tan solícitos que a pocas noches cogieron juntos a Ronsardo y Lamia, con que se halló libre Fernando de la prisión y la querella. Corrió la voz, declarose por la corte y escribiéronse hartos versos, que excuso referir, contentándome con la epigrama de Ausonio, fundamento de esta novela:

> Admirámonos, Delia; es admirable
> ser tan desemejantes tú y tu hermana.
> Aquésta, hábito casto y nada casta;
> tú, en el vestido igual a las rameras;
> tú, casta en las costumbres, de aspecto ella;
> a ti el hábito daña y a ella el acto⁴⁷.

Días pasaron en volver Fernando a los amores de Delia; mas ella, reconociendo su error, enmendó el traje y Lamia, corrida⁴⁸ sus costumbres, entrando en religión; con lo cual Fernando, obligado y enamorado, fue esposo de Delia.

---

⁴⁶ *atajose la dama*: «es lo mesmo que abreviar el camino, yendo por la parte más corta; y con esta alusión dar corte en todas las cosas, para que no vayan a la larga: atajar razones, atajar inconvenientes... Atajarse un hombre es cortarse y correrse, no sabiendo responder» *(Cov.)*.

⁴⁷ Véase la nota 1.

⁴⁸ *corrida*: «la confusa y afrentada. También avergonzada» *(Cov.)*.

La ingratitud hasta la muerte

No había sido el Amor bastante a turbar la quietud de Floristo, caballero cretense, con amorosos cuidados en cinco lustros que los benignos cielos le habían concedido de vida; porque aborrecía con extremo el arte de las hermosuras, que en la ciudad no dejaban libertad segura y, buscando el dechado de las que veía en todas partes pintadas al vivo, hallaba solamente mudas que le advertían huyese de los demonios que ocultaban las máscaras[1], pues estaba casado entre mil embelecos con el imán el sol que cegaba a los incautos mancebos. Y así, deseoso de hacer ilustre su triunfo con tal cautivo, habiendo visto que salía de la ciudad a caza —a la cual era muy aficionado— un día de ardiente estío que, confederado con el fuego el sol, amenazaba a la tierra mayores incendios de los que causó soberbio con el prestado carro Faetón, su hijo, le aguardó emboscado en una verde selva, adonde le guió un herido ciervo[2] que, para salvar su vida, huía al bos-

---

[1] Nótese que el nombre del protagonista, Floristo, y su condición de virgen o «mancebo» durante todo el relato —la novela se reduce a la superación de tres pruebas para lograr los favores de Clérida—, hacen de este caballero una suerte de «vestal masculina». Por ello juzga a las damas de Creta como «demonios que ocultaban las máscaras». Sin conocer todavía los placeres de la carne, sueña con una joven petrarquista. El retrato femenino participa de la tradición misógina —según motivos «diabólicos» o «carnavalescos»— que adornó el perfil de tantas dueñas desde el *Sendebar* al *Corbacho*. Véase Archer [2001] y Walthaus (coord.) [1993].

[2] Lida de Malkiel [1975: 35-99] ha estudiado la fortuna simbólica del «ciervo herido» que va a morir a las aguas, o que baja a la fuente, de raigambre esencialmente virgiliana. Véase Bonilla Cerezo [2007: 157-263]. El es-

que sagrado[3] a Júpiter y nunca profanado con la violenta muerte de animal ninguno, pues lo impedía la falsa religión que profesaban en aquel tiempo[4]. Pero el mancebo, arrogante contra el poder de los dioses, se entró el bosque adentro y asombró con la muerte de la fiera a las dríadas y napeas[5] que en varios y diversos coros se solazaban por la floresta, a cuyas sombras apenas se había determinado pasar la rigurosa siesta cuando se lo estorbaron unas lamentables voces que en los delicados acentos conoció ser de alguna oprimida ninfa[6].

---

quema de la novela trastorna las funciones del cazador (Floristo) y la presa (un ciervo), aunque respeta el papel alternativo de los personajes durante la «montería de amor» (Floristo-Clérida). Camerino repite el mismo modelo de «presentación» en *La firmeza bien lograda*. Remito a lo dicho en la «Introducción» sobre Arseo, Dorindo y la bella cazadora. Véase, asimismo, Zerari [1995: 180].

[3] *sagrado:* «del latín *sacratus,* sagrado, consagrado» *(Corominas-Pascual).* Son bosques bajo el imperio de Diana, hija de Júpiter. Según recuerda Fray Baltasar de Vitoria [1676: II, 334-335], esta Diana desciende del tercer Júpiter y Latona, «como lo dice Natal Comite, y ésta es la segunda, como lo trae Cicerón en lo de *Natura deorum.* [...] Pues como Diana tratase de guardar perpetua virginidad, procuró (como sabia) de retirarse a los bosques, soledades y selvas, desviándose de la comunicación de los hombres, y tratar del ejercicio de la Caza y Montería; y viendo su padre Júpiter la buena inclinación de su hija, dice Claudiano que la dio cincuenta doncellas que la sirviesen y acompañasen, y junto con eso tratasen del mismo ministerio de la Caza; y por haber tenido este retiro la llamó Horacio guarda de los bosques».

[4] Camerino suele hacer profesión de catolicismo y censura el culto pagano. Así, por ejemplo, en *La firmeza bien lograda:* «nació (en tiempos que ciego el mundo se postraba a falsas deidades) de nobles y ricos padres, un caballero que al paso que crecía en edad daba mayor muestra de los dones que (como si otro no le quedara que formar a naturaleza) había en él derramado». Carga de nuevo las tintas, esta vez contra los protestantes, en *El amante desleal:* «porque con su conocido valor reprimiese el atrevimiento de los desleales Flamencos que, sacudiendo el leve yugo con que su natural señor los regía, levantaban contra el mismo Dios las libres cervices, siguiendo la sacrílega doctrina de Lutero y otros ministros de Satanás, protervos heresiarcas» [Camerino, 1992: 96 y 218].

[5] *dríadas y napeas:* «las ninfas de los pastos y flores se decían Napeas, de *napos,* que es pasto; y algunos dicen ser estas ninfas de collados; las de los bosques se llaman Drýades; las ninfas del mar se decían Nereydes, de Nereo, dios marino» [Pérez de Moya, 1995: 432-433]. Véase «ninfa».

[6] *ninfa:* «como los antiguos tenían opinión no haber lugar público ni secreto que careciese de algún poderío de Dios, para incitar a los hombres al temor y amor suyo, y significarles que estando en todo lugar, todo lo veía y gobernaba, ordenaron unas diosas hembras, llamadas ninfas, que particular-

Y para socorrerla se encaminó ligero adonde nacían las quejas y en breve tiempo llegó él y cesaron ellas, pero creció la necesidad del socorro, pues yacía entre la verde yerba descolorida —retratando a la muerte— una bella zagala a quien cercaban cuatro villanos pastores, pretendientes de las primeras ofensas y de los muertos placeres, y ya los movían las razones a ira y el desdén a las armas cuando enojado justamente de su bárbaro proceder el caballero se les mostró colérico en la voz y valeroso en las manos, haciendo —aunque unidos acudieron a la común defensa— que los dos perdiesen con la sangre la vida y, heridos los otros, le dejasen libre el campo y a la ninfa, que aún se estaba abrazada con la muerte[7]; y para desasirla cogió el cristal que ofrecía corriendo un arroyuelo y le arrojó en su hermosa cara, que le convirtió en perlas[8], por pagarle la vida que le daba y sin darle lugar a que se admirase la certificó de su libertad y del castigo de los villanos que habían intentado ofenderla, acreditando el suceso

---

mente presidiesen en fuentes, ríos, bosques y árboles, y dijeron ser hijas de Océano y Thetis, y amas de Bacho y Ceres, y madres de todas las cosas, y diosas de los pastos y pastores» [Pérez de Moya, 1995: 431]. Nótese el barroquismo de la sintaxis, plagada de cláusulas, vueltas y revueltas. El tejido de los párrafos tiende a la desmesura, abigarrado por subordinadas, gerundios y epítetos («ilustre triunfo», «ardiente estío», «confederado el fuego», «mayores incendios», «soberbio el prestado carro», «verde selva», «herido ciervo», «violenta muerte», «falsa Religión», «lamentables voces» y «delicados acentos», «sagrado a Júpiter y nunca profanado», «se entró en el bosque adentro y asombró», «Dríadas y Napeas», «varios y diversos coros»). Véase en este sentido López Díaz [1998: 601-612].

[7] Camerino abusa del polisíndenton para subrayar el dinamismo de la lucha. La escena goza de larga tradición pastoril. En los relatos de esta modalidad abundan los rústicos violadores y las zagalas salteadas. Véase el episodio del libro II de *La Diana* de Jorge de Montemayor [1995: 185-186] donde tres salvajes persiguen a unas ninfas y son muertos por las flechas de Felismena.

[8] La metamorfosis del agua en perlas, al contacto con el rostro femenino —ya se trate de las lágrimas, ya del caudal de un río—, reaparece en *Los peligros de la ausencia*: «Bien te persuadirás (le respondió enseñando rucios el Alba con las perlas que llovía de sus hermosos ojos) que has encarecido muy bien tu pena que, en fin, si bien te apremia el amor, es voluntaria» [Camerino, 1992: 132-133]. Dicha imagen es uno de los *topoi* más persistentes en la lírica del XVI. Véase Manero Sorolla [1990: 472-474] y el trabajo de Bodini [1964: 39-61] sobre las lágrimas barrocas y sus funciones en la poesía de Góngora.

que le contaba con los dos muertos y suplicando en recompensa de su pequeño servicio le diese parte del principio de su historia que, agradecida, lo hizo en esta forma:

—Hija soy de Feliso, mayoral destas selvas, querida dél por única y amada de muchos pastores que procuran con lisonjas de mi hermosura —no teniendo ninguna— que ostente prendas de amor el interés que mueve sus deseos, que desprecio por viles y porque no se inclina mi voluntad al yugo de Himeneo[9], temerosa de los males que [a]carrea la esclavitud que acaba solamente la muerte[10]. Amantes igualmente se mostraban los difuntos pastores y los heridos, y resistencia igual hallaron en mi pecho, que despertó en ellos deseos de venganza cuando debía aumentarse el amor, si fuera verdadero. Y así hoy, que me vieron entrar en este bosque, me siguieron conformes y apenas había escogido entre frondosos árboles —alivio de la siesta— una florida isleta de las muchas que guardan con murallas de plata los celosos arroyuelos que riegan este bosque, cuando los vi venir presurosos y los oí hablar descorteses con estas razones:

—Clérida cruel, que soberbia has siempre menospreciado nuestro amor, probarás las venganzas de los desdenes que engendraron tus agravios.

—Di la respuesta huyendo a los que amenazaban hacerme pero aquí me alcanzaron; y después de haber resistido con las fuerzas que me concedía la flaca y débil naturaleza de las mujeres, quedara sujeta a sus villanas ofensas a no haberme socorrido el cielo con vuestro valor. El del bien que

---

[9] *Himeneo* es el dios que preside el cortejo nupcial. De afamada hermosura, fue tenido incluso por mujer. Era hijo de Baco y de Venus. Habiendo robado ciertos ladrones unas doncellas, Himeneo las recobra devolviéndolas a sus padres, convirtiéndose de este modo en el defensor de la virginidad. Véase el intercolunio que le dedica Lope en *La prudente venganza* [2002: 257-259], incluida en sus *Novelas a Marcia Leonarda*.

[10] La actitud de Clérida no difiere de la postura de Selvagia en *La Diana* [Montemayor, 1995: 136], de la de Gelasia en *La Galatea* [Cervantes, 1996: 430] o de la que asume Marcela en la Primera parte del *Quijote* [Cervantes, 1998: I, 14, 154]: «Yo nací libre, y para poder vivir libre escogí la soledad de los campos: los árboles destas montañas son mi compañía; las claras aguas destos arroyos, mis espejos; con los árboles y con las aguas comunico mis pensamientos y hermosura».

he recibido de vuestra mano es tan grande que no hay paga en el mundo, si no estimáis la que os presenta con su agradecimiento la voluntad.

Y mientras la bella pastora enseñaba con suaves acentos dulzuras a los ruiseñores, vio Floristo que en su espaciosa frente se paseaba Amor sin arco y sin aljaba, habiéndose mejorado con los dos de sus negras cejas y rayos de sus ojos[11], y alegre fabricaba cadenas de sus cabellos que, siendo de oro, pensó ser para galas y no para prisiones. Luto vestían hipócritas los rayos de sus ojos, que, publicando pesares de las pasadas muertes, parece que prometían más apacible acogida, pero las bellas niñas —que por serlo no sabían disimular— mostraban risueñas el contento que dellas recebían. Y si bien era el pecho retrete[12] del invierno, las hermosas mejillas ostentaban primaveras; siendo la nariz exceso de hermosura, encubría desdenes. Los hoyos que enseñaba la dulce risa juzgó ser albergue de las gracias, no sepultura de almas, y si bien le debían espantar las señales de crueldad en los sangrientos labios, imagino que hacían alarde de su púrpura en competencia de dos sartas de perlas orientales que mostraba el pequeño espacio de su boca. La barba, que parecía dos a los ojos, mostraba de mujer lo fingido y de esfinge lo verdadero que encubría con su hermosura; engañole la blancura del cuello de alabastro sin reparar que, piedra, era

---

[11] Descripción con estilemas petrarquistas y sintaxis barroquizante. Camerino señala que Amor, desarmado, «sin arco ni aljaba», ronda por la frente de Clérida. Sus «negras cejas» le sirven como ballesta, mientras que los ojos serán dardos («rayos») para «herir» el corazón de Floristo.

[12] *retrete*: «el aposento pequeño y recogido en la parte más secreta de la casa y más apartada» *(Cov.)*. Los demás rasgos de Clérida —pelo, nariz, dientes, cuello alabastrino— apenas nos atraen, llenos de tópicos como están. Sorprende la imagen del pecho como «retrete del invierno». Camerino sugiere que Clérida oculta sus senos a la mirada del galán. La pincelada sobre su blancura («invierno») concierta con el endecasílabo en el que Góngora perfilaba el busto de Galatea: «fugitivo cristal, pomos de nieve» (1612, 328). Prolongando la imagen del «invierno», las mejillas de la joven ostentan «primaveras». Correlación estacional que abunda en las *ekphrasis* petrarquistas del Renacimiento —el célebre soneto de Garcilaso «En tanto que de rosa y azucena»— y en las deformaciones grotescas del Barroco, como ha estudiado Profeti [1984: 103-123] a propósito de la «boca de coral» en varios sonetos de Quevedo y Lope.

coluna de una voluntad de hierro, como ni vio que las pequeñas orejas eran llaves y no puertas del oído. Con las manos de nieve[13] arrancaba los más duros corazones y cautivaba las más libres almas; y viendo Amor que ya se habían apoderado de la del caballero y que penetraban los rayos al corazón[14], voló risueño por el aire, por no hacer mal a la ninfa[15], a quien enamorado respondió Floristo:

—Deben nuestras obras al fin los quilates de su perfeción, pues no la tienen las buenas en sí mismas si él es malo[16]. De mi pequeño servicio vos sólo habéis sido el blanco que, por

---

[13] Camerino se vale de una metáfora pura («con las *manos de nieve* arrancaba los más duros corazones») que Góngora había empleado en el contraste cromático de la cara de Galatea («o púrpura nevada, o nieve roja») (1612, 108), para hermosear su cuerpo («la nieve de sus miembros da a una fuente») (1612, 180), durante el intento de fuga («grillos de nieve fue, plumas de hielo») (1612, 224) y una vez consumada la misma («correr al mar la fugitiva nieve») (1612, 482).

[14] Motivo petrarquista de los «espíritus de amor», incorporado a nuestra lírica por Garcilaso. Véase al respecto el soneto VIII: «De aquella vista pura y excelente / salen espíritus vivos y encendidos, / y siendo por mis ojos recebidos, / me pasan hasta donde el mal se siente» (vv. 1-4) [Garcilaso de la Vega, 2001: 88-89]. De tradición platónica, Camerino recupera esta imagen en *La soberbia castigada* [1992: 256]. Así, cuando Almidar queda deslumbrado por Artamia, «los rayos de sus hermosos ojos osaron declarar con heridas la resistencia, atreviéndose que le obligó a rasgar la venda por ver la causa de tanta novedad». Lo mismo sucede en *La persiana* durante la descripción de doña Juana: «Flechando mientras hablaba con los rayos de sus hermosos ojos, pero no pudieron penetrar en el corazón de Arnaut» [Camerino, 1992: 279]. Véase sobre la aclimatación de este tópico en España el trabajo de Pego Puigbó [2003: 5-29].

[15] La autoridad de Cupido en la prosopografía de Clérida —agente y espectador de la seducción— recuerda al papel del diosecillo en dos de los mejores romances de Góngora: «Famosos son en las armas» (1590) y «En la fuerza de Almería» (1620). Centrados en la pasión del moro Hacén con Belerifa y Celidaja, el primero contenía ya las «purpúreas rosas» (1590, 81) y los «blancos lilios» (1590, 83) [Góngora, 2000: 117-120]. Observemos las simetrías con la novela en lo que atañe a la evaporación de Cupido en los octosílabos de 1620: «el ya fraternal engaño / mal bebido en su niñez, / disolvía, cuando Amor, / sintiendo el dichoso pie / del que ya conduce amante, / cuanto cauteló pincel / desvanece, y en su forma, / pisando nubes, se fue» (vv. 89-96) [Góngora, 2000: 547-550].

[16] Réplica sobre la base de paronomasias («dichosa»/«dechado»), polípotos en quiasmo («dichosa»/«dichosos»; «dechado»/«desdichado») y voces bélico-trovadorescas («blanco», «blasonar»).

ser tan perfecto, quita con la fuerza que hace a la voluntad los méritos. Los que puedo blasonar son de mi dichosa suerte y ésta anima a la desconfianza de los míos en la pretensión que, so pena de la vida, me manda que tenga amor de solicitar el vuestro para hacerme dechado de dichosos si mis deseos —nobles por la causa— alcanzaren que desterréis al rigor que hace a tantos desdichados, haciendo tesorera de vuestros favores a la piedad porque[17], liberal, enriquezca con ellos el albergue que en mi corazón os ha dado el alma.

—La mía —replicó la pastora— forma quejas del cuerpo que, con detenerse a escuchar vuestras lisonjas, ha ofendido su en021, publicándola vana, ya que os asegura que antes se verán estrellados los campos[18], los cielos floridos y los ríos más caudalosos —negando tributo al mar— volverán atrás sus corrientes, que pueda rendirla Amor.

Y sin hablarle más palabra se entró ligera por la floresta, dejando helado al caballero que, después de una grande suspensión, dio estas voces al aire[19]:

—Tente pastora, no huyas; restitúyeme el alma o acaba de matarme con arrancar de mi corazón tu retrato[20], que detiene la vida. Mira que van murmurando de tu crueldad estos

---

[17] *porque*: conjunción con valor final («para que»). Se trata de un «porque» intermedio, entre causal y final, que se explica por los usos oscilantes de la preposición «por» en el Siglo de Oro, la cual entra en la composición de «porque».

[18] Lejano recuerdo del *incipit* de la primera *Soledad*: «Era del año la estación florida / en que el mentido robador de Europa / media luna las armas de su frente, / y el Sol todos los rayos de su pelo, / luciente honor del cielo, / en campos de zafiro pace estrellas» *(Sol.* I, vv. 1-6) [Góngora, 2000: 366]. Elena González Quintas [2008: 291-302] ha rastreado en textos de los siglos XVI y XVII la metáfora de las «flores estrelladas» (Garcilaso, Herrera, Góngora, Quevedo...), que quizá provenga de la latinidad, según la tradición del *adynaton*, y recorre las letras italianas desde Boccaccio a Marino, Tansillo, Grillo o Preti.

[19] Como indico en la «Introducción», la situación narrativa es semejante a la que Góngora plantea en «Corcilla temerosa» (1582). Véase Góngora [2000: 27-28].

[20] Tópico habitual en la lírica *stilnovista.*: «Escrito 'stá en mi alma vuestro gesto / y cuanto yo escribir de vos deseo: / vos sola lo escribistes; yo lo leo / tan solo que aun de vos me guardo en esto» (vv. 1-4). Véase Garcilaso de la Vega [2001: 76-79]. No por conocida hay que olvidar la autoridad de Petrarca [1957: 7]: «Quando io movo i sospiri a chiamar voi, / E'l nome che nel

arroyuelos que admiraban parados tu hermosura[21]; las flores se marchitan porque el céfiro las deja; por seguirte enamorado —menospreciando a Flora— los músicos ruiseñores lastimados cantan a mi muerte endechas. Vuelve, vuelve piadosa, no quieras dar la muerte a quien no estimó la vida por conservar tu honra. Pero sorda no oyes mis quejas, mi dolor no sientes, mi pena no te mueve, conocidas señas de que eres parto destos montes, que a ser fieras supieras ser agradecida[22].

Y dejándose caer vencido del dolor en el verde suelo, estuvo largo rato casi fuera de sí hasta que un compañero suyo, que le iba buscando por el bosque, le halló y, viéndole tendido cerca de los muertos pastores sin hacer movimiento alguno, le juzgó difunto. Pero, certificado de lo contrario, le animó y llevó a la ciudad sin que quisiese manifestar a nadie la causa de su mal, que con la ausencia crecía cada día más y le causaba infinitas penas, viviendo con suma tristeza, causada de la desesperación de alcanzar el bien que deseaba. Pero juzgando a cobardía morir sin intentar de nuevo la empresa, se determinó a solicitar su dicha en traje de pastor y, no dando lugar a la fortuna que estorbase la determinación que había hecho con maduro discurso, se trasladó de la ciudad de Creta a sus selvas y llegó a ellas en tiempo que todas sus ninfas y pastoras lisonjeaban con su presencia la fiesta que al día de su nacimiento celebraba el mayoral —padre de su querida Clérida— en un florido y verde prado que, ufano de haber sido entre tantos escogido, parece le alegraba el destrozo de sus naturales galas[23]. Y apenas los primeros que

---

cor mi scrisse Amore, / Luadandos'incimincia udir si fore / Il suon de'primi dolci accenti suoi».

[21] Nuevo lugar común de la poesía eglógica y también de la horaciana. Figura, por ejemplo, en los tercetos de Góngora «Mal haya el que en señores idolatra» (1609): «Arroyos de mi huerta lisonjeros / (¿lisonjeros?: mal dije, que sois claros): / Dios me saque de aquí y me deje veros. / Si corréis sordos, no quiero hablaros, / mejor es que corráis murmuradores, / que llevo muchas cosas que contaros» (vv. 4-9) [Góngora, 2000: 274-275].

[22] El *locus amoenus* se transforma para el caballero desdeñado en *locus horridus*.

[23] Floristo asume un disfraz carnavalesco. La mayoría de los vergeles de Camerino tienen en cuenta el modelo de las *Soledades* (1613, 573-579). Así,

le vieron le honraban por extranjero, cuando se vio venir por el aire una guirnalda de varias y diversas flores y acompañarla una voz de no conocido autor, que decía:

—Sea ésta del pastor que mostrare en la lucha mayor gallardía y vencedor corone de su mano a la ninfa más hermosa.

De cuyo accidente temerosos Oruste y Alsedo —viejos pastores— de que no naciese alguno que volviese en tragedia la fiesta, se apoderaron de la florida corona para entregarla a los jueces que aprobase el común consentimiento de los enamorados pastores; y ninguno hubo que no los declarase por tales —respeto de ser venerados por de[s]cendientes de Apolo— y, así, a sus primeras señas hicieron al verde prado una grande corona[24]; y luego[25] se mostró en la palestra el soberbio Arbelo, pastor que blasonaba ser nieto de Neptuno, y habiendo vencido sin descansar a cuatro pastores que se habían atrevido hacer prueba con él de sus fuerzas, entró a castigar su arrogancia el valiente Coranto que, abrazado con él, debatiéndose los dos furiosamente, después de larga pelea, no pudiendo regirse más en pie, se arrodilló —blasfemando de los dioses— la estirpe de Neptuno y, levantándose a pesar del contrario, airado le apretó tan

---

en *El amante desleal* Fadrique se va al «cuarto que le señalaron por su albergue cuyas ventanas caían a un deleitoso vergel que, gozando la vista de las de su dueño, alentando con ella *(burlando abriles y afrentando mayos),* era hermoso retrete de la primavera» [Camerino, 1992: ???]. La cursiva es mía. Encontramos de nuevo el guiño en *La soberbia castigada:* «Y fue cuando ya venía lozana la primavera *sembrando Abriles y derramando Mayos,* que se fue solo sin su mujer a una quinta que tenía en la parte oriental de la Isla» [Camerino, 1992: 267].

[24] El papel de Oruste y Alsedo no difiere del que asume el «político serrano» en la primera *Soledad* (1613, 356-365). Véase Góngora [2000: 375-376] y lo apuntado en la «Introducción». Gabriel del Corral [1945: 198-199] diseña un paisaje casi idéntico en el libro II de *La Cintia de Aranjuez:* «Dio fin el certamen muy aplaudido de las pastoras; [...] Cintia, que ya estaba prevenida, en una bandeja indiana presentó ocho coronas a los combatientes tan curiosas que, cuando no lo debieran cuidado, merecían estimación. [...] Porque ansí pareciese más premio que favor, de suerte que coronó Elisa a Lucindo, y Anarda a Lauro, Clarinda a Gerardo, y Rosela a Leriano, Silvia a Olimpo, y Amaranta a Liseno, Filis a Fileno y la misma Celia a Danteo».

[25] *luego:* «al instante, sin dilación, prontamente» *(Aut.).*

fuertemente entre los robustos brazos que juzgaron los circunstantes haberle hecho pedazos[26].

Pero cual suele caudaloso río resistido con ímpetu mayor destruir los reparos[27] y llevarse de los cercanos campos árboles y ganados, reforzado Coranto con la ira de la nueva ofensa, le derribó furiosamente en el suelo y, revolcándose sin desasirse y conocerse ventaja, le reventó al soberbio Arbelo por la mucha fuerza una vena en el pecho y, ahogado con la sangre, quedó, si vencido[28], negando en el semblante la victoria, la cual celebraron todos con alegres voces, siendo de cada uno aborrecido por su soberbia Arbelo. Y habiéndose concedido bastante tiempo a Coranto para tomar aliento, entraron otros pastores a probar su dicha, que, si robustos, quedaron todos vencidos; y ya los que quedaban mostraban con mirar a Ormindo, amante de la bella Zelarda, que competía en hermosura con Clérida su amiga, que su valor solamente podía competir con el esfuerzo de Coranto, a quien finalmente rindió. Y ya que Zelarda le daba parabienes de la gloria que aguardaba y trataban los jueces de entregarle la guirnalda, entró a pretenderla Floristo y, mientras le hacía —vista su gallardía— entre los que miraban la fiesta secreta información la curiosidad, considerando atentamente el talle de su robusto contrario, dudó prudente del suceso[29]. Pero, congregadas todas sus fuerzas, fue animoso a encontrarlo y en medio del prado se encadenaron tan fuertemente que, clavados en el suelo, sin poderse mover a una ni otra

---

[26] Remito a la «Introducción» sobre el parecido de estos combates rústicos y los de la primera *Soledad* (1613, 562-579 y 963-980). Véase Góngora [2000: 381 y 392].

[27] *reparos:* «se toma también por cualquiera cosa que se pone por defensa o resguardo» *(Aut.).*

[28] *si vencido:* «aunque vencido». Fórmula muy gongorina «si A, B» que, según ha justificado Dámaso Alonso [1978: 147-157], en sus ejemplos más sencillos implica «la adversación de dos términos que pueden ser o no ser lógicamente contradictorios». También puede aparecer la fórmula sin contraposición objetiva de carácter lógico entre un término A y un término B; fría, desprovista de toda intención expresiva, para cubrir dificultades de oficio, de carácter técnico, o, simplemente, para responder a momentáneas veleidades del escritor.

[29] *suceso:* «éxito». Se trata de un italianismo.

parte, parecía que artífice famoso representase en mármol la celebrada lucha del fuerte Alcides y del soberbio Anteo[30]; y después de haber estado gran rato así enlazados y procurado en vano derribarle, conociendo Floristo en el pecho anhelante y sudor frío de Ormindo su desmayo, más animado le aprieta y le rodea. Ormindo se retira ya mal seguro de sus mismos pies y, al fin, no pudiendo resistirse cayó sin aliento en el florido suelo, del cual le levantó Floristo y procuró quitarle con las alabanzas del valor que había mostrado en la lucha la tristeza que juzgaba haberle causado el verse vencido. Y Ormindo, agradecido y aficionado a su vencedor, que a la virtud se rinde hasta el propio enemigo, le dio las gracias que se debían a su cortesía y, retirándose, quedó en el puesto Floristo, aguardando que saliesen otros pastores. Pero no había quien —vencido Ormindo, el más valiente de todos— se atreviese a probar con él la suerte y allí le dieron los jueces la guirnalda, con la cual coronó a su querida Clérida y, con voz baja, le dijo:

—Vencí en el bosque a tus enemigos y de haberme vencido te corono.

A cuyas razones, reconocido por el cazador su amante, turbada y enojada, le mandó que si la amaba no osase verla; y él, triste y afligido de tanta ingratitud, se metió entre los pastores y, sin ser visto de nadie, se fue a una cercana selva a llorar su desdicha; mientras, ocupados los unos en dar parabienes a Clérida y en divertir los otros a Ormindo, no curaban[31] dél y, buscando lo más oculto y espeso del bosque, halló una escondida parte adonde se retiró, y todo lo

---

[30] Junto al escorzo de los personajes, Camerino pudo inspirarse en los pintores del Barroco, como Ribera, o, acaso, en los «Doce Trabajos de Hércules para el ciclo del Salón de Reinos del Buen Retiro» de Francisco de Zurbarán. Véase López Torrijos [1995²: 145 y 115-185]. «Anteo, hijo de Poseidón y Gea, habitó en Libia y obligaba a todos los viajeros a sostener combate. Cuando los había muerto, adornaba el templo de su padre con los despojos. Era invulnerable mientras tocaba la Tierra, pero Hércules, a su paso y en busca de las manzanas de oro, luchó con él y lo ahogó, levantándolo sobre sus hombros» [Pérez de Moya, 1995: 453-454].

[31] *curaban*: «se toma también por cuidar o tomar cuidado, y en este sentido se usó mucho en lo antiguo» *(Aut.)*.

restante del día y de la noche lo empleó en abrasarla con suspiros, cuyos acentos lastimada repetía Eco[32].

Y habiendo el siguiente día comido de las frutas silvestres que halló en la floresta, se retiró a su albergue, quedando vencido en él del tardo sueño, si bien turbada la fantasía le atormentaba con nuevas maneras de rigores que consigo usaba la cruel Clérida, la cual, habiendo ido con su amiga Zelarda a pasar la siesta junto a la fuente de Venus que estaba en el mismo bosque, fue salteada de un fiero sátiro[33] a quien había muchas veces burlado, fingiendo amarle, temerosa de su fuerza[34]. Y dejando a Zelarda, que espantada y no bien segura de su libertad fue a dar cuenta del desgraciado suceso a su Ormindo, la llevó hacia donde dormía Floristo y, desnudándola hasta la cintura, la ató fuertemente a un antiguo roble y, con una verde rama que desgajó dél, sin piedad ninguna empezó a castigar con crueles veras las burlas que dél había hecho. Y a los primeros golpes dio tantas y tan grandes voces que despertaron a Floristo, el cual acudió al ruido y, viendo el estrago que con atrocidad tanta hacía en su querida la fiera, hirió furioso con grandes voces sus oídos para detenerla, mientras llegaba a vengar con el acero de un fuerte dardo los agravios. Y para resistirle arrancó el sátiro un ár-

---

[32] *Eco:* «Escribe Ovidio, lib. 3 *Metamorph.,* haber sido Eco una ninfa, la cual, enamorada del muchacho Narciso, y viéndose desfavorecida dél, se fue consumiendo hasta convertirse en piedra, quedándose tan solamente la voz, que remeda las últimas palabras del que habla cerca de donde ella está» *(Cov.).* Véase Boccaccio [1983: 473-474].

[33] *sátiro:* «los sátiros son compuestos de medio cuerpo arriba de figura humana y de la cinta debajo de figura de cabras; y por ello los llamó biformes Stroza Pater. [...] Aunque Luciano les da las mínimas figuras, dice que tienen las orejas puntiagudas como cabras, y no redondas como las del hombre. Filóstrato añade que tienen el rostro muy encendido y colorado. [...] Y así Alciato llama *capripes* al sátiro. Tienen sus cuernecillos en la cabeza y por eso Tito Calpurnio los llamó «bicornes». Tienen la cola a modo de la del jumento, aunque más pequeña, y todo el cuerpo tienen lleno de vello, indicio grande de su deshonestidad y gran lujuria; y así los llamó Columela lascivos» [Fray Baltasar de Vitoria, 1676: II, 582-587].

[34] Como indico en la «Introducción», la situación es semejante al sueño de Galatea junto al arroyo (1612: XXX, 233-240) y, más aún, al soneto de Góngora que comienza «Al tronco Filis de un laurel sagrado» (1621) [2000: 344].

bol y con él levantado le aguardó, echando fuego por los ojos y negro humo por las narices[35]; y ya que llegaba cerca le dejó caer con furia tanta que, a no hurtarle con un ligero salto el cuerpo, quedara con él desecho, siendo tal el golpe que estremeció toda la selva, temblando en sus cuevas los más fieros animales y desamparando las aves en los nidos a los amados hijuelos[36]. Y antes que levantara de nuevo el roble, le hirió mortalmente en el pecho; pero no pudo retirarse tan presto que no le alcanzase en un hombro la venganza que hacía con las ansias de la muerte, derribándole en el suelo sin sentido al mismo tiempo que él cayó muerto, con grande sentimiento de Clérida, por no verse del todo libre del peligro, temiendo si llegaba la noche no ser pasto de las fieras del bosque; y así solicitaba con lágrimas y suspiros la piedad del cielo, el cual, oyendo sus quejas, envió de los muchos pastores que iban en busca de la fiera a Ormindo y Zelarda que la socorriesen y, viendo al sátiro, aunque muerto, se asombró Zelarda y afligió Ormindo por haber perdido la gloria que alcanzara en darle de su mano la muerte.

Pero acudiendo entrambos a desatar a la atormentada ninfa, no curaron de Floristo, que juzgaban muerto, y ya que había cubierto con sus vestidos Clérida los desnudos y lastimados miembros, estremeció el caballero, a quien y a Ormindo[37] dejó con grande velocidad la cruel Clérida sin proseguir el suceso de la pelea que había empezado a con-

---

[35] Gabriel del Corral [1945. 73] reprodujo en *La Cintia de Aranjuez* (1628) una escena próxima a esta de Camerino: «Lo que últimamente pudo hacer Danteo fue desgajar un grueso brazo de una encina, y con el acudir a los combatientes a tiempo que la primera voz que oyó, fue, muerto soy: de que lastimado, sin acordarse de detener al delincuente, que veloz se despareció entre los árboles, llegó al herido, que en el suelo casi sin aliento yacía. Animole, y como pudo le sacó del monte, en cuya falda algunos pastores que acudían al cuidado del ganado de diferente posesión y hábito que Danteo le llevaron a la choza de Leriano».

[36] Los efectos que provoca el sátiro poco difieren de las reacciones rústicas y marinas (1612, 89-96 y 385-392) ante el canto del cíclope Polifemo. Tampoco parece casual el roble, que sombrea varias octavas de la Fábula: «el céfiro no silba, o cruje el roble» (1612, 168); «rinden las vacas y fomenta el roble» (1612, 200)

[37] *a quien y a Ormindo:* pasaje un tanto oscuro. En la edición de 1955 aparece como «ya Ormindo».

tar a instancia de Zelarda, la cual no fue parte para detenerla, diciendo que huía de otro peligro mayor del en que[38] se había visto con el sátiro. Y, así, acudieron a Floristo, que daba señales de vida y en breve las confirmó con preguntarles por Clérida; y antes de responderle, le abrazó Ormindo, habiéndole reconocido por el pastor que le venció, y rogó le admitiese por amigo, como lo hizo. Y entonces supo la partida de su dueño[39], cuya crueldad le afligió tanto que estuvo gran rato fuera de sí sin hablar palabra; pero, consolado de Ormindo y de Zelarda, les contó el principio de su amor y la pelea con el sátiro, de cuya muerte era el premio la nueva ingratitud que veían cuando esperaba agradecimiento. Y mostrándose lastimados, prometieron ayudarle a rendir tanta fiereza, llevándole Ormindo a su albergue después de haber pasado entre ellos razones de agradecimientos, porque el tiempo que se detuviese en aquellas selvas pudiese mostrar los deseos que tenía de servirle.

Esto, pues, autorizó con el cuidado que mostró en su cura los días que estuvo en la cama por reparar el daño que le había hecho el sátiro, visitándole continuamente Zelarda y, por la fuerza de sus persuasiones, una vez de Clérida, si bien con fianza que le hizo de no consentir le hablase Floristo en sus amores, cuya dura condición negó admitir el grande que le tenía. Pero prometieron su cumplimiento los deseos que acosaban al amante de gozar su presencia sin sobresalto de perderla, obligándose al Amor, que los ojos —si mudos valientes oradores— harían conocer a su hermosura los daños que le causaba la estrecha amistad que tenía con el rigor y la obligarían a que admitiese la provechosa y honesta de la amorosa piedad, como lo procuraron con todas las veras posibles en entrando la hermosa Clérida, mientras se ocupaba la lengua en agradecer tanto favor.

---

[38] *mayor del en que:* tampoco está claro el sentido. La edición de 1736 transcribe: «... peligro mayor dél, en que...»; la de 1955: «peligro mayor del en que se había visto». Interpreto la frase como «del [en] que se había visto»; es decir, haciendo caso omiso de la preposición.

[39] *dueño:* véase la nota 27 de *Las dos hermanas*.

Pero resistiendo con la obstinación de su parecer a la hermosa retórica, les dio Floristo secreto y cauteloso socorro con estas razones:

—¡Ah!, si pudiera sin quebrantar las leyes de tu rigor manifestarte las ansias mías, qué seguro tenía el remedio de mis males, pues, conocidos, alcanzarán piedad del pecho más cruel que pudo formar naturaleza. Pero es mi dicha tanta que los aumenta la crueldad cuando debiera aliviarlos la hermosura que concede a los campos —adonde asiste— perpetua primavera, porque la sigue céfiro enamorado della y el sol, que nace por verla y muere por haberla visto, influye solamente, no abrasa con sus rayos las flores que produce el lugar, donde los pies dejan impresas pequeñas formas[40].

Y toda su diligencia fue vana, pues, divirtiéndose[41] cuidadosamente, mudó sin responderle la plática y se partió diamante, si había entrado mármol[42], quedando el enamorado Floristo con tanto sentimiento que no pudo en muchos días consolarle su amigo Ormindo, si bien para divertirle le llevaba a todas las fiestas que se hacían entre los pastores de aquellas selvas. Pero crecían sus pesares con la vista y consideración de los ajenos contentos, no porque los envidiase sino por verse el más desdichado de todos, y así descansaba solamente en los brazos de la soledad, que, atenta a sus quejas para formar muchas, le regalaba con tristes pensamientos; y éstos, llevados en alas de su voz por

---

[40] Castro y Añaya [1989: 96-97] repite la misma idea y el icono femenino de Camerino, quizá de modo fortuito, en un breve episodio de su «Aurora primera»: el idilio entre Laura y el Duque de Amalfi: «Vivía el Duque más enamorado que Alberto, y quejándose lastimado que sus finezas mereciesen tan poco le contaba por el camino a Carlos el riguroso desdén de su Dama, diciendo que Laura *era la ingratitud más hermosa y soberbia más ingrata que vieron las edades* y admiraron los hombres». La cursiva es mía.

[41] *divirtiéndose*: «salirse uno del propósito en que va hablando; o dejar los negocios y, por descansar, ocuparse en alguna cosa de contento» *(Cov.)*.

[42] El pasaje se inspira tanto en la lírica garcilasista («¡Oh, más dura que el mármol a mis quejas / y al encendido fuego en que me quemo / más helada que nieve, Galatea») *(Égloga I, vv. 57-59)* como en la cultista. Así, por ejemplo, la octava XXXVII del *Polifemo:* «ciña bronce o múrelo diamante» (v. 294).

el aire, le paraban y hacían que —para escucharlas— dejase Filomena[43] las suyas.

Habiendo, pues, un día entrado en la espesura de un bosque con un fuerte venablo para defenderse de los fieros animales que estaban en él, ya que se escondía en el océano el sol porque llegase segura la noche, y que él se retiraba a su albergue, encontró a su querida Clérida, que venía huyendo de un grande oso, a cuya furia se opuso el amante, habiendo caído junto a él la hermosa pastora rendida al cansancio, y empezaron los dos una reñida batalla, cuyo fin fue darle el oso a su vida, dejando con sus agudas uñas abierto un brazo y parte del lado al pastor, que con dos arroyos de sangre matizaba las yerbas y amenazaba su muerte, si tardaba el socorro, luchando a este tiempo en Clérida la crueldad y el agradecimiento, persuadiéndole la una le desamparase y que le favoreciese el otro y, finalmente, venció la obligación de su vida librada de la cercana muerte con tanto riesgo de la de su amante; y así, con unas blancas tocas le ató las heridas y, arrimado a sí, le ayudó a salir del bosque, divirtiendo Floristo la distancia hasta su albergue con estas razones:

—Si hubiera engendrado Amor a la piedad que tu noble pecho muestra lastimado destas heridas y conocieras el insufrible tormento de las que has hecho en mi alma con tu divina hermosura, me confesara dichoso aunque nunca la

---

[43] *Filomena:* «hija de Pandión, rey de Atenas, a la cual Tereo, rey de Tracia casado con su hermana Progne, violó habiéndole pedido a su padre para que se fuese a holgar con su hermana y dejándola en una soledad adonde se aprovechó de ella. Para que no pudiese contar el suceso le cortó la lengua, y la puso con guardas en un lugar fuerte. Pero ella, siendo diestrísima en labrar y tejer, hizo una tela donde dibujó con colores todo el suceso, y tuvo orden como viniese a manos de su hermana Progne, la cual sentida gravemente de esta injuria difirió la venganza hasta el tiempo de los orgíos, y entonces con gran muchedumbre de otras mujeres bacantes con sus tirsos y sus pieles, instruida del lugar adonde estaba su hermana, la sacó de la prisión y la llevó consigo a palacio, y allí concertaron entre las dos matar a Itis, hijo de Progne y de Tereo, y guisado se dieron a comer, y al fin de la cena salieron las dos y le pusieron en la mesa la cabeza del niño. Entonces Tereo, lleno de furor, echando mano a la espada fue tras su mujer para matarla, y los dioses le convirtieron en abubilla, y a Progne en golondrina, a Filomena en ruiseñor y a Itis en faisán». *(Cov.)*. Véase Fray Baltasar de Vitoria [1676: I, 740].

acreditaras con los deseados efectos[44]. Pero ya que ni esto puedo alcanzar, verás presto los de tu crueldad en mi muerte. Que no dieron los cielos tanto valor a nuestra frágil vida que pudiese contrastar con el poder divino, tal es el de sus bellos ojos, de Amor y de la ciega diosa[45], que juntos me persiguen.

Y ya que llegaba al albergue, cayó desmayado en sus brazos por haberle desatado con la fuerza del ejercicio las heridas y, desangrándose sin sentirlo, divertido en representar sus penas a la cruel ninfa, la cual, viéndole de aquella manera, atemorizada dio voces y a ellas acudieron Ormindo y otros pastores, y entre ellos Aristo, que blasonaba haber aprendido del famoso Quirón, hijo de Saturno[46], la cirugía que profesaba; y visto las heridas, las ató de nuevo y publicó peligrosas. Y así, con mucho cuidado le acostaron en la mejor cama que pudo darle la pastoril riqueza, si la abundancia entre ellos merece este nombre. Y después de un gran rato, volviendo en sí dijo:

—Fuera sin duda, oh Clérida, a los campos Elisios[47] si me concedieran los dioses acabar mi vida en tus brazos.

---

[44] Declaración similar a otra de Pérez de Montalbán en *La villana de Pinto* [1992: 184-186].

[45] *ciega diosa:* se refiere a la diosa Fortuna, que, como indica Pérez de Moya [1995: 429], «pintábanla ciega, como cosa que da sus riquezas sin examinación de méritos. Llamábanla inconstante, infiel, deleznable y más amiga de malos que de buenos». Véase sobre su relevancia y triunfo iconográfico los trabajos de Gutiérrez [1975] y Díaz Jiménez [1987].

[46] *Quirón:* «Fue Quirón hijo de Saturno, porque inventó el arte de agricultura, según Theodoncio; mas según otros, porque fue inventor de la sabiduría con experiencia de la zurugía; y porque este conocimiento salió del tiempo, denotado por Saturno, dicen ser su hijo. [...] Fue dicho ser hijo de hombre y de caballo, y nombrado Chirón, porque se entendiese él haber inventado la cirugía, y no la medicina; y porque la cirugía es arte manual, [...] por esto se dijo Chirón, por *chiros*, que en griego significa mano» [Pérez de Moya, 1995: 538-540].

[47] *campos Elisios:* «habiendo pintado los lugares de donde pasan las ánimas de los malos y los monstruos a quien se entregan para ser atormentadas, fingieron después los campos Elysios lugar de descanso; porque desta manera pudieran los hombres ser atraídos a amar la bondad, mostrándoles que Dios no era negligente en castigar los pecados de los malos, ni escaso en premiar a los buenos, llevándolos a los campos Elysios, lugar donde fingían descansar las ánimas de los virtuosos y buenos» [Pérez de Moya, 1995: 650].

Pero ya la cruel no le oía, porque después de haber contado brevemente a los pastores que acudieron a sus voces la causa del mal de Floristo, se fue sin aguardar que le curasen o que volviese en sí, y, lastimado Ormindo de sus penas, procuró divertirle y le obligó con discretas razones al descanso para conservar la vida que, durante ésta, no hay imposible que para el hombre lo sea; y dejándole solo, le entregó el sueño a Morfeo[48] que, piadoso, lisonjeando al deseo[49], le mostró a su querida ya sin rigor y que, no pudiendo acreditar con el apacible semblante y amorosas razones su repentina mudanza, desperdiciaba tesoros de perlas que por sus bellas luces derramaba el Amor, de cuya demostración, asegurada la desconfianza de Floristo, ostentaba la fe que solicitaba enamorada Clérida, que, serenando el cielo de su hermosa cara, enlazada con él daba gloria a la suya, y la perdió, porque ufana el alma quiso hacer della alarde a los mortales, y si bien sintió la pérdida del breve y fingido contento, se halló más aliviado de su mal, de que alegre Ormindo le aconsejó se dejase llevar a Creta, adonde sería más bien curado, temiéndose que Clérida con algún nuevo disfavor no pusiese en peligro su vida, y que, estándolo, podría volver a su amorosa empresa[50]. Lo cual, pareciéndole bien, se ejecutó, llevando con ellos Aristo, que mostró en la ciudad el primor de su arte en competencia de muchos que vinieron a curarle, y al fin de dos meses estuvo del todo sano. Y ya

---

[48] *Morfeo:* dios del sueño. Es «hijo de la Noche, y hermano de la Muerte. [...] Atribúyenle mil hijos. Eurípides dice que es ladrón de la mitad de nuestra vida» [Pérez de Moya, 1995: 644]. Véase Boccaccio [1983: 110].

[49] *lisonjeando al deseo:* «adulándolo» *(Cov.).*

[50] Camerino [1992: 264-265] copia en *La soberbia castigada* esta imagen del abrazo, presidido por la invocación a Venus y el «nudo amoroso» que la diosa forma con Adonis: «—Bella madre de Amor, duélete de mis amorosas ansias que compiten con las que tuviste por el galán Adonis. Bien conozco que a tanta altivez se debía riguroso castigo pero ya, humilde y arrepentida, solicito, con estas lágrimas que derramo el perdón. ¡Piedad, hermosa Venus! Así, nunca perturben tus glorias los lazos del grosero marido y sin recelo goces del Dios de las batallas los abrazos, que si por ti alcanzo los de mi querido amante excederá el templo que yo fundaré, agradecida, en tu honor a el del fuerte Alcides que admira en esta Isla el mundo todo».

que[51] trataba de renovar sus pretensiones, llegó a la presencia de Clérida con las infaustas nuevas de su muerte la mentirosa fama, y por calificar la querella que daba de su rigor en atribuírsela toda, encarecía ya el amor de Floristo, que afirmaba haber expirado con su nombre en la boca.

Ya condenaba su crueldad de haber muerto al caballero más galán, fuerte y cortés de toda Creta, de cuyas nuevas y acusación vencida dio con abundancia de lágrimas verdaderos indicios de su arrepentimiento, quedando tan enamorada del que entendía muerto y había aborrecido vivo que enternecía con sus lástimas a las mismas piedras, como lo vio acaso en su vuelta con infinito contento Floristo, pues la halló, sin ser visto, que comunicaba tierna y afligida a las selvas sus penas, quejándose de la cruel venganza de Amor, que la obligaba amar sin esperanza de alcanzar el bien que deseaba[52]. Y descubiértose por dar fin a sus quejas y principio a su dicha, la asombró de manera que faltó no la quitase el miedo la vida; pero, animada de Amor, le habló en esta forma:

—Sombra del que aborrecí y verdadero retrato de quien adoro, ¿vienes por ventura airada a tomar venganza de mis pasados desdenes? Que si la deseas, ya Cupido ha hecho la mayor. ¿O piadoso el cielo pretende con tu querida imagen aliviar los males que a hallar semejanza fueran pequeños, siendo esto intentar un imposible, pues los avivara tu partida ya que no los aumente por ser infinitos?

Pero no dando lugar Floristo a más dudas, acreditó ser vivo con los abrazos, que no resistió la enamorada Clérida, y alegre de tan dichoso suceso le dio la mano de esposa, satisfaciendo a las ansias con que la pedía en fe del amor que publicaba tenerle; y después, con consentimiento de Feliso su padre, se hicieron las bodas, que fueron más regocijadas con el contento que se les añadió con las de Ormindo y Zelarda, que, no pudiendo perder el natural cariño a las selvas, adonde habían nacido, se quedaron en ellas, yéndose a Cre-

---

[51] *ya que:* cuando.
[52] Todo este «planto fúnebre» participa del tópico del orfismo. Véase Pablo Cabañas [1948].

ta la hermosa Clérida con su querido Floristo, y en ella vivieron largos y felices años, dejando después de muerte en herencia a la hermosa prole que dellos nació con muchas riquezas, la memoria de la amistad que habían profesado con Ormindo y Zelarda y que con ella conservaron sus de[s]cendientes.

La prodigiosa

Bajaba de la cumbre de un monte que en la región de Armenia[1] se llama Cáucaso[2] un salvaje en el parecer, aunque no en el alma, vestido de varias pieles de animales, los miembros morenos y robustos, la cara tostada y el cabello crecido. Traía colgado al hombro un carcaj o aljaba de saetas, en el lado izquierdo un cuchillo de monte y en las manos un árbol entero que, desnudo de ramas y hojas, le servía de arrimo para su cansancio y defensa para su persona. Y sentándose sobre una alfombra de olorosas, aunque groseras flores, sacó del pecho un hermoso retrato que en un obscuro lienzo estaba tan vivo que parecía tener más alma de la que había heredado de los pinceles[3]; y, mirándole con atención,

---

[1] *Armenia:* «es una región de Asia dicha en hebreo Aram, que vale *celsitudo sublimis*. Sobre el altura de sus montes se asentó el arca de Noé, pasado que fue el diluvio» *(Cov.)*.

[2] *Cáucaso:* «es un monte altísimo en la parte septentrional de Asia que divide la India de la Scitia. Está siempre cubierto de nieve. Virgilio, en el libro IV de la *Eneida*, escribe: *sed duris genuit te cautibus horrens Caucasus*. Por ser tan grande su altura, los scitas que habitan en sus faldas dicen ser peritísimos en la astronomía, descubriendo raso el hemisferio y que las estrellas parecen mayores miradas de su cumbre que vistas de lo bajo. Aquí fingen los poetas que estaba atado Prometeo» *(Cov.)*.

[3] La descripción del salvaje enamorado es un tópico que procede de la novela sentimental. Véase, como sugiere Giuliani [1992: 305], la *Cárcel de Amor* de Diego de San Pedro [1995: 4]. El motivo se prolonga durante el Siglo de Oro en la caballería de corte ariostesco. Lo mismo podríamos decir sobre el capítulo de Cardenio en la Primera parte del *Quijote*: «Yendo, pues con este pensamiento, vio que por cima de una montañuela que delante de los ojos se le ofrecía iba saltando un hombre de risco en risco y de mata en

como si tuviera presente el original, decía lastimado y enternecido:

—Ay, querida y ausente Policena[4], años ha que gocé tus divinos ojos en otro estado, ¿pero qué confianzas no quebrantan la envidia y la fortuna, y más si se juntan entrambas para perseguir a un hombre? Yo me acuerdo cuando en este pedazo de pardo lino hice a Tebandro que te retratase, mas no imaginaba entonces que este desigual bosquejo de tu hermosura había de ser mi mayor consuelo. ¿Quién me dijera, cuando mantuve en Albania un torneo con un vestido que bordaron tus bellas manos, que había de verme tan otro del que solía ser, habitando en un monte, los brazos desnudos, los pies liados con la piel de un oso, un tronco por espada y durmiendo en una cueva junto a dos cansados leones? Pero saben los cielos que ni el estar tan injuriado de las temeridades del tiempo, que el Sol me conoce por Julio y las escarchas por Enero, ni verme tan abatido que he de buscar cada día una fiera que matar para sustentarme, ni vivir en esta triste soledad, donde solamente tengo conversación con flores y cristales, ni considerar finalmente la poca esperanza que

---

mata con estraña ligereza. Figurósele que iba desnudo, la barba negra y espesa, los cabellos muchos y rabultados, los pies descalzos y las piernas sin cosa alguna; los muslos cubrían unos calzones al parecer de terciopelo leonado, mas tan hechos pedazos, que por muchas partes se le descubrían las carnes» [Cervantes, 1998: I, 255]. A propósito de este *topos*, véanse Livermore [1950: 166-183], Deyermond [1964: 97-111] y Egido [1983: 172-173].

[4] El nombre de la protagonista tiene un fuerte valor simbólico. La *Versión de Alfonso XI del Roman de Troie*, traducido en prosa castellana en 1350, ya acomodó en nuestro país los amores entre Aquiles y Policena, hija de Écuba, la reina de Troya. Sin embargo, el soldado vuelve a la batalla y mata a traición a Troylo, hermano de Policena. Écuba, para vengar la muerte de su hijo, tiende una trampa a Aquiles en el templo de Apolo, donde éste muere a traición a manos de Paris. No termina aquí el fatalismo que acarrea enamorarse de Policena. Una vez tomada la ciudad de Troya, el sacerdote Colcas la hace responsable de una gran tempestad marítima que impide el regreso de los griegos. Él mismo ordena su sacrificio para que el alma de Aquiles fuera vengada. Pero antes de ser degollada por Pirro, hijo de Aquiles, ante su tumba, Policena proclama su inocencia, atestigua su virginidad, reivindica su fama y acepta su muerte, convirtiéndose en una «mártir virgen». Nótense las connotaciones de esta historia para el desarrollo del idilio entre Gesimundo y su dama, así como la serie de mujeres que encarnan la virtud pocas líneas después.

tengo de mejor fortuna, nada tiene tanto poder en mí que baste a entristecerme ni pueda sacarme lágrimas del corazón, sino es el temor de que me olvidas, que, entre los trabajos que pasa un ausente, éste solo tiene más fuerza para atormentarle[5].

Doce años hace hoy que falto de Albania por tu ocasión y, si mi vida se dilatara a un siglo, vivieras en el pecho de la misma suerte. Pero, ay de mí, que temo que no me pagas, porque dicen que las mujeres sólo ponéis los ojos y la voluntad en aquello que veis, porque en fin lo que ya pasó no se goza. Quién duda que, viendo que en tantos años no he parecido, se tendrá por cierta mi muerte, y aun podrá ser que alguno la afirme por lisonjear a los que me aborrecen, aunque si yo vivo en tu memoria lo demás ni me aflige ni me desvela. Muchas veces me pongo a considerar que eres mujer —aunque noble— y como tal te habrás mudado, y que así el primer año me tendrías amor, el segundo te consolarías y al tercero de todo punto me arrojarías de tu pecho. Mas también reparo en que algunas ha tenido el mundo que no fueron mujeres en las costumbres ni en la poca firmeza, y tú pudiste ser una dellas.

Mayor acción fue quitarse Lucrecia[6] la vida con sus propias manos porque la gozó tiernamente Tarquino, tragar Porcia[7] las brasas en sabiendo la muerte de su esposo Bruto

---

[5] Aurora Egido [1994: 209 y ss.] ha desarrollado la asociación entre cueva, égloga y ermitaños, donde caballero y salvaje se confunden.

[6] *Lucrecia:* mujer de Tarquino Colatino, según la leyenda fue violada por Sexto Tarquino, hijo de Tarquino el Soberbio, y prefirió suicidarse antes que vivir deshonrada. Lucrecia se instituye desde la época clásica en un símbolo de castidad. Como señala Durán [1849-1851: I, 529], el Romancero consagra su figura en España, y fue extensamente difundido el que empieza: «Aquel rey de los romanos, / que Tarquino se llamaba, / namorose de Lucrecia, / la noble y casta romana, / y para dormir con ella / una gran traición pensaba». Véase en este sentido Armistead y Silverman [1978: 122-126] y Mirrer-Singer [1986: 117-130].

[7] *Porcia:* mujer de Bruto, el asesino de César, se suicidó, ingiriendo ascuas ardientes, al saber que su esposo había muerto en la batalla de Filipos (siglo I a.C.). Era hija de Marco Porcio Catón Uticensis y de su primera esposa Atilia. Su matrimonio con Bruto fue un escándalo ya que el magnicida, que era su primo carnal, había estado casado con Claudia Pulcra durante muchos años. El divorcio de su primera mujer no fue bien recibido por

y ponerse Cleopatra[8] al pecho los áspides; y para creerse no hay más información, fuera de la que dan los libros, que el amor de cada una, que si es de veras no tiene miedo a la muerte, pues menos áspero me parece, oh hermosa Policena, que tú seas constante en el mío, pues para serlo no es menester que te quites la vida.

Adelante pasara el robusto y tierno amante hablando con el retrato si no le detuviera una pastorcilla que, pasando por la falda del verde monte y presumiendo que las aves solamente la escuchaban, iba cantando desta suerte:

> Una zagaleja hermosa,
> que nació en estas riberas
> o para envidia del sol,
> o milagro de la tierra,
> triste, celosa y corrida[9]
> de su fortuna se queja,
> que pocas veces la dicha
> se paga de la belleza.
> Libre su desdén estaba
> del amor y sus cautelas,
> que era niña para gustos
> y rapaza para penas.
> Mas diola un mal una tarde
> que, aunque a decirle no acierta,
> dicen que es amor a voces
> los pulsos de sus estrellas.
> Pareciola bien Antón,
> un zagal que en el aldea

---

algunos, incluyendo la madre de Bruto, Servilia Cepionis, celosa del cariño que su hijo tributaba a Porcia.

[8] *Cleopatra:* «reina de Aegipto, hija de Ptolomaeo Auleta. Hermana y mujer del último Ptolomeo, valerosa pero impúdica. Fue amada de Julio César, de quien tuvo un hijo dicho Caesarión. Después la tuvo por mujer Marco Antonio desechando la propia que era hermana de Augusto, el cual sentido desto movió guerra contra él, y habiéndole vencido le forzó a que él mismo se matase, y imitándole en esto Cleopatra, por no verse en poder de su enemigo, que había de triunfar de ella, se dejó picar de un áspid y ansí murió» *(Cov.).*

[9] *corrida:* véase la nota 48 de *Las dos hermanas.*

da cuidado a muchos ojos,
aunque adora los de Menga.
No está triste la muchacha
por su amor, mas es discreta,
y tiene miedo a la envidia
de alguna que le desea.
Sabe Menga que en el valle
suele mirarle Teresa,
pastora hermosa y mudable,
y de condición traviesa.
Tiene mucho de su sangre,
aunque no de su nobleza,
que es tercera a lo moderno[10],
y se queda con la prenda.
Es Teresa hermosa y libre,
y cuanto mira desea,
que tiene achacoso el gusto
y así le viste de mezcla.
Hallola Menga una tarde
más afable que quisiera
en pláticas con su Antón,
suyo para darle penas.
Disimuló cuanto pudo,
porque no la dio licencia
su honestidad a dar voces,
aunque ofendida pudiera.
Mas pagáronlo sus ojos
que, desperdiciando perlas,
granos de aljófar mezcló[11]
con honestas azucenas.
Ay, Teresa, dice a voces,
qué te ha hecho mi paciencia
que con envidia persigues

---

[10] *tercera a lo moderno:* «tercero y tercera significan el alcahuete y alcahueta» *(Cov.)*.
[11] *aljófar:* tópico petrarquista para aludir a las lágrimas. El aljófar «es la perla menudita que se halla dentro de las conchas que las crían, y se llaman madre de perlas» *(Cov.)*.

        una afición tan honesta.
        Si quieres bien a otro dueño,
        ¿para qué mi amor inquietas?
        Pero sabe bien lo hurtado,
        bien lo dice la experiencia.
        A muchos te he visto amar,
        pero a pocos con firmeza,
        que es gala en ti la mudanza
        porque es oficio la afrenta.
        Quiere, y déjame querer,
        que es agraviar tu belleza
        tener envidia a mi gusto
        y amar a quien te desprecia.
        Así Menga se quejaba,
        llorando contra Teresa,
        que después que sabe amar
        se ha olvidado de ser cuerda.

    Admirado quedó Gesimundo —que así se llamaba este monstro de la Fortuna— de oír voz tan suave en aquella selva, por ser tan áspera que, pocas veces o ninguna, se solía pisar de persona humana; y poniéndose en pie la llamó y dijo que no se espantase dél, porque era hombre como los demás, aunque el traje lo disimulaba. Pero apenas vio la temerosa pastorcilla delante de sí su disforme presencia, cuando, teniendo por cierta su muerte, empezó a huir del fingido sátiro, hasta que su mismo cansancio la detuvo y se rindió a los pies de Gesimundo tan falta de aliento que ya le pesaba de haber sido causa de su miedo y sobresalto. Y reparando en su divina hermosura se volvió al cielo, como dándole gracias de haber cifrado en una villana la mayor perfección que había visto en su vida.

    No procedía su admiración por olvidarse entonces de su querida Policena, antes la razón principal que le obligaba a semejante encarecimiento era por parecérsele tanto que podía poner duda en quien las hubiese tratado a entrambas; y cogiéndola en los brazos, la llevó a su pobre cueva donde, después de haber traído agua de un despeñado arroyo en una concha de tortuga para restituirla el sentido, la regaló con un panal de miel y abundancia de conservados nísperos; y dijo que se sosegase y creyese que su condición era más blanda que prometía su aspecto, y así podía estar con seguridad, fuera de que su hermosa cara había causado en su pecho un amor tan justo y honesto que, cuando él fuera menos hombre en la piedad, con ella lo sería, porque desde que la vio le había tocado al alma una secreta voluntad que le inclinaba no sólo a su respeto sino a poner por ella muchas veces la vida. Y así la rogaba, por el amor grande que en tan poco tiempo la había cobrado, no se fuese de su compañía, porque le ayudase a sufrir el rigor de aquella soledad y porque, según lo que la amaba, sentiría con extremo su ausencia.

—Por cierto —respondió Ismenia, que éste era el nombre de la pastora—, tú me pides una cosa que, fuera de ser justa y deberlo a la piedad y amparo que me prometes, será para mí de gran gusto, porque yo vengo huyendo de un hombre que me querían dar mis padres por esposo y que en todo dicen que me iguala, pero si te confieso la verdad, aunque nací entre peñas y de gente humilde tengo pensamientos y bríos tan nobles, que me parece que no es mejor que yo el rey de Armenia ni el heredero de Albania. Y esta mañana me levanté con ánimo de vencer mi inclinación y amarle por obedecer a quien me lo persuadía. Mas viendo que no podía quererle ni acabarlo[12] con mi altiva voluntad, me salí al campo y empecé a esconderme en este monte, queriendo más ser despojos de la primera fiera que me encontrase que recebir por marido un hombre a quien había de mirar siempre con enfado, cosa que muchas mujeres hacen, aunque con poco gusto, pensando que con el trato amarán a su esposo. Pero yo no me quise aventurar a lo que tenía tanta duda, recelosa de peor fortuna, y por el peligro también que tiene la que en esa confianza atropella su libertad y se casa con quien aborrece.

Mas porque yo, dejando aparte el agradecimiento a la voluntad y gusto con que me has recebido, te miro con amor y

---

[12] Pérez de Montalbán evoca los tercetos del soneto I de Garcilaso: «Yo acabaré, que me entregué sin arte / a quien sabrá perderme y acabarme / si quisiere, y aun sabrá querello; / que pues mi voluntad puede matarme, / la suya, que no es tanto de mi parte, / pudiendo, qué hará sino hacello» (vv. 9-14). Véase Garcilaso de la Vega [2001: 66-67].

respeto, y aunque en las señales exteriores pareces hijo destos peñascos, el alma, el valor y el entendimiento están desmintiendo a los ojos; dime por vida tuya quién eres y la causa por que vives en esta soledad que, pues hemos de habitarla juntos y yo te he dado parte de mis sucesos, razón será que me pagues en otro tanto.

—Una cosa me pides —dijo Gesimundo— que ha de costarme mucho dolor, porque refrescar memorias que son desdichas no puede hacerse sin lágrimas, si bien es verdad que al cielo, al campo y a este arroyuelo las suelo repetir muchas veces; y así, porque me consueles en ellas, y por satisfacer el favor que me haces en quedarte conmigo, como tenemos concertado, te contaré mi nacimiento, mi calidad y mi adversa fortuna.

Yo soy hijo natural de Policarpo, rey de Albania[13], el cual teniendo amor a la duquesa Clori, mujer tan principal que lo pensó ser suya y en esa confianza llegó con él a los brazos, y fue mi riguroso padre, amándola con tanto extremo que no le faltaba sino dar voces por las calles, aunque después por algunas razones de Estado le obligaron a casar con Rosimunda, la cual se hizo preñada en ocasión que también Clori, que era mi madre, lo estaba de mí —pluguiera[14] a

---

[13] Policarpo es nombre de rey; ya fue utilizado por Cervantes en el *Persiles* (II, V) [1994: 167-174]. Pienso que la onomástica del personaje en *La prodigiosa* no es casual, en tanto que el homónimo soberano del alcalaíno encarnaba «la utopía del hombre primigenio (isla bárbara), la utopía del estado feliz y racional (la armonía reconstruida gracias a la mente: la isla sin nombre del rey Policarpo), la utopía de la vida retirada (tras haber fallado la razón constructiva de mundos ideales: isla de los eremitas)» [Baena, 1988: 131]. Todo el *Persiles* sería en buena medida una búsqueda de utopías: «tras innumerables naufragios, tras un rescate que parece el rescate del mismísimo Jonás, nuestros viajeros han ido a parar a la isla del rey Policarpo. Es el lugar ideal. La verdadera utopía. [...] De pronto, antes de que el lector haya terminado de percatarse de que está en el Paraíso, las serpientes de todos los pecados capitales se han desenroscado de sus árboles, y nuestros viajeros tienen que abandonar la isla a sangre y fuego, bajo la artillería del "buen" Policarpo, en no mejores condiciones que las que tuvieron al abandonar la isla bárbara» [Baena, 1988: 135].

[14] *pluguiera*: «del verbo "placer": lo mismo que agradar o dar gusto. Es defectivo por hallarse usado en muy pocos tiempos, y en el infinitivo apenas tiene uso. En el pretérito perfecto se dice *Plugo,* y en lo antiguo *Plogo:* en el

Dios no saliera vivo, porque nacer para desventuras no es nacer sino empezar a morir—. En efeto, tuvo Policarpo en un día dos hijos, uno de su esposa y otro de su dama, y, aunque hermanos, con diferente ventura y nobleza, porque Flaminio tuvo mejor madre.

Pero ¿quién pensara que, amando Policarpo tanto a la mía, me aborreciese a mí? Y no solamente él sino mi propia madre, como si no la hubiese costado trabajos y dolores ni vivido nueve meses en sus entrañas. Debió de ser sin duda influencia de mi estrella, porque llegué a estado que para alcanzar alguna cosa de mi padre me amparaba de la reina, que, con tener obligación de aborrecerme, se lastimaba y me favorecía.

Llegamos Flaminio y yo al estado de la juventud, yo más querido del vulgo por menos dichoso, y él más amado de mi padre por heredero de aquella monarquía. Hasta aquí no puedo decir que soy muy desdichado, porque aquél lo es solamente que vive malquisto[15] y nace sin entendimiento; y por esta parte bien pienso que Flaminio era el menos dichoso. Pero mi mayor tormento fue criarse con nosotros Policena, una hermosa dama hija del marqués de Sajur, hombre emparentado con el rey, y el más poderoso, sin cuyo consejo no hacía Policarpo cosa de importancia. De su belleza y gracias tratara muy de espacio, si no pareciera pasión lo que sabe el cielo y yo que es verdad; y también porque hablo con mujer y ninguna lleva con gusto alabanzas ajenas en su presencia. Finalmente era la más bella que se hallaba en toda aquella tierra y desde nuestros tiernos años empezamos a solicitarla, si bien yo con menos esperanzas que Flaminio, por no tener aquellos bríos de príncipe.

Pero como el amor se precia de ser niño y de haber nacido sin ojos[16], como muchacho yerra y como ciego suele tro-

---

presente de subjuntivo *Plazca* y *Plegue,* y en el pretérito perfecto de subjuntivo *Pluguiera* y *Pluguiese*. Sale del latino *Placere,* que significa esto mismo» *(Aut.).*

[15] *malquisto:* «mal querido» *(Cov.).*

[16] Véase el emblema CXIII de Alciato [1985: 150-151] («In Statuam Amoris») [«Sobre la imagen del Amor»]: «No sabiendo flechar el corazón de las aves, serpea por el suelo y siempre hiere corazones mortales de hombres, y

pezar donde no imagina. Mal hago en decirte que nací con poca dicha, pues merecí que Policena pusiese los ojos en mí, y esto tan declaradamente que no hice cosa en servicio suyo que no estimase y agradeciese; y al revés, no intentó cosa mi hermano que no la enojase. En las sortijas[17] y fiestas públicas sus ojos me favorecían y animaban para que acertase en todo, no sin envidia de muchos príncipes que la adoraban y particularmente de Flaminio.

Verdad es que en el agrado, en la modestia, en la cordura y aun en el talle le aventajaba, pero pocas mujeres hubiera que miraran en estos accidentes, porque las partes del alma no tienen valor en un hombre abatido. Pero Policena, o por menos ambiciosa o por más desdichada, se inclinó a mí, y esto con tanta fuerza que andado el tiempo me dio licencia para merecer sus brazos, y subiendo por una escala a su cuarto gozaba sus altas prendas[18].

---

no mueve las alas porque es de piedra. Es ciego y lleva una venda en los ojos, pero, ¿qué utilidad tiene una venda para un ciego? ¿Acaso ve menos por esto? ¿Y quién podría creer que un arquero carece de vista? Puede ser, pero los ciegos lanzan las flechas en vano. Es ígneo, dicen, e incendia el corazón».

[17] *sortijas:* la expresión «correr la sortija» alude a una «fiesta de a caballo que se ejecuta poniendo una sortija de hierro del tamaño de un ochavo segoviano, la cual está encajada en otro hierro de donde se puede sacar con facilidad, y este pende de una cuerda o palo tres o cuatro varas del suelo; y los caballeros o personas que la corren, tomando la debida distancia, a carrera se encaminan a ella y el que con la lanza se la lleva, encajándola en la sortija, se lleva la gloria del más diestro y afortunado» *(Aut.).* La palabra, según observa Deleito y Piñuela [1988: 82], parece designar una competición galante en la que los concursantes rivalizaban con sus versos y motes: «El caballero había de mostrar, por ciertas particularidades que ostentaba en la lid, la secreta pasión que le consumía. Tales eran los emblemas llamados *divisa, empresa* y *mote.* La *divisa* consistía en un color simbólico, que expresaba convencionalmente los sentimientos o la situación amorosa del caballero. [...] Las *empresas* constaban de dos partes, llamadas *alma* y *cuerpo,* que aisladamente carecían de significados; pero sí le tenían juntas. Consistía el *cuerpo* en una figura pintada: águila, palmera, laurel, etc. El *alma* era la inscripción o letrero que acompañaba y explicaba la figura. [...] Los *motes* eran máximas o proverbios comprensibles por sí mismos, tales como *Quien más vale, sufre más, Quien espera desespera* [...] y otros más».

[18] Tópico en las novelas de la época. Lope lo ironiza en *Las fortunas de Diana* [2002: 116-117]: «Sacó una escala de cuerda Celio, que algunas noches había traído para la que tuviese dicha, y alcanzando un palo, que no sin malicia estaba cerca, ató en él los cabos y, arrojándole a la ventana, después

Tenía Flaminio tratado con el padre de Policena ser su esposo, porque cada día se iba empeñando en aquella necia voluntad. Dábale más ocasión para solicitar este deseo ver que yo era su mayor contrario y ofendíase de que a mí me antepusiese Policena, siendo el heredero de Albania y yo hijo natural y no legítimo. Y como vía que interesaba tanto en ello que vendría a mirar a su hija con la corona, hablábame con mal semblante y enfadábase de mi voluntad, riñendo a Policena y aconsejándola favoreciese a Flaminio, porque le podía resultar más bien del que presumía. Pero ella ni quería, ni podía; y más cuando para confirmar su amor se sintió preñada, cosa que a mí me puso en más obligación y a ella en mayor peligro, porque como es enfermedad que se encubre dificultosamente y su padre no estaba de parecer que fuese mía, ella y yo temíamos lo que podía resultar. Y así cada día esperaba la muerte; mas sus diligencias fueron tantas para disimular aquella desdicha, que estaba en el último mes, y ninguna de cuantas asistían a su servicio lo sospechaba, porque era con tanto exceso lo que se martirizaba en el vestirse que muchas veces me parecía milagro que no reventase y saliese más público el encubierto fruto de nuestros amores.

El cuidado y el ansia con que me tenía este suceso era como de hombre que la amaba y la vía entre sus enemigos, porque de ninguna se atrevía a fiar, para enviarme siquiera el ángel que naciese, porque a todas o a las más tenía de su parte Flaminio. Con estos miedos estábamos ella y yo cada instante, hasta que una noche despertó con tan agudos dolores que luego conoció que era parto. Y vistiéndose de presto, bajó llena de congojas hasta la puerta falsa de un jardín, cuya llave tenía para esta ocasión, saliéndose por ella con ánimo de irse en casa de un privado[19] y amigo mío, que sa-

---

de haberla prevenido, le dijo que le atravesase en ella. Ella, toda turbada, le acomodó temblando; y apenas Celio le halló firme cuando fiando a los pasos portátiles el cuerpo, se halló en las manos de Diana que, con la disculpa de tenerle para que no cayese, se las previno».

[19] *privado:* «vale ser favorecido de algún señor, de *privatus, a, um,* cosa propia, y particulariza con él y le diferencia de los demás; y este se llama privado, y el favor que el señor le da privanza» *(Cov.).*

bía mis cosas. Pero apenas dio vuelta a dos calles, cuando se sintió tan muerta que no pudo dar más paso, y entrándose en el portal de la primera casa parió una hermosa niña; y viendo pasar dos hombres arrebozados[20], los llamó y se la dio, diciendo que, por ser mujer y sola, la hiciesen favor de llevar aquella prenda a Gesimundo, hijo del rey de Albania, que podría ser les diese mejores albricias[21] que imaginaban.

Y habiendo alcanzado dellos que no la siguiesen, se volvió a palacio y dentro de dos horas se halló en su propia cama donde, quejándose de un repentino achaque, fue curada y servida como persona a quien miraban todos con esperanza de ser su reina. Mas fue tan desgraciada mi voluntad y el triste honor de Policena, que uno de los hombres a quien llamó para que me entregasen la inocente criatura era Flaminio, mi hermano y enemigo, el cual, discurriendo sobre quién podía ser la madre de la recién nacida y viendo que Policena desde aquella noche estaba enferma, se puso a pensar si sería ella, porque del grande amor que me tenía podía creerse cualquier fineza. Y confirmó también esta malicia la cara de la niña que, como su traslado, no pudo negar el original verdadero, y para vengar sus celos y hacer castigar mi osadía, se resolvió a contar lo que pasaba a mi padre y al de mi esposa, que así la he de llamar toda mi vida, y primero mandó a un criado que hiciese pedazos la criatura y me la llevase de su parte, para cumplir lo que la noche antes había prometido. Y estando una mañana vistiéndome, entró cierto caballero privado de Flaminio y con él un paje que traía en una fuente el pequeño cuerpo de la niña, con tantas puñaladas que apenas podían conocerse distintamente las fa[c]ciones de su sangriento rostro.

Ya puedes considerar, Ismenia, como recibiría este recaudo, porque luego me heló el corazón la infame temeridad

---

[20] *arrebozar:* «cubrir con un cabo o lado de la capa el rostro, y con especialidad la barba o el bozo, echándola sobre el hombro izquierdo para que no se caiga» *(Aut.).*

[21] *albricias:* «lo que se da al que nos trae algunas buenas nuevas. Quieren algunos se haya dicho *albricias* de *albicias,* porque cualquiera que venía a traer nuevas de alegría entraba vestido de vestidura blanca» *(Cov.).*

de Flaminio; y luego penetré[22] mi desdicha y, bañando con lágrimas de padre los rotos miembros y la tierna sangre, que aún sospecho que estaba caliente, disimulé cuanto me fue posible y fui a verme con él y preguntarle que a qué propósito me enviaba presente tan extraordinario, que podía dar temor y lástima al pecho que se preciara de más cruel en el mundo. Y entonces el traidor hermano, como si me hubiese hecho alguna lisonja, me contó el lastimoso caso y me advirtió de lo que pensaba hacer para destruirme y perseguir a la afligida Policena.

No es posible —repliqué yo— que tenga sangre mía quien se precia de tan bajas costumbres, pero bien sabes que la causa porque te atreves a ofenderme en la vida y el alma es sólo por verme tan poco valido[23], que a ser de otra manera yo te hiciera tener más respeto a mis cosas. Mas si acaso te enojaba mi amor y estabas celoso, ¿por qué no me quitabas a mí la vida, pues fuera hecho de hombre, y no tomar la venganza de quien no tuvo manos ni lengua para defenderse? Pero en efeto eres tan vil y de tan cobarde corazón que, con estar yo tan desechado y aborrecido, me tienes miedo; y de aquí adelante con más justa razón, porque te he de matar cuando menos lo imagines, aunque tengo creído que el cielo me quitará deste cuidado y volverá por la sangre de aquel serafín, porque semejantes maldades no las suele guardar para la otra vida.

No tuvo qué responder Flaminio a tan justa queja, sino con algunas afrentas de mi madre, diciendo que por lo menos en la suya no podía hallar ninguna infamia; y como las injurias que se dicen a los padres, aunque sean verdaderas, ofenden tanto el alma de los hijos, yo que estaba reventado y que cualquiera ocasión bastaba para hacerme salir de juicio, alcé la mano y, dándole un bofetón, saqué la espada y, antes que tuviese lugar de dar voces ni de revolverse, le dejé

---

[22] *penetrar:* «vale algunas veces el haber alcanzado lo muy oculto de alguna cosa, y así hallamos penetrante al demasiado de agudo» *(Cov.).*

[23] *valido:* «particularmente se toma por el que tiene el primer lugar en la gracia de algún soberano, o es su primer ministro. Llámanse también privado» *(Aut.).* «Favorecido, amparado o defendido» *(Aut.).*

herido y envuelto en su sangre. Alborotose con esto el palacio y, llegando las nuevas a los oídos del rey, mi padre, mandó no solamente que me prendiesen sino que me hiciesen pedazos, mas yo, escapándome de mil espadas que me seguían, tomé un caballo y entré por lo espeso de un monte hasta que me perdieron de vista mis enemigos y, después de caminar dos días, me hallé en esta soledad[24], donde para defenderme del rigor de la noche me amparé de una profunda cueva y, vencido del sueño, dormí hasta la siguiente luz. Y apenas el hermoso Cintio[25] alumbraba con su resplandor esta selva, cuando desperté y vi junto a mis pies un fiero león que, o por imaginarme[26] muerto, como me vio dormido, o por cumplir con su generoso ánimo, me concedía la vida mientras estaba suspendiendo mi muerte —que aun en los más crueles animales suele tener imperio la natural piedad— y no solamente no ofendió mi persona sino que con halagos y caricias me dio a entender que quería tenerme por amigo; si bien es verdad que era peligrosa conversación, pues en fin en cualquier tiempo estaba mi muerte en sus manos[27].

---

[24] *soledad:* esta palabra, como ha estudiado Jammes [1994: 59-65], tenía en latín dos significados principales: 1) «falta de compañía» y, a veces, «sentimiento de abandono» provocado por este aislamiento; 2) «lugar despoblado».

[25] *Cintio:* Cintia es la luna. «Es nombre que se dio a Diana, del monte Cintio, en la isla de Delos, adonde ella y Febo nacieron, el cual es tan alto que hace sombra a toda la isla» *(Cov.).* Este hipocorístico no abunda en las colecciones que he consultado. De hecho, sólo lo utiliza Castillo Solórzano en *Más puede amor que la sangre,* novelita incluida en *Sala de recreación:* «El cielo en el obscuro espacio de la noche no manifestaba sus lucidos astros, partícipes del esplendor de Cintio, ni la blanca hermana de este lucido planeta ostentaba sus plateados rayos porque con opacas y densas nubes se embozaba su claridad» [1977: 118].

[26] En la *princeps* «imiganarme».

[27] Como subraya Giuliani [1992: 316], el león que comparte la soledad del hombre es un tópico que procede de la historia de Androclo, narrada por Aulo Gelio en sus *Noctes Atticae.* Aquí hay que notar «la incongruencia de la narración». A veces Montalbán nos habla de una pareja de «casados leones», otras veces es sólo uno el animal que vive al lado de Gesimundo. En el capítulo XIV del libro V de las *Noches áticas,* Gelio [2006: I, 248] narra que «Apión, hombre erudito apodado Plistónices, escribió que él había presenciado en Roma el mutuo reconocimiento entre un león y un hombre,

Y entonces dije entre mí que sin duda importaba mi vida para algún grave caso, pues el cielo volvía por ella en tantas ocasiones; y viendo que hallaba en un león lo que me faltaba en padre y hermano, hice amistad con él y me cobró tanta voluntad que los más días suele traerme en la boca la caza que mata, para que me sustente, teniéndome más por compañero que por enemigo. Halleme dentro de un año tan dueño deste monte, destos riscos y destas fieras que todo me obedecía como al primer hombre[28], y por esta razón no quise salir de aquí y también porque en cualquiera parte había de topar con mi muerte; porque las afrentas hechas a poderosos es milagro que vivan sin venganza. Aquí tengo, en lugar de palacio, un seguro aunque pobre albergue, y, en lugar de soldados y lanzas, dos leones que me guarden y me defiendan; esas colmenas me ofrecen miel, esos arroyos cristales, esos montes sombra con su presencia y aquellos árboles frutas silvestres. Los osos y jabalíes que despedazo me dan vestido, aquel mar me regala con pescados y ese bosque con liebres y conejos[29].

---

que se habían conocido hacía mucho tiempo»: «Entre otros muchos esclavos condenados a combatir contra las fieras, figuraba uno, llamado Androclo, regalo de un ex cónsul. Cuando aquel león lo vio desde lejos, de repente —sigue contando Apión— se detuvo como extrañado, y luego fue acercándose lenta y plácidamente hasta el hombre como queriendo reconocerlo. Entonces comienza a mover la cola mansa y sosegadamente, como suelen hacer los perros zalameros, y se pega al cuerpo del hombre, y lame suavemente con su lengua las piernas y manos del esclavo, que estaba casi muerto de miedo». No son desdeñables otras fuentes (Ovidio, San Juan de la Cruz) sobre la compañía de leones en cavernas que se transforman en tálamo nupcial. Véase Garrote Bernal [2005: 25-48].

[28] El pasaje se llena de resonancias adánicas y concierta con lo dicho sobre la elección del nombre de Policarpo y la huella utópica del *Persiles*. Pérez de Montalbán reproduce el tópico de la Edad de Oro, sublimado por Cervantes en el capítulo de XI de la Primera parte del *Quijote*: «Dichosa edad y siglos dichosos aquellos a quien los antiguos pusieron nombre de dorados [...]» [1998: I, 121].

[29] Las trimembraciones de este párrafo son casi idénticas a las de un soneto juvenil (1583) de Góngora: «Ni en este monte, este aire, ni este río / corre fiera, vuela ave, pece nada, / de quien con atención no sea escuchada / la triste voz del triste llanto mío; / y aunque en la fuerza sea del estío / al viento mi querella encomendada, / cuando a cada cual dellos más le agrada / fresca cueva, árbol verde, arroyo frío, / a compasión movidos de mi llanto,

215

Ésta es mi vida y mi historia, y ansí, si te resuelves a quedarte conmigo, prometo regalarte como si fueras mi esposa Policena, o mi querida hija, cuyo rostro aún no conocí, aunque le tuve en las manos. De juncia[30], espadañas[31] y tomillos tendrás una cama limpia y olorosa; el invierno nos abrigaremos en las entrañas desta abierta peña y el verano[32] gozarás del saludable céfiro a la sombra de aquellos avellanos. Mi condición es apacible, mi pecho piadoso, mi cortesía grande y mi nobleza la que te he referido; y desde aquí hago juramento a Júpiter[33] de no ofender tu recato aun con el pensamiento. Gastaremos la mañana en alabar al cielo, viendo el primor con que formó la más humilde florecilla, retratándose en las criaturas[34]. Visitaremos a la tarde aquella alameda, de donde llevaremos ramos para el fuego y teas para

---

/ dejan la sombra, el ramo y la hondura, / cual ya por escuchar el dulce canto / de aquel que, de Estrimón en la espesura, / los suspendía cien mil veces. ¡Tanto / puede mi mal, y pudo su dulzura!» [Góngora, 2000: 40].

[30] *juncia:* «hierba, es lo mismo que genciana. Genciana es hierba que tomó nombre del primero que la descubrió y enseñó sus virtudes y el uso della; éste fue Gencio, rey de Esclavonia, que tuvo particular inclinación a especular las virtudes de las hierbas medicinales» *(Cov.).*

[31] *espadañas:* «hierba bien conocida, cuyo tallo no tiene nudo alguno, y es muy parecido al del junco, encima del cual se hacen unas mazorcas o bohordos. Las hojas tienen figura de espada, de donde tomó el nombre. Nace con abundancia en las lagunas y orillas de los arroyos y en los sitios húmedos y pantanosos» *(Aut.).*

[32] *verano:* primavera. Era el significado corriente en el Siglo de Oro. Se explica así la tópica mención del Céfiro, viento primaveral de tradición petrarquista.

[33] La alternancia entre invocaciones paganas y cristianas es común en el género, sobre todo si la geografía parece exótica. Véase *La ingratitud hasta la muerte.*

[34] Montalbán se inspira en la tradición ascética española. Así, nos dice Fray Luis de Granada en «Los vegetales», capitulillo incluido en su *Guía de Maravillas* [2006: 63]: «¿Para qué otro oficio sirven las clavellinas, los claveles, los lirios, las azucenas y alhelíes, las matas de albahaca? [...] ¿Para qué, pues, sirve todo esto, sino para recreación del hombre, para que tuviese en qué apacentar la vista de los ojos del cuerpo, y mucho más los del ánima, contemplando aquí la hermosura del Criador?». Lo mismo ocurre en este fragmento de la *Introducción al símbolo de la fe* [1989: 233-234]: «¿Quién podrá declarar la hermosura de las violetas moradas, de los blancos lirios, de las resplandecientes rosas, y la gracia de los prados, pintados con diversos colores de flores, unas de color de oro, y otras de grana?».

alumbrarnos; y lo que sobrare del sueño pasaremos en contar nuestras ya pasadas desdichas, y yo por lo menos engañaré desta suerte mi amor, pensando que tengo presente a Policena, porque es tan semejante tu rostro al suyo que parece que te pintó el cielo, teniendo delante el divino original de su cara[35].

Así se quedó Gesimundo, porque la memoria de su ausente esposa pidió a sus ojos lágrimas y, llegándose a él Ismenia, le consoló, prometiendo no apartarse de su lado un punto porque, fuera de merecerlo su persona, una inclinación natural la movía a estimarle y a serle tan obediente, como si fuese quien la hubiera engendrado; y así, para divertirle[36] alguna parte del dolor, sacando del zurrón un instrumento, cantó con dulce melodía desta suerte:

> Codiciosa de un arroyo
> pisaba Narcisa el prado,
> tan hermosa como ella,
> que ella sola es su retrato.
> Cristal en las peñas busca,
> a ruego de su cansancio,
> ¿quién vio pedir a las peñas
> lo que pudiera a sus manos?
> Llegose a un breve arroyuelo,
> tan brioso y alentado
> que para armarse de flores

---

[35] Ruiz Fernández [1995: 155-156] ha explicado el valor proléptico de este soliloquio de Gesimundo: «el monólogo convoca la razón pretérita de su desgracia (el amor no autorizado hacia Policena), la causa de su soledad (el destierro) y el tiempo que lleva sufriendo su castigo (doce años); sin embargo, la información referente al pasado se subordina a las expectativas que la situación límite que vive el personaje pueda despertar en el lector. Éste se prepara para asistir al desenlace de los amores evocados, al fin del destierro que —se presume— tendrá lugar a lo largo de la novela». No descarto, a propósito del «idilio» de Gesimundo e Ismenia, una posible fuente de Teócrito —filtrado quizá por Martín de la Plaza—, concretamente el *Idilio* III: el cabrero, enamorado de la pastora Amarilis, entona su serenata ante la puerta cerrada de la gruta y, entre otras promesas, expresa su deseo de convertirse en abeja para atravesar la hiedra que protege el acceso.

[36] *divertirle:* véase la nota 41 de *La ingratitud hasta la muerte.*

no hubo menester al mayo.
Y cuando ya prevenía
líquida plata al cuidado,
corriente vidro al deseo
y húmeda lisonja al labio,
vio que la traviesa nieve,
vuelta en cristal condensado,
era marfil oprimido
y perezoso alabastro.
En fin, al curso veloz
el yelo detuvo el paso,
y se quedó el arroyuelo
hecho azucena del campo.
Si no es que el tierno cristal
de Narcisa enamorado,
grillos pidiese a diciembre[37]
para verla más de espacio.
Bien quisiera dividirse
de los transparentes lazos
para gozar más lascivo
la púrpura de sus labios.
Mas viendo que le esperaba
todo el jardín de sus manos,
por no mirarse vencido
no se consintió en pedazos.
Y también porque Narcisa
no se viese en su alabastro,
que se preciaba de hermosa
y era el nombre ocasionado.

---

[37] *grillos:* «son las prisiones que se echan a los pies de los encarcelados que se guardan con recato, y son dos anillos por los cuales pasa una barreta de hierro, que remachada su chaveta no se puede sacar sin muchos golpes. Llamáronse grillos por el sonido que hacen cuando se anda con ellos» *(Cov.).* Las imágenes del «cristal» (transparencia del cuerpo femenino) y los grillos recuerdan a la octava XXIII del *Polifemo:* «La ninfa, pues, la sonorosa plata / bullir sintió, del arroyuelo, apenas, / cuando, a los verdes márgenes ingrata, / seguir se hizo de sus azucenas. / Huyera, mas tan frío se desata / un temor perezoso por sus venas, / que a la precisa fuga, al presto vuelo / grillos de nieve fue, plumas de hielo» (vv. 217-224) [Góngora, 2000: 343].

> Cortés entonces el sol
> dio comisión a sus rayos
> para que el muro de yelo
> fuese aljófar desatado.
> Penetrole su luz pura,
> y el arroyuelo enojado
> se dejó gozar huyendo
> y se despidió llorando[38].

De grande consuelo le sirvió a Gesimundo la compañía de Ismenia, porque divertido en su hermosura y entendimiento pasaba las horas y los días con menos ansias, amándose tan cortés y honestamente que jamás dieron licencia a una imaginación liviana, viviendo entrambos seguros y contentos; y más Ismenia, porque no amaba ni tenía cuidado que la quitase el sueño. Pero no le duró mucho esta vanagloria porque, estando una tarde mirando su hermosura en el cristal de un arroyo, cuando ya el sol se iba muriendo en los desmayos últimos de su luz, vio un gallardo mancebo que, cansado de perseguir alguna fiera, se arrojó del caballo y, puesta la mano en la mejilla, se quedó dormido sobre las flores a la dulce música que el agua hacía tocando unas pizarras azules. Después de haberle mirado con atención, porque la cara era de un ángel, el vestido de un rey y el talle de un valiente soldado, quiso irse y no pudo, que el amor castiga libres corazones y suele abrazar de repente como el rayo.

En efeto, Ismenia se halló con grillos en los pies para irse y con mucha voluntad para quedarse; y, dejándose vencer de su amor, se llegó a él con pasos mudos y le sacó la espada de la cinta[39], y luego le despertó diciendo que la tomase y conociese que la debía la vida, pues se la pudo quitar

---

[38] Según Giuliani [1992: 318], el poema junta elementos del mito de Narciso con los de Eurídice y Orfeo. La descripción del arroyo helándose es una de las imágenes recurrentes en las obras de Montalbán, que repetirá también en el *Orfeo* (canto I, vv. 281-284) y en muchas de sus comedias.

[39] *cinta o cinto:* «el cíngulo militar era ornamento del caballero y soldado, y así cuando le descomponían por algún delito, le quitaban el cinto de donde colgaban la espada y el puñal» *(Cov.).*

tan fácilmente. Recordó[40] Tancredo —que éste era su nombre— y, admirado de la singular belleza de Ismenia, la dijo que no la podía agradecer la piedad de no darle la muerte, porque si le esperaban sus ojos era lo mismo, y antes había sido rigor que misericordia, pues dormido no sintiera los aceros y despierto era forzoso mirar sus rayos[41]. Pero por mucho que le suspendió su hermosura más novedad le causó su traje; y, así, la pidió con ruegos y promesas le dijese la causa de estar en aquel monte teniendo partes para ser princesa de un reino, si no es que era otra Diana cazadora que, desdeñosa de vivir entre los hombres, quería gastar sus años en la soledad[42].

Respondiole Ismenia que la verdad era que vivía en compañía de su padre, hombre de ilustre sangre y de muchas prendas, aunque por accidentes de fortuna había venido a un humilde estado. Como si muchos años se hubieran tratado, quedaron Ismenia y Tancredo tan amantes y satisfechos el uno del otro que ni Ismenia acertaba a subir al monte para recogerse con Gesimundo ni Tancredo podía bajar al valle a buscar a sus criados, de quien en la caza de aquella tarde se había perdido. Y así, viendo la discreta serrana que la noche iba amenazando y que estaba algo lejos de su cabaña, le dijo en breves razones de esta suerte:

—Pluguiera a Dios, señor mío, que como vuestra gallarda persona me parece, tuviera yo partes para mereceros, pero si es verdad que el amor se engendra de una conformación de sangre, bien puede ser que lo que he visto en vuestra suspensión, en vuestros ojos y en vuestras palabras sea voluntad, y por no quedar en opinión de villana con vos, y porque sé que me lo ha de estimar mi pensamiento, bajaré a este mismo sitio algunas veces, adonde podréis verme, pero con advertencia que no habéis de agraviarme porque, fuera de no

---

[40] *recordó:* «se despertó» *(Cov.).*

[41] Alusión implícita a los dos tipos de flechas que portaba Cupido, dios del Amor: «las unas tienen el hierro o casquillo de oro y las otras de plomo. Las de oro concilian y ayuntan voluntades, las de plomo odio y aborrecimiento» *(Cov.).*

[42] *Diana cazadora:* véase la nota 3 de *La ingratitud hasta la muerte.*

ser justo, os puede estar muy mal, pues a una voz mía bajará mi padre, y en su defensa un león que os hará pedazos.

—Bien se echa de ver —respondió Tancredo— que no me conocéis, pues me advertís de lo que yo había de hacer, aunque vos me lo dijérades, por vos y por mí. Por vos, porque os adoro, y quien ama ni violenta ni ofende; y por mí, porque soy noble, y no lo fuera si tuviera ánimo de usar tiranías con las mujeres[43]. Yo vendré cuando la noche vista de estrellas el cielo, tan humilde como enamorado, y me quedaré adorando estas flores porque las pisastes, y este cristal porque os ha servido de espejo.

Despidiéronse con esto entrambos y fue creciendo el amor de Ismenia cada día de suerte que lo echara de ver Gesimundo, si hubiera en aquella selva más hombres con quien pudiese comunicar, pero no la quedaba a deber nada Tancredo, porque a todas horas la tenía en los ojos y la noche se quedaba en el monte aguardándola, aunque ella no podía bajar siempre que quisiera, porque Gesimundo la riñó el venir tan tarde, pensando no que era la causa su amor sino el desasosiego de la caza; y una vez que se descuidó Gesimundo con ella, estando aguardando donde solía a su querido Tancredo, volvió los ojos y en un tafetán carmesí halló un hermoso retrato de una dama con una carta que le servía de cortina, que a la cuenta la noche antes se le había dejado por descuido Tancredo entre unos jazmines y, viendo Ismenia que el sobrescrito era para él, con curiosidad de mujer celosa leyó turbada, y vio que decía así:

Señor, yo llegué de Albania, donde estoy de secreto, y vi a la Infanta, cuya belleza envío copiada en ese pequeño lienzo, si bien es tanta que puede estar sentida de las colores. Vuestra Alteza me avise con brevedad de lo que le parece para que disponga de mi viaje y del concierto destas felicísi-

---

[43] Nótese el parecido con la glosa «Sin Dios y sin vos y mí» de Jorge Manrique: «Yo soy quien libre me vi, / yo, quien pudiera olvidaros; / yo só el que, por amaros, / estoy, desque os conocí, / sin Dios y sin vos y mí. / Sin Dios, porqu'en vos adoro, / sin vos, pues no me queréis; / pues sin mí, ya está de coro, / que vos sois quien me tenéis. / Assí que triste nascí, / pues que pudiera olvidaros; / yo só el que, por amaros, / estó, desque os conocí, / sin Dios y sin vos y mí». Véase A. Alonso (ed.) [1995: 253].

mas bodas, con que cesarán las guerras que por tantos años se han continuado en estos reinos.

No quiso pasar adelante Ismenia, ni pudo, porque los celos son coléricos y para matarla bastaba menos desengaño. Lloró su corta ventura y sintió el perder a Tancredo, pues por tantos inconvenientes no era posible ser suyo. Lo primero, por ser hijo de rey y haber tanta diferencia de una parte a otra. Y lo segundo, por esperar Tancredo a la Infanta de Albania para esposa y ser su hermosura tan grande como aquella carta encarecía. Pero sintiendo pasos, disimuló sus ansias y vio junto a sí su enemigo, que venía cantando este soneto:

> Con dos estrellas de color celosa
> y un alma de zafir en cada estrella
> salió de su cabaña Ismenia bella,
> el natural jazmín bañado en rosa.
> Consintiose mirar su luz hermosa,
> y, cuando quise regalarme en ella,
> de azules rayos la primer centella
> me castigó cual ciega mariposa.
> Las alas me quemó para que entienda
> que he de llegar con más temor al fuego[44],
> que me puede abrasar la mejor prenda.
> Mas yo la respondí, turbado y ciego,
> cómo tan bello sol mi pecho encienda,
> mas que empiece a matarme desde luego.

---

[44] El tópico de la mariposa atraída por el fuego como símbolo del amor disfruta de larga fortuna literaria. Sus antecedentes más conocidos se han situado muchas veces en dos sonetos de Petrarca, el XIX («Son animali al mondo de sí altera...») y el CXLI («Come talora al caldo tempo sole...»). Pilar Manero Sorolla [1990: 313-317] ha prestado atención detenida a estos dos poemas del *Canzoniere* en tanto fuente no sólo de otros españoles como Cetina, Francisco de Figueroa y Fernando de Herrera, sino también como modelo y paralelo de diversos autores sicilianos y stilnovistas, así como de Folquet de Marseille, Giacomo da Lentini, Bembo, Tansillo, Tasso, etc. En los *strambotti* de Serafino dall'Aquila, por ejemplo, la imagen adquiere un notable índice de frecuencia, representando la mariposa al poeta enamorado. Gregorio Cabello [1990: 255-277] [1991: 57-75] ha analizado su herencia española en textos de Garcés, Villamediana, Góngora, Soto de Rojas o Diego Hurtado de Mendoza, entre otros. Véase, asimismo, Pedrosa [2003: 649-660].

Cuando los agravios se ven por los ojos, el mayor dolor de quien pasa por ellos es verse lisonjear del ofensor; y como Ismenia sabía que los amores de Tancredo eran tan poco seguros, sintió aún con más fuerza el verse engañada que mal correspondida. Porque el desamor de un hombre puede ser natural y no suele estar en su mano, pero el fingimiento no, porque nace de pechos maliciosos. Y para que en ningún tiempo pudiese quedar Tancredo con la gloria de haberla dejado, aunque fuese por la Infanta de Albania, quiso adelantarse Ismenia y, con la razón y los celos que tenía, le dijo:

—Aunque me ves Tancredo en este monte, vestida tan rústicamente, que son mis mayores galas una piel de tigre manchada a trechos, bien habrás visto que el alma tiene más valor del que promete no mi cara sino mi traje. Tú dices que me amas con tanto extremo que, con ser de la mejor sangre de Armenia, pondrás a riesgo tu calidad y vida por ser mi esposo, y esta fineza no puede quedar sin agradecimiento, ni en ley de cortesía, ni de voluntad, y así te la pago con quererte más de lo que era menester. Pero como quien ama no sabe mentir, porque engañar a una persona es ofensa y no amor, después que te tengo alguno, me ha pesado de haberte callado cierto secreto por cuya ocasión es imposible que nos gocemos. Y no te admire que ahora te desengañe, pudiendo haberlo hecho antes, porque a la primera vista todas las mujeres encubren su cuidado, aunque le tengan, por no decir su flaqueza a quien no conocen; que no ha de andar una mujer publicando a todos que tiene amor, porque fuera estimarse en poco, pero cuando se sienten obligadas, toda nuestra ansia es tratar de verdad a un hombre desengañándole y diciendo el riesgo que tiene para que le huya o le excuse.

Todo esto viene a parar en decirte que soy ajena, porque el que te dije que era mi padre no lo es, sino un hombre a quien desdichas han desterrado de Albania, y yo he dado palabra de ser su esposa, si bien es verdad que hasta hoy no tiene más prendas mías que haberme tomado una mano y no sé si llevándola a la boca; y así procura o quererme menos o resistirte más, porque yo soy noble y he de ser suya, pues lo dije una vez, fuera de que le debo finezas que no pueden pagarse menos que con mi propia persona. Y es tan principal, gallardo y entendido que, a no parecer pasión, dijera que te aventajaba.

Apenas la celosa Ismenia acabó estas últimas razones cuando, sin escuchar respuesta ni satisfación, se metió por lo más áspero del monte y, como Tancredo no le sabía, a pocos pasos se halló sin ella, haciendo tales extremos que bastaran a enternecer una peña, si tuviera alma para escucharle. Pero todo fue en vano, porque Ismenia no quiso ponerse a peligro de ablandarse oyéndole, porque la condición de las mujeres es tan piadosa que para llorar ellas no han menester más ocasión que ver llorar a otros. Aunque no por eso excusó el justo sentimiento, pues, encerrándose en el más apartado rincón de la cueva, lloró lágrimas de amor, y, sacando la carta que le escribían a su dueño, besaba el sobrescrito, como retrato de quien estaba esculpido en lo mejor de su pecho.

Desta manera pasaron los dos amantes algunos días sin verse, no por descuido de Tancredo sino por entereza de Ismenia; la cual, estando una tarde en la falda del monte, se detuvo a ver un árbol, en cuyo pardo papel estaba escrito su nombre y el de Tancredo. ¿Qué importa, dijo, quejándose entre sí misma, que Tancredo se llame mío en los árboles si en Albania le puede desmentir la Infanta Florinda? ¿Qué importa que me diga amores y ternuras en esta selva si en su palacio espera otra hermosura a quien adore? ¿Y qué importa finalmente que en esta soledad le halle el alba si aguarda la de otros ojos tan brevemente? Más dijera si no lo atajara una voz que al dulce son de una vihuela se oía entre los álamos; y aunque le pareció que era de su ingrato amante, con todo quiso por entonces olvidarse de su aspereza, y escuchó que decía así:

> El alma y voluntad tras sí me lleva
> de la divina Ismenia la hermosura,
> pastora con belleza y sin ventura,
> que de su corta dicha es fuerte prueba.
> No quiere mi respeto que me atreva
> a su honesta, a su grave compostura,
> que cuando la esperanza se aventura
> no es el morir callando cosa nueva.

> Pero si a su hermosura se debía
> cualquiera libertad, yo restituyo
> una que tuve mientras no la vía.
> Ni pretendo el favor, ni el amor huyo,
> que aunque ella se desdeñe de ser mía,
> yo me contento con llamarme suyo.

Luego conoció Ismenia en las razones y en la voz que era Tancredo y procuró esconderse entre las ramas, por si podía huir de verle y hablarle, no porque la pesara sino por no despertar el fuego de su amor, que con la ausencia parece que se iba durmiendo; mas sintiendo Tancredo ruido en las hojas, buscó la causa, y la dijo que huyese tanto de un hombre que no tenía culpa en perderla, si no es que del vestido aprendiese costumbres de fiera. Y que supuesto que no podía ser suya, solamente quería que supiese de un papel su sentimiento, para que por lo menos entendiera lo mucho que le debía, y, despidiéndose de su hermosura, le dejó en las manos estos versos que leyó, imprimiéndolos en el alma:

> Divina sirena,
> hermosa homicida,
> causa de mi pena,
> dueño de mi vida.
> Cuando aquesta escribo,
> si es que acaso acierta
> quien estando vivo
> tiene el alma muerta,
> mi dolor es tanto
> que aun apenas puedo,
> ni me deja el llanto
> decir cómo quedo.
> Ya es fuerza perderte
> por mi corta dicha,
> y verme sin verte,
> ¿qué mayor desdicha?
> Pero yo confío
> morir y adorarte,
> porque es desvarío

vivir sin gozarte.
Tú verás que pierdo
el juicio, y es justo,
pues no hay hombre cuerdo
viviendo sin gusto.
No creí mi daño,
y en tan grave calma
llega el desengaño
cuando estoy sin alma.
Otro dueño esperas
que en dicha me excede,
y amando de veras,
¿quién sufrirlo puede?
Y aunque aquestos daños
el alma reciba,
gócesle mil años
como yo no viva.
Mira cuál me veo
en tan triste pena,
loco de un deseo
cuando eres ajena.
Quiérele en buen hora,
pues no fuera justo
que quien más te adora
te quitase el gusto.
De ti me despido,
aunque en ti me quedo,
que aquesto han podido
mi amor y tu miedo.
Y plegue a los cielos,
pues mi mal se sabe,
que me des más celos
porque antes acabe.
Muera mal pagado
con dolor profundo,
porque un desdichado
no hace falta al mundo.
Mis ansias no tengan
ventura cumplida

> y nuevas te vengan,
> que perdí la vida.
> Pues las horas breves
> que por mí lloraras
> de quien tanto debes
> quizá te olvidaras.
> Y pues has querido
> no hay de qué admirarte,
> que un amor perdido
> las entrañas parte.
> Ruégale tú al cielo,
> de mi amor movida,
> que por mi consuelo
> me quite la vida.
> Y pues me despido
> ya por lo postrero,
> que te acuerdes pido,
> mi bien, que te quiero.
> Y que, si viviera
> mil años, te amara,
> aunque no te viera
> y otro te gozara.
> Y a Dios, que reviento,
> porque estos enojos
> con más sentimiento
> mires en mis ojos.

Enternecida acabó Ismenia de leer y muchas veces pasara por el papel los ojos, si no se lo estorbara Gesimundo, que venía a buscarla; y contento de haberla hallado, la rogó cantase alguna cosa de las que sabía para divertirle de sus continuos pensamientos, y más por obedecerle que por estar para ello cantó disimulando su pena desta suerte:

> ¿Para qué se queja un hombre
> que dice que tiene amor,
> si una ocasión que le dieron
> de cobarde la perdió?
> Tener el bien a los ojos

sin gozar de la ocasión,
o fue tibieza del gusto,
o disculpa del temor.
Ay de mí, que por cortés
perdí gusto y opinión,
que daña la cortesía
si está de por medio amor.
No me mires más, Lisarda,
bien merezco tu rigor,
pues quise quedar sin luz
y en mis brazos tuve el sol.
Mas podrán decir mis ojos
que con tanto resplandor
fue la suspensión discreta,
fue justa la turbación.
Que no hay perfeto amor
donde falta el respeto y el temor.
Amor fue Lisarda hermosa,
que quien siempre te adoró
pudo tenerte respeto,
pero no quererte, no.
Estar cobarde quien ama
es la fineza mayor,
pues no goza por humilde
lo que galán deseó.
Guardé a tu honor el decoro,
que era poca estimación
amarte tan confiado,
que me faltara el temor.
Si deste miedo te ofendes,
ya la venganza te doy,
pues tus ojos miro y sé
que esferas de fuego son.
Pero si ellos me mataren
podrá decir tu rigor
que muero por estimarlos,
no por hacerlos traición.
Pues, ¿no hay discreto amor
donde falta el respeto y el temor?

En acabando de cantar Ismenia, dijo Gesimundo que ya era hora de recogerse y, cuando empezaban a subir la cumbre del monte por una calle que formaban rosales y álamos blancos, oyeron un gran golpe, que parecía de alguna cosa que caía de alto; alborotose Ismenia y, deteniéndose Gesimundo, sacó el arco por si era alguna fiera pero, aunque dio vuelta a todo aquel distrito, en todo él no pudo hallar la causa, hasta que, llegando al mar, vio junto a su orilla una pequeña barca, cubierta toda, sin remos ni marinero que la guiase; y echando una cuerda fuerte, con el ayuda de Ismenia la sacó a tierra, deseoso de saber el misterio que encerraba, pero apenas rompió los lienzos y cubierta, cuando se quedaron Ismenia y él confusos y turbados, mirándose el uno al otro, porque dentro no había más riqueza que un hombre bañado en su sangre, y junto a él una hermosa dama viva, aunque tan desmayada que le faltaba poco para imitar al cadáver que tenía a su lado.

El dolor de entrambos fue grande viendo tan lastimoso canto y más penetró el corazón de Gesimundo esta desdicha porque, encendiendo luz y mirando con atención la dama, le pareció que la cara y el talle era de su ausente esposa; y, sacando el difunto cuerpo y dándole por sepulcro el mar, pues su vida ya no tenía remedio, la cogió a ella en los brazos y llevó al breve palacio de su cueva, y en ella la regaló de suerte que dentro de pocos días tuvo por cierta la esperanza de su vida.

Notable fue la confusión de la dama cuando ya se vio con fuerzas para abrir los ojos y se halló entre un hombre y una mujer, que a la primera vista daban miedo, aunque en el trato, en la conversación y en el hospedaje eran más piadosos con ella que lo habían sido sus deudos y su fiero padre; y viendo que Gesimundo no quitaba los ojos della y que oía su nombre algunas veces en la boca de Ismenia, le dijo:

—Dos cosas me tienen confusa y de entrambas me has de hacer gusto de desengañarme. La primera es decirme si es verdad que te llamas Gesimundo y la segunda qué es la razón porque, desde el punto que me trujiste a esta cueva, a todas horas me miras suspirando, y muchas veces con lágrimas, y porque sé que has de preguntarme lo mismo, pues luego que oí tu nombre parece que con él me llevaste toda el alma, digo que la razón que me obliga es haber tenido amor a un caballero de tu mismo nombre, el cual me cuesta tanto que lo de menos importancia es haber visto tan perdida la vida, que es milagro del cielo, y de tu clemencia que haya quedado con ella. Y si te digo que era hijo del rey de Albania este Gesimundo que llamo esposo mío, no pienso que me acusara la verdad de mentirosa.

—Pues sí, yo soy— respondió Gesimundo, tan turbado de contento que apenas acertaba a pronunciar las palabras— el desdichado hijo de Policarpo, el hermano de Flaminio y el dueño tuyo, si acaso eres Policena y no se engañan mis ojos, ¿no quieres que te mire con extremos? ¿No quieres que se me quiebre el corazón viéndote padecer por mi causa tantas desdichas? Gesimundo soy, Policena, aunque tan diferente que sólo de lo que fui tengo el nombre y el alma; Gesimundo soy, y lo he de ser tuyo hasta que me prive el cielo desta despreciada vida, aunque, pues merezco tus ojos y tus brazos, desde hoy empezaré a desearla, cosa que no pensé porque en todo el discurso de años que ha que resido en estas peñas no ha salido vez el sol que no me hallase pidiéndole al cielo que me la quitase, porque la vida en un hombre que tiene que sentir no es lisonja sino martirio.

No pudieron decirse los dos amantes con la lengua todo cuanto quisieran, que es corto instrumento para una gran pasión; y con los ojos y el alma encarecieron su amor y dicha, pues se habían juntado por tan extraño camino. Y aunque la cara Ismenia y el cuidado que della tenía Gesimundo la podían dar celos, fue tanto el amor que la cobró que, como si fuera su hija, la trataba y quería, si bien es verdad que primero se informó de la ocasión que había tenido para vivir con Gesimundo. Y estando los tres en esta conformidad, la rogaron les diese parte de las desgracias que habían pasado por ella después que estaba ausente dél. Y como la mala fortuna referida cuando hay alguna prosperidad más entretiene que desconsuela, por cumplirlos tan justo deseo dijo:

—Fueron tantas, querido Gesimundo, las penas que cargaron sobre mí con tu ausencia, y todas tan justas, que ni entonces fue posible sentirlas según lo que eran ni ahora lo será referirlas según lo que fueron. Porque aquella demasía que hiciste con Flaminio yo quedé a pagarla como fiadora tuya, pues, viendo que no podía vengarse de ti, se vengó en tu retrato, publicando mi flaqueza y diciendo a voces que yo había parido en sus brazos. Y en lugar de castigar mi padre el rigor infame que había usado con el ángel recién nacido, se le agradeció como si no fuera sangre tuya y a mí me mandó encerrar en una torre donde en muchos años no vi la cara al sol ni a persona humana, hasta que el rey, tu padre, movido de lástima, dio licencia a que me hablase un hombre de confianza y que se había criado en mi casa, con el cual entretenía mi prisión contándole mis desdichas. Y como un día me dijese que le habían afirmado por muy cierto que tú estabas en una aldea cerca de Albania, le rogué con grandes encarecimientos me trujese secretamente recaudo de escribir, y él por obedecerme lo hizo, y luego me puse a firmar la muerte de entrambos porque te escribí una carta en que te avisaba del triste estado de mi vida y de lo mucho que te amaba el vulgo, porque te lloraban todos cada día, al paso que deseaban la muerte a Flaminio, porque con mil géneros de molestias y tiranías aun antes de gozar la corona los oprimía.

Decíate también que te amparases de algún príncipe, con cuyo favor podías emprender tu venganza, y que yo entretanto, si fuera menester, daría veneno al príncipe y, viéndole sus vasallos muerto y teniendo nuevas de que tú estabas vivo, era fuerza que te buscasen y fueses después de los días de Policarpo legítimo sucesor del Imperio. Estas y otras cosas de gran peso te escribía en aquella desdichada carta para descansar mi corazón y procurar remedio a tu fortuna; pero como el que la tiene mala no acierta en cosa, fuimos Arnesto y yo tan infelices que, saliendo de mi cuarto con ánimo de buscarte, le encontró Flaminio y, preguntándole por mí, fue tanto lo que se turbó que luego tu hermano le tuvo por sospechoso y, haciéndole prender, le hallaron la carta, con la cual confesó más de lo que sabía.

Alborotose con esto la corte y mi padre, muy preciado de leal a costa de mi vida, ejecutó en mí la mayor crueldad que ha visto el mundo porque, mandando hacer aquella barca, de modo que por ninguna parte pudiese salir la respiración, dio muchas puñaladas al pobre Arnesto y le metió en ella, y a mí junto a él viva, para que las ansias de verme con un cuerpo muerto y el mal olor me acabaran miserablemente; y arrojándonos al mar con lástima de los presentes, nos dejaron a la voluntad del agua, y desta suerte anduve hasta que el cielo, enternecido a mis ruegos y lágrimas, fue servido de que llegase a esta orilla, donde tu piedad me sacó a ver la luz del día y gozar un bien que desde que nací he querido y me cuesta lo que habéis escuchado entrambos.

Celebraron Ismenia y Gesimundo la suerte de Policena que, cuando tiene tan buen fin, aunque la hayan escurecido trabajos y disgustos, no puede llamarse adversa. Deste modo vivía Gesimundo con su esposa, más contento que si fuera señor de todo el orbe, porque, desde que el sol bañaba de rayos los montes hasta que esperaba su luz en brazos de la noche, estaba gozando su hermosura con menos cuidados y obligaciones, encareciendo dentro su mismo pecho la dicha que le había guardado el cielo después de tantos años de penas. Al revés lo pasaban Ismenia y Tancredo porque entrambos vivían quejosos de su voluntad; ella porque se desposaba en Albania y él porque presumía que ya lo estaba en aquel monte con Gesimundo. Mas cansándose Ismenia de callar sus celos, no quiso consentir que Tancredo tuviese queja de su liviandad, pudiéndola tener ella de su mudanza y, una vez que le halló entre unos laureles y jazmines, le enseñó el retrato y la carta, y le advirtió que la razón de haberse levantado a su amor y honestidad aquel testimonio no era porque ella amaba a otro sino por imaginarle ajeno, pues aquellos dos testigos se lo decían a todas horas y que así no se espantasen de su rigor, pues su fingimiento y mala correspondencia le merecían.

—Yo te confieso, hermosa Ismenia —replicó Tancredo—, que antes que te viese traté casarme con Florinda, infanta de Albania. Pero también te aseguro que, después que miré tu divina belleza y creí que merecía alguna parte de tu cuidado, estoy tan arrepentido que, aunque sea a disgusto de mi padre y vasallos, que desean la ejecución de estas bodas porque en estos dos reinos cesen las guerras, por no ofender tu voluntad te doy palabra de no casarme en mi vida si no es que sea contigo, pues no serás la primera reina que se haya criado entre peñas y árboles —si acaso no mienten las historias— pero esto con prevención de que este hombre que llamas padre lo sea, porque, si acaso me engañas y le gozas por galán, dél y de ti tomaré tal venganza que se espante mi amor de mi riguridad[45].

Quedó Ismenia tan contenta y agradecida a la promesa de Tancredo que, para desengañarle de que era cierto lo que le había dicho, le puso en parte donde pudo ver a Gesimundo en brazos de su esposa. Y como entre los que se aman se usa poco tener nada secreto, sin acordarse de que le había dicho que era su padre, le contó la verdadera historia de entrambos; la cual escuchó Tancredo con mucho gusto, viendo cuán noble era su querida Ismenia si Gesimundo y Policena eran sus padres, pues venía a ser no menos que nieta del rey de Albania, cosa con que aseguraba su amor y disculpaba su arrojamiento, pues, ya que no se casaba con la infanta Florinda, en efeto, eran con sangre suya.

Con estas alegres esperanzas se despidió Tancredo y quedó Ismenia afligida, considerando cuán mal había hecho en fingirse hija de Gesimundo siendo tan fácil de probar lo contrario, porque, aunque en el amor y la cara lo parecía, en el nacimiento era —a su parecer— el suyo tan diferente como el día y la noche. Y lo que desto resultó fue que Tancredo, perdido por ella y resuelto en ser su esposo, después de estar hechas las capitulaciones[46] con la princesa de Albania, quebró la palabra y envió a decir a Policarpo que ya estaba casado, el cual sintió, como era justo, tan mala correspondencia y presumió que el arrepentirse o era hacer burla dél o despreciarse de ser su yerno; y sin aguardar a cartas ni embajadores se previnieron al punto Policarpo y Flaminio, y salieron de Albania con veinte mil hombres, haciendo pri-

---

[45] *riguridad:* «lo mismo que rigor, aunque es menos usado». *Rigor:* «crueldad o exceso en el castigo, pena o reprehensión» *(Aut.).*

[46] *capitulación:* «concierto, condición y pacto que se da por escrito para convenir unos con otros, especialmente en casamientos» *(Cov.).*

mero juramento entrambos de no volver a ella hasta destruir o matar a Tancredo, pues tan poco había estimado las prendas de Florinda.

No se descuidaba Tancredo en esta ocasión porque, teniendo nuevas de la intención de Policarpo, pidió a su padre le dejase a él la comisión de aquella guerra y buscó valientes y antiguos soldados hasta ocho mil, de suerte que con los demás hacían número bastante para resistir a los soberbios albaneses; y, hablando a Ismenia, la rogó que, pues su padre Gesimundo era tan gran soldado, recabase con él [y] favoreciese su ejército para dos cosas. La primera para amparar aquella causa como suya, pues lo era de su hija; y la segunda para tomar —si quisiese— venganza de Flaminio, que venía arrogante en compañía de Policarpo, y también para que los albaneses supiesen que estaba vivo y que los podía hacer mal con su persona.

Confusa se halló Ismenia, viendo cuán presto se había de saber su engaño pero, dejándolo todo en manos del tiempo y de su fortuna, se determinó de hablar a Gesimundo y le contó los amores del príncipe Tancredo, la causa de la guerra y la ocasión que le ofrecía el cielo para volver a su antiguo estado y salir de aquella miserable vida. No le desagradó a Gesimundo lo que Ismenia le prometía en nombre de Tancredo para enderezar sus cosas al fin que deseaba, y, así, se determinó a servirle, no para ofender a su padre, porque el fin, aunque ingrato, lo era, sino para ser causa de la paz y quitar la vida a su traidor hermano, pues, muerto él, todo había de parar en volver a Albania y ser dueño de la corona.

Avisole Ismenia de que la importaba para la ejecución de su deseo dar a entender por unos días que era su padre, y respondiola Gesimundo que no solamente por unos días sino por toda su vida, si fuese menester, porque lo que la quería y lo que se parecía a Policena era tanto que, si no hubiera nacido de padres humildes, fuera cosa fácil hacer creer a todos que lo era; y llevándole Ismenia a la presencia de Tancredo, se hablaron los dos príncipes con notables muestras de amor, y Tancredo se admiró de verle tan robusto y diferente de lo que en otro tiempo le había conocido. Y preguntándole por Policena, le rogó la trujese consigo para estar en compañía de una hermana suya, y así los vasallos como los grandes de aquel reino los honraron como a personas tan ilustres. Diole el rey a Gesimundo el bastón de general y, mudando traje, salió por la corte tan gallardo y airoso que ninguno podía persuadirse a que era él a quien el día antes habían visto en forma de bruto o sátiro, tanto es lo que acreditaran las galas a la exterior hermosura.

Ya en este tiempo estaban los arrogantes albaneses tan cerca que podía oírse el eco de las cajas[47] y trompetas que resonaban por todo el monte, y Gesimundo en anocheciendo salía con su antiguo vestido a reconocer el campo y a ver el ánimo con que venía su padre que, como sabía tan bien todo aquel distrito, estaba seguro de perderse[48] y, como iba en tan extraño hábito, también lo estaba de que le tuviesen por sospechoso; y bajando una noche desde su cueva al valle para volverse a la corte, oyó cerca de sí pisadas de personas que estaban hablando en secreto y, escondiéndose entre unas encinas y pinos, vio un mozo armado y bien dispuesto a quien los demás miraban con temor y trataban con respeto, dando a entender que era señor de todos. No pudo Gesimundo conocerle, porque la poca claridad de la noche no daba lugar a ello, pero lo que pudo entender de sus palabras y que le dio harto cuidado fue una plática que les hizo, levantándose en pie y diciendo desta suerte:

—Aunque sois pocos los que me estáis escuchando, bien puedo decir que es la mayor parte de la nobleza de Albania, porque fuera de los que miro presentes no hay quien a mí me pueda igualar en nada ni a vosotros os llegue a competir. Yo soy, como todos sabéis, Flaminio, hijo único de Policarpo, rey de Albania, porque aunque tuve años ha otro herma-

---

[47] *cajas:* «instrumento militar, lo mismo que tambor» *(DRAE,* 1817). *Atambor:* «es una caja de madera redonda, cortada igualmente por el haz y el envés, y cubierta por arriba y por abajo con pergamino. Tócase con los golpes de dos palillos llamados vaquetas, que dan en uno de los pergaminos, llamados parches. Es instrumento sonoro, que anima los corazones de los soldados y gobierna sus movimientos» *(Aut.).*

[48] *perderse:* «errar el camino o rumbo que se llevaba; pero también no hallar camino ni salida, como perderse en un bosque o laberinto» *(Aut.).*

no, ya pienso que la tierra o el mar le esconde en sus entrañas, fuera de que aunque viviera no podía hacerme contradición, por ser hijo natural, no legítimo y por su madre perdía el derecho que a mí me sobra. Mi padre ya veis que está viejo y que así a mí como a vosotros trata con demasiada aspereza y, si va a decir verdad, a mí me pesa de que viva tanto, porque me canso de estar sujeto pudiendo ser señor de lo que no gozo viviendo él. Y aunque otras veces he tratado con vosotros estas cosas, la causa principal que me ha movido a juntaros es ver que la ocasión se entra por las puertas y se nos viene a las manos para hacer nuestro hecho, porque mi padre es tan curioso y ha tomado tan por su cuenta esta guerra que, aunque sus años le pedían otra cosa, fue salirse solo a reconocer su ejército y aun el ajeno. Yo le he visto esta noche y, si no me engaño, viene ahora por aquel repecho y, si gustáis de seguirme, podremos salir y quitarle la vida y, haciendo después pedazos sus vestidos, nadie pensara sino que algún león o fiera de las que nacen en estos montes fue el riguroso homicida; y claro está que los soldados, hallándose sin rey, aunque no quiera, han de traspasarme la corona, y en viéndome con ella y el cetro en las manos destruiré poco a poco a todos aquellos que están inclinados a las cosas de Gesimundo, y vosotros seréis no mis vasallos sino mis amigos y compañeros, en cuyos hombros fiaré el peso y cuidado de todo el reino.

Apenas creía el piadoso Gesimundo la crueldad y tiranía que intentaba Flaminio contra quien le había dado el ser pero, agradeciendo al cielo el favor de haberle traído en aquella ocasión para rescatar la vida de su padre, se fue hacia la parte por donde Flaminio señalaba que había de venir, y a pocos pasos le halló que, armado de todas piezas, iba informándose de todo el campo, el cual viendo delante de sí aquel monstro sacó espada y cubierto de arneses le fue a quitar la vida; y arrojando Gesimundo un árbol que traía en señal de que estaba de paz, le dijo que reparase en que era hombre como él, y que venía solamente a avisarle no pasase de allí, porque le estaban esperando para matarle su hijo y algunos de sus vasallos que debían de ser interesados en su muerte.

—Si acaso quieres —dijo Policarpo— ofender mi persona valiéndote de ese engaño, advierte que yerras, porque a sola una voz que dé saldrán veinte mil hombres que tengo en campaña y no te valdrán tus pies, ni tu ferocidad, fuera de que yo por mi persona basto a defenderme no de ti, que es corto vencimiento, sino de cuantas fieras produce esta soledad.

—Pues para que veas —replicó Gesimundo— que ni te engaño ni quiero ofenderte, baja por esa cuesta y verás de quién te fías; y ten por cierto que no te dejara pasar de aquí ni consintiera[49] poner a tan conocido peligro si no tuviera bastante confianza de mi valor para defenderte; y créeme que puedes estar seguro de mí porque te amo más de lo que imaginas, aunque no te lo debo, porque has usado en esta vida conmigo algunos rigores que otra ocasión te diré si me da lugar mi desdichada estrella.

Admirado escuchó Policarpo las razones de aquel salvaje y, reparando en las malas entrañas de Flaminio y de algunos que le aconsejaban, se inclinó a darle crédito. Mas por no volver a su tienda sin satisfacerse, descendió hasta lo profundo del valle y tras él Gesimundo con deseo de que saliesen los traidores por obligar a su padre y tomar venganza de tantos disgustos como le había hecho Flaminio; el cual, en conociendo a Policarpo, avisó a los demás y le acometió diciendo: «Muera el injusto rey de Albania».

Entonces Policarpo, volviéndose a Gesimundo, le llamó y dijo le cumpliese la palabra que le dio de amparar su vida. Mas no fue menester darle muchas voces porque, en viendo que salía la emboscada, se puso a su lado y, esgrimiendo a una y otra parte el leño que traía, empezó a desbaratarlos de manera que ninguno le esperaba que no pagase la osadía midiendo la tierra. Quiso Flaminio probar a repararle con la rodela[50] un golpe para atravesarle con la espada, pero fue de suerte la furia con que se dejó caer sobre su enemigo que le hizo, como a los demás, besar el suelo y, en viéndole caído,

---

[49] En la *princeps* «consentiera».
[50] *rodela:* «escudo redondo que cubre el pecho; arma española, que con ella y con la espada se suele pelear animosamente» *(Cov.).*

fue tanto el miedo de los demás traidores que le ayudaban que le desampararon y se fueron huyendo de los ojos de Policarpo, el cual mandó llevar en prisión a Flaminio, aunque por no alborotar los soldados calló la causa y, quedándose solo con Gesimundo, le pidió dijese quién era para pagarle la vida que le había dado.

No quiso por entonces dejarse conocer Gesimundo, y, así, le respondió que su padre era aquel monte donde se había criado desde que nació y que lo que le había obligado a defenderle con tanta ansia era haber sido un tiempo íntimo amigo de cierto hombre que se llamaba Gesimundo y blasonaba de hijo suyo, aunque desgraciado.

—¡Ay —dijo entonces Policarpo, cubierto de lágrimas[51] el rostro—, si él viviera no intentara este traidor de Flaminio semejante alevosía!

—No solamente vive —respondió Gesimundo— sino que antes de muchos días te le podría enseñar tan obediente a tu amor que no parece que le has tratado mal en toda tu vida.

—Pues créeme —replicó Policarpo— que al momento había de poner en su cabeza la corona de Albania y aún presumo que no le pesara a todo el reino porque, aunque piensan que no puede ser heredero viviendo Flaminio, hay mucho que decir en eso; y porque eres su amigo y te holgarás de lo que te dijere, escúchame y verás a lo que llegó su poca fortuna, aun antes de nacer, porque te enternezcas y le busques con más cuidado.

Todas las palabras de su padre notaba Gesimundo con notable suspensión y, dejándole enjugar cantidad de lágrimas que el sentimiento y el amor habían ocasionado, le oyó que proseguía desta suerte:

—Has de saber que en mi mocedad quise bien a una dama con amor tan desatinado que me olvidaba por ella del cielo y aun de mí mismo; y llegó a tal estado esta ciega pasión que, viendo a la reina y a ella preñadas y que vinieron a parir en un propio día, por dar a entender lo que estimaba las cosas de aquella mujer, sabiendo que entrambas habían parido hijos, lo troqué, sin que lo supiese más que yo, el cie-

---

[51] En la *princeps* «lágrimos».

lo y un privado mío. De manera que el hijo de mi dama, que es Flaminio, publiqué que era hijo de la reina, por tener más ocasión de que me heredase y más disculpa para quererle; y a Gesimundo, que verdaderamente era hijo legítimo mío, di por madre a Clori, que en aquellos tiempos era la dama que digo y la prenda que más quería, y por esta ocasión se admiraba todo el reino de ver que aborreciese a Gesimundo, siendo hijo de quien adoraba, y estimase a Flaminio, teniendo por madre a una mujer que aborrecía.

No quiero referirte las tiranías que tuve con Gesimundo porque, si le quieres bien, es fuerza que te pese, pero baste decir que paró mi desamor en desterrarle de Albania y en que haya vivido muchos años desdichadamente por tierras extrañas, si es que vive, porque allá hemos tenido muchas veces nuevas de su muerte. Pero como ni en los hombres ni en la naturaleza hay cosa constante, el amor que yo tenía a Clori se acabó y mi entendimiento conoció su yerro, saliendo del engaño en que había vivido, y luego empecé a desagradarme tanto de Flaminio que quise decir a voces la verdad de su nacimiento. Y sólo me detuvo el ver que venía a quedar la corona sin heredero que la sucediese, porque faltaba Gesimundo, pero pues Flaminio es tan ingrato a lo que me debe, que con traiciones y cautelas quiere quitarme la vida y el cetro, y tú dices que me darás vivo a Gesimundo, no hay duda que, si lo cumples, le verás rey de Albania; lo uno por darle lo que es suyo, y lo otro por empezar a pagar la deuda de haberme librado de la muerte, pues es cierto que siendo tan amigo tuyo su aumento dél viene a resultar en tu provecho.

No pudo resistir Gesimundo el contento y, echándose a los pies de su padre, se descubrió diciendo que delante tenía a su hijo Gesimundo y que estaba muy contento con la triste fortuna que había pasado después que faltaba de sus ojos, sólo por tener ocasión en que haber podido defender sus canas. Los extremos que hizo Policarpo entonces, viéndole vivo, fueron tales como pedía la novedad del caso y, abrazándole tiernamente, le dijo se volviese con él, porque a otro día había de hacer que le besasen la mano y serviría también de animar a los soldados que, como todos le querían bien y conocían su gran esfuerzo, sería cierto el emprender la guerra con más resolución. No pudo obedecerle en esto Gesimundo, disculpándose con referir los beneficios que había recebido de Tancredo y que era Capitán General de sus soldados, aunque haber cargo que parecía contra su padre no era por ofenderle, como se había echado de ver, sino por ser causa de la paz y sosiego de aquellas provincias.

Preguntole al despedirse Gesimundo por su esposa Policena y respondiole enternecido que no le tratase della, porque le rasgaría el corazón acordarse de la crueldad que usaron en su muerte su padre y Flaminio.

—No os lastime tanto —dijo Gesimundo— porque está viva y, aunque parece imposible, ha muchos días que la gozo en este monte para que echéis de ver, padre y señor, como vuelve el cielo por la inocencia y guarda las vidas que injustamente persigue el poder y la mala estrella.

Fuese con esto Gesimundo tan alegre como Policarpo lo quedaba de haber hallado su querido hijo, y con él la vida que pudo perder aquella noche a faltar el socorro de Gesimundo; y dando parte de tan extraño caso a sus consejeros, determinó verse con el rey de Armenia y Tancredo, su príncipe, para tratar las paces y si fuera posible los casamientos de todos. Y señalando un sitio donde a la siguiente tarde habían de verse los reyes, lo primero que hicieron fue jurar por el rey de Albania a Gesimundo, y él dio luego la mano a Policena, ofreciéndose por sus padrinos los padres de Tancredo, el cual dijo a Policarpo que la razón de no cumplir los conciertos tratados con la infanta era por estar casado con una nieta suya, que era Ismenia, hija de Policena y Gesimundo.

Entonces, los dos le respondieron desengañándole de la verdad y diciendo que no la conocían de más que haberse criado algunos años en su compañía y que, ya que llegaba ocasión tan fuerte, no fuera justo tratarle engaños, porque aunque a Ismenia la amaban por muchas razones, como si fuera hija propia, la verdad era que había nacido de gente humilde y grosera.

Cuando Tancredo oyó estas razones hizo sentimiento como si hubiera escuchado la sentencia de su muerte y sin comparación fue mayor cuando supo que Ismenia no parecía ni en palacio, ni en toda la corte, porque viendo que ya llegaba el día en que era fuerza descubrirse su engaño y perder juntamente a Tancredo, no quiso verle con vergüenza suya, y, así, se fue a los campos huyendo de lo que adoraba con pensamiento de acabar su vida en la soledad. Suspendiéronse las fiestas que le habían de hacer hasta saber de la perdida Ismenia, porque los novios estaban con tanto disgusto viendo que faltaba que a muchos dio que sospechar su sentimiento, porque presumieron que era su hija y por no darla a Tancredo lo negaban. Y lo cierto es que la amaban de manera que, si no supiera Gesimundo que Ismenia tenía padres que le pudieran desmentir, a voces dijera que era suya.

Tancredo también por otra parte andaba loco, ofreciendo a quien le dijese della gran cantidad de dinero. Mas acordándose Gesimundo que el primer día que la halló en el campo y otros muchos le había contado sus altos pensamientos y el lugar donde había nacido, hizo despachar a un hombre para que con toda prisa se informase de sus padres, por si acaso se había vuelto con ellos; y haciéndose averiguación en el lugar sobre el caso, los hallaron y, remitiéndolos a la corte, dijeron que Ismenia no era su hija, aunque la habían tenido por tal casi desde el día que había nacido, sino que un caballero natural de Albania, que dijo que se llamaba Lucio Camilo, la trujo a su casa cierta noche para que la criasen, avisándolos primero no revelasen aquel secreto a ninguna persona porque les costaría la vida y que habría tres años que, queriéndola casar con un sobrino suyo, el mismo día de la boda se fue, sin que desde entonces muerta ni viva supiesen ella.

Creció en todos la admiración pensando que, pues Lucio Camilo la había llevado a criar, sería suya; y sabiendo que estaba en Albania, le hicieron venir para que dijese lo que sabía cerca de Ismenia, y él, rogando le dejasen solo con Gesimundo, le dijo:

—Lo que te puedo afirmar desta dama, que llaman Ismenia, es tanto que a nadie como a ti conviene saberlo ni a ninguno admirara tanto el suceso, y por no tenerte con sobresalto, porque las nuevas que he de darte no son para ello,

241

has de saber que, saliendo una noche el príncipe Flaminio y yo a pasearnos por Albania, ya que nos volvíamos para entrar en palacio, nos llamó una mujer cubierto el rostro y, llegándose a ella Flaminio, la dijo, por verla casi difunta, si quería que la llevase consigo o hiciese por ella alguna cosa.

—Lo que os quisiera suplicar —respondió la dama, poniéndole una niña en los brazos— es que lleveis este ángel a Gesimundo, que yo sé que por él conocerá al dueño, y creedme que él y yo podrá ser que os satisfagamos esta merced porque, en fin, aunque desgraciado, es hijo del rey.

Y dejándosele a Flaminio, que si le conociera le entregara primero a un león, se partió de nuestra presencia, rogándonos que ninguno la siguiese porque le importaba la vida y la honra. Con notable confusión quedamos Flaminio y yo discurriendo sobre quién podía ser aquella dama, porque como tú amabas tanto a Policena no se persuadía a que tuvieses otro cuidado; y como Policena vivía tan encerrada tampoco sospechaba que fuese suyo. En efeto, llevamos a mi casa la niña y a mí me dio orden para que la entregase a un ama; súpose a otro día la repentina enfermedad de Policena y, consultando la cara de la niña, se conoció evidentemente que ella era la madre y tú el galán que gozaba de su belleza. Y con la furia de los celos aconsejando su rigor y fiado en su potestad, me mandó que se la trujese para verter su sangre y cumplir la palabra que había dado a Policena de enviártela.

Prométote Gesimundo que, cuando entendí su injusta determinación, como si fuera quien la había engendrado, lo sentí porque no tenía cosa que no fuese un retrato del cielo y halleme, si te digo verdad, confuso y temeroso, porque si no le obedecía perdía para siempre su gracia, que los príncipes por un disgusto olvidan el servicio de toda la vida, y, si me resolvía a obedecerle, no cumplía con mi noble piedad, pero en fin me dispuse a traérsela por no enojarle y, cuando ya salía de mi casa para el sangriento sacrificio, parece que quiso el cielo agradecer mi afecto, ofreciéndome ocasión en que pudiese lograrle, porque sabiendo que a una criada mía se le acababa de morir una niña que dos noches antes había parido, la tomé y, rompiendo el inocente pecho, bañada en su helada sangre se la llevé a Flaminio, el cual, pensando que tenía delante la causa de sus celos, me agradeció la crueldad y acabó de vengar su ira, haciendo pedazos la criatura, y desta manera te la envió para darte más pena y que te matase el dolor de ver tus prendas tan maltratadas, de lo cual resultaron los disgustos y desdichas que sabes.

En llegando la noche, con el secreto posible salí de Albania y en un lugar algo apartado busqué un ama y dejé la niña, advirtiéndole lo que importaba que no se supiese que yo la había llegado y, dándola docientos escudos me despedí della, y desde entonces no la he visto más de dos veces por no ponerme a riesgo que lo entendiese Flaminio. Esto es lo que sé de Ismenia y lo que hice movido de la obligación de haber nacido piadoso y noble.

Asombrado escuchaba Gesimundo estas cosas, dudando si era sueño o verdad la prodigiosa historia de su vida y de Ismenia que, según lo que decía Camilo, era su hija y, cuando no hubiera más información que su cara, era bastante. Echole los brazos al cuello y prometiole tan buena paga que no le pesase de haberle hecho aquella amistad, y luego contó lo que pasaba a Policarpo, a Tancredo y a Policena, y fue tanto el gusto de todos como era el pesar de que en aquella ocasión faltase Ismenia, a la cual fueron todos los grandes del reino a buscar y, entre ellos, Gesimundo y Tancredo, el uno por padre y el otro por esposo y amante.

Fuese Gesimundo al monte donde había vivido con ella y, al entrar por su verde espesura, vio en la falda un hombre arrojado sobre la yerba y, llegándose a él, le preguntó qué hacía; y él respondió que era soldado y pobre, que todo parece que es uno, y que, por haber oído un pregón en que prometía su majestad doce mil ducados a quien hallase a Ismenia, con el ansia de salir desdichado pretendía encontrar con ella y que no estaba muy desconfiado, porque aquel mismo día había visto en lo alto del monte una mujer vestida de varias pieles de animales y, sospechando que era ella, porque al punto que oyó su nombre, como si fuera su muerte, empezó a huir de manera que había sido imposible alcanzarla.

Agradeció Gesimundo al soldado el aviso y, subiendo entrambos a la cumbre, no pararon hasta que, junto a un arroyo que guarnecían juncos y espadañas, entre algunos cipreses la hallaron dormida. Entonces se descubrió Gesimundo a su hija y refirió su feliz nacimiento de que se holgó más por merecer a Tancredo que por ser hija de un príncipe de Albania y, volviendo todos tres a la corte, conoció por padres verdaderos a los que hasta entonces había querido como si supiera que lo eran y, casándose con Tancredo, hizo su padre y los caballeros de la corte grandiosas fiestas celebración de tan deseadas bodas. Y viendo Policarpo la mala intención de Flaminio y que, viviendo él no podía tener segura la vida, dio orden para que muriese sin enfermedad, porque en estos casos suele haber muertes tan calladas que el mismo que la padece no la presume ni la excusa; con que tuvo fin la prodigiosa historia de Gesimundo y Policena.

Del celoso desengañado

El océano inmenso de los otros mares, lo que Júpiter de los planetas, el criador de las ballenas y focas a dulces consonancias de las sirenas, el que de circunferencia sin igual tiene enteras las no rompidas olas; el Mediterráneo, que en su ferocidad y dos naturalezas intrépidas, despreciadoras las unas de las otras ofendidas aguas se encuentran en desafío marítimo, encrespándose plateadas y espumosas, que presumiendo volver soberbias a las estrellas, las hacen árbitros de su ferocidad, que a no desvanecidas por la distancia del viaje, imitando al fuego les pusieran temor. El palomo, imitador pomposo de la real ave con más estrellas que plumas[1],

---

[1] *imitador pomposo de la real ave con más estrellas que plumas:* Piña se refiere al pavo real y, por extensión, al mito de Argos: «hijo de Arestorio, como dice Textor, tuvo cien ojos, para que cuando unos se adormecieran, otros estuviesen velando y haciendo centinela, porque no le hurtasen lo que tenía a su cargo. [...] Viendo Júpiter padecer tanto a su amiga Ío, trabajó cuanto pudo por librarla del vigilantísimo pastor. Para lo cual llamó a su hijo Mercurio y cometiole aquella empresa: que como era ladrón famoso, sabía todas las tretas de aquel arte. Él se fue a los prados donde Argos andaba apacentando su vaca, y puesto en figura de pastor, se fue para él tañendo una zampoña, acompañando el tañer con muy suaves canciones. A todo lo cual se aficionó notablemente Argos, y le rogó tomase asiento junto a donde él estaba. [...] Como hallase tan buena entrada Mercurio con Argos, volvió a tocar su instrumento —una siringa— y poco a poco le fue adormeciendo los cien ojos. [...] Como Mercurio tuvo adormecido al incauto pastor, para confirmarle el sueño, le tocó con el caduceo, que era un báculo que llevaba consigo; y echando mano a un puñal que traía, le cortó la cabeza. Y como Argos estuviese sentado en una alta peña, para desde allí atalayar y otear la vaca, arrojole Mercurio de allí abajo. Mas porque no se perdiesen aquellos ojos vela-

el que a defender injurias a fuer de valientes espines[2] hace que las suyas descompongan los jaspes de naturaleza, esto es un hombre celoso. Esto es un celoso verdadero amante, mártir del honor ilustre, que a incendios abrasadores, por no dar venganza a los enemigos, satisface su ira con la temprana desdichada muerte. El veneno eficaz de los celos muchas veces no tiene principio, que tenerlos sin causa, fantasmas de soñolenta noche, cierto es que no le tienen. El amor sin celos emprendiera hacer eterno el mundo, pareciendo —a ser posible— que no tenía fin. Quiso la muerte que le tuviese, haciendo infierno su gloria. De Marte y Venus tuvo celos el Sol, en día que a diferencia de los otros penetraron adulterio al Dios forjador[3] celosas mas resplandecientes sus luces. De la esfera del amor vienen a ser los celos como del mundo los que llaman polos, en que su máquina soberbia y admirable funda el movimiento. Si celoso el Índico Norte de que logre el nuestro Ártico de sus riquísimas claridades, que de mirarle no con amor sino con interés las cudicias mareadas les vienen a faltar, no en los deseados puertos entre las peligrosas barras[4] pierden las vidas. El primer engaño

---

dores que se había empleado en servicio de la diosa Juno, ella los tomó todos ciento y los puso en la cola del pavón, que era ave suya, para que la adornasen y engalanasen» [Fray Baltasar de Vitoria, 1676: I, 168]. Véase Cancelliere [2006: 52-54] sobre los valores simbólicos del pavón. Góngora, persiguiendo el proyecto de la gran metáfora cosmogónica subyacente al *Polifemo*, evoca la belleza de la ninfa como «igual en pompa al pájaro que, grave, / su manto azul de tantos ojos dora / cuantas el celestial zafiro estrellas!» (vv. 365-367). Quizá Piña recuerde aquí («imitador pomposo»), si bien lejanamente, el verso gongorino («igual en pompa»).

[2] *espines*: «el espín o puerco espín es una especie de erizo, pero mayor, y las púas más fuertes y más agudas y peligrosas, porque las arroja extendiendo el pellejo y lastima con ellas a los perros y a los cazadores» *(Cov.)*.

[3] *Dios forjador*: alusión a Vulcano, llamado así «porque debió tener alguna eminencia de algo que se forja en el fuego. [...] Fue Vulcano artífice de Minerva y herrero; y como tal, según Dionisio Halicarnaseo, hacía los rayos para Júpiter y armas para los demás dioses; danle por fragua las islas Lipareas o Vulcaneas, y por oficiales los cíclopes, especialmente a tres, nombrados Brontes, Steropes y Piracmon» [Pérez de Moya, 1995: 221-222].

[4] *barras*: «en los puertos es la ceja que hace el arena, hasta la cual hay mar baja, y en pasando della empieza la hondura, como la barra de San Lúcar» *(Cov.)*.

echó a la flamante hermosura, celos fueron del ángel serpiente.

Famoso caballero, don Bernardo, honor de la ilustrísima ciudad de Jerez de la Frontera, gallardo y bizarro, el que dormía algunos años que vivió en la costa por los continuos rebatos[5] de los moros sin desnudarse con las armas a la cabecera; el velocísimo Bayarte, que, en oyendo la caja o la trompeta, desempedraba bufador la estancia, haciendo pedazos los trabones[6], puesta la silla, el freno en el arco, con empresas y triunfantes victorias que lloró el África, se volvió a Jerez. Tenía don Bernardo diez mil ducados de renta, caza riquísima, correspondiente arreo, indianas colgaduras, frescas tapicerías con más oros que sedas. Vio la inmensa belleza de doña Teodora de Oliver, señora muy principal, criada al honor, hija[7] de doña Aldonza, su madre. Tenía más de sangre generosa que de bienes de fortuna. Don Bernardo, el hábito del patrón y guiador de los reyes de Castilla y de León, emprendió conquistar su desdén, igual a su hermosura, que por celestial, como en Granada, de otra dama, se llamó la calle de la Gloria la suya[8].

Cuántas invenciones sabe el amor hizo don Bernardo, buscó terceras[9] pagadas, billetes[10] discretos y humildes, infa-

---

[5] *rebatos:* «la defensa que se hace al fraudulento y súbito acometimiento del enemigo, porque él viene a batir, que es herir, y salimos a rebatirle» *(Cov.).*

[6] *trabón:* «argolla de hierro en que se atan por un pie los caballos, para que no se rocen ni inquieten» *(Aut.).*

[7] En la *princeps* «hijo».

[8] *calle de la Gloria:* «entre las calles principales de Granada no es menos principal la de San Juan de los Reyes por su longura, si no muy ancha. Tiene su comienzo en la ermita de San Gregorio y remata en el grandioso convento de la Victoria. [...] Coge los barrios más saludables y de mayor frescura, gozando del sol y de los frescos del Dauro; da entrada y salida a muchas calles por una y otra, como son las de Victoria, la del Horno, la del Infierno y de la Gloria, las de Zafra, Santa Inés y la Concepción, que todas corresponden a las del Darro, y por la otra parte muchas que encumbrándose por la ladera suben a lo superior del Alcazaba cuyos nombres ha borrado el tiempo». Véase Henríquez de Jorquera [1987: 27].

[9] *tercera:* véase la nota 10 de *La prodigiosa.*

[10] *billete:* «el papel en que se escriben algunas pocas razones de una a otra persona que asisten en el mesmo pueblo. Fue muy buena invención para

madores paseos, rondas peligrosas, por otro nombre libelos, que mirados no a las luces de la verdad quedan en su misma ausencia del sol. Enviole a Teodora escudos[11], doblones[12] y riquísimos diamantes, joyas extraordinarias que tomó, si bien que los escudos lo fueron de su fortaleza, que no entregó carteándose con el enemigo[13]. Las joyas, por lo que tenían de amantes, aunque ninguna conquistó la suya. El caballero porfiado le llamaba el más hermoso ángel que vio Jerez. Rindiose Bernardo, llegó al fin que Teodora le dio a entender en artificios equívocos papeles, diole mano y palabra de casamiento; amante de primera tonsura[14], conquistó más difícil Berbería[15], Argel de mayor tirano[16]. Tuvieron sus desvelos fin, dio a entender sus amores a los caballeros ami-

---

comunicarse con más quietud y tratar las cosas con secreto, no fiándolas de ningún tercero ni criado, que muchas veces tuercen la razón y por eso los llaman estraga recados» *(Cov.)*.

[11] *escudo:* «es moneda de oro, y díjose así por estar en él esculpido el escudo y armas del rey. Cuéntanse de diferentes valores, especialmente en Roma, adonde hay diferencia de escudos: escudos de oro, escudos de oro en oro, escudos de la estampa» *(Cov.)*.

[12] *doblón:* «escudo de a dos, doblón de dos caras, de los de los Reyes Católicos don Fernando y doña Isabel, contrahechos en el cinco de oros de los naipes» *(Cov.)*.

[13] Retruécano sobre el doble valor del término «escudo»: arma defensiva y moneda (vid. *supra*). Se trata de un estilema común en la época. Lo sublima Quevedo con su famosa letrilla «Poderoso caballero / es don dinero»: «Sus escudos de armas nobles / son siempre tan principales, / que sin sus escudos reales / no hay escudos de armas dobles; / y pues a los mismos robles / da codicia su minero, / poderoso caballero es don Dinero» (vv. 43-50). Véase Quevedo [1999: II, 175-177].

[14] *amante de primera tonsura:* «la señal de que uno está dedicado para la Iglesia, como es cuando toma corona, que llamamos primera tonsura; porque el obispo les corta los cabellos de la cabeza con cinco tijeradas, y la quinta es en medio. Tiene significación mística, previniéndole ha de apartar de sí todas las cosas superfluas y vanas» *(Cov.)*. Se trata, pues, de un chiste eclesiástico con el que Piña se burla de la impericia de Bernardo como amante.

[15] *Berbería:* «toda la zona de África desde el estrecho de Gibraltar hasta donde entra en el mar el Nilo» *(Cov.)*.

[16] *Argel:* «ciudad marítima en África, asaz conocida por el daño que de sus corsarios recibe toda la costa de España» *(Cov.)*. Tanto la Berbería como Argel son escenarios habituales en las ficciones del Barroco. Así, por ejemplo, las comedias cervantinas *Los baños de Argel* y *Los tratos de Argel*. Véase Sola y De la Peña [1995].

gos, pidiendo perdón a los deudos, que disculparon el himeneo divino, teniéndole envidia, viendo virtud igual a su belleza, que si alguna vez llegaba a las fuentes o ríos los dejaba helados, por donde mejor que en Flandes pasaron ejércitos[17].

Perdió miedo el caballero a no haber elegido consorte de igual riqueza, ignorancia de la vida, buena a sólo desvelar, que por esto dijo el poeta ingenioso: «¡Qué más oro que Amarilis!»[18]. Era Teodora más que luciente perla, más que los rayos del sol al nacer. Quiso Bernardo, orante de amor, juntar el día y la noche a un tiempo en vez de la blancura y delgadeza de los cambrais[19] o velos limpios y lucidores; mandó hacer las sábanas de la riquísima cama sin ejemplo de tafetán negro, que a serlo el imaginante fuera disculpa. No paró en estas novedades, pasando a mayores desatinos. Decía que lo vulgar era el sueño, imagen de la muerte, y que había sido providencia que los dormidos desnudos estaban entre linos en que eran llevados a las sepulturas, y que a diferencia de esto común no quería que la belleza mayor imitase a los no merecedores de la gloria que gozaba, excusando el ordinario vestido de camino.

Reía Teodora devaneos y dábale gracias de su amor en sutileza no advertida. Comenzó la fortuna a inquietar revoltosa el alma de Bernardo en abrasantes celos. Estaba un día en el jardín que plantó de tal hermosura curiosidades, fuentes, músicas y burladoras que ni el abadía del Alba, que dora la

---

[17] *mejor que en Flandes pasaron ejércitos:* el narrador alude a los «tercios de Flandes». Dichos tercios, reclutados en la Península, sur de Italia y Albania, se concentraban en Milán, de donde partían hacia Flandes por los pasos alpinos. Véase la formación militar de Tomás Rodaja en *El licenciado Vidriera* [Cervantes, 2001: 272].

[18] El nombre femenino de Amarilis se convirtió en tópico desde las *Bucólicas* de Virgilio [1996: I, 5, 30, 36; II, 14, 52; III, 81; VIII, 77, 78, 101; IX, 22]. Piña se hace eco de un octosílabo del romance «En soledades de ausencia», anterior a 1621 y atribuido a Góngora: «allí se partió su dueño / al mundo nuevo, que dicen / que nace el oro y la plata: / ¿qué más oro que Amarilis?» (vv. 21-24) [Góngora, 1998: IV, 75-77].

[19] *cambrais:* «cierta tela aún más delgada que la fina holanda; tomó el nombre de la tierra de Cambray, donde se labra» *(Cov.).*

infancia del Aurora, pensiles babilónicos[20] ni hibleos célicos[21] no apostaron a imitarle ni se animaron a competirle. Teodora, dando risa a las fuentes y gracia a las curiosidades, aliento a las flores, elevación a las aves que, haciéndole salva, creyendo que amanecía, entre los árboles de su mismo sol inventaron nuevas dulcísimas armonías, donde Filomena, olvidando agravios, logró dichosas las injurias de Tereo a servir en extraordinarios redobles paseados por su garganta al bellísimo honor del cielo como Diana, según el Flaco Horacio[22].

Cortaba con su blancura el fénix de las flores, que nació de la sangre[23], admiración de naturaleza por la mano del arte, coronada por reina de sus defensas, advertencia única

---

[20] *pensiles babilónicos:* los jardines colgantes de Semíramis en Babilonia: «la cosa más grande que hizo Semíramis fue cercar a Babilonia, y esto y los huertos pensiles que en las cercas puso fueron contados por una de las siete maravillas del mundo. [...] Diodoro Sículo dice que tenían los huertos pensiles sobre las bóvedas, que eran unos jardines de grande recreación. Y dice más, que en esta obra tenía Semíramis trescientos mil hombres de los reinos y provincias a ella sujetos» [Fray Baltasar de Vitoria, 1676: 290-296].

[21] *hibleos célicos:* «hibleo es adjetivo referido a un monte de Sicilia adonde se cría mucha y buena miel por el pasto que las abejas tienen del tomillo y de otras hierbas» *(Cov.). Célico:* es «cosa que tiene propiedades del cielo» *(Aut.).*

[22] Piña alude al comienzo de la Oda XII del Libro IV, «dedicada a un tal Virgilio que no parece ser el poeta sino un rico comerciante». Horacio celebra aquí la llegada de la primavera del siguiente modo: «Compañeras de la primavera, / ya las brisas tracias, que sosiegan el mar, hinchan las velas; / los campos y no están helados ni retumban los ríos / rebosantes de nieve invernal. / Teje su nido, llorando lastimeramente a Itis, / la infeliz ave, oprobio eterno de la casa de Cécrope, / pues vengó cruelmente las bárbaras pasiones de los reyes». Véase Horacio [2006: 186-187].

[23] *El fénix de las flores, que nació de la sangre:* perífrasis para aludir a la anémona, ya que el narrador evoca el mito de Adonis, Venus y Marte: «Adonis fue hijo de su abuelo el rey Cíniras y de su hermana Mirra. Ovidio relata la siguiente fábula acerca de éste: Dice que, al haberse convertido en un joven hermosísimo, Venus golpeada por azar por su hijo, lo amó en gran manera; ella, mientras lo seguía con su gran placer por su parte por selvas y bosques y lo abrazaba, muy a menudo le aconsejó que se guardara de las bestias armadas y siguiera a las desarmadas. Pero un día, no acordándose de las palabras de Venus, se precipitó contra un jabalí y fue muerto por él. Venus lo lloró amargamente y lo convirtió en una flor de color púrpura» [Boccaccio, 1983: 158].

de su inmensa hermosura, imitadora del rey que murió solo como la rosa coronado de espinas. Comenzó Bernardo a decir dulces amores a Teodora, que agradecida y enamorada le replicó a propósito encareciendo sus felicidades y cuantas le había hecho el cielo en dársele por dueño y señor; prosiguiendo en gracias y donaires, le dijo:

—Sabed que estoy desalmada por vos; tanto os adoro que no vivo en mí. Sois el aliento de mi vida y las luces de mis ojos, que los valientes pinceles ponen en los retratos por luces.

Disimuló el triste celoso estos nuevos amorosos modos de Teodora, y fueron tan fieros los celos que le traspasaron el alma; que remitiéndolos para consultar en las escuras soledades, le respondió en discretos agradecimientos y semblante alegre. Llamó a los criados a estorbos de sutileza que ignoraba de Teodora, sin advertir que naturaleza dio instinto a los animales y albedrío a los hombres, y que ya no quieren nacer niños sin sabiduría. Novedad le hizo lo curioso, temió el maestro, diose por muerto de infelice fortuna y creyó estar Lucina a su ser en la cabeza del dragón. Disimuló, volvieron a su casa con el gusto que Teodora deseaba dar al disimulador herido, error de los celosos, que, siendo Teodora más alma que cuerpo en la verdad, honestidad y valor, a penetrar que culpaba estudiosos recíprocos, hijos legítimos de solo su divino ingenio y del arte *amandi*[24] en las insignes comedias del que las sacó del caos de las ignorancias, chozas y oficinas a las luces eternas hasta el fin del mundo[25]. Pudiera Teodora, a desconfianzas de Bernardo, transformar su amor en amores, que más han sido los celosos sin causa ofendidos

---

[24] *arte amandi:* Piña homenajea uno de los títulos más conocidos de Ovidio, quien no se quedó sólo en la manifestación amorosa subjetiva como contenido elegíaco sino que combinó el género con lo epistolar y didáctico y produjo obras novedosas como las *Heroidas*, el *Arte de amar,* el *Sobre la cosmética del rostro femenino* y los *Remedios contra el amor*. Según Vicente Cristóbal [«Introducción» a Ovidio Nasón, 1989: 30-31], el conjunto que forman estas obras está caracterizado, «frente a las de Tibulo y Propercio, modelos del género, por un humor e ironía, e incluso parodia, verdaderamente insólitos en la elegía».

[25] Elogio de la revolución teatral de Lope y su modelo de «comedia nueva». Véase la «Introducción» sobre la relación entre ambos ingenios.

por serlo que los desdichados que con ella murieron sin tener culpa. Pareciole a Bernardo en los pocos años de Teodora mucha luz la de los pintores, y también estaba admirado de ciertos primerizos accidentes, demasiada ciencia en una doncella, que la debió de imaginar de otro ser; terrible desatino de los que teniendo en la que es propia seguro honor y virtud quieren que les falte lo que sólo admiten vendible, de que el amor ha hecho tales sentimientos y venganzas que les ha comunicado mucho más de lo que llegaron a saber ni pudieron imaginar.

Hizo don Bernardo un viaje breve de solo un día para volver el siguiente con otros caballeros, que no se atreviera a dos. Holgáronse mucho, llegó la noche que deseaba, buscó el aposento más solo en que no dormía nadie, que a ser de Angélica y Medoro no faltara el furioso Orlando, si bien hiciera mayores locuras[26]. Aplicó la memoria a sus celos, daba en la cama —como en el corazón— vuelcos, repasaba sutilezas de Teodora, preguntábale quién se las[27] habría enseñado, si antes o después del tálamo[28]; si antes, lloraba enajenada traidora voluntad, si después, era mayor su mal, imaginando si en aquella ausencia —aunque tan breve— se acordaría del uno de los dos tiempos, que no llegaba a pensar otra ofensa. No dormía, que por don Bernardo dijo el famoso Liñán:

> Las tres de la noche han dado,
> corazón, y no dormís[29].

---

[26] El *Orlando furioso* es un poema épico extenso escrito por Ludovico Ariosto en 1516. Se trata de una *gionta;* o sea, una continuación del *Orlando innamorato*, de Matteo Maria Boiardo, pero se mantiene muy distante, ya que no conserva muchos de los conceptos humanistas de la caballería errante. La obra se escribió en ferrarés y luego se tradujo al toscano literario para que pudiera ser leída en el resto de Italia.

[27] En la *princeps* «los».

[28] *tálamo:* «el lugar eminente en el aposento adonde los novios celebran sus bodas y reciben las visitas y parabienes; sinifica algunas veces la cama de los mesmos novios y la cuadra donde está» *(Cov.)*.

[29] Según García de Dini [1987: 232], Pedro Liñán de Riaza «fue un poeta muy estimado por sus contemporáneos, pero hasta hoy ha despertado escaso interés entre los estudiosos, y al parecer muchos de sus textos están aún

Llegó a ser grave enfermedad la memoria en el desvelado amante, hízola de otras menudencias, no cuidadosas en la inocente dama. A este tiempo tenía ya un hijo tan parecido a su padre que no fue menester nombre al retrato. Formó una punta[30] desatinada de un marinero que nunca fletaba gente para su navío hasta que tenía hecha la cargazón. Acordose que Teodora amaba a un hermano, bien suyo en la belleza, que servía en su casa y que comiendo un día hizo salva a la agua de canela[31] que le dio, sintiendo de nuevo celos que tuvo, que a ser el parentesco de menor cuantía hiciera demostración. Volvió a Jerez como el que hubiera tenido entretenimientos; Teodora le recibió como de la primera ausencia, con brazos de vid en árbol frutífero[32]. Alegró cuan-

---

por localizar. Lope le dedicó varias composiciones en sus *Rimas* y le cita en numerosas ocasiones. Existe una sola edición de las *Poesías* de Liñán, ed. J. F. Randolph, Barcelona, Puvill Libros, 1982, pero el fragmento señalado por Piña no figura en las composiciones recogidas». En realidad, los versos que cita Piña son el *incipit* del siguiente poema cancioneril: «Las tres de la noche han dado, / corazón y no dormís; / mis recaudos os desvelan / viendo que a Dios ofendí. / Si no duerme el agraviado / que Dios no puede dormir / mal dormirá quien le agravie / si no está fuera de sí. / Las tres de la noche han dado / corazón, y no dormís. / Si no duerme el agraviado / que Dios no puede dormir / mal dormirá quien le agravie / si no está fuera de sí. / Las tres de la noche han dado, / corazón y no dormís». La fuente para *Del celoso desengañado* no es Riaza, sino Lope, que incluyó estos metros con una ligera variante final («o vos no tenéis dineros / o alguien dice mal de mí») en su comedia *En amor secreto hasta celos;* o quizá Castillo Solórzano, que por la misma época había dado a conocer en las academias su romance «De Lucrecia contaré», recogido en la *Segunda parte de los Donaires del Parnaso* (1625): «Amor le dijo: "Mentís, / que estáis de amor abrasado", / y él replicó: "Si advertís, / las tres de la noche han dado, / corazón, y no durmís"» (vv. 21-25) [Castillo, ed. 2003: 609-612].

[30] *punta*: «hacer punta, contradecir» *(Cov.)*.

[31] *agua de canela*: «dice el doctor Laguna sobre Dioscórides que de pocos años a esta parte suele venir de las Indias una agua distilada de la flor de la canela, y aun de la mesma canela verde, la cual contra toda flaqueza de corazón es remedio admirable, porque tomadas della en ayunas solamente dos cucharadas restituye luego a los traspasados y amortecidos, y confortan con increíble celeridad los estómagos fríos y en extremo debilitados, resolviendo juntamente cualquier dolor que en la región del vientre, a causa de una ventosidad o frío, engendrado fuere» *(Cov.)*.

[32] Piña recuerda el conocido emblema de la vid y el olmo. Este motivo se relaciona con la unión marital y ha sido uno de los *topoi* más fecundos de la historia literaria de Occidente. Le ha dado actualidad española y hondura

tos le amaban y servían, diole cuenta de su viaje, que no fue el entretenido[33]. Grande artificio era el valedor de don Bernardo para no dar indicio a su mujer de crueldades que no estaban en su mano, que hay hombres tan desdichados que no tienen cosa digna de reprehender, sino sólo precipitaciones que no pueden resistir.

Salía Teodora en carroza rica de tales hipogrifos[34] que nunca pareció tan de la cuarta esfera; los caballeros que adoraban la diosa de aquella ciudad y de cuanto miraba su luz la servían; los deudos la visitaban. Uno dellos, primo hermano de don Bernardo, discreto, gallardo y de ingenio sutil, era el más bien mirado de Teodora; hacíale algunos favores en presencia de su primo y sin él; teníale amor, en cuanto la sangre daba licencia. Acordábase Bernardo del lírico Horacio maliciando esto de los parentescos en los principios de los matrimonios[35]. Era don Diego Fernández el caballero galán servidor de Teodora, sin tocar en su deidad, y por ocultos respetos poeta crítico de las doctas espumas, cisnes de Aganipe[36]. Pasaba una tarde con Teodora y pasáronla dulce-

---

Aurora Egido [1982: 213-232], quien indica que el cristianismo «se apoyó en la tradición salmista y evangélica para su uso como icono sepulcral en las catacumbas. Véase, asimismo, los emblemas 159 y 160 de Alciato [1985: 201-203]: «*Amicitia etiam post mortem durans*» y «*Mutuum auxilium*».

[33] *viaje, que no fue el entretenido:* alusión implícita al libro más conocido de Agustín de Rojas Villandrando: *El viaje entretenido* (1603). Obra proteiforme, no se deja reducir fácilmente a un género literario: teatro, miscelánea y novela.

[34] *hipogrifo:* «animal fabuloso, imaginado por Ariosto, que se supone con alas y con medio cuerpo de grifo y medio cuerpo de caballo. El *grifo* en la mitología es normalmente representado como un león, con patas traseras y cola de águila; aparece también frecuentemente con cabeza de águila. Así lo describe Pierio Valeriano y cita a Plinio en dos lugares» [Fray Baltasar de Vitoria, 1676: II, 321-323]. Calderón lo nombra al comienzo de *La vida es sueño* [1997: 81]: «Hipogrifo violento / que corriste parejas con el viento».

[35] En ocasiones, Piña alude a los clásicos de manera difusa y hasta inventa citas de autoridades. Horacio ataca los vicios y defectos de la vida matrimonial en varios pasajes de sus *Sátiras:* Lib. I, 1, vv. 84-95; Lib. I, 2, vv. 54-63 y 77-85; Lib. II, 7, vv. 46-62. Vid. Horacio [1996: 77, 91-93, 321].

[36] *cisnes de Aganipe:* Aganipe es el nombre de una fuente y de la ninfa (una crenea) asociada con ella en la mitología griega. Aganipe era hija del río Terneso. La fuente está al pie del monte Helicón, en Tespias (Beocia). Se decía que fue creada por los cascos del caballo Pegaso y estaba relacionada

mente, aunque en ingenios de una turquesa[37] graves peligros corren las almas. Teodora le pedía cuenta de su vida, graciosa decía agudos y picantes donaires. Díjole don Diego había servido una dama de rico entendimiento cuyas gracias eran más de mil, y que a celos y fierezas le había desobligado; que tenía poca dicha en voluntades y había profesado no tenerlas, no desmereciendo su corazón, que sólo reservó, como la fruta del paraíso, a vivir para servirla y que, viéndola suelta por dos veces, la prendió con mayor voluntad a lisonja de sus merecimientos, que fue la primera bien prendida. Y que muy estudiosa le había hecho este argumento, que le absolviese después de la reconciliación, si los Valenzuelas del sol[38], casta divinal según el Arismético de la *Filosofía se-*

---

con las Musas como fuente de inspiración poética. Véase Pausanias, *Descripción de Grecia*, IX, 29.5.

[37] *ingenios de una turquesa:* Piña desliza aquí un oscuro chiste. «Turquesa» es el «molde donde se hacen los bodoques para tirar con ballesta» *(Cov.);* de modo que, implícitamente, alude a las flechas del amor. Pero «turquesa» es también el color de los celos que siente Teodora por las conquistas de don Diego. Vid. la opinión de Tirso en el *Deleitar aprovechando* [ed. 1994: 676] sobre el segundo valor del término: «Novedad extraña se le hizo al viejo ilustre semejante venida, y en don Berenguel se asomaron los celos al rostro, no esta vez azules sino carmesíes». Vid. también el trabajo de Rogers [1964: 247-261] acerca del color en la poesía española del Renacimiento y el Barroco.

[38] *Valenzuelas del sol:* los caballos que tiraban el carro de Apolo. Piña acude para recrearlos a un símbolo de la época: los caballos «Valenzuelas» de Córdoba, también llamados «Guzmanes», famosos por su calidad en Andalucía. Hay quien ha buscado un referente concreto, pues durante un tiempo se los estimó como una leyenda popular. Sin embargo, en un escrito de 1833, José Pérez de Guzmán, glosando las bondades de la ganadería cordobesa, menciona la historia y el reconocimiento de una «raza» de caballos que se denominaron «Guzmanes» y, con posterioridad, «Valenzuelas». Efectivamente existió en Córdoba esta ganadería, que se creó en el primer tercio del siglo XVI y pervivió hasta el XVIII. El hierro de estos caballos era en forma de corazón, y por lo que refiere el autor, de acuerdo con lo dicho por Bolaños en su tratado de *Monta a la Gineta* (s. XVII), poseyeron gran belleza. La ganadería se conoció en principio como «caballos Guzmanes» debido a que don Luis Manrique, gentil hombre y encomienda de Córdoba de la Orden de Calatrava, compró para echar a sus yeguas a Guzmán, un alfarache y, según el cronista, «un pobre diablo», un caballo bereber «rucio azul con el cabello y cola blancos y muy crespos» que la corte de Marruecos dejó en Córdoba a su paso para agasajar a nuestro rey Carlos, por sufrir éste un «torozón» y sustituirlo por otro. Este caballo, que resultó ser muy longevo y un gran padreador, cubrió las yeguas de don Luis, las cuales había comprado a don

*creta*³⁹, en los dos reparos de su carrera habían tenido la culpa o la mano de la rienda, faltando la inteligencia al rapto movimiento. Y fue la respuesta que en el cielo las que parecían inobediencias eran secretos misteriosos del autor de naturaleza, que el sol a providencia había parado el curso en su giro y paralelo a dar vitorias y a hacer milagros. A cuyo propósito estaba muy contento de haber hallado en el caballero Marino, deste y de otros siglos el italiano poeta más ilustre, fin de las mayores extranjeras sutilezas y musas, delicias del cristianísimo rey de Francia a honores y mercedes, digno de mayores premios, un soneto heroico que le había traducido al son dulcísimo de su lira. Teodora le pidió por lo participante del Apolo délfico⁴⁰ le refiriese, que al punto, ma-

---

Diego Aguayo —Señor de la Torre de Villaverde—, las de don Rodrigo Mexías —Señor de Madroñil y luego Marqués de la Guardía y Señor de Torrefranca—, así como otras de don Pedro de la Cueva provenientes de Guadix y Baza». Muerto don Luis Manrique a edad avanzada, quien mantuvo el celibato por pertenecer a la Orden de Calatrava, el rey como Gran Maestre hizo pasar la ganadería a don Martín Fernández de Córdoba Ponce de León, nieto del Conde de Cabra, quien incorporó otras veinte yeguas y un potro que él compró. Don Martín, a su vez, obsequió la ganadería a don Gonzalo —Duque de Sessa y nieto del Gran Capitán— al llegar éste de Italia en reconocimiento a su labor en aquellos reinos. Cuando los servicios a la Corona requirieron a don Gonzalo volver de nuevo a Italia, éste dejó la ganadería a don Juan Valenzuela, su caballerizo mayor y señor muy principal, quien —desde entonces «caballos Valenzuelas»— la conservó toda su vida. La bondad de tales équidos se fundamenta en la fama y reconocimiento adquiridos por sus ejemplares entre los ganaderos. A buen seguro que algunos de estos caballos fueron utilizados como sementales para conformar nuestro caballo andaluz. Vid. Agüera Carmona [2008: 25-27].

³⁹ Juan Pérez de Moya (1513-1596) es el autor de la *Philosophia secreta*, «tratado de Mitología grecorromana, escrito con el espíritu de los Diccionarios de la fábula, es decir, en el sentido de la ilustración humanística de la literatura antigua, pero también con el intento de sacar una enseñanza moral de las fábulas del mundo clásico. Es, además, una obra mayor, concienzuda y sacada adelante con un conocimiento minucioso de algunas fuentes y con una imaginación riquísima para encontrar, bien ejemplos en los que verter la enseñanza de la mitología antigua, bien mitos antiguos para ilustrar actitudes y defectos que los antiguos no tenían o no consideraban importantes y que a los modernos preocupan mucho». Véase Clavería [«Introducción» a Pérez de Moya, 1995: 20].

⁴⁰ *Apolo délfico*: «atribuyeron a Apolo la sciencia de adevinar, en cuanto es inventor de la medicina, y el médico sabio. [...] O porque a Apolo se le atribuye la sabiduría, y la sabiduría es por la que saben algunas cosas adve-

liciando no sería el peor tercero en el alma de Teodora, le dijo así:

> En rizos de oro y fuego, en crespo vuelo,
> espumosos de plata el oro argentan,
> y, cuando al hipogrifo, al viento afrentan,
> el Sol la rienda, el curso para el cielo;
> si no al Empíreo a lo inferior desvelo[41]
> que sus luces eternas le violentan
> la eclíptica de estrellas que le ausentan,
> el carro de oro en luz, en fuego al suelo.
> Si el Sol dos veces para a ser piadoso,
> si vuelve atrás a dar mayor vitoria
> a Lauro en cuanto inmóvil más famoso.
> De los de Dios anales fue la historia,
> triunfante vuelve el Sol más poderoso
> a su centro, a su cielo y a su gloria[42].

Agradó a Teodora la representada viveza del soneto, que bien parecía —le dijo a don Diego— traduc[c]ión de su Musa, que envidiaba. Agradeció el favor y así le replicó Teodora:

---

nideras, y los simples al saber las cosas futuras llaman adevinar. [...] En otro modo, se entiende esto en cuanto Apolo fue un hombre que reinó en Delphos, cerca del monte Parnaso, al cual, después de muerto, hicieron un magnífico templo allí, en el cual se oían divinales respuestas, entrando la sacerdotisa de Apolo en una cueva; y por esto le llamaron dios de las adivinaciones» [Pérez de Moya, 1995: 251-252].

[41] *Empíreo:* «el cielo, supremo asiento, y lugar de la divinidad y morada de los santos, superior a los demás cielos, y el que abraza en sí y dentro de su ámbito a el primer móvil» *(Aut.).*

[42] Según García de Dini [1987: 232], «entre los sonetos heroicos de Marino en italiano no figura éste; únicamente la traducción española recuerda, muy vagamente como motivo, el soneto XIII de *La Lira*». Véase Marino [1967: 248]. ¿No se tratará de una ingeniosidad más de Piña el hacer pasar un soneto suyo como si fuera de Marino? De acuerdo con Rozas [1978: 107-127], hay que considerar que en el supuesto de que Piña enmascarase un soneto autógrafo bajo la autoridad de Marino, el propio italiano también había copiado a Lope, maestro y amigo del novelista conquense, en varias rimas de *La Lira*. Y a todo ello debemos unir el «influjo gongorino» de la década en la que aparecieron las *Novelas exemplares* y *prodigiosas historias.* Véase Bonilla Cerezo [2006: 50-53].

—Presumía señor don Diego que vuesa merced no tenía amores prendidos sino de Oriente a Ocaso, que los gallardos caballeros deben, en siendo amantes, ser de la Orden de San Juan, a no volver las espaldas a toda el Asia con la menos despalmada galera de su religión[43]. Y tenía celos de amagos amorosos, que penetraba ignorando la causa. Miro a vuesa merced, señor don Diego, como si la sangre de su primo fuera mía. Astros de secretas influencias cuidan en mi alma de la suya sin tener cautiverio; no tienen centro cultivado mis pensamientos, no sosiego la memoria, si no los ocupo en vuesa merced a satisfación del corazón.

Perdiéndose iba don Diego, temiendo si Teodora desdecía de su nacimiento y obligaciones a Bernardo por el imposible de ambos y el peligro en que se pone el galán a quien principal señora, traidora a su alma en descubrirla, revela su amor, porque es piélago[44] tan abismo que no hay estrechos o escollos de que no se puede salir. Sólo éste no da lugar a que se mire norte, carta ni aguja de resistencia en vano, de heridas que no se cierran a merecimientos de tan alto bien. Temió enamorada a Teodora, estos disparates creen los lindos, siendo como en la dama, en muchas diferente el fin. La tarde era calurosa, el mes de las noches breve, el cuarto muy fresco y oloroso. Bernardo, matando fieras con otros enemigos, seguridad hasta el manto negro de luna y estrellas, y hallando Teodora la ocasión que deseaba, pidió a don Diego le contase el suceso de otros amores nacidos en sus tiernos años, de que había tenido noticia.

Don Diego, si temeroso de la historia, obedeció excusando a Teodora desvelos, a imposible poderla amar. No fue

---

[43] San Juan escribió dos *Epístolas* desde Éfeso para algunas comunidades cristianas del Asia Menor. Escritos parecidos a sermones, sin orden lógico, el autor previene a los fieles contra los errores propalados por Cerinto y también contra otras doctrinas anticristianas que niegan la segunda venida de Jesucristo y la universalidad de la redención. Se trata, pues, de cartas complementarias del IV Testamento. Recuérdese que la «Introducción» a modo de epístola que encabeza el *Apocalipsis* va dirigida igualmente a las siete Iglesias de Asia Menor: Éfeso, Esmirna, Pérgamo, Tiatira, Sardes, Filadelfia y Laodicea.

[44] *piélago:* «lo profundo del mar; por translación llamamos piélago un negocio dificultoso de concluir, que no le halla pie el que entra en él» *(Cov.).*

menester el pedido silencio que, prevenida y atenta, sin movimiento la bella dama le tenía mudo; y a ser del pintor, que lo fue por quien hablaron sus ilustres pinceles y pinturas, el retrato del angélico ser de Teodora en aciertos, destrezas y valentías de peregrinos golpes fuera el Aquiles de sus milagros y primores soñados[45], que también pintó. Y con esto don Diego comenzó así:

—Nació la madre universal de la hermosura, que en ser de mayor belleza no dude la espuma, venerada por maravilla única; si alma de las otras, armonía y consonancia admiraban en su florida primavera, que escribieron no en las hojas, como la Sibila[46], sino en las almas bien afortunados que la merecieron adorar, hasta que viéndola también ayudé al triunfo, esclavo dichoso. Críeme algún tiempo en la sin igual Sevilla con uno de sus grandes caballeros, historiador famoso, por quien los Tácitos, Livios y Valerios no admiran

---

[45] *Aquiles:* «hijo de Peleo y Tetis, al cual su madre siendo niño le bañó en la laguna Stigia, por lo cual quedó inviolable, que no pudo recebir herida en todo su cuerpo, excepto las plantas de los pies, que no se le mojaron por haberse zambullido en el agua tiniéndole asido de ellas. Su fábula es notoria y sus hazañas celebradas por todos los poetas, especialmente por Homero, y por sólo esto fue envidiado de Alejandro Magno» *(Cov.).*

[46] *Sibila:* «con harta mejor razón, o a lo menos con menos error, pudiera la antigua Gentilidad atribuir la divinidad a las sapientísimas Sibilas, pues casi todas ellas fueron enriquecidas con el don de la profecía, [...] una divina inspiración que anuncia las cosas que están por venir, infalible y indubitablemente» [Fray Baltasar de Vitoria, 1676: II, 592-593]. Los historiadores, desde Capella a Eliano o Ravisio Téxtor, discuten sobre el número total. Los nombres de ellas son Cumea (o Cumana), Pérsica, Tiburtina, Líbica, Eritrea, Helespóntica, Délfica, Samia y Frigia. Aunque a todas se les atribuye cierta propensión a la escritura, sobresalen en este sentido la Pérsica y la Cumana. Entiendo que Piña se refiere a esta última, pues, como nos dice Vitoria [1676: II, 597-598], «fue la que llevó a vender los nueve libros —con las profecías— a Tarquino Prisco, que se los comprase. [...] Ella le pidió por ellos trescientas monedas de oro, pareciéndole al rey el precio muy excesivo». En su presencia, y en dos tandas de tres, quemó los seis primeros, obligándole a pagar las trescientas monedas por los tres que quedaban. El rey los compró y luego los depositó en el Capitolio, «poniéndolos a muy buen recaudo, y los tuvieron en grandísima veneración; y cuando se había de hacer alguna cosa grave y de mucha importancia iban los sabios y los agoreros a consultar los libros de las Sibilas».

Máximos[47]. Después, en las plazas de Orán soldado viejo en pocos lustros, asistiendo a su invencible general, castigo del África ya temerosa, vine a Jerez, hallé a mis padres algo vecinos de los suyos, vi el dueño de la más rebelde tiranía, su casa del Sol, rendime enamorado, rico de galas y pensamientos en que fe hacían, excelencia real, procuraba parecer bien a la dama, sintió mi cuidado y a forastero la sirvieron entre las bravezas sevillanas curiosas esmaltadas joyas, no muy Dafne[48]. Admitió ofrecimientos, oyó suspiros, recibió papeles, dos años la serví, que los siete o catorce del pastor amante me parecieran breves horas[49]. En las temerosas de los silencios, en las obscuridades, eran mayores mis desvelos. Algunos tenía la dama, que a sólo ver si faltaba salía a una reja, no muy en las nubes. Algunos favores no vistos eran premios y, como la amaba Luna, más la adoré menguante; sus leyes obedecía —si las tiene el amor—, entretenida; voluntariosa mandaba que me fuese; iba a dar el primero no

---

[47] *Tácitos, Livios y Valerios no admiran Máximos:* Cornelio Tácito ha pasado a la historia por los *Anales,* su obra por excelencia; y ello no sólo por ser la más amplia y mejor conservada de cuantas escribió, sino también por constituir, situada en los años finales de su trayectoria, un «testamento histórico y literario». La materia central es la historia interior y exterior de Roma desde el reinado de Tiberio al de Nerón, ambos incluidos, es decir, entre los años 14 y 68 d. C. Tito Livio es, junto con Salustio y el mismo Tácito, uno de los tres grandes historiadores romanos. De su ingente obra, *Ab urbe condita,* formada por 142 *libri,* que abarcan desde la llegada de Eneas al Lacio hasta la muerte de Druso el año 9 a.C., sólo se conserva la cuarta parte: los *libri* I-X y XXI-XXI-XLV. Valerio Máximo, con el que Piña crea un juego de palabras a partir de su *nomen* («Máximo / Máximos»), vivió a caballo entre los siglos I a. C. y I d. C. También historiador, es recordado por su obra *Hechos y dichos memorables,* de carácter pedagógico y panegirista. No se trata, pues, de un libro histórico orgánico, sino más bien de una «ejemplificación», es decir, una colección de *exempla,* destinada a la instrucción política y moral, basada en el amplio campo de la historia universal, principalmente en la griega y la romana.

[48] *Dafne:* «es noticia muy divulgada que Dafne fue hija del rey Peneo y ya las viejecillas casi delirantes supieron que ella era una doncella muy hermosa y amada por Apolo y que cuando escapaba de él fue convertida, por compasión de los dioses, en laurel y por ello adoptada por Apolo para adornar sus cítaras y carcajes» [Boccaccio, 1983: 454-455]. Sobre la proliferación de este mito durante el Siglo de Oro, véase Barnard [1987].

[49] Véase Glaser [1957], especialmente el epígrafe «Ir y quedarse, y con quedar partirse: una guirnalda de comentarios».

corrido paso, volvíame a llamar, y hasta que las sombras de la noche temerosas de las primeras luces, porque no fuesen testigos, era preciso dejar la calle, pudimos pasar estas buenas fortunas a sólo sabidores los dos. Indicios daba de su amor y agradábale mi humildad; no puse duda por no menesterosa, que la luna que imitaba, si bien hace sentimiento de escasas luces del sol, y tenerla con tantas menguas[50]. Al fin la suele tener lucida y resplandeciente, de que se valía las noches que decendía de su cielo a verla su Endimión[51], porque no la viese con las fealdades que sin luces solía tener, que a no con menguas excusara tan vil amante, pues al fin de los dos años me escribió un papel que por breve le puedo referir a vuesa merced.

—Señor don Diego —dijo Teodora—, dichosa yo que no le amo, que soy celosa y me cuenta sus amores con mucha dulzura. Diérame pena, hiciera desatinos; gracias a Dios que me libró de sus peligros y temeridades. Prosiga vuesa merced.

Don Diego, contento y seguro de su temor, dijo refiriendo el papel:

«Mis padres quieren casarme con don Jerónimo de Ribera, que aborrezco, dudo él si no dándole vos. No soy mía sino vuestra. Dios os guarde, que lo deseo».

Teodora respondió al papel y a don Diego, que sólo faltaba el reto de Zamora por el castellano Ordóñez a los hijos de Arias Gonzalo[52]:

---

[50] Retruécano sobre la calidad del amor, la pérdida de luz del sol —que mengua al atardecer—, la hermosura de las luces de la dama —sin mengua— y la dificultad para conquistarla; o sea, para que se entregue «de lleno» y no —por comparación con Diana— como una «luna» o «dueña menguante».

[51] *Endimión:* «cuentan que la Luna fue amada por el pastor Endimión, quien dicen que, en un primer momento rechazado por ella, finalmente, después de haber guardado como pastor sus blancos rebaños, fue recibido en su favor. Sin embargo, dice Tulio *[Tusc.,* I, 38, 92] que él se había dormido en el Latmo o Latmio, monte de Jonia, y que en sueños fue besado por la Luna. Hay quienes le atribuyen hijos» [Boccaccio, 1983: 244].

[52] *el reto de Zamora por el castellano Ordóñez a los hijos de Arias Gonzalo:* el reto de Zamora es un tópico literario e histórico sobre la muerte del rey Sancho II. Como dramatiza Juan de la Cueva en su *Comedia del degollado,* el

—Como al principio, señor don Diego, la hizo vuesa merced diosa Venus nacida en el mar[53], y como fue tan marcial la miraba armígera, sangrienta y precipitada; no cumplía vuesa merced sin dar la muerte a cuantos Jerónimos hubiese en Jerez.

Replicó don Diego:

—Busqué a don Jerónimo de Ribera una de las noches que rondaba a la que ya llamaba esposa, prevínele a un negocio preciso, fuimos al campo. Allí que fue la primera vez que dejé de oprimir el silencio que se vio libre, ya no esclavo, le dije los cuidados y pasos que me costaba aquella señora, que le suplicaba desistiese de la pretensión de marido, de que estaba certificado, porque en ningún tiempo había de ser su mujer. Don Jerónimo era rico y principal caballero, soldado de Flandes, con padres y deudos de los más ilustres de aquella ciudad; ofendiose en gran manera, no tanto de la osadía cuanto de saber que yo tuviese tal parte en la dama, y sin replicar sacó la espada, la capa revuelta al brazo. Hice lo mismo y a pocas tretas se mostró tan colérico y precipitado que, metiéndose por mi espada cuidadosa, y a la vista, de tal herida fue herido que, pasándole el corazón y asomándose la punta por la ventana que hizo en las espaldas, cayó muerto. Pena me dieron sus pocos años y no haberme hecho ofensa para darle muerte, pues él no sabía mis pretensio-

---

soberano decide tomar Zamora traicionando la promesa que él mismo hizo a su fallecido padre y a su hermana Urraca, quien invoca la justicia divina, y desoyendo los consejos del Cid. El rey será castigado y pagará por su injusta y cruel ambición muriendo asesinado de forma indigna, e incluso ridícula, a manos del traidor Vellido Dolfos. Véase el trabajo de A. R. Lauer [1988: 17-37] sobre el regicidio de Sancho II en Juan de Cueva, Guillén de Castro y Lope. El Ordóñez al que se refiere Piña sería el fundador, de nuevo según tradición mítica, de los Ordóñez de Villaquirán, gran familia zamorana de la Edad Media y Moderna. Hay toda una tradición épica dedicada al cerco de la ciudad, sobresaliendo la gesta de *El Cantar del Cerco de Zamora*. Véase Laskaris [2005].

[53] *Venus nacida en el mar:* «la segunda Venus fue hija de Calio, nacida sin madre; y del modo de su nacimiento dicen que Saturno se cortó los genitales, y cayendo en el mar, de la sangre, mezclándose con la espuma del mar, se engendró Venus. Así lo dice Ovidio, introduciendo a Venus que habla con Neptuno, diciendo que ella tiene parentesco con el mar, por cuanto dél nació» [Pérez de Moya, 1995: 378].

nes ni pienso que había en Jerez quien las hubiese penetrado, que el recato y secreto previno el cuidado en nuestros amores; y no era mucho, porque yo servía en público a la que dije a vuesa merced era la primera bien prendida, arrastraba cadena, traza sutil a divertir la envidia; y como nadie sabía lo que yo amaba, no me pareció podía caer en sospecha de que fuese el matador. También don Jerónimo era malquisto por soberbio, desigual, de áspera y terrible condición. El daño podía venirle de partes diversas. Había engañado y burlado una doncella principal a título de matrimonio, tenía belicosos hermanos y estaba el casamiento de aquella señora muy en los principios. Esta desdicha surtió el papel, locuras y precipitaciones de quien ama. Con esto vine a mi casa, la sangrienta espada puse en parte segura a no presa con mucho sosiego y como las demás noches me dieron la cena en la cama.

—Bien —dijo Teodora—, señor don Diego, sabe vuesa merced cometer un delito y disimularle; siempre tuve por cierto que la discreción tiene alas en que se libra de los naufragios. Pésame del pobre caballero, que sin causa padeciese el cuerpo y no sé si el alma.

—Sólo tuve consuelo, señora doña Teodora —dijo don Diego—, en que fue diciendo al caer: «Jesús, confesión». ¿Proseguiré?

—Prosiga vuesa merced —respondió Teodora—, que tiene suspendida de oficio mi lengua.

—A la hora que solía —respondió— me levanté, alborotose la ciudad, los padres y deudos de don Jerónimo; la pesquisa, las diligencias, eran según el caso; lastimosa muerte lloraban cuantos le conocían, pocos mal logrados años. Fuile a ver muerto y no me acerqué mucho por aquello de la sangre que, ignorándose el matador, sale a decir quién es por las heridas. A su entierro fui con los demás caballeros, cargando sobre un hombro lo que debiera en dos. No rastreaban el delincuente, no lo podían penetrar. La dama con un papel me dio cuenta del sentimiento, suceso infelice y caso desastrado de su desdicha y adversa fortuna, asegurando no haber llegado a su entendimiento ofensa del difunto, que en la temprana y no merecida muerte estaba sin culpa, tan pesarosa que se quería desesperar, y que advirtiese que no lo había de ver más. Aprehendí medios, no aprovecharon; paseaba de noche, como solía; nunca la pude ver, todo sordo, mudo y triste. Diole una gravísima enfermedad, entendí que los padres de don Jerónimo hacían fuertes y secretas diligencias, inquiriendo voluntad en la enferma, y a quien la dirigía, volvime a la bien prendida, que por mía respetaba Jerez, sin traslucirle novedad. Pasaron en mis desdichas seis desesperados meses, que obrar con entendimiento y sin amor es pena de infierno y sólo puede el artificio humano, a no perder los sentidos, diciendo ternezas a quien aborrecen, engañarse con dirigirlos a quien los encamina, a no pecar en el viaje, que le haga el pensamiento sol, jara[54], saeta o línea del fogoso cometa fingir pesares a no pechar[55] placeres y mentir celos a no cumplir obligaciones. Al fin del primero mes volvió la diosa que yo adoraba a su hermosura y desdén, la muerte quedó huérfana sin luz ninguna, que no fue mucho hecha sin luz. Publiqué partirme a Flandes a servir al rey, sentimiento hizo la causa desdeñosa, volviome a escribir disgustos del viaje, tuve certificación que don Pedro de Ribera, hermano de don Jerónimo, seguía mis pasos no muy inciertos de alguna sospecha; entendiolo aquella señora y volviome a escribir no estuviese más en Jerez, que más me quería vivo ausente que suceso a sus ojos que la desesperase. La partida sintieron mis padres, y mi voluntad, llorosos morían de pena; dejé a la que engañaba muchos dineros y a la que servía muchos cuidados. Partí a Flandes; temo cansar a vuesa merced, que me dilato mucho y deseo no disgustar a quien debo servir[56].

—Señor don Diego —dijo Teodora—, no tengo ocupación, deseaba tarde también entretenida y la esperaba tarde,

---

[54] *jara:* «es una especie de saeta que se tira con la ballesta; es nombre caldeo [...] que significa velocidad» *(Cov.)*.
[55] *pechar:* «pagar o contribuir la pecha o pecho. Se tomaba en lo antiguo por lo mismo que pagar absolutamente y hoy se usa en los decretos y autos en los que se impone pena pecuniaria» *(Aut.)*.
[56] Sobre las digresiones e intercolunios en *Del celoso desengañado*, remito a la «Introducción».

si vuesa merced hace falta en algún templo suéltole al punto; si no[57], dé fin a la historia, que la codicio.

—Obedezco a vuesa merced —dijo don Diego—. Algunos años ocupé sirviendo a Su Majestad, dando y recibiendo heridas en los asaltos, baterías[58], escaramuzas y en cuantas ocasiones se ofrecieron en aquellos estados, afortunado en las armas, sucesos felices con grande estimación de los superiores, aprobados y aplaudidos entre los amigos y camaradas comunes como los bienes. Al fin del primero año me escribió la causa de mis males, que en viéndome ausente cesaron los recelos de don Pedro de Ribera, y que a sus padres la pidió un caballero de hábito con seis mil ducados de renta, bien mirado del rey, que le fue imposible excusar el casamiento, teniendo temor al segundo suceso lastimoso; que no culpase voluntad, ni ausencia, que siempre me quería y estimaba, si ya casada era lo mismo que no haberla conocido. Lloré, desesperé, hice fuerte resistencia para no quitarme la vida. En las trincheras no ponía defensa, el pecho y los brazos como al nacer, siempre en la primera hilera, formado el escuadrón, reconocía a ser favorecido del general baterías, espías y fosos; incitando a la muerte y diciéndole osadas injurias y desprecios, huyeron de mí en los peligros temerarios, balas de las murallas y picas de los escuadrones. De todo me libraron por dicha atrevimientos que la fortuna favorece, o en el cielo mis padres, que en estos días tristes los llevó Dios, quedándome la poca renta que vuesa merced sabe, alguna no disipada.

La dama tuvo una hija hermosísima y discreta, que a poder dijera ser en todo parecida a vuesa merced, también un hijo gallardo y discreto. Su padre murió, de que tuve aviso en Flandes, tomé licencia del general para venir a mis pretensiones, no a la cobranza de mi sueldo en la corte sino a la de mi alma en Jerez. Vine con galas, esclavos, dineros y criados, que los dados y buenas fortunas me dieron. Mis años eran menos que los sucesos y vitorias. Debo a los caba-

---

[57] En la *princeps* «sino».
[58] *baterías:* «batir los muros es dispararles artillería y batería el estrago que en ellos se hace con ella y con los asaltos» *(Cov.).*

lleros, deudos y amigos el contento y buena acogida que hallé en todos; el señor don Bernardo mi primo estaba en las fronteras de Berbería valiente capitán. Escribí un papel a la dama, recibiole y respondió, estimando la memoria, y certificando que nunca me vio ausente. Visitela de noche durmiendo sus hijos con secreto cuidadoso; el capítulo primero fue de matrimonio, en ambos dichoso principio. Hízose preñada de un niño que hoy tiene cuatro años, llámanle don Juan, tiénele en su compañía a título de sobrino. Mi primo vino a Jerez vitorioso con banderas, despojos y esclavos, vio a vuesa merced y, enamorándole su belleza y virtud, tuvo efeto el matrimonio. Estoy cultivando el mío, que casada la hija de aquella señora, llevando su hermano a su casa, quedó en la suya su madre viuda con sus criados bien servida, y con amparo en su yerno, si con pocos bienes, que los del difunto marido fueron menos de los que se entendió. Estoy esperando disposición de los hados a excusar peligro, que temo recelos y temores de su honor. Ésta es la historia, sería dichoso a no haber cansado a vuesa merced, señora mía.

Teodora le dijo así:

—Algún fundamento había de tener mi amor, señor don Diego, secretas causas inclinaban influencia que juzgaba forzosa en mi alma. Vuesa merced, señor don Diego Fernando, está entendido, que sus traiciones públicas, a decir con su ingenio, no podían dejar de tener énfasis. La trágica historia, si no lo será el fin, es de vuesa merced y de doña Aldonza mi madre, a quien algunas veces he visto llorosa ignorando la razón. Ya la entiendo, el sobrino es mi hermano y vuesa merced viene a ser mi padre. Si tuviera celos don Bernardo del señor don Diego y de mí, con tan buen desengaño le pudiéramos llamar el celoso desengañado, y si el cuento fuera novela venía a ser excelente el título[59]. No quiero, señor don Diego, que mi ma-

---

[59] *si el cuento fuera novela:* Piña reflexiona a vuela pluma sobre los problemas terminológicos para clasificar la prosa de ficción. Así, «patraña», «cuento» y «novela» eran conceptos con unas fronteras más que turbias en el siglo XVII. Timoneda [1978: 79] advierte en su «Epístola al amantísimo lector»

dre tenga necesidad para servir a vuesa merced; mañana le enviaré mil escudos, lo que le suplico es —no entienda que soy sabidora de su voluntad— que sería de gran pena en mi corazón, hasta que medios suaves digan a Bernardo el suceso.

Llegó don Diego a besar los pies a Teodora cuando, volviendo de la caza su marido, con hallarlos tan cercanos, como el parentesco, y viéndolos tan solos, acrecentando celos y pesares reservados a mejor ocasión, entró no con semblante de primo sino de padre. Recibiéronle amorosos y cortesanos, pasó la conversación hasta bien de noche. Despedíase don Diego, hízole quedar a cenar su primo, jugaron; hubo música y dulces entretenimientos, que don Bernardo quiso ver si en la mesa Teodora hacía algún favor a don Diego, que nunca el demonio pensó iguales sutilezas. Cenaban y como si supiera que a don Bernardo le iba quitando la vida, le regalaba mastresala[60] diestro, haciendo platos de voluntad al huésped. Su primo solenizaba lo gracio-

---

que no juzgue verdad lo que se cuenta: *«patraña* no es otra cosa que fingida traza, tan lindamente amplificada y compuesta que parece que trae alguna apariencia de verdad; y así, semejantes marañas las intitula mi lengua general valenciana *rondalles,* y la toscana *novelas».* Lope [2002: 104] declara en las *Novelas a Marcia Leonarda* que «en tiempos menos discretos que el de agora, aunque de hombres menos sabios, [...] llamaban a las novelas *cuentos».* Zayas [2000: 168] propone, en cambio, el concepto de «maravilla»: «A Lisarda, su sobrina, y a la hermosa Maltilde, mandó que [...] la primera noche, después de haber danzado, contasen dos maravillas, que con este nombre quiso desempalagar al vulgo del de novelas, título tan enfadoso que ya en todas partes le aborrecen». A partir de las clásicas páginas de Chevalier [1976] [1978] [1982] [1983] [1989], se suele reservar «cuentecillo» para los relatos breves, de tono familiar, en general de forma dialogada, que suele concluir con una réplica aguda, pero que, en todo caso, producen, o intentan producir, un efecto jocoso. Laspéras [1999: 310-311] distingue entre «cuento» y «novela» en virtud de que «uno es fundamentalmente oral y la otra escrita». Véase, asimismo, Frenk Alatorre [1982: I, 101-123].

[60] *mastresala:* «el ministro principal que asiste a la mesa del señor; dícese en latín *praegustator* y, según Antonio, *structor.* Trae la vianda a la mesa con los pajes y la distribuye a los que comen en ella. Usa con el señor cierta ceremonia particular de los señores de título, que es pregustar con buena gracia y galantería lo que pone delante del señor, y ni más ni menos la bebida. Introdújose por miedo de los venenos, agora no es más que un cierto acometimiento que alude a ello» *(Cov.).*

so con veneno del alma. Triste caballero, mártir del infierno, sin verdad, aunque no previno vez los ojos de don Diego en que no viese luces de las estrellas fijas y errantes del revoltoso cielo de Teodora, después de haber cenado serpientes venenosas el celoso. Ya muy tarde se fue don Diego, Teodora quedó refiriendo sus gracias y donaires. Acostose don Bernardo, fingió que le dolía la cabeza para dilatar su muerte, pasó la noche, espía doble del enemigo en el cuerpo de guardia, donde aguardaba sus desventuras. Velo difunto amaneció, dándose por desdichado, pensaba los discursos de don Diego, que, como el perdidoso baraja en mano repasando las fuertes pintadas[61], hizo alarde maliciando que en el juego podía Teodora haberle pisado el pie, que como las enfermedades suelen entrar por ellos y los amores en los principios desmayan, mejor que en la mano se permitía la disculpa, que el pisar de los pies uno a otro pretensor era treta segura, si había correspondencia, perdiendo los amantes a un tiempo como en el agua de una vez el miedo, que amor halla pie en los piélagos más profundos, que dijo don Diego una mano. "Envido cuatro escudos"[62]. Y él respondió: "No quiero". Y Teodora: "Yo sí". Entraron todos y volvió a envidar su resto, que él no le quiso, y Teodora dijo: "Pues yo le quiero". Que habían quedado los dos y hacía gran sentimiento que Teodora le ofreciese el partido, que había mirado si al tomar los naipes refregaban los dedos.

Estas y otras cosas le desvelaron tan equívocas que no las quería dudar. Buscó los escritorios de Teodora con llaves falsas, no halló joyas, papeles ni más que su retrato, y siendo mujer no la vio liviana, y aun con esto moría de celos y amor. Tenía don Diego Fernando singular amistad por soldado famoso en la plaza de Orán con el excelentísi-

---

[61] *pinta:* «cerca de los jugadores de naipes, es la raya del naipe, y así decimos conocer por la pinta» *(Cov.).*

[62] *envidar:* «*envidar el resto,* cuando ofrece uno al naipe todo lo que le queda en la mesa de caudal. *Envidar de falso,* cuando con pocos puntos, para amedrentar al contrario y hacerle que se eche en baraja, le envida; y pensando burlar, se suele quedar burlado, queriéndole en envite» *(Cov.).* Véase Étienvre [1990: 146].

mo señor don Jorge de Cárdenas⁶³, Duque de Maqueda, Duque de Nájera, Conde de Treviño y de Valencia, Marqués de Elche⁶⁴, que a ser la universal del mundo, celestiales orbes lograban el hombro único a tan grave peso; el temido horror del África berberisca, de los moros aduares⁶⁵ y galanes de Meliona⁶⁶, que, a vista de las Fátimas y Jarifas⁶⁷ que sirven, arrojan intrépidos en el cristiano escuadrón la de dos hierros blandida con su destreza, perdiendo, si bárbara enamorada, la que miran gloriosa vida, poco es-

---

⁶³ García de Dini [1987: 232] conjetura que «Gracián en su *Epistolario* dirige una carta a un jesuita de Madrid, desde Zaragoza, contándole los detalles de la llegada del Rey a esta ciudad, y entre el acompañamiento, cita a don Jaime de Cárdenas, Duque de Maqueda y de Nájera. ¿Se trata de la misma persona?». Piña alude en realidad a don Jorge Manrique de Cárdenas, VI Duque de Nájera y Maqueda, Marqués de Elche, Adelantado Mayor de Granada, Señor de Navarrete, Ocón, San Pedro, Cenicero, Villoslada, Lumbreras, Ortigosa, Ribas, Genevilla, Cabredo, Villademor, Torrijos, San Silvestre y otras muchas villas, Gobernador y Capitán General de Orán, Comendador de Medina de las Torres en la Orden de Santiago, General de la Armada y Océano y del Consejo de Estado. Véase Salazar y Castro [1697: 208-209].
⁶⁴ En la *princeps* «Delche».
⁶⁵ *moros aduares*: «aduar vale tanto como aldea o población de alárabes, cuando asientan sus pabellones, tomando en medio el del señor, y así dice Urrea que viene del verbo *devere*, que vale tanto como rodear» *(Cov.)*.
⁶⁶ *galanes de Meliona*: la mención de los *moros de Meliona* se había hecho casi inevitable en la literatura de la época (historia, romancero o comedia) cada vez que se trataba de los españoles de Orán. Como indica Jammes [1994. 536], «el valle de Meliona se halla en efecto al Sur de Orán, en un lugar donde las escaramuzas eran frecuentes. Su galanura es un tópico». Piña emplea el motivo, e incluso el sintagma, como un calco del siguiente pasaje de la *Soledad* II: «la delicia volante / de cuantos ciñen líbico turbante, / el Borní, cuya ala: / en los campos tal vez de Melïona / galán siguió valiente, / fatigando / tímida liebre, cuando / intempestiva salteó leona / la melionesa gala, / que de trágica scena / mucho teatro hizo poca arena» (vv. 762-771) [Góngora, 2000: 416].
⁶⁷ *Fátimas y Jarifas*: nombres frecuentes para las mujeres en la literatura morisca desde *El Abencerraje* al romancero de Góngora y Lope. Véase Carreño [1979] y Carrasco Urgoiti [1989]. Ya en el *Romancero General* figuraban composiciones que se burlan de la moda morisca que inundó las letras españolas, incidiendo en la onomástica de los personajes: «tanta Zaida y Adalifa / tanta Draguta y Daraxa, / tanto Azarque y tanto Adulce, / tanto Gazul y Abenámar, / tanto alquicer y marlota / tanto almaizar y almalafa, / tantas empresas y plumas, / tantas cifras y medallas / tanta ropería mora». Véase *Las Fuentes del Romancero General* [1592: 157-162].

timadores de la muerte, valiéndose de la Antigüedad, que nunca le fabricó altar ni templo, los que heridos en los sangrientos pechos con el bote de la española pica trepan abriendo al corazón difunto por las rompidas entrañas, buscando la mano vencedora a porfías de marcial venganza, de no vencida ferocidad, el famoso general, ilustrísimo honor de España, acérrimo ofensor de la morisma, triunfante César de las atrevidas peligrosas vitorias emprendidas a siempre vencer; el que a los fieros leones ignorantes de los circos romanos, por natural braveza, a temores de sus lanzas o arcabuces, y errando los golpes o tiros, cuerpo a cuerpo, si no vencidos, ha puesto asombro, por quien espías, centinelas de las cercas y puertas de Orán están seguras de sus atrevimientos en las escuras noches.

Y pues se trata de los leones de aquellos campos, no será muy fuera de propósito decir un secreto dellos, bien secreto, sólo sabido en este clima. Tienen propiedad que Aristóteles ni Plinio[68] alcanzaron en sus descubrimientos y secretos peregrinos. No penetra el león olfato, no por la región del viento de otros animales pesca la caza o mata las fieras (a su alimento diligencia precisa pena de la vida). Naturaleza próvida sin defeto crió un animalejo de mediano cuerpo que llaman Adive[69], con tan sutil y excelente olfato para el nombre y ser de ventoso que la caza o la fiera a larga distancia no le divierte, que imita en antever al aparecedor de los ejércitos ausentes o los lejos de las pinturas. Sigue la cueva

---

[68] *Plinio:* Gayo Plinio Secundo nació en Como en el año 23 d.C. y murió en Estabias, en la bahía de Nápoles, durante la erupción del Vesubio del año 79. Su ajetreada biografía —en la carrera militar y en la Administración— nos impide quedarnos únicamente con la imagen de un estudioso encerrado en su biblioteca. Plinio tuvo una vida activa, viajó a lugares distantes, a los que hay que añadir su pasión por la lectura y su obsesión por el estudio. La *Historia Naturalis* en 37 libros es la primera enciclopedia de la naturaleza concebida como tal; abarca la descripción del universo y del mundo, el hombre, los reinos animal y vegetal, con la farmacopea de ellos derivada, y el reino mineral, con largos *excursi* sobre aspectos de la organización social o de la actividad humana.

[69] *Adive:* «animal muy conocido en África, semejante al perro que llamamos podenco, a diferencia de la cola, que es como la de la zorra. Mantiénese de la caza y de noche aúlla mucho» *(DRAE,* 1770).

o gruta del más ferocísimo león, aguárdale al paso del primero movimiento y pónese delante con indicio de guiarle. Reconoce lo útil, o aprendido cachorro con sus padres, o como escudriñadores de lo que sin otro maestro saben por instinto secreto, reservado como los pensamientos a solo aquel Señor que determina con misericordia y ejecuta con fortaleza. Al animalejo también le cuesta industria[70] la comida a generosidades del león. En descubriendo la primera luz, dejando la cama, da un fuerte bramido avisando —corazón real— a los enemigos para no vencerlos descuidados, a pesar de la espía que dobla aliento y viveza; guíale, soldado aventajado, a donde fácilmente ensangrienta las feroces nunca piadosas garras después del aviso. Satisface la siempre hambrienta con lo que apenas difunto convierte en el alma de las venas. De las resultas queda satisfecho el guiador, hasta que se vuelven a ver reconocidos al beneficio. Esto no siempre debe de suceder a los leones de los campos de Orán, si muchas veces lo han visto experiencias de sus arcabuceros.

El invicto general obliga de suerte a temor y respeto a los fronterizos moros y alárabes[71] que, por acrecentarle victorias, le entregan más de amor que de interés aduares con seguros rehenes a venganzas de enemigos, haciendo obediencia a su retrato en días festivos, que moros ilustres vienen a Orán de paz. El general, no cuidadoso de las viandas ni lechos, por quien el pan y agua y algún pedazo de queso tienen en tono y estimación, y por quien se dice en Castilla «La cama del Duque», que viene a ser un alquicer[72], cama regalada, cansado de fatigar los montes y perseguir las fieras en continuas y peligrosas cazas, tesón que admiran vasallos

---

[70] *industria:* «es la maña, diligencia y solercia con que alguno hace cualquier cosa con menos trabajo que otro» *(Cov.).*

[71] *alárabes:* «Al, artículo, y árabes, de Arabia» *(Cov.).*

[72] *alquicel:* «cubierta de banco, mesa u otra cosa, tejida sin costura a manera de manta; del verbo *queseye,* que significa cubrir o vestir. Hay quien diga que *quize* en arábigo vale "asiento", y así "alquicel" valdría la cobertura del asiento; pero en todo se debe dar crédito a Urrea, porque sabe la lengua arábiga de raíz. [...] Tamariz le llama alquicer» *(Cov.).*

del profeta infame[73], por cuya tierra adentro a largas correrías y entradas busca, vence, cautiva y ahuyenta, como si fuera propia, durmiendo aquí viene armado como un san Jorge en la dura morisca tierra, única osadía de tan alto príncipe, baldar[74] en el mayor conflicto, deuda corporal, que debe restituir, sobre un doblez de dos espartosas esteras, que debiéndoles alma quien tuviera más atención a lo que anima se la formara, que no son éstas de las que dijo el sutil poeta:

> previno bien la hija de la espuma
> a batallas de amor campos de pluma[75].

El doblez deja para los enemigos y lo sencillo sin más cuidado al descanso propio, éste es el traspontín[76], o almofrej[77], ni chino ni artificioso deja las almohadas para el sepulcro, y las sábanas para la otra vida. No hay más reparo a las tempestades o treguas mendigadas sólo a tomar aliento, hasta las armónicas salvas de las madrugadoras aves a la recién luz, hermosura de los bordados cielos para las nuevas vitoriosas hazañas, presas o empresas a los eternos lauros y gloriosos triunfos, de cuyos desvelos no tienen seguridad atrevidos o

---

[73] *profeta infame:* Piña alude a Mahoma, el profeta fundador del Islam. De acuerdo con la religión musulmana, es considerado el «sello de los profetas» por ser el último de una larga cadena de mensajeros enviados por Dios (Alá) para actualizar su mensaje, que sería en esencia el mismo que habían transmitido sus predecesores, entre los que se contarían Isa (Jesús) y Musa (Moisés).

[74] *baldar:* «privar, impedir alguna enfermedad o accidente el uso de los miembros, u de alguno de ellos» *(Aut.).* El narrador utiliza el concepto sustantivado.

[75] Últimos versos de la Primera *Soledad* de Góngora (1613, 1090-1091). Piña se equivoca al citar el primero, modificando el orden del sintagma («previno bien») frente al gongorino («bien previno»). El cierre del magistral poema atrajo la atención del conquense, quien repite un giro similar, esta vez prosificado, en su novela *La duquesa de Normandía:* «El sueño era débil, las [h]olandas, campo de pluma» [1987: 40].

[76] *traspontín:* «lo mismo que trasero, asentaderas» *(DRAE,* 1884).

[77] *almofrej:* «es la funda en que se lleva la cama de camino; por de fuera es de jerga y por de dentro de anjeo u otro lienzo basto. Dice Diego de Urrea ser arábigo, de *mifrixum,* cosa en "que se" y "sobre que" se extiende la cama y donde se pone o se guarda la cama» *(Cov.).*

enamorados sin fe por más lejos de la plaza ofensora; haciendo el eco del nombre heroico, en oyendo el Duque, suspender zambra[78] o comenzando zalá[79], capítulo predicante de su Alcorán[80], engañador a vicioso y sin disputa el pecho y llanto al mozuelo más airado, volviendo lágrimas apenas acabadas de nacer a los tiernos llovedores ojuelos que, cerrados a su temor, imitan, ya secos umbrales de los basiliscos[81], a yescas[82] en vez de yerbas, conocidos de sus cazadores, helando el temor moros devoción, capítulos infancia y lágrimas en aparecido asombroso relámpago de súbita ceguedad. Tales experiencias tienen de leve seguro y larga penosa esclavitud. Corrida está la dura cama de campo y cielo de goteras sin cortinas de no mostrarse madre piadosa, no al hijo Anteo vencido[83] sino al Cárdenas ilustrísimo invencible Marte[84], terreno fértil se esfuerza, diosa de la abundancia mora, a no premio divino. Rescate le pide la cautiva del tirano, gracias le da por los esclavos que a menos ofensores presume esperanzas de medias menguantes lunas, arrastradas banderas por el sol español, a quien el majestuoso bulto tiene pocas obligaciones por asperezas de su tratamiento, que a honores y pensamientos valientes viene a parecer el más lau-

---

[78] *zambra:* «danza morisca. En rigor zambra vale tanto como música de soplo o silbo, porque se danza al son de dulzainas y flautas» *(Cov.).*

[79] *zalá:* «la adoración o reverencia que hacen los moros a Dios y a Mahoma doblando el cuerpo y poniendo la mano en el pecho con varias ceremonias y palabras» *(Aut.).*

[80] *Alcorán:* «dice Diego de Urrea que en su terminación arábiga es *curanun,* del verbo *care,* que sinifica leer, y así Alcorán valdrá lectura o libro para leer, y por antonomasia el libro de la ley de Mahoma» *(Cov.).*

[81] *basilisco:* «una especie de serpiente, de la cual hace mención Plinio, lib. 8, cap. 21. Críase en los desiertos de África, tiene en la cabeza cierta crestilla con tres puntas en forma de diadema y algunas manchas blancas sembradas por el cuerpo; no es mayor que un palmo, con su silbo ahuyenta las demás serpientes y con su vista y resuello mata. Llamose régulo, o por la diadema que tiene en la cabeza, o por la excelencia de su veneno e imperio que tiene en todas las demás serpientes ponzoñosas» *(Cov.).*

[82] *yescas:* «es el cendal quemado o la esponja preparada o el hongo seco, o otra materia tan seca y tan dispuesta para recebir el fuego que, saltando en ella una sola centella, se emprende el fuego» *(Cov.).*

[83] *Anteo vencido:* véase la nota 28 de *La ingratitud hasta la muerte.*

[84] Véase la nota 63.

reado César Augusto[85], si cristiano Salomón[86], desmentidos regalos y delicias.

Pues el señor excelentísimo, memorioso de vitorias, al África tragedias portentosas, en que de bien pocos años le acompañó y sirvió don Diego Fernando siempre al lado de la sangrienta vencedora espada, le envió a Jerez un esclavillo de hasta doce años, todo alemán a nieves y hebras de oro, bautizado y ladino español, con muchas gracias y aderezos, jinete de los que llaman de la costa. Algún tiempo le tuvo en casa don Diego, viole y cudiciole Teodora. Bernardo le miró tal vez en la iglesia arrodillado, bien ángel en belleza, cuidadoso de que diese alguna embajada a Teodora, si no[87] muy célica[88]. Hacía al irse hombro la cabeza del mozuelo en vez del brazo, hasta la carroza con muestras de voluntad. Tuvo no —si hermosos niños— celos que imaginaba, almas de su primo y Teodora, mirándole ángel de su guarda, y cuidaba que fuese del que amaba por Dios.

---

[85] *César Augusto: Octavio* fue el nombre con el que se conoció a Augusto antes de que fuese emperador. Sobrino de Julio César, nació en Roma el año 63 a.C. y murió en Nola el año 14 de nuestra era. Vino al mundo en el seno de una familia burguesa procedente de Veletri, el Lazio. Su padre se llamaba Cayo Octavio y había sido durante un tiempo gobernador de Macedonia. Su carrera política estuvo determinada por su matrimonio con Atia, una sobrina de César. Cuando Cayo Octavio iba a alcanzar el consulado falleció (58 a.C.). De ese matrimonio nacieron dos hijos: Octavia y Cayo Octavio, más tarde Augusto. En el año 45 a.C., Julio César lo adopta y el joven pasa a llamarse Cayo Julio César Octaviano. Ese mismo año acompañó al dictador a las campañas militares en España, donde tomó un claro partido durante la Guerra Civil. Tras el asesinato de César (44 a.C.) y el fugaz mandato de Antonio, Octavio regresa Roma —tras su estancia en Épiro— para recoger la herencia y convertirse en su vengador. Al acceder al poder encontró a Roma sumida en el más absoluto caos. Cuando falleció, el Estado había sido pacificado y organizado. Con esta frase se pueden resumir los más de cincuenta años que Octavio pasó al frente del gobierno romano, iniciándose entonces el periodo conocido como Imperio.

[86] *Salomón* fue el tercer y último rey de todo Israel, incluyendo el reino de Judá. Construyó el templo de Jerusalén y fue célebre por su sabiduría, riqueza y poder. Según la Biblia, se le considera el hombre más sabio que haya existido en la Tierra. Se le atribuye la autoría del *Cantar de los Cantares,* así como del *Libro de los Proverbios.* Véase *Libro de los Reyes,* I, 1-11.

[87] En la *princeps* «sino».

[88] *célica:* «que tiene propiedades del cielo» *(Aut.).*

Indicio dio a don Diego la dama del gusto que tendría dueña del esclavo, que al punto le dio; que en lo demostrativo con que la servía influía el amor de su dueño, a discurso del nuevo señor. Minino[89] tenía licencia de entrar a la cama o al estrado, bien imagen le parecía Teodora en siempre de rodillas. Hízole nuevas galas, era amado en Jerez por donaire y viveza, de que se mostraban agradecidos a don Diego, don Bernardo y Teodora. Estaba el esclavillo hasta allí sin herrar a la gran lumbre de la antesala de su casa una mañana; tenía en la una mano un papel cerrado sin sobrescrito y en la otra mucho frío que injuriaba, quitándole el ser, viole don Bernardo y cual águila real que bate como rayo asoleadas plumas sobre la siempre temerosa liebre vista desde las más altivas nubes, con la posible disimulación se le fue a quitar y, tropezando en su misma velocidad, como el atropellado presuroso tiempo, se le cayeron al mozuelo de las manos el frío y el papel, que vio salamandria de lo más encendido y fogoso del feroz elemento[90]; fuero de Aragón defendió el preso, a cuya resistencia no tuvo fuerzas Bernardo, sólo se halló con el esclavillo, su nombre Jorge, como el de su Criador, que por esto se decía en Roma criatura del señor cardenal[91].

Llevole a la primera sala en laberintos, inquirió el dueño del papel y a quién iba dirigido. Respondió no muy rudo que don Diego Fernando se le había dado para que un

---

[89] *minino* o *menino*: «el caballerico que entraba en palacio a servir a la reina o a los príncipes niños» (*Aut.*).

[90] *salamandria*: «es una especie de lagartija, perezosa, de variados colores. Se cree, sin fundamento, que no se quema al fuego. Tiene virtud séptica, ulcerante, calorífica. Se mezcla con los fármacos corruptivos y concernientes a la lepra, como las cantáridas, y se guarda igualmente» [Dioscórides, 1998: I, 260].

[91] Quizá aluda al cardenal Ippolito d'Este a quien Ariosto dedicó su *Orlando Furioso*. Cardenal de Ferrara, hijo de la famosa Lucrecia Borgia y de Alfonso d'Este, fue el ideador y constructor de Villa d'Este. Nacido en 1509, hizo una rápida y espléndida carrera eclesiástica y diplomática que alcanzó su apogeo cuando, siendo cardenal, fue nombrado Protector de Francia en la corte de Francisco I. En el cónclave de Julio III fue nombrado Gobernador de Tívoli, y aceptó el cargo, si bien la naturaleza rebelde de los tiburtinos lo hacía poco apetecible, pues pretendía servirse del mismo como trampolín para su futuro camino. Tras una breve enfermedad murió en 1572.

mercader le diese un vestido de tabí[92] del color que le dio noticia. Replicó, pues, ¿cómo no tenía sobrescrito? La respuesta fue que no sabía el propio nombre don Diego y le dejó en blanco para que sabido lo pusiese. Disimuló Bernardo, sospechando ser el dueño Teodora. Jorge había sacado el papel del pecho y se calentaba para poderle dar a su señora —tales fueron las nieves y yelos de aquel año—; era una décima que le había hecho a un favor recebido, que a verla Bernardo todo estuviera en fin. Teodora regalaba a Jorge; Bernardo se moría; don Diego supo el caso del muchacho, aconsejole se huyese con la traza que le daría, como se la dio. Volviolo a Orán con el señor Duque, disculpa del fugitivo y cuidado celoso de Bernardo, habiendo hecho pesquisa de los tabíes, de que halló poca razón, teniéndola tomada el primo. La ausencia del esclavo penó a Teodora, que hizo sentimiento y diligencias para la fuga. Sosegó en parte a su marido, diole cuidado ver sentimientos de Teodora, que le hacen las señoras por el que se va o les hurtan.

Iba Bernardo un día con su primo, encontraron una dama sevillana venida a Jerez, donde tenía deudos; habíala visitado don Diego con otros caballeros, que la cara y dulzura de la voz al bien templado instrumento era celestial, a no precioso, y teniendo con don Diego más conocimiento, le dijo sin saber quién era el compañero:

—Ya vuesa merced, señor don Diego, no me hace el favor que solía, que si no he menester sus dineros me hacen falta sus donaires. No me admiro si vuesa merced es mártir del terrero y sirve en palacio y adora hermosura sin igual y muere de elevado.

A no ser tan discreto don Diego perdiera la vida, porque no acudiendo a otra parte que a la casa de su primo, como no perdonaba Jerez envidia, y ponía la mira en lo que no la tenía puesta don Diego, imagino que a tener recelo, como presumía no dejara de cuidar Bernardo de lo que sin consideración decía doña Inés. Cobrose y díjole:

---

[92] *tabí:* «cierto género de tela que se usaba antiguamente como tafetán grueso prensado, cuyas labores sobresalían haciendo aguas y ondas» *(Aut.).*

—Mi señora, amistades que nacieron al nacer no se olvidan. Sabía don Bernardo los amores que don Diego había tenido con una señora doncella, volvió la sangre a su lugar, corrida de haberlo sido hasta el corazón.

—Vuesa merced cumpla con sus obligaciones, señor don Diego —dijo doña Inés—, que mi voluntad y Sevilla estarán ufanas de haberle conocido; tengo negocio de importancia con vuesa merced, suplícole me vea esta noche, que no tiene a mi parecer cosa que le pueda hurtar.

—Yo llevaré en que pueda, si quisiere, lograr su deseo —respondió don Diego— y conozca vuesa merced al señor don Bernardo, mi primo, por el más ilustre caballero desta ciudad y de mayor renta; que, ofreciéndose en que verá vuesa merced su liberalidad, cayó doña Inés por el nombre ser marido de Teodora, a quien le habían dicho que servía don Diego.

Reparó el discurso, diciendo:

—Señor don Diego, diga vuesa merced a esa mi señora, a quien desde el nacer tiene obligación —ya lo he sabido— que no le quiero defraudar su amor.

Con esto y discretas razones se despidieron y cada uno fue a su posada, Bernardo pisando brasas, espinas y abrojos, que la furia de los celos, su industria y temeridad es hasta dar principio a su veneno; que la llama encendida imita la del horno del vidro, que no cesa o perece; decir los más escolásticos[93], que son hijos del amor, no lo parecen, sino de las furias infernales[94]. No se quita la vida por amor, por celos sí; que nacen del amor tienen por cierto, si bien hay quien

---

[93] *escolástico:* «el maestrescuela. *Escolástico,* el que profesa la teología que se enseña en escuelas, disfrutando y arguyendo y subtilizando las razones, con que se despierten los ingenios y se apuran las verdades; y de allí se dijo teología escolástica a diferencia de la positiva» *(Cov.).*

[94] *furias infernales:* «como el lugar del infierno es calabozo y cárcel de culpados, forzosamente ha de haber ministros que ejecuten esta justicia. Y si acá en el mundo para castigar culpados se buscan ministros crueles, inhumanos y despiadados, quién duda sino que los de aquel infelice lugar fueran terribles y sin piedad alguna. Tales son las Eumenides o Furias infernales. Éstas fueron tres, como lo dice Luis Vives; llamáronse Eumenides y fueron hijas de Saturno y de la Tierra, según lo dice Hesíodo» [Fray Baltasar de Vitoria, 1676: I, 402].

tenga celos antes que amor, niegan su padre, diciendo que son hijos de la ira y rabia, como lo dice el Ariosto en esta estancia[95]:

> Che dolce più, che più giocondo estato[96]
> saria di quel d'un amoroso core?[97]
> che viver più felice e più beato[98],
> che ritrovarsi in servitù d'Amore?[99]
> se non fosse l'uom sempre stimulato[100]
> da quel sospetto rio, da quel timore[101],
> da quel martir, da quella frenesia[102],
> da quella rabbia detta gelosia[103].

Malicioso, Bernardo refirió a Teodora lo sucedido a don Diego con doña Inés. Con celosa advertencia miraba el sol resplandeciente de su mujer, en cuyos más de mil rayos a dos luces quedaba Bernardo amor en lo ciego, no creyente ofensa del semblante divino, vio sereno el cielo de estrellas, culpó recelos traidores, disculpas no merecer tan alto bien, celestial a la mayor corona. Teodora, simple avecilla a las redes engañosas del cauteloso cazador, respondió a Bernardo:

—¿Es doña Inés muy hermosa? ¿Tiene donaire? ¿Es de lo bien prendido? ¿Muy entendida? Que a esto y sevillana miro imagen, adoración le deben los caballeros de Jerez. Y elegido

---

[95] Se trata de la primera estancia del canto XXXI del *Orlando furioso*: «¿Hay estado más dulce y más ufano / que aquél de un corazón enamorado? / ¿Habría algo mejor que estar viviendo / al servicio de Amor feliz y alegre, / si el hombre no estuviese importunado / continuamente por aquel martirio, / por aquella sospecha, aquel tormento, / aquella rabia que llamamos celos?» [Ariosto, 2005: 1276-1277].
[96] En la *princeps* «Jocondo estatato».
[97] En la *princeps* «Seria di quel de un amoroso core»
[98] En la *princeps* «che vivir piu feliche e piu beato».
[99] En la *princeps* «Che ritrobarse in servitu de amore».
[100] En la *princeps* «Se non foie le humo sempre estimulato».
[101] En la *princeps* «di quel suspetorio, di quel timore».
[102] En la *princeps* «Di quel matir, di quela frenesia»
[103] En la *princeps* «di quela rabia deta jelosia».

para esta noche don Diego, no dirá, siendo de Sevilla, que es la toledana[104], matáranse a concetos sino a celos.

Pareciole a Bernardo sentimiento de fuego, que airada el alma le arrojó a los ojos, que la muerte y la vida está en manos de la lengua. Fuéronse a dormir, si duermen los que tiene celos.

Don Diego era pobre, don Bernardo maquinó el último lance, a desesperaciones de mortales sentimientos, que pender el sosiego de un marido celoso de la palabra que teme es mirar sobre la cabeza resplandeciendo desnuda la espada del tirano, o el que vendados los ojos para que se la corten apenas tiene aliento, que el honor es alma de la parte inmortal, y no hay consuelo humano que suelde ofensa en lo que anima divino.

Llevó a don Diego don Bernardo sin otra compañía a una galería, que litigó divorcio con el cuarto de Teodora; era corona del bellísimo jardín que de pinturas, flores y maravillas creyó don Diego lograr jardín y no galería. Contaba don Bernardo los pasos que iba dando, como el que sube los que no ha de bajar; tuvo por cierto mirar muerto a su enemigo sin estar en su mano mover el pie. Iba cerrando las puertas, que habían de ser a la vuelta de los sangrientos pechos para el alma hasta quedar en el fin milagro del riquísimo edificio donde estaban en originales retratos Teodora, su marido e hijo, y doña Aldonza, su madre. Y en tanto que don Diego, como no culpado, los miraba sin temer, sentía Bernardo que decir que un hombre tenía si no era dél, sí o no, de que un celoso moría pendiente.

Llegó el caso de estar solos y decir don Diego a su primo, que prevenciones hacía inquieto sin color como el agua, mudo oyendo que si era menester ir a matar al Conde Loza-

---

[104] Según García de Dini [1987: 232], Piña «alude al dicho "pasar una noche toledana" que inspiró a Lope una comedia con el mismo título: *La noche toledana*». Martínez Kleiser (1953) presenta con el número 45.682 el refrán completo: «La noche toledana, al otro se le hacía larga». He puntuado el texto de otra manera y también pienso que el narrador puede aludir a las espadas toledanas —de ahí la aparición del verbo «matar»—, famosas por la calidad de su hoja.

no tenía presente el Cid; si poner fuego a Tarpeya[105], el de su belicoso corazón la encendería con menos sentimiento que el romano; si amaba a Elena, sería Paris[106], y al mar le pondría freno, más obedecido que el de sus arenas, haciéndole acotar, y echándole prisiones segunda vez, y que podía disponer de su vida a cualquier suceso de la fortuna, a cualquier disposición de su voluntad; tanto amor le tenía por sangre y beneficios recibidos. Temblaba Bernardo, y los celos le ponían otra manzana a la garganta[107], pareciéndole que tales osadías nacían para su agravio del alma de Teodora, y los desengaños a que remontó el neblí[108] lazadas que

---

[105] *Tarpeya:* alusión implícita al popular romance «Mira Nero de Tarpeya / a Roma cómo se ardía: / gritos dan niños y viejos / y él de nada se dolía; / el grito de las matronas / sobre los cielos subía, / como ovejas sin pastor / unas a otras corrían, / perdidas, descarriadas, / a las torres se acogían. / Los siete montes romanos / lloro y fuego los hundía; / en el grande Capitolio / suena muy gran vocería, / por el collado Aventino / gran gentío discurría, / en Cábalo y en Rotundo / la gente apenas cabía; / por el rico Coliseo / gran número se subía» (vv. 1-20). Véase Díaz-Mas [1985: 795-798].

[106] *Elena* y *Paris:* «comían a una mesa las tres deesas: Iuno, deesa de las riquezas y señoríos; y Palas, deesa de la sabiduría y de las batallas; y Venus, deesa del amor. Viendo la deesa de la discordia que della no se había hecho caso, hubo gran pesar, y procuró buscar modo por donde mover allí algún enojo; y para esto, hizo una manzana de oro, a maravilla hermosa, con un letrero escripto en ella que decía: "Hermoso es el don de la rica manzana; tómelo de vos la más lozana". Cuando las deesas esto vieron, cada una dellas la cobdiciaba para sí, no tanto por el gran valor suyo, cuanto por la honra de la condición en ella puesta: porque sospechando ser echada por orden de Júpiter, entendían dello que quien la llevase la mejoraría sobre las otras. Fueron a Júpiter que lo determinase; escusose Júpiter diciendo que por ser deudo de todas ellas que su juicio sería sospechoso. Al fin, viniendo a la memoria la rectitud de Paris, determinose que él lo juzgase. Parecieron las tres deesas en su presencia, y puesto el caso, la deesa Iuno le prometió que si en su favor sentenciaba, le daría grandes riquezas y señoríos. Palas le prometió sabiduría y victoria en batallas. Venus le ofreció mujer tal cual a él le pluguiese, advirtiéndole mirase que lo que Iuno y Palas le habían prometido, no lo había menester, pues él tenía riquezas, señorío y saber. [...] Paris dio sentencia que Venus la llevase, siendo principalmente debida a Minerva, o cuando menos a Iuno. Por lo cual Venus le prometió que robaría a Helena, de que se siguió la destruición de Troya» [Pérez de Moya, 1995: 533-534].

[107] *manzana a la garganta:* Véase la nota 106.

[108] *neblí:* «especie de halcón de mucha estima. Algunos quieren por esto se haya dicho *quasi* nobli, por su nobleza. Otros dicen haber tomado el nombre de la villa de Niebla, adonde se hallaron los primeros pájaros desta ralea

no se podían desatar sin cortarlas. Comenzó al paso de la escura noche, que de no saber dónde pone los pies ha venido por desdichada a ser tan aborrecida de sí misma, y como dice que su horror nace de imitar la que adora el infierno, daba los mendigados desiguales pasos por la región de los celos, más escura y no menos tremenda.

Y con palabras sin retórica, brutas en su mina, que no acertaba a nacer, le dijo así:

—Primo, yo os quiero casar con una señora muy parienta de Teodora, no de pocos años ni de muchos; sois pobre, estáis sin el lucimiento que merecéis, quiero daros tres mil ducados perpetuos de mis rentas y con la vuestra que es alguna seréis estimado como querido —que importaba menos que la vida decía entre sí—.

—Casarse un hombre —dijo don Diego— tiene grande inconveniente sin el amor, que añuda los corazones primero que las manos, si basta que toque a mi señora doña Teodora para no sólo casarme sino hacerme su esclavo aragonés.

Traspasó el alma a Bernardo esta humildad, pareciéndole gallardía con que tendría más ocasión de amar a Teodora, y acordose que decía un Macías[109] de aquella ciudad, que importaba poco ser la mujer vieja y fierísima rica, como la

---

en tiempo del rey Vamba. Otros quieren se haya dicho *quasi nubuli*, porque parece volar sobre las nubes» *(Cov.)*. Los antiguos se contentaron con dividir las aves de presa en dos clases, las de alto vuelo *(sublimipetas)* y las de bajo vuelo *(humipetas);* la división en clases más numerosas que Nebrija enumera (Gavilanes, Azores, Gerifaltes, Neblíes, Sacres, Alfaneques, Baharíes, Tagarotes) se debe a los cazadores modernos. Véase Jammes [1994: 528].

[109] *Macías:* poeta gallego (Padrón [¿?]-Arjonilla, 1434) al que se le atribuyen veintiuna cantigas, compiladas en el *Cancionero de Baena,* que incorporan a la lírica castellana medieval elementos de la poesía cortesana. Según cuenta la tradición, estando al servicio del Marqués de Villena se enamoró apasionadamente de doña Elvira, dama de corte de la Marquesa. Aprovechando una ausencia de Macías, el Marqués casó a Elvira con un rico hidalgo, pero su amor era tan grande que la joven no abandonó su relación con el poeta. Enterado de la circunstancia, el Marqués ordenó recluir a Macías en la cárcel de Arjonilla, donde el bardo continuó cantando su amor. Enloquecido por los celos, el marido de Elvira entró en la cárcel y dio muerte a Macías, que desde entonces se convirtió en símbolo del amor trágico y fatal.

dama fuese hermosa, y que por Leonor enmudecían los incestos, y dijo a don Diego: «Doña Aldonza, mi señora, quiero que lo sea vuestra».

Imaginaba que si le daba el sí sería sutileza del ingenio de don Diego para deslumbrarle de que no le había ofendido con Teodora. Si decía que no, era cierto el adulterio y precisa la venganza, que nunca forzado en galera se vio al remo tan afligido[110] como él en su galería, que le previno sepulcro. Don Diego, con semblante ni turbado ni detenido, hincó la rodilla en tierra y agradecido tomó la mano a su primo y se la besó muchas veces, porque doña Aldonza no tenía treinta y cuatro años y era el alba del sol de su hija. Bernardo le alzó, le abrazó, y juntando los pechos, industria del celoso amante, poniéndole la mano sobre el corazón a don Diego, halló que tenía sosiego, quietud y el concierto del pulso ni alborotado ni facineroso, pues, contándole con esto lo que a Teodora, Bernardo resucitó, conoció que no le había ofendido y que era imposible en tan breve pregunta no dudar la respuesta.

El casamiento teniendo amor se hizo con extraordinarios regocijos, siendo Teodora la que agradeció a don Diego el que tenía a su madre, con quien don Bernardo lo había tratado, esperando el efeto deseado que tuvo, con lo cual vino a ser el celoso más bien desengañado. Don Bernardo había hecho cuantas diligencias y travesuras había podido para saber si Teodora degeneraba, hallola agradecida a su voluntad y beneficios. Tuvieron hijos, llegó el desengaño; nunca dio a entender a Teodora locuras y desatinos. Estaba loco, volvió en sí, tuvo dicha en no haberlo entendido, que pudiera ser, como enseña la experiencia, morir sin ella; que los celosos son incendios de su honor, y los que más fácilmente son engañados descubiertas sus imaginaciones. El vidro es quebradizo, esmalte que desampara el oro; tal vez ora donde quiere; don Diego vivió casado y contento. Esto sucedió a un caballero ciego en tener celos,

---

[110] *afligido:* se trata de un cultismo: «apresado, tensado, atirantado». Véase Micó [2001: 149-151].

lince en penetrar[111], discreto en serlo con su mujer, por quien no se pudo decir:

«Que no hay con su mujer hombre discreto».

El amor que Bernardo tenía a Teodora era con tan grande exceso que cuantos la miraron le ofendieron y llegó primero que desengañado a estar de celos tan loco en peregrinas impresiones que hizo novenas a milagrosas imágenes, pretendiendo que todos los días habían de ser pardos, para que el sol no la pudiese ver.

---

[111] *lince en penetrar:* estilema frecuente en la prosa de Piña, que tal vez celebre un endecasílabo del *Polifemo:* «Acis, aun más de aquello que dispensa / la brújula del sueño vigilante, / alterada la ninfa esté, o suspensa, / Argos es siempre atento a su semblante, / *lince penetrador de lo que piensa,* / cíñalo bronce o múrelo diamante, / que en sus paladïones Amor ciego, / sin romper muros, introduce fuego» (vv. 289-296). Véase Góngora [2000: 345]. De hecho, lo utiliza en dos ocasiones durante el «Epílogo» de sus *Novelas:* «mas en llegando a ver al que ilumina cielos, estrellas y la divina hermana, llorosos y deslumbrados quedan los vadeables a no penetrar linces secretas esencias, que el sol imita ríos sin navíos en claros nacimientos» [Piña, 1987: 221]; «el que mira, que no le oye quien le penetraba lince, adorando semblante casi apacible, que juzgó favor» [Piña, 1987: 227]. Véase Bonilla Cerezo [2005: 69-85].

El culto graduado

Tarde V

Cerca de los últimos términos del día fatigaba el rubio hijo de Latona[1] el luminoso tiro, conducidor de su radiante

---

[1] *rubio hijo de Latona:* «dicen ser Apolo hijo de Iúpiter y Latona, nacido en la isla de Delos, porque después de aquella materia confusa, llamada caos, de que se hicieron las cosas, según los que no conocían el poder de Dios, que tenían opinión que de nada no podía hacerse algo; por este Chaos entendían Latona, y por Iupiter se entiende el verdadero Dios señor nuestro» [Pérez de Moya, 1995: 247]. Castillo emplea aquí el tópico de la cronografía, o anochecer mitológico, habitual en la época para iniciar muchas novelas. Lo curioso es que, por vez primera —y casi única— en sus colecciones, la descripción del ocaso viene precedida del verbo «fatigar» («batir» u «hollar»), préstamo virgiliano *(Eneida,* IX, 605) documentado por Vilanova [1992²: I, 195-204] en Garcilaso, Gálvez de Montalvo, Herrera, Virués y Góngora, que lo usó en su romance «Frescos airecillos» (1590) antes de eternizarlo en el *Polifemo:* «si ya los muros no te ven de Huelva, / peinar el viento, fatigar la selva» (vv. 7-8). Vid. Góngora [2000: 122 y 337]. El propio Castillo [1977: 211] retoma el estilema, con una intención más próxima a las cinegéticas de las *Soledades* (1613, 222-253), en *La torre de Florisbella,* una comedia de la *Sala de recreación:* «con lebreles de Irlanda y con ventores, / y fatigaba el valle, el monte y sierra, / por ser la caza imagen de la guerra» (vv. 343-345). Nótese que este anochecer de la «Tarde V» no difiere de los recursos utilizados por Góngora en la octava XLIII del *Polifemo* (vv. 337-340) o en las mismas *Soledades* (I, vv. 709-712; II, vv. 392 y ss.; II, vv. 612-617). Véase Lida de Malkiel [1975: 119-164]. El esmero con que Castillo diseña sus cronografías apenas ha sido valorado. Todas las «secuencias míticas» confirman su gusto por la variedad. Así, en la «Tarde I», la metáfora para designar al sol es «rubio pastor Admeto», mientras que en la segunda los «caballos de Febo» apresuran su curso para «refrigerar su carrera» en el océano. La tercera

carroza², solicitando la brevedad de su curso por hallarse en el undoso imperio de Neptuno, donde la graciosa Tetis³ le prevenía alojamiento, cuando los frondosos árboles, socorridos del regalado céfiro⁴, brindaban a las pintadas aves con el apacible murmureo de sus verdes hojas, a que haciendo la razón su concertada y sonora armonía convidó juntamente a las damas a que saliesen a gozar de sus amenos y compuestos cuadros; y en uno, donde el Arte competía con la Naturaleza⁵, hicieron traer asientos, y acomodándose todas, esperaron a Otavio y al médico, a quien le tocó la suerte del novelar aquella tarde.

No quisieron que les deseasen su venida mucho, porque casi al mismo instante que se había sentado llamaron los dos a la puerta del jardín, entraron y, apeándose Otavio de su macho y el médico de su regalada mula, llegaron a la amena estancia eligida por aquella tarde para su gustoso entretenimiento⁶, donde siendo alegremente recebidos de aquellas

---

está protagonizada por «Delio», otro antropónimo para Apolo, o Febo, que «paga sus réditos al zafir undoso». En la cuarta, en cambio, será «Faetón» quien «desmaye sus luces» en el mar. Como base teórica para el análisis de estas hipotiposis, siempre distintas a lo largo de veinte años (1625-1647), son valiosos los trabajos de Roses [2007: 43-67] y Tanganelli [2008: 303-316].

² *tiro*: «en el coche lo mismo que tirante» *(Aut.)*. Se refiere, obviamente, al carro del Sol.

³ *Tetis*: «Paulo, tomándolo de Crisipo, dice que Tetis Magna fue hija del Cielo y de Vesta y esposa de Océano. Cosa que, en efecto, afirma Lactancio y dice que fue ella la madre de las ninfas» [Boccaccio, 1983: 185].

⁴ *céfiro*: «viento, sale del punto del Occidente, y es nombre griego, al cual los latinos llaman Favonio, aunque algunos piensan que son dos vientos diversos» [Pérez de Moya, 1995: 339].

⁵ Desde la cultura griega y latina estaba vigente la concepción platónica del arte como «imitación de la realidad» *(mimesis)*. En el Barroco, para el diseño de estos *loci amoeni*, metamorfoseados en jardines por la mano del hombre, se impuso el axioma de que el Arte puede emular la Natura, e incluso superarla. Aunque el escenario para la «Tarde V» sea natural y al aire libre, Castillo lo describe de manera artificiosa. Nótese el abuso de los epítetos antepuestos: «radiante carroza», «undoso imperio», «frondosos árboles», «regalado céfiro», «pintadas aves», «apacible murmureo», «verdes hojas», «concertada y sonora armonía», «amenos y compuestos cuadros».

⁶ El «deleite» o «entretenimiento» es un objetivo prioritario de estas colecciones, a la zaga del clásico «prodesse et delectare» («ser útil y deleitar»). Por debajo, sigue latente la polémica sobre el concepto de «ejemplaridad» que, a partir de las *Ejemplares* (1613), debía justificar esta clase de relatos.

señoras les dieron asientos; y porque no se les pasase el tiempo, Otavio templó su guitarra, a quien acompañó con sonora voz, cantando este romance que se sigue, que dijo antes haberle hecho al propósito de un galán desfavorecido de una dama que pretendía, y para inclinarla a que le admitiese en su gracia, se valió de una hechicera que, pagada, le dio unos hechizos en una redoma[7] y, al tiempo que los llevaba para la ejecución de su intento, se encontró con un asno de un aguador en quien se rompió la frágil custodia de su embeleco y, experimentando el rudo animal el poderoso efeto, dio en seguir al galán sin poderse defender dél[8]:

> Hechizos solicitaba
> un galán a lo moderno,
> que se vale del atajo
> quien se cansa del rodeo.
> De una niña de cristal
> siente durezas de acero,
> que juzgó en lo cristalino
> quiebras al primer encuentro.
> Con una hechicera topa,
> que ha hecho ya en el infierno

Véase Spieker [1975: 41-42]. La idea del «entretenimiento» como finalidad narrativa también procede del ramillete de novelas que en ocasiones sirve a Castillo de modelo: las *Piacevoli Notti* de Straparola, cuyo título plagió en sus *Noches de placer* (1632).

[7] *redoma:* «vasija grande de vidrio ventricosa y gruesa y angosta de boca. Destos vasos usan los boticarios para sus aguas y jarabes» *(Cov.).*

[8] El novelista resume la evolución tardo-medieval que conduce del apólogo a la novela corta. Octavio nos propone en principio un cuento culto *(fablau),* o «culto-popular», que confluye en un tipo de narración más extensa, según el modelo boccacciano. Sin embargo, más allá de la inclusión del romance, todo el episodio exige un lector erudito. Se dan cita varias tradiciones: a) el universo celestinesco, presente en el motivo de la redoma y en el conjuro a Plutón, recogido posteriormente en los entremeses de Jerónimo de Cáncer; b) el trasfondo latino, sobre todo de Apuleyo, evidenciado en la metamorfosis en burro. Pienso, asimismo, que no hay que desdeñar el posible influjo de un capítulo culto de Tasso en su *Tristán e Iseo,* donde la ingesta de un filtro deriva en la conversión de dos personajes en «perros enamorados». Véase Beretta, Mazzocchi y Negri [1994: 425-452].

caravanas de novicio[9]
para demonio profeso.
Diole en un pomo de vidrio
confecionado el remedio
por quien espera favores
de quien no ablandaron ruegos.
Al revolver de una esquina
rompiole el vidrio un jumento,
donde fuerzas del hechizo
le imprimieron sus efetos.
Parte en busca de la causa
de su amoroso embeleco,
a quien promete en bocados
lo que otro librara en besos.
Con bufidos y rebuznos
manifestaba su celo,
que del sardesco idioma[10]

---

[9] *caravanas*: «metafóricamente se entienden las diligencias que uno hace para lograr alguna pretensión, y también se comprenden en este sentido las ceremonias o cortejos precisos para entrar en ella» *(Aut.)*.

[10] *sardesco*: «adjetivo que se aplica a los asnos pequeños, por similitud a los de Cerdeña» *(Aut.)*. Castillo lo utiliza en varias ocasiones para mofarse de los poetas «gongorizantes» e incluso de los conceptistas. Así, por ejemplo, en el primer romance de los *Donaires del Parnaso*: «Cuando me parió mi madre / un millón tuve de anuncios / de que sería poeta, / sin graduarme en lo culto. / Cantando estaba a sus solas / el Escarramán difuso / y diéronla los dolores / al topar con Pero Tudo. / Llamaron a una comadre, / mujer de un poeta zurdo, / que le ayudaba su poco / en versos de a treinta puntos. / Mientras se llegaba el parto / (que dicen que tardó mucho), / con las *Rimas* de Lofraso / a todos los entretuvo. / Cuyos conceptos sardescos, / derivados de un mal gusto, / fueron presagio al nacer / de ser poeta de vulgo» [Castillo Solórzano, 2003: I, 267-272]. Nótese que utiliza esta clase de metáforas para atacar a los gremios verbosos, aparezca o no el adjetivo «sardo» (o «sardesco»), en un baile incluido en *Tiempo de regocijo*: «Casose un poeta zurdo / de aquestos de tres al cuarto / con una discreta moza, / culto ingenio en pocos años. / Purgatorio de sus culpas / con el consorcio buscaron, / que él lleva de sufrir mucho, / y ella no poco embarazo» [Castillo Solórzano, 1907: 283-284]. La crítica más acerba contra los cultos la vierte en su «Instrucción para saber / el docto lenguaje culto»: «Primeramente el poeta, / sea grave, o sea jocundo / ha de hablar bien el griego, / garamanta, sardo y turco, / que de aquestas cuatro lenguas, / a quien la latina junto, / se compone el idioma / del chilindrinesco puro» [Castillo Solórzano, 2003: I, 333-336]. Véase Bonilla Cerezo [2008: 47-104].

son suspiros, son requiebros.
Atribulado del caso
y pesaroso del yerro,
del tarquiasnal apetito
huye el barbado Lucrecio[11].
Aguarda, necio galán,
si hay necio que pueda serlo,
no de tu próximo huyas,
deudo es el bruto del necio.
Si eres noble por tu sangre
el jumento no lo es menos,
que si es cerda por la cola,
¿qué será por todo el cuerpo?[12]
No te podrás escapar
aunque te defienda un pueblo,
que zapatos de Bilbao[13]
son escuadras de tudescos[14].
No a su amor le digas nones,

---

[11] A partir de la ironía sobre el adjetivo «sardesco», Castillo crea un «hiperneologismo», también ridículo: «tarquiasnal» alude a la leyenda de Lucrecia y Tarquino, según la cual Lucrecia, después de haber sido violada por Sexto, hijo de Lucio Tarquinio Superbo, se quitó la vida. Véase la nota 6 de *La prodigiosa*. Sobre la técnica derivativa de Castillo para inventar neologismos, con clara influencia quevedesca, véase Alarcos García [1965: I, 443-472].

[12] Chistoso juego de palabras con el apellido de la noble familia descendiente del infante don Fernando, hijo primogénito de Alfonso X el Sabio. El apellido fue adoptado por nacer el infante con un pelo largo o cerda en el pecho, de ahí que se le llamara «príncipe de la Cerda». Véase Alberto y Arturo García Carraffa [1919-1963].

[13] Entre los tópicos que circulaban en el Siglo de Oro sobre los vizcaínos figura el de su cortedad de ingenio, de ahí que se les llamara despectivamente «burros». Véase Herrero-García [1966: 258-261]. En consecuencia, los «zapatos de Bilbao» deben referirse a las pezuñas del asno.

[14] *tudescos:* los alemanes tenían fama bélica por su «firmeza en mantener las posiciones una vez tomadas» [Herrero-García, 1966: 521]. Campana [1992: 262] indica en su edición que Lope, entre otros, fue el que más insistió en esta firmeza alemana, sobre todo en materia de amor. No obstante, es el mismo Castillo quien acude ocasionalmente a este gentilicio: así, por ejemplo, para describir la Academia a la que dedica su *Fábula de Polifemo* (1624): «pues que páramo sois al mediodía, / ya en salas más holgadas que tudescas / calzas, o en anchurosa estancia fría». Véase Bonilla Cerezo [2006: 131].

cuando de sus pies ligeros
salen los coces a pares
como frailes de un convento.
Espera de su asnitud
que ha de recebir por premio
hierro de manos con guantes,
manos con guantes de hierro.
Tú pierdes en no esperarle
un paladión[15] de concetos
que, digeridos, declare
en lenguaje borriqueño.
Huye el descuidado amante,
sigue el bruto su desprecio,
y al bruto el dueño y el palo
con que le bruma[16] los huesos.
Mientras solicita gustos
sufre agravios de su dueño,
que lo que el dolor le dura
es lo que siente del duelo.
Por la puerta de Alcalá[17]

---

[15] *paladión:* estatua de la diosa Palas (Minerva), considerada como la salvaguardia de la ciudad de Troya. Véase Fray Baltasar de Vitoria [1676: II, 316-318]. También pasa a indicar la cosa en que se hace consistir la seguridad o defensa de algo. Esta expresión, como subraya Campana [1992: 262], aparece en otro libro del tordesillense, *La niña de los embustes:* «Adviértase de paso a los padres que tienen hijas, que miren los maestros que les dan, y lo consideren primero, porque no metan algún "paladión" en su casa que sea causa de abrasar su fama». Es común en el Siglo de Oro su asociación —errónea— con el caballo de Troya.

[16] *brumar:* «quebrantar a golpes sin hacer rotura ni herida en el cuerpo» *(Cov.).*

[17] *puerta de Alcalá:* con anterioridad a la neoclásica, sin duda uno de los monumentos más significativos del arquitecto Francisco Sabatini durante el reinado de Carlos III, existió otra Puerta de Alcalá. Estaba construida en ladrillo y se ubicaba algo más al oeste, a la altura de la actual calle de Alfonso XI. Erigida en 1599 con motivo de la llegada a la ciudad de Margarita de Austria, esposa del rey Felipe III, tenía un arco central y dos laterales más pequeños. Sobre el central había otra pequeña arcada, en la que se ubicaba una estatua en piedra de Nuestra Señora de las Mercedes. Sobre los arcos laterales había sendas tallas de San Pedro Nolasco y de la beata Mariana de Jesús. Fue derribada en 1764 al ampliarse la calle de Alcalá con terrenos tomados a lo que hoy es el Parque del Retiro, entonces pertenecientes al Palacio del Buen Reti-

    salen todos tres corriendo
    a consentir con el burro,
    la mitad se tienen hecho.

La buena voz y donaire de los versos bien aplicados al asunto dio mucho gusto a los agradecidos oyentes, pagándoselo ellos en encarecidas alabanzas que estimó mucho Otavio y, llegándole su plazo al médico para contar la novela, de que el día antes le había tocado la suerte, ocupando un asiento entre aquellas hermosas damas algo más eminente que los demás, habiéndose sosegado un pequeño rato, cuando todos le guardaban silencio, en clara voz comenzó su novela desta suerte.

Novela V

El culto graduado

—Aunque es tan ajeno de mi profesión, hermosísimas damas y discreto auditorio, el novelar[18], cumpliendo con la ley de la obediencia y con la que observó ayer mi hermosa antecesora, ocupo este puesto para referiros una graciosa burla con que reprehendo a los hombres que se divierten[19] del provechoso empleo de las letras que profesan —de quien esperan eminentes cargos— por darse a ocupaciones inútiles, y de que no se saca ningún fruto, con que vienen a perder sus reputaciones y el predicamento en que pudieran

---

ro. Esta puerta, que servía de acceso a la ciudad por el camino real de Aragón y Cataluña, era una de las cinco principales con las que contaba la tapia que rodeaba la villa, junto con las de Toledo, Segovia, Bilbao y Atocha. Véase a este propósito el *Baile de las puertas de Madrid*, atribuido a Moreto y Calderón. En relación a lo sucedido en la novela, Herrero García [1963: 217] indica que «durante el siglo XVII la Sala de Alcaldes de Casa y Corte tuvo que intervenir varias veces en las turbulentas pedreas que en la Puerta de Alcalá tenían lugar entre muchachos de diversos barrios de Madrid».

[18] Sobre la dicotomía entre las novelas y el cuento oral, véase la nota 59 en *Del celoso desengañado*.

[19] *divertirse*: véase la nota 38 de *La ingratitud hasta la muerte*.

estar por lo primero; y porque esta novela consta así de prosa como de versos, me he reducido a traérosla escrita, temiendo no me falte la memoria a la mejor sazón, como muchas suele acontecer[20].

Y sacando un cuaderno del pecho en inteligible voz comenzó a leer desta manera[21].

Siete leguas[22] de la insigne y real villa de Madrid, corte del cuarto Filipo, monarca de las dos Españas, dista la villa de Casarrubios del Monte[23], de donde se intitulan condes los ilustres descendientes de la clara prosapia de Chacón, familia tan estimada en España como honrada de sus generosos reyes[24].

---

[20] Véase la «Introducción» sobre el recurso de «traer escrita la novela» y la alternancia entre prosa y verso.

[21] Campana [1992: 265] observa que «es singular este recurso de que un personaje lea la novela, en vez de contarla de memoria. Debe ser un reflejo de la práctica, común en la época, de las lecturas colectivas. Quizás este detalle se deba a que el tema del relato, una sátira contra el estilo culterano en la que abundan citas y poemas exige, supuestamente, el soporte de lo escrito». Además, *El culto graduado* está puesta en boca de un médico «extranjero» y urbano, a diferencia de lo que ocurre en las otras «Tardes», narradas por dueñas cortesanas. La locura del licenciado Alcaraz se conoce gracias al relato de un profesional autónomo. Ejerce un papel cercano al de los doctores Chilindrón y Escamonea en el romance «De Madrid hasta Alcalá», incluido en los *Donaires* [Castillo Solórzano, 2003: 430-435]. Estos médicos no se conocen en ninguna de las dos capitales, sino en un punto intermedio entre ambas: la venta de Viveros. Sobre los ataques del vallisoletano a los médicos en varias composiciones de los *Donaires* («Hipócrates español», «De Madrid hasta Alcalá», «La soberana gracia del Paráclito», «Entre purgas y jarabes»...), véase Arellano [1984: 287-292], David-Peyre [1971: 13-22] y Bonilla Cerezo [2008: 47-104]. Véase también el romance quevediano «Tres mulas de tres doctores» [Quevedo, 1999: II, 464-465].

[22] *legua*: «espacio de camino, que contiene en sí tres millas» *(Cov.)*. *Milla* es un «espacio de camino que contiene en sí mil pasos» *(Cov.)*.

[23] *villa de Casarrubios del Monte*: se halla a cuarenta y cinco kilómetros de Toledo y a cuarenta y nueve de Madrid, limitando con los municipios toledanos de Carranque, El Viso de San Juan, Las Ventas de Retamosa, Valmojado, Méntrida, Camarena y La Torre de Esteban Hambrán, y con los madrileños de El Álamo, Navalcarnero, Villamanta y Batres. El término es particularmente sugestivo porque del 8 de noviembre al 3 de diciembre de 1619, Casarrubios se convirtió en la capital de España. El rey Felipe III, de vuelta de Portugal, cayó gravemente enfermo y durante su convalecencia la Corte se ubicó en esta localidad.

[24] *Condes de Chacón:* este condado data del siglo XIX y procede de una rama menor de los Marqueses de Iniza en el Reino de Granada, lo que su-

Aquí asistía a pasar sus estudios el bachiller Alcaraz después de haber cursado en los dos Derechos[25] los cinco años en la eminente y docta Academia Salmantina, donde recibió el grado que tenía. Era hombre de treinta años, agradable en la presencia, tardo en el ingenio, muy jovial[26] y, sobre todo, de candidísimas entrañas; pero, con esto, en lo vano y presumido podía hacer competencia con un maestro en artes o con un caballero de ciudad. Los ratos que daba vacaciones a sus estudios —por quien se prometía honrosos premios de estimados cargos— se ocupaba en leer ya libros poéticos, ya obras sueltas manuscritas de ingeniosos y conocidos poetas, siendo tocado deste contagio, que así se le puede dar nombre, cuando los ignorantes, a pesar de su rudo natural y pocas letras, porfían en hacer duros y mal limados versos[27].

---

pone que Castillo alude a un título ficticio. Quizá aluda a un ilustre apellido de la aristocracia castellana que llevaron primero los condes de Casarrubios —muy plausible, a tenor de donde habita el bachiller Alcaraz— y en realidad era la varonía de los marqueses de Vélez, Grandes de España, aunque usaban por razones hereditarias el apellido de Fajardo.

[25] *dos Derechos:* Castillo alude al Derecho Canónico y al Derecho Civil. En su obra proliferan las referencias a Salamanca, por lo que no es descartable su paso por esta ciudad. Así, por ejemplo, en el romance de inspiración gongorina «Dícenme damas curiosas», compilado en los *Donaires del Parnaso:* «un gran canonista, / porque en Salamanca / oyó teología» (vv. 166-168) [Castillo Solórzano, 2003: II, 470-473]. Lo mismo sucede en las *Aventuras del bachiller Trapaza:* «Viendo el agüelo de nuestro Hernando a su nieto con buen ingenio, le pareció que aprendiese la gramática en el estudio de la Compañía, la que con buena educación de aquellos padres (que en esto y en todo lo tocante a buena enseñanza se la ganan a todos), se prometía la enmienda del muchacho. No le costaron pocos azotes el ser travieso y el inquietar a sus compañeros a hacer burlas a otros, que fue severamente castigado de sus maestros» [Castillo Solórzano, 1986: 67].

[26] *jovial:* el novelista acostumbra a usar este adjetivo con la acepción actual («alegre», «risueño») pero también, cuando se trata de amores, se refiere a uno de los antropónimos de Júpiter («Iove»). Véase el romance «Caracteres de beldad», también incluido en *El culto graduado:* «El sobre tus luces ceño / juzgo que alternante esté, / tal vez el amor jovial / y saturnino tal vez».

[27] Campana [1992: 266] apunta que «es difícil no ver aquí una referencia a las *Soledades* de Góngora, que circularon durante mucho tiempo manuscritas, antes de ser publicadas póstumas en 1633». Hay que profundizar en este detalle, pues, como he justificado en la «Introducción», Castillo pudo llegar a conocer documentos de la polémica gongorina. Por ejemplo, la frase «sien-

Llegaron a sus manos unos de algún autor pesado, de aquellos a quien la rudeza del vulgo llama cultos, siendo este nombre tan opuesto al que merece. No hablo de particulares sujetos, que en la obscuridad de sus escritos han descubierto elegancias y rayos de ingenio, dando con ellos admiración a nuestra nación y las extranjeras[28].

Perdía el juicio nuestro bachiller investigando interpretación a cualquier verso déstos y, para darles la verdadera a su satisfacción, decía millones de disparates, como suelen hacer otros mayores ingenios por averiguar sentido donde no le hay. Mil veces tuvo la pluma en la mano para hacer un dilatado comento sobre cada dificultad, que no diera poco que reír a salir a luz su impertinente trabajo[29].

do tocado deste contagio, que así se le puede dar nombre, cuando los ignorantes, a pesar de su rudo natural y pocas letras, porfían en hacer duros y mal limados versos» se parece a otra de un texto cardinal en la difusión cortesana de los «poemas mayores» del cordobés: las *Advertencias para la inteligencia de las Soledades,* de Almansa y Mendoza: «considerándose falto de experiencia, de estudio y de ciencia y "con lenguaje corto y *mal limado* estilo", había querido salir al campo a defender un torbellino de pareceres y objetos... que la ventolera de algunos con título de doctos, curiosos y valientes ingenios han levantado contra las *Soledades*» (la cursiva es mía). Véase Orozco Díaz [1969: 198]. Tampoco sería descabellado juzgar esta novelita como una reacción del vallisoletano, amigo de Lope, contra Almansa y Mendoza, pues el «polemista», aunque habían pasado los años, continuaba siendo aborrecido en muchos corrillos y cenáculos de la capital.

[28] Parece evidente que su elogio va dirigido al gran poeta cordobés, y no a la escuela culta. Francisco Fernández de Córdoba, el Abad de Rute, lo había planteado con términos semejantes en su *Examen del Antídoto:* «Para mí, señor, tengo por infalible, que cuando llegaron a manos de V. M. las *Soledades* y trató de escribir contra ellas, si lo consultara con hombres de buen juicio se ahorrará de trabajo semejante, y empleará su talento en defenderlas, antes que impugnarlas; pues, a la verdad, por común consentimiento, es hoy su autor el mejor Poeta que se conoce en España». Véase Miguel Artigas [1925: 416].

[29] La fuente para esta ironía podría ser Jáuregui, que disparó dardos similares tanto en el *Antídoto* como en el *Discurso poético* [1978: 140]: «Mas lo menos sufrible del caso es que piensan dar a entender que el ser oscuros les cuesta particular estudio, y que no se consigue aquella tenebrosidad menos que con alto cuidado». Alcaraz se comporta como una especie de *Quijote* que «enloquece» por leer textos cultos. Es sabido que la difusión de las *Soledades* dio lugar a toda una riada de comentarios, pareceres, apologías y antídotos que inunda todo el siglo XVII: la «Carta» de Pedro de Valencia (1613), el «Parecer» de Francisco Fernández de Córdoba (1613-1614), la *Sil-*

Llegose el tiempo de las vacaciones en las universidades[30] y de la de Salamanca vinieron dos estudiantes naturales de Casarrubios a su patria, con quien el bachiller se comenzó a comunicar y a profesar amistad y, entre otras cosas que una tarde trataron encerrados en la sala baja de su estudio, fue discurrir sobre aquellas obras obscuras, o las llamemos cultas, en que los dos estudiantes se preciaron estar muy versados, declarándole lo que él dudaba, con que el bachiller los confirmó por agudas habilidades, tanta era su candidez[31]. Y para darle mayor admiración, dijo cada uno versos suyos

---

va y comentarios de Manuel Ponce (1613-1614), el *Antídoto contra la pestilente poesía de las Soledades* de Juan de Jáuregui (1616), el *Examen del Antídoto* del Abad de Rute (1617), la contienda entre Francisco Cascales y Francisco del Villar (1621-1626), el *Discurso poético* de Jáuregui (1624), los *Discursos Apologéticos* de Pedro Díaz de Ribas (1624), la *Apología en favor de don Luis de Góngora* de Francisco Martínez de Portichuelo (1627), las *Epístolas satisfactorias* de Martín de Angulo y Pulgar (1635), el *Discurso sobre el estilo de Don Luis de Góngora* de Martín Vázquez Siruela (1645-1648), etc. Véase Roses [1994].

[30] Los cursos en la Universidad de Salamanca comenzaban por el día de San Lucas (18 de octubre) y terminaban el día de San Juan (24 de junio).

[31] La oscuridad y el latinismo son dos de las críticas más recurrentes a Góngora. Vid. Roses [1994: 96-97]. Casi me atrevería a decir que Castillo «profetiza» en este párrafo algunas de las ideas de Vázquez Siruela en el *Discurso sobre el estilo de Don Luis de Góngora* (1645-1648). Así, este crítico postulaba una «explicación diáfana» de las *Soledades* que valoraba las imágenes del cordobés, tantas veces tildadas de «oscuras», como mucho «más claras» de lo que se decía: «Quisiera yo saber de dónde han colegido que es obscuridad ésta que reprehenden, y no antes abundancia de luz. Porque el bailar de los ojos, si eso dan por señal, el desaparecerse de los objetos, son indicios poco vehementes; pues nadie ignora que esos efectos tanto suelen causarse de la copia de luz, como de la falta». Véase Yoshida [1995: 99]. Véase también, a propósito de las desventuras de Alcaraz, la «novela y escarmiento nono» de la *Guía y avisos de forasteros que vienen a la corte*, de Liñán y Verdugo, aparecida en 1620 y reimpresa en 1621, cuatro años antes que las *Tardes entretenidas*: «También —dijo don Antonio— hay otra manera de hombres en esta Corte entre estudiantes y seglares, que los llaman semipoetas o coplistas, que se precian de que traducen o que trabucan libros y componen o descomponen comedias, aunque la amistad y conversación de estos no es tan dañosa ni perniciosa, sino más entretenida. También si cogen a manos a un forastero, que le huelen que tiene un poco de humor, ni le dejan en la posada ni en la calle, gastándole el tiempo que ha menester para sus negocios, llenándole la cabeza de vanidades; y como nunca son muy ricos ni sobrados, también se pegan a la bolsa y le sacan la parte que pueden» [Liñán y Verdugo, 1980: 200-201].

a imitación destos cultos, que ellos aplicaban al asumpto que les parecía, dejando al bachiller absorto y admirado de oírselos y tan ayuno de entenderlos como los mismos que los habían hecho; ejercicio en que han perdido pie muchos que han tomado la pluma para escribir en este nuevo y obscuro estilo, pues les parece consiste su elegancia en la obscuridad de los versos, en las nuevas y exquisitas voces, aunque sean latinas, en anteponer y posponer vocablos, donde la construcción no tiene lugar, porque todo es un barbarismo.

No quiso nuestro bachiller que los dos estudiantes le tuviesen por ignorante y, haciéndose del entendido en sus versos, admiró su elegancia y ponderó su agudeza, y de allí adelante procuró a costa de desvelos, si olvidado de sus importantes estudios[32], ocuparse en salir eminente en la culta poesía; y así no escribía cosa que no fuese imitándola, sin saber él mismo lo que se quería decir, y para muestra de lo que pretendía profesar hizo un romance a la crueldad de una moza vecina suya, dejándole su derecho a salvo, para poder servir en otro asumpto, que esta nueva poesía, ejercitada de sus flamantes profesores, es malilla de asumptos, como solfa de villancicos festivos[33], que en ella acomodan cualquiera letra, venga o no venga bien, con que se dicen ridículos disparates, pues al modo que un rocín atado a una estaca en el alcacer[34] comienza por lo más tierno y, estando allí tiempo sin mudarse, le obliga a comer hasta lo más duro de las cañas y aun las mismas raíces. Así hace el poeta villan-

---

[32] *a costa de desvelos, si olvidado de sus importantes estudios:* cláusula condicional típicamente gongorina. Véase la nota 21 de *Las dos hermanas* y la nota 28 de *La ingratitud hasta la muerte*.

[33] Los villancicos fueron alcanzando paulatinamente un notable grado de barroquismo y «gongorización» que despertó las iras de los eruditos del XVII y principios del XVIII. Feijoo, en su *Discurso de la Música de los Templos*, tras pedir que en ella todo sea «majestuoso y serio», sin «algo de viveza alegre», continúa diciendo: «la poesía que hoy se hace para las *cantadas del Templo* anda completamente "perdida"...»; pero «la peor es la que se oye en las Cantinelas Sagradas donde toda la gracia consiste en equívocos bajos, metáforas triviales, retruécanos pueriles, [...] masas informes de conceptillos, sin ningún espíritu y emoción».

[34] *alcacer o alcacel:* «es la cebada verde antes que acabe de granar, que suele segarse para mantener las bestias y purgar y engordar los caballos» *(Cov.)*.

ciquero, que, forzándole a que atado a una solfa[35] haga un villancico a la Natividad, otro a la Resurrección y otro a los Inocentes, lo viene a parecer[36] en sus versos cuando llega al cuarto.

Volviendo, pues, al presumido bachiller, a él le pareció que se le había lucido el trabajo de su romance, y pudo ser en el favor que le harían por él. Lo escrito es lo que se sigue, volviendo a advertir que fue a la crueldad de una dama llamada Inés:

> Caracteres de crueldad
> rígida escribes Inés
> con esos de oro cabellos
> en verónico papel[37].
> Vago en tus rizos el aire
> descifre letras, si bien
> libar las del rostro flores
> delinque ya en descortés.
> El sobre tus luces ceño
> juzgo que alternante esté,
> tal vez al amor jovial
> y saturnino tal vez[38].
> Canoras afecta salvas
> turba plumosa[39] si ve
> tal de los cielos aurora,

---

[35] *solfa:* «arte que enseña a reducir a conforme unidad o consonancia las voces entre sí diversas. Es lo mismo que música y tiene seis voces que son ut, re, mi, fa, sol, la» *(Aut.)*.

[36] *Inocentes, lo vienen a parecer* [inocentes]: zeugma.

[37] *verónico papel:* el significado del octosílabo procede de la expresión «paño de la Verónica», o sea, el lienzo con que la Verónica enjugó el sudor de la cara de Cristo, quedando impreso su rostro. También se emplea la imagen para aludir a un paño muy sucio o con manchas. El adjetivo «verónico» es un neologismo de Castillo, de nuevo en la órbita de Quevedo, para burlarse de los estilemas de la poesía culta.

[38] *amor saturnino:* por oposición a «jovial», se trata del amor «melancólico, triste, silencioso y poco sociable. Díjose del planeta Saturno, a quien atribuyen los astrólogos que influye melancolía» *(Aut.)*.

[39] La *turba plumosa* citada por el bachiller recuerda a «la infame turba de nocturnas aves» de la octava V del *Polifemo* (v. 39) y a la «turba canora» de la *Soledad* I (v. 633). Véase Góngora [2000: 338 y 383].

tal de la tierra mujer.
Cede a deidad, solfa alada,
ministra aplauso a crüel
beldad, que favor infante
joven[40] transforma desdén.
Nestóreos acumulando
años[41] goce, eternas dé
alabanzas, si a lo hermoso
la fama, no a su vejez.
Aquestos cantaba versos
Alcarcio a su puerta, al tiempo que el alba subpedita
celajes de rosicler[42].

---

[40] Tanto los verbos «libar» y «ministrar» como el adjetivo «joven» se utilizan con valor paródico. Castillo ya los había incluido en un romance de los *Donaires del Parnaso*, la «Instrucción para saber / el docto lenguaje culto»: «*Ministrar* es el servir, / *terminador*, el que puso / límite en cualquier acción / *decrepitante*, el caduco, / *pitonicida* es Apolo, / *protonauta*, Palinuro, / *precipitante*, Faetón, / *antipodexter*, el zurdo. / *Esplendor, parangonar, / fulgor, pululante, inculto, / errante, seminador, / júbilo, incentivo, impulso, / libación, vagante, intonso, / vilipendio* y otros muchos / términos cultisonantes / que por no cansar no busco; / aunque confundan y extrañen / por lo remotos del uso, / se permite usar de todos, / porque se admire el confuso» (vv. 69-88) [Castillo Solórzano, 2003: I, 335].

[41] *Nestóreos* es un hiperneologismo jocoso a partir de Néstor, el mítico rey de Pilos. Hijo de Neleo y de su esposa Cloris, «fue éste un hombre de larga vida, según él mismo confiesa en tiempos de la guerra Troyana: "he vivido doscientos años, ahora vivo en la tercera edad"» [Boccaccio, 1983: 603-604].

[42] *celajes de rosicler:* sintagma para burlarse de las cronografías de los cultos. Así, figura con tono completamente serio tanto en varios de sus romances como en la dedicatoria al Conde de Niebla del *Polifemo*: «Estas que me dictó rimas sonoras, / culta sí, aunque bucólica Talía, / oh, excelso conde, en las purpúreas horas / que es rosas la alba y rosicler el día, / ahora que de luz tu Niebla doras, / escucha al son de la zampoña mía, / si ya los muros no te ven de Huelva, / peinar el viento, fatigar la selva» (1612, 1-8). Véase Góngora [2000: 337]. Por otra parte, como anota Campana [1992: 269], Castillo utiliza de forma voluntariamente tosca, y a lo largo de todo el romance, los recursos típicos del culteranismo: el léxico latinizante («subpedita»), la omisión del artículo («cede a deidad») el hipérbaton («canoras afecta salvas»), etc. Recursos que se incrementan hasta llegar al final, donde con un encabalgamiento se corta una palabra en dos versos distintos («tiem-po»).

Apenas estuvo escrito el cultísono romance y en manos de la dicha Inés, que era una doncella hija de un labrador rico, cuando ella le puso en las de un primo suyo para que se le leyese, el cual sólo entendió dél el nombre de la contenida prima, porque de lo demás fue para él algarabía de aliende[43], que esto tiene esta nueva jerigonza[44], darse los que la leen por entendidos della por no ser menos que otros y, tragando la burla, procurar pagársela con otra tal, si son poetas, quedando todos más ayunos de su entendimiento que la familia de un miserable en año caro.

El segundo traslado desta obra bien se deja entender que se dedicaría a la vista de los dos licenciados a costa de dar más testigos al martelo[45] de la señora Inés, cosa en que reparan poco los poetas, pues a trueque de manifestar sus versos no se les da nada que peligren las honras de los sujetos por quien se hicieron[46]. Vieron, pues, el romance con mucho gusto, alabando su agudeza y, dándole esperanza, por la buena muestra, de que si lo cursaba saldría consumado poeta en aquel genio, con que el buen pasante olvidó totalmente su profesión, dándose a este impertinente cuanto cansado ejercicio, ahorrando de concetos por afligirle[47] en buscar nove-

---

[43] *aliende:* «lo mismo que *allende*. [...] Es voz anticuada» *(Aut.).*

[44] Castillo repite tanto las críticas vertidas en su romance «Instrucción para saber» («Y a los que en la jerigonza / se hallaren poco duchos, / sirvan estas novedades / de facilitar lo rudo: / *entre bóvedas de sombras,* / dijo un poeta Catulo, / que halló Angélica a Medoro, / y estaba sobre unos juncos») como las que firmará Quevedo en su famosa «Receta para hacer *Soledades* en un día» («Quien quisiere ser culto en un sólo día»), incluida en la *Aguja de navegar cultos* (1631): «Quien quisiere ser culto en solo un día, / la jeri (aprenderá) gonza siguiente: / *fulgores, arrogar, joven, presiente,* / *candor, construye,* / *métrica, armonía».* Véase Quevedo [1993: 437-438].

[45] *martelo:* «la unión y correspondencia cariñosa entre dos personas» *(Aut.).*

[46] Un episodio semejante al de Inés y su primo se repite en *La niña de los embustes* [Castillo, 1906: 52-53], protagonizado por el licenciado Sarabia y Teresa —bajo la máscara de Teodora—, joven que daba lustre al gremio de las fregatrices: «—Señora Teresa, gala de la mantellina y donaire de la pedante serafinidad: no pondero con hipérboles ni exageraciones cuánto júbilo ha sentido mi alma con ver esa angélica presencia de V. M. [...]».

[47] *afligirle:* véase la nota 110 en *Del celoso desengañado.*

dades, que las más desaforadas son más a propósito[48]. Hizo luego, picado de la alabanza, un soneto a la misma Inés, siendo el asunto dél que, estándose tocando a un espejo, al tiempo de mirarse la primera vez en él, entró un rayo del sol que, penetrando el resquicio de la ventana, dio en la luna y la dislumbró. Decía desta suerte:

> Esplendente deidad, cándido tiro
> (en fúlgidos bocados ya tascante)[49]
> unce a clara mansión, solio[50] vagante,
> supeditando campos de zafiro[51].
> Desmayado esplendor en corto giro
> desmiente antiguo ser de su brillante
> diadema, que deidad más fulgurante,
> luz oponiendo a la luz, da al sol retiro.
> Tersa mira Palestra[52], en quien duplica
> beldades de su origen procedentes,
> la suya radiante improperando[53].

---

[48] Todo el párrafo esboza la supuesta dicotomía entre «conceptismo» y «culteranismo» que analizo en la «Introducción».

[49] *tascante:* adjetivo derivado de «tascar»: «comer de socapa y a excusadas, como si uno se arrebozase la capa para disimular y debajo della comiese. Esta palabra se dijo de *tasca*, nombre italiano que vale talega; y así será lo mesmo que comer de talega; pero es de advertir que los arrieros y carreteros y gente de aldea, caminando suelen dar de comer a sus bestias echándoles en una talega la paja y cebada toda revuelta, y metiéndoles en ella la cabeza se la atan por encima de las orejas; y así están tascando en la tasca sin que se les pierda nada. Por alusión tascar en el freno se dice del caballo» *(Cov.)*. El soneto remeda el léxico afectado y las metáforas de los cultos. Recordemos que el propio Góngora utiliza el verbo «tascar» en la octava II del *Polifemo:* «tascando haga el freno de oro, cano, / del caballo andaluz la ociosa espuma» (vv. 13-14). Véase Góngora [2000: 337].

[50] *solio:* «trono y silla real con dosel» *(Aut.)*.

[51] *campos de zafiro:* metáfora con indiscutible sabor gongorino: «Era del año la estación florida / en que el mentido robador de Europa / (media luna las armas de su frente, / y el Sol todos los rayos de su pelo), / luciente honor del cielo, / en campos de zafiro pace estrellas» *(Soledad* I, vv. 1-6). Véase Góngora [2000: 366].

[52] *Palestra:* personificación griega de la lucha. Vale «el lugar donde se lucha» *(Cov.)*.

[53] *improperando:* «dar en el rostro a alguno con algún mal hecho o reprehenderle injuriosamente y afrentándole» *(Aut.)*.

Ínvidos[54] rayos a la luna aplica,
con que pausas haciendo intercadentes[55]
menos vaya primores propagando[56].

Continuando el cultivísino[57] bachiller este prolijo ejercicio, vino a distraerse de sus estudios de tal modo que sola su ocupación era hacer versos cultos a diferentes propósitos, no le teniendo ninguno de cuantos hacía, con que vino a padecer ruinas el celebro[58].

Sucedió pasar un caballero mozo estudiante natural de Madrid por aquel lugar, viniendo de Talavera a la corte, y acertó a elegir por posada un mesón que estaba enfrente de las casas de nuestro bachiller[59]; y como el rigor de los calores le obligase a pasar la siesta hasta que puesto el sol se le hiciese hora de caminar, quiso tratar de divertirse jugando y preguntó al huésped si habría allí con quien entretenerse un rato. El mesonero le dijo que por ser el tiempo de la siega, en que toda la gente estaba ocupada en la granjería de su pan, dudaba que hallase quien le pudiese divertir, que los

---

[54] *Ínvidos:* «lo mismo que envidioso» *(DRAE, 1803)*.
[55] *intercadentes:* «lo que tiene o padece intercadencias». *Intercadencia:* «interrupción en lo que se dice o hace en el modo de hablar» *(Aut.)*.
[56] Castillo narra un episodio similar a éste de las *Tardes entretenidas* en las *Aventuras del bachiller Trapaza:* don Tomé, hidalgo ridículo, procura enamorar a la hija de un perulero. Su galanteo confirma el influjo de Alcaraz sobre otros «figurones» de las novelas del vallisoletano. Desde un ameno jardín con sombra, avecillas y mirtos, el hidalgo recita las liras «Gémina luz viviente» cuyo asunto, según indica Joset, recuerda al soneto gongorino «Al tronco Filis de un laurel sagrado» (1621). Véase Castillo Solórzano [1986: 185].
[57] Deformación hiperbólica, con fines jocosos, de las voces «cultísono» y «cultísimo» que el narrador acostumbra a repetir en la historia.
[58] *celebro:* «viene del latín *cerebrum,* por cuya razón se dice también *cerebro,* aunque se usa menos» *(Cov.)*. El parecido del comportamiento de Alcaraz con el de Alonso Quijano se pone de manifiesto una vez más: «se daba a leer libros de caballerías, con tanta afición y gusto, que olvidó casi de todo punto el ejercicio de la caza y aun la administración de su hacienda. [...] Con estas razones perdía el pobre caballero el juicio, y desvelábase por entenderlas y desentrañarlas el sentido, que no se lo sacara ni las entendiera el mesmo Aristóteles, si resucitara para sólo ello» [Cervantes, 1998: I, 37-38].
[59] El caballero procede de la corte madrileña, luego su relato es necesariamente posterior a 1603, año del primer traslado real. La mención de la familia Chacón supone una referencia implícita a la monarquía de Felipe IV.

clérigos, como gente regalada y poco tahúres, no saldrían de sus casas a la suya ni dejarían de dormir la siesta en sus frescas estancias; pero sí que gustaba de tener una buena conversación frontero de su posada vivía un bachiller pasante, el mayor poeta en su opinión que había en aquella tierra, cuyas obras afirmaba él mismo que eran estimadas en la corte y aun habían llegado a celebrarse en palacio. Holgose el caballero de oír a su huésped las alabanzas, aunque al parecer irónicas, de su vecino y la falta de tahúres le obligó a procurar aquella tarde este divertimento, deseando conocer el sujeto del tal poeta, siendo él preciado de lo mismo, pareciéndole que si era bueno le sería un entretenido rato y, si malo, no menos gustoso el oírle sus ridículos versos; y así, acompañado del huésped pasó a su casa, y avisando a la criada que le dijese que lo querían ver salió nuestro poeta a recebir la visita en calzas[60] y jubón, y con una ropa de gorgorán negro[61] que sacó de un cofre, y una montera[62] de lo mismo, a quien quitó el polvo[63]. Saludáronse los dos con mucha cortesía y con la misma le hizo entrar en la sala de su

---

[60] *calzas:* «nombre común para las prendas destinadas a cubrir las piernas. Se aplica a la indumentaria desde los primeros tiempos medievales. Solía cubrir desde el pie hasta la parte alta del muslo. En el siglo XVI se dividirán en calzas enteras, como las tradicionales, y otras de dos piezas, combinando las calzas propiamente dichas con bragas u otros elementos, como los muslos, pasando entonces la pieza que cubría la totalidad de las piernas a llamarse medias» [Sousa Congosto, 2007: 448].

[61] *gorgorán negro:* «tela de seda con cordoncillo, sin otra labor por lo común, aunque también los había alistados y realzados» *(Aut.).*

[62] *montera:* «tocado presente en la indumentaria popular y taurina. En el primer caso corresponde al traje de mujer y al de hombre, y es alta y picuda, con adornos diversos. En el traje del hombre aparece en la zona norte y en el femenino en la actual Castilla y León. En indumentaria taurina es una especie de bonete con dos elementos laterales, con forro interior de seda y externo de astracán o pelo similar» [Sousa Congosto, 2007: 464].

[63] La presentación de Alcaraz ante el caballero preludia de nuevo la de don Tomé, caballero sevillano con el que el bachiller Trapaza toma asiento en el capítulo IX de sus *Aventuras* (1637): «Venía este caballero con vestido de gorguerán, acuchillado sobre tafetán pajizo. Traía muy largas las guedejas, bigotes muy levantados, gracias al hierro y a la bigotera que habrían andado por allí; un sombrero muy grande, levantadas las dos faldas de la copa, con unos alamares pajizos y negros, toquilla de cintas de Italia destos dos colores y por roseta un guante, que debía de ser de alguna ninfa; al cuello una banda

estudio, donde, dejándoles solos sus criados y el huésped, ocuparon dos sillas, y el forastero comenzó su plática desta suerte:

—La ociosidad de hallarme en la posada el tiempo que aguardo a que pase el rigor del sol para caminar me ha ocasionado buscar tahúres para divertir la siesta y, informado del huésped carecer este lugar dellos por la precisa ocupación del beneficio de las mieses, me hizo en segundo lugar relación del agudo y docto ingenio de vuesa merced, de sus primores y habilidades, y cuán buen correspondiente se halla con las Musas, gracia que yo envidio sumamente y a que soy en extremo aficionado; tanto que no quise dilatar un punto el conocer su buena persona, prometiéndome con oír sus elegantes versos una sazonada siesta y una entretenida tarde. Yo estoy informado de la gran fama que vuesa merced tiene de sus bien trabajadas obras y cuánto lucimiento y aplauso granjea con ellas, y es lástima que así por esto, como por sus letras, no trate de salir deste corto lugar a la corte, en quien los floridos ingenios como el de vuesa merced lucen y campean, estando a la mira de todos, donde conocidos los sujetos alcanzan los honrosos premios que merecen sus estudios.

Vanísimo dejó el lisonjero exordio del cortesano caballero al inocente bachiller, pareciéndole por lo que oía que la fama de sus versos estaba ya dilatada, no sólo por la corte de España, donde están todas las naciones del orbe[64], mas en las demás provincias dél, y así le respondió:

—Es tan propio en las personas de su calidad de vuesa merced honrar a los que tan poco valen como yo, que a no conocer esto me desvaneciera el exceso de venir a favorecerme en mi humilde posada, cosa que estimo sobre mis

---

de las mismas cintas, con gran rosa atrás: cosas para calificar por figura profesa al tal sujeto» [Castillo Solórzano, 1986: 179].

[64] Como anota Campana [1992: 273], «Madrid alcanzó su máximo esplendor durante el reinado de Felipe IV: Meca de curiosos, diplomáticos, pretendientes, viajeros, ambiciosos y soñadores de toda laya. Además de ser una capital deslumbrante y bulliciosa, era también un centro cultural para los intelectuales y las academias, de allí su atracción irresistible para todos los que se picaban de poetas».

ojos, si bien por la información de mis humildes partes[65], más encarecida que el sujeto merece, se habrá prometido grandes cosas de mi ingenio, cuya ignorancia le asegurará ser verdadera la pasión del informante. Yo, mi señor, estoy retirado en este corto lugar, patria mía, pasando hasta acabar mis estudios y graduarme para dar principio luego a mis pretensiones; que no estoy tan desnudo de letras y favor que no me prometa por todo felices premios, y más en este tiempo donde la ignorancia es tanta que es fuerza ocupar en honrosos puestos a los que, gracias al cielo, carecemos della. Las cortas vacaciones que tal vez doy a mis estudios me ocasionan el acordarme de las Musas, obligado del buen natural que tengo para hacer versos; y estos días me he ocupado en ellos de manera que, atreviéndome a pasar por la queja que tendrán de mí las olvidadas leyes, me he dedicado al trabajo de un poema que escribo en la moderna y culta lengua que se platica, en quien estoy tan versado de pocos días a esta parte que la curso; y he dado en profesar su estilo, que dudo, y no es arrogancia, que haya nadie que me aventaje en los agudos y nuevos modos de versificar, en las poéticas versiones y en las nuevas y exquisitas voces.

No aguardó a oír más el socarrón cortesano para calificar de tonto al confiado bachiller y, prometiéndose mejor tarde que esperaba, determinó seguirle el humor, diciéndole:

—Cierto, señor licenciado, que doy mil gracias al cielo pues, cumpliéndome mis intentos, me ha guiado a la parte que más deseaba, que era conocer un varón consumado en esto que llaman culto, que aunque lo profesan millones de hombres que yo conozco, son tan indigestos en sus escritos que uno entre mil es el que tal vez se deja entender en ellos, y es grande rigor que lo que se escribe con fin de deleitar y entretener causa duda, ponga confusión y dé trabajo de andar a caza de interpretar lo que quiso decir. Yo confieso que me he desvelado mucho por entender algunas obscuras

---

[65] *partes:* «se usa por nueva razón o motivo con que se funda o persuade alguna proposición» *(Aut.).*

obras pero, al cabo de mi trabajo y desvelo, las dejo con su flor[66], más lejos de entenderlas que antes que las leyese.

—Confieso —dijo el bachiller— que este divino modo de cultizar no es para la plebe sino para agudos y perspicaces ingenios, salvando el que vuesa merced no incurre en esto, porque le tengo por docto; pero no es bien que tosco y zafio en su rústico albergue sea partícipe de lo que las divinas Musas y su laureado protector[67] dictaron al poeta[68], pues lo manoseado y común, ¿qué valor ha de tener? Lo inconstructo[69], lo brujuleado[70] y, finalmente, lo impalpable sí que es digno de estimación, que cuando el científico lo penetre el plebeyo por no entendido lo admire.

---

[66] *las dejo con su flor:* juego de palabras basado en los dos significados del sustantivo: «flor; o sea, «virginidad» y «pureza», de ahí que el crítico no «penetre» el significado de las obras cultas, pero también «trampa», «engaño que se hace en el naipe para reconocerlo», en el léxico de la germanía. Véase Hernández Alonso y Sanz Alonso [2002: 224].

[67] *laureado protector:* Castillo alude a Apolo, dios de la poesía, y a la metamorfosis de Dafne en laurel. Véase la nota 48 en *Del celoso desengañado*.

[68] *dictaron al poeta:* el verbo «dictar» se emplea con el valor de «inspirar». Francisco Martínez de Portichuelo, en uno de los documentos más valiosos de la polémica gongorina, explica el debate de la época sobre el uso de «dictar», «soplar» o «inspirar»: «Así que, aunque el uso común de la lengua castellana no haya recibido en lo general del vulgo "el viento inspira" ni Dios "sopla", no por eso dejarán de ser sinónimos "soplar" e "inspirar". [...] Luego los profetas y poetas no son ellos los que hablan (en cuanto poetas y profetas) cosas propias suyas, sino las deidades en ellos asistentes, que mediante la inspiración, como enfrenados a fuer de caballos los guían y los llevan no por donde ellos quieren sino por donde y a donde ellas quieren». Véase Roses [2007: 187-247].

[69] Dardo contra los cultos que ya figuraba en la «Instrucción para saber» de los *Donaires del Parnaso:* «En hacer las oraciones / no pondrá cuidado alguno, / aunque el nombre esté en España / y en Marruecos el gerundio. / No ha de hallarse luego claro, / bien es que tenga rebusco, / que todo culto poema / ha pecado de inconstructo» (vv. 25-32). Véase Castillo Solórzano [2003: 333] y Bonilla Cerezo [2008: 70-81].

[70] *brujuleado:* voz del juego de naipes. Así, Covarrubias indica que «los jugadores, que muy de espacio van descubriendo las cartas y por sólo la raya antes que pinte el naipe discurren la que puede ser, dicen que miran por brújula o que brujulean». Véase Étienvre [1990: 212]. En este caso, hay que ver también una pulla hacia los poetas gongorizantes, pues en el *Romance de Anarda* («Anarda la presumida»), escrito en 1624, podemos leer: «Dificulte el entenderlos / el que entiende que madruga / que si no se brujulea / poco del juego se gusta» [Castillo Solórzano, 2003: I, 458-460].

—Deseo mucho saber de vuesa merced —dijo el cortesano— si antes de venir a verse tan señor desta nueva poesía escribió mucho en la vulgar y mecánica.

—Bastantemente —dijo el bachiller— enfadé a las Musas claras todos los cinco años que asistí en Salamanca, con que me he desacreditado y aun perdido reputación, que ahora voy restaurando, y tuviérala más perdida si cosa de treinta comedias que en aquel tiempo escribí las hubiera dado a los autores[71], que no hubiera cosa que más me afrentara para no parecer delante de gentes.

—¿Con tantas comedias se halló vuesa merced? —dijo el cortesano—. Mucho me espanto no tratar de venderlas, que de tan buen ingenio no dudo su despacho[72] ni que las dejasen de pagar bien.

—Es la más imperfecta república la de los representantes que hay en el mundo —dijo el bachiller—, pues cuando no se hallan sobornados con dos o tres comedias de antemano dadas de balde no hay tratar de gastar un real en ellas, fuera de que yo las tuve en tanta estima que menos de a ochocientos reales en plata doble juré que no habían de salir de mi escritorio, porque semejantes trazas y conceptuosos versos no los ha imaginado ingenio humano; y como estoy tan cierto de lo que son, al fin como padre suyo, que las he engendrado y castigado, fuera malbaratallas dárselas en bajo precio[73]. Una dellas me acuerdo que les leía a esa gente, en

---

[71] *autor:* «se dice del que es cabeza y principal de la farsa, que representa las comedias en los corrales y teatros públicos en cuyo poder entra el caudal que adquieren para su mantenimiento y para repartirlo entre los cómicos» *(Aut.).*

[72] *despacho:* «expediente, resolución y determinación» *(Aut.).*

[73] Sobre la usura de los representantes y los ataques a la fórmula teatral de Lope, es básico el cotejo del «Prólogo» de Cervantes a sus *Ocho comedias y ocho entremeses nunca representados*: «volví a componer algunas comedias; pero no hallé pájaros en los nidos de antaño; quiero decir que no hallé autor que me las pidiese, puesto que sabían que las tenía, y así las arrinconé en un cofre y las consagré y condené al perpetuo silencio. En esta sazón me dijo un librero que él me las comprara si un autor de título no le hubiera dicho que de mi prosa se podía esperar mucho, pero que del verso nada. [...] Torné a pasar los ojos por mis comedias y por algunos entremeses míos que con ellas estaban arrinconados, y vi no ser tan malas ni tan malos que no mere-

cuya primera escena salen los Nueve de la Fama[74] y las diez Sibilas[75], haciendo la más lucida entrada que se ha hecho en comedia; y, asombrados con tanta gente, me dijeron que no tenía que pasar adelante, si aquel paso ante todas las cosas no trataba de quitar, porque ¿dónde habían de hallar tantas mujeres para hacerla? Yo me enfadé con ellos y quise más atreverme a mi pérdida que a mis escritos, pues era deshacer una artificiosa traza.

—¿Qué título tenía ésa —dijo el cortesano—, que me holgaré de saberle con los demás de las que vuesa merced ha hecho, si se acuerda?

—Ésta —dijo el bachiller— se intitula *Epítome de prodigios,* y de las demás diré los títulos, que son:

> *La burra de Balán.*
> *El mayor miércoles.*
> *La Infanta sin calzas.*
> *El regoldar en ocasión.*
> *Los ojos en ajuar.*
> *Las doncellas en camisa.*
> *El viudo risueño.*
> *La mona en Tetuán.*
> *El devoto de monjas.*
> *La cocina de amor.*

---

ciesen salir de las tinieblas del ingenio de aquel autor a la luz de otros autores menos escrupulosos y más entendidos» [Cervantes, 1987: 11-12].

[74] *Nueve de la Fama:* son nueve personajes históricos considerados como los máximos representantes del ideal de caballería. Jacques de Longuyon fue el primero en agruparlos bajo este nombre en su *Voeux du Paon* (1312). Se les reunió en tríadas, según su respectivo credo, celebrando así a los mejores paladines del paganismo, el judaísmo y el cristianismo. La elección pronto se convirtió en un tema común en la literatura y el arte de la Edad Media y quedó establecida en la imaginería popular. Las tríadas son las siguientes: a) época pagana: Héctor de Troya, Alejandro Magno y Julio César; b) el Antiguo Testamento: Josué, conquistador de Canaán, David, rey de Israel, y Judas Macabeo, reconquistador de Jerusalén; c) época cristiana: el rey Arturo, Carlomagno y Godofredo de Bouillón, uno de los líderes de la primera Cruzada. Véase Huizinga [2005: 93].

[75] *Sibilas:* véase la nota 46 en *Del celoso desengañado.*

Los celos en letuario[76].
Los dones al quitar.
La tragedia de Babieca.
El escabeche de Amor.
El blasón de Pero Tierno.
Los amantes en cazuela[77].

Y otras de que no me acuerdo. Al fin, por todas son treinta, con los más elegantes versos que se han representado en tablado. Porque nadie ha usado las quincenas, diez y ochenas, veintenas y otavas de a veinte y cuatro consonantes de verbos continuados, como yo[78].

—Ese género de poesía —dijo el forastero, admirado de los disparates que le oía— me holgaré mucho de oír, si vuesa merced sabe acaso alguna de esas otavas de memoria.

—Yo pienso que me acordaré de una —dijo el bachiller— y la diré por servir a vuesa merced. Hízose a un galán muy fino, mal pagado de su dama, y dice así:

Asistiendo, sirviendo, padeciendo,
amando, enamorando y regalando,
voy siguiendo, muriendo, a quien ofendo
obligando, esperando y deseando.
Lo que emprendo temiendo no lo entiendo
y, dudando, buscando y porfiando,
amor me obliga a que la siga y diga
a quien me desobliga mi fatiga.

---

[76] *letuario:* «cierto género de conservas que hacen los boticarios y las guardan en botes» *(Cov.).*

[77] Sobre el listado de comedias de Alcaraz, muy parecido al episodio burlesco del bachiller Domingo Joancho en *La garduña de Sevilla,* remito a lo dicho en la «Introducción».

[78] Castillo evidencia una vez más la proximidad entre sus novelas cortas y sus entremeses. No en vano, el entremés de *El casamentero,* incluido en *Tiempo de regocijo,* desarrolla el mismo motivo de las estrofas hiperbólicas: «Hay versos exquisitos, milagrosos, / ni nunca vistos, ni oídos en tablados / que hasta ahora jamás han sido usados, / décimas, sextas hay, también veintenas» [Castillo Solórzano, 1907: 275].

Notable gusto le dio al forastero el disparate de la otava y fue mucho no soltar la presa de la risa, que le estaba haciendo cosquillas en el cuerpo por salir de la boca; pero como en los sujetos necios es más fácil el correrse[79] que en los cuerdos y despejados, abstúvose del risueño impulso, que no fue pequeño sacrificio para su condición, y así le dijo:

—Cierto, señor licenciado, que no he oído cosa de vuesa merced esta tarde que no haya sido admirable, pero esta última lo es en tan supremo grado que puede muy bien como Hércules poner junto a ella el *non plus ultra*[80], pues no sé yo que se pueda pensar cosa como la referida. Sólo deseo saber si prosigue vuesa merced con muchas más otavas de ese generoso adelante.

—No señor —dijo el bachiller—, que éstas, inventiva mía, son dificultosísimas de hacer; con otras dos acabé la escena.

---

[79] *correrse:* véase la nota 48 en *De las dos hermanas.*

[80] *non plus ultra:* las columnas de Hércules eran el límite del mundo, la última frontera para los antiguos navegantes del Mediterráneo. Hasta ese punto se llegaba con relativa seguridad, nacida del conocimiento milenario; más allá *(plus ultra),* había una gran extensión líquida e inabarcable. Surgen entonces los nombres de Mar de Afuera, Mar Exterior, Mar Grande, etc., para dicha extensión; dados todos ellos por los más valientes, por aquellos marinos que dejaron de lado el *non plus ultra* y franquearon las columnas para navegar por aguas desconocidas. El lema se asocia con uno de los triunfos de Hércules: en un arrebato de locura, Hércules había matado a sus hijos. Recobrada la razón, el Oráculo de Delfos le indica que para purificarse tendrá que estar al servicio de Euristeo, rey de Tirinto, durante doce años. Habiendo llegado al monarca la fama de los bueyes de Gerión, ser fabuloso que poseía tres cuerpos y que moraba en el Lejano Occidente, y aprovechándose de que aún no habían expirado los doce años de servicios, encargó a Hércules que capturase dichos rebaños. El viaje de ida, antes de llegar a Eriteia —una de las antiguas islas sobre las que actualmente se asienta la ciudad de Cádiz—, fue pródigo en aventuras y luchas de todo tipo, hasta el extremo de que para conmemorar sus hazañas fueron elevadas las columnas que llevan su nombre y separan África de Europa, es decir, la del peñón de Gibraltar (antiguo Kalpe o Calpe) y la de Ceuta (antigua Abila). Hércules tomó prestada la Copa del Sol para navegar sobre el océano y llegar a la tierra de los Geriones. Mató al boyero y regresó al reino de Euristeo con el ganado, siendo él quien separó las dos rocas y abrió el camino hacia el océano Atlántico.

—A ser la mitad de la comedia de esa manera —dijo el cortesano— fuera lo mismo verla representar que una fiesta de toros en la plaza de Madrid.

Decíalo el socarrón por los silbos que se podía prometer con ella; malicia que no entendió el cándido poeta, atribuyendo que lo decía por encarecimiento de fiesta.

—Deseo —dijo el cortesano— que vuesa merced me diga qué título da al poema que va escribiendo, que por lo que he visto de su buen ingenio me prometo que será cosa superior.

—El título de mi obra —dijo el bachiller— es *El circo mantuano*[81], alabanzas de la plaza de Madrid, reprehensiones a los pródigos y manirrotos que en festivos días de toros gastan superfluamente sus haciendas en opulentos banquetes y colaciones[82], un ajustado arancel de las fruteras y una advertencia provechosa a las justicias para su castigo; y no tengo de parar hasta meterme en los menguados pesos de su carnicería, que todo mi fin va enderezado al buen gobierno y reformación de costumbres de la república.

—No hay obra escrita que sea buena —dijo el cortesano— si le falta moralidad y dotrina, y estoy cierto que ésa no carecerá destas dos cosas, tan agudamente pensadas que

---

[81] Campana [1992: 12-13] indica que «Madrid era denominada antiguamente con el nombre de Mantua por creer que su fundación se debía al rey de Toscana Ocno-Bianor y a la adivina Manto, a quien debería el nombre». La identidad entre Madrid y Mantua es un tema que prolifera en las Academias del Barroco. Francisco Bernardo de Quirós nos cuenta en 1656 cómo un poeta acudió a la celebrada en el capítulo X de sus *Aventuras de don Fruela* con estas quintillas: «En la margen excelente / del río, que cortesano / no se precia de corriente / en su circo mantuano / se juntó infinita gente. / La plaza este día vio / muchos vivos enterrados, / y, poblada, se admiró / de que entre tantos poblados / aun un lugar no se halló. / El sol salió muy contento / a ver si el festejo empieza, / y como no hallaba asiento, / ¡toma!, ¿y qué hace? Poco atento, / se me asentó en la cabeza. / Luego, el primero salió / Barillas, con valentía, / y en el torear bien mostró / que en Salamanca aprendió / el mancebo Teología» (vv. 1-20) [Quirós, 1984: 307-311].

[82] *colaciones*: «la confitura o bocado que se da para beber, y en los desposorios se solía usar entrar muchos pajes con platos de confitura, y los que se hallaban presentes iban tomando della, y los pajes pasando adelante hasta haber cumplido con todos» *(Cov.)*.

no habrá sermón que más amoneste ni tanto fruto saque como ella.

—En cuanto ha sido posible —dijo el bachiller— he deseado que esta obra salga perfecta, y porque por el dedo conozca vuesa merced cuál será el gigante[83], le diré de memoria las dos primeras estancias del drama, que son así:

> A las que a edad a joven retrocede,
> sacra y suma deidad zonivagante
> cuya rodilla gémina[84] le cede
> decoro a faz rotunda y fulgurante,
> mi genio auxilio implora cuantas puede
> veces alto boato articulante,
> atento el culto sí, prevenga oído,
> plebeyo no, si agrícola nacido.
> Máximo Circo canto, anfiteatro,
> tauricida esplendor en nuestro imperio,
> si al que Roma aplaudió de ángulos cuatro,
> vilipendioso horror, vil improperio;
> mudo locuaz, que desde Thile a Bathro[85]
> primacías publica al hemisferio,

---

[83] *por el dedo conozca vuesa merced cuál será el gigante:* frase proverbial que sugiere que por los principios se puede deducir fácilmente cuáles serán los finales.

[84] *gémina:* esdrújulo burlesco o cultismo afectado en lugar de «gemelo».

[85] *Thile a Bathro:* existe en la época el doblete «Thile-Thule» y es habitual encontrar referencias a la «última Thule» como el confín más extremo del Norte. En opinión de Vossio, la Thule de Pomponio Mela está bajo el grado 67 de latitud norte. Cervantes, como otros varios, la identifica con Islandia; Huerta, en las *Anotaciones* a Plinio el Mayor, juzga que Thule «es una isleta entre las Orcades y Fare, puesta a setenta y siete grados, de suerte que está Islandia sesenta lenguas de Thile y cuarenta de Fare, y más de ciento de las Orcades». Para otros, Thule es Mainland, una de las islas Shetland. Véase Cervantes [1994: 1372], quien señala en el *Persiles*: «Tule, en griego, es lo mismo que Tile en latín. Esta isla es tan grande, o poco menos, que Inglaterra, rica y abundante de todas las cosas necesarias para la vida humana. Más adelante, debajo del mismo norte, como trecientas leguas de Tile, está la isla llamada Frislandia». *Bathro*, según la *Crónica de España* (1385) de Juan Fernández de Heredia, es el topónimo de una región junto a la India *(CORDE).*

cuadrícula ostentante en nuestro polo,
fénix primor inimitable y solo[86].

Extraña admiración causó al cortesano los desatinados versos del bachiller, y más le admiró la arrogancia con que él mismo se los exageraba, volviéndolos a repetir muchas veces, como agraviado de que no se los aplaudía, y aunque sobre el haber hecho que el circo romano era de cuatro ángulos tenía que replicarle, por no tener conclusiones quiso que pasase por cuadrado, y por decirle estas razones para fundamento de una burla que le iba fulminando por castigo de su locura y vanidad:

—Ahora veo, señor licenciado, cuán dignamente merece vuesa merced el honroso lauro en lo culto, ya que en lo cómico su autoridad no le admite, y cierto que hace vuesa merced mal en no tratar de graduarse en la corte, donde veo hombres que es vergüenza nombrarlos en su comparación, que se atreven a aspirar a esta dignidad con dos escritos que han hecho, y la alcanzan.

Como oyese el bachiller decir que había grado de cultos, deseando informarse mejor de lo que era, le dijo:

—Pues cómo, señor, ¿es cierto que deste género de poesía se dan grados a sus profesores?

—¿No es justo que se den —dijo el cortesano— si le han aprobado tantos ingenios de España por facultad y ciencia,

---

[86] Nótese que el bachiller Alcaraz acuña hiperneologismos, participios de presente muy alambicados («zonivagante», es decir, que vaga por cualquier zona, «articulante», «ostentante»...) y fórmulas sintácticas del tipo «si A... B». Se trata de un recurso paródico contra el gongorismo que serpea por las obras de varios novelistas de la época. Baste como ejemplo este pasaje de Castro y Añaya en la «Aurora II» de sus *Auroras de Diana:* don Chiste se hace pasar por poeta culto del siguiente modo: «Suponga V. Alteza que me sucede a mí como a todo poeta flamante, y que salgo de mi casa a introducir mi tropelía de versos adoptivos con una cara de Pascua, enjuagándome la boca de risa de gargarismo, caricioso el semblante y de embestidura de obra nueva, llego al tumulto de mis paniaguados, y haciendo corro de saludador, y auditorio de Sacamuelas desenvaino la patarata, y amagando de parola me atiende el convocado populo. Formo el preámbulo, brujuleando algunos escrúpulos de modestia, mezclados entre miedos y desconfianzas de mí mismo» [Castro y Añaya, 1989: 172-173].

como lo son los Cánones, Leyes, Medicina, etc.? Sí señor, grados se dan por el cónclave culto, que son tres regentes de diferentes naciones, Latino, Griego y Garamanta[87], de quien dicen consta este célebre idioma; personas beneméritas de ocupar las honrosas plazas que gozan.

—¿Qué diligencias haré para que yo venga a alcanzar este grado? —dijo el bachiller.

—Muy pocas —dijo el cortesano— con los agudos escritos que vuesa merced tiene. Su natural deseo de saber si es fácil.

—En eso —dijo el bachiller— no daré ventajas al mayor culto de España, que gracias a Dios me le ha dado tal que puedo muy sin vergüenza hacer actos positivos sin temer afrenta alguna en ningún tiempo.

—Pues con eso sólo —dijo el cortesano— yo le aseguro el grado sin costarle nada. Estos señores regentes no se dejan ver fuera de su tribunal porque no hay orden para que por favor nadie negocie, y así el que recibe el grado lo ha de merecer su ciencia y habilidad. Con el portero de su académico tribunal, que se llama Micer Tenebroso[88], tengo particular amistad, lo que podré hacer por servir a vuesa merced si tie-

---

[87] Castillo ya declaraba en su «Instrucción para saber» que el garamanta, idioma que hablaban en ese antiguo pueblo de Libia interior, es una de las lenguas que forman el chilindrinesco; o sea, el idiolecto de los cultos: «primeramente el poeta, / sea grave, o sea jocundo, / ha de hablar bien el griego, / garamanta, sardo y turco, / que de aquestas cuatro lenguas, / a quien la latina junto, / se compone el idioma / del chilindrinesco puro» (vv. 10-16). Véase Castillo Solórzano [2003: I, 333].

[88] Los nombres de los miembros del tribunal son paródicos. Campana [1992: 280-281] incide en este detalle y, junto al ataque contra los cultos, considera que «es importante ver también una referencia burlesca a una de las más famosas academias del Siglo de Oro: la *Academia de los Nocturnos* de Valencia, de la que nos han llegado los estatutos y las actas de las reuniones. Sus participantes, casi todos literatos de relieve, tenían seudónimos como "Sombra" (Gaspar Aguilar), "Secreto" (Guillén de Castro), "Centinela" (Rey de Artieda), etc., y se dedicaban a componer poesías festivas, satíricas o paradójicas». Sánchez [1961: 187] estudia una academia semejante de *Las harpías en Madrid*, presidida por Belardo, Visorrey del Parnaso, viceprotector de las Nueve hermanas y Fénix de la poesía: Rosario es el Conde Salinas, Castalio el propio Castillo Solórzano, Belardo es Lope, Moncayo el Marqués de las Felices, don Juan de Moncayo, autor de *Rimas* (1652), y, más tarde, asiduo a las academias del Conde de Lemos en Zaragoza. Véase Castillo Solórzano [1985: 138-152] y Canet y Rodríguez (eds.) [1988, 1990, 1994, 1997].

ne gusto de recebir el grado, como me dice, es que éste le anticipe a otros pretendientes y que se le dé con brevedad.

No aguardó a más nuestro bachiller para manifestar del todo su locura, pues sólo le faltó postrarse a besarle los pies por el favor que le ofrecía, diciéndole:

—Por un solo Dios, señor mío, que si algún favor deseáis hacer en esta vida a hombre de méritos y letras, le empleéis en mí, que no hay cosa en este mundo que yo más desee alcanzar, que es este honor dignamente debido por mis continuos estudios y desvelos.

Aquí tuvo el cortesano con todas sus fuerzas las riendas a la risa, que de ver cuán afectuosamente el bachiller le pedía esto se iba precipitando a manifestarse, y así le dijo:

—Mucho granjeo[89], señor licenciado, en ser instrumento para que la corte conozca su docto ingenio de vuesa merced, y así, juntándose a esto la afición que en este breve rato le he cobrado, voy con ánimo en llegando a Madrid avisar al portero del cónclave culto para que prevenga a los señores regentes, y con lo que hubiere avisar a vuesa merced.

Rindiole las gracias el bachiller por la merced que le ofrecía y, haciéndose hora de poner en camino, el cortesano se despidió del bachiller, el cual no le consintió partir sin que tomase un regalo de dulces que le hizo traer, que agradeció el forastero, prometiéndole de nuevo hacer la diligencia en solicitar su grado, dejándole al pobre ignorante alborozadísimo con su promesa.

No echó el caballero, que era muy burlón, en olvido la burla que llevaba imaginada hacerle y, llegando a Madrid, viéndose con sus amigos les dio cuenta de esto, cosa que les causó mucha risa; y como eran todos mozos y amigos de hacer burlas comunicaron con don Diego, que así se llamaba el recién llegado, el modo de hacerla, para que fuese ridículo.

Ocho días gastaron en la disposición del grado y, habiendo prevenido lo necesario para él y alquilado vestidos para la autoridad de los personajes, señalaron el lugar en que debía de ser, un jardín entre los muchos que están en el Prado

---

[89] *granjeo:* «negociar con diligencia alguna cosa de provecho y adelantamiento» *(Cov.).*

Alto[90], cerca del monasterio de los Recoletos Agustinos[91], y en una espaciosa sala de su casa hicieron ciertas tramoyas, hasta que se llegase el tiempo de la ejecución. En tanto, a don Diego le pareció dar aviso a nuestro bachiller, y así con un proprio[92] le escribió estos renglones:

«Con el deseo que traía de servir a vuesa merced me dispuse a hablar al señor Micer Tenebroso, portero del opaco tribunal culto, y aunque había cantidad de pretendientes de su data[93] de vuesa merced que, aspirando al honroso grado desta facultad, solicitaba su favor, él se le ofrece a vuesa merced en primer lugar; y esto he alcanzado por medio de nuestra amistad. Vuesa merced disponga luego su partida y traiga hecho el memorial en los versos que más gustare, como sean cultos, que no habrá llegado cuando sea despachado como merece su científica persona, a quien guarde Dios».

Lo que se holgó con la carta nuestro confiado cuanto necio bachiller no hay razones con que lo ponderar, porque con sumo afecto estaba aguardando este aviso sin dormir ni sosegar las noches, tanta era la ambición que tenía por verse graduado en el ignorante ejercicio que profesaba. Dispuso su partida publicando en su lugar a lo que iba, y, mostrando la carta de don Diego, algunos amigos suyos intentaron disuadirle de su loco intento, desengañándole de que sería burla lo del grado; mas el obstinado bachiller en vez de agradecerles este advertimiento se lo pagó con una vil sospecha, entendiendo que con envidia que tenían de su bien le deseaban cautelosamente estorbar el honor que esperaba. Y, así, no admitió las amonestaciones dichas con pura y sencilla

---

[90] Según Herrero García [1963: 190], «el Prado Alto era el cuadrilátero, ocupado aproximadamente hoy por palacios y casas, desde la calle de Alcalá hasta la plaza de la Independencia».

[91] El convento de Recoletos Agustinos, erigido entre 1592 y 1595, acabó por dar nombre al Prado Alto y era un sitio famoso por su amenidad y diversiones, pero también era un lugar idóneo para los desafíos. Véase Herrero García [1963: 162].

[92] *proprio:* «usado como substantivo se llama el correo de a pie, que alguno despacha para llevar una o más cartas de importancia» *(Aut.).*

[93] *data:* «se suele tomar por calidad» *(Aut.).*

amistad, pago que dan siempre los que, apasionados por sus gustos, no advierten lo que les está mejor.

Púsose nuestro bachiller en el camino de la corte acompañado de un criado y ese día llegó a ella al anochecer, fuese a posar a uno de los mesones que está en frente del Buen Suceso[94] y, mudando luego de hábito, sin querer descansar, salió en busca de la posada de don Diego, que ya tenía aviso que vivía en el fin de la calle de Alcalá[95], muy cerca del jardín donde se le prevenía el grado, y los amigos que se le solicitaban tenían también allí cerca sus posadas. Halló a don Diego en la suya, y que se quería mudar de hábito para salir fuera, el cual viendo al bachiller le salió a recebir alegre, abrazándole con muestras de mucho contento, aprobando lo bien que había hecho en apresurar su partida. Diole el bachiller las gracias del cuidado que había

---

[94] La iglesia y el hospital del Buen Suceso estaban situados en la Puerta del Sol, entre las calles de Alcalá y la Carrera de San Jerónimo, y fueron demolidos en 1854. Sus orígenes se remontan al siglo XV cuando, aún en tiempos de Juan II, se fundó la ermita de San Andrés y un hospitalillo, con el fin de atender a los numerosos enfermos de la «cruel y rigurosa peste» que entró en Madrid en 1438, tal como nos cuenta León Pinelo en sus *Anales*. La iglesia formaba parte del conjunto del hospital, cuyas instalaciones eran sin duda muy modestas, por lo que continuamente resultaban necesarias obras de acondicionamiento, hasta que por fin en 1590 los claros síntomas de ruina provocaron la decisión de Felipe II y se solicitó a la Junta del Patronato la reedificación de la nueva iglesia y enfermería. Casi con seguridad, las trazas de la nueva construcción se realizaron en el estudio del Arquitecto Mayor de las Obras Reales, por entonces Juan de Herrera (1530-1597), y lógicamente los primeros diseños debieron de ser suyos, pero diversos problemas de salud motivaron que Francisco de Mora (1553-1610) fuera participando cada vez más activamente en las obras reales. Véase Del Corral [2000]. Estos frailes del Buen Suceso gozaban del privilegio de tener taberna de vino, en provecho del hospital que administraban. Según Afán de Ribera, tenían «ruin fama de clerizontes de ancha manga para confesar». Véase Herrero García [1958: 12-14].

[95] *calle de Alcalá:* es una de las más antiguas de Madrid. Su nacimiento, de acuerdo con la ciudad de la época, fue espontáneo, ya que el Madrid de la Edad Moderna se caracterizó por la falta de toda planificación urbanística. Su trazado surge a comienzos del siglo XV de un antiguo camino que nacía del entonces límite occidental de la urbe, la Puerta del Sol. La calzada conducía hacia el este, a Alcalá de Henares y hasta Aragón. Inicialmente recibió el nombre de calle de los Olivares, debido al olivar que atravesaba y por el que se veía flanqueada.

puesto en favorecerle, y para el siguiente día quedó dispuesto el graduarse, advirtiéndole que no tenía necesidad de prevención alguna, sino de dar un filo a su ingenio, porque en esto consistía alcanzar el pretendido honor con más preeminencias que otros, porque estos grados se daban al modo que la tasación de los toros de Salamanca que, según las fuentes, sube el precio en que se compran; que sus actos positivos le habían de acrecentar quilates en su honor, conforme fuesen.

Despidiose el bachiller de don Diego, llevando muy en la memoria lo que le encargó y, esa noche, sin dormir sueño, estuvo ocupado en escribir el culto memorial hasta que salió a su satisfacción. Acabado, se recogió a sosegar un rato y se durmió hasta las nueve de la mañana; y, pareciéndole ser hora de verse con don Diego, se acabó de vestir y se fue a su casa. No había estado el burlón caballero ocioso desde el tiempo que no le veía, porque, habiendo convocado a sus amigos, y éstos a otros, estaban prevenidos más de ciento para ir a gozar de la burla[96].

Ese día comió nuestro bachiller con don Diego y, habiendo pasado la siesta entretenido con leer el memorial y oír varios versos cultos que le dijo de la data de los que hasta allí había oído, pareciendo ser ya hora de ir al grado, mandó poner el coche, avisando primero a los que esperaban en el jardín cómo iban. Ocupó nuestro bachiller la popa del coche y en la proa se puso don Diego, que por forastero y persona que aquel día iba a adquirir honor se le debía aquel lugar. Llegaron, pues, a la puerta de la casa del jardín y, habiéndose apeado en su zaguán, fueron recebidos con el aplauso de

---

[96] Esta burla participa tanto de la tradición española del entremés como de una corriente italiana que se acrecienta en el siglo XVI y desemboca en las colecciones de Straparola: el *opus ridicularium* sobre los pedantes. La premisa de *El culto graduado,* o sea, cómo el saber teórico de la poesía, la educación universitaria y la lectura no bastan para hacer discreto a un necio, prolifera desde el *Grasso legnaiuolo* y el *Bianco Alfani* a la farsa estudiantil del XVI; sin olvidar el agudo trío de personajes de Boccaccio —Bruno, Buffalmacco, Calandrino—, el cuarteto que desarrolla Grazzini en *Le cene* —Scheggia, Piluca, Monaco, Zoroastro— o la *favola* del humanista burlado en las *Piacevoli Notti*.

la música de chirimías[97], cosa con que nuestro bachiller se puso muy vano; llegaron a la primera puerta y sobre ella vieron que en un ancho cartón estaba pintada una lucida tarjeta, en cuyo campo, que era azul, estaban escritas estas letras:

«GYMNASIUM CULTORUM»

La aula de los cultos.

Llamaron y abrioles el portero Micer Tenebroso; traía una ropa larga de terciopelo carmesí, un capirote azul y negro y una gorra negra de Milán[98]; tenía en la mano un bastón dorado, recibiole con mucha cortesía y, para dar aviso de su llegada en la sala del tribunal, tocó una campanilla de plata, a cuyo sonido se abrió otra puerta, y por ella salió un hombre de hasta cuarenta años, vestida otra ropa de terciopelo negro, forrada en raso pajizo. El capirote era de lo mismo y la gorra alta de terciopelo negro; al cuello traía una gruesa cadena de oro, pendiente della un índex de reloj[99], al hombro derecho traía una maza dorada.

Preguntó el bachiller a don Diego quién era este personaje, y díjole que Mosén Crepúsculo, dignísimo bedel de aquel culto tribunal[100]. Hízole el graduando una humilde cortesía, con un modo de más respeto que al portero y él, correspondiéndole con otra, les dijo que aguardasen allí un poco, volviéndose por la parte donde había salido. Estuvie-

---

[97] *chirimías:* «instrumento de boca a modo de trompeta derecha sin vuelta, de ciertas maderas fuertes, pero que se labran sin que tengan repelos porque en los agujeros que tienen se ocupan casi todos los dedos de ambas las manos. [..] Es menester para tañer la chirimía manos y lengua y aun traer bragas justas por el peligro de quebrarse, como traían los tibicines antiguos y los pregoneros» *(Cov.)*.

[98] Este episodio tiene ciertos paralelismos con la novela cuarta (segunda cena) de Antón Francesco Grazzini [1912: 117-137].

[99] *índex:* «lo mismo que índice. Úsase de esta voz con especialidad hablando del de los relojes. Índice en los relojes es aquel estilo que dando la vuelta al círculo señala las horas, minutos o segundos» *(Aut.)*.

[100] Los regentes desarrollan ahora la caricatura y la referencia implícita al mundo de las Academias. Véase la nota 88.

ron el bachiller y don Diego entre las dos puertas aguardando por espacio de un cuarto de hora; al cabo deste tiempo salió el mismo bedel con un ministro detrás de sí, vestida una ropa de grana y bonete[101] de lo mismo. Éste traía una vestidura de tafetán blanco para don Diego, que era al modo de un peinador[102], sino que por delante llegaba a frisar con el suelo y por detrás arrastraba más de dos varas[103] de falda. Vistiósela don Diego, dejándole al ministro su manteo[104], y con ella y su bonete puesto, guiándoles el bedel, entraron en una espaciosa sala adornada de varias y curiosas pinturas.

En la pared de enfrente estaba hecho un trono de tres gradas en alto; a éste le cubría un dosel de terciopelo carmesí, debajo del cual había tres sillas de lo mismo, en quien estaban sentados los tres regentes con ropas rozagantes de terciopelo negro forradas en raso blanco, capirotes de lo mismo y gorras altas de terciopelo. Los rostros de los tres personajes no se podían ver, por caerles encima un velo de tafetán carmesí que les llegaba a cubrir hasta los hombros, dejando patente lo demás de sus cuerpos[105].

---

[101] *bonete*: «sombrero redondeado, troncocónico, cilíndrico, etc., al uso sobre todo en el siglo XIII. Solía ser prenda masculina» [Sousa Congosto, 2007: 447].

[102] *peinador*: «las toallas que se rodean al cuello para peinarse» *(Cov.)*.

[103] *vara*: «la medida para medir paños, sedas, lienzos y otras cosas que tengan trato o longitud» *(Cov.)*.

[104] *manteo*: «falda interior que las mujeres vestían bajo la saya o la basquiña a partir de la segunda mitad del siglo XVI. Voz sinónima es *faldellín*. En la indumentaria popular es falda exterior. Es también sobretodo de tipo capa, usado especialmente por letrados y estudiantes desde el siglo XVI» [Sousa Congosto, 2007: 462].

[105] Las vestiduras del tribunal encierran un valor simbólico: Micer Tenebroso combina los tonos turquesa, signo de soberbia, pero también de justicia, con el rigor del capirote negro y el boato de la túnica carmesí. Mosén Crepúsculo luce un hábito negro, emblema de gravedad, firmeza y perpetuidad, acompañado de una «cadena dorada» que subraya su «fe imperecedera» en el cultismo. El ministro, en cambio, opta por el grana, color de la victoria y el coraje; mientras que los regentes y el secretario, difuminando los ribetes blancos, se presentan como tres máscaras venecianas de terciopelo azabache y tafetán carmesí. Según Alcolti [VV. AA., 1973: 2205-2206] «la mezcla del negro con el oro puede interpretarse como símbolo de fe perpetua. Acompañado por el rojo, sugiere una persona llena de valor y coraje; y, finalmente, en alquimia con el turquesa, la sublimación de la justicia y la

Aquí les hicieron don Diego y su ahijado una gran cortesía y, leyendo el secretario, que estaba sentado una grada más debajo de la de los regentes en una silla rasa, vestido como ellos, en el ceremonial de los cultos, le avisó el bedel los hiciese arrodillar sobre un paño de terciopelo carmesí que estaba al pie de las tres gradas del trono. Y estando así, los dos pidieron al bachiller el memorial y, dándole al bedel y al secretario, le leyó en alta voz, diciendo así:

> Submiso a vuestro (elegantes
> regentes) cónclave aspira
> genio culto, ignota vena
> alega progenie esquiva.
> Titubeante a esplendor
> cultísono, mal explica
> lengua intonsa, que hijadea[106],
> y ampollas medrosas riza.
> Vagarosa a culto solio[107]
> (si antípoda a la estulticia)
> frágil el torrente escampa,
> que se ostenta inexpedita.
> Oh, tú, nono circunspecto,
> picrio número inspira[108]
> numerosa consonancia,
> metrificante harmonía.
> Que esta del Parnaso culto
> junta célebre, erudita,
> no afecta aplausos, si tosca
> habilidad examina.
> Humílima a vuestro (o padres

---

lealtad». Sobre la simbología de los colores en esta época, véase Golberg [1992: 221-237].

[106] *hijadea:* juego de palabras. Castillo alude a la existencia de una lengua «hija de diosa», por tanto elevada y culta. Pero también, mediante un calambur, a una lengua que «y jadea»; o sea, cuyos largos periodos y frecuentes cultismos cansan al más pintado. Con un tercer sentido, podríamos hablar de una lengua oscura como el jade.

[107] *solio:* véase la nota 50.

[108] *picrio:* adjetivo que podría derivar del griego «picrós», «amargo».

conscriptos[109]) respeto indica,
ciencia corta y torpe, siendo
tanquam asinus ad lyram[110].
Al celebérrimo anhelo
grado culto, y éste sirva
memorial de daros cuenta
Alcarcio de que cultiza[111].

---

[109] *padres conscriptos:* burla del discurso foral ciceroniano, que suele dirigirse con esta fórmula a los senadores.

[110] *como un asno con una lira:* Castillo alude a *El asno a la lira*, conocida fábula de Fedro: «Un asno vio en un prado una lira tirada en el suelo; se acercó y tocó las cuerdas con su pezuña. Al tocarlas, sonaron, "Bella cosa, ¡por Hércules!, ha caído en mal lugar", dijo, "pues desconozco este arte. Si alguien más dotado la hubiese encontrado, deleitaría los oídos con sus divinas canciones". Así, a menudo, los talentos se pierden por la desgracia». Véase Fedro [2005: 190-191], Adolph [1950: 49-57] y Vogel [1973: 351-364].

[111] Antonio Enríquez Gómez [1991: 243-245] también incluyó en sus *Transmigraciones* (1644) una academia con dos sonetos cultos. Las analogías entre el capítulo XI de la V *Transmigración* y la novela de Castillo son considerables: «Diez u doce días anduve en compañía de mi juez, y llevome a una academia, cuyos ingenios admiraban el mundo con sus locuras. Yo me preciaba de poeta culto, lírico, cómico y heroico, los cuatro vientos de las musas. [...] Diose un asunto celebrado por nuevo (si bien todos lo son cuando se aciertan a escribir); éste fue que una dama sentada en su cama, queriendo dar a sus blancos pies el velo de nácar o, hablando culto, calzarse los coturnos, se desmayó de ver su amante, que impensadamente la cogió con el hurto en los pies (como otros en las manos), a cuya desmayada hermosura se dijeron los sonetos siguientes: [...] Nuestro ridículo poeta dijo el que sigue: "Calzábase Amariles los coturnos / y Amor que los miró por alambique / más tierno y derretido que alfiñique / los ojazos abrió, casi diurnos. / Iba el ladrón contando por sus turnos / desde el dedo mayor hasta el miñique / y si otro fuera me la diera a pique, / que Amor sabe jugar cientos nocturnos. / Violo la ninfa, y disparando un rayo, / délfico sol, tercero de un canuto, / la dio sin más ni más ciertos desmayos. / Pero el cobarde amante, hijo de un *etc.,* / saliéndose, mirándola al soslayo, / no quiso hacella Porcia siendo Bruto". Yo que me preciaba de poeta medio culto, dije: "La diurna Amariles, por el rumbo / fatal del venatorio bamboleo / donde el fogoso campo de Himineo / sirve palestra al palpitante tumbo. / El coturno de nieve, no de chumbo, / derrite en el Vulcano giganteo, / y si Amor se preciara de pigmeo / títere pareciera en el columbo. / Venus, que en tales actos no se zumba / en lengua erasma, articulando a Erasmo / habló la gatomaquia garatumba. / Diole al hijo de Chipre el asma o asmo, / y ella revuelta en holandesa tumba, / tuvo gota coral de pasmo a pasmo"».

Acabó de leer el culto memorial el secretario, a que se guardó quieto silencio, hasta el fin que se levantó un sordo murmureo en la sala, cosa que admiró al bachiller, no pudiendo determinar de dónde saliese. Corriose luego una cortina de tafetán carmesí que cubrió todo el tribunal de los fingidos regentes y secretario, y haciendo el bedel que se levantasen de donde estaban arrodillados el bachiller y su padrino les dio a entender que aquello se hacía para dar entre ellos los votos de si convenía darle el grado o no, con que dejó medroso a nuestro confiado bachiller, pareciéndole que tenía aquello más dificultad que él había pensado.

En tanto, pues, que los votos se daban, se pusieron a mirar los dos el curioso adorno de la espaciosa sala en que estaban varios jeroglíficos pintados[112]. En la pared frontera de la puerta por donde se entraba estaba pintado en el espacioso campo de una bien formada tarjeta un volteador[113] vestido de arlequín que andaba con las manos por el suelo y los pies derechos hacia arriba; debajo dél estaba escrito este mote latino con unas letras góticas doradas:

---

[112] Lázaro Carreter [1956: 355-386] sostiene que «en torno a 1600 proliferan la literatura enigmática y problemática. Señalemos sólo algunos títulos: los anónimos *Quarenta enigmas españoles* (h. 1611); Diego de Rojas, *Problemas en Filosofía moral* (1612); Cristóbal Pérez de Herrera, *Problemas morales* (1618); Jerónimo de Huerta, *Problemas filosóficos* (1628). Enigmas y problemas responden a una semejante estructura conceptual».

[113] *volteador:* «el que da vueltas u voltea. Tómase comúnmente por el que lo hace con habilidad» *(Aut.).* Castillo sugiere que los cultos escriben «al revés», como el volatinero camina con las manos en el suelo y los pies por alto. En este sentido, el vallisoletano propone una burla casi idéntica a la de Tirso de Molina en el «Parnaso crítico» de los *Cigarrales de Toledo* (1624): «Causó novedad el traje de los nuevos dogmaticantes porque las coronas de la ingrata ninfa no ceñían sus sienes como se acostumbraba, sino sus cinturas. Pudo ser por llamar a los desta facultad (que tan mal se dan a entender por palabras) bachilleres de estómago. Y aunque curiosamente vestidos, había mudado el uso hasta en el modo de su adorno, porque traían los vaqueros de tela abotonados por las espaldas, las rosetas de las ligas les servían de cuellos y puños, y los puños y cuellos de ligas, las mangas de gregüescos y los gregüescos de mangas, a imitación de su poema. Pues, si toda su elegancia consiste en anteponer y posponer vocablos, entretejiendo verbos entre adjetivos y sustantivos —que también tiene Apolo sus pedantes—, del mismo modo les pareció podían criticar sus vestidos, posponiendo los unos y anteponiendo los otros» [Tirso de Molina, 1995: 197-198].

Quid interest

Y más abajo esta letra escrita en castellano:

> Poco importa andar así,
> que cuando culto me ves
> mis manos sirven de pies.

A un lado desta tarjeta estaba otra no menos curiosa que la primera, en cuyo óvalo se v[e]ía pintado un halcón, y encima dél una mano que salía de entre unas nubes a ponerle capirote; y el mote latino, opuesto al común y ordinario, decía:

> *Post lucem tenebras*[114]

Y el castellano:

> Cuando a ponérmele llega
> hace mi Oriente Noruega[115].

---

[114] Parodia del lema «Post tenebras spero lucem» *(Job,* XVII, 12); o sea, «Después de las tinieblas espero la luz», leyenda del impresor Juan de la Cuesta que también figura en la portada de las dos partes del *Quijote*. Aparecen representados un halcón con caperuza y, al pie, un león dormido. Castillo invierte los términos: la mano venda los ojos del halcón («después de la luz, las tinieblas») para burlarse de la poesía culta.

[115] Quizá aflore en estos versos una imagen de la segunda *Soledad* (1614): «Aunque ociosos, no menos fatigados / quejándose venían sobre el guante / los raudos torbellinos de Noruega» (II, vv. 971-973). Véase Góngora, [2000: 421]. Castillo [1986: 181-182] repite el símil en las *Aventuras del bachiller Trapaza:* «Entraron en un portal de Nuruega, tanta era su oscuridad; subieron por una escalera de garita a una que él dijo llamarse sala y a Trapaza le pareció artesa, tan pequeña era; junto a ella estaba una alcoba, donde yacía el lecho del señor don Tomé, tan apocado que no había cama de religioso anacoreta que más corta le fuese». Acude al mismo tópico en *Tiempo de regocijo* [1907: 405-406], cuando don Fadrique contrata a un poeta para seducir a su dama: «Acertó su desgracia a toparse con un culto de los del nuevo idioma, tan obscuro en sus versos como Noruega en la mitad del año, hombre que para exagerarle de poco entendido bastará decir que él mismo no sabía entenderse lo que escribía».

Cerca desta tarjeta estaba un lienzo grande en que se v[e]ía pintado el celebrado monte Parnaso, dedicado a su protector Apolo y habitado de las nueve hermanas. El rubio Dios y su discreta compañía coronaban la cumbre del excelso monte, él puesta una montera de rebozo[116] negra que le ocultaba el luciente rostro, y las Musas con mascarillas algo mayores que las que usan las damas de Francia. Facilitaba la áspera subida del monte un ancho camino de peña tajada, por el cual caminaban muchos peregrinos, unos con muletas, otros con piernas de madera y otros con brazos baldados. En el friso de un marco dorado que tenía el lienzo estaban por la parte de arriba unas letras góticas negras que decían:

Parnaso de los cultos bisoños.

Y debajo del monte por mote latino éstas:

Nemo superat[117].

Y un poco apartado deste otro castellano que decía:

Camino del Parnaso
tanto anda el cojo como el manco[118].

En la otra pared frontera estaban otras tres tarjetas que hacían correspondencia con las referidas; tan lucidas como

---

[116] *rebozo:* «la toca o beca con que cubrimos el rostro, porque se da una y otra vuelta a la boca» *(Cov.).*

[117] «Nadie sobra».

[118] Paráfrasis burlesca del refrán «Camino de Santiago, tanto anda el cojo como el sano». Véase Correas [2000: 151]. No es secundaria para la interpretación de este jeroglífico la huella del *Viaje del Parnaso* [Cervantes, 1973: VII, 153]: «Por la falda del monte gateaba / una tropa poética, aspirando / a la cumbre, que bien guardada estaba. / Hacían hincapié de cuando en cuando, / y con hondas de estaño y con ballestas / iban libros enteros disparando. / No del plomo encendido las funestas / pudieran ser dañosas tanto, / ni al disparar pudieran ser más prestas».

ellas, en la primera estaban pintados tres molinos de viento sobre las cumbres de tres excelsos montes, con un mote latino que decía:

Fundamenta eorum in montibus[119].

Y en nuestro vulgar castellano esta redondilla:

> Para topar con el viento
> que infla culta autoridad,
> sobre la dificultad
> ha de ser el fundamento.

Aludiendo a que no era poesía culta la que no se funda menos que en voces altísonas y cumbres investigables.

La segunda tarjeta contenía su pintura un monte en que andaba un hombre a caza de erizos, procurando cogerlos a mano, y decía el mote latino:

Quo vadis?[120].

Y la letra castellana:

> Sin guantes de culta malla
> en parte tan montuosa
> la caza es dificultosa.

En la tercera y última tarjeta había pintados dos perros, el uno chino[121] y el otro lanudo, destos que llaman de agua;

---

[119] «Sus cimientos están en los montes».

[120] «¿Dónde vas?». Según una antigua tradición romana, hoy absolutamente desacreditada, cuando Nerón incendió Roma en el 64 d.C. desencadenó una feroz persecución contra los cristianos. San Pedro huyó entonces de la ciudad. Durante la fuga, se le apareció Cristo, a quien preguntó: «Quo vadis, Domine?» («¿A dónde vas, Señor?»). Jesús se detuvo y le respondió: «A Roma, para volver a ser crucificado». Entonces, Pedro, comprendiendo el mensaje, regresó a la capital del Imperio para morir en la cruz.

[121] *chino:* «se aplica a una especie de perro que no tiene pelo y es de la figura de un podenco pequeño, sumamente frío y útil para el mal de hijada,

estaban con postura de acometerse el uno al otro. Sobre el perro chino estaban unas letras que decían *Facile* y sobre el lanudo otras que decían *Difficile,* y la letra castellana:

> Lo liso se está espulgando,
> mas entre lanas la pulga
> difícilmente se espulga[122].

En la pared opuesta a la que estaba el tribunal había una celosía destas de la India de Portugal[123], que le pareció debía de cubrir alguna cosa importante a su grado. Mucho gusto dieron al bachiller los jeroglíficos hechos al propósito del Gimnasio culto y, estándoselos alabando a don Diego, fueron llamados del bedel y, llevándoles segunda vez delante del tribunal, se volvió a correr la cortina, dejando a los regentes descubiertos, si no era[n] los rostros, que el velo más pequeño les cubría, como está dicho. Levantose en pie el secretario, mandando a nuestro bachiller que refiriese los versos más cultos que hubiese hecho de que se acordase, obedeciéndole algo más perdido el miedo que hasta allí, y comenzó a decirlos con tan desaforados desatinos como afectados visajes que hacía para darles mejor pronunciación; los cuales causaron mucha risa a más de cien mirones que estaban ocultos detrás de la cerrada celosía de la India, cuyo nuevo rumor, no pasando por fisga[124] en los oídos del bachiller, le baptizó por aplauso.

---

aplicándole a aquella parte. Diósele este nombre porque los primeros vinieron de China» *(Aut.).*

[122] Sobre las ilustraciones y los motes remito a lo dicho en la «Introducción». Castillo despliega otra agudeza con la voz «espulga», que sugiere los valores de «espulgar», «es pulga» (por calambur) y «expurga» (por paronimia).

[123] *India de Portugal:* el Imperio luso sobresalió en los siglos XV, XVI y XVII. Llegó primero a la India y después al Sur africano. Durante mucho tiempo se cimentó en las ciudades propiamente portuguesas (Goa); las factorías, o construcciones en ciudades no portuguesas realizadas exclusivamente para el comercio (Chittagong); las bases o zonas de intercambio directo (ciudades no portuguesas sin edificios cuyo mercado lo realizaban desde las propias cargas del barco). El Imperio pasó a pertenecer a la monarquía española durante el reinado de Felipe II y se escindió bajo el gobierno de Felipe IV.

[124] *fisga:* «vale burla y escarnio que se hace de alguno, con movimientos de ojos y boca, cabeza y cuerpo; y esto con disimulación que la parte no lo

Habiendo, pues, cumplido con su obediencia, el secretario le hizo una seña al bedel, el cual se llegó al graduando y le dijo que se pusiese en calzas y jubón para cierta ceremonia que se había de hacer con él. Hízolo así el engañado versista, despojándose luego del manteo y de la loba[125], y a este tiempo le pusieron en la cabeza una celada[126] de encaje, tocándose las chirimías, cuyo son palió por entonces la risa de la mofadora turba. Esto le declaró el bedel que se hacía para darle a entender que, de la manera que el que está armado con aquella pieza ninguna arma por penetrativa que sea le puede ofender, así, el verdadero culto en el obscuro poema que escribiere está libre de que del idiota pueda ser penetrado su sentido, ni aun del más presumido y confiado.

Dejáronse desta manera mientras el secretario le estaba escribiendo el título, y con el calor que hacía y lo poco acostumbrado que estaba a semejantes aprietos fue mucho no se ahogar. En breve espacio le acabó de escribir el secretario y mandándole quitar la celada se le leyó en alta voz, y decía así:

Título del grado culto

Nos, don Candor, don Esplendente y don Brillante, por la gracia de las Musas meritísimos calificadores de las nuevas voces y regentes del tribunal culto en la insigne corte de España y sus reinos, etc.[127].

---

entiende, y con las dichas señales apercibe a los circunstantes. El nombre se formó del sonido que hace con la boca el que fisga, como semejante al que chifla» *(Cov.)*.

[125] *loba:* «sobretodo aparecido en Castilla en la segunda mitad del siglo XV. Su aspecto sobrio la asocia por lo general al luto, si bien se usó también por letrados y doctores. Prenda cerrada y amplia que carecía de mangas, podía tener dos aberturas para sacar los brazos, que se llamaban maneras» [Sousa Congosto, 2007: 461].

[126] *celada:* «armadura de la cabeza, *a celando,* porque encubre la cabeza y el rostro; las que dejan descubierta la cara se llaman celadas borgoñonas» *(Cov.)*.

[127] Nótese que en virtud de la teatralidad entremesil del episodio y del código culto que manejan unos y otros, los tribunos han pasado de tener

Por cuanto por parte de el bachiller Alcaraz, natural de la villa de Casarrubios del Monte, diócesis de Toledo, nos ha sido suplicado que en este eminente docto y cultísono tribunal le diésemos el honorífico y singular grado culto, atento a los muchos desvelos que ha tenido en la investigación de sus obscuras frases, entrincadas elegancias y exquisitas novedades, de que ha dado muestra en nuestra presencia con actos positivos y memorial que ha presentado, hallando en él la bastante suficiencia y méritos que se requieren, según la constitución griega y la observada desde la edificación de la torre de Babilonia[128], nos lo tuvimos por bien, y así constituimos en el pretendido honor, con las exempciones y prerrogativas siguientes:

Primeramente, le damos facultad y licencia *in scriptis* para que en sus obscuras composiciones —sean en el género de versos que quisiere— no repudie ninguna extranjera voz,

---

nombres oscuros a cambiarlos por claros. Todo anuncia los ropajes, el estilo y la conducta bufonesca que, diecisiete años después, don Pedro Osorio y Toledo, caballero nobilísimo de Villafranca del Bierzo, impostará en *El conde de las legumbres*: «Fue vestirse don Pedro de un hábito ridículo, que era a lo antiguo, con follados de paño verde. Ropilla de faldas grandes, capa de capilla redonda, muy corta, y una gorra de Milán, verde, de terciopelo. [...] -Supe tres o cuatro lenguas, en especial la latina con más cuidado que todas. Bien sería de cuatro lustros cuando amor quiso que su fuego tuviese jurisdicción en el agua, porque se le diese feudo como absoluto señor de lo terrestre y acuátil. Había entre aquel virgíneo coro de ninfas una de quien el anciano Sil hacía más estimación que de las demás; llamábase Anacarsia; sus gracias eran superiores, porque su hermosura era singular, aventajando con ella a sus compañeras con el exceso que el délfico planeta aventaja en luz a los celestes astros» [Castillo Solórzano, 1955: 128-132].

[128] *la torre de Babilonia:* Castillo alude al capítulo del *Génesis* (10, 11) en que se nos cuenta cómo, al desplazarse las tribus jaféticas, camíticas y semíticas hacia el Oriente, hallaron una vega en la tierra de Sennaar, donde hicieron asiento. Decidieron entonces levantar una ciudad y una torre cuya cima llegara hasta el cielo. Descendió el Señor y al observar que el pueblo era uno solo y todos disponían del mismo lenguaje, confundió su idioma de manera que uno no entendía el habla del otro. De ahí que ésta recibiera el nombre de Babel, porque allí fue confundido el lenguaje de toda la tierra; y desde allí los esparció el Señor por todas las regiones. Chilindrón, personaje de *Los encantos de Bretaña*, relaciona esta lengua con el cultismo: «Meterme en el critiquismo / es hablarme en lengua hebraica, / que nunca la supe». Véase Castillo Solórzano [1973: 86].

inusitada frase, exquisito verbo y extraordinaria novedad, aunque venga todo tinto en latino, griego o italiano.

Íten, que las oraciones que escribiere en sus obras las pueda volver de abajo arriba, y de arriba abajo, y detrás adelante, sin que se pueda entender si es oración activa o pasiva, libres del dominio de la construcción, siguiendo el estilo de los oficiales[129] de la ropa vieja, pues el que compra de su tienda unos calzones no sabe si se derivan de capa, balandrán[130] o sotana.

Íten, le hacemos libre de escribir relaciones de casos sucedidos o maquinados a ciegos, pena de que, si las hiciere, por mal entendidas, antes le sean de costa que de provecho; y no es corta preeminencia hacerle exempto de un ciego que le canse y fastidie.

Íten, le hacemos libre de las estafas de los valientes en las composiciones de las jacarandinas[131], pues la obscuridad, aunque asimila tal vez en lo aparente a sus términos germánicos, en el fondo dista mucho de parecerles, por no tener sus voces derivación de origen alguno.

Íten, le exoneramos de las obligaciones de hacer villancicos a maestros de capilla, monjas y devotos suyos, pena de que, si incurriere en este cansado ejercicio, vea sin provecho la solfa desabrido el cantor y ayunos los oyentes.

Íten, le damos facultad para escribir fábulas en los versos que más gustare, procurando en todo guardar las constituciones de la república de Ginebra, en que asisten varias naciones hablando diferentes lenguas.

Íten, le concedemos las gracias que a los demás de admirar con sus obras, costándole poco cuidado el escribirlas.

Con las cuales prerrogativas, preeminencias y exempciones le damos dicho grado y le constituimos en el pretendido honor, advirtiendo que se le guarde la antigüedad que le to-

---

[129] *oficial:* «el que se ocupa o trabaja en algún oficio» *(Aut.).*

[130] *balandrán:* «traje de encima al uso en la segunda mitad del siglo XV, común para hombres y mujeres, largo y amplio, abierto de arriba abajo, de corte sencillo y austero, aunque una variante lo ofrecía confeccionado con costosos materiales y pieles» [Sousa Congosto, 2007: 445].

[131] *jacarandinas:* «es la germanía o lenguaje de los rufianes, a los cuales llaman jaques» *(Cov.).*

care en los actos públicos de nuestras academias. Dado en nuestro gimnasio culto y grave tribunal por las calendas de julio, año de 1624[132].

El Doctor don Candor, don Esplendente, don Brillante. Por su mandado. El secretario Libador.

Este título, después de haberle leído el culto secretario, se le entregó al bachiller, y él a su padrino don Diego, porque le mandaron subir a lo alto del tribunal, donde, puesto de rodillas delante de sus regentes, descubierto el velo que les cubría los rostros, el que entre los dos presidía le puso un capirote de varios colores, y al cuello un collar de higas[133] de azabache y box[134], advirtiéndole que aquel capirote con que le acababan de dar el grado significaba en la variedad de sus colores la que tenía de novedades la poesía culta, y el collar

---

[132] Las leyes y prerrogativas de Castillo participan de una honda tradición que se remonta a la *Adjunta* al *Viaje del Parnaso* («Privilegios, ordenanzas y advertencias que Apolo envía a los poetas españoles»). Véase Cervantes [1973: 188-191]. Según indica Cossío [1931: 75], «se deben creer inspiradas por cualquiera de las *premáticas* de Quevedo». No descarto el influjo de Castillo sobre las *Academias del Jardín* de Polo de Medina [1948: 30-31], donde Jacinto reparte ocho cédulas de las cuales tres avienen con la «constitución» del vallisoletano: «3) ha llegado a este lugar un maestro graduado en Torre de Babilonia. Enseña todas las lenguas y, principalmente, la culta, por moderado precio, y a los poetas de balde; [...] 5) han llegado a nuestra lengua católica poetas herejes y cultos. Vuesas Ms. les ayuden con su limosna, y cumplirán con los que mandan los cuadros de las ánimas del purgatorio: *Sácame de aquí, que mañana será por ti;* 6) «cierto poeta que se ha convertido a su Dios, y dejado la mala secta culta en que vivía, pide por esta cédula que rueguen a Dios por él porque le conserve en su claridad, y a Vs. Ms. no les deje caer en la tentación». También el autor murciano, como Castillo en *El culto graduado,* lanza sus pullas contra los «villanciqueros» en la segunda Academia [Polo de Medina, 1948: 62-63].

[133] *higas:* «es una manera de menosprecio que hacemos cerrando el puño y mostrando el dedo pulgar por entre el dedo índice y el medio: es disfrazada pulla. [...] Colgar a los niños del hombro una higa de azabache es muy antiguo, y comúnmente se ignora su principio. Pudo tener origen de la misma materia, porque el [...] azabache escriben tener propiedad contra el ojo» *(Cov.).*

[134] *box:* «árbol y madera conocida; es el boj arbusto que no crece mucho, está siempre verde, su madera es tan dura que no se carcome y tan pesada que se hunde en el agua. Desta manera se hacen flautas y otros instrumentos músicos, peines, vasillos para olores, que tomando el nombre de la materia se llamaron bujetas» *(Cov.).*

con las higas las que había de dar desde luego —como profesor que era de otra se[c]ta— a la poesía clara sin artificio y entendida de todos; y sacando luego una esponja que estaba en una bacía de plata empapada en tinta, le tiñó todo el rostro y manos con ella, diciéndole que con aquello quedaba perfeto culto en la obscuridad[135].

A este punto se cayó al suelo la celosía de la India, descubriéndose el aparador de los ocultos fisgones que, con demostraciones de risa, comenzaron a hacer burla del pobre paciente, el cual, viéndose escarnecido de tanta gente que hasta allí no había visto, corrido y avergonzado, tapándose el rostro se fue huyendo de su presencia por la sala adelante y, dando en otro aposento correspondiente a ella, salió a un jardín, y dél por una puerta falsa al prado, a tan mal tiempo que, viniendo unos muchachos de una de aquellas cercanas huertas de comprar pepinos, viendo la horrenda figura del culto graduado, con venir negro le hicieron blanco de sus pepinos, gastándolos en su cabeza y cuerpo a costa de sus amos. Huyó nuestro bachiller de la pueril[136] chusma, ofendido de la pepinal tempestad que descargaba sobre él, y los muchachos, yéndole a los alcances, como dicen, tuvo por bien de entrarse en el zaguán de una casa de un señor que estaba en la calle de Alcalá, en cuya puerta halló algu-

---

[135] La broma de las higas, como subrayo en la «Introducción», reaparece en *La castañera*, entremés de las *Aventuras del bachiller Trapaza*, mientras que la del capirote es uno de los ejes centrales de *El comisario de figuras*, incluido en *Las harpías en Madrid*. El Alférez Baltasar Mateo Velázquez interpoló en *El filósofo del aldea* (1626) un apólogo que participa del modelo seguido por Castillo. En su «Cuento II», Floro saca de la maleta unos papeles y el aderezo para escribir un «poema fabulante»: *El laberinto de amor*, dominado por el léxico culto y los «conceptos superiores» [Cotarelo, ed. 1906: 306-307]. Mientras recita el último endecasílabo, «crédito y cambio de quien he quebrado», lo escucha el alcalde del lugar, que lo encarcelará, pues «cambios quebrados» era una expresión del XVII para designar a los maleantes. Se celebra finalmente una vista en la que unos relatores anulan el veredicto del alcalde, privándolo de su condición, liberan a Floro y le aconsejan que en adelante «no hablase tan recio cuando estuviese critiquizando». También Quirós [1984: 80-89] aborda el tema del culto ridículo en su *Entremés del poeta remendón* (1656).

[136] *pueril*: latinismo crudo, es decir, chusma formada por niños. No en el sentido actual de «infantil» o «superficial».

nos criados suyos que le defendieron de la perseguidora canalla[137].

Metiéronle en un aposento, no poco admirados de ver su estraña figura y ridículas insignias. Allí les dio cuenta de la sole[m]ne burla que le habían hecho, de que rieron mucho, y habiendo anochecido después que se lavó la cara el afligido bachiller, y quitádose la insignia del negro grado, se fue a su posada acompañado de los que le habían favorecido, dándole una capa y un sombrero con que se cubriese. Llegó al mesón y, despidiéndose de los acompañantes, agradecido de su favor, sin aguardar a tomar un refresco, se puso a caballo con su criado a las ancas, y en breve tiempo llegó a su lugar, donde con la pena que llevaba de la recebida burla cayó malo de una grave enfermedad que le puso en los últimos términos de su vida. Y siendo Dios servido que mejorase della retirado en su patria, trató de proseguir con sus estudios, sin acordarse de hacer más versos cultos ni claros, echando de ver que a los ignorantes como él, que se metían en querer hacer lo que no entendían, eran dignos de aquel justo castigo[138].

Grande fue el gusto que recibieron aquellas hermosas damas con la graciosa novela de su médico, a quien dieron todas las gracias por la buena tarde que les había dado con tantas sazones y donaires; y haciendo que doña Lucrecia mostrase su enigma[139], sacó un papel, y en él pintada una

---

[137] *canalla:* «junta de gente vil, inducida para alborotar y dañar, a donde entienden que no han de hallar resistencia» *(Cov.)*.

[138] Nótense de nuevo las coincidencias con algunos pasajes de *El licenciado Vidriera:* «Cercáronle luego los muchachos; pero él con la vara los detenía, y les rogaba le hablasen apartados, por que no se quebrase: que por ser hombre de vidrio, era muy tierno y quebradizo. Los muchachos, que son la más traviesa generación del mundo, a despecho de sus ruegos y voces, le comenzaron a tirar trapos, y aun piedras, por ver si era de vidrio, como él decía» [Cervantes, 2001: 278].

[139] Como ha estudiado Maravall [1981: 450], las ceremonias y fiestas públicas, los arcos, carrozas y otras manifestaciones públicas de carácter plástico, grabados, xilografías o anamorfosis «tenían el valor simbólico de verdaderos emblemas, utilizados para servirse de papel educativo y directivo de los ánimos que a la oscura dificultad se le atribuía». En un precioso trabajo, Fuhrmann [1966: 47-72] dedica el primer epígrafe a las relaciones

dueña con tocas largas, manto y monjil[140], herrada en el rostro como esclava[141] y con un solo pie encima de un chapín[142] que se descubría todo. Los versos decían:

La tierra le dio principio
a mi humilde nacimiento
para llegar al estado
que agora gozo y poseo.
Y luego la industria humana
por darme el cargo que tengo
forjó para mi martirio
exquisitos instrumentos.

«oscuridad-enigma», con sus implicaciones en el tono solemne o jocundo de las obras poéticas.

[140] *monjil:* «traje femenino de encima especialmente difundido en la segunda mitad del siglo XV, amplio y corto. Usado principalmente en duelos» [Sousa Congosto, 2007: 464].

[141] *herrada como esclava:* los esclavos eran marcados en el rostro con una «S» y un clavo.

[142] *chapín:* «calzado femenino presente en el traje del siglo XV y posteriores, que se usaba conjuntamente con otro calzado. Realizado con materiales fuertes, sin punta ni talón, con gruesa suela de corcho, que aumentaba la altura de las mujeres. Era calzado de lujo que se forraba con ricas telas. De origen español» [Sousa Congosto, 2007: 451].

Hizo el mundo confianza
de mi persona, poniendo
sus tesoros en mi guarda,
y su hacienda en mi gobierno.
Hasta fiarme sus vidas
todos los hombres quisieron,
y de sus mujeres e hijas
el casto recogimiento.
Pero todas estas honras
no las estimo ni precio,
si cual fugitiva esclava
me ponen hierros primero.
Y como me veo herrada,
de tal manera obedezco,
que no tengo libertad
más de cuando quieren ellos.
Con todo he dado en un vicio
sin que dél saque provecho,
que soy amparo de amantes
y se gozan por mis medios.
Muchas honras se han quitado
por mí, y es la causa desto,
ser abierta de conciencia
siempre por falsos terceros.
Que si aquellos que me rigen
me ponen en fuertes hierros,
muy pocos son los que hago,
pues en la prisión me quieto.
Mas tras todas estas faltas
una preeminencia tengo,
que a las monjas les confirmo
el tercer voto que han hecho[143].

Duda puso en todos el obscuro enigma y, preguntando Otavio a cada una de aquellas señoras qué podría ser, ningu-

---

[143] Para ingresar en una orden religiosa hay que hacer voto de pobreza, castidad y obediencia. Aquí Castillo parece referirse a la puerta del convento, que sella el voto perpetuo de las religiosas.

na hubo que diese la solución della, sino fue el dotor, que dijo que le parecía, y aun se afirmaba en ello, que era la puerta, dando todas las razones según los versos referidos por doña Lucrecia, la cual dijo que le había dado la verdadera declaración; y prevenida doña Laura sacó otro papel en que traía pintado un cofre con dos cerraduras encima, del cual estaban pintados un bonete, una tiara[144] y una mitra[145], y los versos eran éstos:

Soy un preciado tesoro
que debajo de dos llaves
vengo a presentarme al mundo
para que me goce y trate.
Tan perenne que jamás,
aunque entero me llevasen,
dejo de quedarme entero
colmado de bienes grandes.

---

[144] *tiara*: «fue antiguamente tocado de las mujeres persianas, y después ornamento de la cabeza de los reyes y sacerdotes. Hoy día llamamos *tiara* la corona pontifical» *(Cov.)*.

[145] *mitra*: «tocado sacerdotal propio del Papa, cardenales, arzobispos y obispos. De forma mixta, une el cono y la semiesfera. En su parte trasera aparecen dos cintas o ínfulas. Frecuentemente aparece muy decorada con galones, bordados, joyas, etcétera» [Sousa Congosto, 2007: 463].

Yo tengo principio y fin,
y es cosa rara y notable,
que a los hombres hago ricos
sin que puedan acabarme.
Por mi fe se animan los hombres
a pretender dignidades,
y dándoles mis riquezas
—sin dejarlas— ricos se hacen.
Todas las ciencias del mundo
hago que por mí se alcancen
porque un tesoro infinito
para todos es bastante.
La inclinación al provecho
es un remedio admirable,
para que de mí conozcan
los estimados quilates.
Hablo a todos siendo mudo,
ando el mundo sin mudarme,
todos vicios reprehendo
para que todos me alaben.
Aquestas dos cerraduras
que en este mi cuerpo yacen,
todos las pueden abrir
porque a todos quiero darme.
Mas hay un impedimento
a mi defensa importante,
para que no gocen todos
de mí si a verme llegaren.
Que defiendo mis riquezas
al rudo y al ignorante,
y el docto, cuerdo y discreto
halla la entrada muy fácil[146].

No tuvo tanta dificultad en acertar este enigma como el pasado, si bien era más dificultoso, porque por no cansarles con tenerlos a todos dudosos descubrió la revelación que le había hecho della su hermana doña Co[n]stanza, diciendo

---

[146] Irregularidad en la rima de la copla.

ser el libro, porque los hombres estudiando eran señores de las ciencias y de las riquezas que por ellas se alcanzan. Enfadose doña Lucrecia de que hubiese ganado las gracias con lo que la había comunicado y dijérala alguna pesadumbre[147] si no previniera Otavio, para poner paz a su disgusto, que doña Laura cantase, [con] una bien templada arpa que le trujeron, este romance:

> Zagales de Manzanares,
> venid y veréis a Celia
> alegría destos campos,
> honor de aquestas riberas.
> Pastora que aquestos valles
> favorece su belleza,
> que imitada de las flores
> da ocasiones de soberbia.
> Instrumento a quien Cupido
> elige para que sea
> prisión de las libertades,
> motivo de las firmezas.
> Beldad de la idolatría
> en su decoro renueva,
> pues emulando deidades
> como a deidad la respetan.
> Sujeto en quien mis sentidos
> el alma y las tres potencias[148]
> sin violencia del amor
> de ser esclavos se precian.
> Esto publica Castalio
> a la causa de sus penas,
> a quien ya favorecido
> quiso cantar esta letra.
> Ya publica favores quien vio desdenes
> que borrascas de celos no permanecen.

---

[147] *pesadumbre:* «la molestia, de peso, *pondus*» *(Cov.).*
[148] *potencias:* «por antonomasia se llaman las tres facultades del alma, de conocer, querer y acordarse: que son entendimiento, voluntad y memoria» *(Aut.).*

Tuvo buen remate la tarde con la sonora voz de doña Laura, con la buena letra y con la gran destreza que mostró cantándola. Despidiéronse Otavio y el médico de las damas, prometiendo de venir temprano el siguiente día, y para novelar en él le tocó la suerte a doña Constanza, el primero enigma al médico y el segundo a Otavio, yendo por el camino cuidadosos de maquinar cosa que diese gusto a las damas.

El monstruo de Manzanares

Con temerarios y espantosos gritos, prometiendo horrible y trágica vista quien los daba, infundiendo temor en los ánimos de las damas que discurrían la tan agradable como hermosa ribera del arenoso Manzanares, río en Madrid tan celebrado como avariento de cristal, bajaba una mañana de las pueriles del mayo desterrando a las que, o ya por medicina o deseoso antojo, habían salido a pasear el acero[1] a aquel frondoso y agradable sitio del suntuoso perfil de nuestro cuarto monarca[2], uno al parecer monstruo bruto o sátiro vestido de pieles manchadas a trechos, tan guedejudas[3] y ce-

---

[1] *pasear el acero:* sobre la enfermedad femenina de la opilación, sus causas (el consumo excesivo de *barro* o *búcaro portugués,* condimentado con azúcar, ámbar o musgo, a fin de conseguir una tez pálida entonces de moda) y sus remedios médicos *(tomar acero,* es decir, beber agua, que podía ser sustituida por vino o leche, en la que se ha hundido una barra de hierro candente; *pasear el acero,* pasearse por la mañana para mayor eficacia del jarabe), véase Morley [1945: 166-169]. Basándose en el tratado del doctor Nicolás Monardes *(Diálogo del hierro,* Sevilla, Alonso Escribano, 1574, fols. 176v-183r), corrige un error todavía difundido, según el cual el *acero* designaría el agua ferruginosa de una fuente madrileña. Existe una comedia de Lope, *El acero de Madrid,* fechada entre 1604 y 1611, en la que, como señala Arata [ed. 2000: 57-58], «*acero de Madrid* quiere decir algo así como "curación al uso de Madrid", curación no de esa enfermedad aparente que es la opilación, sino de la verdadera y profunda que es la privación del amor». Véase, asimismo, Cornejo [2003: 175-187].

[2] *cuarto monarca:* Felipe IV. Véase el epígrafe «Felipe IV en la intimidad y sus familiares» en Deleito y Piñuela [1988: 7-34].

[3] *guedejudas:* «las que tienen muchas guedejas». *Guedeja:* «el mechón de cabellos» *(Cov.).*

ñosas que ponían espanto aun a quien de lejos le miraba, si bien en el movimiento y disposición de talle se determinaba era aborto racional[4]. Traía en la cabeza otra artificiosamente formada con todas sus facciones, semejante a la de un robador oso, los pies y las manos cubiertos de la misma librea[5] y en ellas un arco en que con liberal destreza ministraba[6] agudas y voladoras flechas, de quien venía copioso un carcaj que descubría por encima del hombro izquierdo. Y tan fiero terror daba su vista que, procurando las humanas diosas que se esparcían en aquel deleitoso campo tomar sagrado, entrándose liberales entre el concurso de la bulliciosa gente que veían ir bajando por la puerta que llaman de la Vega[7] y

---

[4] Como subraya Pego Puigbó [1995: 239], «destaca en la novela la superposición de rasgos del paganismo "popular" y el culto. [...] Se nos dice que la aparición del espantoso monstruo se produce "una mañana de las pueriles de mayo". Si damos un salto hasta el momento en que es recibida la carta de Flora por su padre y el Alcalde, encontraremos que está fechada el seis de mayo. Ateniéndonos a la cronología interna del relato, la violación de Flora se produjo el día anterior y la disposición de los preparativos un día antes: el 4 de mayo. Es decir, en torno a la fecha del 3 de mayo, día en que se celebraba la festividad de la Cruz (en la actualidad ha sido trasladada en el calendario litúrgico romano al 14 de septiembre). Es preciso tener en cuenta que en muy pocos días se celebraban las festividades de santos cristianos que se superponían a fiestas paganas anteriores al cristianismo».

[5] *librea:* «antiguamente solos los reyes daban vestido señalado a sus criados; y hoy día en cierta manera se hace así para ser distinguidos y diferenciados de todos los demás; y porque éstos tienen muchos privilegios y libertades, se llamó aquel vestido librea» *(Cov.).*

[6] *ministrar:* «servir» *(Cov.).* Cultismo frecuente en Góngora y en los poetas cultos. Figura en el verso siete de la primera *Soledad* («cuando el que ministrar podía la copa / a Júpiter mejor que el garzón de Ida») [Góngora, 2000: 366] y, mucho antes, en un soneto petrarquista de 1584: «La dulce boca que a gustar convida / un humor entre perlas distilado, / y a no invidiar aquel licor sagrado / que a Júpiter ministra el garzón de Ida» (vv. 1-4) [Góngora, 2000: 48]. Fue censurado en muchos documentos de la polémica que suscitaron los «textos mayores» del cordobés. Véase la nota 40 de *El culto graduado.*

[7] *puerta que llaman de la Vega:* situada en torno a la actual cuesta de la Vega, aproximadamente donde se alza una hornacina que acoge a la Virgen de la Almudena, se trataba de una de las puertas que ya desde época islámica daban acceso a la ciudad desde el camino del río. Si nos atenemos a la descripción que hace Jerónimo Quintana, debió ser entrada angosta, cobijada por una fuerte torre y compuesta por dos estancias en medio de las cuales aparecían las puertas, guarnecidas por una gran hoja de hierro. Además, en el punto del arco, había un agujero que alojaba una gran pesa de hierro que

salida de doña María de Aragón[8], tropezaban unas con otras, teniéndose, medrosas como femeniles, a cada paso, por opresas de aquella investigable figura[9]. Y habiendo las —por temerosas— retiradas dado nueva de su creída —por peligrosa— amenaza a las que ajenas de aquel suceso venían a su mismo ejercicio, determinaron volverse, cediendo para otra menos prodigiosa mañana el gusto a sus voluntades, quien las llevaba más que sus opilaciones[10].

Y entre las que se retiraron, huyendo desde la cenefa del envidiado raudal, iba una cuyo nombre era Flora, natural de aquella confusa por dilatada villa de Madrid, madre y amparo de todos, que si no había salido a ejecutar lo que se oirá, era añadir ramilletes de varias flores al innumeroso laberinto de cuadros de claveles, jazmines y azucenas, que tanta era su extremada belleza, con tiernos años, si bien los[11] bastantes para admitir cualquiera galanteo. Ésta, pues, entre la dudosa

---

servía para arrojarse sobre quien pretendiera entrar en la ciudad por aquel acceso. Esta primera puerta pudo ser derribada a mediados del siglo XVII, siendo sustituida por otra que, situada algo más arriba, pervivió hasta 1707. Existe una nutrida literatura sobre la Puerta de la Vega, y podría decirse que era «la más épica» de Madrid. La citan Rojas Zorrilla, a propósito de su muralla incontrastable, Lope y Góngora, que se burla de ella en el soneto «Téngoos, señora Tela, gran mancilla», ya que la susodicha «tela», como corrobora un personaje de Castillo Solórzano, debía de servir de picadero. Véase Herrero García [1963: 220-221].

[8] *y salida de doña María de Aragón:* Herrero García [1963: 220 y 264] reproduce este pasaje de Sanz del Castillo, indicando que éste era el segundo nombre para la Puerta de la Vega. También hubo en la época, muy próxima a la Fuente de Leganitos (véase la nota 41), una ribera muy vistosa que llamaban de doña María de Aragón.

[9] Más allá de la ironía sobre el menguado curso del Manzanares, frecuente en el Siglo de Oro, este idilio destaca —quince años después de Camerino o Piña— por su compleja sintaxis, repleta de subordinadas, epítetos («hermosa ribera», «humanas diosas», «deleitoso campo») y bimembraciones («frondoso y agradable sitio», «temerarios y espantosos gritos», «horrible y trágica vista», «guedejudas y ceñosas», «movimiento y disposición», «agudas y voladoras flechas»). Morosidad que no siempre perjudica a la fábula, sino que, por el contrario, fija en la memoria del lector la imagen del «sátiro».

[10] *opilaciones:* «enfermedad ordinaria y particular de doncellas y de gente que hace poco ejercicio» *(Cov.)*. Véase la nota 1. El barro cocido, mascado o «rucado» tenía por misión «opilar», es decir, cerrar, ciertos conductos, bien para evitar una hemorragia, bien para producir palidez (conductos biliares).

[11] En la *princeps* «lo».

confusión de la ya referida fuga, más de industria que de temor, se quedó oculta entre las redes sutiles, unos tejidos mirtos y parras, de que no está falto el ameno y lisonjero distrito, habiendo trazado su pérdida de los ojos de[12] su madre y dos criadas que, más importunadas que de voluntad, se habían privado del dulce letargo a los humanos que el silencio y frescura en aquel tiempo y aquella hora ofrecían. Y sacándolas consigo al deshecho de una importuna melancolía que decía la molestaba, fingiendo ser achaque corporal el abrasado deseo que traía en el corazón; y estando en el natural nicho de flores, esperando el dueño de la ocasión de el despejo[13] referido, oyó un atento silbo, seña que le pareció conocía, y juzgando que le habían dado cerca, para que quien venía con el anhelo de su busca no se dilatase en hallarla, alzando la cabeza y viéndole animando con el aliento de su rosada boca el hueco de una llave que en la manga de la ropa traía, le dio anuncio de la parte donde la industriosa había tomado albergue.

Y apenas hubo vuelto a su lugar el disimulado y dichoso clarín, cuando vio que, por entre lo enlazado del verde y abrilesco edificio donde estaba, entraba su por ella entendido amante, con tan desamable presencia y desagradable espectáculo que, a no tener en la mente las especies del movible ser que imaginaba, le causara lo exterior del traje un pavor irremediable a su vida. Y para que antes de alargar el discurso se sepa la ocasión de la inquietud y ficción de Flora y la causa de haberse aparecido en aquella parte el aparente salvaje, es necesario que diga cómo don Juan Osorio, caballero noble, hijo de la misma patria, común por ley a todos, de galán talle y aventajado ingenio, y tal cual era necesario para atreverse a amarla sin temor del desprecio, se había pagado tanto de su hermosura y discreta modestia que, siendo el objeto de sus suspensiones, llevado de su amorosa pasión, le venía a el pecho estrecho el sentimiento, y los ojos, pequeños cóncavos para los raudales de lágrimas de su mal logra-

---

[12] En la *princeps* «do».
[13] *despejar:* «hacer lugar y campo, *quasi* despejar, porque se despoja de gente» *(Cov.).*

da voluntad, que tanto le afligía el considerar que, aunque su enternecida dama le deseaba corresponder a sus finezas, no le concediese un minuto el tiempo para ello ni de ocasión para con ella dar algún conveniente medio, teniendo siempre junto a sí a su vigilante madre, con más ojos que el pastor de Juno[14], por maestra de sus acciones y ceremonias y dos criadas que, por de alguna edad, envidiosas del gusto ajeno, le daban aviso de cualquier, que no muy medida le veían.

Y cansado, si no de amor, por conocer era finamente correspondido de la dilación de sus efectos, estando una mañana —entre otras hartas veces duplicadas— a la entrada del zaguán de un deudo suyo, oidor de uno de los Consejos de Castilla[15], que estaba algo cerca de la de su padre de Flora —quien también ocupaba la misma plaza—, vio que en un coche que había a la puerta entraban algunas aseadas mujeres tapadas con los mantos, que por ir ansí no conoció quién eran, si bien las vio salían del albergue y concha de su preciosa margarita; y que al tomar aquella urna movible, aprecio de la industria, la última de ellas, sacando un peda-

---

[14] *Pastor de Juno:* Argos. Véase la nota 1 en *Del celoso desengañado*.
[15] *Consejos de Castilla:* columna vertebral y principal centro de poder de la estructura de gobierno de la monarquía española durante la Edad Moderna (siglos XVI-XIX), que se define como *polisinodal*, es decir, con multiplicidad de Consejos. Era la segunda dignidad del reino tras el monarca. Fue considerado como el arquetipo del consejo o sínodo y de su estructura y organización, de forma que todos los demás calcaron de éste las suyas. Creado a finales del siglo XIV (1385) por Juan I tras el desastre de la batalla de Aljubarrota, en un principio contaba con doce miembros, cuatro de cada uno de los siguientes estamentos: representantes del clero, de las ciudades y de la nobleza. En 1442 la nobleza aumentó su influencia, consiguiendo una reforma que incrementaba a sesenta el número de integrantes. En las Cortes de Toledo de 1480 los Reyes Católicos lo dotaron de mayor entidad jurídica e institucional, así como regularon la naturaleza de la composición: un presidente (eclesiástico), dos o tres nobles y ocho o nueve letrados. Con Felipe II (1598) y con Felipe V se hicieron cambios sustanciales. Heredero y sinónimo del Consejo Real medievalizante, pulido por los Reyes Católicos y la multiplicación de los Consejos territoriales y temáticos, el Consejo de Castilla pasó a especializarse en el gobierno interior de los reinos de la Corona de Castilla, la parte más importante de la monarquía tanto en extensión como en población y riqueza. Véase Salustiano de Dios [1982].

zo de carmín y nieve[16], por animada mano le había llamado por señas con ella, a que, atento, luego que vio que guiaba el cochero a el convento de Nuestra Señora de las Mercedes[17], le fue poco a poco siguiendo, hasta que viéndole parar en la puerta de otro caballero, que no está lejos de la iglesia adonde iban, cuidadoso de conocer la causa de su viaje, si bien creyó siempre —como lo era— ser su estimada prenda; después que miró que allí se apearon dos de las tapadas, se estuvo parado hasta que vio que iban subiendo a un cuarto alto, donde las esperaba otra no menos hermosa señora que se había asomado a un balcón a suplicárselo, y quien pareció haber avisado a su madre de Flora para que, valiéndose de su coche, la llevase y dejase en cierta visita.

Y visto que no eran más de dos las que habían salido dél, con deseo de reconocer, si podía, la que se había quedado dentro con resuelta determinación, fingiendo que iba a alguna diligencia a otro de los cuartos de la casa, cuando estaba debajo de la cubierta que hace el arco de la entrada, volviendo la cabeza a tiempo que su amada prenda se descubría el rostro, les causó a los dos no pequeña alegría el verse el uno al otro; y desde allí, con atento recato, le dijo que atendiese a los pasos y desvelos que le costaba el servirla y que, pues tanto le favorecía con los deseos que mostraba de su voluntad, lo hiciese con desahogo de afición, pues su intento era el de solicitar merecer nombre de suyo mediante el matrimonio en que pretendían unirse, como siempre le había dicho.

---

[16] *pedazo de carmín y nieve:* metáforas puras sobre los labios y la blancura del rostro de la dama.

[17] *convento de Nuestra Señora de las Mercedes:* la calle de la Merced corría al costado del convento así llamado que ocupaba toda el área que hoy es *plaza del Progreso*. Esta iglesia fue una de las más sonadas en la literatura clásica. Dice Lope: «Desde una Pascua que os vi / en la Merced, os cobré / grande afición». Dentro de la iglesia gozaba fama especial la capilla de los Remedios, como subraya Castillo Solórzano en las *Tardes entretenidas*: «¿Sois vos, acaso, la que os pide en la Merced, a la puerta de la capilla de los Remedios?». Tirso nos da cuenta de que esta iglesia era una adonde la gente llevaba las cosas perdidas en la vía pública. Conviene recordar, por último, que éste era el recinto sagrado que frecuentaba la perversa madre de *La Dorotea*. Véase Herrero García [1963: 145-146].

Pero atendiendo Flora a que don Juan, llevado de su amorosa pasión, que tal suele estar quien bien ama y mal goza, se detenía más de lo que ella había imaginado, si menos de lo que quería, y temerosa de que no volviese la que siendo su madre le parecía servirle de emulación, volviendo tierna a mirarle, con muestras en los ojos de el aljófar[18] de su placer, que suele causarlo con algún crecimiento, echándole un papel menos bruñido y amarfilado que la mano que le conducía a su archivo, le dijo que aquél le daba la orden de lo que había de hacer, pues no había hallado otro más conveniente medio por ser tanta la rectitud que con ella su madre usaba en el ministrarla a recato, que no la hubiera dejado allí sola si no fuera por haber fingido serle dañoso el cansancio que podía recebir en subir y bajar a el alojamiento de aquella su amiga, donde estaban, el achaque que para con ella suponía y de que a él le daba cuenta en aquel billete, pidiéndole se fuese con toda brevedad y ejecutase lo que por él le decía.

Y con esto, tomando don Juan el papel que desde el coche le había arrojado Flora, se salió de allí; y llegando a su casa, llamando a un paje que le acompañaba, para estar prevenido, por si era necesario hacer luego alguna diligencia, y rompiendo la nema[19] con las ceremonias de hombre enamorado, leyó, que decía desta suerte:

«Desde la primera hora que atendí a los halagos de tus ojos, ministros fieles del alma, conocí en ellos los afectos amorosos del corazón, que inclinabas al granjeo de mi benevolencia. Y acudiendo, por agradecida, a correspondencia tan justa, he seguido los pasos mesmos en la voluntad que me has tenido y muestras tener, de que he dado, cuando posible me ha sido bastantes indicios. Y porque te consta la clausura con que me guarda mi madre y la vigilancia de sus criadas y mías, tan encaminado a mi custodia. Y considerando que la industria y ardid suele vencer al poder, y que donde no la hay es señal de poca voluntad, he querido mostrar

---

[18] *aljófar*: véase la nota 11 de *La prodigiosa*.
[19] *nema*: «la cerradura de la carta. Hase de considerar que los antiguos cerraban las cartas con hilo, y después las sellaban. Esta costumbre ha quedado en los tribunales y la usan los mercaderes» *(Cov.)*.

la mía con fingirme desabrida, melancólica y opilada; y aunque sea a costa de mi salud, pues no la aventuro cuando mejoro la tuya, salir tomando el acero preparado este mes de mayo, que se nos ofrece a medida del deseo.

A que mi madre, si no compadecida de mi dolorida ficción, simuladas fatigas y supuestas ansias, si verdaderas de ser tuya, obligada del ruego me lo ha concedido, quedando de que mañana por primero día saldremos al Sotillo[20] a pasearlo, excusando el que sea a la Casa del Campo[21] por no sé qué antojosas sospechas, que nunca le faltan[22] y de presente trae. Y para que yo con ocasión pueda, sin ser de ella y las molestas sirvientes, que también han de acompañarme, fingirme perdida entre lo fragoso de la arboleda, he pensado que te aparezcas en el referido sitio al despertar el alba, en algún atemorizador traje, donde, viéndote, despavoridas y turbadas se ofusquen y amedrenten y olviden de mí, poniendo más espuelas a sus coturnos que cuidado en mi achaque. Y entonces yo, segura de

---

[20] *Sotillo:* de acuerdo con la cronología propuesta por Pego Puigbó para los episodios de la novela (véase la nota 4), considero que la mención del Sotillo implica también una alusión a la fiesta de Santiago el Verde, que se celebraba el primero de mayo. Era, por tanto, una fiesta primaveral y, en buena lógica, constituía una exaltación de la vegetación, del amor y de la alegría de vivir. Según Zabaleta [1983: 399-417], consistía en una romería al Soto del Manzanares, donde había existido una ermita consagrada a San Felipe y Santiago. La zona tenía unos cuantos árboles, regados por el anémico caudal del río, y hacia allí se dirigían todos los madrileños a pie, en asnos, coches o caballos engalanados para la ocasión. Recordemos en este sentido la famosa letrilla de Góngora «No vayas, Gil, al Sotillo» [Góngora, 2000: 538-539].

[21] *Casa de Campo:* el más inmediato de los sitios reales en tiempos de Felipe IV por el lado del Manzanares era, y sigue siendo, la Casa de Campo, lindante con el Campo del Moro. Fue una posesión adquirida por Felipe II. En el siglo XVII tenía menor amplitud que hoy y estaba mal cuidada. Bertaut, un viajero francés que la visitó, «alude a la estatua ecuestre de Felipe III, situada allí entonces. [...] Mme. D'Aulnoy indicaba que este lugar, bastante abandonado, tiene casa de fieras, donde he visto leones, tigres, osos y otros animales feroces, que se aclimatan bien en España. Van a pasearse por la Casa de Campo los soñadores de oficio, y las damas que desean andar por lugares escasamente concurridos. [...] Felipe IV construyó en la Casa de Campo un coliseo, donde, como en los del Buen Retiro y la Zarzuela, se daban representaciones escénicas de aparato» [Deleito y Piñuela, 1988: 251-253].

[22] En la *princeps* «falta».

recebir susto, me ocultaré donde aunque muy advertidas me buscasen hubiera dificultad en hallarme, siendo[23] nuestra conocida seña del silbo con que me sueles dar anuncio de tu desvelo la que me avisará de la parte por donde fueres, para que yo te le dé de la en que estuviere.

Y cuando el sosiego se apodere de nuestras acciones, emboscándonos más por lo que suceder puede, devolvernos a buscar a mí o a ti por presunción de nuestro propio engaño, que tal vez le piensa otro, como el mismo que le hace, quitándote el disfraz que te pusieres podrás con seguridad hacerte dueño de lo que agora tan lejos lo eres, que para lo que desto puede resultar no me faltará ardid, una vez poseedor de la joya a que aspiras, para irte avisando de lo que favorable o no suceda. Dios te guarde».

Esto contenía el advertido papel de Flora que, acabándole de leer su amante, dándosele a entender a su criado, como a quien había de darle favor en su intento, que sin alguno raras veces se ejecutan, se aconsejó con él para la elección del hábito que más conveniente le pareciese; y para que sacándole con todo secreto hasta el espeso y aplazado puesto, y poniéndosele en uno el más oculto que hallasen, le aguardase para recebille a la[24] vuelta, que con esto no sería de otra persona visto ni notado, pues de ser lo primero no se excusara de ser lo segundo, juzgándose ya dueño de lo que tantos pasos le costaba. Y discurriendo el criado sobre cuál sería más conveniente, le dijo a su amo cómo había visto en casa de un alquilador de vestidos para comedias dos, hechos de horribles y fieras pieles de varios animales, que habían servido en la ciudad de Segovia en unos autos sacramentales que en ella se habían representado; y que le parecía que, pues los tenía para alquilar, también le daría a él uno por un tanto, pues además de que era su conocido, le ofrecería fiador dél, y que, si le parecía, pediría otra cualquiera insignia que más gustase y al cabo conveniente fuese[25].

---

[23] El pasaje, muy estragado, se lee con dificultad en la *princeps*.
[24] En la *princeps* «a».
[25] Además de lo señalado en la «Introducción» sobre la huella de una novela del *Decamerón* (VIII, 9), reparemos también en otro motivo de la co-

No le pareció mal a don Juan la invención y disfraz, que los enamorados pocas veces previenen los inconvenientes, si bien para el campo la más propria, considerando que, viéndola, le imaginaría ser algún salvaje, aborto de aquellos países, por haber tenido en aquella casa de recreación los Reyes Católicos de España algunos silvestres y extraños animales; y así, sin más dilación le mandó que hiciese diligencia para traer lo que prometía.

Y ahora que se ha dado noticia de la causa de aquellos asombros en el resonante valle, volviendo a la llegada de la cautelosa bestia a la vista de la engañada como hermosa dama y, viendo que antes de despojarse de aquella afelpada corteza irracional se llegaba a acariciarla, causándole novedad la priesa, pues la advertencia de su papel, de quien aún le acompañaba un traslado, había sido que para haberse de quedar más seguros a los halagos de la ociosidad, amable en ellos, se habían de enfrascar adentro de la maleza del soto, ocultándose cuanto sea posible a sus poco usados pasos les fuese no poniendo duda en que el que tenía delante fuese don Juan, pues aunque el billete decía que su salida había de ser al Sotillo y su madre mudando de parecer, por el fin que ella sola supo, había querido que a la recreación de la Casa del Campo, juzgaba que él, como cuidadoso, habría estado atenta a verla salir y que las habrían seguido, pues veía en su presencia la transformación de su aviso, como en él advertida, allí ejecutada. Y corrida de que en tan brutal traje solicitase mayores logros, le pidió llamándole por su nombre con la melosidad que se puede considerar parase en su determinación mal pensada, y que pues había pasado tantos siglos de penas venciendo sus impulsos, como había dicho, dilatase el mitigarlas lo que podían tardar en retirarse a otra más oculta y cómoda parte, encareciéndole con extremos de fineza la que le haría en quitarse ansí el grisoso vestido como la supuesta carátula que le hacía desconocida la voz, procurando reducirle a ello por todos los medios, halagos y accio-

---

lección boccacciana (IV, 2): Frate Alberto da Imola, después de engañar a Monna Lisetta, se substrae de la ira de los parientes disfrazándose de salvaje en una fiesta veneciana.

nes que para obligar a las mujeres saben y el arte de amor les enseña.

Pero el fingido monstruo no fue posible que tal hiciese ni que le conveniesen resistencias de agria voluntad que Flora comenzó a mostrarle vista la entereza y mal pago de sus despeños; antes, avivando la ronca y encavernada voz, le dijo que no pretendiese prevenir desvío a la ejecución de su lascivo y torpe gusto, porque no había de ser bastante ninguno a su codiciosa y inquietada resolución, dándole a entender cómo no era el amante que tanto estimaba y artificiosa había citado. Con que vistos los indicios de no querer descubrirse y los que la entumbada voz le daban, dudosa y no del todo desengañada, procurando la debida defensa a su honestidad se pretendía defender, hasta que viendo el furioso y despepitado ánimo de su contrario, ya conocido por tal, más desanimada del engaño que del cansancio de la lucha, se rindió a un mortal desmayo a tiempo que el mal advertido en aquello, como a la vista salvaje, cogió en ella desfrutándole las azucenas de su castidad, colmado fruto de su insaciable deseo, dejándola, por huir con brevedad, entre aquella maleza hecha un diluvio de sangrientas en casi frías venas de coral. Y retirándose a la parte donde se había despojado de su acostumbrado hábito, se fue sin atender a la prevención del remedio que pedía semejante estrago, si bien arrepentido de haber sido la causa dél por tales medios, que es muy seguido a tal placer un disgustoso pesar.

Pero volviendo a nuestro prevenido por don Juan Osorio, que despachó a su criado por el vestido que había de ser artífice de la posesión que tanto deseaba, dándole orden para que pagase cuanto pidiesen por él, que cuando los que aman llegan a conseguir el último vale de sus gustos en nada andan escasos. Y saliendo Páez —que así el criado se llamaba— de casa a lo que se le ordenaba, sin reparar en la poca fidelidad que con su amo usaba, se fue en casa de don Gaspar Leonardo, caballero pretendiente en corte, recién venido de Flandes, quien también había solicitado tener dichosa suerte, en que la gallarda, si ya por él ajada, Flora hiciese aprecio de su voluntad, que habiendo sabido cómo don Juan Osorio la pretendía y no habiendo podido el hallar medio posible a hablarla ni enviarle un papel, por ser tanto el recato como se ha dicho, se determinó de granjear con dineros a Páez para que le diese aviso del estado en que cada día ponía su dueño sus deseosos empleos, por tener noticia de la estimación que dél hacía Flora, teniéndole insaciable de vencer por cualquiera camino que pudiese las montañas de rigor y desprecio que con los ojos le había mostrado en algunas públicas partes donde la había visto y hecho, si moderada, bastante seña de su desprecio.

Y refiriéndole el falso tierno, codicioso de la paga que esperaba y se le dio, que no hay quien más abominables delitos emprenda que el interés, como le había oído leer a su amo aquel papel y le enviaba a buscar el vestido con que se había de disfrazar y que a la siguiente mañana había de ser la primera salida, informándose dél don Gaspar si había de ser al Sotillo o a la Casa del Campo, o hacia Nuestra Señora de Atocha[26], que suelen algunas que gustan de no ser tan vistas elegir la mayor soledad, si es que quince años la podían apetecer, que no eran más los de Flora. Pero como no hubiese advertido bien Páez cuando su dueño le leyó adonde decía que habían de salir, y pareciéndole que lo más acostumbrado era la Casa del Campo, sin más atención le dijo que a ella y que él podía tomar el mismo traje que su señor pretendía, dándole cuenta como eran dos los vestidos que había, que se alquilarían, con que podría hacer su entrada, habiendo reconocido, primero que se le vistiese, la parte por donde Flora bajase para aparecerse cercana a ella, con que menos escandalosa sería mediante el temor hecha la fuga de su ma-

---

[26] *Nuestra Señora de Atocha:* en el año 1150 se tiene constancia de que hubo una ermita de Atocha a través de don Juan, arzobispo de Toledo, de donde dependía eclesiásticamente. Pero no es hasta el siglo XVI, y ante el estado ruinoso del edificio, cuando Fray Juan Hurtado de Mendoza, confesor de Carlos V, decide reformarla para convertirla en una gran iglesia. Felipe II tenía gran devoción por la Virgen de Atocha y la llamaba la Patrona de Madrid y también de todos los Reinos. Por su parte, Felipe III puso bajo su Patronato Real la iglesia y convento de Atocha por cédula de 10 de noviembre de 1602. Finalmente, Felipe IV, gran devoto de la Virgen, proclamó protectora de la familia real y de la monarquía española a Nuestra Señora de Atocha en 1643. Durante su reinado, el 14 de agosto de 1652 se quemó la iglesia, por lo que ordenó restaurarla al completo.

dre y criadas, y más a su salvo y seguro de que persona se le atreviese[27] a seguirle por el aparente peligro tomaría tranquilo asiento a su determinación con el advertido silbo de que habían de usar, que ansí le refería por su papel; y que él, cuando saliese acompañando a su dueño, pues era forzoso a la solicitud de la mesma empresa, si necesario fingiría que le atajaba algún repentino achaque los pasos, haciendo con su ficción y detención de manera que cuando ellos llegasen a la estacada fuese tan tarde que, habiendo él gozado la ocasión, no pudiese haber remedio a su intento.

Y desta suerte dispuesto, encargándole don Gaspar con muestras de agradecimiento que pues iba por el uno trujese los dos para ni faltar a su engañado amo ni él dejase de conseguir su malpensado viaje —dándole con la refacción[28] de su traición lo que bastó para el alquiler— le hizo con harta priesa que se fuese, quedándole esperando en casa, adonde con brevedad volvió y enseñó cómo le traía el salvaje pellico, y un encorvado arco de marfil grabado de acero, y un carcaj abundante de saetas dél para que si no le sirviese de ofender lo hiciese de atemorizar, pidiéndole que no se perdiese ninguna pieza dellas, junto con que aquella revelación que le había hecho no lo entendiese persona alguna por el riesgo tan conocido que podría atraer lo contrario.

Prometiole el caballero cumplir lo que le encargaba y Páez [dar][29] cuenta a su dueño —que estaba inocente de aquel enredo— como le traía el guedejudo y brutal vestido, arco, carcaj y flechas que le habían mandado, el cual tomó don Juan muy contento, pareciéndole muy al propósito para el caso; y tan alegre se hallaba aguardando la hora que deseaba que las de aquel día en que el planeta mayor fiaba secretos de oro a la tierra se le hacían siglos. Y no siéndole posible desechar los impulsos del contento, que casi le molestaban por no ejecutados, si bien con un vivo placer en el alma, pues se alimentaba con un vivo placer —en cual-

---

[27] En la *princeps* «atreniese».
[28] *refacción:* «alimento moderado que se toma para reparar las fuerzas» *(Aut.).*
[29] En la *princeps* «se a dar».

quiera de conseguir lo que se intenta es apetecible—, tomando en el ínterin que le prevenían la sazonada comida un laúd, a quien entendía su armonioso metro, cantó su destreza de esta suerte:

>   Esperanza bien lograda,
>   cuando imaginé perdida,
>   ya espero aumentar la vida
>   en la que juzgo gozada.
>   El no esperar no me agrada,
>   aunque me cause pasión;
>   cobre aliento el corazón
>   y sin permitir mudanza
>   sacrifique mi esperanza
>   a merecer posesión.
>   El que espera considera
>   el gusto por duplicado,
>   y alegre y enamorado
>   coger dulce fruto espera.
>   Y acrecienta de manera
>   los gozos de su afición,
>   que no conoce pasión,
>   pues no la llega a tener,
>   considerando el placer,
>   no el pesar ni la aflición.
>   Y jamás a padecer
>   llega el que espera gran pena,
>   pues ni el pesar le condena
>   ni el gusto viene a perder;
>   antes, anhelando a ver
>   su deseo bien logrado,
>   sólo pone su cuidado
>   en la continua alegría
>   de saber que llega el día
>   que goza su bien amado.
>   Y así gano en esperar
>   lo que tuviera perdido,
>   si, mirándome abatido,
>   me cansara de obligar.

> Y con sufrir y pasar
> siglos de firme esperanza,
> sin por ello hacer mudanza,
> he venido a conocer
> que esperar es merecer,
> pues esperando se alcanza.

Más adelante pasara con su sonora voz ayudada del dulce instrumento, que se lo impidieran los portadores de una regalada porción de su corporal alimento; y así, cesando en ella, aunque no en los pensamientos de la causa, se puso a comer y, habiéndolo hecho y reposado un rato, se salió de casa y fue a frecuentar las vecinas losas de la de Flora, pidiéndole a la fortuna no le fuese avara en la concesión de lo que tanto deseaba. Y dando varias vueltas a la calle, por encerrar el objeto de su placer, le anocheció en ella pero no en el gusto de lograr su tratado aplazo. Y entre estas imaginaciones amorosas, codicioso de que las horas se pasasen a soplos, se retiró a su albergue, donde no hallaba más descanso que en la consideración de la hermosura de su dama y buen acierto de su empleo. Y volviendo a tomar el bien acordado y parlero instrumento, acompañó su destreza la repetición de los pasados versos y contrapunteó los siguientes:

> Gracias le doy al amor,
> pues ha librado a mi suerte
> premio que impide a la vida
> que del dolor no se acuerde.
> Ya llegó el fin de mis ansias,
> que tan rigurosamente,
> ajeno de confianza,
> me mataban tantas veces.
> Ahora, ahora, alegrías,
> celebrad vuestros placeres,
> pues se permutan los males
> en tan abundante bienes.
> No haya cóncavo en el pecho
> siendo del júbilo albergue,
> que me libre sobre Flora

> la aflicción que se le atreve.
> Dicha es haber padecido,
> pues tanto estimarse debe,
> cuanto en adquirir la joya
> pena y trabajos se tiene.
> Salgan del alma temores,
> las potencias se recrecen
> y los sentidos atentos
> dense a sí mil parabienes.
> Que yo el más feliz amante,
> alegre y gozoso siempre,
> de los claveles de Flora
> beberé néctar por nieve[30].

Pasó la noche el tierno caballero en el entretenimiento de estos y otros agradables romances a su propósito, que cuando el pensamiento halla versos hechos a la medida del deseo, aunque no se hayan cortado para él, duplica el celebrarlos y repetirlos, y sin pagar el acostumbrado feudo al silencio ni prevenir más descanso que el del ardor de su pecho. Estando atento oyó que el reloj de la parroquia de Santa Cruz daba las cuatro de la mañana, que por vivir algo cerca della le sirvió de anuncio de que venía el alba, y levantándose del lecho, donde más a hacer hora que a dormir se había recostado, previno a Páez para que caminasen a su empresa y le llevase la disimulada librea. Y saliendo juntos se fueron a un puesto cómodo de la bajada del Sotillo, donde se les había ordenado por Flora y decía habían de ir, desde el cual, con pequeño trabajo, señoreaba todo el deleitoso prado, alameda y río. Con atenta solicitud reconocían las damas que iban acrecentando rosas a la primavera y aprecios aquel florido espacio, cosa que no dejó de dar cuidado al traidor criado porque, como inadvertido le había dicho a don Gaspar que iba a la Casa del Campo, se hallaba temeroso de que si imaginaba que lo había hecho por usar con él de engaño, no le podía suceder menos que un grande desaire, pues el enojo

---

[30] Las metáforas que cierran el romance tienen cierto aire gongorino.

en que bien ama y no consigue su intento por cautela de quien le guía como gusto suele ser rabiosamente ejecutado.

Y dejando en la estacada a nuestro desgraciado don Juan y su infiel criado, volviendo a la prevención del determinado si artificioso paseo de su dama, que saliendo con dos criadas y viendo que se les mandaba encaminasen su derrota a la sin igual floresta de la Casa del Campo y no al Sotillo, cosa que hizo su madre, quien también iba en su compañía, por recelos que de sus ficciones había concebido, quedó despavorida y entre sí avergonzada, juzgando entendería don Juan había sido disposición suya, y no de quien lo había hecho, llegando a sentir más el disgusto ajeno que no el suyo, aunque le adquiría no pequeño, por conocer[31] perdía el granjeo de tan deseado efecto y a su parecer felice. Y caminando llena de pesar a donde más la obediencia que la voluntad la llevaba, llegaron al apacible y sonoro despeño de cristal referido y, cambiándose en su paseo tan a solas como pedía su recato, se le apareció el para ella querido amante como para sus compañeras y celadoras, horrible fiera, y tomando industriosa el sagrado de aquellos naturalmente enmarañados mirtos, árboles y madreselva para cancel de la efectuación della, como las demás con apresurados y medrosos pasos la vuelta de la entrada de la villa, por donde habían bajado, mal atendiendo unas a otras, sin reparar en los mujeriles y melindrosos recatos acostumbrados, se quedó en la concavidad de hojas, testigos de sus desdichas, que como lastimadas del suceso aun al sol le negaba la entrada, vertiendo las coyunturas de los sutiles y verdes mimbres, perlas que graciosamente les dio el alba por lágrimas de su repentina pena, que hay sucesos que mueven a que las piedras se lamenten, siendo éste tan compasivo a los ojos de la juventud, cuanto, si bien se considera, arrojada libertad y disposición poco advertida de Flora, que tal vez son partes las voluntades libres de los hijos, causando deliberados sucesos a la ruina de la más acreditada reputación y grueso caudal.

---

[31] En la *princeps* «concer».

Y caminando su afligida madre y criadas con incomparable priesa, se agregaron a muchas y varias damas que con el tiempo y la ocasión dél salían a sus convalescencias o entretenimientos, a quien, refiriéndoles el pasado caso y reconociendo no venir en su compañía Flora, y denotar haberse perdido, o quedarse desmayada, se desconsolaban con notables muestras de sentimiento. Y pidiendo a una de ellas, que según el porte les pareció señora de partes, con encarecidos ruegos que se sirviesen de dar permiso a un escudero anciano que la acompañaba para que fuese a dar parte de aquel no pensado suceso a su padre de la poco dichosa perdida. Porque, sabido, acudiese al remedio que conviniese en la busca, pues no quería fiarlo de algunos varones cortesanos, que allí se ofrecieron, y su temor no las dejaba a ellas, como pusilánimes, hacerlo. Liberal[32] se lo concedió y prometió no dejarlas hasta que volviese el nevado embajador, quien, con más brevedad que prometía su senectud, llegó y dio al descuidado oidor la relación de lo que a él le habían referido y de la falta de su hija que, oyéndolo, estando de partida para ir al Consejo a su acostumbrado despacho, enviando a excusarse, se metió con el que le había traído el aviso y cuatro criados en el coche que a la puerta le esperaba y a toda priesa partió de su casa a la de un Alcalde de Corte amigo suyo, a quien luego que saludó por no detenerse, pues no pedía dilación su ida, le suplicó le acompañase a cierto caso que le referiría en el discurso del camino, mandando a los criados que se mudasen a una carroza que al Alcalde le tenían prevenida con los alguaciles que allí se hallasen, por convenir que le siguiesen para cierto suceso que pedía, como breve, eficaz remedio.

Y ansí no recibiendo por entonces más informe el juez, que ver importaría, pues un caballero tan docto aseguraba, se partieron juntos con ocho alguaciles[33] y porteros; y en lo que tardaron en llegar a la parte y lugar donde estaban las

---

[32] *liberal:* «generoso, bizarro y que, sin fin particular ni tocar en el extremo de prodigalidad, graciosamente da y socorre, no sólo a los menesterosos sino a los que no lo son tanto» *(Aut.).*

[33] En la *princeps* «alguciles».

absortas y tristes señoras, se hizo sabidor de lo que le habían dado noticia y la pérdida de su amada hija, proponiéndole cuán justo sería el castigo si hubiese sido, como lo imaginaba, alguna fingida simulación la que había causado semejante alboroto, pues no se había oído jamás contar haberse visto tan fiero ni horrendo salvaje en aquella frecuentada y arbolada ribera. Y luego que llegaron a la vista de su mujer y criadas, a quien asistían en un zaguán de la primera casa de la entrada de la puerta de la Vega, la protectora del legado novelador y otras principales mujeres, que en gran número se habían recogido por no haberse atrevido a pasar adelante, siendo sabidoras de la tan extraña novedad, los dijo se entrasen en el coche las que cupiesen y en la carroza de su amigo las demás, dejando a cada cual en su posada, volviesen los cocheros con toda diligencia.

Y saliéndose con el caviloso acompañamiento al aspurgatorio[34] y busca de su, si no robada, engañada Olimpia, les fue mandado a los alguaciles y demás ministros; y, divididos de dos en dos, alguacil con portero, se esparciesen entre la espesura de los álamos y enmarañado de los parrales al descubrimiento del monstruo, que habían oído andaba entre ellos, para que hallado que fuese se hiciesen las diligencias según y de la manera que más conviniese, advirtiéndoles cuidasen particularmente si entre lo fragoso de los enjuncados arrayanes y zarzamoras hallaban retirada, quizá de temor, alguna o algunas damas —no especificando sola a Flora por no poner en archivo de vidrio el esculpido y fuerte bronce de tan conocida calidad y sostenida virtud, escuchando que sus discursos quebrantaran el fuero de la cortesía o de la loable fama—; y con esta disposición y la de [que] si encontraban algunas personas les procurasen reconocer el traje en que venían, o si traían algún indicio de lo que buscaban o otro hábito no permitido en el buen gobierno, que suelen en tales ocasiones, por ser de manera y en parte peligrosa, por las emuladas pretensiones de amor llevarlas.

---

[34] *aspurgatorio:* posible derivado de *purgatorio.*

Tomaron como se les ordenaba de dos en dos su derrota para la parte que más a su parecer era conveniente; y ellos y sus criados se fueron entrando por un fresco y rociado callejón pabellonado de esmeraldas del abril, por donde caminaron intrincándose en el selvaje toldo hasta la montaña de unos arracimados cogollos de madreselva[35], estrechamente unidos y mezclados con varias y hermosas ramas de diferentes, si usadas, colores, cuando vieron recostada sobre parte de ellas una afligida señora que, entre dormida, desmayada y sollozosa, asustada y con mortales ansias, se fatigaba consigo mesma con ayes lastimosos y suspiros irreparables. Y llegándose a ella el Alcalde de Corte, y apartándole del rostro un tafetán[36] verde que se le cubría, y mirándola robada de carmín, si copiosa de nieve, llamó al cuidadoso padre, quien la conoció, y previniendo que los criados se retirasen allá fuera, la procuró volver a su primero acuerdo, halagándola compadecido, como de su mesma sangre, creyendo que el temor hubiese sido la causa de aquella estimación de su vida; y trasladándola[37] al símil que miraba de la muerte. Pero habiendo más advertidos reparado en que sobre algunas de las peinadas yerbas había si no abundancia de sangre pedazos de ella que jaspeaban la estrecha y natural choza, concibieron mayor temor y sospecha, y preguntándola si se sentía herida en alguna parte, pues había sido fácil haberse lastimado con la priesa de la huida y retiro, o quién, si sabía, había causado aquella desconsolada muestra de criminal estrago.

Turbada y sin aliento, librando en vez de palabras a la lengua lágrimas a los ojos, respondió con ellos lo que no con la

---

[35] La descripción de la Casa de Campo es también muy gongorina: «Tomaron, como se les ordenaba, de dos en dos su derrota, para la parte que más a su parecer era conveniente, y ellos y sus criados se fueron entrando por un fresco y rociado callejón, pabellonado de esmeraldas de abril, por donde caminaron intrincándose en el selvaje toldo». Cotejemos este párrafo con los versos 176-180 de la *Soledad* I: «Durmió, y recuerda al fin, cuando las aves / (esquilas dulces de sonora pluma) / señas dieron süaves / del Alba al Sol, que el pabellón de espuma / dejó [...]».

[36] *tafetán:* «tela de seda delgada y díjose así del ruido que hace el que va vestido della, sonando el *tif taf,* por la figura onomatopeya» *(Cov.).*

[37] En la *princeps* «trasladádola».

pronunciación, considerando no poder encubrir su delito y, contando los pesarosos caballeros la pena que en semejantes sucesos adquiere una honrada reputación, le hicieron que con claridad, si bien a su disgusto, les diese a entender su impensado desacierto, haciéndola que culpase de actor de aquel fracaso al descuidado en él, si cuidadoso amador don Juan Osorio, porque como no había conocido al violador de su intacta castidad tuvo por bien de imputarle a él, con pensamiento de darle aviso dello, hasta que ella dispusiese el desengaño y se ausentase o ocultase, aunque fuese a costa de no verle en el ínterin, contándoles todos los requisitos de sus amorosos y solícitos pasos para dar más crédito a su fábula; si bien bañando de pesar y vergüenza en menudas perlas el aseo vestual que traía, a que queriendo aplicar un lienzo de cambray en que cogerlas, sacándole inadvertida de una de las mangas de la ropa, se le cayó entre las yerbas el traslado del papel que envió a don Juan, que por descuido se le había dejado en ella, y alzándole el padre y leyéndole, confirmaron la deposición por verdadera, y sin otro examen, pues no era necesario, mandando ir adelante los criados y a ella que se cubriese y aliñase con su rebozo y capotillo[38], como había salido de su casa la sacaron. Y habiendo vuelto al paraje los dos coches, haciendo llegar uno a la orilla de la alameda, la condujeron a él; y pidiéndole antes con encarecimiento el oidor a su amigo se hiciese con todo recato la conveniente diligencia para saber dónde se podría haber el agresor y que, si benévolo venía en cumplimiento de la palabra que de ser su esposo decía Flora le había dado, no se publicase aquel inacertado yerro por excusar el escándalo que resultar podría.

Y porque les pareció a un daño tan sin remedio guiarle por camino más suave y cortés que posible fuese, tanto por sus intereses cuanto por el respeto —que aunque el término no lo granjeaba— pedía se le guardase en atención de algunos deudos muy cercanos que don Juan tenía ocupados en

---

[38] *capotillo:* «pequeño sobretodo amplio y largo, muy usado desde la época medieval. Solía llevar esclavina, perdiéndola en el siglo XIX. Su uso pervive en el siglo XX» [Sousa Congosto, 2007: 450].

honrosos puestos. Y dejándole con este advertimiento, llevó a dar clausura a la libertad licenciosa de su hija, en la compañía de su ansiada madre, que estaba cuando llegaron, aún poco cobrada del afeminado temor, sin darle a entender lo adverso del talado virginio[39], antes con un airoso despejo, consolándola con la restitución de la joya, se fue a la ocupación de sus despachos, bien embarazado en la confusión de lo al presente caso conveniente.

Y entre tanto que todo lo referido pasaba, se estuvo el firme amador en la parte que ya dije, apresurándose en sus deseos el advenimiento a las ansias y desecho de ellas; y pareciéndole que habían corrido más de tres horas en tiempo y que las siguientes no eran comodadas para el goce del saludable y manso Favoneo[40], a que se anhela en aquella empresa, determinó volverse, harto confuso por ignorar la causa y estorbo de su prometida dicha, mal lograda, como decía, por suya; y buscando divertimiento a aquella melancolía, tomó la vuelta rodeando el parque para entrarse por la ribera tan vistosa que llaman de doña María de Aragón. Y porque habiendo salido de casa, por ser tan de mañana, con capa y sombrero de barrio no le pareció atravesar la villa por lo más populoso sino quedarse en casa de un grande amigo suyo que vivía junto a las fuentes de Leganitos[41], cuando vio

---

[39] *talado virginio:* metáfora tan culta como alambicada para significar la pérdida de la virginidad.

[40] *Favoneo:* variante léxica de *Favonio:* «San Isidoro en el libro de las *Etimologías* [XIII, 11, 3-13] llama Zéfiro al viento que sopla desde el occidente, así llamado porque con su soplo tienen vida las flores y las plantas, y este mismo en latín recibe el nombre de Favonio porque favorece a los que nacen» [Boccaccio, 1983: 281].

[41] *fuentes de Leganitos:* hay muchas noticias en la época de que el Campo de Leganitos era un lugar de paseo. Por lo que hoy es el borde izquierdo de la Plaza de España pasaba un arroyo que bajaba de la actual calle de los Reyes y recogía el agua sobrante de la célebre fuente. De hecho, se construyó un puente para pasar el arroyo desde Leganitos al convento de San Bernardino. El agua de la fuente de Leganitos era la más reputada del antiguo Madrid. La elogia Cervantes en *La ilustre fregona* y en la Segunda parte del *Quijote*. Asimismo, Lope, en *El desposorio encubierto*, saca a un personaje alabando el agua de la fuente del Caño Dorado, una de las más loadas del Prado; pero otro puntualiza enseguida: «Mejor la de Leganitos / que ésta, dicen infinitos». Véase Herrero García [1963: 263-264]. Véase, asimismo, la

que, entre alguna divertida gente que había quedado en el ameno valle, andaban número de alguaciles reconociendo ansí a los que estaban como a los que hacia él venía[n], y que allegando dos de ellos y desembozando a Páez, que algo atrás le seguía, decía a voces luego que vieron la pieles: «Aquéste es el cauteloso monstruo». Y en tanta manera se alborotaron, despojándole dellas, que llegándose don Juan a ellos, enfadado de aquella acción, se la reprehendió con cortesana aspereza y dijo como era paje suyo y que así atendiesen a ello, pues le conocían; y que le parecía poco acostumbrado modo el querer especular siendo de día lo que los hombres que pasaban a sus posadas llevan oculto sin ofensa de tercero, y así encaminasen su viaje al negocio a que iban y dejasen de procurar emprender lo que tan poco les importaba y volviesen a Páez lo que osados le habían quitado.

Pero ellos, viendo que el Alcalde de Corte se les acercaba, alzando los gritos y aun intentando desarmar a don Juan, guardando uno el vestido de brutales pellejos, mostraba embravecidos ánimos y temerarias acciones, hasta que abreviando los pasos del cortesano y recto juez, conociéndole, se llegó a él y le apartó del bullicio de alguna, aunque poca, gente que se había juntado a las voces, diciéndole convenirle para cierto caso, en que consistía mucha parte de su honor, que se fuese con él a su casa. Don Juan, dudoso de la resulta del suceso y extraño de saber lo que había pasado, hallándose libre de cualquiera delito que le pudieran imputar, sin replicar nada concedió el irle siguiendo, aunque con el cuidado que pedía el no saber la causa del no imaginado lance. Y tomando el coche del Alcalde, dándoles orden a sus ministros llevasen a Páez y aquellos instrumentos de delito de que le hacía autor al noble caballero, se fueron juntos, a quien en llegando le propuso el Alcalde el caso y dijo todo lo que Flora había referido y la culpa que contra él resultaba; y cómo aquel papel que por mal guardado le habían hallado a la indiscreta señora daba a entender sin rebozo todo

---

Silva describiendo el Campo de Leganitos y lo que pasa en él las noches de verano («Oh, tú, que desde el monte de Helicón»), de Castillo Solórzano, incluida en la Primera parte de los *Donaires del Parnaso* [2003: 337-343].

el negocio; y que así le parecía más a propósito que para excusar dilaciones escandalosas y castigo, pues era forzoso habérsele de dar a él, puesto en juicio su no pequeño delito, se determinase a cumplirle la palabra que le había dado de esposo, que pues conocía su mucha calidad se facilitaría y dispondría sin dar a entender ni el menor asomo de lo pasado, la gracia de unos deudos y otros, teniendo gusto él de que por aquel bien advertido medio se hiciese y que, asegurándose de ello, le llevaría y dejaría en su casa y libertad, desde donde con más autoridad se trataría, debajo de pleito, homenaje que como caballero le había de hacer; esto para que no se notase el apresurar el casamiento ni se diese documento al vulgo para alguna libertada novedad; proponiéndole, así con ruegos como con amenazas de juez, los inconvenientes y daños que resultar de lo contrario podrían, pues ninguna persona sabría que hubiese sido la causa de tal efecto aquel desalumbramiento mal intentado, habiendo sido tan recatadamente oculto el daño recebido de Flora. A que el buen caballero, maravillado de tan increído engaño artificioso, y por no poner su reputación en aventura, si acaso le forzaban a que se casase, viéndose como bien indiciado quizá en un criminal aprieto, le dijo que vendría en aquella proposición con mucha voluntad, pues, aunque no había tantas razones para ello como las que él representaba y podría imaginar, lo tenía por bien; con que se le había de conceder el que aquella siguiente noche habían de traer a Flora a que él la viese y hablase, porque en aquello no más consistía un desahogo, que no piadoso le molestaba, y la final de sus buenos sucesos, que esta respuesta dio don Juan conociendo que llegada a su presencia la engañada y desgraciada señora había de confesar la verdad de lo que pasaba y con ella cobrar él la libertad de que se veía desposeído.

Y pareciéndole al Alcalde pequeña dificultad la que pedía y que podría quererla para entregarse luego al cumplimiento de su obligación, le prometió se haría a la medida de su deseo. Y dejándole en un bien aderezado cuarto, mandándole como juez lo tuviese por prisión en el ínterin que se disponía lo tratado, y ordenando a dos alguaciles y a dos de sus criados cuidasen de que Páez no saliese fuera, por ser quien había de servir de instrumento, con los demás indicios, a la verificación del delito, caso que se procediese en la causa y de que se le diese a don Juan todo el regalo que pidiese, con mucha puntualidad. Y mandando a un paje suyo avisase en su casa y cuanto a los demás criados que le servían no les diese cuidado el no verle volver a él, diciendo quedaba en la recreación de un jardín que su amigo don Felipe de Herrera tenía en Leganitos y que podría detenerse dos o tres días en él, que así se lo había advertido el preso joven por quitar cualquiera sospecha que con los que le asistían en casa podían tener, se salió de la suya a comunicar y tratar con su desconsolado amigo la nueva de la prisión y la condescendencia a su proposición del que gustaba de ser su yerno, si bien con la cortapisa de la vista de la que decía admitía por su esposa. Y hallándose en el convento de la Santísima Trinidad Calzada[42], y dándole larga cuenta de la lograda diligencia y del hallazgo del fabuloso traje del asombro, y cómo le retenía en su casa y todo lo demás que se ha oído, se alegró con tan notable[43] extremo que, volviendo de una extraña melancolía que los varios discursos le habían causado, congratulaba a su amigo con agradecidas muestras de reconocimiento; y oyendo referir como quería don Juan ver a Flora antes de la efetuación del himeneo, le dio algo que du-

---

[42] *convento de la Santísima Trinidad Calzada:* por el trayecto que recorren los personajes es posible que Sanz del Castillo aluda al itinerario que une la calle de Alcalá con la Plaza Mayor: «A pocos pasos, el Hospital General, y frontero a él las monjas capuchinas, y a corto trecho de éstas los Desamparados, el Hospital de Antón Martín, las niñas de Nuestra Señora de Loreto, las monjas de la Magdalena, la parroquia de San Sebastián, el monasterio de la Santísima Trinidad, el monasterio de los religiosos de Santo Domingo, que se llama Colegio de Atocha, y la parroquia de Santa Cruz». Véase Herrero García [1963: 163]. Es probable, sin embargo, que el autor se refiera al Convento de los Capuchinos de la Paciencia, erigido en la Plaza de Bilbao por Felipe II como diócesis de los trinitarios calzados (1562) y refundado por Felipe IV (1632) en desagravio de los ultrajes que ciertos judíos, en tiempos de Felipe III (1603), infirieron secretamente a un crucifijo, azotándolo con las varas de un rosal y quemándolo boca abajo. Descubierto el sacrilegio, fueron arrasadas aquellas casas, morada de los sefarditas, y el solar fue sembrado de sal. Sobre él edificó Felipe IV un convento de penitencia, que entregó a los religiosos capuchinos. Véase Herrero García [1958: 21].

[43] En la *princeps* «natable».

dar; pero, por atajar las dificultades, se resolvieron a que luego que anocheciese, con el menor ruido que pudiesen, la traería su madre mesmo a la presencia de quien con tantas ansias la deseaba ver; y con esto se apartaron cada uno para su recogimiento que, llegando el Alcalde al suyo, le dio al pensativo joven la certidumbre de lo que había cuidadoso pedido. Y habiendo comido juntos, yéndose a su cuarto cada cual, si no a gozar del reposo a observar la costumbre de la siesta, llamó Páez a solas, y con terneza que moviera a piedad a un roble decía:

—¡Es posible, hado adverso, que después de tantas calamidades de penas que he pasado y temerario me has opuesto en la solicitud de un tan breve y no logrado gusto traigas para remate y desdichado fin dellas este cauteloso y pesado desasosiego que me ha de obligar a despeñarme en la determinación de la pérdida de mi honor, aunque para conmigo, si quiero librar del naufragio de este vicioso engaño, y que haya sido tan corta mi fortuna que en la primera intentada aventura haya tenido los azares de haber hecho ajena mano ramilletes de las flores, hasta ahora no ajadas, de aquel ambarino jardín, siendo más dichoso el robador de Leucipe que el amador de Clitofonte[44]! ¡Y que Flora tenga el estado que se me refiere sin haber sido yo parte en él, padeciendo mi poca dicha, por lo que otra dichosa mano gozó con la mesma orden y cautela que a mí se me ordenó usar, sin que adquiera mi razón alguna que consuele mi afli[gi]da imaginación! ¡Ah, Páez, Páez, y cuántos desabrimientos trae una liberal confianza! ¡Oh, confusión y desvelos humanos, mal conocidos de los mortales, y cuán aparentes os facilitáis

---

[44] *más dichoso el robador de Leucipe que el amador de Clitofonte:* alusión al clásico libro de Aquiles Tacio (ss. II-III), escritor de la época bizantina conocido por haber legado una novela erótica llamada *Leucipa y Clitofonte* o las *Aventuras de Leucipa y Clitofonte,* claramente compuesta bajo la influencia retórica de la *Segunda Sofística,* hacia finales del siglo II. Tacio complica el esquema de la narración —dentro del bastidor folletinesco de la novela griega—, aburguesa a los protagonistas y añade un buen número de digresiones internas (descripciones de animales, estatuas, cuadros, relatos míticos...) con gran virtuosismo. Su texto, como ha estudiado González Rovira [1996], fue conocido pronto, imitado en el siglo XVI y traducido al castellano por Diego de Agreda y Vargas en 1617.

como dudosa os disponéis! ¡Y qué atrás se halla quien se fía de las resultas de vuestros inciertos en favorables [ocasio]nes, y yo, el más fácil al rendimiento, cuán lastimado me hallo de no haber huido del apropincuado[45] peligro que siempre os sigue!

Esta lamentación oía el falso criado, si bien no atendía a la penalidad de su dueño sino temeroso de que, llegada que fuese Flora, había de ser él quien mayor riesgo corría, pues si se causaba su amo, como era forzoso, tenía de ser crudamente apretado en su examen por ser el portador de los instrumentos. Y ansí hacía, si secretas, agudas diligencias para escaparse de la prisión, bien arrepentido de su mal advertimiento.

Pero como se les había dado a los criados y alguaciles orden de que no le dejasen dar un paso fuera del cuarto, le guardaban con grandísima vigilancia; y entre estos pensamientos y confusiones de criado y amo, se acercó la madre de las nocturnas aves[46] y dio nueva el Alcalde cómo desde uno de sus balcones había reconocido llegar un coche a su puerta y que entendía era el desempeño de su promesa, porque oyó mandar parar al padre de Flora, quien se apeó luego, y con un paje que traía hizo avisar al Alcalde como venía, subiendo él con toda presteza arriba para que se dispusiese el caso a que iba como mejor conviniese y se despejase el cuarto de públicos testigos hasta que necesarios fuesen, dejando a su hija dentro del coche, en compañía de un venerable y antiguo escudero de su casa y de una cría de mucha satisfación, quien desde niña la había criado. Pero ape-

---

[45] *apropincuado:* participio de *apropincuarse:* «acercarse. Hoy se usa sólo en estilo festivo» *(Aut.).*

[46] *madre de las nocturnas aves:* la informadora aparece metaforizada como una lechuza, o incluso como la diosa Minerva. La lechuza es «ave nocturna que en latín se llama *noctua,* porque vuela de noche. [...] Los poetas fingen haber sido una ninfa llamada Nictímene, que por haber dormido con su padre fue convertida en esta ave y, como avergonzada, no se atreve a volar de día. [...] La causa natural en que se funda esta ficción es la flaqueza de su vista, sin embargo de tener los ojos muy hermosos y de color zarco. Por ello fue dedicada a Minerva, a la cual los griegos daban epícteto de zarca y es sinificada por la misma lechuza. Es símbolo del silencio, del estudio y de la vigilia y de ardides y estratagemas ocultos en cosas de guerra» *(Cov.).*

nas vio la temerosa dama que su padre se había apeado, habiendo sabido dél cómo venía a ruego de don Juan —que en tales casos suele dañar el informe de la verdad—, cuando, conociendo el peligro que siendo preguntada corría su contradicción, pues no podía con verdad ratificarse en su primera declaración ni salir del maquinoso engaño en que se hallaba corrida de haberle hecho, bajándose de aquella tachonada[47] falúa[48], diciendo a los criados que quería pasear cierto encogimiento que sentía en una pierna, se entró en el zaguán de la misma casa y, con no pensada brevedad, habiendo visto luz en un aposento bajo della, se metió dentro, hallando en él una aunque, al parecer, pobre mujer, a la cual le pidió que allí, siendo posible, la ocultase piadosa, no diciéndole más de que industriosa se había escapado de las manos de dos alguaciles que la traían injustamente indiciada de cierto delito a la presencia del Alcalde. Pero la compasiva rogada la tomó de la mano y, abriendo un postigo de una puerta grande que servía de guardar de noche de la carroza que su marido ministraba de día y salía a diferente calle que a la de la entrada principal, la dio en la libertad de sus pasos mayor favor que en encubrirla podía.

Y de manera apresuró esta diligencia que aunque el anciano que la asistía y el paje que ya había bajado a prevenir que el Alcalde venía a acompañarla la buscaban y a voces la llamaban, no respondió ni pareció; a las cuales llegó el padre y su fiel amigo que, dándole noticia del caso hacían notables extremos, culpando al viejo y criado que con ella habían quedado, de aquella no imaginada fuga. Y aunque daban su descargo con referir la ficción que se les había supuesto por su ama, a quien, como ellos decían, debían obedecer, además, que no había salido de la puerta afuera, todavía los maltrataba el oidor con enojosas razones. Y después de mirada toda la casa y cuantos aposentos, cochera y demás partes donde se podían ocultar, o si los moradores o criados de

---

[47] *tachonada:* «transmudadas dos letras, *chatón,* de *chato,* que vale plano y extendido; y son unos clavos que suelen tener por cabeza algunos rosones, y la obra dellos llaman *tachonada*» *(Cov.).*

[48] *falúa:* «cierta especie de navichuelo pequeño» *(Cov.).*

ellos la habían visto salir, y hallando que no hubiese quien diese noticia della, porque la fiel encubridora negó el haberla librado del peligroso lance que le representó, y guardado en secreto el haberla ayudado a salir, por el disgusto que conoció les podía venir de lo contrario, imaginando hubiese sido traza de don Juan y que por aquel camino industrioso, porque no se aclarase su mala ejecución, tuviese quien la despareciese, sin otra prevención, pues el sentimiento no dejaba adquirir muchas, se volvieron a subir; y mandando traer de la cárcel de corte molestas y pesadas prisiones, se las pusieron y a Páez de la misma suerte, retirándolos a un aposento más estrecho, tratando de afligirlos, de manera que les obligase a dar luz, ansí de la huida de la temerosa dama como de lo demás, juzgando no estaban ajenos de saberlo.

Pero el inocente caballero satisfacía con decir que ni sabía del suceso primero ni de aquel segundo más de lo que Flora podría decir puesta en su presencia, en quien había librado su descargo, que era el fin porque la deseaba ver y por lo que él no se había disculpado desde luego con eficacia. Pero si su mala suerte le traía por tan extraordinarias vías a que sólo por indiciado padeciese, que mal podría desviarse de los infortunios no prevenidos, si con pequeña causa hallados. Y quedándose con dos vigilantes guardas en su poco espacioso recogimiento, se salieron los confusos y mal determinados jueces; y confiriendo el caso, se resolvieron en que a la siguiente mañana se fulminaría la causa de oficio, pues juzgaban más pertinacia en don Juan que no inocencia del disgusto que ellos padecían, volviéndose el oidor y sus criados a su casa, a quienes dijo no diesen parte a la madre de la temerosa huida de lo que había sucedido; antes advirtiesen decirla quedaba con licencia suya en casa de una deuda y primas de su edad, quienes le habían pedido se la dejase por aquella noche en su compañía, diciéndoles la hiciesen saber que cuando la sacó había sido a que la santiguase una devota monja descalza que todos conocían para que se le aliviasen con las divinas precauciones sus molestos y continuos achaques, con que excusarían otra novelada tragedia. Y en esta forma se suspendió por aquella noche el desasosiego de la madre, si no la pena paternal que las reprimía, por abstener de ajeno sentimiento, tenido por suyo, justas y debidas muestras.

Y el afligido don Juan en su clausura, admirado de tantos laberintos aparentes, a la verdad confuso ansí del primer caso como de los después sucedidos, sin fijo acierto a la absolución que a lo que se le imputaba debía dar y cansado de discurrir sobre aquel dolor que le investigaba, pues como blanco de su pesado atributo no salía con el pensamiento dél, tomando recado de escribir, que suele ser alivio de congojas, se puso a hacer estos versos que se siguen:

> Llorad, ojos, si tenéis
> entre el dolor de mis ansias
> agua para el vivo fuego
> que os conduce penas tantas.
> Lamentaos de haber tenido
> mal logradas esperanzas,
> y como entonces placeres
> brotad tristeza del alma.
> Que bien el tiempo mudable
> con el amor se compara,
> siendo amor y tiempo quien
> cifraron esta mudanza.
> Al gozo más jubiloso,
> mil pesares le acompañan,
> que no permiten los hados
> contento sin asechanza.
> De Flora[49] mi suerte quiso,
> cuando su gracia alcanzaba,
> que mereciese finezas
> que veneré cortesanas.
> Y agora frustradas yacen
> a manos de mi desgracia,
> porque nunca a un[a] desdicha
> le llegó el bien que esperaba;
> conque rico de temores

---
[49] En la *princeps* «Flore».

>   y no pobre de amenazas,
>   la razón me persuade
>   que no fíe en cosa humana.

Y ya fatigado del cansancio de sus penas y soñoliento de haber pasado dos antecedentes noches sin conocer el sueño, se recostó sobre un aseado lecho que dispuesto en aquella parte estaba, cargado de las atormentadoras prisiones, adonde le despertaron con el alba algunos recios golpes que en la puerta de su tenida por rigurosa cárcel daban, que procurando de las guardas que le asistían saber quién era, le respondieron que el Alcalde de Corte, a quien había madrugado la portadora de una carta que decía la quería comunicar con él. Y cobrándose[50] con brevedad, por estar vestido, sentándose sobre la nocturna sepultura y abriendo la puerta vio que entraba con ella en las manos, aunque no abierta, por haber de esperar para hacerlo, a su padre de Flora, que ansí lo pedía en el sobrescrito, al cual dijo había enviado a llamar. Y a poco espacio que trataron de varias materia[s], por no molestarle con la suya a don Juan, llegó el oidor y subió solo, harto cuidadoso, ignorando la causa para que fuese a aquella hora tan presurosamente llamado. Pero viéndose juntos y dándole a entender el fin de su venida diciéndole cómo una criada del convento de Santa Clara había traído al amanecer el día aquel pliego, sin dar más razón de que la noche antes le había mandado la abadesa hacer aquella diligencia, quitándole lo cancelado de la oblea vieron que contenía estas razones:

«Yo, la más infeliz mujer de las deste peligroso siglo, conociendo haber hecho en uno muchos desaciertos y procurando antes quedar cargada del oprobio de la culpa que, temeraria y cautelosa, atribuirla a quien está ajena della, digo que aunque es verdad que don Juan Osorio, tan noble como cortesano, me solicitó para esposa, a que yo licenciosa por aspirar a la libertad de la subordinación paternal correspondí; y habiendo el amor y la industria cedídonos aquel extraño y no usado medio de la apariencia fabulosa del enten-

---

[50] *cobrarse:* «recuperarse, recobrarse, volver en sí» *(Aut.).*

dido salvaje para con ella aprehender la posesión en que voluntariamente nos pretendíamos unir, temerosos de que si lo intentábamos por otro estilo no se colmase de fruto nuestro deseo, por algunos accidentes de que yo estaba recelosa y él sin duda salido a ejecutarlo. La verdad es que no fue el robador de mi virginidad, ni puedo asegurar verificadamente quién fuese, pues por extraño a mis ojos no fue posible su aprehensión mediante el disfraz. Y las causas porque a don Juan no debo hacer hechor de mi desdicha son el haber determinado a mi madre, por lo que se le pudo ofrecer, que saliésemos a diferente parte que a la que antes yo le había advertido y para donde le tenía citado, siendo la voz, talle y atroces desafueros[51] que para mi rendimiento tuvo el supuesto amante, no correspondientes a las halagüeñas y amorosas acciones de la melosidad del que para dueño de las mías me procuraba y a quien yo desde luego, como gozosa de mi deseado efecto, me entregara sin hacer este vergonzoso retiro. Y ansí, para el descargo de mi conciencia, confieso no es culpado ni tampoco en mi fuga a este convento; porque sólo el medroso temor de haberme de presentar delante de quien había imputado falsamente, me dio para ella alas como puerta franca el ingenio y arte con que desde este día —pues tan adversos me han sido los dos pasados— me quedo a profesar la religión y observarla en esta casa, pues no es justo que falten en mí, como para hacerle maña, conocimiento del yerro, por cuyo hábito santo, que espero recebir, juro ser verdad lo que aquí he referido para el desengaño de mis afligidos padres, a quien humildemente suplico que, sin atender a mi libertada y mal mirada resolución, me concedan su bendición con la licencia de hacerlo, acudiendo a lo que para la continuación deste claustral estado necesito, pues aunque se me pudiera ofrecer otro más cómodo no lo apeteciera mi determinación y alumbrado conocimiento, encomendando a Nuestro Señor los aciertos de mi perseveración. De Santa Clara a seis de mayo, etc. Flora».

---

[51] *desafuero:* «es agravio, tuerto, fuerza o injusticia que se hace contra las leyes y fueros del reino o contra la razón» *(Cov.).*

Ansí dio remate el Alcalde al bien advertido papel, quedando él y los demás más absortos que bien desengañados; y no queriendo darle crédito en cuanto a la disculpa que por don Juan daba, juzgando lo hacía por o[b]viarle el riesgo en que le veía y podría padecer no efectuándose con el casamiento, ni que aquel negocio quedase tan pendiente de dudas, trazaron de sacar, como lo hicieron, a diferente aposento a Páez, dejando solo a su amo, y a aquella hora haciendo traer allí un escribano y verdugo con los instrumentos de dar tormento. Luego que le apercibieron el que o había de rendir la vida en él o confesar la verdad de lo que supiese para la satisfación de aquellos engaños, y viéndose el arrepentido y temeroso paje puesto en la co[n]minación, sin ser necesario mayor rigor, declaró todo lo que pasaba y cómo por su orden don Gaspar Leonardo había tenido el efecto con Flora que su amo había pretendido, dándoles larga cuenta del modo como se dispuso el caso. Y así, sin más dilación, despidiendo a los ya referidos ministros, le sacaron de casa dos cuidadosos amigos en un coche, corridas las cortinas, y con dos confidentes alguaciles, aunque era de mañana, le llevaron a que les enseñara la posada del violador de la honra de Flora, que habiéndole hallado en ella y confiriéndole ambos el negocio, como era cosa que tanto deseaba, confesó lo mismo que Páez había dicho con mucha llaneza, procurando disculpar su temeridad diciendo que los desvelos y incendio del amor le habían llevado a la precipitación de su destino; pero siempre con ánimo de ser su esposo, y sólo había de darle culpa el no haber solicitádolo por otros medios, los cuales había excusado, temeroso de no ser admitido por su poco caudal, pues por su sangre bien conocerían no lo desmerecía, dándoles palabra de estar firme en cumplirla, teniendo gusto de ello.

Y conociendo su calidad y ser aquel el mejor camino, sólo les embarazaba la satisfación de don Juan para excusar algunos pesados desaires que, agraviado, como caballero pudiera tener con don Gaspar; y ace[p]tando lo que les había ofrecido, se volvieron a casa del Alcalde, sin que Páez entendiese nada de lo tratado, por haberle mandado detener en la antesala a los dos alguaciles, advirtiéndole no dijese nada de aquella salida a su dueño, pues él correría mayor riesgo cuanto mayores disensiones hubiese; y que si le preguntaba su amo dónde le habían detenido, respondiese que en un cuarto bajo del Alcalde, examinándole [a]cerca de los casos sucedidos, y dijese al contrario de lo que les habían declarado, que esta prevención hicieron por ver cómo recebía el afligido Osorio la absolución que le habían de dar para estorbar los pesarosos lances de disgusto que con don Gaspar podría tener. Y, así, volviendo al alojamiento del confuso caballero, con supuesto modo y engañosa traza, catequizándole lo que a ello respondía, le dijeron que, mirando la fuerza que hacía Flora en no ser el dueño de aquel delito y las causas que para ello verdaderas representaba, pues confesaba haber salido al Sotillo, para donde había sido aplazado, y no a la Casa del Campo, adonde se cometió, y conociendo ser así, pues a la venida le había encontrado el Alcalde y traído a aquélla prisión, mediante los indicios, viéndole lleno de lágrimas los ojos, que antes habían sido fuego en el corazón contra el cauteloso artífice de aquel asalto, determinaban ya compadecidos tanto dél y su inocencia como de la encerrada dama, aunque fuese a costa de su clausura, pues era forzoso la guardase porque no faltase en los accidentes pasados, dejarle libre desde aquel punto, pidiéndole que pues había visto que hasta entonces cualquiera causa asimilada a aquélla le había agravado la que le atribuían, no tuviese por injusto el rigor, que para sí era dueño del delito, con él se había tenido, diciendo que si se hubiera de especular de espacio podría considerar que todavía quedaba lugar a castigarle, habiendo sido el primer movedor de la salida al campo, de donde se había originado aquella apesarada desazón, pero que conociendo igual a el mayor su sentimiento y la causa de los debidos respetos de su sangre, aunque era harto achaque para la suya, se dejaría de aquel estado, y a Flora en el que había tomado, pues había hecho elección del menos dañoso a su reputación, si más acertado al servicio de Dios; y que por lo que debía a quien era, sepultase aquel suceso en el archivo del olvido y que advirtiese a Páez lo mesmo, como ellos lo harían, que otra persona no sabía el alma del caso como había pasado.

Hallose don Juan tan compungido y absorto que apenas le quitaron las prisiones cuando prometió no solamente no tratar más dél, sino desde luego, mandando llamar un escribano, disponer una donación que hizo a su estimada prenda de cuatro mil ducados de bienes sueltos, que a su voluntaria disposición tenía, para que les gozase en cualquier estado que tuviese. Y acabado este instrumento, se despidió muy enternecido de los dos experimentados jueces, los cuales volvieron a advertir a Páez guardase secreto en lo pasado ansí para con su amo, pues tanto con él aventuraba, como con otras cualesquiera personas con quien tratase. Y dándole un coche en que se fuesen, le acompañó el oidor hasta su casa, quedando en ella don Juan con muestras de grandísimo amor, y en dos sucesivos días dispuso de todas las cosas tocantes al cobro de una consignación de moderada renta que tenía, como otras algunas, con diferentes personas; y dejándoles dado asiento a todas y remitiendo a casa del Alcalde la promesa donada, se fue al convento de los Capuchinos[52], donde pidió y le dieron, por ser tan conocido, después de haber estado tres días en él, el hábito, aconsejando a Páez siguiese aquel verdadero camino, pues había visto en lo que paraban los varios accidentes de vida, quien prometió, como se les alcanzase licencia, volver dentro de cuatro días a recebirlo. Que yéndose a casa del Alcalde, le dio noticia del recogimiento de su amo, quien lo aprobó con grandísima alegría y envió a hacer saber al oidor. Y pidiéndole Páez le hiciese volver el vestido de pieles para volverle a su dueño, pues su pobreza no alcanzaba a tener con qué satisfacerlo, liberal, aventurando lo menos, mandó que se le diesen;

---

[52] *convento de los Capuchinos:* aunque en la misma época existía en Madrid el convento de los Capuchinos de la Paciencia, pienso que Sanz del Castillo se refiere ahora al Convento de los Capuchinos del Prado, auspiciado en 1609 por Francisco Gómez de Sandoval, duque de Lerma y valido de Felipe III, bajo la advocación de San Antonio de Padua. No obstante, durante su historia fue más conocido por el nombre antedicho, ya que albergaba a monjes capuchinos, quienes tomaron posesión del lugar el 12 de noviembre de 1609, pronunciando la misa el nuncio Antonio Carrafa, a la cual asistió el rey. El convento estaba situado en la calle del Prado, junto a la casa del propio duque, quien, además, fue el primer patrón del recinto. Posteriormente, el patronato pasaría a los duques de Medinaceli.

y con mayor gusto, cuando supo que él también quería tomar el hábito, amonestándole siempre la guarda del secreto.

Y llevando el vestido, se fue a casa de don Gaspar y contó todo lo sucedido —como si él no lo supiese—, y, pidiéndole el otro, se le volvió con los demás adherentes que le había entregado, diciéndole estaba muy pesaroso de haber sido la causa de tantos disgustos, y que de allí a cuatro días se partía para Lombardía —por encubrir la ejecución de su matrimonio—; y despidiéndose el ya imaginado capuchino, hizo entrega de los salvajes vaqueros, arcos y flechas al que se los había fiado. Y habiendo dado cuenta a los deudos de don Juan, su amo, de su efectuada descalcez[53], por haberlo él mandado así y, acomodado sus cosas, de allí a dos días se volvió al convento referido, donde fue con benevolencia admitido a ruego de su dueño.

Y habiendo visto la disposición de los nuevos religiosos, sin parecerles al oidor y al alcalde ser necesaria disculpa alguna para ellos, viendo la buena elección de su nueva vida, habiendo dado noticia de lo pasado a su madre de Flora, quien harto se había asustado en oírla, atajando inconvenientes trazaron que secretamente se desposase don Gaspar con Flora, puesta en su libertad. Y yendo a visitar al contrayente los dos amigos, le hallaron con la Cruz de Santiago[54]

---

[53] En la *princeps* «descalces».

[54] *Cruz de Santiago:* hay que situarse en la villa riojana de Clavijo para conocer el origen de la Cruz de Santiago. Se cuenta que, en el año 844, Ramiro I, rey de Asturias, sostuvo allí una batalla contra los musulmanes, a los que, gracias a la intervención del apóstol Santiago, que apareció montado en un caballo blanco y enarbolando una bandera del mismo color presidida por una cruz roja, logró derrotar. Otros dicen que dicha contienda tuvo lugar en Albelda de Iregua, localidad también riojana, donde Ordoño I de Asturias se alzó con el triunfo sobre su oponente Muzaben-Zeyad en el año 852. En este caso, a pesar de las leyendas, no tomó parte el apóstol. La Cruz de Santiago, con forma de espada, es latina, de color rojo, con los extremos del travesaño floronados y el pomo en punta de lanza. Conocida por «el lagarto», fue durante mucho tiempo el distintivo más codiciado por la nobleza, la aristocracia e incluso por los simples plebeyos. La constitución de la Orden militar de Santiago no está exenta de discusiones. Para algunos se creó en la época del citado Ramiro I (842-850), formándose, bajo la advocación y título de Santiago, en recuerdo del «milagro» obrado por el apóstol en Clavijo, siendo «Fratres de Cáceres» su nombre más antiguo. Se postula

al pecho, que aquel día se la había puesto por merced, que había muchos días que se le había hecho, en premio de sus buenos servicios en Flandes, junto con un gobierno en uno de los presidios de las Indias. Y dándole el parabién de todo, alegres dispusieron el que se abreviase el desposorio, pues sólo faltaban las usuales galas, que en tales ocasiones debidamente se suelen presentar de una y otra parte, las cuales abreviaron; y acabadas, una tarde don Gaspar y el oidor se fueron al convento donde Flora estaba; y mandando llamar a la abadesa dél, le pidieron la hiciese salir a la reja, donde estaban, que con brevedad lo ejecutó, trayendo a la vergonzosa dama, y arrodillada en la presencia de su padre, le pidió perdón de su yerro. Y él, como tal, con piadosas lágrimas se lo concedió, diciéndole algunas razones muy corteses, si debidas a tal ocasión, sin ninguna aspereza, pues para lo que intentaban no era a propósito el atemorizarla, y proponiéndole el estado que darle quería, contándole era con la persona que le debía su honestidad, para que no corriese riesgo su honor, y la elección de don Juan y su criado, y la cantidad de que le había hecho donación, y que con ello cesaría cualquier rumor que hubiese habido, o se pudiese presumir, haciéndole notoria la calidad del que por esposo le daba, respondió Flora que siempre estaba obediente a sus mandatos, y más en caso que tanto convenía. Dispúsose el oidor, agradeciendo a la abadesa el regalo que a aquella niña hacía. Y volviendo a tomar el coche en que le había estado esperando su ya llamado hijo, dispusieron licencia del vicario de Madrid y dispensación de las amonestaciones sin más dilación. Y al otro día, con la asistencia de su madre, el Alcalde, su mujer y otras amigas, recibieron las esponsales bendiciones a la puerta del convento, y allí quedó don Gaspar dueño de la prenda tan deseada, con muestras de grande alegría; y volviéndola al referido encerramiento donde estaba, se detuvo en él, visitada de sus padres y esposo, a quien mejora-

---

como fundador el general Maestre de Campo don Sancho Martínez de Tejada, armado caballero de la Orden y nombrado como líder de la misma por el propio monarca; para otros, la Orden aparece en 1170 y es confirmada en 1175 por el papa Alejandro III.

ron de oficio en España, hasta que pasado el año de noviciado de don Juan, viéndole profeso y que ya estaban ejecutadas las inquietudes y desabrimientos que como hombre, y que bien quería a Flora, podía tener, sacándola de aquel recogimiento se velaron con mucha ostentación y aplauso de deudos de unas y otras partes, sin que persona alguna supiese la causa principal, ni en el convento, por haber ella dicho a la abadesa otras razones, porque le movió a retirarse allí, con cuyo gozo vivieron alegres y gustosos.

Y aunque don Juan de allí a pocos días alcanzó a saber el casamiento, no trató más de ello, ni de especular cómo había sido, considerando que, pues se había reducido a tan penitente vida, no le convenían los desvelos humanos, sino seguir el derecho camino que había tomado, perseverando en él hasta el final de sus dilatados años, que tuvo en la clausura, y Páez de la misma suerte.

Colección Letras Hispánicas

ÚLTIMOS TÍTULOS PUBLICADOS

573 *Entremesistas y entremeses barrocos.*
   Edición de Celsa Carmen García Valdés.
574 *Antología del Género Chico.*
   Edición de Alberto Romero Ferrer.
575 *Antología del cuento español del siglo XVIII.*
   Edición de Marieta Cantos Casenave.
576 *La celosa de sí misma*, TIRSO DE MOLINA.
   Edición de Gregorio Torres Nebrera.
577 *Numancia destruida*, IGNACIO LÓPEZ DE AYALA.
   Edición de Russell P. Shebold.
578 *Cornelia Bororquia o La víctima de la Inquisición*, LUIS GUTIÉRREZ.
   Edición de Gérard Dufour.
579 *Mojigangas dramáticas (siglos XVII y XVIII).*
   Edición de Catalina Buezo.
580 *La vida difícil*, ANDRÉS CARRANQUE DE RÍOS.
   Edición de Blanca Bravo.
581 *El pisito. Novela de amor e inquilinato*, RAFAEL AZCONA.
   Edición de Juan A. Ríos Carratalá (2.ª ed.).
582 *En torno al casticismo*, MIGUEL DE UNAMUNO.
   Edición de Jean-Claude Rabaté.
583 *Textos poéticos (1929-2005)*, JOSÉ ANTONIO MUÑOZ ROJAS.
   Edición de Rafael Ballesteros, Julio Neira y Francisco Ruiz Noguera.
584 *Ubú president o Los últimos días de Pompeya. La increíble historia del Dr. Floit & Mr. Pla. Daaalí*, ALBERT BOADELLA.
   Edición de Milagros Sánchez Arnosi (2.ª ed.).
585 *Arte nuevo de hacer comedias*, LOPE DE VEGA.
   Edición de Enrique García Santo-Tomás (2.ª ed.).
586 *Anticípolis*, LUIS DE OTEYZA.
   Edición de Beatriz Barrantes Martín.
587 *Cuadros de amor y humor, al fresco*, JOSÉ LUIS ALONSO DE SANTOS.
   Edición de Francisco Gutiérrez Carbajo.
588 *Primera parte de Flores de poetas ilustres de España*, PEDRO ESPINOSA.
   Edición de Inoria Pepe Sarno y José María Reyes Cano.

589 *Arquitecturas de la memoria*, JOAN MARGARIT.
Edición bilingüe de José Luis Morante.
590 *Cuentos fantásticos en la España del Realismo.*
Edición de Juan Molina Porras.
591 *Bárbara. Casandra. Celia en los infiernos*, BENITO PÉREZ GALDÓS.
Edición de Rosa Amor del Olmo.
592 *La Generación de 1936. Antología poética.*
Edición de Francisco Ruiz Soriano.
593 *Cuentos*, MANUEL GUTIÉRREZ NÁJERA.
Edición de José María Martínez.
594 *Poesía. De sobremesa*, JOSÉ ASUNCIÓN SILVA.
Edición de Remedios Maraix.
595 *El recurso del método*, ALEJO CARPENTIER.
Edición de Salvador Arias.
596 *La Edad de Oro y otros relatos*, JOSÉ MARTÍ.
Edición de Ángel Esteban.
597 *Poesía. 1979-1996*, LUIS ALBERTO DE CUENCA.
Edición de Juan José Lanz.
598 *Narraciones*, GUSTAVO ADOLFO BÉCQUER.
Edición de Pascual Izquierdo.
599 *Artículos literarios en la prensa (1975-2005).*
Edición de Francisco Gutiérrez Carbajo y José Luis Martín Nogales.
600 *El libro de la fiebre*, CARMEN MARTÍN GAITE.
Edición de Maria Vittoria Calvi.
601 *Morriña*, EMILIA PARDO BAZÁN.
Edición de Ermitas Penas Varela.
602 *Antología de prosa lírica*, JUAN RAMÓN JIMÉNEZ.
Edición de M.ª Ángeles Sanz Manzano.
603 *Laurel de Apolo*, LOPE DE VEGA.
Edición de Antonio Carreño.
604 *Poesía española [Antologías]*, GERARDO DIEGO.
Edición de José Teruel
605 *Las Casas: el Obispo de Dios (La Audiencia de los Confines. Crónica en tres andanzas)*, MIGUEL ÁNGEL ASTURIAS.
Edición de José María Vallejo García-Hevia.
606 *Teatro completo (La petimetra, Lucrecia, Hormesinda, Guzmán el Bueno)*, NICOLÁS FERNÁNDEZ DE MORATÍN.
Edición de Jesús Pérez Magallón.

607 *Largo noviembre de Madrid. La tierra será un paraíso. Capital de la gloria*, JUAN EDUARDO ZÚÑIGA.
Edición de Israel Prados.
608 *La Dragontea*, LOPE DE VEGA.
Edición de Antonio Sánchez Jiménez.
609 *Segunda parte de la vida del pícaro Guzmán de Alfarache.*
Edición de David Mañero Lozano.
610 *Episodios nacionales (Quinta serie)*, BENITO PÉREZ GALDÓS.
Edición de Francisco Caudet.
611 *Antología en defensa de la lengua y la literatura españolas (Siglos XVI y XVII)*, VV.AA.
Edición de Encarnación García Dini.
612 *El delincuente honrado*, GASPAR MELCHOR DE JOVELLANOS.
Edición de Russell P. Sebold.
613 *La cuna y la sepultura. Doctrina moral*, FRANCISCO DE QUEVEDO Y VILLEGAS.
Edición de Celsa Carmen García Valdés.
614 *La hija de Celestina*, ALONSO JERÓNIMO DE SALAS BARBADILLO.
Edición de Enrique García Santo-Tomás.
615 *Antología rota*, LEÓN FELIPE.
Edición de Miguel Galindo.
616 *El mundo alucinante (Una novela de aventuras)*, REINALDO ARENAS.
Edición de Enrico Mario Santí.
617 *El condenado por desconfiado*, ATRIBUIDO A TIRSO DE MOLINA. *La Ninfa del cielo*, LUIS VÉLEZ.
Edición de Alfredo Rodríguez López-Vázquez.
618 *Rimas humanas y divinas del licenciado Tomé de Burguillos*, LOPE DE VEGA.
Edición de Macarena Cuiñas Gómez.
619 *Tan largo me lo fiáis. Deste agua no beberé*, ANDRÉS DE CLARAMONTE.
Edición de Alfredo Rodríguez López-Vázquez.
620 *Amar después de la muerte*, PEDRO CALDERÓN DE LA BARCA.
Edición de Erik Coenen.
621 *Veinte poemas de amor y una canción desesperada*, PABLO NERUDA.
Edición de Gabriele Morelli (2.ª ed.).
622 *Tres elegías jubilares*, JUAN JOSÉ DOMENCHINA.
Edición de Amelia de Paz.
623 *Poesía de la primera generación de posguerra.*
Edición de Santiago Fortuño Llorens.

624 *La poética o reglas de la poesía en general, y de sus principales especies*, IGNACIO DE LUZÁN.
    Edición de Russell P. Sebold.
625 *Rayuela*, JULIO CORTÁZAR.
    Edición de Andrés Amorós (21.ª ed.).
626 *Cuentos fríos. El que vino a salvarme*, VIRGILIO PIÑERA.
    Edición de Vicente Cervera y Mercedes Serna.
627 *Tristana*, BENITO PÉREZ GALDÓS.
    Edición de Isabel Gonzálvez y Gabriel Sevilla.
628 *Romanticismo*, MANUEL LONGARES.
    Edición de Juan Carlos Peinado.
629 *La tarde y otros poemas*, JUAN REJANO.
    Edición de Teresa Hernández.
630 *Poesía completa*, JUAN DE ARGUIJO.
    Edición de Oriol Miró Martí.
631 *Cómo se hace una novela*, MIGUEL DE UNAMUNO.
    Edición de Teresa Gómez Trueba.
632 *Don Gil de las calzas verdes*, TIRSO DE MOLINA.
    Edición de Enrique García Santo-Tomás.
633 *Tragicomedia de Lisandro y Roselia*, SANCHO DE MUÑÓN.
    Edición de Rosa Navarro Durán.
634 *Antología poética (1949-1995)*, ÁNGEL CRESPO.
    Edición de José Francisco Ruiz Casanova.
635 *Macías. No más mostrador*, MARIANO JOSÉ DE LARRA.
    Edición de Gregorio Torres Nebrera.
636 *La detonación*, ANTONIO BUERO VALLEJO.
    Edición de Virtudes Serrano.
637 *Declaración de un vencido*, ALEJANDRO SAWA.
    Edición de Francisco Gutiérrez Carbajo.
638 *Ídolos rotos*, MANUEL DÍAZ RODRÍGUEZ.
    Edición de Almudena Mejías Alonso.
639 *Neptuno alegórico*, SOR JUANA INÉS DE LA CRUZ.
    Edición de Vincent Martin y Electa Arenal.
640 *Traidor, inconfeso y mártir*, JOSÉ ZORRILLA.
    Edición de Ricardo Senabre (10.ª ed.).
641 *Arde el mar*, PERE GIMFERRER.
    Edición de Jordi Gracia (3.ª ed.).
642 *Las palabras del regreso*, MARÍA ZAMBRANO.
    Edición de Mercedes Gómez Blesa.
643 *Luna de lobos*, JULIO LLAMAZARES.
    Edición de Miguel Tomás-Valiente.

644 *La conquista de Jerusalén por Godofre de Bullón*,
 ATRIBUIDA A MIGUEL DE CERVANTES.
 Edición de Héctor Brioso Santos.
645 *La luz en las palabras. Antología poética*, ANÍBAL
 NÚÑEZ.
 Edición de Vicente Vives Pérez.
646 *Teatro medieval*.
 Edición de Miguel Ángel Pérez Priego.
647 *Libro de las virtuosas e claras mugeres*, ÁLVARO DE LUNA.
 Edición de Julio Vélez-Sainz.
648 *Tres tristes tigres*, GUILLERMO CABRERA INFANTE.
 Edición de Nivia Montenegro y Enrico Mario Santí.
649 *La Estrella de Sevilla. El gran rey de los desiertos*, ANDRÉS DE
 CLARAMONTE.
 Edición de Alfredo Rodríguez López-Vázquez.
650 *La música que llevaba (Antología poética)*, JOSÉ MORENO
 VILLA.
 Edición de Juan Cano Ballesta.
651 *Las bicicletas son para el verano*, FERNANDO FERNÁN GÓMEZ.
 Edición de Francisco Gutiérrez Carbajo.
652 *Los empeños de una casa. Amor es más laberinto*, SOR JUANA INÉS
 DE LA CRUZ.
 Edición de Celsa Carmen García Valdés.
653 *Mesteres*, ARCADIO LÓPEZ-CASANOVA.
 Edición bilingüe de Xesús Rábade Paredes.
654 *Teatro original completo*, TOMÁS DE IRIARTE.
 Edición de Russell P. Sebold.
655 *El año del wólfram*, RAÚL GUERRA GARRIDO.
 Edición de José Ángel Ascunce.
656 *Isidro*, LOPE DE VEGA.
 Edición de Antonio Sánchez Jiménez.
657 *La busca*, PÍO BAROJA.
 Edición de Juan M.ª Marín Martínez.
658 *Fábula de Polifemo y Galatea*, LUIS DE GÓNGORA.
 Edición de Jesús Ponce Cárdenas.
659 *Espejo de paciencia*, SILVESTRE DE BALBOA.
 Edición de Raúl Marrero-Fente.
661 *Obra crítica (1888-1908)*, EMILIA PARDO BAZÁN.
 Edición de Íñigo Sánchez Llama.
662 *La prudencia en la mujer*, TIRSO DE MOLINA.
 Edición de Gregorio Torres Nebrera.

Kemp: The Road to Crécy

Jonathan Lunn studied history at the University of Leicester, where he became involved in politics. He worked for six years as a spin doctor for the modern-day equivalent of the Whigs. He is the author of six Killigrew Naval Adventures, and two Medieval action thrillers featuring Kemp, an English Longbowman in The Hundred Years' War.

Also by Jonathan Lunn

The Kit Killigrew Naval Adventures

Killigrew of the Royal Navy
Killigrew and the Golden Dragon
Killigrew and the Incorrigibles
Killigrew and the North-West Passage
Killigrew's Run
Killigrew and the Sea Devil

The Jungle War

Torrance: Blitz in Malaya
Torrance: Escape from Singapore
Torrance: Betrayal in Burma

Arrows of Albion

Kemp: The Road to Crécy
Kemp: Passage at Arms
Kemp: The Castle in the Marsh
Kemp: Riders of Fury
Kemp: An Arrow for the Crown
Kemp: Warriors in the Snow
Kemp: The Flames of Heresy

KEMP
THE ROAD TO CRÉCY

JONATHAN LUNN

CANELO

First published in The United Kingdom in 1996 by Orion

This edition published in the United Kingdom in 2023 by

Canelo
Unit 9, 5th Floor
Cargo Works, 1-2 Hatfields
London SE1 9PG
United Kingdom

Copyright © Jonathan Lunn 1996

The moral right of Jonathan Lunn to be identified as the creator of this work has been asserted in accordance with the Copyright, Designs and Patents Act, 1988.

All rights reserved. No part of this publication may be reproduced or transmitted in any form or by any means, electronic or mechanical, including photocopy, recording, or any information storage and retrieval system, without permission in writing from the publisher.

A CIP catalogue record for this book is available from the British Library.

Print ISBN 978 1 78863 553 0
Ebook ISBN 978 1 78863 093 1

This book is a work of fiction. Names, characters, businesses, organizations, places and events are either the product of the author's imagination or are used fictitiously. Any resemblance to actual persons, living or dead, events or locales is entirely coincidental.

Look for more great books at www.canelo.co

For my parents

Chapter One

The hart paused by a pool in the middle of the glade and turned its head this way and that, its snout twitching. It was a magnificent beast, fully-grown with ten tines on its antlers, only now beginning to run to fat in preparation for the approaching winter and the time of rut. Its chestnut coat matched the reddish-brown leaves that carpeted the ground beneath the trees. A thin blanket of mist hung a few feet above the ground; the landscape was silent save for a steady drip of condensation falling from the branches of trees, the air rank with the dank smell of decaying leaves. Satisfied that there was no immediate danger, the hart dipped its head to drink from the pool.

A twig snapped a short distance away. The hart raised its head abruptly, standing motionless as it stared through the trees, its hind legs tensed ready to spring. After a few moments it saw figures moving slowly towards it, three green-clad riders seated astride horses, allowing their mounts to crop at the occasional tufts of grass that grew amongst the trees as they advanced. Then it saw two more figures, a man being led by a dog on a leash snuffling at the ground before it.

It was the smell that decided the hart; the hunters had made the mistake of approaching from up-wind. Reacting at once, the hart leapt over the stream and bounded away from them. One of the riders turned to the huntsman on foot who held the leash of the scenting hound, 'Sound the *chasse*!'

The huntsman had already lifted his horn, which hung from one shoulder by a baldrick, to his lips, and now he sounded the warbling fanfare to announce the chase. A hundred yards behind the three riders, more huntsmen unleashed their tawny-brown alaunts, swift and tenacious hunting dogs that would take over where the scenting-lymer left off and bring the hart to bay. The three riders spurred their mounts into a canter, riding as swiftly as they dared through the trees, but they were soon overtaken by the baying alaunts.

The hart had moved swiftly but, as the whole wood came alive with the sound of horns, baying dogs, and hunters urging the dogs on, it realised that this would be a lengthy pursuit, a race of endurance.

More alaunts were bounding out of the trees to the right, released by their handlers as the hart passed the relay points the huntsmen had planned in advance; it was now being driven. Crazy with panic at the tumult in its wake, driven on by fresh relays of alaunts, the hart crashed through the undergrowth, heedless of the trail it was leaving in its wake.

Half a mile further on, a spread-out line of green-clad archers waited amongst the trees. They had heard the sounding of the *chasse*, and now their ears picked up the distant but approaching crash of horses, dogs and men blundering through the bracken. They each took an arrow from the soft cloth quivers they wore at their belts and laid them across their elmwood bows, calloused fingers finding grey goose-feather flights, nocking them to hempen bowstrings. They then stood waiting, motionless, even their breath no longer rasping from their lips to form clouds of condensation in the chill autumnal air. It took immense strength just to draw those massive bows, but these men were skilled and experienced archers. They were English yeomen, destined to make a name for themselves as the deadliest killers in Christendom.

Approaching the line of archers from up-wind, the hart could not smell them, and in its panicky flight it was too busy to look out for fresh dangers ahead. It burst out of the trees into a broad clearing, realised it had made a mistake in breaking cover, but did not check its flight for an instant, bounding over the grass and heading for the trees on the other side. It was less than ten yards away when the arrow took it full in the chest. It never saw its killer, for the young man who loosed the fatal shaft stood in front of a tree, his torn green coat and dirty face blending with the lichen-covered trunk. The barbed arrowhead tore effortlessly through flesh, and the hart stumbled, its long, powerful haunches crumpling suddenly beneath it, so that it was dead before it hit the ground, the paler fur of its chest now spotted with blood that steamed in the cold air.

The archers emerged from their concealment in the released tension of the moment after the kill, and gathered in a circle around the dead hart.

'It's... it's dead,' one man pronounced plaintively.

'Aye and like.' Only the youngest of the archers seemed unperturbed, crouching over the dead hart to tease his arrow free of the bloody wound. Although perhaps no more than sixteen years of age, he was tall, and possessed shoulders broadened from a decade of pushing a plough. His green coat was of coarse cloth, worn over a fustian tunic, woollen leggings, and wooden clogs. He wore a round, broad-brimmed ploughman's cap over a torn hood, rags for mittens, and a bracer of hardened leather on his left wrist polished by years of use. A pair of dark, blue-grey eyes were set in a face that was tanned from a lifetime spent out in the open, and a tousled thatch of pale-blond hair spilled out from under his hood.

'Dear heart alive!' The speaker, though four years older, had the looks of the youth in coarser detail. 'You've killed it, Martin!'

'Aye.' Having finally freed the barbed arrowhead from the hart's flesh, Martin Kemp inspected it intently before cleaning it with a rag, as if more interested in the condition of the arrowhead than anything his brother had to say – which, Thomas Croft reflected wryly, was probably the case. Croft was the reeve of the village of Knighton, as responsible for conveying Sir John Beaumont's demands to his villeins and tenants as he was for being the villagers' representative to the lord of Stone Gate Manor. Croft was in his late thirties, a freeman who had been selected for the post of reeve by the tithing, the village's governing body, an appointment which had to be approved by Beaumont. It was customary for the post of reeve to be reappointed each year at the end of September, but since both Beaumont and the villagers found the current incumbent honest and competent in his work, he had been reeve for several years now, and had already been re-elected for the coming agricultural year.

'We were only supposed to wound it, to make it easier to catch,' Croft pointed out. 'The honour of the kill was supposed to go to Sir John.'

A member of the Leicestershire squirearchy, Sir John Beaumont was not a wealthy man; at least, not by the standards of the nobility. He could not afford enough dogs and men to hunt *par force des chiens*, as was the preferred manner on the continent, so instead he had to use the old style of 'bow and stable' hunting, using village bondsmen as archers, in return giving them half a day off from the boon-work that they owed him as his villeins. It was hardly befitting a man of noble birth, so he tried to combine this economy of manpower with the nobility of the chivalrous *par force des chiens*, riding after his quarry on horseback.

'Then he should learn to catch his own venison,' Martin asserted sullenly. Croft admired Martin Kemp's spirit but did not approve of it; spirit was a quality villeins could well do without. Martin's had always stood him in good stead in fights and football matches with the boys from the neighbouring village of Oadby, but with it came a rebellious streak that chafed against the three days' boon-work he was required to work on Beaumont's demesne each week. Croft had always suspected that one day it would lead him into a head-on clash with his superiors.

Beaumont's squire, Richard Stamford, rode into the clearing on a roan courser even as the baying packs of alaunts streamed out of the undergrowth. Stamford was a handsome lad in his mid-teens, with bright blue eyes and curly blond hair hanging in a thick, waved bob, dressed in a close-fitting cote-hardie of emerald velvet that barely covered his crotch, a pair of tight-fitting hose, and a furred cloak with dagged hems fastened on his right shoulder with four silver buttons. Seeing the six peasants standing around the hart's dead body he reined in abruptly, staring down his nose at them. Then he turned his attention to the slain quarry, and saw it was just as noble a beast as the chief huntsman had promised him. 'Who slew the hart?' he demanded coldly. He might be younger even than Martin Kemp, but he had all the years of the ancestors he could trace back to the time of the Norman Conquest to give him authority.

At first no one said anything; they shuffled their feet, unable to meet Stamford's harsh glare.

'Who slew…' Stamford began again.

'I did,' Martin interrupted, meeting Stamford's glare defiantly.

Stamford's courser was prancing skittishly amongst the alaunts, and he had to tug on its reins so that he could continue to meet Martin's gaze. 'You were told not to kill the beast, man! You were to wound it, to bring it to bay so that I or my master could deal the death-stroke.'

Martin shrugged. 'I'm a poor shot,' he lied. Despite his youth, he was the best archer in the village, and the others could not suppress their sniggering.

Stamford suspected that he was being mocked, and knew he could not allow the insult to go unpunished. He glared at Martin for a moment, then dismounted, handing the bridle of his courser to another peasant before slapping Martin savagely. Martin took the blow without retaliating but without flinching from it, either, even though it drew a trickle of blood from the corner of his mouth. That only infuriated Stamford more. He knocked Martin's hat from his head and, swinging wildly at him, caught him on the temple with a powerful blow that made the youth stagger. 'Doff your hat when you address me, churl!' he snapped.

'Aye, Master Stamford,' Martin replied sullenly, turning around and bending over to retrieve his hat from the ground. In a final venting of his frustration, Stamford kicked him in the backside, sending him sprawling on his face in the mud. Martin lay there for a moment with the alaunts running all around, and then something within him snapped and he pushed himself back on to his feet. Before he even realised what he was doing, he had struck Stamford.

Despite Martin's size it was not a powerful blow, being guided more by anger than by skill. But it caught Stamford so off-guard that he stumbled, tripping over a dog to land on his backside in the mud. He stared up at Martin in numbed disbelief. 'How... how dare you? How *dare* you?'

The other peasants were looking on in horrified disbelief, knowing Martin had overstepped the mark.

Stamford quickly pushed himself to his feet and swung at Martin again. The squire had trained for warfare since childhood, and was skilled with both sword and lance; but fist-fighting was for peasants. Martin ducked the blow, caught Stamford by the wrist, and twisted his arm up into the small of his back. Stamford gasped in pain.

'Don't you touch me!' Martin snarled in his ear. Then he pushed Stamford forward so that he fell on his face as Martin had done a few moments earlier. The scene would have been comic had it been a fellow churl Martin had been fighting and not his lord's squire.

'Dear Heaven!' protested Michael. 'For all loves, Martin, what do you think you're doing?' He tried to grab his youngest brother by the arm, but Martin shrugged him off angrily.

Then Stamford was pushing himself to his feet, his face suffused with rage. Tugging his hunting sword from the scabbard that hung at his belt he lunged at Kemp.

'Look out, lad!' cried Simkin Sewell, the oldest of the six peasants, a grizzled ancient who was too old to care whether or not he earned the displeasure of his betters.

Martin turned and barely managed to dodge the thrust. He clamped his hand over Stamford's wrist, and the two of them wrestled for possession of the sword until Croft decided that it was time to intervene, interposing himself between the two combatants. Taking their lead from the reeve, the other peasants lent a hand, pulling Martin and Stamford apart, and at that moment Sir John Beaumont rode into the clearing on his chestnut courser, followed by his daughter Beatrice astride a white jennet.

Beaumont was a tall, well-built man in his late thirties, the hood of his brown cote-hardie pulled back to reveal dark hair, his green cloak thrown back across his left shoulder.

Beatrice was dressed in a close-fitting green and auburn gown, her burnished-copper hair completely hidden from view by her coif. She was in her mid teens, small and delicate of stature, a sickly child who had defied the odds simply by living so long. With her pale, angular face and her large blue eyes with long dark lashes, she was the very image of her mother, who had died giving birth to her. But whereas her mother had been soft-spoken and demure, there was a wilful streak in Beatrice of which her father ill-approved. Yet he knew he had only himself to blame: deprived of the young wife he had loved so dearly, he had doted on his only child, denying her nothing.

The chief huntsman emerged behind them, a burly man with thick black brows and a bushy beard.

'God's love!' exclaimed Beaumont. 'What is going on here? How came you to this pass, Dickon?'

The peasants holding Stamford hurriedly released him, and the squire returned his sword to its scabbard, straightening his clothing with as much dignity as he could muster. 'This churl dared to raise his hand to me, Sir John,' he said, indicating Martin with an arrogant toss of his head.

Beaumont turned his attention to where Martin stood between the two peasants still holding him. 'Well, boy? Is it true? Did you raise your hand to Master Stamford?'

Martin, who had been staring up at Beatrice, turned now to meet Beaumont's gaze. 'Aye, Sir John, but…' he began.

'Silence! There is no excuse. You shall be punished for your impudence, churl.' As lord of the manor, Beaumont's powers over his bondsmen barely stopped short of life and death. 'Take him, Wade,' he added to the huntsman.

Martin said nothing, knowing it was useless to argue, but he glared malevolently at Beaumont as Wade grasped him firmly by the upper left arm. Beaumont had already turned his attention to where the body of the hart lay. 'Who slew the hart?'

'He did.' Having climbed back into the saddle of his courser, Stamford indicated Martin. 'That's how we came to blows. He disobeyed our instructions.'

'Should we unmake the hart?' asked Wade. 'Unmaking' was the final ritual of hunting, the flaying and butchering of the hart's carcass, and rewarding the dogs with the choicest giblets.

'There seems little purpose in it now,' muttered Beaumont. But the dogs had at least played their part and deserved their reward. Beaumont dismounted from his courser, rolling back his sleeves. With Stamford's aid, he turned the carcass on its back and slit its throat up the length of the neck, pulling back the skin in flaps and cutting through the flesh down to the neck bone. Still holding on to Kemp with his right hand, Wade lifted his hunting horn to his lips and blew the 'death'. The dogs were briefly allowed to run in and tear at the raw flesh with their teeth for a few moments, before the finest morsels were cut from the hart. The tenderest muscles were all destined for Beaumont's dinner table, but the alaunts were rewarded with the rest of the meat, the lymer being given the heart. Black carrion crows circled in the sky above.

'A pity that that peasant's stupidity should rob us of our sport,' grumbled Stamford while he rode at a slow walk to the manor house with Beaumont and Beatrice, followed by the huntsmen, dog-handlers, dogs and peasants. 'It might have been a fine chase otherwise.'

'I would rather be chasing Frenchmen,' replied Beaumont, clenching his fist around the hilt of the broadsword that hung in its scabbard from his jewelled baldrick. 'It is three years since I last drew my sword in battle.'

Stamford drew his own sword and leaned from the saddle of his courser to slash listlessly at a few stalks of wheat. 'You at least have had the chance to prove yourself in battle, Sir John,' he said, with an arrogant toss of his head.

'I'm certain there will be other campaigns,' said Beaumont's daughter, smiling. It always amused her to hear men talk of fighting as if it were their whole *raison d'être*.

'Aye, and like as not my lord of Derby will not ask us on those campaigns, either!' said Beaumont. Only three months earlier Henry of Derby had sailed to the king's fiefdom of Gascony to campaign against the armies of Philip of Valois, the man who sat – unrightfully, in the opinion of all loyal Englishmen – on the throne of France.

'Oh, come now, Father!' teased Beatrice. 'Do not be so childish! Why not swallow your pride and volunteer your services?'

'I have nothing to prove,' he replied stoically. 'I've already fought for his Majesty in the fields of France. If he should need my services again, he knows where I may be found.'

Beatrice turned to Stamford, who rode alongside her, attentive as ever. 'And what about you, Dickon? I've often heard you talk of war, yet it seems to me you have much to prove before you can win your spurs. Will you offer your services to the king? Or simply grow old waiting for an invitation?'

'My lady, I would fain ride alone against all the men the usurper Valois can muster, if you should but command it,' Stamford replied gallantly, falling almost unconsciously into the formalised, exaggerated idiom of the court.

She laughed merrily. 'How ridiculous you are!'

Stamford scowled. Ever since he and Beatrice were children, there had been a tacit agreement between their parents that they would one day be married. Yet Beatrice coquettishly persisted in spurning his romantic overtures, and he was reluctant to press the issue until he had proved himself worthy by winning his spurs in battle. For her part, Beatrice did not truly care whether or not a man had proved himself in combat, but she knew of Stamford's obsession with winning glory in battle, and it amused her to tease him.

They had reached the fortified house of Stone Gate Manor. It had been built in Norman times, and the land had been in the possession of the Beaumont family for the past ten generations. The high-gabled stone house had neither doors nor windows in its two outer walls; the inner walls faced across a courtyard enclosed by a high stone wall. Inside the courtyard stood a chapel adjoining the house, and some small wooden buildings that comprised the kitchens, servants' quarters, the stables, the kennels, and the mews and the falconer's hut. There were also three beehives and a large dovecot. At the centre stood a drawing well, surrounding by a low stone wall and topped off with a roof and winch. The dog-handlers returned the lymer and the alaunts back to the kennels, and Beaumont, Stamford and Beatrice dismounted, handing the bridles of their horses to waiting grooms.

'What should I do with this one?' asked Wade, indicating Martin.

Beaumont had almost forgotten the insolent churl. 'Flog him, of course. A dozen lashes.'

All the servants at the manor house came out to watch in numb silence. Floggings were rare there; they happened just often enough to make sure that everyone knew the consequences of displeasing Beaumont. Martin had never seen a flogging before, let alone been subjected to one; otherwise, as he reflected afterwards, he might have struggled more as he was dragged across to the cart that stood by the stables and tied by his wrists to the tailgate. Simkin Sewell helped Wade tie Martin's hands, then took the leather sheath for his dagger and pressed it against Martin's lips. 'Bite on this, lad,' he murmured. 'Don't give the whoresons the satisfaction of hearing you scream.'

Martin nodded, clamping his teeth over the sheath.

Sewell stepped back, and Wade pulled off Martin's hood before ripping open his coat and tunic to expose his back. Then he fetched the whip from the stables, uncoiling it. The huntsman glanced across to where Beaumont stood at the top of the wooden steps leading to the first-floor entrance of the house with Stamford and Beatrice, perhaps hoping that the knight would reprieve Martin, but Beaumont merely nodded curtly.

Martin breathed in sharply around the sheath in his mouth as the first lash raised its bloody welt across his back, shuddering at the burning agony. His whole body flinched as each stroke lashed him, heaping pain upon the pain until he thought he must faint. But he clung tenaciously to consciousness, determined not to let Beaumont see that he was hurting him. After the first few lashes his whole back felt as if it was aflame, and he was panting raggedly through gritted teeth, his fists clenched until his nails drew blood from his palms, his face crimson with the effort of suppressing the sobs that rose within him.

'Stop it!' Beatrice screamed suddenly. 'For pity's sake, stop it at once! Can't you see he's suffered enough?'

Hearing her, Wade paused, glancing at Beaumont. The knight nodded, and Wade gratefully took that as a signal that the punishment should cease. 'Get him out of my sight,' Beaumont said quietly, his voice carrying clearly across the courtyard. Then he and Stamford turned, disappearing inside the house, and Beatrice descended the steps and crossed to where Sewell and Michael were unfastening Martin's bonds. As soon as he was released, Martin sank to his knees, spitting out the sheath and sobbing air into his lungs. The ropes had chafed his wrists cruelly, but he felt only the agony of his bleeding back. Sewell and Michael supported him between them.

'Will he be all right?' asked Beatrice.

Sewell nodded curtly, not meeting her gaze. He hated Beaumont for what he had done to young Martin, and Beatrice was Beaumont's own flesh and blood. He and Michael helped Martin walk towards the gateway and out of the courtyard, the rest of the peasants following behind them, subdued by what they had seen. The six of them walked the three-quarters of a mile back to Knighton in silence.

Knighton was a small village of about thirty cottages or so just over two miles south of Leicester town, nestling in the lee of the ridge above the Washbrook, where the water-mill and the old Norman church of Saint Mary Magdalen stood on its north bank. Pigs snuffled in the muddy lane, and hens picked their way fastidiously through the vegetable patches that stood outside every cottage. As Sewell and Michael walked Martin back to his father's cottage, the villagers began to emerge from their homes to stare in silent astonishment at the sight. Little Jankin Petling stopped playing with his toy bow and arrows and ran down the street to announce the circumstances of Martin's return.

Like most of the houses in the village, the Kemps' cruck-framed thatched cottage was roughly thirty feet by eighteen, and was constructed of a timber frame with wattle-and-daub panels built on a low, stone foundation wall. By the time they reached it, John Kemp was standing by the midden outside the door with his burly arms folded across his barrel chest, his expression grim. He was a tall, heavily built man in his late forties, with blond hair and a face like tanned leather. Behind him, his wife Margery and his second son, Nicholas, peered out of the doorway. As soon as Sewell and Michael reached the door with Martin, Kemp stepped silently aside to allow them to enter. Inside, they had to pause momentarily while their eyes adjusted to the gloom of the windowless cottage.

The cottage was divided into two rooms: the hall, where the animals were kept, and the smaller bower at the back, where the family slept. Kemp followed Sewell and Michael through to the bower where they laid Martin face-down on the huge bed that the family shared.

'What happened?' Kemp demanded brusquely, addressing himself to Sewell.

'Sir John had him flogged,' Sewell replied grimly.

'He was asking for it,' added Michael. 'He struck Master Stamford.'

'There's some might say as how young Dickon had it coming to him,' Kemp replied with a humourless smile. 'Who struck the first blow?'

'Stamford,' explained Sewell. 'He struck the first several blows, as it happened. I didn't think young Martin had so much patience in him.'

'Did he take his punishment bravely?' demanded Kemp.

Sewell nodded. 'Without a murmur.'

Kemp nodded, and dismissed Sewell with a wave. The two men had been friends too long for Sewell to need any expression of thanks from Kemp; he knew that Kemp was grateful.

Kemp and his eldest son made their way into the main room of the cottage, where Kemp turned to his second son. 'Nicholay, fetch Mistress Withcote,' he ordered. Mistress Withcote was the village midwife, reputed to be a witch by some, but indispensable because of her cures for various maladies and wounds.

'She's already on her way,' protested Nicholas. He was in his late teens, dark-haired, pale-faced and intense.

'You know better than to argue with your father, my duck,' Margery Kemp told her son softly. Nicholas nodded and slipped outside. 'Michael, you go with him.'

As soon as the two young men had left, Kemp turned to his wife with a questioning glance, knowing that she had sent the boys away because she wanted to talk to him in private. 'I blame Simkin,' she said bitterly.

Her husband regarded her with some surprise. 'How is it his fault?'

'He's the one that's always filled Martin's head with all those stories about King Arthur. Is it any wonder that the boy wants to be like one of the Knights of the Round Table, his head filled with daft ideas of honour and chivalry?'

'There's nothing wrong with a love of honour,' asserted Kemp.

'Jankin Kemp! You stand there and tell me that, while our youngest son lies in the next room, his back torn to ribbons, because he thought he was just as good a man as Master Stamford?'

'Our Martin's a better man than Dickon Stamford will ever be.'

'Perhaps, but he's still just a villein. It's a pity that you and Simkin couldn't have taught him his station in life at the same time you taught him all that nonsense about chivalry. You of all men should know better. Where are you going?' she added, seeing that her husband was pulling on his cloak.

'I've something to attend to,' he replied gruffly.

'Don't you do anything we might all have cause to regret!' Margery called after him, her voice tense with fear.

He shook his head. 'What I go to do should have been done a long time ago.'

It was afternoon by the time John Kemp reached Stone Gate Manor House, and he marched through the gateway into the courtyard unchallenged. As he mounted the flight of wooden steps leading to the door of the house, Beaumont's steward, Treroose, emerged.

'Good afternoon, Kemp. Can I help you?'

Kemp brushed past him. Treroose wheeled and tried to seize him by the arm.

'Sir John is not to be disturbed. If there is a matter you wish to bring to his attention, I suggest you do it through Master Croft, or else present your plea at the manorial court next Thursday...'

Kemp shrugged him off brusquely and burst into the hall, where Beaumont sat at the table, listening as Stamford plucked at the strings of a gittern. The two noblemen glanced up as Kemp entered, followed by Treroose. 'I tried to stop him, Sir John...'

Beaumont made a dismissive gesture. 'We can all see where Kemp's youngest whelp learns his manners,' he said coldly.

'I didn't come here to discuss manners!' Kemp snarled angrily. 'What makes you think you've the right to flog my son without a fair hearing?'

'There were no disputed facts to the case,' Beaumont said mildly. 'Your son admitted to striking my squire...'

'If Martin struck Master Dickon, it was because he was provoked! What true man of spirit would not retaliate under such circumstances?'

'I have already discussed the matter with Richard.' Beaumont's tone had grown cold. 'Your son disobeyed his instructions. Furthermore, when asked to explain himself, he was insolent.'

'He's a fifteen-year-old boy! Can he help it if he is spirited at that age?'

'Then he must learn to curb his spirit. Perhaps today's flogging will have taught him to do so in future. Now I suggest you leave, Kemp, before your impertinence pushes my patience too far. You have not grown so old that I would shrink from having you likewise flogged.'

'Have me flogged!' Kemp's face was puce with apoplexy. 'You God-damned ungrateful whoreson!' he roared. 'After all I have done for you, now you talk of flogging me! Damn you, Beaumont! Sometimes I think it would have been better had I let that Scotchman slay you at Dupplin Moor!'

Beaumont leapt angrily to his feet. 'God's passion, Kemp, you try my patience!' he snarled. 'Am I to feel indebted to you for the rest of my life?'

'Indebted! I never asked you a favour in my life, Sir John!' Kemp was trembling with rage. 'I've served you loyally on battlefields and wheat fields alike, and this is how you repay that loyalty!'

'You insolent dog! You're just like that whelp of a son of yours! By God's bones...' He broke off, frowning. Kemp was trying to speak, but it was as if his rage was choking him. He clutched at his upper left arm, his face screwed up in pain, then gasped, sinking to his knees. Beaumont stepped back hurriedly, upsetting a table with a flagon of wine on it so that the wine spilled in a broad red puddle across the white flagstones. 'Kemp?'

Kemp fell forward to lie on his face, motionless. After a few moments of stunned silence, Treroose ran forward and felt for a pulse in his throat.

'I never touched him!' Beaumont had blanched. 'You saw, didn't you, boy?' he asked Dickon. 'I never laid a finger on him!'

'He's had some kind of seizure,' Treroose observed grimly.

'Is he all right?'

Rising slowly to his feet, Treroose shook his head. 'He's dead.'

—

The church of Saint Mary Magdalen at Knighton was too small to warrant a priest of its own, so arrangements for John Kemp's funeral had to wait until the following Sunday when the curate came down from Saint Margaret's church in Leicester. The bier was placed at the entrance to the chancel with brass altar candlesticks on the floor at its four corners, and that evening the villagers stood in the nave while the curate performed the *Placebo Domino in regione vivorum*, the Office of the Dead.

Early the following morning, Martin attended the penitential matins and lauds in the church with the rest of his family, while the curate prepared the ground for Kemp's grave. It was the first time Martin had left the house since his flogging. He was still unsteady on his feet, but he refused the various offers of support he received, the paleness of his face emphasising his grim expression. After the mass of requiem, the curate led them in communion. He went through the liturgy mechanically, reciting the words without understanding, for he was as ignorant of Latin as he was of God; not that anyone in the village was any the wiser, except perhaps Nicholas.

After the mass had been sung, the curate led them in prayers. There were prayers for the dead to be said, not only John Kemp but also the Earl of Leicester. Then the curate led them in a prayer for the health and well-being of the earl's son, Henry of Derby, who was campaigning against the French beyond the seas and was as yet unaware of the death of his father. The prayer seemed a spontaneous addition by the curate; there was no indication that he was acting under the orders of the priest of Saint Margaret, handed down to him by the Bishop of Lincoln, who had received the orders from the Archbishop of Canterbury, who in turn had been encouraged to spread anti-French propaganda by the king. Similar prayers were said in every church and cathedral in the land that month.

After the prayers, the curate removed his chasuble and put on his cope, sprinkling the body with holy water and then censing it. Then the altar party and mourners formed into a procession, singing the antiphon *In paradisum* as they marched out into the churchyard where Sewell, in his capacity as church sexton, had finished digging the shallow grave. There the curate asperged and incensed the body again, and the shrouded corpse was laid in the grave, the curate placing a cross of stamped lead on its breast.

Leaning on his spade, Sewell watched the faces of the Kemps as the body was asperged and incensed a third time. Martin's expression was blank and unreadable, while Michael glared at his younger brother with undisguised hatred, as if blaming him for the death of their father. Margery Kemp's eyes were fixed on the body of her husband for the last time, while beside her Nicholas stood with his hands clasped in a gesture of rapt piety.

Nicholas had been the runt of the litter, and his parents had been surprised that, unlike his two sisters, he had survived the first year of life. But it had always been obvious that he would never make a good farmer. Nicholas lacked his brothers' strength, and had always been fastidious, not liking to get his hands dirty. Lazy, Sewell called it. John Kemp had raised no serious objections when Margery suggested that Nicholas be allowed to attend the local almonry school in Leicester town. He might be a poor prospect as a farmer, but at least if he gained an education he might be able to supplement the family's meagre income by going into a lettered profession. Beaumont had already given him permission to leave the manor to study theology at Oxford as soon as the harvest was in. His departure would mean another mouth less to feed, and he had never been much use with a plough, scythe or flail; 'too busy dreaming about what he reads in them there books of his,' his father had always scoffed disapprovingly.

Another psalm was recited, followed by more prayers, and the curate spaded the first few clods of earth on to the corpse in the form of a cross. Then the burial party returned to the church singing the seven penitential psalms, leaving Sewell behind to finish filling in the grave.

The villagers spent the rest of the day in the fields, men and women alike, for the following Thursday would be Michaelmas, and the harvest had to be brought in before the weather turned against them. John Kemp might be dead, but life went on in the village, and there was always work to be done. Martin was hacking at a swathe of corn, wincing at each stroke of the scythe from the pain of his back; but he was too proud to ask for a rest from his labours, and knew that Beaumont would have refused if he had.

Thomas Croft, overseeing the work, sidled up to him. 'I'm sorry about your father, Martin.'

'So am I.' Concentrating on his work, Martin did not meet the reeve's eyes.

'Your father and I were good friends.'

'I know.'

'You understand that your father's death was a mischance, don't you? That he died of a seizure. It might as easily have happened to him working here in the fields as it did when he was up at the manor house, talking to Sir John.'

'All I understand is that my father went to see Sir John about my being flogged, and the next thing I knew he was dead.'

'Sir John regrets your father's death as much as any man...'

'That I very much doubt,' sneered Martin.

'You cannot blame him for what happened.'

Martin stopped reaping to meet Croft's gaze coolly. 'Can't I? If the likes of Sir John reckon they can do as they please just because they can trace their father's fathers to the Conquest, they've got another thing coming.' Martin, who had practically been raised on the stories of King Arthur and the Knights of the Round Table, found it hard to reconcile that image of chivalry with the real nobility he occasionally encountered. 'They reckon they own us.'

'You're a villein, Martin,' Croft reminded him bluntly. 'One of Sir John's bondsmen. He *does* own you – and you'd be well advised to bear that in mind, if you would avoid another flogging.'

'We'll see,' was all Martin would say, returning to his work.

Margery Kemp was in no state to prepare supper that night, pottering about the cottage as if she could block out her grief by burying herself in housework, repeatedly sweeping the same patch of beaten earth floor over and over again; the meal was left to Nicholas, who had often helped his mother about the house while his brothers were out working in the fields. The four of them sat down to their usual meagre supper of a mess of vegetables and oatmeal pottage, served with dark bread, all of them painfully aware of the empty place at the head of the table. No one spoke.

On Michaelmas Eve, the third day after the funeral, when the last sheaves of wheat had been carted into storage for winnowing, the Kemps made their way to the church to attend the solemn mass for the soul of the departed. The words '*Heri et hodie ipse et in specula*' were carved in the stone arch over the side door of the church. Martin could not read English, let alone Latin, but Nicholas had already translated the meaning of the words to him: 'The same yesterday, today and for ever.'

To Martin, those words always seemed to sum up the futile monotony of the peasant's life, and in the wake of his father's death they were given an added poignancy. John Kemp had spent his whole life working on the land, Martin reflected bitterly, struggling hard to scrape a meagre living from the soil for himself and his family, and in the end it had killed him. Was such to be Martin's own fate? It filled him with a sense of rage and frustration. All year long they struggled to make ends meet, telling themselves that they had only to wait until the harvest was in, and then everything would be all right. When the harvest was finally gathered in, it was never as plentiful as it should be. In a life lived on the knife-edge between hunger and starvation, it did not take much to tip the balance: a blight on the crops; not enough rain; too much. And the various taxes – from the tithe paid to Beaumont to the Peter's Pence collected by the ecclesiastical authorities – were not reduced in times of hardship. Beaumont cared no more than the Pope whether or not the people of Knighton starved.

Martin hated and envied the nobility at the same time. He dreamed of being a member of their ranks, never having to worry about whether he had enough food to see him through the winter. There was only one way he could aspire to join those ranks. If he became a soldier and took service with the king, he might win booty at the very least. He was about old enough, if his parents had kept an accurate account of the years. If the harvest was rich enough that year, he would feel no qualms about leaving the village and setting out into the world beyond to seek his fortune as a soldier. If it was not, then he would have to stay another year, until the family was well set up enough for him to be able to make the break. Except there would always be something else to hold him back, another poor harvest, something to ensure that his dreams were never realised but remained just that: dreams.

At noon on Michaelmas Day, the villagers gathered outside Joan Cradock's alehouse for a meal of cheese and bread, provided at Beaumont's expense, before the harvest thanksgiving ceremony to be held in the church that afternoon. The Kemp brothers found themselves sharing one of the old oak tables with Sewell. The old man was generally shunned, and Michael and Nicholas tried to ignore him as politely as they could, but Martin never tired of the veteran's reminiscences of his long military career. Sewell was always happy to recount the numerous battles in which he had fought against the Scots, and it always pleased Martin to hear that villeins could acquit themselves in battle as nobly as any Knight of the Round Table.

The villagers were still eating, drinking and talking in front of the alehouse when Beaumont rode past with his family and retinue on their way to the church to join in the thanksgiving mass. The completion of the harvest was as important to him as it was to his villeins, for although he was the least likely of all the manor's residents to starve, a good harvest meant more money for him. Apart from exchanging a few curt words with Croft, he barely acknowledged the villagers; but Stamford spotted Martin, and shot him a look of unreserved hatred.

The arrival of Beaumont and his family was the signal for the villagers to drain their pots of ale and follow him down to the church. Beaumont and his household were seated on the single pew at the front of the nave, while everyone else stood on the rush-strewn flagstone floor. The sevice was led by Beaumont's chaplain, a stocky little man with a hooked nose and a bald head. Like the curate, he had only the weakest grasp of the basic tenets of Christianity. Most of the villagers lost interest during the sermon and started to talk amongst themselves, while Beaumont, trying to pretend an interest in the chaplain's words, struggled to control his temper towards his ill-mannered villeins.

When the service was over, the congregation filed out after Beaumont and his family. By the time the Kemp brothers emerged from the lych-gate, Beaumont, Stamford and Beatrice were mounting their horses. Martin found himself staring at Beatrice as she rode past and – as if feeling his eyes upon her – she twisted in her saddle and saw him. Their eyes locked, and she momentarily smiled with amusement before spurring her jennet on after the rest of her family.

'She's not for you, lad,' a voice murmured in Martin's ear. 'Her kind are far above the reach of the likes of us.'

Martin turned and saw Sewell standing there, baring his toothless gums in a wicked grin. 'I… I weren't thinking that at all,' he stammered.

'You're a rotten liar, young Martin. Just remember: a cat may look at a queen, but don't torture yoursen by thinking you could ever do more than just look.'

'I wouldn't want to do more than just look at a stuck-up little girl like that anyhow,' scoffed Martin, trying to convince himself that he meant it.

Simkin chuckled. 'That's some little girl,' he drawled.

Martin chose to ignore him, hurrying on to catch up with his brothers while the grizzled veteran stood cackling in his wake, shaking his head sadly.

Nicholas departed for Oxford a few days later, and with both him and father gone the tiny, two-room cottage seemed empty. Margery seemed to retreat within herself, while Michael and Martin rarely exchanged words except to argue, but then it had always been like that between them. Nothing had really changed in the village, but then nothing ever did, except the usual seasonal variations. Autumn gave way to winter. The months between Michaelmas and Candlemas were the lean months, when the whole village attained a state close to hibernation. With the soil too frozen to be tilled and often blanketed with snow, there was little work to be done apart from repairing buildings and fences, or sitting inside mending old tools or fashioning new ones. In the long winter evenings the villagers would huddle around the fireplace in the alehouse, supping pots of ale while listening to Simkin's tales. The stories were mangled versions of the Arthurian legends he had learned from his grandfather, or his own reminiscences of the wars against the Scots. It was hard to say which tales were more mythical in their content, but Simkin had enough military experience to imbue his stories with a convincing degree of detail, whether he was talking of jousting knights, or of archers holding off charges of wild Scotsmen.

Yuletide came, its celebrations a welcome break in the yearly round. The peasants decorated the interiors of their homes with evergreen to provide a cheery contrast with the stark world of white and black outside. On Christmas Eve they went wassailing in the alehouse; in a life of suffering and misery, drinking and festivity provided a welcome relief.

–

The trees were bare when Stamford and Beatrice went out riding in Knighton Woods one day early the following January, their trunks and branches black against the white patina of snow that lay across the landscape. Breath billowed in clouds of condensation from the mouths of humans and horses alike in the crisp winter air.

Conversation between the two was stilted. They lived in the same house and saw each other over breakfast, dinner and supper. It was always difficult for Stamford to find new topics of conversation to discuss with her. 'They say the king will lead an army to join Henry of Derby in Gascony this year,' he remarked after they had ridden in silence for some time. 'Perhaps I will have my chance to fight in battle before the year is out.'

Beatrice nodded absently. She listened to the same *chansons des gestes* as Stamford and took the same pleasure from the feats of arms of the men of olden times, men like King Arthur and the Knights of the Round Table, Charlemagne and his twelve peers; but she suspected that the reality of war was very different from those stylised, poetic adventures. 'Is that all you ever think of? War?' she teased him.

He shrugged, puzzled by the question. 'What else is there? If I were a churchman I could think of God; if I were a peasant I could worry about the crops. But I am the son of a nobleman: born for war, trained for war. I would not have it any other way.'

'And what of love?' she asked, smiling.

'I love you, of course, my lady, and hope that one day I shall have the chance to prove my love by wearing your favour into battle.'

Removing her gloves, Beatrice contrived to drop one on the forest floor. 'Oh! My glove! Pick that up for me, would you?'

Stamford dismounted unhesitatingly, but as he stooped to retrieve the fallen glove Beatrice dug her spurs into the flanks of her mare jennet and galloped off, laughing. He cursed under his breath and vaulted nimbly back into the saddle, urging his palfrey to give chase.

She rode at such a breakneck pace through the trees that he was hard-pressed to keep her in sight, and he feared not only for her safety, but also for his own. Just when he thought he had lost track of her, he caught sight of the jennet tied to a tree at the edge of a small clearing. He rode into the clearing and dismounted, trampling across the dead leaves to where the jennet stood. There was no sign of…

'What kept you?'

He looked up. She was perched on one of the lower boughs of an oak tree, her green and auburn gown blending with the lichen-covered trunk. She smiled down at him.

'Were you trying to get us both killed?' he demanded angrily.

'No one asked you to follow me,' she replied, pushing herself from the bough to land nimbly on the balls of her feet before him, still smiling. 'Besides, faint heart never won fair maid.'

He was panting slightly, both from the exertion of the ride and from his lust for her. He could see her small but well-rounded breasts clearly outlined through the fabric of her gown. She stood with her arms akimbo, her hands on her hips, as if taunting him, goading him. Suddenly he found himself encircling her narrow waist with his arms, drawing her roughly against him, bringing his mouth down on hers. She neither resisted nor responded, letting her arms fall so that they hung loosely at her sides. After a few moments she relaxed her jaw enough to allow his probing tongue into her mouth. He slid his hands down the small of her back, smoothing his palms over her buttocks, pulling her hips hard against him. She brought up her hands and placed them on either side of his head, pulling his face down against hers for a few moments. Then she traced her bony fingers down the sides of his neck until her palms rested against his chest.

He broke off the kiss to come up for air. 'I want you,' he rasped urgently.

She smiled, and suddenly pushed him away from her. Caught unawares, he struggled momentarily to keep his balance, and stared at her in bewilderment.

She laughed at his puzzlement. 'I'll not grant you the gift of mercy before you've won your spurs, remember?' she teased. 'You have to prove yourself worthy first.' She unfastened the jennet's halter and was in the act of swinging herself into the saddle when something flew out of the trees, and the jennet reared wildly, throwing her to the ground. She lay there dazed for a moment, the breath knocked out of her body, while the jennet keeled over to lie on its side.

Stamford ran to where she lay, crouching down beside her. 'Are you injured, my lady?' he asked, taking one of her hands in both of his own.

She sat up and clung to him momentarily, needing to feel the touch of another human being to reassure herself that she was still alive.

She managed to smile at him. The boy could be so kind and gentle when he wanted to be... he really was rather dull, just like every other young squire she had ever met, desperately trying to be the very epitome of chivalry. How she longed for a man who would treat her as a woman, rather than as if she were a delicate piece of glassware. 'I am not hurt,' she assured him. 'Merely winded, that is all.'

'You know I would rather suffer the fires of Hell for eternity than see the slightest injury befall you.'

'How kind you are.' How full of the formulaic graces of the court, rendered meaningless by the very strength of their hyperbole. She struggled to suppress a yawn.

He realised that the jennet had not risen after its fall, and glancing across to where it lay he saw its pelt flecked with blood where the shaft of an arrow had pierced its chest. He frowned, reaching for the hilt of his sword, and was about to speak when three men ran into the clearing. One of them carried a longbow; the other two were armed with ancient, rusty swords.

Stamford pushed himself to his feet to face them. 'You damned careless jackasses! Don't you look where you shoot? Someone might have been killed!'

'Someone may yet be killed, if you don't hold your tongue and stand still!' The leader of the three rogues levelled the tip of his sword at Stamford's throat. 'I've a dozen more archers hidden in the woods, the shafts of their arrows aimed at your heart.'

Stamford froze. 'What do you want?' he demanded harshly.

'Your gold will do to start with.' The leader indicated the bulging purse that hung from Stamford's belt.

Stamford's face flushed with anger. 'Do you know who I am?'

'No, and nor do I care. All I know is that my men and I haven't eaten in a week, and that gold should keep us fed for at least a month.'

'You'll not get away with this,' snarled Stamford, unfastening his purse and tossing it at the leader's feet. 'I'll hunt you down and…'

He broke off as Beatrice screamed, and they turned to see her struggling with the man armed with a longbow. 'She's a spirited one, this,' he said. 'We can have some fun with… arrgghhh!' He staggered back, one hand to his cheek, while blood seeped between his fingers. Beatrice stood there, panting heavily, her dagger in her hand, its blade ruddy with the man's blood.

'How dare you touch me!' she demanded.

The leader laughed. 'There's little we'll not dare. We're outlaws – we've naught to lose.' He nodded at the third man, who had been circling around behind Beatrice, and the man suddenly leapt forward, catching her by the wrist. He twisted her arm up into the small of her back until she cried out in pain and dropped the dagger, and then caught her, struggling, around the waist.

'Unhand her!' commanded Stamford.

The leader laughed. 'You're in no position to give orders, my fine peacock.'

'You heard the man,' growled a new voice. 'Unhand her!'

Chapter Two

Stamford, Beatrice and the three robbers turned to see Martin Kemp standing at the edge of the clearing, an arrow nocked to the string of his drawn longbow. It was aimed at the leader's heart.

'Put down your bow, boy,' growled the leader of the outlaws. 'I've another six men hidden in the woods, their bows aimed at you.'

Martin shook his head, grinning nervously. 'That might fool these two gentlefolk, but it won't fool me.'

The leader scowled. 'Begone, boy. This is no concern of yours…'

Stamford seized his chance, drawing his broadsword from its scabbard and striking the leader down from behind, before turning on the man with the bow and driving the tip of his sword into his heart. He had never killed before in his life, and he was astonished how easily it came to him, a lifetime of training guiding his instincts.

Still holding on to Beatrice, the third man backed away, the edge of his sword at her throat. 'Drop the sword, young master!' he ordered, his face pale, his voice trembling.

'Unhand her!' snapped Stamford, refusing to relinquish his sword.

'Do as I say, or I'll slit her throat!'

Martin loosed his bow, and the arrow pierced the man's right shoulder. He dropped the sword with a gasp, releasing Beatrice and staggering back. Stamford moved in for the kill, stabbing the man in the throat with a grunt, while Martin ran into the clearing to catch Beatrice before she fainted. 'Are you all right, my lady?' he asked her. She nodded, her face pale and taut.

Stamford finished cleaning the blade of his sword on one of the dead men's cloaks, and turned to see Beatrice in Martin's arms. 'Unhand her, damn you!'

'It's all right, Dickon,' said Beatrice as Martin released her. 'He was merely supporting me. It was fortunate he came by when he did.'

'Aye, and fortunate for us that he just happened to have his bow with him when he did so,' sneered Stamford. 'Do you always carry your bow with you when you go for a walk in the woods?' he asked Martin.

Martin grinned insouciantly. 'Of course. You never know what dangers the woods may hold.'

'Aye – nor what game they might offer a poacher's pot. You should know it is against the laws of the forest to carry any arrows but blunt ones. I should tell Sir John…'

'Enough, Dickon!' protested Beatrice. 'No more accusations. You should rather reward this man for saving us. Had he only been carrying blunts, it might have been the worse for us.'

Stamford retrieved his purse from where it lay. He was about to toss a coin at Martin's feet when the churl stopped him. 'Keep your money. I wouldn't have bothered hadn't her ladyship been in peril.'

Scowling, Stamford turned to where his palfrey cropped the grass at one side of the clearing and took it by the bridle, leading it across to Beatrice and holding it while she climbed into the saddle. But her attention was on Martin. 'You are the churl my father had flogged for striking Dickon, are you not?' He nodded. 'Tell me, do you always come to the rescue of damsels in distress?' Flushing hotly, Martin tried to shrug nonchalantly. Dressed in her fine robes and with her scrubbed face artfully painted, Beatrice was the most beautiful thing he had ever seen, and it was awe rather than lust that tied his tongue. 'When I must, your ladyship,' he managed to stammer.

'What is your name?'

'Kemp, your ladyship. Martin Kemp.'

'A warrior's name,' observed Beatrice, smiling. Saint Martin was the patron of soldiers, and 'kempe' was a Middle English word meaning 'champion' or 'soldier'. 'Martin is an unusual name – how did you come by it?'

'I was born on the Feast of Saint Martin,' explained Martin.

'Perhaps you should be my champion and wear my favour into battle, as did Sir Lancelot when he defended Queen Guinevere's honour.'

Martin did not know that Beatrice was speaking more to tease Stamford than to praise him. 'I'd be honoured,' he managed to stammer.

'It was I who slew the three outlaws,' grumbled Stamford.

'But you could not have done so had it not been for the assistance of my Lancelot here,' said Beatrice. 'It seems to me that Master Kemp apes the style of a knight. Was it not the churlish Sir Kay who mocked the unknown Beaumains, little thinking him to be destined to be one of the noblest knights in Christendom?'

'Beaumains was the son of Sir Lancelot,' argued Stamford. 'Kemp is a churl, the son of a churl, and doubtless destined to be the father of countless churlish bastards.'

'He was the King of Orkney's son,' blurted Martin.

Beatrice turned to Martin with renewed interest. 'I beg your pardon?'

'Beaumains. He was really Sir Gareth, the King of Orkney's son. Master Stamford is thinking of Sir Galahad.'

Beatrice smiled. 'He is right, Dickon. It seems my churlish champion knows more of the deeds of Arthur's knights than you do.' She chucked the palfrey's reins. 'Come on, Dickon. Father will be wondering what has happened to us.' As she rode out of the clearing, she cast one final glance over her shoulder at Martin. 'Farewell, my Lancelot. Perhaps another day will give you a chance to defend my honour.'

To his own astonishment, Martin found himself hoping it were true.

–

'Wade tells me you and Master Dickon had an adventure today,' said Beatrice's maid Edith as she brushed her mistress's hair that evening. Edith was in her early thirties, a handsome, full-bodied woman with strawberry-blonde hair and bright green eyes. She had been Beatrice's nursemaid when she was born, and had remained in Beaumont's service as his daughter's maid after she had grown up, becoming the young woman's only confidante.

Beatrice nodded. 'We were set upon by three outlaws. I dread to think what might have happened had not Martin chanced upon the scene.'

'Martin?'

Beatrice nodded again. 'Martin Kemp. You remember – the churl that father had flogged for striking Dickon last September. He's really quite gentle.'

'I did not think that you were on first-name terms with anyone from the village,' Edith remarked with amusement, and Beatrice flushed. 'What about Dickon? Was he not there to defend your honour?'

'He did his best,' admitted Beatrice.

'Master Wade tells me that he slew all three outlaws.'

'He could not have done so had not Kemp intervened,' said Beatrice, taking care to use Martin's surname this time.

'You sound quite taken with him.'

Beatrice smiled. 'He is certainly fair of face.'

Edith wrinkled her nose in an expression of distaste. 'Fie on you, for speaking so of a churl! They all stink of dung!'

Beatrice pouted. 'I think he would look quite presentable, if he were given a bath and some clean clothes.'

'You can't make a silk purse out of a sow's ear. Now, young Dickon, on the other hand…'

Beatrice frowned. 'He's sweet enough…'

'He's better-looking than any churl. Has he proposed to you yet?'

'Not yet. He says he wants to win his spurs first, so he may be worthy of me.'

'And why should he not?'

'Should I love him any better, knowing he has fought well in France?'

'You should be more proud of him, knowing that he has proved his courage in battle.'

'And if I did not love him at all?'

'That is not important. You will marry whoever your father chooses.'

'I shall marry who I please!' Beatrice protested indignantly.

Edith shook her head. 'Your father has been patient with you, but you cannot rely on his tolerance for ever. If you do not accept Dickon, he may well choose another man for you, one who is older and uglier.'

Beatrice grimaced at the prospect. 'We'll see.'

-

The following Monday was the first Monday after the sixth of January, called Plough Monday because it was the day on which tillage was traditionally resumed. Even though it meant a return to labour, it was a cause for rejoicing. The fact that the soil was no longer too frozen to be tilled signified that the worst cruelties of winter were behind them, and the approach of spring could not be far away.

Michael and Martin joined their fellow villagers working in the west field, which had lain fallow during the previous year to allow the soil to regain its fertility. Three days a week they were all compelled to do boon-work on Sir John Beaumont's demesne. Every seventh day they would rest from their labours to attend mass at the church, afterwards sharpening their arrows on the church walls before strolling across to the village green for archery practice. Today the same as tomorrow and for ever.

Martin noticed one change, however. Now the curate would end his services by preaching a sermon against the French. He would speak of how King Edward was the rightful king of France, and how the French usurper, Philip of Valois, was rejecting all attempts at reconciliation and inciting the Scots to fight the English in direct contravention of the Truce of Malestroit.

Martin could recall hearing of French attacks on Portsmouth and the Isle of Wight when he was a young boy; distant, exotic places he only ever dreamed of visiting, but still part of the Kingdom of England for all that. The County of Leicester had never been in danger from either the French or the Scots as far as he was aware, but the French had nevertheless been the bogeymen of his childhood with which his mother had tried to threaten him when he was unruly. 'If you don't go to bed this instant, the French will come and get you!' she had often warned him. He had always pictured the French as demons with horns, tails, and cloven hooves for feet. 'I'm not afraid of the French!' he had finally begun to protest when he had grown a little older. 'I'll fight them with my sword and my bow, just like Uncle Simkin used to fight the Scots!' And he had brandished his wooden sword, and the toy bow with which he shot squirrels and birds, while his mother threw up her hands in despair and his father chuckled approvingly...

Martin suddenly jerked out of his reverie, and realised that once again he had almost nodded off during the curate's sermon. The curate was reiterating that the French held the English in contempt and were determined to subjugate them. He said that the French intended to invade Kent that year, and that once the whole of England had fallen to them, they would stamp out the English language and force everyone to speak French. The French needed to be taught a lesson. Not for the first time, Martin found himself envying the men who had gone with Henry of Derby to fight the French in Gascony.

He did not even glimpse Beatrice again for the next few months, although it was not for want of trying. In his few moments of daylit spare time, he found himself loitering as close to the lane leading to the manor house as he dared without being too obvious. He continued to see her in his dreams, though; dreams in which he won a knighthood for courage on the field of battle, and thus made himself eligible for her hand. He was well aware that such things were extremely rare, but they did happen: it was only seven years since the famous John Chandos, born a commoner, had been knighted for valour while campaigning in France. Chandos had been a freeman rather than a villein, but the jump from villein to freeman was not impossible, either. If one such step could be made, why not both? He knew, deep within his heart, that if any man were capable of such a feat it was himself. But in the meantime there was work to be done, fields to be ploughed and sown, and during that time he became even more taciturn than usual.

The months passed slowly, even by rural standards. Easter came and went. The villagers continued the work of ploughing and sowing in the fields. Then came May Day, signifying the beginning of summer. It was the one day of the year when Beaumont's villeins automatically had his permission to leave the manor, so that they could attend the festivities at Leicester town. May Day fell on a Monday that year, so they were all given a day off from their labours.

The sun was shining in a bright blue sky, promising a long, hot summer. The villagers hitched up the communal cart, decorated with May boughs and flowers, to the team of oxen, and walked alongside it, laughing and joking as they made their way north along the Welford road to the town, the men carrying bows and arrows. May Day was a day of competitions, in which men sought to prove their skill or stamina in various contests of athletics and other sporting events. There was running, jumping, bowling, shot-putting and quoits, but the most popular contest was always archery. Much to his own surprise, Martin had been one of the runners-up in last year's competition. Now that he knew he had the first prize within his grasp, he had been practising hard all year.

Leicester was a large, walled town on the east bank of the River Soar. The houses there were larger than anything Knighton had to offer, and many of them were made of stone. Their doors had been decorated with May wreaths of oak and hawthorn, while a tall maypole had been erected on the common to the east of the town, just outside the walls, where children performed the traditional May Day dances. A troupe of mummers had set up a stage before an enthusiastic crowd, while stalls provided a variety of entertainments, from fortune-telling to puppet shows. There were games of skill and games of chance, minstrels who played love songs on psalteries, rebecs, lutes, dulcimers and pipes, and *gestours* who recited epic poetry, such as the 'Song of Roland' or – more popular with the commoners – the various ballads of Earl Ranulf of Chester and Robin Hood. There were jugglers who skilfully tossed burning brands back and forth, and tumblers who formed human pyramids and catapulted one another from see-saws. The tumblers were extremely popular, as some of them were women, and their art required that they wear skimpy costumes for agility, or so they claimed.

This was Martin's favourite day of the year. Any rest from the eternal labour of the land was welcome, but May Day was one of the few times when his own world was extended beyond the narrow confines of Knighton and the surrounding fields. In the small village, where everyone seemed to know everyone else's business, Martin felt as if he was permanently under scrutiny. At least here, in the crowds of the town, he could escape all that and lose himself in the comforting anonymity of the multitude.

The villagers of Knighton strolled amongst the stalls and tents in a loose gaggle, taking in all the sights, sounds and smells of the festival. Alison Forester – a young woman from the village who had in vain been trying to gain Martin's attention for the past few months – pointed to where a row of archery butts had been set up against the east wall of the town. 'Look, Martin! That's where they're having the archery contest. Aren't you going to have a go?'

Martin waved her to silence; his attention had been attracted by a *gestour* who was telling a small but growing audience of peasants and townsfolk the latest news of Henry of Derby's campaign in Gascony. Apparently a place called Aiguillon, held by Lord Ralph Stafford and Sir Hugh Menil – a Leicester knight – was being besieged by a French army commanded by Philip of Valois' eldest son, Duke John of Normandy. Gascony, Aiguillon, Normandy – exotic-sounding, far-off places where a courageous man could win honours and riches on the field of battle. Martin found himself wishing that he could be at the siege, if only to prove himself as worthy as any so-called nobleman.

The *gestour* turned his attention to other matters of less interest to Martin, who turned back to Alison. 'I'm sorry, lass. What were you trying to tell me?'

'The archery contest,' she reiterated, pointing. 'You are going to take part, aren't you?'

He grinned, showing her the longbow he had brought with him all the way from Knighton in its woollen bow-bag. 'I didn't bring this as a walking stick.'

'Go on, Martin,' Sewell urged him. 'We need a Knighton lad to show them how it's done.'

Accompanied by the other villagers, Martin grinned wryly and shuffled up to the short queue of men waiting to prove their skill with the bow. While he was waiting, he strapped his leather bracer to his left wrist and slipped the bow-bag off his elmwood bowstave. It was almost six feet in length, as tall as he was. He took out his hemp bowstring, tying one end to the lower horn of the bow and wedging it against the inside of his foot, bending the stave so he could loop the other end of the string over the upper horn. He plucked it experimentally to check the tension.

Glancing up, he saw Alison watching nearby with his mother and brother, and Sewell. She waved at him enthusiastically, and he waved back rather more shyly. He turned his attention to the men who were already shooting at the butts. Their skill was fair, but Martin knew he could do better, and that knowledge gave him confidence.

'Next!' called one of the marshals. The next man up was a tall, lean individual with lank, dark hair and a long, equine face. He obviously had not heard the marshal, for he continued his conversation with the slatternly dressed wench who stood beside him.

'Come on, we haven't got all day!' the marshal called irritably. When the horse-faced man still did not show any sign of having heard, the marshal signalled for Martin to step up to the mark. Martin had taken two steps forward when a hand landed on his shoulder and jerked him roughly back, catching him off-balance.

'Oi! Where in Christ's name d'you reckon you're going?' The horse-faced man pulled him roughly aside, winking at the wench, who giggled. '*I'm* next.'

'Then why don't you get on with it?' demanded Martin, offended by the man's blasphemy and angry at being handled so roughly.

The man waved a dirty finger in front of Martin's nose. 'Watch it, boy, if you don't want me to break your skull for you.'

Martin was about to do a little skull-breaking of his own, but Simkin restrained him. 'Easy now, lad,' he murmured into Martin's ear. 'You know you can flatten him, and we know you can flatten him; he's the only one with owt to prove, and he's only trying to show off in front of the wench. Don't give him the satisfaction. There's better ways of proving yoursen the better man.'

'Either one of you will do,' the marshal called dryly to Martin and the horse-faced man. 'You'll all get a turn soon enough.'

The horse-faced man sneered at Martin, and stepped up to the mark.

'Name?' asked the marshal, dipping a quill into an ink-horn.

'Will Caynard of Humberstone,' said the man.

The targets were set two hundred and fifty yards from the marks. Each competitor was allowed a 'sighter' – a warm-up shot – after which he had to place three shots in the yellow circle at the centre of the target to qualify for the next round. Caynard passed through, and Martin stepped up to the mark.

'What's your name, lad, and whereabouts are you from?' the marshal asked him.

'Martin... Martin Kemp. Of Knighton.'

The marshal made a note of his name and address. 'You can have a "sighter" first.'

Martin shook his head. 'I won't need it,' he told the marshal absently.

A group of local lads gasped mockingly. 'Looks like we got oursens a young Robin Hood here,' sneered Caynard.

Martin cast an eye over the watching crowd. In addition to the townsfolk there were a few nobles watching on horseback at the rear of the crowd, including Beaumont, Stamford and Beatrice. Martin felt a sudden pang at the sight of her, but pushed it to the back of his mind.

He had never shot in front of such a large crowd before, but he simply turned his back on it, blotting the spectators from both sight and mind. He took three target arrows from his belt. They were three feet in length, with grey goose-feather fletchings and ash shafts. Their steel tips had been designed to prevent deep penetration, so they could easily be pulled from the boss without damaging the shaft or the fletchings. Putting three arrows in the centre of the target was easy enough: he had practised archery for as long as he could remember; it was all second nature to him.

The next round was the same again, only this time without the 'sighter', and the distance was extended to two hundred and sixty yards. Consistency was as important as accuracy in this competition; one slip, and a competitor was out of the running. Sudden death, they called it.

By the end of the sixth round, the distance had been increased to three hundred yards, winnowing out all but six of the competitors, including Martin and Caynard. For the seventh and final round, a slender wooden wand was placed upright in the ground a foot in front of the butts; whoever placed his arrow closest to the wand was the winner. This time they used simple steel-tipped arrows that would not knock the wand aside if they brushed past it. The six archers drew lots to decide the order in which they would shoot. Caynard was second, and Martin fifth.

The first man to shoot barely hit the target, and knew at once he would not win, cursing his own over-confidence for betraying him when he had come so close to victory. Caynard stepped up to the mark, exuding self-confidence. After he had placed his arrow in the target, one of the marshals ran up to examine its placing.

'It's touching the wand!' he announced. The crowd cheered uproariously, the wench clapping her hands with delight. Caynard's friends hoisted him on to their shoulders and carried him through the cheering crowd.

'They're a bit premature in their celebrations, I reckon,' sniffed Sewell, although few people seemed to agree. The next two archers confirmed the general opinion, shooting well but not well enough to beat Caynard's shot.

'Go on, Martin!' shouted Sewell. 'Show them that trick I taught you.'

Martin nodded, and stepped up to the mark. He licked his index finger and held it up to check the wind's strength and direction. Then he took an arrow from the marshal and nocked it to his bowstring, taking careful aim. Keeping his mind clear and relaxed, he took in a deep breath, and let fly on the exhale. Once he had sent the arrow speeding towards its target he closed his eyes, feeling the bowstring thrumming against the bracer on his left wrist. The great gasp that arose from the crowd, and the cheer from the other Knighton villagers, were enough to confirm that he had succeeded in his aim: he had split the wand.

'You've done this before, haven't you?' the marshal remarked dryly.

Martin grinned self-consciously, and was suddenly swept off his feet as the villagers of Knighton hoisted him on to their shoulders, carrying him past the scowling Caynard. He was eventually deposited with his family and friends, and received an embarrassingly breath-snatching hug from Alison.

'Did we win?' Martin gasped over her shoulder at Michael, who nodded.

'A shilling!' It was the equivalent of a month's wages. 'It's a pity they don't hold archery contests more often: with your skill with a bow, we could quit farming and live off the profits of your archery.'

'Now there's an idea,' said Martin, and turned to where a fairground barker was promising a ram and a ring to any man who could put Goliath on his back. 'Goliath' was a muscular young man in his late twenties. Six foot five, he towered over any man Martin had ever seen, with a shaven head and a face ferocious enough to ensure that he had few takers. Martin watched until one peasant lad decided to chance his arm – and all his other limbs, for that matter – paying the barker a penny before entering the ring with Goliath. The peasant was a big lad, even bigger than Martin, but he was no match for Goliath. They wrestled for a few moments, but sure enough it was the peasant lad who found himself flat on his back in the mud.

'What do you think?' Sewell asked Martin, as the two of them eyed Goliath speculatively. 'The trick is to go in swift, like; get him down before he knows what's hit him.'

Martin nodded. He had done enough wrestling with the other lads in the village to know what he was doing. 'The trouble is, it looks as though Master Goliath knows that, too,' he remarked wryly. 'Do we really need a ram?' he asked Michael, who was examining the beast in question.

Michael rose to his feet, satisfied that the ram was in good health. 'We can always sell it.'

Martin nodded, and paid the barker his penny. He removed his clogs and stripped to the waist, entering the ring dressed only in his breech-cloth and woollen leggings.

He started by trying to circle his opponent, but it was obvious that Goliath was growing bored with the day's succession of victories, and now wanted only to win this latest match as quickly as possible. He dashed forward, seeking to clasp Martin around the waist as a preliminary to turning him upside down and dropping him on his head, but Martin dodged out of his reach, and hooked an arm across his back. The two of them grappled for a few moments, churning the mud beneath their feet as they circled as one within the ring. Goliath tried to hook an ankle behind Martin's legs, but Martin was wise to that trick, keeping his feet out of Goliath's reach. They pushed against one another, and then Martin suddenly retreated. He broke free, and twisted Goliath's arm. The giant overbalanced, falling on his back. Martin promptly dropped on his neck, pinning him down for the count of five. Then the two of them rose, clasping hands to show that there were no hard feelings. The barker – who was Goliath's manager – handed the gold ring and the ram's lead to Michael rather more grudgingly, scowling at Goliath.

Martin was about to climb out of the ring when a man stepped up to the ropes. 'I'd like a go at that, if you don't mind.' His accent – the broad tones and short vowel-sounds of a man from the North Country – sounded strange to Martin.

'All right,' panted Goliath. 'But let me catch my breath.'

The man shook his head. 'Not wi' you. Wi' the new champion.' He indicated Martin with a nod.

Goliath turned to his barker, who shrugged truculently. 'You'll have to ask him about that,' he said, indicating Martin.

'What d'you say, lad?' the newcomer asked Martin.

'Will you give us a chance to take the ram and the ring from you?'

'What if I win?'

'Then I'll give you the equivalent in cash.'

Martin looked the man up and down. He was in his late forties, of no more than average height, a stocky man with close-cropped hair and a seamed face. 'Aye and like,' Martin agreed carelessly.

Goliath climbed out of the ring and the man climbed in. He and Martin circled each other warily, and then Martin charged forward, hoping to catch his opponent by surprise. The man dropped to one knee at the last moment. As the two of them collided, the man caught Martin in the stomach with his shoulder. He pushed himself sharply to his feet, allowing Martin's own momentum to carry him over his shoulder. Martin landed on his back in the mud, and the man placed a booted foot on his chest for the count of five.

Martin felt angry and humiliated at having been caught out so easily. 'Best out of three?' he suggested hopefully.

'Of course,' the man replied, grinning, as he helped Martin to his feet. The man's insouciance only infuriated Martin all the more.

Once again they circled warily, Martin striving to control his anger. It would only cloud his judgement, and he knew from experience that in wrestling judgement was far more important than strength or weight.

The two of them ran at each other simultaneously. The man caught Martin in a bear hug, squeezing him painfully tight. Martin reached over the man's shoulder, trying to grab him around the waist from behind. The man tried to get under Martin's centre of balance and flip him over his shoulder, but Martin kept his feet well back and firmly planted on the ground. Their feet slipped out from beneath them in the churned mud and the two of them landed in a heap, the man chest-down on the ground, Martin on top of him. Martin caught the man in an arm-lock and rolled him over, pinning him down for the count of five.

As the two of them struggled to their feet, the man looked Martin up and down with frank appraisal. 'Not bad,' he said. 'Not bad at all. This 'un for the ram and the ring, eh?'

Martin suddenly had the feeling he was being tested in some way.

They grappled again, and this time Martin managed to hook a leg behind the man's ankle, tripping him up. The man rolled on to his back, pulling Martin with him, the soles of his feet against Martin's stomach. Martin landed heavily on his back in the mud once more, dazed. The man was on top of him immediately. Martin had to exert all his strength to push the man off, rolling on top of him. But again the man used Martin's own momentum against him, continuing the roll so that he ended up on top once more, this time bracing himself to ensure that he stayed there.

Martin knew when he had been beaten fair and square. 'That's a ram and a ring I owe you,' he told the man ruefully, as the two of them struggled to their feet and clambered out of the ring.

The man shook his head. 'Nay, lad, you keep them. What would I want with a ram and a ring? Besides, it's been a fair while since any man put me on me back. You've earned it.'

'We had a contest,' protested Martin. 'You won. It wouldn't be fair…'

'Listen, lad. I already get paid for fighting, and paid handsomely at that. It'd be a crime to take the prizes from you. When I entered the ring, I didn't think you stood a chance. I must confess that for a moment there, you had me worried.'

'Maybe so,' mused Martin. 'But then, when *I* entered the ring with *you*, I never thought *you* stood a chance, neither.'

The man chuckled. 'What's your name, lad?'

'Martin Kemp.'

They shook hands, and the man jabbed a calloused thumb at his own chest. 'Wat Preston. I saw you at the butts earlier. That were some rare archery, lad. I'll wager you're a mean customer wi' a quarter-staff, too, eh?'

Martin shrugged. 'Middling fair.'

Preston laughed again. 'Wi shoulders like that?' he asked, punching Martin on one of those self-same shoulders. 'And modest too, I'll warrant! You're an instinctive fighter if ever I saw one, lad. A bit impetuous, maybe, but then who isn't at your age? You've got brains and you use 'em, and that's a rare enough quality nowadays. You've got potential. Have you ever thought of making a living out of soldiering?'

The question caught Martin off guard, but he answered it readily enough. 'Aye and like. All the time.'

Preston regarded him in wonderment. 'Well now, I'm glad we had this little chat. Have you ever used a sword?'

This time it was Martin's turn to laugh. 'Only a wooden one. When I were a boy,' he added, by way of explanation. 'Where would I get the money for a sword?'

'It could be arranged,' Preston told him seriously. 'My master would happily lend you a sword, if you were ready to use it in the service of the king.'

'I'd like that,' Martin admitted.

'Then why not?' Preston pressed eagerly. 'My master's looking for fine young men like yourself to go to fight for the king in France. And what young man of spirit could turn down such an opportunity, eh? There's glory and booty to be won… why, I've seen farmers' sons no better off than yourself spend a season campaigning in Brittany, and come back laden down with enough spoils to make 'em the envy of the richest merchants in London…'

Martin reluctantly shook his head. 'I'm a villein, not a freeman. I'd need my lord's permission to leave the manor…'

'Who is your lord? I'm sure that if my master were to have a word with him, it could be sorted out easy enough…'

'Well, well. If it isn't my Lancelot.'

Recognising the voice, Martin immediately lost interest in what Preston was saying and turned to where Beatrice stood. He blushed, momentarily at a loss for words. 'Did you see me shoot?' he stammered.

She nodded, smiling. 'If you could use a sword as well as you ply that bow of yours, then you would indeed be a fitting champion…'

'You seem to be losing your touch, Wat,' observed a voice beside Preston, and he turned to see his master standing there. The two of them watched as Martin and Beatrice strolled a short distance away.

'I can't compete with the likes of her,' replied Preston, aggrieved. 'Although what a fine lass such as her can see in a villein is beyond me.'

'Beatrice Beaumont has a reputation as a tease,' Preston's master explained dismissively. 'She's probably only doing it to tease the lad, and her lover yonder.' He nodded to where Stamford stood nearby with Beaumont, glowering at the sight of Beatrice talking to the young churl. Beaumont said something to Stamford, who nodded, and walked across to where Beatrice stood.

'Come away, Beatrice,' snapped Stamford. 'People will talk!'

'Because I spoke to a churl?' she protested indignantly. 'I was merely congratulating him on his victory in the archery contest. We should be proud that it was a young man from our manor who proved himself the finest archer in the county.'

'Skill at archery is nothing to be proud of,' replied Stamford, glaring at Martin. 'The bow is a weapon for churls.' He took her by the arm and all but dragged her away. She shot Martin an apologetic glance over her shoulder. He watched the two of them disappear into the crowd, and was about to turn back to Preston when someone grabbed him roughly by the arm.

'Stay away from my daughter, Kemp!' Beaumont snarled in his ear.

Martin shrugged off his grip. 'Can I help it if she prefers my company to that of your squire, Sir John?' he replied sardonically.

Beaumont hit him. The blow caught him by surprise, knocking him off his feet. More shaken than hurt, he was about to pick himself up and hurl himself at Beaumont in fury when Sewell suddenly crouched by him, holding him down. 'Easy, lad,' he murmured, and it gave Martin enough time to control his anger and realise the foolishness of trying to retaliate.

'I'll not warn you again,' growled Beaumont. 'If I see you talking to Beatrice once more, your whole family will suffer for it.' He turned his back on Martin and stalked off. Martin glared after him until he was out of sight, and then turned to where Preston had been standing. But both Preston and his master had disappeared. Disconsolate, Martin hurried off to rejoin the other villagers from Knighton.

Beatrice walked with Stamford and Edith through the crowded streets of the town, pausing to view the gowns on display on trestle tables in front of dressmakers' shops. Uninterested in such fripperies, Stamford walked ahead, trying to will the two women to hurry up. He allowed his curious eyes to linger too long on a well-dressed young woman with a painted face, and seeing his interest she quickly lifted the hem of her gown high enough to give him a brief glimpse of her crotch.

'Fancy a go?' she asked, grinning to reveal green teeth. 'Only a couple of shillings to a fine young man like yourself. I'd offer it for free, only I've a father and three little sisters to look after.'

Pop-eyed with disbelief, Stamford blushed and stammered, 'Eh? Er… no! No, thank you.' Crimson-faced, he hurried on, the whore's cackle of amusement ringing in his ears. Watching from the doorway of a shop, Beatrice and Edith giggled at his discomfiture, allowing him to disappear into the crowd.

'He looked as if he'd never seen a cunny before!' whispered Edith.

'Nor has he, for all I know,' replied Beatrice, more interested in a particoloured silk kirtle.

Edith regarded her sceptically. 'You mean, you haven't taken him in hand yet?' she asked archly.

'I would have thought that seducing noblemen was more your level,' said Beatrice. She was beginning to suspect there was more to Edith's relationship with her father than that of servant and master, and she could not help resenting the fact that her father loved anyone other than herself. 'Especially older noblemen,' she could not resist adding snidely.

Edith coloured. There had been a certain amount of friction between the two for as long as she could remember, as there might be between step-daughter and step-mother; but the confined world of Stone Gate Manor House forced the two of them to make an effort to get along, suppressing their mutual dislike. Edith knew what would happen if Beaumont had to choose between her and the daughter he doted on; but she promised herself she would make Beatrice pay for her last remark.

But there was nothing she could do openly to defy her master's daughter, so she forced herself to paste a smile on her face and hurriedly changed the subject. 'Did you see that handsome knight who was watching young Martin Kemp wrestle? The one with only one eye?'

'Sir Thomas Holland, you mean?' asked Beatrice, forcing herself to sound indifferent. She had met Holland at the memorial service for the old Earl of Lancaster. She could not forget that day, no matter how hard she tried. She had found herself holding court to all the young squires present, as she invariably did at any event she attended. But such callow youths held little interest for her. She had spent the day trying to get Holland alone, and when she finally succeeded he had spurned her advances, saying it was neither the time nor the place, though even she could see it was just an excuse. She knew he thought himself too good for her, although he was just a member of an obscure family from Lancashire. 'How unfortunate that a Genoese crossbow bolt at the battle of Sluys should have rendered him so repulsive.'

'You think so? I thought him rather handsome. The eyepatch lends him an air of mystery.'

'Aye, for such mystery is not rightly his. All it covers is an ugly socket, I am certain. I would not choose to wake beside that each morn. Anyway, they say he is enamoured of Lady Joan Montague,' she added dismissively. Lady Joan, often referred to as the Fair Maid of Kent, was said to be the most beautiful woman in all England, and Beatrice found it very tiresome that so many young men who should have been paying court to her were instead more interested in extolling Lady Montague's virtues.

'Is she truly as fair as they say?' Edith could not resist asking. She knew full well that Beatrice did not move in the same circles as Lady Joan, who was cousin to the king and wife to the Earl of Salisbury's heir.

'I neither know nor care,' Beatrice replied coldly, nettled.

They had reached the south-west corner of the town, where Leicester Castle stood on the bank of the River Soar. They passed through the arched gateway into the bailey. The castle was a relatively modest fortification. The mound of earth that had once formed the *motte* of the old Norman castle still stood, but the wooden keep had long since been allowed to rot away, while no new stone keep had been built in its place. Instead the centrepiece of the castle was its great hall, the administrative centre of the county.

There were stalls and sights to be seen inside the bailey, which was just as crowded as the streets outside. Michael and Martin Kemp were there, watching the Moorish dancers dressed in clogs and dark clothing, holly-wreaths on their heads, dancing in a circle with elaborate foot-patterns as they jingled their bells, flourished their silk scarves and clacked their staves together. The dancers were dark-skinned paynims, brought back to England by Henry of Derby following his visit to Granada on crusade.

The Kemp brothers had been inside the castle only once before, six years earlier, when Derby had held a tournament there to celebrate his daughter's wedding. Martin had only been about ten years old at the time. The knights in their shining armour, riding on their magnificent destriers, had made a great impression on him.

Seeing Martin and Michael, Beatrice nudged Edith and murmured conspiratorially in her ear. Edith was about to protest when an idea occurred to her. Here was her chance to pay Beatrice back for her earlier barbed remark. She smiled sweetly. 'As you will, my lady.'

A gypsy woman clutched at Michael's sleeve. 'Your fortunes told, if you cross my palm with silver.' She was approaching middle-age, a plump woman with a swarthy complexion who nonetheless would have appeared quite jolly had it not been for her dark, soulful eyes.

Michael was about to brush her off, but Martin, feeling flush after his victory at the butts, tossed her a penny which she caught deftly in one hand. 'Go on then, mistress,' he said with a grin. 'What does Fate have in store for my brother?'

The woman bit the coin to make sure it was not false, and then studied Michael's palm. 'You will die wealthy,' she pronounced solemnly. 'Beware a man with a scarred face.'

Michael beamed. 'You hear that, Martin? I'm going to be rich.'

'A likely story. She's just telling you what you want to hear.'

'Madame Szgany never lies,' said the woman, and reached for Martin's hand. Shrugging, he held out his palm. She began to study it, and then reacted as if she had been stung. There was real fear in her eyes, and she made a pass in the air as if warding off an evil spirit.

'What is it?' Martin asked in astonishment. 'What's wrong?'

'Death walks beside you,' the woman whispered fearfully.

Michael crossed himself, but Martin laughed. 'I'll be glad of his company, so long as he minds where he swings that scythe of his.'

'Don't jest of such things, Martin!' hissed Michael. 'Come, quickly, to yonder church that you may be shriven of the curse this paynim woman has placed on you!'

Martin grinned. 'Don't be daft. It's all a load of heathen nonsense. You know what Sewell says: a man holds his destiny in his own hands, 'tis true; but it's a destiny he must fashion for himself, not one that's writ in every line of his palm.'

'I suppose you're right,' Michael allowed dubiously, and then turned as Edith approached him.

'It's Michael Kemp, isn't it? I was so sorry to hear about what happened to your father last autumn. How are you coping now you're head of the family…?' She linked her arm through his, and he allowed himself to be led away, flattered by her attention, telling her of the heavy responsibilities he had to bear. There might have been more than ten years' difference in their ages, but at thirty-two she was still handsome; yet at the same time, she would be lucky to find a husband at such a late age, and not being of noble birth she could do a good deal worse than Michael Kemp.

Even so, there had been something staged about the way she approached Michael, Martin reflected as he turned his attention to the bear-baiting. He understood why a moment later when Beatrice sidled up beside him.

'I want to see you,' she said out of the corner of her mouth, without turning her head to meet his gaze.

'Sir John said I weren't to see you no more,' he stammered, confused.

'You're not scared of him, are you?' she taunted.

'Of course not,' he asserted, full of youthful bravado.

'Then meet me in Knighton Woods at noon tomorrow. Where you saved Dickon and me from those robbers.' Then, to his astonishment, she gave him a peck on the cheek before slipping away through the crowds.

Glancing at this over her shoulder as she pretended to listen to what Michael was saying, Edith permitted herself a smile of triumph. Beatrice had played right into her hands.

Chapter Three

When the sun reached its zenith the following day, the peasants of Knighton broke off from harrowing the fields to sit down to a dinner of cheese, bread and ale. It was easy for Martin to slip away. He knew they would have resumed their labours by the time he got back, and he would be scolded by Croft, but it would be worth it even for a glimpse of Beatrice. He had not slept a wink the previous night, wondering why she wanted to see him. He could think of only one reason, but that was more than he dared to hope for. What could such a fine lady see in a churl like himself?

Beatrice was already waiting for him by the time he reached the clearing. He stumbled through the trees and came to a halt a few feet from where she stood as she looked up to greet him. The two of them faced one another awkwardly. Then she smiled.

'You came.'

'Aye.'

She paused. She too had lain awake most of the night thinking about what she would say, coming up with a dozen alternatives, and now she could not remember one of them. It was ridiculous, she told herself: she could hold her own in conversation with some of the wittiest young men in the Leicestershire aristocracy, yet this hulking, taciturn peasant youth always made her feel tongue-tied. There was a feeling of strength and power emanating from him that both frightened and excited her.

'My father wants me to marry Dickon Stamford,' she blurted, and then wanted to bite off her own tongue for betraying her so clumsily.

He tried to shrug nonchalantly, though inside he suddenly felt sick at heart. He was a fool to have thought there could ever be anything between the two of them. 'Do you love him?'

'What's that got to do with anything?'

He shrugged, and they started walking side by side through the trees. 'You could run away from home,' he suggested.

She laughed mirthlessly. 'And how would I live?' Martin had no answer to that one, so they walked on in silence while Beatrice desperately tried to think of something else to say.

'How is it that you know so much of the noble deeds of King Arthur and his Knights of the Round Table?' she asked at last.

He shrugged again. 'Uncle Simkin – Master Sewell, I mean – and my father used to tell us of them when I was a boy.'

'I'm sorry. About your father, I mean.'

'It's not you who should be sorry. It's your father.'

'My father never laid a finger on yours!' Beatrice protested hotly. 'I heard it from Treroose, our steward – he was there when it happened – it was a seizure, nothing more...'

'Aye, well. Your father will burn in Hell for it,' Martin said stubbornly. 'Even if I have to send him there myself.'

'Martin!' she protested angrily, and then softened. 'Must we fall out like this?'

He lapsed into a sullen silence.

'It's small wonder you and my father hate one another so,' she sighed. 'You've far too much in common.'

He stopped, and stared at her in bewildered astonishment. 'What's that supposed to mean?'

'You're both arrogant, and both as stubborn as the Devil.'

'Don't ever compare me with your father!' Martin snarled angrily.

She giggled. 'And hot-blooded, too!'

Her laughter infuriated him, and he raised a hand to strike her, barely restraining himself in time. She did not flinch, standing with her arms akimbo, her fists balled on her hips, staring at him defiantly as if daring him to hit her. Suddenly, for the first time, Kemp was aware of her not as an idealised love, but as an object of lust. Before he even realised what he was doing he had seized her in his arms and pulled her hard against him, dipping his head to kiss her clumsily.

'H... how dare you?' she whispered when he broke off the kiss. There was no anger in her voice, only confusion.

'There's nothing I wouldn't dare, for you,' he breathed hoarsely, and kissed her again. This time she responded, reaching up behind his head to pull his mouth down hard against her own, her lips opening into his, her tongue probing. She felt him growing hard against her, and grew fearful that she was losing control not only of the situation, but also of herself. Part of her told her to stop this before it got out of hand; to allow herself to be seduced by such a filthy peasant would be unthinkable!

She tried to push him away, but Martin had none of Stamford's courtly qualms. Carried away by his own lust, he gave no thought to the possible consequences of his actions. The two of them grappled momentarily, and then Beatrice slipped and fell amongst the bracken, pulling Martin down after her. She gasped, winded, as he fell on top of her.

'I'm sorry,' he stammered, only now realising what he had done.

'You jackass!' she squealed. 'You've got my gown all filthy, you clumsy great ox!'

'I'm sorry,' he repeated helplessly.

Then, to his astonishment, she giggled, and reached up to pull his face down against hers once more. The weight of his body on top of her filled her with an excitement she had never felt with any of her previous lovers. He could feel her breasts pressing firmly against his chest, well-rounded and disproportionately large on such a petite figure. Feeling him grow tumescent once again, she experienced a tightness in her throat, her breath coming in ragged gasps now. She reached down between them, tugging up the hem of his tunic, grasping him through the fabric of his breech-cloth. His heart pounding, he stared down at her, and she nodded solemnly. He pushed himself up, kneeling between her spread thighs as she hiked up the hem of her gown around her hips and he struggled to tug down his breech-cloth.

Then he crouched over her, clumsily trying to thrust himself inside her, and she had to reach down and expertly guide him into her. She gave a gasp of pleasure as he slid into her with a grunt, arching her body against his. He began to move against her, slowly and gently at first, uncertain of himself. Then she wrapped her bare legs around his hips, pulling him deeper inside her, moaning with pleasure. No longer in control of himself, terrified and ecstatic at one and the same time, he began to increase the violence of his thrusts, grunting with lust, and she squirmed beneath him, sobbing with delight at each stroke. Then, just when he could contain himself no longer, her body was racked with a spasm and she cried out, clutching him to her. He groaned in his moment of release, and it was over before he realised it. He slumped on top of her, gasping for breath. Beneath him Beatrice began to weep, although whether it was with joy or disappointment he could not tell and was too spent to care.

Edith was also breathing hard where she hid amongst the ferns less than fifty yards away, rubbing her crotch through the fabric of her skirt. She was disappointed that the scene had not lasted longer, although she had expected nothing more of a callow peasant youth so clearly inexperienced in such matters. But she was pleased by Beatrice's performance; she had played right into her hands. Struggling to control the rasping of her breath, she crept away through the bracken, heading back to the manor house with a triumphant smile on her face.

-

Riding to the manor house the following morning, Thomas Croft was about to turn off the road and up the lane when he was overtaken by a finely dressed young man in a feathered cap, riding a thoroughbred palfrey.

'Good morning!' the young man hailed him cheerfully. 'Is this the right path for Stone Gate Manor House?'

'Indeed it is,' said the reeve. 'I'm riding that way myself, if you'd care to ride a ways with me. It's not far,' he added.

'Much obliged to you,' said the young man. 'I have two letters for…' He paused, and reached inside one of his saddle-bags to produce an envelope, glancing at the name and address on it. '… Sir John Beaumont. I take it I have the right address?'

The reeve nodded. 'Aye. I'm Thomas Croft, Sir John's reeve for the village of Knighton.'

'I cannot say I am familiar with the place,' the young man said airily. 'I am John Rider, one of the king's messengers,' he added.

They heard the ringing clash of steel on steel even before they entered the courtyard of the manor house. The gate was open, and they rode through to see two men clad from head to toe in gleaming armour engaged in combat, swinging their heavy broadswords against metal-rimmed wooden shields. One knight wore a white jupon emblazoned with a red wyvern over his breastplate, the other a red jupon bearing the device of a white cinquefoil. Their faces were hidden by the visors of their egg-shaped bascinet helmets. They were only practising, but the messenger had attended enough tournaments to know that both men were clearly expert swordsmen.

The reeve and the messenger were not the only spectators to this display of swordsmanship. A young noblewoman stood on the far side of the courtyard, clapping her hands with delight at their skill, while a well-dressed servant stood by more sedately, his back three-quarters turned towards the open gate. Eventually the steward caught sight of the two visitors.

'Sir John is exercising with Master Richard,' he told the reeve. 'But I'm certain he'll see you in the dining hall as soon as he is finished, if you'd care to wait in the kitchens.'

The reeve bowed, and headed towards the kitchens. The cookhouse was set apart from the main buildilng, to reduce the risk of a fire in the kitchen leading to the destruction of the manor house. Treroose turned to the messenger. 'And what is your business, sir?'

'I have two messages from the King's Chancery for Sir John Beaumont.' The messenger showed Treroose the envelopes bearing the Chancery seal.

'If you give them to me, I'll see that he gets them,' said Treroose, reaching for his purse to tip the messenger.

'I was ordered to deliver them into Sir John's hands personally,' said the man. That was a downright lie, but he had ridden ten miles since cock-crow, and while he had other letters to deliver at Leicester town itself, he was damned if he would ride another yard without some breakfast inside him.

Treroose sighed. 'Very well. If you'd care to wait with Master Croft in the kitchens, I'll let Sir John know that you're here. Have you eaten yet today?'

The messenger removed his cap and clutched it to his chest, suddenly all grateful humility. 'No, sir.'

'Have a word with the cook.'

As the messenger hurried after the reeve in the direction of the kitchens, Beaumont and Stamford continued to fight, oblivious to the arrival of the two visitors. Beaumont was a veteran of countless campaigns and well skilled with the broadsword, but he had trained Stamford well, and the squire had youth on his side. Eventually Stamford gained the advantage, and pressed home his attack with such vigour that Beaumont was forced down on to one knee, exhausted.

'Enough!' cried Beaumont, as Stamford landed another blow on his upheld shield. 'I yield! The field is yours, Richard, and nobly won.'

Panting from the exertion, Stamford lowered his broadsword, and the two men removed their bascinets, grinning at one another. 'At last

I have beaten you, Uncle,' said Stamford, tossing the flaxen locks out of his face with a jerk of his head.

Beaumont nodded. 'You have learned well. Now there is nothing more I can teach you. All that remains for you must be learned on the field of battle.'

Stamford slotted his sword back into its scabbard with a brisk, well-practised motion. 'I only hope I have that chance.'

Beaumont shrugged. 'If there is no campaign against the French this summer, we can always travel to the east, to join the Teutonic Knights in their crusade against the paynims.' He turned to his steward, who was hovering at his elbow. 'What is it, Treroose?'

'Master Croft and a messenger have arrived to see you, Sir John.'

Beaumont nodded. 'Very well. Tell them I shall receive in the hall as soon as I have removed my armour.'

In the kitchens, Beaumont's cook was providing Croft and the messenger with goats' cheese, freshly baked bread and a cup of hot, spiced mead. She was a lean but cheerful woman in her late forties. 'I'm sure Sir John won't keep you long,' she assured them.

'Let him take as long as he likes, Meg,' replied Croft. Like the cook, Croft had been widowed, and he looked forward to his visits to the manor house.

'Typical of the provincial nobility,' sniffed the messenger. 'They like to keep the king's messengers waiting. It makes them feel important.'

'Like actually being one of the king's messengers, I suppose?' Croft remarked sardonically. A good man on the whole, he was instantly, unreasonably jealous of this finely-dressed messenger with his courtly airs and graces.

On this occasion he was hopelessly outclassed, however. The cook could not help but be impressed by a king's messenger from Westminster. 'What news from London?' she asked eagerly.

'Obviously I can't reveal any affairs of state,' said the messenger, and then glanced about as if searching for eavesdroppers, lowering his voice to a conspiratorial whisper. 'But it looks very much as if his Majesty intends to campaign in Gascony this summer.'

'Truly?' asked Croft.

The messenger nodded. 'A Great Council was held at Westminster last month. All the greatest noblemen of the realm were there to discuss the possibility of a campaign. Except my Lord Derby, of course: he's already in Gascony. And a great fleet of ships has been ordered to assemble at Portsmouth to carry an army beyond the seas.'

'More war,' the cook sighed in disgust. 'How many more men will be crippled? How many more women will lose their husbands and sons, I wonder?' She herself had lost her husband at the battle of Morlaix four years ago. 'And all because his Majesty, not satisfied with being King of England, wants to be King of France as well.'

'His claim to the French throne is righteous,' the messenger protested indignantly, but before he could say any more, Treroose entered the kitchen.

'Sir John will see you now.'

Having little interest in the administration of the manor, Stamford had agreed to take Beatrice out hawking, so Beaumont was seated alone in the dining hall, when the reeve and the messenger were ushered into his presence. 'What is it, Croft?' he asked the reeve.

The reeve indicated the messenger uncertainly, feeling that a letter from the King's Chancery should take precedence over his own petition on behalf of the villagers of Knighton.

Beaumont turned to the messenger. 'Well? What is it?'

'Two letters from his Majesty's Chancery, Sir John.' The messenger presented the envelopes with a flourish.

Beaumont broke open the seal on one envelope and unfolded it, casting an eye over the Latin wording:

> *To Sir John Beaumont of Stone Gate Manor in the County of Leicester.*
>
> *Sir John has been assayed at one knight and one squire for his lands, tenements and chattels of that manor, to be found for the King's service and for his next passage into foreign parts. Sir John and his squire are requested to present themselves to Sir Thomas Holland of Broughton, Knight Banneret, at the mustering point of Bosworth village no later than the Tuesday following the feast of Saint Augustine in the twentieth year of the present reign.*
>
> *Signed Michael Northburg, Clerk to the Privy Council on behalf of his Majesty King Edward the Third after the Conquest, at Westminster on the morrow of Saint Aelred.*

Beaumont's initial elation at this call to arms was dampened by the recollection that when he had first been called to serve the king, eight years ago, he had been required to provide a dozen armed men. It was a sign of his declining fortunes that he was no longer considered wealthy enough to provide such a retinue. But war brought opportunities for booty, for ransoms from captured enemy noblemen. If he could impress the king with his courage, he might even be awarded extra lands. At least he had an opportunity to reverse the wheel of fortune that until now had been turning against him.

He turned his attention to the next letter. It was a commission of *oyer* and *terminer*, addressed to him in his capacity as a justice of the peace, calling on him to catch and try whoever had been responsible for the rape and murder of a young noblewoman who had been found dead in Leicester on the morning following the May Day celebrations. A close friend of Sir James Pabenham, the under-sheriff for the County of Leicester, Beaumont knew all about the case, and he greeted his responsibility for catching the guilty party with dismay. There had been no witnesses and no evidence, and the likelihood of finding who was responsible out of the thousands of people who had visited Leicester town that day was slim.

He dismissed the messenger, ordering Treroose to tip him a shilling, and then turned his attention to Croft, listening to his report with only half an ear. Croft was requesting that the village be let off paying some of their taxes, last year's harvest having been poor. But Beaumont's mind was elsewhere. A commission of *oyer* and *terminer* was a chance to draw the attention of the court to himself; until he did that, he had little hope of gaining high office, and the revenues that came from it.

But this particular commission could only serve to make him look incompetent, for he knew he should never be able to track down the culprit of the crime.

'Am I to be blamed if the harvest is poor?' he asked Croft angrily, when the reeve had said his piece. He waved the first of the two letters he had received in Croft's face. 'See! I have been called upon to fight for the king in France! How am I to pay for my horse and armour, if my bondsmen and tenants cannot pay their taxes? Tell the villagers they will have to tighten their belts.'

Croft knew that once Beaumont's mind was made up it could not be changed, and bowed out of the hall, feeling sick at heart, knowing that people might starve as a result of Beaumont's indifference.

Once he was alone, Beaumont crossed to the narrow window and gazed down into the courtyard where Stamford and Beatrice were mounting their horses, while Wade leashed the spaniel and the falconer took Stamford's peregrine and Beatrice's merlin from the mews, placing leather hoods over the birds' heads. Edith entered the room and walked up behind Beaumont, encircling his waist with her arms and standing on tiptoes to kiss him on the side of the neck. When Lady Beaumont died in childbirth, the knight had found some degree of solace in the nursemaid's bed, and the two of them had been lovers ever since.

Edith rested her chin on Beaumont's shoulder, and the two of them gazed out of the window at the hawking party which was making its way out of the courtyard. 'I see your daughter has finally found her Lancelot, Sir John,' she remarked teasingly.

Beaumont nodded. 'I knew the girl would see sense sooner or later.'

'If you can call choosing a churl for her champion sense, aye.'

Beaumont broke free of Edith's embrace and turned to face her, seizing her roughly by the upper arms and shaking her. 'What are you saying?' he demanded angrily.

'Did you not know of the attention she has been paying to John Kemp's son?'

'I told him to stay away from her!'

'But did you tell her to stay away from him?' she asked archly.

'He has seen her again? Since Monday?'

Edith nodded. 'They met in the woods yesterday. Why else did you think she went out riding by herself?'

Beaumont blanched. 'Has she...?'

'Granted him the gift of mercy?' Edith laughed. 'Aye.'

Beaumont started trembling with rage. 'Damn him! Damn him to Hell!' he exploded angrily, releasing her and turning to the table. 'I'll have him hanged for rape, damn her!'

'She gave herself willingly, as far as I could see.'

'It matters not! The damned upstart! I'll...' He broke off, realising with despair that he could not punish Martin without humiliating Beatrice and destroying the honour of his family name. He sat down and buried his face in his hands. When he finally looked up, Edith saw he had been weeping.

He gestured at the two letters that lay on the table. 'As if I did not have enough to worry about. Richard and I have been called upon to serve our king in France.'

'Isn't that what you wanted?'

'Aye – but who will look after my Guinevere while Richard and I are absent, and protect her from that upstart villein; not to mention her own wilfulness?'

'You could try talking to her.'

Beaumont shook his head. 'I have tried. She is a headstrong girl, and will not listen to her father. And in the meantime there is this: a commission of *oyer* and *terminer*, to catch some felon who has probably already left the county.'

Casting her eyes over the commission, Edith pursed her lips thoughtfully. 'You could try killing two birds with one stone,' she suggested.

'How so?'

'You need someone to hang for this crime; and you need to dispose of young Kemp.'

'You think perhaps Kemp was the man who raped and murdered this woman?' asked Beaumont, furrowing his brow.

Edith laughed. 'Does it matter? He was in Leicester that day – it *could* have been him.'

Beaumont liked the idea, but was forced to shake his head sadly. 'I cannot convict a man without proof!'

'When you tried Sir James Pabenham's nephew for raping that peasant wench, there was plenty of evidence to suggest that he was guilty, yet you were able to procure a jury which found him innocent. It seems to me that Sir James owes you a favour.'

Beaumont nodded thoughtfully, and then folded the commission of *oyer* and *terminer*, placing it in his purse and heading for the door. 'Where are you going?' asked Edith.

'To Leicester,' explained Beaumont. 'To call on Sir James.'

–

Martin was working in the north field with the rest of the villagers, pulling up the weeds that had invaded the ploughed earth, when Simkin Sewell, working nearby, murmured across to him. 'You've been seeing that Lady Beatrice, haven't you?' he asked with a leer.

Martin flushed hotly. 'Who told you?'

Sewell grinned. 'A little bird told me. Take my advice, boy. Forget about her. You'd be better off spending time with Alison Forester.'

Martin grimaced. 'She's nowt like as beautiful as Lady Beatrice.'

'Aye, nor as dangerous. Young love's a fickle thing, Martin. If you've any sense you'll forget about Lady Beatrice. If you must make a fool of yourself, do it over one of your own kind. We're not people to Sir John and his family and the likes of them. We're slaves, or playthings, without feelings to be hurt.'

Martin shook his head. 'Beatrice isn't like that.'

Sewell noticed Martin had dropped the honorific from Beatrice's name, and drew his own conclusions. He shook his head sadly. 'She doesn't love you, boy. Don't try and fool yourself into thinking otherwise.'

Martin smiled to himself. He was sure Sewell was wrong. If Beatrice did not love him, why would she grant him the gift of mercy as she had done in the woods the other day?

It was past noon when Croft called a halt to their labours, and they gathered in the middle of the field to eat the usual dinner of bread, cheese and ale. Martin sat down with Michael, their backs aching from constantly bending over to root up the weeds. They had almost finished eating when they became aware of three men riding down the lane. 'Who's this, then?' asked one of the women, shading her eyes against the sun.

Croft glanced up as the horsemen turned off the lane and began to ride across the turned earth to where the peasants were gathered. The leader was a stern-faced, well-dressed man, riding a palfrey, flanked by two rough-looking men armed with cudgels and seated astride rouncies. 'It's the district constable and his bailiffs,' he mused. 'I wonder what he wants.'

Sewell chuckled. 'Someone's in trouble.'

The constable and his bailiffs reined in their horses amidst the peasants. 'Which one of you is Martin Kemp?' the constable demanded peremptorily.

Martin was not aware that he had done anything wrong, so he hesitated only a moment before stepping forward. 'I am.'

The constable made a discreet signal to the two bailiffs, who instantly swung themselves down from their saddles. Before he realised what was happening, one of them had driven the end of his cudgel into Martin's stomach. The breath driven sharply from his body, Martin doubled up in agony with a hoarse scream. The two bailiffs pinned him down in the mud while one of them quickly and expertly bound his wrists behind his back.

'What in God's name is going on?' demanded Croft.

'I have a warrant signed by the Under-Sheriff of Leicester for the arrest of Martin Kemp of Knighton,' explained the constable, drawing the said document from beneath the folds of his cloak as one of the bailiffs grabbed a fistful of Martin's hair and dragged him to his feet.

The villagers were all stunned. As a boy, Martin had always been getting into trouble, but none of them would have considered him a criminal. 'On what charge?' demanded Croft.

'Murder and rape,' explained the constable, as one of the bailiffs tied a rope around Martin's wrists, and fastened the other end to the pommel of his saddle.

'I never murdered or raped anyone!' blurted Martin.

'That's for the court to decide,' said the constable, as the bailiffs swung themselves back into their saddles. The three of them rode off without another word, forcing Martin to trot along behind them. The constable had learned from experience that it was always best to make an arrest as swiftly as possible, before the accused's friends and relatives had time to react. All too often peasant solidarity could stand in the way of justice, when an entire village would forcibly prevent the arrest of a suspected felon.

It was only two miles to Leicester, but it was one of the longest journeys Martin ever made. It was his descent into Hell. Sometimes he would stumble and fall, and be dragged painfully through the mud or across the stony track until the bailiff reined in his horse long enough for Martin to pick himself up. But Martin was hardly aware of the pain. His mind was too full of sudden and inexplicable turmoil. Why was this happening? Who was he supposed to have raped and murdered? What was going on? Part of his mind told him that this was all a mistake, that this could not be happening; but the rope around his neck was real enough, and if the trial perpetuated the mistake then the rope with which they would hang him would be real enough, too.

Eventually Martin was delivered to the dungeons of Leicester Castle, battered and bruised, his clothes ragged, his flesh torn and bleeding, his wrists raw where the rope had chafed them. Still dazed, he was handed over to the gaoler and bundled without ceremony into one of the cells. The heavy, iron-bound oak door was slammed shut, and with the turn of the key in the lock he finally found his tongue. There was a small grille set in the door, and he pressed his face against the bars.

'This is a mistake!' he protested. 'I've not done owt wrong!'

'That's what they all say,' the gaoler returned unsympathetically, moving away through the torch-lit dungeons without so much as a backward glance.

Martin threw his shoulder against the cell door. He succeeded only in hurting himself.

'You're wasting your time,' the gaoler's voice echoed back.

Infuriated, Martin flung himself at the door again, and again and again, until he had exhausted his anger. Then he sank down to the cold flagstones in despair. The dank cell was tiny, without even enough room to lie down, but there was a stone ledge to sit on. Martin remained where he was, hunched on the floor, his knees against his chest, until sleep claimed him.

It was perpetual night in the darkness of the dungeons, so he had no way of knowing how much time had passed when he was woken by the door being opened. Still half-asleep, he found himself driven to the back of the cell with savage kicks. A wooden cup and a crust of barley bread were placed on the floor just inside the door, which was promptly closed again. The crust was stale, but Martin ate it ravenously, washing it down with the stagnant water in the cup.

'I can get you better food,' said the gaoler, talking through the grille. 'For a price.'

'I have no money,' replied Martin. His voice sounded hoarse and cracked even to his own ears.

The gaoler shrugged, and walked away.

After a few hours, another face appeared at the grille. 'Are you ready to plead?'

'Plead?'

'Are you innocent or guilty?' the man asked patiently. He had the plummy accent of a nobleman.

'I'm innocent!' Martin said desperately. 'I beg you, let me go! I've done nothing, I swear!'

The man waited for Martin's pleas to finish before continuing. 'Do you wish to be tried by combat or by jury?'

'But I've done nowt wrong!' protested Martin.

'Then a jury should acquit you, shouldn't it?' the nobleman said reassuringly. 'I'll put you down for trial by jury, shall I?'

'When will I be tried?'

'There's a gaol delivery at the county court in two weeks time.'

'Two weeks!'

'You can count yourself lucky. County court sessions are held quarterly. You might have had to wait three months.'

'And after the trial? Then what?'

'If you're innocent, they'll let you go. If you're guilty, you'll be hanged the next day. In the meantime, I suggest you spend some time in prayer.' The man's face disappeared.

Martin pushed himself to his feet. 'Wait! I don't even know why I'm in here! Who am I supposed to have raped and murdered?'

But the man had already gone.

The days passed with agonising slowness. Martin could only keep track of them because he was fed twice a day, if being given a stale crust of barley bread could be described as being fed. But there were a hundred years between each such meal, and there was nothing to do but sleep and pace up and down – one step forward, one step back – while the same thoughts kept turning over and over in his mind until he thought he must go mad. This could not be happening: he had done nothing wrong, committed no crime, and he had certainly not raped anyone. All he could do was pray that when it came to the trial, the error would be cleared up and he would be set free.

He often thought of Beatrice, and such thoughts filled him with pain. He knew she must love him as much as he loved her, yet now that he had that love to live for he was going to die. He had already missed one of their regular eventide trysts in Knighton Woods. What would she think had happened to him? As a justice of the peace and lord of the manor, her father would surely know that Martin had been arrested. Would he tell his daughter? Almost certainly, if only out of spite. But would she believe him guilty of the crimes of which he had been accused? Over the past few weeks they had got to know one another quite well, and she had often jokingly referred to him as her 'gentle knight'. Surely she must realise he was not capable of such crimes? He longed to see her, to assure her of his innocence. He even dared to hope that she might learn where he was imprisoned and visit him, but as the days wore on he began even to despair of seeing her again.

He lost track of the days. Even if he had had something with which to scratch a tally on the walls, it was too dark in the cell for him to have been able to see it. But finally, after breakfast one morning, he was dragged from his cell, his limbs stiff and aching, to where the other prisoners were being marshalled under the watchful eye of the gaoler, the bailiffs and their assistants. There were a dozen prisoners in all, and they were shackled together at the ankles with heavy fetters that prevented them from taking anything but the shortest steps. Shuffling along, they were led out of the dungeons and into the courtyard. Martin blinked as the bright sunshine seared his eyes. Driven along by the buffets of the bailiffs, the prisoners were marched across the broad courtyard and into the great hall of the castle where the county court was held.

The great hall was a huge room, nearly eighty feet in length, with four pillars down either side to support the oak beams of the roof. There was a raised dais at the far end of the room where Beaumont, acting as justice of the peace, sat in his finest and most costly robes. Below him sat a handful of clerks and serjeants-at-law, while the jury sat on a couple of benches to one side. As Martin was brought in, Beaumont refused to meet his gaze, and Martin felt despair wash over him. Suddenly he knew why he was there, and he knew that there could only be one outcome to this trial.

One by one, the prisoners were released from the fetters that chained them together, although their legs were kept in irons, and they were called to enter the dock and raise their right hands. The legal proceedings were conducted in Anglo-Norman, the bastardised form of the French language spoken by the nobility. A few words were common to English and Anglo-Norman, but not enough for Martin to be able to make any sense of what was going on. Only a few minutes were devoted to each case in turn, and then each prisoner was returned to join the others. No verdicts were given as yet; the jury would listen to all twelve cases before it adjourned to consider any of them.

Finally Martin was called into the dock and told to raise his right hand. He was not asked to take an oath on the Bible; it was automatically assumed that the accused would lie to save his own skin, and the courts did not want to encourage oath-breaking. One of the serjeants-at-law rose to his feet and spoke briefly in Anglo-Norman, while a clerk busily wrote down his words. Then the justice of the peace turned to Martin, addressing him in English.

'You are Martin Kemp of Knighton?'

Martin nodded miserably.

'Are you prepared to confess your guilt, or do you wish to lodge a plea of not guilty? If you confess, you will more readily secure mercy.'

'But I haven't done owt wrong!' protested Martin.

The officials of the court discussed the case in Anglo-Norman at length, their tones moderate, as if they were discussing no more than the weather, while the members of the jury looked bored. Finally Beaumont exchanged a few words with one of the serjeants-at-law, and called for the next case.

'That's it?' Martin was incredulous. He suddenly tried to break free of the bailiffs who were chaining the fetters back to his leg-irons. 'But I didn't do it!' he screamed, lunging back towards the dais. 'Damn you, Sir John! You know I didn't do it! You've arranged this, so I'll be...'

Then a fist was driven into his stomach, choking off his protestations as he doubled up in agony, retching. Struggling in desperation, he tried to fight back, but there were too many against him, and he was weakened by lack of exercise and a prison diet. Another fist connected with his jaw, while someone else struck him on the back of the head with a cudgel. Nausea swept over him, and he struggled to maintain his grip on consciousness. The court was in uproar, but he was hardly aware of anything as he was dragged from the hall.

The next thing he knew, he was back in his cell. He had no recollection of either falling unconscious or waking up; but then there was little difference between unconsciousness and the dark silence of his cell anyway. Only the pain that seemed to course through every part of his body told him that he was now awake.

Torchlight flickered through the grille in the door to dance dimly on the rear wall of his cell. He heard footsteps outside, and voices.

'Walter Daubney: not guilty,' intoned a sepulchral voice. A key turned in a lock and a cell door swung open on rusty iron hinges with an eldritch groan.

'Andrew Winger: not guilty,' said the voice. Another door opened.

'Alfred Drayton: guilty of murder and sentenced to be hanged at dawn.' This time, no door was opened.

The sepulchral voice continued mercilessly. 'Stephen Brown: not guilty... Batholomew Sturdy: not... Peter Samwell: guilty of murder, assault and robbery. Sentenced to be hanged at dawn.' This time, a wail of despair escaped one of the cells a few doors down.

Martin could hear his own heart thumping, and there was a painful tightness in his chest.

'Simon Emery: not guilty... David Pakeman: not guilty... Roger Rudcock: guilty of trespass of vert and venison and sentenced to be hanged at dawn... John Gaylard: not guilty... Thomas Blanchard: not... Martin Kemp: guilty of rape and murder and sentenced to be hanged at dawn...'

Martin was immediately and violently sick.

Chapter Four

None of Martin's friends or family had been present at the trial – it was as if the false accusation were enough for them to disown him – but Nicholas, who had been given a few days off from his studies to deal with this family crisis, came to visit him in gaol that night. He bribed the gaoler to allow him to speak to Martin through the grille in his cell door. 'How could you do such a thing, Martin?'

'Nicholas?' Martin jumped to his feet. 'For the love of God, Nicholay, you have to get me out of here!'

'How could you do it? Your mother is half-dead with shame...'

'I didn't do it, Nicholay. I swear to God, I'm innocent! Speak to Lady Beatrice – she knows. She can still save me.'

Nicholas did not seem to hear him. 'I'll pray for your soul, Martin, though it's more than you deserve...'

'Where's our mam?' Martin demanded desperately. 'Is she well? Why hasn't she come to visit me?'

'Mother?' Nicholas spoke vaguely, as if in a daze. 'She wants no more to do with you. You have shamed her – shamed us all. Perhaps the good Lord will find it in his heart to forgive you; I know I never shall.'

'I didn't do owt, Nicholay. I'm innocent. Please, you must tell our mam...'

'The good Lord rest your wicked soul, Martin. I always knew as how you'd come to a bad end.' Nicholas abruptly turned his back on his brother, walking away.

Martin slumped down to the floor of his cell, repeatedly muttering his innocence. And then he prayed to God, for earthly rather than celestial salvation. There was nothing left but prayer. He was not ready to die. Kneeling on the hard flagstones with his hands clasped before him, he recited the few prayers he knew over and over again, and then he made up a few of his own. '*Please God, do not let me die. I have done nothing to warrant death. Save me from hanging, and I swear I'll never fornicate again. I'll do anything you ask of me, I'll enter a monastery and dedicate the rest of my life to your service, if you'll only let me live…'*

A key turned in the lock and the cell door swung open. He blinked in the flickering torchlight as the gaoler handed him his final breakfast.

'Is it morning already?' Martin tried to sound calm, but even to his own ears his voice seemed hoarse.

The gaoler nodded wordlessly. There was little to be said. He had been unconvinced by Martin's protestations of innocence – nearly all his guests denied their guilt, but their crimes were largely a matter of indifference to him. It all came to the same thing in the end. 'There's someone come to see you.'

Martin paused in the act of biting off a mouthful of crust to look up sharply. 'Beatrice?' If only he could see her one last time, assure her that he was innocent of the crimes for which he had been condemned; if only she could confess her love for him, he might yet die a happy man. But to be hanged so unjustly, when he had such a love to live for…

But the gaoler shook his head, and stood to one side to reveal a black-clad priest holding a small, leather-bound Bible. With his pale, cadaverous features in the shadow of his cowl, he looked like the angel of death. Martin knew utter despair then, knew that he had been abandoned by God.

'I have come to hear your confession,' said the priest.

'Go to Hell,' Martin told him bitterly. 'I've not done owt wrong.'

'Would you go to your grave with your sins unpurged?'

'I've not committed any sins, yet I'm to die for a crime which I didn't do. I've prayed to God for salvation, but he has forsaken me. Now I'd make a pact with the Devil himself, if it would free me from this unjust fate,' spat Martin.

The priest recoiled in horror. 'Blasphemous wretch! Would you burn in the fires of Hell for eternity?'

'For a full span of life? Aye.'

The priest snapped his Bible shut and turned to the gaoler. 'There is nothing I can do for this one. He has chosen his path.'

The three other men condemned to die that morning were already being chained together in the main room of the dungeon. The first was a tall, massively built, tow-headed young man with vacuous blue eyes and a pendulous lower lip; the second was in his mid twenties, with lank, shoulder-length dark brown hair and a broken nose; and the third was a small, weasel-faced man of about forty. Martin was likewise put in irons and chained behind the man with the broken nose, and then the four of them were marched outside, surrounded by the bailiffs. The priest's voice droned in a dull monotone as he marched at the head of the procession. They marched into the courtyard and out through the main gateway of the castle, leaving the town by the south gate.

The sun was shining.

'It's a fine day to die,' remarked the man with the broken nose as they shuffled along Millstone Lane below the south wall of Leicester town. 'What's your name, then?' he asked the gigantic youth.

'Alfred Drayton,' replied the giant, speaking in the slow tones of the weak-of-brain.

'Pleased to meet you, Hal,' replied the man with the broken nose, with such *bonhomie* that if Martin had not known better, he would never have guessed that this man, like himself, was destined to be hanged by the neck until dead within a short while. 'I only wish we could have met under happier circumstances, but it's never too late to make friends, I always say. My name's Roger Rudcock, by the way, but folks call me Hodge. So, what brings you to this sorry end?'

'I killed a man,' Hal said dully. 'I didn't mean to,' he added hurriedly. 'All I did were hit him.' Looking at Hal's broad shoulders, Martin could well believe it.

'I were caught poaching, for my sins,' said Hodge Rudcock, and turned to the weasel-faced man. 'What about you?'

'Go to Hell.'

Rudcock shrugged. 'Aye and like. Chances are, that's where we'll all be before this hour is past. How about you?' he asked Martin.

'What difference does it make?' Martin demanded bitterly. 'We're all going to be hanged.'

'Never say die, lad,' replied Rudcock. 'Where there's life, there's hope.'

They rounded the Corn Wall at the south-east corner of the town and found themselves at the aptly named Gallowtree Gate, beyond the ditch below the town wall to the east. A large crowd had gathered. There were a few drawn out of ghoulish curiosity, but on the whole the sympathies of such spectators lay with the condemned, and a last-minute reprieve - not an unheard of occurrence – might provide some excitement. The crowd watched in silence as the condemned men were led to the horse-drawn cart that waited beneath the boughs of the gallows tree. Martin searched the crowd in vain for the faces of his friends and family. He was surprised to see that there was no sign of Sir John Beaumont and his entourage, either: he had expected them to be present, to gloat.

Rudcock nudged Martin, and nodded to where a nobleman dressed in red and yellow robes sat astride a mighty destrier, surrounded by a platoon of archers and a troop of men-at-arms.

'It's his lordship,' said Rudcock. 'That's got to be a good sign.'

'His lordship?' echoed Martin, in incomprehension.

'The Earl of Warwick,' explained Rudcock.

Ordinarily, a man was only appointed to the office of sheriff for twelve months, but Thomas Beauchamp, Earl of Warwick, had been appointed Sheriff of Warwick and Leicester for life as a reward for his outstanding military service for the king. While most sheriffs were expected to be present at all hangings that took place in their jurisdiction, the Earl of Warwick's appointment was largely a sinecure, whereby he took the revenues of the office while employing underlings to carry out the duties required. Hodge seemed to consider the earl's presence a good omen, although Martin could not begin to imagine why.

The condemned men had reached the cart. Martin no longer felt any fear. He had resigned himself to his fate.

'Which one of you is Kemp?' asked the bailiff.

Martin stepped forward. 'I am.'

'You're first.' The bailiff tied his hands behind his back with rope, and then began to strike off his leg-irons. In a way, Martin was glad that he was going to be hanged first. He had never seen a hanging, but Simkin had told him that it was a gruesome way to die, and he had no wish to stand and wait to witness the fate presently in store for him.

The hangman grasped him under the armpits and hauled him up on to the cart. A rope had already been slung over one of the lower boughs of the tree, and the noose hung at head-height. The hangman looped the noose around Martin's neck and drew it tight. There was very little slack: the idea was to strangle the victims slowly rather than to snap their necks with a long drop.

Then the hangman climbed down from the cart and uncoiled the whip that hung from his belt. One lash would set the horses galloping, drawing the cart away from beneath Martin's feet and leaving him swinging in the breeze, the coarse hemp rope cutting into his windpipe until he was choked to death.

Martin felt strangely calm. It was not the prospect of being hanged that filled him with trepidation so much as what might lie in the hereafter. He tried to console himself with the thought that the eternal torments of Hell could not be much worse than a peasant's life of toil.

The hangman drew back the whip, preparing to lash the horses. Martin braced himself instinctively.

'HOLD!'

For Martin, that single word was not so much a reprieve as an unwelcome prolongation.

The Earl of Warwick rode his horse forward at a slow walk, reining it in a few yards shy of the cart. He was in his early thirties, a tall, rangy man with a short, slightly pointed beard, his cheeks shaven in the current fashion, with dark, wavy, shoulder-length hair parted in the centre, framing a long, lean face with a narrow mouth and sensuous lips. His lazy eyes were dark, his nose long, with slightly flaring nostrils. Seated upright in the saddle, he gazed across to where Martin stood waiting to die.

'You are Martin Kemp of Knighton?'

Martin nodded.

'They tell me you were convicted of murder and rape, and condemned to death for it,' remarked the earl.

Martin had accepted his fate, but the false conviction still rankled. 'I never raped nor killed anyone!' he said, his eyes flashing angrily.

The earl shrugged indifferently. 'That's not what I said. A jury passed a verdict of guilty on you in an English court of law. Not that the length of hemp around your neck cares either way. They also tell me you are skilled with a bow.'

This time it was Martin's turn to shrug. 'Middling fair.'

'You are the Martin Kemp who won the archery contest on May Day, are you not? That must make you one of the finest archers in the county.'

'I had one of my good days,' sneered Martin. 'Much good it can do me now.' Condemned to death, he felt no obligation to address the earl as 'your lordship'; they could only hang him once. In a way, his imminent death gave him a tremendous sense of freedom.

'It could do you a great deal of good,' said the earl, amused by the villein's defiance. 'His Majesty the king has called for skilled archers such as yourself to serve him on his next passage into foreign parts.'

'It's a pity for the king that I'm condemned to be hanged, then, isn't it?'

'Curb your insolence, churl! The king has the power to grant pardons to condemned men, and will do so at my recommendation... in return for good service.'

'Good service?' echoed Martin, bewildered.

'Serve his Majesty for twelve months – serve him well, mind – and you shall be granted a full and unconditional pardon for your crime, and for any subsequent outlawries.'

'I am to fight overseas for the king?'

The earl nodded. 'If you agree to it. The choice is yours.'

'And if I refuse?'

'Then I shall order the hangman to continue.'

Martin grimaced ruefully. 'It's not much of a choice.'

The earl shrugged. 'It's the best choice you're likely to be offered this day.' He regarded Martin questioningly. 'Well? Which is it to be?'

'I'll fight for anyone who'll free me,' said Martin.

'Then you can start by addressing me as "my lord",' said the earl.

Martin grinned. 'Aye, my lord.'

'Untie his hands,' the earl told the hangman, before turning to the three other condemned men. 'The same offer goes for all of you – you can all use a bow, I presume?'

They nodded fervently.

'Very well, then. The same rules apply to all of you. Serve his Majesty for one year, and you'll all be granted pardons for your crimes. But pay heed: if any of you try to desert, or disobey orders, or do anything to give me cause for complaint, then by God's sweet passion I'll see to it that the judge's original sentence is carried out, even if it means hanging you from the nearest tree myself! Is that understood?'

The four men nodded. Martin had often dreamed of becoming a great warrior and fighting for his king; now it seemed he was going to get his chance.

The earl was about to wheel his horse away when he paused, and peered down at Rudcock. 'I know you, don't I?'

Rudcock nodded, grinning with pleasure at having been recognised by the earl. 'Aye, my lord. I served under your command in Flanders three summers ago.'

The earl nodded thoughtfully. 'Very well, then. You four follow me.' He wheeled his horse about, and they marched back through the town towards the old stone bridge across the Soar. The earl rode at the head of the column with a small retinue of squires, followed by the troop of men-at-arms. The four paroled convicts marched behind them, while the platoon of mounted archers brought up the rear as they headed along the dusty track towards the village of Bosworth.

Leicester Forest stretched away to the south beyond a field beside the road. Its thick foliage and leafy glades offered refuge for any outlaw, if he could cover the several hundred yards of ploughed earth. Martin was not convinced that he wanted to escape anyway. He had literally been given a new lease of life where before he had faced only despair and certain death. But he was too numbed with relief to feel any joy. As much as he looked forward to the chance to win glory and riches on the battlefield, he could not help resenting the fact that he had been forced into his current circumstances by a cruel twist of fate. He would much rather have volunteered for military service of his own free will, in his own time, though it was doubtful that Beaumont would have given his permission for one of his villeins to risk getting killed in the king's service, depriving him of a labourer; especially not when one of that villein's brothers had already left the manor to go to college and the villein in question was Martin Kemp.

Martin was more worried about Beatrice than he was about her father. He wished that there was some way he could speak to her before he left, to let her know that he was still alive. Supposing she thought him guilty of the crimes for which he had been condemned? The thought that she might never speak to him again renewed his despair.

There was some consolation, however. Perhaps this was the chance he had been waiting for. If only he could win glory in the fields of France, perhaps he too could be knighted, like Sir John Chandos, and return a worthy suitor for Beatrice's hand. He was one of the king's archers now, or as good as, and for the next twelve months he intended to make the best of it.

The weasel-faced man did not see things in the same light. 'We've been given a second chance,' he whispered to Martin as they trudged along behind the mounted men-at-arms in the hot summer sun. 'I'm damned if I'm going to throw my life away by getting slain fighting for the king; he never did owt for me. I reckon we can make it to those trees before any of these whoresons realise we've gone. Once we make it into the forest, they'll never find us.'

'Don't be a jackass!' hissed Martin. 'They'd cut us down with their arrows before we even got halfway!'

'The lad's right,' said Rudcock. 'Besides, army life isn't so bad – it's a lot better than being an outlaw with a price on your head, you can take my word for it.'

'What about you, Hal?' persisted the weasel-faced man. 'You aren't afraid of a few arrows, are you?'

Drayton was weak-brained enough to be easily influenced, but he was more influenced by the majority. 'I... I reckon I'll stay with these two,' he admitted uncertainly.

'Fine. It's your choice,' said the weasel-faced man. He glanced around, and suddenly broke away from the column, vaulting over the hedgerow that ran alongside the track. He landed on his feet and started sprinting across the churned soil towards the trees.

'Man away!' shouted the serjeant-at-arms in command of the archers.

The earl raised a hand, signalling for the column to come to an abrupt halt. 'Why do you tarry, then?' he called back.

The serjeant nudged one of his men, who leisurely nocked an arrow to his bow and let fly. The weasel-faced man was already over a hundred yards away, but the arrow took him cleanly in the small of his back. He flung his arms out to the side and stumbled, arching his back, before falling face-down in the shape of a crucifix.

'Well done, Leverich,' said the serjeant. 'Should we fetch the body, my lord?'

'What for?' demanded the earl. 'Leave it for the carrion crows. No, wait - you're right. We'll take it with us. There'll be plenty of other impressed convicts at Bosworth who'll need to be reminded of the penalty for desertion.'

Martin was shocked. He had never seen anyone killed before. The very cold-bloodedness of the archers chilled him to the bone. He felt slightly sick.

As four of the archers trotted across the field to retrieve the man's body, Rudcock shaded his eyes against the noonday sun with one hand to peer after them. 'You were right, lad,' he told Martin sardonically. 'He *didn't* even get halfway.'

They reached the mustering point on Bosworth Common a couple of hours after noon. A number of large, brightly coloured tents had been erected towards the centre of the common, and all manner of banners and pennants fluttered idly in the breeze. Already, men had begun to arrive from all over the county. There were richly clad knights on horseback and their squires, indentured to serve the earl; and men-at-arms, archers and hobelars – lightly armoured mounted infantry, wearing quilted aketons, iron gauntlets, steel gorgets to protect their throats, chain-mail coifs, and bascinets – mounted on Irish 'hobby' horses and armed with swords and spears, all recruited by commissions of array. There were civilians serving the troops in an auxiliary capacity: tanners and armourers, bowyers and fletchers, farriers and cooks. And then there were the others, peasants come from the nearby town to wish their loved ones goodbye, or merely drawn by idle curiosity.

The greensward had already been churned to mud by the passage of countless feet and hooves. The camp was a hive of activity, with cooks preparing food for the troops, armourers repairing weapons, farriers reshoeing horses, and armed men everywhere, drilling, practising their archery, or simply lounging about and talking. The only other times Martin had seen this many people gathered in one place had been at the May Day festivals in Leicester. The atmosphere was not dissimilar to a festival, with men laughing and joking, practising feats of arms, and the smell of cooking; but whereas the May Day festival was a celebration of life, this was a gathering of men preparing for war.

As the earl and his retainers dismounted, handing their horses' bridles to waiting equerries, the serjeant of archers and half a dozen of his men escorted Martin, Rudcock and Drayton through the camp to where a richly embroidered banner showing a silver lion on an azure background stood before a bell-shaped, blue-and-white striped tent towards the centre of the field.

'Sir Thomas Holland's banner!' Rudcock observed joyously. 'Looks like we've landed on our feet, lads!'

'Who's Sir Thomas Holland?' asked Martin, but before Rudcock could reply, the three of them were roughly pushed into the tent. Inside were three straw-stuffed pallets at one side, and a suit of armour neatly stacked beside one of them. In the centre of the tent stood a trestle table at which sat two men. The first was a lean man of average height, in his mid-twenties, dressed in the brown habit of an Austin friar, the bright blue eyes in his youthful face full of benevolence. The light-brown hair beneath his cowl was shorn in a tonsure. The second was a handsome, sanguine lad no older than Martin, his hair bobbed, the hems of his coat and shoulder-cape fashionably scalloped, as were the cuffs of his wide sleeves.

The friar was hunched over scrolls of parchment, occasionally dipping the nib of his quill into an ink-horn as he scribbled away. The young nobleman sat beside him, lounging indolently in his chair. They both looked up as the archers escorted the three convicts into the tent.

'Three impressed convicts from the Leicester gaol delivery,' said the serjeant, handing the friar a receipt to sign. 'Alfred Drayton of Harborough, Martin Kemp of Knighton and Roger Rudcock of Blaby.'

'Hold on a moment.' The friar had a soft southern accent. He shuffled through his papers until he found the one he was looking for. 'What were those names again?' he asked, his quill poised over the parchment.

The serjeant repeated the names of the three men. The friar deftly added the names to a list he was drawing up, and then looked up again, pointing with his quill at Hodge. 'This one I already know,' he said, smiling. 'Thank you, serjeant, we'll take care of them from here.' The serjeant nodded, and ducked back out of the tent with his men.

'You're all skilled in archery?' asked the friar. The three convicts nodded. 'Which one of you is Drayton?'

'I am,' said Drayton.

'So you must be Kemp?' said the friar, turning to Martin, who nodded. 'I'm Brother Ambrose, clerk and chaplain to Sir Thomas Holland; this is Master Adam Villiers, Sir Thomas's squire.' The young nobleman inclined his head, smiling amiably at the three convicts. 'Have either of you two ever served in the king's army before?' the friar asked Martin and Drayton. They shook their heads. 'Well, never mind. Roger's a veteran, he'll show you the ropes. Have the terms and conditions of your impressment been fully explained to you? You'll serve the king as a foot-archer for one year, at the end of which you will receive a pardon for whatever crimes you were found guilty of. You'll be paid thruppence a day, the same as any other foot-archers, commencing the first day you step foot outside this county. You'll receive the balance of your first payment tomorrow, enough to cover you until we reach the port of embarkation. In addition to your pay you'll be allowed to keep any booty you win. Arms and equipment will be supplied by the agents of the Royal Armoury. You'll take your orders from Sir Thomas or his serjeants; failure to obey those orders will lead to statutory punishment under military law. Mass and communion are every Sunday morning, followed by confession if you feel you need it. Have I forgotten anything?' he asked Rudcock, who shook his head.

'Nothing that springs to mind, Brother Ambrose.'

'Right, then. If you have any questions about anything, don't hesitate to come and ask me. By the way, Roger, I've put you in Serjeant Preston's platoon. I'm sure he'll be pleased to see you back again – and you him, of course.'

'Of course,' Rudcock said wryly, an aggrieved expression on his face. 'Who else is here?'

'The usual crowd,' sighed Brother Ambrose. 'John Conyers, David Brewster, Thurstan Freeman, John Newbolt – they're all outside, behind the tent,' he added, gesturing over his shoulder with his quill. 'I suggest you go and join them.'

Hodge nodded, touching his forelock to Brother Ambrose and Villiers before ducking out of the tent, followed by Martin and Drayton.

'So, who's this Sir Thomas Holland?' asked Martin.

'Who's Sir Thomas Holland?' Rudcock echoed incredulously. 'Only one of the greatest knights in Christendom, that's all! I served under his command at the siege of Tournai a few summers back. He's the second son of Lord Holland, and a vassal of the Earl of Lancaster. I didn't reckon we'd see him here; I thought he'd be in Gascony with his lordship. It's not like Sir Thomas to miss out on an opportunity for a scrap.'

'Is he a great warrior, then?' asked Martin.

'Is he a great warrior!' echoed Rudcock. 'He's fought in more battles than you've had hot suppers.'

'That wouldn't be difficult,' Martin remarked wryly.

'I were at his side when he lost an eye at the battle of Sluys – God's soul, but it were back-and-edge there, I can tell you!' continued Rudcock. 'He fought with Robert d'Artois in Brittany, took part in the assault on Vannes, and was in command of the garrison at Bayonne in Gascony a couple of years back. Even when there's a truce between the king and Philip of Valois, Sir Thomas is off fighting wars against the heathens in distant lands. The last time I saw him, he were off to fight the paynims in Prussia, and I heard tell that he's been crusading against the Moors in Granada since then. Believe me, lads, if we're to be serving under Sir Thomas Holland, you can be sure we'll be in the thick of the fighting all the way.'

Martin smiled to himself. If he were to risk his life fighting for his king in France, he wanted a chance to win glory serving with a knight of great renown.

There were a dozen men lounging around Holland's banner, roughly dressed peasants like Martin and his new-found companions. Five of them were crouched in a circle, playing jacks. Rudcock squatted down amongst them. 'Is this a private game, or can anyone join in?' 'Well, axe my arse!' exclaimed one, a stocky man in his late thirties whose face was as coarse as his words. 'If it isn't young Hodge Rudcock. We reckoned as how we'd see you here. What took you so long?'

Rudcock grinned. 'I were detained as his Majesty's pleasure. Or rather, displeasure, as I gather he weren't too pleased about me poaching in his forests again.'

A man in his late teens who was lounging back on the grass chewing on the end of a long piece of straw chuckled. 'You must be the worst poacher in the world, Hodge,' he said. 'You're always getting caught.'

'I don't know what the king would do without me to fight his wars for him if I weren't.'

'I reckon he'd get by,' the coarse-faced man said dryly, and indicated Martin and Drayton. 'Who are these two?'

'Martin and Hal,' said Rudcock, indicating his two companions in turn. 'Martin here won the May Day archery contest in Leicester this year.'

The coarse-faced man grunted non-committally, unimpressed. Anybody could put an arrow in the centre of a target; but loosing a dozen arrows a minute at an enemy who was charging directly at you on horseback, lances crouched – now that took skill and courage.

'Martin, Hal,' said Rudcock, motioning for the two of them to crouch down beside him. 'This is Thurstan Freeman.' He indicated the coarse-faced man. Then he pointed to the young man chewing on the piece of straw. 'And this cheeky young devil is David Brewster.'

Brewster was a tall, lean, handsome lad with curly, light brown hair and bright blue eyes. He acknowledged Rudcock's introduction with an affable nod in Martin's and Drayton's direction. 'David's mad, by the way,' added Rudcock.

Brewster arched a quizzical eyebrow. 'Oh aye? How d'you work that out?'

'Most soldiers I know dream of owning their own inn when they retire,' explained Rudcock. 'David's parents already own an inn, so he volunteered to be a soldier.'

Brewster shrugged indifferently. 'It's overrated. You soon get tired of lugging barrels of ale up and down the cellar steps all day and night.'

Next Rudcock indicated a short, wiry but broad-shouldered man in his mid twenties, with black, curly hair, a neat, pointed beard and a pair of dark brown eyes with a mischievous twinkle in them. 'This here's John Conyers, and the sour-faced whoreson yonder is Jankin Newbolt.' Jankin was in his late thirties, with a hooked nose, thinning hair and a dark, tangled beard. 'This one I don't know,' added Rudcock, indicating the fifth jacks player, a pink-faced youth barely sixteen years of age with a ready if nervous grin.

'That's Limkin Tate,' Freeman said dismissively. 'He's harmless.'

'That reminds me of a joke,' said Conyers. He spoke with a pronounced Yorkshire accent.

Brewster pulled a face, groaning, 'What doesn't?'

'Did I ever tell you the one about the one-armed veteran who goes into the alehouse?' asked Conyers.

'Only about a thousand times,' grumbled Newbolt.

'Is that the one where his empty sleeve trails in a man's ale-pot, and when the man complains the veteran tells him: "There's no 'arm in it"?' asked Rudcock.

Conyers' face fell. 'You've heard it before.'

'Only about a thousand times,' Brewster said with a grin.

A tall, pale, sickly looking lad of about seventeen summers wandered over to join them. He looked dazed and lost. 'Is this Sir Thomas Holland's company?' he asked uncertainly.

'Well, part of it,' said Freeman, scratching his head.

'I don't think I should be here,' the youth said pathetically.

'Then why don't you go somewhere else?' suggested Conyers, returning to his game of jacks.

'Whose company are you supposed to be in?' asked Rudcock, rather more kindly.

'Well, someone told me I was assigned to Holland's company, but I really don't think I should be here at all.'

Brewster shrugged. 'If you've come to join Holland's company, you've come to the right place,' he said.

'Sir Thomas's clerk will make out your indenture sheet, if you've come to volunteer,' teased Conyers, indicating the tent.

'You don't understand,' protested the lad. 'I'm not a soldier.'

'Who amongst us is?' Brewster mused wryly.

'My father's a franklin,' the lad explained dolefully. 'The commissioner of array decided that my father's annual income required him to provide one armed man for the king's service in foreign parts. Father said he couldn't spare any of the labourers, so he sent me instead. He said a spell of military service would help build my character.'

'Aye and like,' Conyers acknowledged jocularly. 'If it doesn't kill you first.'

The youth looked as though he were ready to burst into tears. 'Don't worry, lad,' Hodge told him kindly. 'We'll look after you. Isn't that right, lads?'

The others grunted half-heartedly. The veterans knew that they would have enough problems of their own without having to wet-nurse a milksop.

'What's your name, lad?' asked Rudcock.

'Inglewood. Peter Inglewood. Of Ashby-de-la-Zouch.'

'I once knew a man from Ashby,' mused Conyers. 'The French captured him, and cut off the first two fingers of his right hand, so he couldn't use a bow any more.'

Rudcock scowled at Conyers. 'Don't listen to him, Perkin,' he told Inglewood, automatically using the common diminutive of Peter. 'He's only teasing you.'

'It's true enough,' protested Conyers. 'My mate Rob had a cousin who was an archer, and he were captured by the French. They cut off his fingers. I saw the stumps mysen, with these very eyes.'

Brewster snorted derisively. 'He caught his fingers in a millstone, more likely.'

Newbolt shook his head. 'I heard that the French had started mutilating captured archers like that.'

'Don't talk daft,' Freeman told him. 'The French don't take the likes of us prisoner. There's nowt in it for them, see? You can't ransom an archer. Unless Conyers is going to try and tell us his mate's cousin is a nobleman.'

'Hey, kiss the Devil's arse, Freeman,' Conyers replied pettishly.

'Ah, stick it in a turd, by God and Saint Joyce!'

Martin was shocked: vulgarity was something he was used to, but he had never heard a man blaspheme so casually.

'All right, men, on your feet!' snapped a voice from behind them.

Martin rose with the others, and turned to see Wat Preston standing there. He was dressed for war, wearing a jerkin of brigandine construction – gilt-headed rivets securing small metal plates between a fabric cover and a leather foundation – a chain-mail coif, and a 'kettle' helmet. He wore a short sword at his hip, and carried a gnarled oak cudgel.

'Form a line,' snapped Preston. 'Let's see what I've got to work with here.'

'Master Wat!' exclaimed Martin, stepping forward. 'It's me, Martin Kemp. I'm here after all...'

'Serjeant Preston to you, lad!' snarled Preston. 'Now get back in line! Come on, shift your idle arses! Don't any of you whoresons know what a line is? You'd better learn fast, by God's guts and gizzard!'

The men began to range themselves into an uneven and straggly line.

'Nails and blood!' exclaimed Preston. 'I've seen a drunken stonemason's apprentice draw up a straighter line than that!' He began to move along the line, inspecting each man in turn. He nodded an acknowledgement to Thurstan Freeman, and paused in front of another old comrade-in-arms, a stocky, grizzled man in his early fifties. 'Hullo, Daw. Good to see you back again.' Next he halted in front of Martin. 'So, you say you know me, do you, lad?'

'It's me, Martin Kemp. We wrestled together at the May Day festival in Leicester town.'

Someone further down the line sniggered.

'You can stop your laughter, Conyers,' growled Preston, without taking his eyes from Martin's face. 'Yes, I remember you. I thought you didn't want to serve in the king's army? Change your mind, did you?'

'Sort of,' said Martin, and hung his head. 'To tell the truth, I had it changed for me.'

'I had it changed for me, *serjeant*,' corrected Preston. 'What happened? Owe someone some money, do you? Got some peasant lass into trouble?'

'No, serjeant. They were going to hang me,' he mumbled miserably.

'Convict impressment? You surprise me – I wouldn't've marked you down as that manner of man. Well, don't look so glum, lad. You may have been a convict, but now you're one of the king's archers, so head up, chest out, shoulders back. Try and look like you're proud to be given a chance to serve your king, rather than ashamed of it! Soldiering isn't such a bad life. You'll admit you were tempted to it before. In twelve months' time you'll be able to return to the bosom of your family, laden down wi' enough booty to ensure that you never have to work again.'

'If they'll still have me, serjeant,' Martin said morosely. 'They believe me to be guilty of...'

'Hist, lad!' snapped Preston. 'I don't know what crime you were condemned for, and I don't want to know. As far as the king's army is concerned, that can remain a matter strictly between yourself, the king, and his lordship the earl. That goes for all of you.'

A look of horror stole across Perkin Inglewood's face. 'I'm to serve with condemned criminals?' he blurted.

Preston slowly turned away from Martin and stalked across to where Perkin stood. 'And who in Christ's name are you?'

'P-P-P-Peter Inglewood, sir,' stammered Inglewood.

'P-P-P-Peter Inglewood, *serjeant*,' corrected Preston. 'I'm a serjeant-at-arms, not some God-damned knight. Tell me, P-P-P-Peter Inglewood, do you have some objection to serving with condemned criminals?'

It took Inglewood a moment to decide which reply would be wisest under the circumstances. Preston waited for Inglewood to part his lips before cutting in. 'Did you hear what I just said to Kemp?'

'Yes, sir...'

'*Serjeant*, damn your nose!'

'Yes, sir, serjeant, sir.'

Preston sighed. 'Well? What did I say?'

Inglewood screwed up his eyes to concentrate. 'You said that whatever crime he was condemned for was strictly between himself, the king, and his lordship the earl.' Preston was grudgingly impressed. Most of the men who served under him had difficulty remembering their own names. At least Inglewood had been paying attention. 'Is your name Martin Kemp?'

'No, sir... serjeant, I mean...'

'Are you by any chance his lordship Thomas Beauchamp, Earl of Warwick, High Sheriff of the Counties of Warwick and Leicester?'

Inglewood grinned uneasily. 'Of course not!'

'Of course not, *serjeant*. And you're not going to tell me you're the king, are you?'

Inglewood shook his head miserably. He had never felt so humiliated in all his days.

'Speak up, P-P-P-Peter! I can't hear you!'

'No, serjeant.'

'That's more like it. So we'll have no more objections about who you're going to serve with, will we?'

'No, serjeant.'

Preston nodded in satisfaction. 'Good.' He began to move on.

'It's just that...'

Preston froze, and slowly turned back to face Inglewood. 'Aye?' he asked, in a tone that would have discouraged all but the most foolhardy from persisting with their protest.

'It's just that, I don't think I should be here at all,' blurted Inglewood. 'I mean, I think there's been some mistake.'

Preston looked him up and down distastefully. 'I'll wager that's what your mam told the midwife when she clapped her eyes on you for the first time.'

'I'm not a soldier,' sobbed Inglewood. 'I really don't think I should be here.'

Rudcock buried his face in his hands, but much to his astonishment Preston did not explode with wrath. Instead, the serjeant-at-arms put an arm around Inglewood's shoulders.

'To be perfectly frank with you, Inglewood, I have to agree with you. I really don't think you should be here either. But you've come this far, which means you must have been approved for service by the commissioner of array, so it looks like I'm stuck wi' you.' He squeezed Inglewood's shoulders, making the youth wince with pain. 'Now, I've oft-times boasted that I can make a soldier out of any man; whether or not you actually come into that category is a moot point, but if I can make a soldier out of you, it'll be the crowning glory of my career!'

Inglewood wiped a tear from his cheek and managed a wan smile. 'Thank you, serjeant.'

'Stop smiling, Inglewood! Don't you know when you're being insulted?'

'N... no, serjeant.'

Preston sighed. 'Then maybe there's hope for us both.' He moved on down the line, nodding an acknowledgement at Hodge before halting in front of Conyers. 'Back again, eh Conyers? Like a bad penny.'

Conyers grinned. 'You know me, sergeant. Never could say no to a scrap.'

'As I recall, the only reason you were with us in Flanders was because the alternative was kicking your heels at the end of a length of hemp. Same again this time, was it?'

'Nay, serjeant. This time I volunteered.'

'What do you want? A knighthood?' sneered Preston. He walked a few paces away and turned to address the whole group. 'Now get this, all of you,' he said, raising his powerful voice. 'If it were up to me, all of the men in this kingdom between the ages of sixteen and sixty would be compelled to give their king military service, regardless of rank, income, or whether or not enough arms and armour can be provided to equip them. If you haven't got any weapons you can kill a man with your bare hands – if you know how to do it – and if you haven't got any armour, you can stop a crossbow bolt or a sword-stroke meant for a man less deserving of sudden and painful death than yourselves; and you'd still be doing no more than your duty to your king. So don't any of you start thinking that just by being here you're doing me, Sir Thomas, or his Majesty himself any great favours. Is that understood?'

'Yes, serjeant,' muttered a few of the men.

'By Him that harrowed Hell!' exploded Preston. 'D'you think the French are going to be impressed by that kind of limp enthusiasm? Because I can tell you now, they won't! They might die laughing, but I wouldn't want to stake my life on it. You're supposed to be the king's archers, not a bunch of God-damned ha'penny whores! Now what was that again?'

'Yes, serjeant!'

Preston nodded in satisfaction. 'That's more like it. Right, then. Those of you who have already served under my command are not – I hope – likely to forget me; although not for sentimental reasons, I dare say. For those of you who don't know me, my name's Wat Preston, but that's no concern of yours, as you'll all address me as "serjeant" at all times. You will do as I say at all times. If I say "jump!" you will not wait to ask "how high?" You will jump as high as you damned-well can, and pray to the Lord Christ that it's high enough to satisfy me.' He pointed to the banner. 'Now *that* is the banner of Sir Thomas Holland, God bless him. It's his command you'll be fighting under, and that is the banner you'll rally round in battle, so remember it well. Wherever it goes, you follow, even if it should lead you to the gates of Hell itself. I might also add that Sir Thomas is particularly fond of that banner. It's accompanied him as far east as Lithuania and as far south as Africa. Having brought that banner through countless campaigns, and won great glory under it on various battlefields, the last thing Sir Thomas wants is for that banner to end up hanging over some French whoreson's hearth so that the bastard can boast about how he captured Sir Thomas Holland's banner. Right? So, if that banner should be taken by the French – who are the biggest bunch of thieving scum on God's good earth, even worse than the Irish – then I shall hold each and every one of you responsible. In the event of its capture, you'd better retake it as quickly as possible or hope that you die in the attempt, because, by God's tears, if you fail and live, I'll personally make your miserable lives such a living Hell that you'll pretty soon wish you *had* died. Do I make myself clear?'

'Yes, serjeant!'

'Right! Now let's get you lot kitted up, and see if we can't disguise you as fighting men.'

They were provided with new grey tunics of coarse linen, hoods, woollen caps, black leather shoes, jerkins of hardened leather, broad leather belts with water gourds attached, leather bracers for their left forearms, and knapsacks for food and other provisions. By way of arms they were each given a short sword, a dagger, and at the bowyers' tent each man was issued with a longbow of unseasoned wych-elm that was roughly the same height as himself, with a flaxen bowstring and a woollen bow-bag to protect it from the elements. At the fletchers' tent they each received two score arrows in a leather retainer. The arrows were steel tipped with goose-feather fletchings, their long shafts made of ash, a wood that was both swift in flight yet heavy enough to deliver a powerful blow. They were one cloth-yard – three feet – in length, but later the men would cut their arrows down to suit the length of their draw.

There was no attempt at standardisation. They were given whatever arms were available, and those were not up to much. Martin's short sword – a little over two feet in length – was much pitted from hard usage, while the leather covering of the accompanying scabbard had worn away to expose the seasoned wood underneath. There was no doubting that most of the equipment had seen better days, but from glancing about the camp, Martin could see that he was no worse equipped than most of the other foot-soldiers.

Preston ordered his men to don their equipment and line up facing Holland's banner. Martin managed to attach the scabbard to the belt alongside the sheath for his rondel, a round-hafted dagger with a triangular blade; but when he tried to buckle the belt on underneath his jerkin, he found that his gourd became entangled with the strap from which his bow hung from one shoulder.

'I hope you don't mind my saying, like, but you're making a right sow's ear of that,' said Rudcock, already fully kitted and fitted out, coming to his rescue. 'Look here; you've got it all arsy-versy.'

Martin grimaced wryly. 'I've never been a soldier before.'

'You could've fooled me,' Rudcock said sardonically. 'Here, let me give you a hand with that. You fasten the belt *over* the jerkin, so you can get at your sword in a hurry if you need to. And you can wear that gourd right round here at the back, where it won't get in the way. See?' He adjusted Martin's scabbard so that the sword hung at his left hip. 'You *are* right-handed, aren't you?'

Martin nodded.

'There – how's that?'

'Awkward,' admitted Martin. The thick, heavy jerkin felt bulky and cumbersome, and he was unused to having so many unfamiliar objects dangling from his belt.

'Don't worry, you'll get used to it,' Rudcock assured him.

'By the fire that burns, Rudcock, stop fussing over him!' bellowed Preston. 'He's old enough to go without a mother to wipe his nose and arse for him! Come on, the rest of you, get a God-damned move on! Nails and blood! The French could have overrun this camp before you rabble would be ready to face them!'

The men lined up in front of the banner, clutching their longbows in their woollen bags. The simple addition of jerkins and weapons had wrought an astonishing change in their appearance that even Martin could see. They no longer looked like the simple peasants they were, but like armed and dangerous men of war. Martin suddenly felt self-conscious, as if he were an impostor in their ranks.

Preston was thinking the same thing of all of them. 'Well, you might fool the French... at a distance... on a foggy night... but you don't fool me. Give a peasant a sword and all you've got is an idiot with a sharp piece of metal; the only person he's likely to hurt is himself. But maybe we can do something about that with a little drill. Now, I want you all to remember that the equipment with which you have just been issued remains the property of the Royal Armoury. Each and every single item must be accounted for when your term of service ends, and losses will be charged to you, so don't go losing any of it. And make sure you maintain it properly! I want those swords and daggers polished *at least* once a day, every day, regardless of whether or not you've had them out of their scabbards and sheaths since the last time you polished them. I'll be inspecting your equipment regularly, so don't think you can get away with slacking. All right, we'll worry about whether or not you can actually use those weapons at a later date. You can go and get something to eat now.'

They bought mutton from the victuallers and roasted it over an open fire. It was charred on the outside and blood-raw in the middle, but Martin nevertheless devoured his portion with relish. Meat of any kind had been a rare luxury at home, and the march from Leicester after two weeks of prison diet had made him ravenous. As darkness fell, he was able to lie down and sleep with a full stomach and a sense of hope for the first time in weeks. In spite of the hardness of the ground, the coolness of the night air and the snoring of the others, he soon fell asleep, exhausted by the day's events.

The following morning the camp was awoken before dawn by the sound of a herald's trumpet blowing reveille. Martin was used to rising early, but not with his clothing damp with dew and his limbs all stiff and aching. They had bread and ale for breakfast, after which Preston had his men line up for inspection.

Throughout the day, men from all over the county continued to arrive at the mustering point, their ages ranging from sixteen to sixty. Like Martin, many of them were new to the business of soldiering, but also like him they had lived and worked on the land all their lives, and were strong and tough; the kind of men who would face hardship and tribulation with equanimity.

That afternoon, Rudcock showed Martin, Tate, Inglewood and the other raw recruits how to polish their weapons with bone-marrow grease until they shone. A troop of knights rode past on their coursers, caparisoned for war and accompanied by their squires. They were not dressed in armour, but with their huge broadswords hanging at their hips and their pennants flying from the tips of the lances carried upright by the squires, they still managed to look just as Martin had always imagined the Knights of the Round Table must have looked.

It was then that he recognised the arms of Sir John Beaumont.

Chapter Five

Martin stared. It was indeed Beaumont, seated astride his black courser, accompanied by Stamford, chatting amiably to his fellow knights as he rode by. Martin's first instinct was to avert his gaze before he was seen and recognised, to avoid trouble; but even as he stared, he felt anger well up within him. Here were the two men whom, Martin had no doubt, had conspired to have him executed for a crime that he had not committed. He knew he should have expected to see them at the mustering point, but their sudden appearance had caught him off guard.

As Beaumont listened absently to the light-hearted banter of the other knights, he glanced about at the warlike preparations of the camp with obvious approval. Then his gaze fell on Martin, and their eyes locked. Beaumont reined in his horse in shock and raised one hand, the index finger stretched in Martin's direction.

'By God's passion!' he roared. 'What in the name of Christ is that villainous churl doing here, for God's dignity?'

Everyone in the immediate vicinity stopped what they were doing, their eyes seeking out the object of Beaumont's wrath. The other knights, who had ridden on a few paces, wheeled their horses and rode back. 'What troubles you, Sir John?' asked one, glancing with the others towards Martin.

'That scum,' said Beaumont, slowly but clearly, 'is a murderer and a rapist, whom I personally brought to justice and sentenced to death.' It was a lie that Beaumont had been working to perpetuate for so long that he had come to believe it himself. 'It was he who was responsible for the foul murder of Sir John Seagrave's daughter.'

A shocked silence fell over the scene, not only amongst the knights and squires, but also amongst Martin's companions. Although many of them were thieves and murderers, the crime of rape – and the rape of a noblewoman at that – was one that appalled even them.

'I had thought him hanged for his villainy,' continued Beaumont, evidently struggling to keep a tight rein on his emotions. 'His continued existence makes a mockery of English justice; nay, it makes a mockery of the honour of the Seagrave family. I ask again, what ill fate allows him to be still with us, and apparently roaming free?'

'The same thing that brings us all here.' It was the voice of a nobleman, speaking in calm and measured but nonetheless firm tones. 'The service of his Majesty the king.'

Beaumont wheeled his horse about to face the newcomer. He was a dismounted knight, dressed in a white tunic and a blue cloak, the long tail of his hood wrapped about his head in a turban-like liripipe. He was in his early thirties, tall and well-built, with dark hair and a stern countenance. His bronzed, saturnine features, though regular, were somewhat angular, his face clean-shaven to reveal a firm, square jaw-line, his mouth set in hard, cruel lines. His right eye was dark, piercing and intense; the left was covered by a patch of white silk.

Beaumont was unimpressed. 'That churl,' he continued, still pointing at Martin, 'is a condemned criminal, tried and found guilty of a capital felony in a court of law. How he came to escape I cannot tell, but I intend to see to it that the sentence passed on him is duly carried out.'

Stamford smiled grimly. 'Allow me to deal with him, Uncle,' he said, drawing his broadsword with a well-practised motion.

'Put up your sword, boy!' snapped the one-eyed knight. 'Let no man confound what the king himself has decreed.'

'The king!' scoffed Beaumont. 'What is the life of this miserable villein to his Majesty?'

'The same as the life of any man bound to do the king military service,' the knight replied evenly.

'But this man is a condemned criminal!' Beaumont protested in outrage.

The knight smiled sardonically. So far he had not spared so much as a glance in Martin's direction. 'Which one? The thief? The poacher? The murderer, perhaps? Thieves and murderers they may be, sir, but it's my experience that thieves and murderers make the best fighting men. What is military service, after all, but pillage and slaughter? Dismiss your quarrel with this churl as unworthy of one of gentle birth such as yourself. He is bound to make amends for his misdeed in the king's service.'

'The king's service?' spat Beaumont. 'And what of the honour of the name of Seagrave? I'll readily cross swords with any man who tries to prevent me from defending that honour.'

The knight's face grew dark, but he refrained from reaching for the hilt of the massive broadsword that hung in an ivory scabbard from his jewelled belt. 'Then I must warn you that to do so you will have to cross swords with me, for I'll put the service of my king before the service of my God, let alone Sir John Seagrave's damned honour. I advise you to ride on, sir, safe in the knowledge that justice has found its own course.'

'How dare you address me so impertinently?' demanded Beaumont. 'Know you not who I am?'

The knight stared coolly up at Beaumont. 'Your coat of arms is as unfamiliar to me as, it would appear, mine own is to you. It seems I must perform my own introduction. I am Sir Thomas Holland of Broughton, Knight Banneret, son of Sir Robert, Lord Holland of Upholland. In the absence of my liege lord, Henry of Derby, I have been commissioned by my lord of Warwick to lead these troops to Portsmouth and beyond. I believe,' he added dryly, 'that the letter you received from his Majesty's Chancery requesting you to present yourself at this mustering point may have made mention of me?'

Abashed, Beaumont bowed stiffly in his saddle. 'My apologies, Sir Thomas.' He made a helpless gesture, while the other knights smirked and sniggered at his discomfiture. 'I did not realise…'

'Evidently not.' Holland's tone was full of icy menace. 'And you are, sir…?'

'Sir John Beaumont, Lord of Stone Gate Manor.' He gestured towards Stamford, who was hurriedly slipping his sword back into his scabbard. 'And this is my squire, Richard Stamford.'

'Indeed.' This time it was Holland who was singularly unimpressed. 'I suggest you heed well my counsel, Sir John, and ride on. And remember that whatever crimes may lurk in these men's pasts, they are the king's men now, and any man who seeks to harm them seeks to harm his Majesty's cause in France.'

Beaumont glared at Holland with a hatred almost equal to that which he reserved for Martin, but he and Stamford had no choice other than to ride on. The other knights had already contrived to distance themselves from Beaumont and his squire, riding away separately.

Martin felt sick to the stomach as he watched Beaumont and Stamford depart. He was unable to delight in their humiliation at Sir Thomas's hands. Somehow he had felt that this second chance, the offer of a pardon, would mark a complete break with a past of subjugation to Beaumont and his kin, a chance to start life anew. Now he realised that he would never escape his past, that he would always be branded a criminal; and with that realisation came the suspicion that Beaumont and his family would always dog his steps, a perpetual reminder of his humble status.

Brother Ambrose had watched the encounter from the entrance to Holland's tent. Now he stepped forward to address his master in low tones. 'I fear you may have antagonised him, Sir Thomas.'

Holland regarded his clerk with one eyebrow cocked. 'What of it?'

'If I may speak freely…?'

The tiniest hint of amusement flickered on Holland's stern countenance. 'You usually do, Brother Ambrose.'

'You humiliated him, if you'll pardon me for saying so. He'll not forget it.'

Holland made a dismissive gesture. 'He humiliated himself. For a man of gentle birth to harbour such feelings of hatred against a lowly churl… it's beyond all belief!' He shook his head sadly.

'But if you look at it from his point of view, as the injured party…' persisted the friar.

'A matter for the law to decide, and the law has made its decision.' Holland said firmly. Once he had made up his mind, it was rarely changed. 'I'll not tolerate the behaviour of any man who seeks to put his own interests before those of the king. Hang every condemned man in the king's service and you'll decimate our ranks!'

Holland took his leave of the friar, heading off in the direction of the earl's tent. In truth, Brother Ambrose had been pleased with the outcome of Holland's confrontation with Beaumont, if not its handling. Unlike Holland, Brother Ambrose had paid some attention to the object of Beaumont's wrath. He considered himself an excellent judge of character, and when Martin had professed his innocence the night before, the friar had been inclined to believe him. But innocent or not, Martin had been condemned by a court of law, and the young villein could consider himself lucky that he had been given this opportunity to gain a pardon. Perhaps it was the will of God. Besides which, Brother Ambrose, like Holland, was a loyal servant of the king, and agreed that his Majesty was entitled to every man he could get to serve him in France.

That night, as dusk fell over the common, Martin and his companions settled down to sleep on the ground around the camp fire once more. Martin was just beginning to drift off when he became aware of Hodge conversing in low tones with Piers Edritch, a young man who had been assigned to Preston's platoon earlier that day. Edritch was only a few months older than Martin, an aggressive young man with close-cropped hair, a pug nose and small, close-set eyes. Realising that he was the subject of their conversation, Martin pretended to be fast asleep, straining to catch their words.

'You heard what that knight said,' Edritch was saying. 'Rape! I'm damned if I'm going to fight alongside any man who has to take a woman by force – that's the lowest of the low, that is.'

'Worse than murder, Piers?' asked Rudcock.

'You shut your face!' snapped Edritch. 'The man I slew deserved to die.'

'So you appointed yoursen judge, jury and executioner, I suppose?'

'Sometimes a man must take the law into his own hands. You can't always rely on the courts for justice.'

'Aye and like,' agreed Rudcock. 'And it were the same courts that found Martin guilty of murder and rape.'

'And you reckon he might be innocent, I suppose?'

'He doesn't strike me as the kind of man who'd take advantage of a woman, that's all.'

They lapsed into a hostile silence, and after a few minutes Martin was fast asleep. His dreams, however, were by no means sweet.

–

Martin could hear the droning monotone of the priest's voice reading the last rites, and he wondered who was dying. He tried to look around, but whichever way he turned darkness surrounded him, enfolding him. He tried to reach out with his hands to feel where he was, but they were held fast behind his back. He tried to move his legs, but they were secured with irons. He felt confusion and panic well up inside him.

Then the ground beneath his feet seemed to lurch sickeningly and fall away. He felt himself spinning in the air, the rope biting into his neck, cutting into his windpipe. Choking, he struggled madly, trying to kick his legs. The rope tightened, and a new, blacker darkness began to descend over him. He tried to scream, but no sound would come out.

He awoke with a start, bathed in a cold sweat. It was a chill night, the black sky above him studded with stars. The camp fire flickered nearby, casting eerie shadows over the huddled shapes of the men who slept around it. He could hear the others snoring, and the grizzled Daw Oakley muttering something about pastry in his sleep. Throughout the camp, other fires flickered in the darkness. A torch was burning outside Sir Thomas Holland's tent, and in its light he could see Villiers conversing in low tones with Brother Ambrose.

Martin did not want to go straight back to sleep. The nightmare had been too vivid for him to want to risk dreaming it again. It was strange, but now that the threat of being hanged was past, the thought of what might have happened scared him more than it had done when it seemed inevitable, cruelly tying his innards into knots so that he felt weak and nauseous. Perhaps in some way he had never faced up to the fact that he might truly be executed for a crime he had not committed.

Feeling cold, he pushed himself to his feet, stepping carefully over the sleeping bodies of his companions to get nearer to the fire. Villiers bade Father Ambrose good night, and slipped inside Holland's tent. Brother Ambrose walked across to join Martin by the fire, warming his hands over it.

'Why abroad so late, my son?' murmured the friar. 'Is sleep elusive this night?'

Martin nodded. 'I was just thinking how lucky I am to be alive.'

Brother Ambrose nodded. 'Life is precious, is it not?' he said, smiling. 'Often we do not realise that fact until it is too late. Enjoy it while you can, that would be my counsel to a man of your age.'

Martin grimaced. 'Most folk of my class don't get the chance to enjoy life, whether or not they realise how precious it is,' he pointed out.

'Aye, true enough. But we must all be thankful for what little we have.'

'Aye, I reckon so.' Martin hesitated before plunging into a new topic of conversation. The friar seemed like a kindly man, but Martin did not know how far he could trust him. 'I were wondering about my family, like... they probably think I'm dead by now.'

'I dare say word will get back to your village that you've gone to serve in the king's army overseas. If the good Lord smiles on you, you could be returning to your village a hero in twelve months' time.'

'I suppose so. It's just that... I'd feel a lot happier if I could see them before I go.'

Brother Ambrose smiled. 'Are you certain you would not prefer to redeem yourself first?'

'I've not done owt wrong to redeem,' Martin insisted stoically. 'I were wrongly condemned.'

The friar shrugged. 'Man was born to suffer as the sparks fly upwards.'

'I were wondering how long it'll be before we set out for France?' Martin continued obliquely.

Brother Ambrose chuckled. 'We have to get to Portsmouth first.'

'Portsmouth?'

'That's where we'll be sailing from for France.'

'How long till we leave for Portsmouth, then?'

'A few days yet. The muster rolls are still some way from being completed.'

Martin decided to take the plunge. 'Only, I were thinking, I could return to Knighton – that's my village – and be back here in a few hours... it's not that far...'

'Do not even think of it,' the friar told him harshly. 'You know what the penalty is for desertion. Because that's what they'll assume you've done if you're found missing, even if only for a few hours.'

'Maybe if I had permission, like?' Martin persisted desperately. He was terrified that Beatrice, thinking him to be a rapist, would not wait for him to return from France. 'Could you not have a word with Sir Thomas?'

'I should dismiss such hopes if I were you. Sir Thomas is hardly a sentimentalist,' Brother Ambrose remarked dryly. 'Now you'd best get some sleep. And forget about trying to slip away when you think no one is looking; that path leads only to the end of a rope.'

–

Three days later was the Eve of Saint Justin, the last day of May. It was also the final day of the muster. After the general inspection of troops that was to be held at noon, they would set off marching for

Portsmouth. Preston sent Martin and Brewster to the well near the town common to fetch water so that they could boil some mutton for breakfast. It was nice to be able to get away from the hurly-burly of the camp into the relative quiet of the town, if only for a few moments. Martin was winching the bucket of water to the surface when he heard someone call out his name, and he turned in time to see Beatrice running towards him. His heart leapt, and then she was in his arms, kissing him. Brewster had to jump forward and catch the handle of the winch before the bucket was allowed to drop down again, rolling his eyes in mock despair.

She broke off the embrace, aware that Brewster was watching them with an amused smile, and suddenly felt embarrassed. 'Is there somewhere we can talk in private?' she asked breathlessly.

Martin glanced uncertainly at Brewster, who grinned. 'Oh, go on!' he said, emptying the water into the pail they had brought. 'I'll cover for you.'

Grinning, Martin thanked him, and led Beatrice behind one of the inns in the town. 'Is your father around?' he asked her.

She shook her head. 'He's sleeping in a tent with Dickon on the common,' she observed with a smile, but then she bit her lip. 'He told me that you were dead – hanged for rape and murder. Is… is it true?'

He smiled. 'That I'm dead?'

She punched him playfully. 'No, silly! What Father said, about you having raped and murdered Sir John Seagrave's daughter.'

'Of course it isn't true.'

She hugged him again. 'I knew it must be a mistake, that you could never do anything like that.'

'It was no mistake,' growled Martin. 'Your father deliberately arranged it, to stop us from seeing one another.'

She bridled. 'Martin! How dare you suggest such a thing! I know my father disapproves of my talking to you, but to suggest that he would deliberately have you put to death…'

To his dismay, Martin could see at once that he would not be able to convince her of the truth of the matter, and decided until he could come up with some proof the topic was one that was best avoided. 'What are you here, anyway?' he asked her, to change the subject.

'I've come to see Dickon and my father off. But what about you?' She took in his new clothes and arms. 'You're not…?'

He nodded. 'It's the only way I can get a pardon, even though I didn't do it. I have to serve the king overseas for a year.' Her face fell. 'What's the matter?'

'So, you're going to die after all,' she said sadly.

He grimaced. 'I don't intend to let any God-damned French whoreson kill me...'

'Martin!' she exclaimed, shocked.

'What?'

'You never used to take the Lord's name in vain like that.'

He blushed. 'I'm sorry. It's living with all these soldiers; they're an ungodly lot.' He smiled. 'Cheer up, my duck. I'll be back in a year's time, laden down with booty and glory. Why, I might even be given a knighthood for valour, and then... well, who knows?' He looked at her expectantly, but her expression was sceptical. 'Why not?' he demanded defensively. 'It happened to Sir John Chandos.'

'You believe yourself as good a man as Chandos?'

'Better,' Martin asserted proudly. 'You wait and see. I'll be back in a year's time, as noble a man as your father, and just as rich. No, richer! I'll catch some French nobleman, and hold him to ransom! They won't be able to refuse me a knighthood then!'

'And I'll thatch Groby Pool with pancakes!' she replied, smiling. 'How are you? Are they treating you well?'

He nodded. 'Aye and like. For the first time in my life, I can finish a meal without feeling hungry at the end of it. They're fattening me up for the kill, I reckon.'

'Please, Martin, don't speak of such things! Not even in jest!' She hung her head.

'I'm sorry.' He raised his hand – unsure of himself at first, fearful that she might recoil from his touch – to gently caress her cheek. When she did not protest, he touched her under the chin and raised her head so that she looked into his eyes. 'I'll be back, my duck. I promise you.'

She smiled wanly. 'I'll miss you.' Then a thought occurred to her. 'At least take this,' she said, and unwrapped the white silk coverchief she wore, tying it about his neck with a tearful smile. 'Your lady's favour, as befits my champion,' she explained. 'Wear it into battle, as Sir Lancelot wore Guinevere's favour. Perhaps it will bring you luck.'

'I'll always wear it, to remind me of you,' he promised, and they kissed. Her fingers clawed at his hood, pulling it back so that she could run her fingers through his crisp hair. Then she broke off the embrace and stood staring up at him, their eyes locked, hers solemn, his pleading, and she nodded, taking him by the hand and leading him into the inn's stables. She found a pitchfork and propped it against the door, wedging it shut from the inside, while he found an empty stall and piled up some clean hay to make a bed. When he turned, she was standing right behind him. He kissed her again, and began to fumble with the laces of her bodice. When her breasts were exposed, he dropped to his knees and began to nuzzle her. She moaned softly, clutching his head to her chest. Then, when he lifted his head to gaze up at her, she suddenly pushed him back so that he sprawled in the hay. He stared up at her in bewilderment, frightened that this might yet be a joke of which he was the butt, but she smiled tenderly, standing astride him and lifting her skirts. Feeling as taut as a drawn bow, Martin hastily pushed down his breech-cloth. She threw back her head and gasped with delight as she lowered herself slowly on top of him. Then, as she began to move against him, he reached up and caressed her breasts.

Their lovemaking was more tender this time, as if they both knew they might never see one another again and were trying to draw it out, to make it last for ever. This time when the throes of ecstasy finally caught up with Beatrice the spasms were even more uncontrolled, and Martin cried out as his own body responded, until she subsided on top of him with a final shudder, sobbing against his chest.

They lay there in silence, for how long Martin neither knew nor cared. Finally he gently lifted her off him, as easily as if she were no more than a rag doll, and straightened his clothes. The silence between them felt uncomfortable, thick with forboding. 'Will you wait for me?' he asked hesitantly.

She paused before responding. 'I'll wait.'

The ambiguity was not wasted on Martin. 'For me? Or for Stamford?' he asked bitterly.

'I could never marry a commoner, Martin,' she pleaded. 'You must see that.'

'And if I won a knighthood?'

She smiled sadly. 'If you were a knight, Martin, I'd marry you today, and the Devil take my father.'

Martin was grinning by the time he rejoined his newfound companions-in-arms on the common. 'You took your time, didn't you?' Brewster observed sardonically.

Martin blushed. 'We had much to discuss.'

'Oh yes?' said Brewster, grinning archly, and Martin scowled. 'Looks like you've got a rival in the womanising stakes,' Brewster added to Conyers, who grinned good-naturedly.

'What's she like then, this lass of his?' asked the Yorkshireman.

'She's a noblewoman,' said Rudcock. 'Isn't that so, Martin?' Martin declined to reply, and then Rudcock noticed the coverchief he now wore about his neck.

'What's the muffler for? Frightened of catching cold?'

Martin blushed again. 'A parting gift.'

'I see. Going to wear it into battle, like, are you? Your lady's favour?'

Martin grinned shyly. 'Summat o' that. How about you, Hodge? Have you got a girl?'

'Aye and like. I'm married, me. Three times, and all.'

'Three times!' exclaimed Inglewood, shocked.

Rudcock nodded. 'I've got one wife in Blaby, one in Sandwich, and another in Ghent.'

'But that's polygamy!' protested Inglewood, who had been to school.

'Polygamy?' echoed Rudcock. 'What's that when it's at home?'

'Having more than one wife.'

Rudcock rubbed his jaw while the implications of Inglewood's definition sank in. 'I reckon you're right. If that's polygamy, then I'm a polygamer,' he admitted vaguely.

Before Inglewood could explain that the word Hodge was looking for was 'polygamist', and that polygamy was contrary to the law of God, a voice that Martin found familiar cut in.

'Well, well, well! If it isn't young Robin Hood!'

Martin looked up, and recognised the horse-faced man from the archery contest in Leicester less than a month ago; though it seemed more like a lifetime ago. The horse-faced man was accompanied by two of his friends, each of them carrying a longbow in a woollen bow-bag.

Rudcock recognised the horse-faced man, too. 'Will Caynard,' he observed, his tone making it clear that he was less than overjoyed to see him.

Caynard ignored Rudcock. 'Come to be a soldier, then, boy?' he asked Martin.

'Aye,' said Martin, without looking up from the sword-blade he was polishing.

'"Aye"?' Caynard echoed mockingly. '"Aye"? Is that all you got to say for yoursen?'

Martin decided it would be best to stick to Simkin's advice, and ignore him.

'Hey! I'm talking to you, boy!'

'I noticed,' muttered Martin. 'I wish you'd give it a rest.'

'What were that?' Caynard demanded incredulously.

'Leave him alone, Will,' suggested Brewster, stretched out on his back on the greensward, hands clasped behind his head as he squinted up at the sun, a piece of straw jutting from the corner of his mouth. 'Can't you see he's new to all this?'

'I weren't talking to you, Brewster,' snapped Caynard, and turned back to Martin, grabbing a fistful of his coverchief. 'What's this then?' he jeered. 'A muffler? What are you, a gelding? Got to wear a girl's muffler to keep the cold off your chest, have you?'

'It's a gift from a friend,' muttered Martin, dropping the sword he had been polishing and trying to brush Caynard's hand away.

'Are you sure it's not a present from your mam?' scoffed Caynard. 'Who in the name of Christ do you think you are? Sir Lancelot, wearing your lady's favour? I'll bet she's a God-damned whore, your "friend"!' He suddenly pulled the coverchief upwards, jerking Martin to his feet.

Whether it was anger or instinct that made Martin lash out he could never afterwards be sure, but the blow he landed on Caynard's jaw took Will completely by surprise, knocking him on to his backside. John Conyers and some of the other veterans laughed. Enraged, Caynard jumped up and took a swing at Martin, hitting him on the cheek. Even as Martin went down he lashed out with one foot, catching Caynard under the kneecap. Caynard followed him to the ground with a scream of pain.

Suddenly Martin felt himself seized by the arms by Caynard's two friends. They hauled him to his feet and held him there so that Caynard could pummel him in the stomach.

Rudcock leapt to his feet. 'Hey, that's enough,' he protested, trying to pull Caynard away.

Caynard punched him on the jaw, sending him sprawling in the mud. 'Keep out of it, Rudcock,' he snarled, kicking him sharply in the ribs. Rudcock doubled up in agony, and Caynard turned back to where his friends held a dazed and winded Martin between them. Will spat on his knuckles, and punched Martin on the nose. Martin could taste the blood on his lips as it coursed from his nostrils.

'He said: "That's enough",' said a deeper voice, and Caynard felt a heavy hand on his shoulder spin him around, before a massive fist smashed into his face. Drayton then turned and punched one of the men holding Martin. With one arm free, Martin was able to punch his remaining captor repeatedly in the stomach.

The brawl was about to turn into a free-for-all when Preston steamed up like an enraged bull and started to pull them apart, using his cudgel to get the attention of those too intent on their own private battles to notice that there was a new knight in the lists. He pulled Drayton off one of Caynard's friends. 'Nails and blood! What the Devil in Hell do you think you're doing?' the serjeant demanded furiously.

'They were beating him up,' Drayton explained ponderously, indicating Martin.

'I didn't ask what *they* were doing, I asked what *you* were doing,' snarled Preston.

Caynard was helped to his feet by his two friends. Preston turned on them. 'Will Caynard, Gilbert Murray and Bartholomew Lefthand,' he observed grimly. 'I might have known you three would be involved in it somewhere. You should have been here yesterday.'

'We got held up,' Bart Lefthand said insouciantly.

'Hold your tongue, damn your nose! Who struck the first blow?' the serjeant demanded of the platoon in general.

No one spoke.

'Very well, then. Five lashes for each of you, and don't think I don't mean it. I've flayed the hides off an entire company in my time...'

'It were me,' said Martin, wiping his bloody nose with his sleeve. 'I struck the first blow.'

'How very noble of you,' sneered Preston. He stepped up to Martin and drove the end of his cudgel into his stomach. It was an expert blow, driving all the wind from Martin's body so that he doubled up in agony, retching.

'That isn't fair!' protested Drayton, and indicated Caynard. 'He started it.'

'Did I ask you?' growled Preston, turning on Drayton. He had a way of looking at the men under his command as if they were something he might scrape off the sole of his boot. He looked the gigantic Drayton up and down contemptuously. 'I suppose you think you're pretty tough, eh? Since you're so worried about what's fair and what ain't, maybe you'd like to take a poke at me, eh?'

'But they started it!' protested Drayton.

'And I finished it. So what are you going to do about it, Samson? You want to take a poke at me now, eh? Come on, Drayton, you big, lumbering ox! No comebacks, just you and me.' Preston tossed his cudgel aside. 'Now's your chance. I'm unarmed. Why don't you try it? Surely a big, strong lad like yourself ain't afraid of a little fellow like me?' As he spoke, Preston punctuated his words by shoving Drayton in the chest, until the big youth lost his temper and took a swing at the serjeant's head. Preston ducked beneath the blow and drove his gauntleted fist into Drayton's stomach with an impressive economy of movement. As Drayton bent double, Preston clasped his hands together and brought them down on the back of Drayton's neck, knocking him to the ground.

Unsmiling, Preston turned to face the others. 'Anyone else feel like fighting?' he demanded angrily. Apparently, no one did. 'In future, save your strength for the French. The inspection takes place in less than an hour; you're supposed to look like you're ready to go into battle, not as if you've just come out of one!' He snatched up his cudgel. 'God-damned rabble!'

As Preston stalked away, Rudcock crouched by Martin, who was trying to staunch the flow of blood from his nostrils. 'Are you all right, lad?'

Martin nodded. 'Bastard,' he muttered thickly, indicating Preston's receding back.

'He gets paid to be a bastard,' Rudcock pointed out evenly. 'What did you expect him to do? Reward you for your honesty?'

'What were he trying to prove?' demanded Martin, gazing across to where Drayton crouched in the mud on all fours, shaking his head muzzily.

'That no matter how tough we may reckon we are, he's tougher.' Hodge glanced across to where Caynard, Lefthand and Murray were sulking, nursing their own bruises. 'Don't feel too bad about it, mind. You and Hal gave a pretty good account of yourselves.' He grinned.

'I reckon you can safely say you've won your spurs as far as defending your lady's honour is concerned, Sir Lancelot. I don't expect Will Caynard and his mates will try picking on you again for a while. But if you've any sense you'll take my advice and try to make up with Will. I know he's not the nicest bloke to have around, but if the two of you are going to be serving together in this platoon, you're going to have to learn to get on with each other. We've got enemies enough awaiting us on the other side of the sea, without making enemies in our own ranks. We've got to stick together.'

Martin nodded, but as he glanced across to where Caynard sat, and their eyes locked, Caynard glared at him malevolently.

'How serious is it?' asked Rudcock.

'It's just a nosebleed.'

'No, I mean this thing between you and this noblewoman.'

Martin scowled. 'I don't reckon it's any of your business.'

Rudcock shrugged. 'It's just it seems strange to me, a fine lady like her paying attention to a churl like yourself. No disrespect, Martin, but I'd be just as suspicious if such a woman paid any attention to me.'

'I'm just as good a man as any nobleman,' asserted Martin. 'Better than some.'

'Aye and like,' acknowledged Rudcock. 'But you try telling a noblewoman that.'

'Beatrice loves me.'

'As long as you're sure. I wouldn't like to think you'd got your heart set on her, only to find that she was leading you on just to tease you.'

'Beatrice isn't like that,' insisted Martin.

Rudcock shrugged again.

Martin took his hand away from his nostrils. 'How is it?'

'It's stopped bleeding,' Rudcock assured him.

'Is it broken?'

Rudcock grinned. 'You mean, are you as handsome as me yet? You should be so lucky!'

Martin tried to cuff him playfully across the back of the head, but Rudcock scrambled out of his reach, laughing. Martin picked himself up and crossed to where Drayton sat, clutching at his midriff with one hand while rubbing the back of his neck with the other. 'Are you all right?'

Drayton nodded, and immediately regretted it, wincing as fresh shoots of pain lanced through his neck and into his skull. 'I made a muck-up of things, didn't I?' he said. 'I'm sorry. I always seem to get things wrong.'

'Sorry!' Martin exclaimed incredulously. 'If you hadn't joined in, God alone knows what sort of state Will and his mates would have left me in by the time Preston came along. It should be me who's apologising. If I hadn't lost my temper in the first place, Preston would never have hit you like that.'

Drayton shook his head. 'He'd've found some excuse sooner or later. They always do. I reckon it's because of my size. Folks always reckon they can prove something by hitting me. Sometimes they're right. I'm not very good at fighting.'

'I've seen worse,' said Martin, laughing. 'Much worse.'

They finished polishing their equipment. The whole encampment was in a froth of activity. Heralds ran to and fro, marshalling the troops, while squires struggled to saddle their masters' horses. The massive coursers pranced friskily and champed at the bit, the scent of war in their nostrils.

As the hour of the inspection drew near, the serjeants-at-arms drew their men up into their units on the open field adjoining the encampment. There were over a hundred men in Holland's company alone: in addition to Preston's platoon of twenty foot-archers, there were eight knights bachelor, including Beaumont; fifteen squires, including Richard Stamford and Adam Villiers; twenty mounted archers; and a troop of thirty-five men-at-arms, mounted on rouncies, armed with shields, swords and lances, dressed in chain-mail hauberks and 'kettle' helmets.

Holland sat astride his war-horse, a powerfully built dappled-grey courser, and watched dispassionately as his serjeants arrayed his men in their loose formations, each command accompanied by a punch or a kick when it was carried out too slowly for a serjeant's liking.

The foot-soldiers stood fully armed in their platoons, clutching spears or bows, while the knights sat in full armour astride their coursers, accompanied by their squires on rouncies, holding pennanted lances upright on the felt butts on their saddle bows. The knights' colourful jupons and brightly burnished plate armour made a proud display that put the foot-soldiers to shame.

The Chief Baron of the Exchequer had come to the inspection to see what kind of men the king would be getting for his money. He rode along with the Earl of Warwick before the assembled formations, exchanging a few words with each of the knights commanding a company. To Martin, the whole process seemed little more than a formality, but the sight of the armed men around him made him proud.

The earl greeted Holland amicably. It was obvious that the two of them were old comrades-in-arms with a great deal of respect for one another. Both the earl and the baron regarded Holland's men with evident approval, before moving on. After the inspection was completed, the men were ordered to remain in their formations to watch as three captured deserters were hanged from the boughs of a large oak tree that stood at the edge of the field. There was no law against desertion as such, but since the men had waited until they had received their first payment before leaving they were considered guilty of theft.

Martin watched uneasily as the three men died, kicking and struggling, their faces grotesquely distorted as the life was choked out of them. There but for the grace of God go I, he thought to himself; then he corrected himself with a grimace: if God had any grace, he would not have been unjustly accused and condemned.

For Inglewood, the gruesome sight of the hanged men, on top of being made to stand in the blazing sun in full kit for well over an hour, was too much, and he stumbled against the man next to him before collapsing to the ground in a dead faint. Some of the veterans laughed. Preston directed Rudcock to fetch a pail of water from a nearby well and tip it over Inglewood's head to revive him.

The bodies of the three deserters were left swinging from the bows of the oak tree to feed the carrion crows, and the order was given to strike camp. The tents were dismantled and loaded aboard the carts and wagons of the baggage train along with the pots, pans and cauldrons of the field kitchens. Sheaves of arrows were packed in wicker baskets and loaded on horse-drawn carts, covered over with horse-hair tarpaulins. The knights and men-at-arms removed their hot and heavy armour and equipment and fastened it on to their pack-horses.

The marshals began to form the men up into a column on the road leading south. It was a time-consuming process, taking even longer than it had done to get them into formation for the inspection; for now draught animals had to be harnessed to the carts and wagons, and there were the packhorses to be taken into account. No one seemed to know where they were supposed to be, while the serjeants argued with the marshals, the marshals argued with one another, and the knights squabbled for the place of honour at the head of the column. The horses would not stand still, and neither would some of the men. Tempers quickly frayed in the hot May sunshine.

Nevertheless, through persistence and industry, the marshals managed to hammer some kind of order out of the chaos and confusion. Holland rose above the squabbling of the knights, and as a consequence the earl awarded his company the place of honour at the head of the column; or perhaps Holland had known all along that the earl had reserved the place of honour for him and his men, so he had not needed to get involved in the squabbles in the first place.

The earl gave the signal to move off with his marshal's baton, the heralds sounded the march on their trumpets, and the column moved hesitantly forward.

Martin Kemp was marching to war.

Chapter Six

The Earl of Warwick rode at the very head of the column, one of his squires riding alongside him carrying aloft his banner, three red crosslets above and below a band of red on a yellow background. With him rode his retinue, and behind them marched Holland's company, Sir Thomas himself astride his massive courser at their head. Beside him Adam Villiers rode a bay rouncy, holding Holland's banner aloft, and Brother Ambrose rode a skewbald pony. Next came the knights and squires under Holland's command, including Beaumont and Stamford, followed by a hundred archers slogging it on foot. It was John Conyers who pointed out that a dismounted man who marched in the place of honour had the advantage of having to walk through less horse-muck than the dismounted men at the rear of the column.

Preston marched at the head of his platoon, puffing away at a set of bagpipes. He was not the only musician in the column; there were other men, armed with trumpets, horns, clarions and pipes, and drummers beating out the rhythm of the march on tabors and nakers. As they marched, their music combined with the jingle of harness and the clatter of mail to give their progress a martial air. At the centre of the column was the baggage train, a dozen carts and wagons piled high with victuals, equipment and spare arms. There were over six hundred armed men of one kind or another in the column, which stretched back along the dusty track for nearly half a mile. The horsemen moved off at a trot, forcing the foot-soldiers to jog along in their wake, and it was not long before the tail of the column began to straggle, merging with the host of camp followers who came in their wake. Most of these were pedlars who knew that they could exhaust their wares sooner or later if they stuck with the column long enough, but there was also a troupe of tumblers heading south seeking protection against any bands of brigands who might be lying in wait on England's lawless roads, and a handful of enterprising prostitutes who cruelly mocked the peasant girls running after the column to wish their loved ones goodbye.

Marching so close to the head of the column, Martin was unaware of the carnival it degenerated into towards the rear. He was looking at the well-armed and disciplined troops around him. He had heard that Philip of Valois ruled over the richest and greatest country in the world; yet he found it hard to believe that Valois could ever hope to muster an army as magnificent as this one. And this was only what was left in the county after Henry of Derby had taken the pick of the men to Gascony the previous year. Rudcock and some of the other veterans speculated as to what their ultimate destination might be. Would the king join Derby in Gascony, unite with his allies in Flanders, or would he land in Brittany, where the English had established a foothold following the Earl of Northampton's defeat of the French at Morlaix a few years ago?

It was a warm day, and before long the hot sun began to squeeze sweat from every pore in Martin's body. He still felt awkward and ungainly in his heavy leather jerkin, and the sword that hung at his hip knocked irritatingly against his thigh with every step. The earl forced a punishing pace, and Martin soon developed a stitch in his side. But there could be no stopping to rest. Martin was consoled by the fact that none of the other new recruits seemed to be faring any better, and he was glad that after his sojourn in gaol he had had a few days to rest and recoup his strength. Inglewood was obviously suffering, being more used to riding when travelling over a distance.

'Come on, Perkin, keep it up,' Rudcock told him, panting through gritted teeth. 'It won't be a very good start to your military career if you collapse on your first day of marching, will it now?'

They had set out from Bosworth later than the earl had intended, and he was determined to make up for lost time, forcing the pace. They crossed the border into the County of Warwick shortly before dusk. For many of the new recruits, including Martin, it was the first time they had set foot outside their native county. Darkness fell, and the earl ordered torches to be lit so that they could march on through the twilight, not stopping until they reached the village of Brinklow at the hour of vespers. The men made camp below an old Norman motte and bailey castle, while the noblemen found lodgings in the village inn or slept inside their tents. The men were able to forage enough dead wood to make camp fires, and they dined on roast beef beneath the stars, chatting merrily and boasting about the feats of prowess they hoped to perform in the fields of France. They slept soundly that night, exhausted by the day's march.

They were roused early the following morning by reveille. After their usual breakfast of bread and ale, the veterans of Preston's platoon initiated the new recruits by seizing them bodily and throwing them into a brook that ran alongside the camp. Most of the new recruits knew it was all in fun and put up only a token resistance, but Inglewood did not see it in the same light, struggling furiously as he was dragged to the edge of the stream. When he landed in the water, the old hands laughing as they looked down at him from the bank, it seemed for a moment as if the red-faced Inglewood might burst into tears, but he managed to choke back his sobs and settled for glowering sulkily at the pranksters.

It was a very different story with Hal Drayton. Rudcock and Conyers managed to drag the muscular youth to the brook, but there Hal broke free, pushing Conyers into the water. As he did so he lost his balance, slipping in the churned mud on the bank and toppling in himself, but he nevertheless managed to pull Rudcock in after him.

Preston appeared on the bank. 'All right lads, play time's over,' he said sternly, but not unkindly. 'Time to strike camp. We've a long way to go yet before we reach Portsmouth.'

The men formed up into a column once more; they were rapidly learning to obey the orders of the marshals and the serjeants promptly. It was the first day of June, and the warm sunshine soon dried out the clothes and equipment of those who had had a soaking.

They reached the village of Coventry shortly after noon. Coventry Common was the mustering point for the men of the County of Warwick, and it was there that the rest of the earl's command waited. The Leicester men pitched camp alongside the Warwick men's encampment while the earl inspected the men who had been raised in his county in his name. Inevitably, there were a few fights that night between the men of Leicester and the men of Warwick; but the two counties were so closely bound together administratively that there was more amity than enmity. The serjeants kept a tight rein on the troops under their command to ensure that the few brawls that did break out were not allowed to escalate into all-out rioting.

More than doubled in size by the addition of the men of Warwick, the column set out immediately the following day at dawn. Whenever it passed through a village, the peasants gathered to line the roadside, waving and cheering; the king's propaganda had spread word of Valois' usurpation throughout the realm, and there were few Englishmen who would have even contemplated questioning the righteousness of the king's cause. From his customary place at the head of the column, the earl led them on at the usual punishing pace, but the weather was fine and morale was high, the men chatting amongst themselves and laughing gaily, or singing along raucously to the martial airs played by the pipers.

They continued south in this manner for several days, through the Forest of Arden and across the Cotswolds into the County of Oxford. They marched along the bank of the River Cherwell to its confluence with the Isis just outside the town of Oxford itself, where they camped one night. Martin toyed briefly with the idea of slipping from the camp to visit his brother Nicholas, but he was not sure that he would be able to find Merton College in the large town in the dark; besides which, the sight of the three men being hanged for desertion was still grimly fresh in his memory, and he did not want to risk being hanged just so that he could see his sanctimonious brother.

South of Oxford, the column passed between the White Horse Hills and the Chilterns into the Vale of Kennet, crossing into Hampshire and marching over the South Downs. Towards late afternoon on the ninth day of the march, they emerged from the Forest of Bere and began a steep climb up the north face of a ridge, the draught animals straining to haul the wagons up behind them. Martin could detect an unfamiliar tang in the air, and he caught sight of white birds circling overhead, their harsh cries clearly audible above the clatter of the marching men. They were birds with which even Martin was familiar, being occasional visitors to the fields of Knighton during the winter months: seagulls. The crest of the ridge formed the horizon, drawing ever closer until finally the men had breasted it, and the harbour of Portsmouth suddenly came into view below them.

Martin had never seen anything like it. The harbour itself was huge – far bigger than Groby Pool, the broadest expanse of water he had seen up to that day – and teeming with literally hundreds of wooden ships, of all shapes and sizes. There were cogs, carracks and crayers, barges and ballingers, hakeboats, loadships, pickers, doggers and galleys. Their striped red and white sails were furled, and many of the larger ships had wooden turrets built fore and aft.

A castle stood on a promontory jutting out into the harbour, the king's flag flying from atop the massive stone keep to show that his Majesty was in residence. The town of Portsmouth itself stood on the east side of the harbour's narrow opening, a close-packed huddle of slate-roofed houses, the tower of a church rising up from their midst. A little to the north-east of the town, an even larger settlement stood on the flat expanse of Southsea Common, stretching out along the roads to London and Winchester: a mass of tents and pavilions that formed the camp of the king's army.

And beyond all this was the sea, stretching away for as far as the eye could see, the deep blue waves rolling in to break in a welter of foam against the shore. Martin had often tried to picture the sea in his mind's eye, but even the mental image of a lake so broad that the far side could not be seen simply had not prepared him for the mind-numbing reality: he had not thought there could be so much water in the whole world. He wondered how far across one would have to sail before one reached the coast of France.

'All right, lads, let's show these whoresons how the men of Leicester go to war,' Preston growled, as they began to descend the south-facing slope of the ridge towards the encampment. He blew a tune on his bagpipes, a martial air with which they had all become familiar during the march from Bosworth, and the men joined in, singing raucously and lustily with their banners and pennants raised once more. At the foot of the ridge they crossed the old stone bridge on to Portsea Island, which formed the eastern side of the harbour. It was dusk by the time they drew near the encampment, but even the fast-fading light could not hide the fact that it was even larger than Martin had first thought. Even the experienced veterans seemed astonished by the size of the army being assembled by the king, averring that it must be the greatest force of men that the kingdom had ever seen. Surely Valois could not hope to muster an army strong enough to face this threat?

The Earl of Warwick had already been appointed Marshal of the King's Army for the forthcoming campaign, and as such it was nominally his responsibility to see that the arriving troops were quartered on the common; in his absence, he had delegated the task to the Under-Marshal, Robert Howell, who met the earl at the outskirts of the camp. Howell was accompanied by Sir Thomas Norwich, both of them mounted on fine palfreys. The earl signalled the men behind him to silence.

'My lord of Warwick,' said Norwich. He was a tall, lean man in his mid forties, with dark hair fading to iron-grey, a lean-jawed, wedge-shaped face, and a long, straight nose. His cold grey eyes were piercing, and his countenance could match the earl's for sternness. At that moment he exuded *bonhomie*, a frequent trick of his, but the earl was no longer taken in; behind his amiability was hidden a mind that was as ruthless as it was razor-sharp. 'You are most welcome. These are the men from the counties of Warwick and Leicester?'

The earl nodded.

'I'll have to check their names off against my copies of the muster rolls, my lord, but that can wait until the morrow, when I have the indenture sheets made out.'

The earl made a dismissive gesture. 'I'll have one of my clerks attend to it.' Unlike Norwich, he had always found the administrative side of soldiering tedious in the extreme.

Norwich smiled thinly. 'As you will, my lord.'

Howell gestured to a stretch of greensward a short distance from where they sat astride their horses. 'With your permission, my lord? If you and your men would be willing to pitch your tents yonder?'

The earl inclined his head. He had every confidence in his subordinate's ability to marshal such a vast army of men – he would not have agreed to his appointment, otherwise – and since Howell already seemed to have the organisation of the camp well in hand, the earl saw no reason to interfere in his underling's work at this late stage. He barked out a few curt orders to his marshals, and immediately his men began to pitch their tents adjoining the main camp, where Howell had indicated. Since leaving Bosworth, the raw recruits had become as adept at pitching camp as the veterans.

The routine at the great encampment on Southsea Common proved to be more or less the same as it had been at the camps which the Earl of Warwick's column had set up on the march from Bosworth. Reveille was sounded throughout the encampment before dawn the following morning. Preston's men rose to their feet and stretched stiff and aching limbs. The serjeant ordered Daw Oakley and Thurstan Freeman to buy some breakfast from the victuallers while Brother Ambrose performed a morning mass for Holland's men, but apart from a handful of knights and squires attendance was low, being non-compulsory. Perkin Inglewood insisted on attending, but most of Martin's new companions could not be bothered. Martin had attended mass every Sunday morning for as long as he could remember, but that had been at his parents' insistence. He had never been one for singing, even less for sermons, and now he took guilty pleasure in not attending.

'All right, you God-damned miserable bunch of idle whoresons,' Preston snarled at his men when they had finished eating breakfast. 'It's time to start turning you into soldiers.'

'What, all of us?' moaned Newbolt.

'Aye, that includes you, Newbolt. Just because you've survived one campaign, you may fall into the trap of thinking you know all there is to know about fighting, but the chances are there's at least one Frenchman in Gascony who can prove otherwise. Come on, get a move on! Nails and blood! The fleet will have sailed without us before you God-damned sluggards wake up.'

Grumbling, Preston's men gathered up their arms and followed him to an open patch of greensward adjoining the encampment. A platoon of men-at-arms were already drilling on foot nearby. They handled their spears with impressive proficiency, levelling them as they might to receive a mounted charge.

Preston's men stood in a loose gaggle while the Serjeant stood before them. 'Right!' yelled Preston, to make sure he had their undivided attention. 'When you lot of old washerwomen have finished gossiping, perhaps you might like to bend your ears in my direction. You might learn something that could one day save your wretched and worthless hides. I'm sure you've all noticed by now that I'm no tonsured scholar from Oxford and Cambridge like Brother Ambrose, but for those of you who haven't already had the honour of serving with me before, I'll have you know that I graduated *summa cum laude* from the School of Hard Knocks.' He grinned. 'You didn't know I spoke Greek, did you, Conyers? For those of you not fluent in Greek, *summa cum laude* means I'm a nasty bastard who can snap any one of you in two just by batting my left eyelid... yes, what is it, Inglewood?'

'Pardon me for interrupting, serjeant, but *summa cum laude* isn't Greek, it's Latin,' said Inglewood. 'It means...'

'Were you born a pain in the arse, Inglewood, or do you have to work at it?' asked Preston. 'One word of advice: no one likes a God-damned smart-arse, all right? Now, where was I? Oh, yes. In addition to your so-called skill with the bow, eventually you're all going to have to learn to use your swords; for those of you who don't know, that's the sharp, pointy bit of metal hanging down from your belts. But right now I wouldn't trust most of you to shave your own pig-like faces wi'out giving yourselves a mortal wound. So we're going to start with the basics: unarmed combat.'

The veterans groaned. Many of them suspected that this was just an excuse for Preston to beat the living daylights out of them.

'Oh, yes!' said Preston, grinning sadistically. He drew his short sword from its scabbard and tossed it to the ground a few feet from where he stood. 'Right! Here's the situation: you've used all your arrows and your bowstring's snapped; your sword is broken and is about as much use to you as a gelding is to a mare on heat; some whoreson Irishman has pinched your dagger; and there's some French devil charging towards you with every intention of thrusting his poxed spearhead clean through your gizzard. So what are you going to do?'

'Run away?' suggested Conyers, raising a laugh from the others.

Preston smiled tolerantly – he did not mind the occasional joke, if it kept spirits up – and waited for the laughter to die down, rubbing his bristly jaw as he thought for a moment. 'Wrong, as usual, Conyers; but I'm glad you brought the subject up. Since we're talking about running away, I'll tell you all something now and not repeat it, but that doesn't mean I want any of you to forget it,' he said, his face growing dark. 'If I see any of you running away in the face of the enemy, I'll kill you myself,' he told them grimly. 'And if any of you are stupid enough to think I'm jesting or bluffing, then just ask Daw Oakley there. He's seen me do it enough times before now, so he *knows* I'm not kidding. Understood?'

The men nodded dumbly, the new recruits chilled by the gravity of Preston's tone.

'Right!' continued Preston. He had a way of saying 'right!' that made people listen. 'No arrows, no sword, and no dagger. There's some French whoreson charging at you, and you can't run away because I'm standing right behind you. Luckily you've still got four deadly weapons on you. So who's going to tell me what they are? Not you, Murray, I know you know already. How about one of the new lads? Tate? Kemp? Wighton? No?'

When no response was forthcoming, he tugged off his chain-mail gauntlets and tossed them to the ground, displaying a pair of calloused and grimy hands. 'Two arms… and two legs. Not much use against a knight in full armour, I'll grant you, but a lot of the time you'll be up against peasant levies no better equipped than yourselves. So, who's going to be our first volunteer? Who wants to be the evil, murdering French whoreson? Inglewood?'

Inglewood shrank back.

'Perhaps not,' Preston agreed, grimacing with distaste. 'Come on, one of you bunch of field mice must be dying to stick your sword in my guts.'

'How about if you have both hands tied behind your back?' suggested Conyers, who had seen this all before and knew what was coming next.

'Are you volunteering, Conyers?'

'No, serjeant,' the Yorkshireman replied hurriedly.

'Then God-damned shut up,' said Preston, and smiled. 'I'll tell you all what. I'll turn my back on you so's I can't see you coming. Can't say fairer'n that, can I?'

There were still no volunteers, the raw recruits suspecting that it might be harder than Preston made out, and the old hands knowing it was.

'Drayton!' exclaimed Preston, as if noticing an old friend in their ranks for the first time. 'How about you? You like fighting, don't you? I'll wager you're still smarting from that punch in the guts I gave you at Bosworth, eh? Want a chance to even the score?'

Drayton stepped forward reluctantly, toying uncertainly with a short sword that looked little more than a dagger in his massive paw. 'What if I kill you?' he asked unhappily.

Preston chuckled. 'You won't.'

'But what if I do?'

Preston sighed. 'Drayton, you have my full permission to try and kill me. In the event of my death, I absolve you of all responsibility, and these lads here can be witnesses to that, all right? Now come on, thrust that God-damned sword right through my back and out the front of my belly! It shouldn't be too difficult for a big, strong lad like yourself. Run me through! Hang my gizzard out to dry!' He turned his back on his men.

After a moment's uncertain hesitation, Drayton raised his sword and charged. Without even so much as a glance over his shoulder, Preston side-stepped at the last possible moment, tripping Drayton up and wresting the sword from his grip as the big lad went down. Drayton rolled on to his back, and Preston put a booted foot on his chest, tickling his Adam's apple with the tip of the sword. He made it all look embarrassingly easy.

'All right, lad, on your feet,' said Preston, helping Drayton up. 'Not too bad, considering you've never used a sword before.' He turned to the others. 'Does anyone want to tell me what Drayton's mistake was?'

'He attacked you with the sun at his back,' Brewster drawled laconically. 'You saw his shadow.'

Preston nodded. 'That's it, Brewster. Spot on.'

'But that wasn't fair!' protested Inglewood. 'He didn't have any choice in the matter!'

'That's because I deliberately positioned myself to my own advantage, boy,' Preston told him, not unkindly. 'That's the first rule of combat: wherever possible, position yourself to your own advantage. When it comes to a pitched battle, it'll be up to their lordships to select the battlefield, but there'll be plenty of times when you can make a few decisions of your own. Height is another good advantage to look for. Can you gain the advantage of height over your opponent? A rock, a fallen tree-trunk, a slight slope in the ground; a few inches that could make all the difference between life and death: your life, his death. Do you want the sun in your enemy's eyes? Will your shadow give you away if you try to sneak up on someone? Small details, but maybe vital. These are questions I want you to ask yourselves every time you reach for the hilt of your sword. And don't any of you give me any God-damned nonsense about creeping up behind people being unfair. Leave the chivalry to your betters. Your job is to kill as many Frenchmen as possible, and I don't care how you do it. Because believe you me, the French won't treat you any more chivalrously if your positions are reversed.'

'Is it true that when the French capture archers, they cut off the first two fingers of their right hands so that they can't use a bow any more?' asked Limkin Tate.

'I've heard a rumour to that effect,' admitted Preston. 'Whether or not it's true I can't say. Churls like us aren't usually taken captive. We aren't worth ransoming, see? So if any of you are captured and only have two fingers cut off, you can count yourselves lucky.' He smiled grimly. 'And then you can start learning to use a bow left-handed, because I'm damned if I'll accept the loss of two fingers as an excuse to wriggle out of doing your duty to your king.

'But back to today's first lesson: the best soldier isn't necessarily the strongest soldier or the bravest soldier, it's the one who shows some nous, right? So... who's our next volunteer?'

No one stepped forward.

'I'll stand facing the sun, so that I can't see your shadow this time,' Preston offered cajolingly.

Still no one offered.

'I don't know what's up with you lot, you're the most lily-livered bunch of recruits I've ever had the misfortune to have to lead,' Preston protested in disgust.

'You said we should use our heads, serjeant,' Conyers said sardonically, getting his second laugh of the day.

'All right,' said Preston, with a tolerant smile. 'But we'd best be getting on, otherwise you won't learn anything more, and believe you me, we haven't even begun to scratch the surface of all there is to learn. Come on, if someone doesn't step forward, I'll pick a volunteer; only this time, I'll have the sword, and you can go unarmed.'

Martin stepped forward. 'I'd like to give it a go, sergeant.'

'Good lad, Kemp,' said Preston. 'Ready when you are.'

Martin drew his sword and charged, swinging the blade at Preston's head. Preston ducked beneath the blow, catching Martin's stomach against his shoulder. Then he straightened, tossing Martin over his shoulder. Martin landed flat on his back, winded. Preston helped him to his feet and handed him back his sword.

'You all saw how I used his own momentum against him?' Preston asked the others. 'Stay low – think of it as a see-saw, and you're the pivot. Got it? Watch again… another volunteer?'

'Can I have another try?' Martin asked ruefully. 'I think I'm getting the hang of it.'

Preston stared at him in astonishment. 'You are a glutton for punishment, aren't you? All right, one more demonstration courtesy of young Kemp here, and then you can pair off and start practising amongst yourselves.' He braced himself for Martin's next attack. 'Ready when you are, Kemp.'

Martin levelled the sword and charged, holding it low this time, ready to thrust it into Preston's stomach. Preston side-stepped, but the sword-thrust was a feint, and Martin smashed the knuckles of his left hand into the serjeant's face. Dazed, Preston staggered back.

'How's that?' asked Martin, adding, 'You did say we wasn't to fight fair.'

'Not bad,' Preston mumbled thickly. 'You're learning fast. Class dismissed,' he concluded, before collapsing.

–

Warwick and Holland made their way to Porchester Castle to pay their respects to the king first thing that morning. When Holland returned to his tent towards noon, he found Preston seated there, taking a break. Preston immediately rose to his feet and snapped more or less to attention. 'Sir Thomas.'

'Hullo, Wat,' Holland replied absently, removing his cloak and folding it once before placing it over the back of a chair. 'How goes the training?'

'Not too bad, Sir Thomas.' The doubtful tone in Preston's voice did not worry Holland; he was accustomed to the serjeant playing down the ability of his men, so that he would not be disappointed when they came to fight. In the event, Holland usually found himself anything but disappointed with the results of Preston's training. 'One or two of the new lads are showing a fair bit of promise,' Preston allowed on a higher note.

'Good.' Holland spoke vaguely, his mind on other things. He had every confidence in Preston's ability to transform the rawest recruits into tough fighting men. 'Tell me, Wat…'

'Sir Thomas?'

'Why are you clasping a dead fish to your left eye?'

'The victuallers wouldn't give me a steak, Sir Thomas.'

'I see,' said Holland, peeling away the fish to reveal Preston's black eye. 'That's an impressive shiner you've got there, Wat.'

Preston grimaced. 'I'm not as young as I used to be,' he admitted ruefully.

'Who amongst us is?' acknowledged Holland, with a wry smile. 'Who gave you that, then?'

'One of the new lads, sir. Martin Kemp, of Knighton. The one Sir John Beaumont accused of rape and murder.'

'Hmm. Tell me, Wat, what do you make of him?'

'Sir John Beaumont, sir?'

Holland shook his head. 'Nay, I suspect I have that one's measure already,' he said, with a grimace. 'I meant the lad that hit you.'

'Kemp, you mean? He's a difficult one to make out. Some of the lads call him Sir Lancelot, on account of how he wears some lass's coverchief – his lady's favour, so to speak. He doesn't have much to say for himself. He's a fine archer, and not a bad wrestler – for a young 'un.'

'Not bad with his fists either, by the look of it,' added Holland, with a smile. 'Keep me informed of his progress.'

Chapter Seven

Later that day Martin strolled through the encampment with Rudcock, Conyers, Brewster, Inglewood, Drayton and Tate. The whole camp was alive with activity, noisy with the sounds of men at work and pervaded by a wide variety of smells both familiar and unfamiliar: horse-muck, tanned leather, wood smoke, roasting meat, and vegetables fresh and rotten.

This whirl of the senses reminded Martin of the annual trade fair at Leicester. There were armourers sharpening weapons on grindstones or repairing coats of mail; fletchers cording sheaves of arrows and packing them in large wicker baskets; farriers reshoeing horses; cooks baking bread and roasting meat; heralds riding to and fro with messages; and squires, young and old, scurrying about on their masters' errands. And everywhere there were soldiers: professionals, veterans, raw recruits; Welsh spearmen and Cheshire archers; wild Irish kerns with long hair and flowing moustaches, dressed in yellow tunics with baggy sleeves, armed with javelins and axes; sappers from the Forest of Dean; men from all over the country. Hodge pointed out the banners of the earls of Arundel, Huntingdon, Northampton, Oxford and Suffolk, as well as those of Lord Bartholomew Burghersh and Thomas Hatfield, the bellicose Bishop of Durham. And then there were the Welsh archers; the Earl of Arundel's men, from Chirkland, in their red-and-white parti-coloured livery; and the Prince of Wales's archers in white and green. Limkin noticed that many of the Welsh troops wore only one shoe, and pointed this out to the others.

'That's because the Welsh are too poor to be able to afford a whole pair of shoes each, so they have to share,' explained Conyers, grinning.

They left the encampment behind them and entered the narrow streets of Portsmouth. The port seemed just as busy as the camp – little more than an extension of it, really, under the present circumstances – with armed men and mariners hurrying to and fro. It seemed as if the military preparations had more than doubled the town's population. Martin and his friends strolled along the quayside, watching the mariners prepare their vessels for war by fitting them out with double tackle.

Dusk was falling fast. They were about to turn back when they came to a waterfront tavern. Torchlight blazed through the open front door, splashing across the cobbles of the quayside, and the raucous noise of merriment came from within. 'Come on,' said Rudcock, heading towards the door.

'Are you sure we should be going in there?' Tate asked nervously. 'The serjeant didn't say we could.'

'He didn't say we couldn't, neither,' Conyers pointed out reasonably.

'I'm not going in there,' Inglewood said firmly. 'My mother told me to stay away from alehouses.'

'Well, she's not here now, is she?' said Conyers. 'I won't tell her if you don't. Besides, this isn't an alehouse, it's a tavern.'

'What's the difference?' asked Drayton.

'Alehouses don't serve wine,' explained Rudcock, licking his lips.

'Or girls,' added Conyers.

But Inglewood was adamant. 'I'm not going in there.'

'Suit yourself,' retorted Conyers, leading the others towards the entrance. 'If you change your mind, you know where to find us.'

Inglewood watched his five friends enter the tavern, torn between his desire to stick with them and his fear of the eternal damnation he would suffer if he went into the house of Satan, filled as it was – according to Old Mother Inglewood – with the Devil's snares. Fear won out over friendship, and he slunk back to the encampment.

Inside, the tavern was as crowded as it was noisy, with soldiers and mariners occupying every table. Martin and his friends stood in one corner by the counter, and eventually the innkeeper approached them.

'Five flagons of Gascon wine,' Conyers told him, and indicated Tate. 'The skinny one's paying.'

'You boys just arrived in Portsmouth?' asked the innkeeper, as he handed them their flagons. His soft Hampshire accent sounded strange to the Leicester men's ears.

Rudcock nodded. 'We got here yesterday evening.'

'Whereabouts are you all from?'

'Leicester County.'

'That's quite a step away.'

'Nine days' march,' asserted Rudcock.

'I'll wager you're all missing your wives already?' the innkeeper probed.

Rudcock snorted derisively into his flagon. 'Glad to get away from them, more like.'

Conyers had caught the innkeeper's drift, however, and he waved Rudcock to silence. 'Not that we'd say no to a bit of female company, aye and like.'

The innkeeper grinned, showing yellow and crooked teeth. 'There's my daughter, Agnes,' he said, nodding towards a serving wench who was collecting empty cups. She was in her early teens, a scrawny creature with dirty blonde hair, but her pale face was pretty enough beneath the grime that coated it.

Conyers glanced at Tate, who, along with Drayton and Brewster, was engaged in a conversation with local fishermen standing further along the counter, oblivious to the conversation with the innkeeper.

'Ha'penny a go,' the innkeeper stated firmly, in a voice that would brook no haggling. 'She's completely clean; no risk of catching the perilous disease – I swear it, by Saint Quenet's belly.'

Martin furrowed his brow, vaguely aware that some kind of transaction was taking place, but unable to fathom its nature. He took a sip of his wine, another new experience for him. It was less sweet than ale, more sour, and had a strong, sharp, fruity flavour, but it lacked the crisp, clear edge of ale, and was thick with scummy dregs so that he had to grit his teeth to drink it.

Conyers opened his purse and slipped the innkeeper a couple of farthings. 'It's not for me, though; it's for the skinny lad over there.'

The innkeeper glanced across to where Tate was still engrossed in his conversation with Drayton and the fishermen, and regarded Conyers askance.

'He's a bit shy,' Conyers explained with a wink. 'Make sure she's gentle with him.'

Understanding, the innkeeper grinned, and closed his hand over the two coins. 'Gentle as a lamb, our Agnes,' he said with a chuckle, and pushed his way across the room to Agnes's side, whispering in her ear. She glanced up from what she was doing and looked directly at Tate, nodding wordlessly in response to her father's instructions.

'What were all that about?' asked Martin.

'Shh!' Conyers nudged him sharply in the ribs, and winked conspiratorially.

Tate, Brewster and Drayton turned back from their conversation with the fishermen. 'Did you hear that?' Tate asked Rudcock, Conyers and Martin. 'Apparently, this town was attacked by the French a few years back…'

'Whoresons!' put in Drayton, whose empathy often outweighed his eloquence.

'They burned all the houses and all the ships in the harbour, stole everything of value they could carry away, did… unspeakable things to the women, and killed hundreds of people,' continued Tate.

'*Hundreds* of people?' Conyers echoed sceptically. 'I don't believe there's ever been hundreds of people in this town *to* kill before now.'

Before Tate could reply, Agnes slipped between them and pressed herself up against him, kissing him on the lips with more force than genuine passion; not that Tate knew the difference. He was too stunned to defend himself. She put her arms around his neck and whispered something in his ear. His face flushed bright crimson. 'I… I think you must've mistook me for someone else,' he blurted.

Rudcock and Conyers exchanged wicked glances.

Agnes took Tate firmly by the hand, half-dragging him towards the stairs. He turned back appealingly to his friends. 'Hodge!' he called, his face a mask of panic. 'Explain to her… there's been some kind of mistake…!'

Rudcock shook his head, grinning. 'You're on your own now, lad.'

'Where are they going?' asked Martin, as Tate disappeared up the stairs with Agnes.

'Somewhere where they can get some privacy, like, I should imagine,' said Rudcock.

Martin suspected that he already knew the answer to his next question, but his mind simply refused to accept it, so he went ahead and asked anyway. 'Why?'

Rudcock stared at him in astonishment. 'Why do you think a young lad and a young lass might want to be alone together?'

'But… what if the innkeeper…?' stuttered Martin.

'What did you think I was paying him for just now?' asked Conyers.

'You mean… you paid him… so that Limkin could…?' asked Martin, the light slowly beginning to dawn. Prostitution did not exist in Knighton, and while Martin had seen painted women on his occasional visits to Leicester, his mother had explained them by saying that they suffered from a highly contagious disfiguring disease that forced them to cover their faces with paint. As the years went by, Martin had eventually gained a vague understanding of why so many men seemed willing to spend so much time in such close proximity to supposedly diseased women.

'The lad's got to dip his wick some time,' Conyers said sententiously.

'But… how can the innkeeper…?' stammered Martin. 'I mean, his own daughter…?'

Rudcock shrugged. 'It's money in his purse, isn't it? He's got to feed her somehow.' He reached for Tate's flagon, abandoned on the counter, and shared its contents between the four of them. 'Waste not, want not, that's what I always say.'

They stood drinking and talking for a short while, until a table was abandoned, and then they hurriedly claimed it for themselves.

Martin turned to Conyers. 'You're not from the County of Leicester, are you?' he asked, curious about Conyers's accent.

'Oh, so you noticed, did you?' Conyers said sarcastically. 'I'm from Doncaster, in the West Riding of the County of York.'

'County of York indeed!' scoffed Rudcock. 'John's grandfather came from France, didn't he? John here's the enemy!'

'The Devil carry you to Hell!' Conyers responded irritably to Rudcock's teasing. 'At least my grandfather had sense enough to leave that God-forsaken country. Both me mam and me dad were born in the County of York, and I reckon that makes me a Yorkshireman born and bred.'

'Why did you leave Doncaster?' asked Martin.

'Had to, didn't I? The Law was after me.'

Rudcock laughed again. 'Don't believe a word of it. The only reason the Law was after him was because he seduced the wife of some justice of the peace!'

Before long they had exhausted the contents of their flagons, and Conyers waved the innkeeper across to order some more wine.

'Is everything to your satisfaction?' asked the innkeeper. 'And to your young friend's?' he added, with a lecherous smirk.

'It must be,' said Rudcock. 'He's not come down yet.'

'He probably hasn't even got it *up* yet,' guffawed Conyers, and slipped the innkeeper another couple of farthings. 'I'll have a go when

115

he's through. She'll probably need a good seeing to after fumbling around with our Limkin for half an hour.'

'New boys first, John,' Rudcock reminded him. 'Let the young 'uns have a bite at the cherry. How about it, Hal?' Drayton nodded with idiotic enthusiasm, fumbling for his purse.

'What about you, Martin?' asked Rudcock.

Martin pulled a face. 'I'll not sully myself by lying with whores – Beatrice would never even speak to me again!'

'So don't tell her,' said Rudcock. 'I'm thrice married, but you don't think I'm going to let that stop me when Hal and John are through, do you?'

'When you lot are finished, the poor lass will probably be glad of a rest,' Martin said distastefully.

Rudcock shrugged. 'If you're sure…'

'If he's not interested, don't push the boy,' said Conyers, leaning back in his chair and falling against a man sitting behind him so that the man's pot of ale was upset. The two of them promptly got into a heated argument.

Martin drained his flagon for the second time. 'I think I'll turn in early,' he said, struggling to conceal the disgust he felt about his friends' indulgence in prostitution. He pushed himself to his feet, and suddenly the whole tavern seemed to whirl around him in an unnerving manner.

'Are you all right?' Rudcock's voice seemed to come from a long way away.

'I'm fine,' Martin mumbled thickly.

'Are you sure? You look a bit green about the gills, if you ask me.'

'I said, I'm fine,' snapped Martin, his voice slurred, his temper flaring.

Rudcock shrugged. 'If you say so.'

Martin walked towards the door, struggling to keep his body upright. Outside, he drew the cool night air into his lungs, only vaguely aware of the brawl that was breaking out behind him. The wine had been much more potent than he had realised, much stronger than the ale he was used to. At first the fresh air seemed to clear his head a little, and then he suddenly felt a chill. A wave of nausea swept through him, and he stumbled against the wall of the tavern, retching. He'd brought up all the wine he had drunk and his supper as well, and felt much better for it. It just went to show that a peasant should stick to ale, and leave the wine to the nobility. No, that couldn't be right, he told himself, shaking his head muzzily; nobility was just a matter of ancestry, and everyone was descended from Adam and Eve, weren't they? Whether noble or churl, a man was still a man, of that much he was certain. What was good for the goose...

He was sick again.

In future he would steer clear of the filthy French muck and stick with good, honest, English ale.

–

When Martin was cruelly awoken by the reveille the following morning, his head ached as if it had been repeatedly battered with cudgels, while his mouth tasted as if he had been dining on cow-muck. Buckling on his sword-belt, he silently vowed never to let another drop of Gascon wine pass his lips.

The mood was distinctly subdued during breakfast, and Martin was reassured to see that his friends looked as ill as he felt. After they had eaten, Preston had the platoon parade for inspection as usual. Recognising the hung-over condition of his men, he took obvious relish in putting them through their paces, taking them for a route march in full kit, their backpacks filled with rocks so that the straps bit cruelly into the men's shoulders. Unencumbered by a pack, Preston ran circles around his men, belabouring their lacklustre performance.

'Come on, you sluggards, shift your arses!' he bellowed, as the men wheezed their way up the side of a steep hill in the hot June sun, the sweat pouring from their bodies in torrents. He stood to one side to let them pass, taking a quick head count to make sure no one had slipped away for a breather. 'Nails and blood! You'll move a lot faster than that when the whole of Valois' army is breathing down your necks! I don't know what you're smiling at, Tate, we've another five miles to go,' he added. Tate had been grinning like the cat that drank the cream all morning. 'What are you supposed to be doing, Inglewood? Did I tell you to bring up the rear?' He speeded the franklin's son on his way with a kick up the backside.

Preston continued to drill his men rigorously in the weeks that followed. If any of the raw recruits had thought that they knew all there was to know about archery – and most of them had, Martin not least – they were soon proved to be hopelessly wrong. Nearly all of them could put an arrow in the bull's-eye at two hundred and fifty yards; what they had to learn now was how to do so at least eight times a minute; how to shoot on volleys at a given command; and how to stop a charging, fully armoured knight in his tracks with a single shot.

'Half a dozen volleys will usually break a charge,' Preston told them. 'A good shot with a bodkin-tipped arrow will pierce the best chain-mail at fifty yards. But when in doubt, aim for the horse. An armoured knight on foot is about as much use in a charge as a straw castle. He'll only get in the way of his friends riding up behind him; chances are they'll do the job of killing him for you.'

They had to learn to fight with sword and dagger. They started out using thick wooden stakes driven upright into the ground as targets, until they had got the hang of using their swords. Then they worked in pairs, fencing together to practise parrying and riposting, the sharp tips of their short swords covered with leather sheaths to prevent them from wounding one another accidentally. Martin had grown up with premanently scabby knuckles from fighting with wooden swords as a child, but that had just been playing. Now he had to learn how to fight for his fife: how to parry a potentially fatal thrust; how to hack off an opponent's sword-arm; how to deal with a mounted knight at close-quarters; and how to thrust at the weak spots in a knight's armour. Preston taught his men to work in pairs or even threes when dealing with armoured knights, so at least one man could pinion the knight's arms while another thrust his blade through a gap in the armour.

'A man can clad himself from head to toe in steel,' said Preston, 'but unless he wants to blind himself, he'll always leave two of his most vulnerable points open to attack: his eyes. A good thrust through an eyeball and into the brain will kill your opponent before he knows what's hit him. And always remember what I told you about not fighting fair. If you lot were noblemen, your opponents might let you yield so they can hold you for ransom; but your miserable hides aren't worth an oyster to anyone but yourselves, so the French will kill you with as much thought as they'd give to crushing an insect, if you give them half a chance. Leave chivalry to them as was born to it; your job is to kill or be killed, so make sure it's the former rather than the latter.'

In the afternoons, if Preston had not already exhausted them with a fifteen-mile route march, they usually lost themselves in the rough-and-tumble exhilaration of football. Sometimes they would be put to work helping to load the ships that vied for moorings along-side the quays in the harbour. Martin had not realised how much work was involved in transporting an army overseas. In addition to arms and armour, there were food, water and ale, cooking utensils, fodder for the horses, harnesses of red leather, dismantled carts and wagons, complicated siege engines such as mangons and trebuchets, and cannon, the latest innovation in warfare. These cannon were ribauds, clusters of slender tubes fashioned from toughened copper and mounted on hand-carts. Each tube fired a small iron bolt or pellet, and the tubes could be fired individually, in quick succession, or simultaneously. Martin had never seen any kind of cannon in action, but it was said that the pellets fired from a ribaud could pierce the best armour when an arrow might be deflected.

When everything had been loaded on to the ships except the men, horses and the more perishable foodstuffs, Preston began to step up his training, drilling his men during the afternoons as well as the mornings. Any day now, the prevailing winds might swing around to a more favourable direction, allowing the fleet to set sail for France. Preston wanted to teach his men as much of what he knew about fighting as he possibly could before they left. While other serjeants-at-arms were content to teach their men the most basic rudiments of drill and swordplay and leave it at that, Preston felt compelled to pass on all the tricks and techniques that he had had to learn for himself on the field of battle. Each little trick might be enough to save the life of one of his men. A dead man was no good to anyone. The serjeant had sense enough to realise that he could not hope to impart thirty-two years of military experience in the space of a few short weeks, but he hoped that at least some of it would sink into their thick skulls, to be remembered when it was needed. He liked to think that every little thing he could teach them gave them an edge over other fighting men, and he had always taken a carefully concealed pride in being able to train and command the finest platoons of archers that ever served the king.

Although Preston's men were often drilling when most of the other men were free to do as they pleased, it did not especially bother them, except perhaps Jankin Newbolt, who would always find something to complain about. There was precious little to do in Portsmouth except visit the inns and taverns, and there was always enough time for that after supper. The rest of the time, while other men grew bored through idleness, Preston's men were maintaining a high standard of morale, and with that came what Brother Ambrose liked to refer to as an *esprit de corps:* a vague awareness that however inexperienced half of them might be, they were receiving the best training that any of the serjeants-at-arms in the king's service could offer.

As for young Martin Kemp, he settled down to an archer's life with an ease that surprised himself not least of all. He had yearned to escape from the soil-bound drudgery of a peasant's life for as long as he could remember. Having achieved a complete break with the monotony of his previous existence, he had found himself in an entirely unfamiliar world, and at first the whole experience had been rather unnerving. Now he was beginning to realise that life in camp was no worse than life in Knighton, and in many ways it was a good deal better. The routine of constant drilling that Preston imposed on his men might have been tedious at times, but it was as nothing compared with the mind-numbing monotony of tilling the soil. Now at least he was learning the skills of war, the very skills that had set his childhood heroes – the Knights of the Round Table – up above all other men. Unlike some of the other raw recruits, who had been better off in civilian life, Martin did not long for the comforts of home. Inglewood might complain about the quality of the food, but he was used to the rich fare of a franklin's table. While Martin's mother had been an able cook, she had been hampered by never having enough money to buy food, and meat in particular. Although the men had to buy the food they ate from the victuallers out of their wages, the prices were reasonable and their wages generous enough not to make this too much of an imposition. In the army, Martin discovered a whole new sensation, and in time he came to realise that it was called 'not being hungry'. Nor did he miss the comfort of a straw-filled pallet barely softer than the ground on which he now slept; and the weather that summer was warm enough for him not to regret the absence of a roof over his head. The only thing Martin felt he lacked was female company, yet he could not bring himself to betray Beatrice by dallying with the whores in town as his companions often did.

Just under a fortnight after Martin and his companions arrived at Portsmouth, Sir Thomas Norwich rode up to Holland's tent to find Villiers sharpening his master's broadsword with a whetstone. Villiers immediately replaced the sword in its scabbard and rose to his feet.

'Good morning, young Master Adam,' said Norwich, with his crocodile smile. 'Is your master about?'

'He's still asleep, I think, Sir Thomas,' replied Villiers.

'Then would you be so kind as to rouse him? I have a message for him from his Majesty.'

Villiers nodded, and ducked inside the tent, where he found Holland, woken from his sleep by the sound of voices, rising from his pallet. 'What is it, Adam?' he asked, blinking blearily at his squire.

'Sir Thomas Norwich says he has a message for you from the king.'

'Then don't just stand there, boy; show him in,' Holland replied irritably. 'Then fetch me some clean water to bathe my face in.'

Villier had already anticipated his master's second command. 'There's fresh water in the jug,' he said, grinning, as he held the tent flap to one side to usher Norwich inside. Once Norwich was in the tent, Villiers discreetly slipped outside.

'Good morning, Sir Thomas.' Never one to stand on ceremony, Holland poured some water from the jug into a shallow basin, and splashed some on his face.

'Good morning,' Norwich returned evenly. 'His Majesty sends his compliments, and requests that you attend him at Porchester Castle at noon.'

Holland began to shave himself with his razor-sharp dagger. 'What hour is it now?'

'Just before prime.'

'Return my compliments to his Majesty and inform him I shall be there,' said Holland, as if there had ever been any doubt that he would answer his liege's summons.

Norwich nodded, and took his leave of Holland. The king was holding a council of his closest military advisers that day, and Holland was not the only nobleman to be summoned.

When Holland had finished shaving, he towelled his face dry and began to dress in his finest robes. A soldier rather than a courtier, Holland's finest robes would have provoked dismay in the Court at Windsor, but the king himself was generally unimpressed by mere finery. He dispatched Villiers to fetch his palfrey, before breakfasting on cold meat left over from supper, and a little fresh bread which Villiers fetched from the bakers.

Holland emerged from his tent to find Preston's men practising their drill, as usual. Some of the less experienced knights often mocked the way Holland's serjeant perpetually drilled his men, but Holland would merely exchange a quiet smile with the more seasoned campaigners who had seen men trained by Preston in action, and knew how well the constant drilling paid off.

The serjeant had split his men into pairs for sword drill; he was fortunate in that there were nine old hands to the ten raw recruits in his platoon, so that each new recruit was able to drill with a more experienced veteran, Preston himself pairing with the left-over recruit. The sound of steel clashing against steel rang out, combined with the grunts of the men, while their sword blades flashed in the early morning sun. Martin had teamed up with Rudcock, and now Holland watched with satisfaction as the two of them fenced up and down in front of his tent: cut, thrust, parry, slash. Martin's enthusiasm drove the somewhat more lackadaisical Hodge slowly but surely backwards, until Rudcock's sword flew out of his hand, landing point-first in the mud at Holland's feet.

'Easy now, Martin!' protested Rudcock, nursing a jarred wrist. 'You almost had my hand off there! Save it for the French, can't you?' He turned to retrieve his sword, and it was not until then that he saw Holland watching them both with a stern expression. He swallowed hard. 'Good morning, Sir Thomas,' he said tremulously.

Holland stooped to pick up the sword, handing it back to him. 'You will find you get a better grip if you twine a leather thong about the hilt,' he remarked dryly.

'Aye, Sir Thomas,' mumbled Rudcock, abashed.

Holland turned to Martin. 'Good,' he said curtly. 'Very good. You have fenced before, have you not?'

'Aye, Sir Thomas,' admitted Martin, as Preston hurried up to ensure that his men did not embarrass him in front of Holland. 'The serjeant's been teaching us since Friday,' Martin added ingenuously.

Preston cuffed him roughly around the back of the head. 'Jackass! Before you joined the army, Sir Thomas means.'

Martin hung his head to hide his blushes. 'My apologies, Sir Thomas,' he muttered awkwardly. 'I mean, no; not unless you count playing with wooden swords.'

Holland chuckled. 'The kitten that plays at stalking becomes the best hunter as a cat. Even I had to start somewhere. You don't suppose I was given a broadsword of steel when I was first learning to fight, do you?'

'Nay, sir.'

'You show signs of promise, boy.'

'He's not too bad, Sir Thomas,' Preston admitted grudgingly.

'Not too bad!' exclaimed Holland. 'I fear you do the lad an injustice, Wat. If what I just witnessed is the result of but a few days' training, then you have surely surpassed yourself.'

'If you say so, Sir Thomas.' Preston had been training men for over a quarter of a century, and one thing he had never ceased to maintain was that there was no such thing as a natural warrior. A good soldier was made, not born, he had always claimed; but when watching Martin drill, he had to confess to himself that he was beginning to have his doubts.

As Villiers returned with Holland's palfrey, the knight turned back to Martin. 'What is your name, boy?'

'Kemp, sir. Martin Kemp, of Knighton.'

'Martin Kemp, eh? It seems to me I have heard that name somewhere before.' Smiling, Holland stole a glance at Preston, who unconsciously raised a hand to his recently bruised eye. 'Keep up the good work, Kemp,' said Holland, swinging himself up into his palfrey's saddle. 'You have a promising career in the king's service ahead of you, should you desire it. Who knows? Perchance some day you too may be a serjeant-at-arms, like old Wat here.'

'Nothing would please me more, sir,' responded Martin, with poorly disguised irony.

Preston scowled, but Holland threw back his head and laughed loudly, before digging his spurred heels into the palfrey's flanks and riding north out of the vast camp, towards Porchester Castle.

'All right, Kemp, you can stop grinning just because Sir Thomas noticed you,' growled Preston. 'I've seen him marvel at queer-shaped cow-pats before now, let alone a villein who knew one end of a sword from t'other, so don't let it go to your head. You may show signs of becoming a near-competent swordsman compared to this rag-taggle bunch of no-hopers who like to call themselves soldiers, but it'll be a long time before you're a match for the puniest Parisian levy. Now back to work, all of you!'

—

The subject for discussion at the king's military council that day was the forthcoming campaign. Whatever decision was reached regarding the fleet's destination, it was not made public beyond the king's closest advisers – who were sworn to secrecy – for fear of French spies.

Rumours abounded, nevertheless. Word soon got around that the king had asked the Church authorities in London to say prayers for the success of his expedition to Gascony earlier in May, and since the fleet's mariners confirmed that the ships were being provisioned with enough victuals for a two-week voyage, Gascony did seem to be the most likely destination.

A few days after the Feast of Saint John, in a solemn ceremony before the high altar in the nearby church at Fareham, the King's Seals were transferred to the Archbishop of Canterbury, who would lead the Government in his Majesty's absence. The wind had finally changed, and there was a new sense of urgency throughout the encampment as the men prepared to embark for France. The king and the young Prince of Wales boarded their ship, the *Philip of Dartmouth*, at the end of June. The ship set sail, and anchored off the Isle of Wight, waiting for the rest of the fleet to assemble behind it.

It was a long and arduous process. There were only a few quays in the harbour, and over fifteen thousand men to be crammed on board seven hundred ships of various shapes and sizes. Each troop or platoon of men eagerly awaited the command to pack up its equipment and make its way down to the docks, while the marshals struggled to maintain some semblance of order in the collapsing encampment. After several days of intense frustration for Holland and his company, Sir Thomas Norwich finally arrived with instructions for them to make their way down to the harbour.

Martin's nerves were tightly coiled with excitement as he struggled to gather up his equipment. After endless weeks of training, the moment he had been so eagerly awaiting had finally come. Only a few days earlier, after the platoon had completed a fifteen-mile march in a record two and a half hours, Preston had grudgingly admitted that he had taught them as much as he could about fighting, adding that how much of his training they remembered in the heat of battle was up to them.

'Are we soldiers now?' Tate had asked, almost plaintively. The older, more experienced members of the platoon had laughed cynically.

'Soldiers, is it now?' Preston had roared in reply, but not without a certain amount of humour in his tone. 'Nails and blood! God-damned miserable excuses for fighting men you lot are, the whole God-damned bunch of you! But you'll have to do for now,' he added soberly.

And now those God-damned miserable excuses for fighting men were trooping through the streets of Portsmouth, encumbered with their arms and equipment, dreaming of the glory and the booty they would soon win overseas in the service of their king.

The quayside was a scene of chaos and confusion as the mariners struggled to load the last of the cargo aboard each ship, hampered by hundreds of troops milling about on the waterfront, waiting their turn to be directed on board a vessel. Holland led his company on to a stone pier where a hundred-tonne cog named the *Trinity* was moored, its red and white flag furled. A gangplank wide enough for horses led up to the cog's deck, and Holland dismounted, exchanging a few words with the ship's master before leading his palfrey up on to the deck. Specially made hurdles had been arranged on the deck to provide stalls for the horses, and plenty of fodder was stored nearby. Villiers came next, leading his own rouncy, Holland's courser, and the packhorse. He handed the halter of the rouncy and the courser to a mariner who stood on the dock steadying the gangplank, before leading the packhorse up on deck.

Villiers had been handling horses all his life, and it had so much become second nature to him that it never occurred to him that another man lacking his experience with the beasts might be nervous about having to hold the halter of such a massive warhorse. Peledargent, usually a placid and patient animal, was already made nervous by the noise and bustle around it, and could sense the mariner's fear. Martin could see the courser's nervousness in its tensed body, flared nostrils, wide eyes and pricked-up ears. The mariner held Peledargent's halter at arm's length until Villiers returned to collect it. He was so glad to be rid of the responsibility that when Villiers returned for the courser, the mariner released the halter before the squire had grasped it, allowing it to fall to the surface of the pier.

'Clumsy jackass!' Villiers snapped irritably. Muttering apologies, the mariner ducked down to pick up the halter for the young nobleman. The courser flinched at the sudden movement beneath its head, rearing up with its teeth bared and its nostrils wrinkled back. Forgetting all about the halter, the mariner fled in terror, bumping into Villiers and bowling him over. This sudden commotion immediately caused a panic, the men on the pier pushing and shoving in their desperation to get away from the wildly rearing courser. The shouts of alarm only served to frighten the horse even more, and it wheeled to flee, only to find the way blocked by a stack of casks. It wheeled again, lashing out with both hind legs, staving in one of the casks and knocking another to the cobbles. Villiers barely managed to roll clear before the cask crashed down on the spot where he had lain, spreading billowing clouds of flour across the pier.

As the other archers were struggling to get away, Martin instinctively stepped forward. Peledargent was a lot bigger than his father's horse, but Martin swallowed his fear by telling himself that the principles that applied to dealing with hackney nags must also apply to the biggest warhorse. He moved into the courser's field of vision, taking care not to make any sudden movements that might alarm it even further and giving it a chance to get used to his presence. While the panic of the other men had only served to excite the horse, Martin's apparent calm had a calming effect on the beast, which stopped rearing long enough for him to grasp the bridle. The courser tried to rear up again, but Martin's grip was firm.

'Easy, boy, easy,' he muttered soothingly. He blew into its nostrils – the horses' way of making friends – and the courser allowed him to reach up and stroke its mane, whinnying softly. As the marshal in charge of the dock managed to restore some semblance of order to the scene with the help of the serjeants, Martin took the courser's halter and led it up the gangplank. Once on deck, he backed it into one of the specially made stalls, and a mariner tied its halter to an iron ring set in the ship's bulwark. Then he turned about to see Holland standing by the mast, watching him thoughtfully.

'Come here, boy.'

'Sir?'

'It's Kemp, isn't it?'

'Aye, sir.'

'How is it that when everyone else was running away from Peledargent, you walked towards him and calmly seized his bridle? Were you not scared?'

'Not as scared as he was, sir, I reckon,' replied Martin, jerking a thumb in the direction of the courser.

'You've worked with horses before?'

'Sort of, sir. We used to have a hackney mare…'

'How is it you did not volunteer to be a mounted archer?'

Martin hung his head. 'I didn't volunteer at all, sir,' he reminded Holland.

'Ah, yes. Very well, then. That will be all.'

'Aye, sir.' Martin had to wait at the top of the gangplank until Villiers had brought up his rouncy. Once the rouncy had been tethered, Villiers turned to his master.

'I'm sorry, Sir Thomas.' The squire was uncharacteristically abashed. Happy-go-lucky by temperament, he had not been serving with Holland for long, and he was desperate to impress his new master. 'If that damn' fool mariner hadn't dropped the halter...'

'If you had not given the mariner the halter to drop in the first place,' Holland cut in coldly, before turning his back on his squire and greeting the knights of his company as they led their own horses up the gangplank.

Eventually all the knights and squires of Holland's company were quartered on the *Trinity* with their horses, and the ship slipped away from its moorings to make way for the next, which took on board Holland's men-at-arms and half of his troop of mounted archers. Finally Preston's platoon had its turn. They were embarked on another cog, the *Saint Thomas of Kent*, along with Brother Ambrose and the rest of Holland's mounted archers. The gangplank was raised behind them, the mariners scuttling back and forth across the decks, casting off the mooring ropes and unfurling the sail, foully cursing the lubberly archers who got in their way. The vast canvas of the square red and white striped sail billowed with the freshening breeze behind it, and the cog glided smoothly away from the dock, St George's pennant fluttering from the top of the single mast. The *Saint Thomas of Kent* slipped through the narrow channel at the harbour mouth and sailed into the Solent, following the ship ahead and presently followed in turn by the ship behind, until within a few hours they had joined the vast fleet that was assembling off the north-west coast of the Isle of Wight.

Then the wind, capricious to the last, changed direction once more.

—

Five days later there was not a single man in Preston's platoon who did not wish himself dead.

Ever since setting sail from Portsmouth, they had been huddled on the rolling deck of the *Saint Thomas of Kent* while the cog was tossed about on the white-capped swell of the sea, along with all the other ships in the fleet, their sails tightly furled. Gale-force winds howled through the rigging, and the ice-cold sea spray stung the men's faces each time a wave crashed over the cog's sides.

Like his companions, Martin had spent most of the first night at sea bent over the side. The crew's subsequent attempts to feed the archers had been met with limited enthusiasm. Their innards caught fast in the grip of a bone-chilling nausea, the archers found it impossible to keep any food down. Martin's companions had turned a pallid green, and he did not doubt that he looked at least as bad. They were no longer aware of anything beyond their own enclosed world of sea-sickness, wishing only that the purgatory in which they now found themselves might soon be brought to an end one way or another. Only Brewster, unflappable as ever, leant unconcernedly against the bulwark, the inevitable straw jutting from the corner of his mouth, enjoying the salt-water sting of the spume on his face.

'Are we nearly there yet?' Inglewood asked one of the mariners, who laughed and helped him to his feet, pointing through the gloom towards a dark mass of land just visible beyond the starboard quarter.

'See that?' asked the mariner, grinning.

'Is that France?' Inglewood asked weakly, hardly daring to hope.

The mariner laughed again. 'That there's Portsmouth, that is! We been riding at anchor ever since the fleet turned back from the Needles, waiting to ride out this storm until the wind changes.'

'Oh, God...!' Inglewood sank back to the deck, his arms wrapped tightly about his midriff.

The ship's master emerged from the round-house below the after-castle and hailed Preston, who appeared to be infuriatingly immune to the sickening effect of the pitching deck. 'Good morning!' he bellowed above the howl of the wind, as more sea-spray lashed the men on deck who were already too wet and cold to care. 'Another fine day, eh, Master Preston?' he asked, grinning evilly through his luxuriant black beard.

'Aye,' Preston agreed dryly. 'Middling fair.' Although blessedly unaffected by sea-sickness, the serjeant did not share the mariners' apparent relish for the storm.

The master paused, tilting his head back slightly as if sniffing the wind, and after a few moments the wind suddenly began to veer round. He smiled with satisfaction. This was promising, he told himself; the sooner he unloaded this wretched and unprofitable cargo of lubberly archers, not even fit for ballast, and returned to his normal business of trading – with just a little piracy on the side – the happier he would be.

'Master Garston!' shouted the lookout on duty at the mast-head. 'The *Philip of Dartmouth* is unfurling her sails.'

The master waved in acknowledgement, and turned to the ship's constable. 'Well, lad, you know what to do.'

'Aye, sir.' The constable bellowed orders at the mariners to weigh anchor and hoist the sail, before turning back to the master. 'What course should I tell the steersman to lay in?'

'I know no more'n you,' replied the master. 'We're to follow the rest of the fleet.' He glanced at Preston, who merely nodded. The serjeant was carrying sealed orders, wrapped in an oilskin package, that revealed the fleet's destination; but in accordance with the king's passion for secrecy, the package was not to be opened unless they became separated from the rest of the fleet.

'Aye, we'll follow them straight to Hell,' grumbled the constable, making his way aft where the steersman grasped the tiller.

The *Saint Thomas of Kent* weighed anchor and set forth once more, this time sailing past the Needles and out into the open sea with the rest of the fleet, heading south across the Channel. The voyage was brief, and entirely without incident. There were no sightings of any French ships, and even if there had been, it would have been a foolhardy master indeed who would have sailed his vessel against so mighty a fleet.

When dawn rose the following day, the weather had calmed enough for the archers to recover from their seasickness a little, and Martin and some of the other, hardier members of the platoon pushed themselves to their feet to see that the cog was coasting in towards a great, open, windswept beach.

'Is that France?' asked Martin. He was not sure what he had been expecting, but it certainly had not been this ordinary-looking landscape of dunes and grasses that lay beyond the stretch of pale sand.

'Aye,' grunted Preston, and turned to the others. 'Come on lads, on your feet. We're here.'

'It can't be Gascony,' mused Rudcock. 'We've not been at sea long enough. Is it Brittany?'

'Normandy, I reckon,' said Preston, the oilskin package tucked inside his tunic still dutifully unopened.

'Normandy!' exclaimed Conyers. He and Rudcock had organised a sweepstake on the fleet's destination: Gascony had been odds-on favourite, with Brittany and Flanders close behind it in popularity. Normandy had been a clear outsider, never having been invaded by the king's men before. 'This is the last place I expected us to make landfall.'

'Aye,' said Preston, grinning. 'I reckon that's what the French were thinking, too. He's a cunning devil, is his Majesty.'

There was certainly no sign of any enemy activity on the shore, just a dozen French ships beached nearby, most of them rigged for war. A score of English ships had already landed, including the *Trinity*. The *Saint Thomas of Kent* ran in beside it, coasting in through the breakers until her keel touched bottom.

'All right, lads, this is it,' growled Preston. 'Shift your arses!' He was the first over the side, lowering himself down a knotted rope into the cold, waist-deep water that surged between the ships' hulls.

His men needed no further bidding. They jumped down, stumbling in the heavy waves that washed over them. The mariners lowered the end of the broad gangplank into the water, and two of the mounted archers held it steady while their companions led their horses down into the surf. Finally they were followed by Brother Ambrose, hauling on the halter of his obstinate skewbald pony.

Holding his longbow in its bag above his head to keep the bowstrings dry, Martin waded unsteadily up through the surf with the others, stumbling awkwardly through the undertow that dragged at his ankles. It felt strange to be back on solid ground once more, but it was a welcome return nonetheless.

Adam Villiers had erected his master's banner a short way up the beach, and Holland himself sat astride his palfrey, marshalling his knights and men-at-arms. Martin could see Beaumont and Stamford amongst them, but they did not notice him amongst the anonymous archers rallying around Holland's banner. More and more men were pouring on to the beach from other vessels, rallying around other banners, while the *Trinity* and the *Saint Thomas of Kent* were already slipping back out to sea to make way for the other ships that waited in the bay to unload their cargoes of men and horses.

Preston formed his men into two ranks and took a quick head-count to make sure that no one had been left on board ship. 'All present and correct, Wat?' asked Holland.

'All present, Sir Thomas,' responded Preston, glaring at his wan and bedraggled men. 'I don't know about correct..

Holland was too busy to acknowledge the jest. 'Throw up a cordon of pickets along that line of dunes,' he ordered, gesturing a short distance inland.

'Aye, sir.' Preston turned to his men, dividing them into groups of four and directing them to set up pickets on the dunes overlooking the beach. 'Keep your eyes skinned for enemy troops,' he told them. 'We don't want to be caught with our breeches down by a counter-attack before we've even begun the campaign.'

Martin went with Conyers, Rudcock and Inglewood, scrambling up the side of a dune to the right of the beachhead, the soft sand shifting beneath his feet. The weather promised a sunny day, but there was a cool breeze blowing in from the sea, even more pronounced at the crest of the dune. From there they could see inland, a rich countryside of green fields, trees, hedges and narrow lanes. It all looked so ordinary and peaceful. A flock of seagulls, disturbed by the disembarking troops, wheeled and screeched in the clear blue sky overhead.

Martin gazed inland with the others, searching the rural landscape for any signs of French troops, but there was no one, not even a single peasant at work in the fields. In the distance they could see a herd of cattle, but there was no sign of a cowherd watching over them.

'Where are the French?' demanded Inglewood, almost plaintively.

'In Gascony, with any luck,' replied Rudcock. 'That's about a hundred leagues from here, I reckon. Hopefully we'll be long gone from this place by the time they've learned of our landing.'

'But I thought we'd come to fight them!' protested Inglewood, the pacific franklin's son keyed up for battle by weeks of intensive training.

'Maybe. Maybe not,' Rudcock replied non-committally.

'If the nearest French troops are a hundred leagues away, what are we supposed to be looking for?' demanded Martin.

'The local warden may try to cobble together a militia,' explained Rudcock, his eyes constantly scanning the horizon. 'We're at our weakest while we're still disembarking, and he'll know it.'

Martin stole a glance back down to the beach. A tide of men was streaming off the ships. The troops rallied around their masters' banners and formed up into their platoons and companies, but for every man on the beach there were another thirty still waiting to disembark from ships anchored out in the bay. Someone had put the French ships to the torch, and the dry wooden vessels were burning fiercely in the morning sun. He watched as Sir Godefroi d'Harcourt, a Norman knight who had sworn fealty to the King of England after being exiled from France by Valois, sank to his knees in the surf and kissed the sand of his homeland.

Martin turned his attention back inland. There was still no sign of the enemy, but somehow that did not surprise him in the least. He was beginning to suspect that this picket duty was a mere formality, a complete waste of time. He felt another sharp pang of hunger, and wished he could go and get something to eat. He could see an orchard about two miles away, and could picture the ripening apples that were almost certainly hanging from the trees. 'How long do we have to keep this up for?' he asked.

'For as long as it takes,' said Rudcock. Martin had noticed a subtle change come over his friend now that they were effectively on enemy territory. Back in Portsmouth Rudcock had always seemed somewhat indolent, approaching the training with the blasé attitude of a man who has already done it before for real, as indeed he had. But now his attitude had suddenly gained a workman-like edge as he rapidly settled back into the mentality of a soldier on campaign.

Martin's stomach rumbled audibly, voicing the thoughts of all four of them.

'I'm hungry,' grumbled Inglewood.

Rudcock sighed, and as if by magic he produced some cheese and biscuits that he had scrounged off the mariners on board the *Saint Thomas of Kent*. 'I were saving this for a special occasion, like, but your plight has touched my heart.' He portioned the cheese and biscuits up between himself and his three very grateful companions. There was not much for each of them once it had been divided four ways, but it was better than nothing at all, and they devoured the morsels rapidly.

'Keep your eyes open, mind,' Rudcock cautioned them as they crammed the food into their mouths. 'Remember that story in the Bible about the man who needed to pick only the best soldiers, so he told them all to drink from a stream, and sent away the ones who didn't keep an eye out while they were drinking. We want to be like the best soldiers, and all.'

'Are we soldiers yet?' Conyers imitated Tate's plaintive tones, echoing the question the youth had asked Preston at the end of their training. The others laughed.

'Which man was that?' Martin asked, after a pause.

'Come again?' said Rudcock.

'The man in the Bible.'

Rudcock pushed his hood back from his head to scratch his scalp. 'Solomon, I reckon.'

Conyers shook his head. 'Nay, it were David, weren't it?'

'I reckon it were Solomon,' said Rudcock, 'because he were the clever one, weren't he?'

'I'm sure it were David,' insisted Conyers.

'You're getting it all arsy-versy,' Rudcock told him. 'David were the one as killed the giant with the sling shot.'

'Aye, and the one who had to pick the best men.'

'It was Gideon,' put in Inglewood, wearying of the theological discussion.

'What?'

'It was Gideon who picked the best men by sending away the ones who didn't keep their eyes open when they drank from the stream,' said Inglewood. 'Judges, Chapter Seven.'

'Oh. Well, there you have it,' said Rudcock. 'It were Gideon.'

'Isn't education a wonderful thing,' Conyers sighed wryly.

They lapsed into silence, four pairs of eyes scanning the countryside, four minds lost in their own thoughts. Behind them, the English, Welsh and Irish troops continued to disembark from the ships.

'Christ's blood, but this is dull!' sighed Martin after a while.

'You'd best get used to it,' Rudcock told him. 'This is soldiering for you. You don't want to believe what they say in the ballads. In real life, it's a thousand parts boredom mixed with one part sheer terror. If you've any sense, you'll enjoy the boredom while it lasts.'

'What were you expecting?' Conyers asked Martin. 'To find the French waiting for us on the beach, so that we could charge off the boats and fight them there and then?'

'Summat o' that, I suppose,' Martin admitted vaguely. He gestured listlessly. 'I don't know.'

'Hey, Conyers,' Rudcock said suddenly.

'What?'

'Know any good stories?'

'None you've not heard already,' Conyers replied sourly.

'How about the one about the bull?'

'Which one's that?'

'You know, the one about the bull and the reeve's son.'

'Oh, that 'un. I must've told you that 'un a hundred times. A *thousand* times.'

'It's a good story,' asserted Rudcock. 'Martin and Perkin haven't heard it.'

Conyers sighed. 'Do you *want* to hear this story?' he asked Martin and Inglewood.

Inglewood shrugged.

'We won't know until we've heard it, will we?' Martin pointed out reasonably, his eyes still searching the hedgerows – more because it gave him something to do than because he thought he might actually see something important.

'By then it could be too late,' Rudcock said jocularly.

'Do you want to hear this story, or not?' demanded Conyers.

Rudcock nodded. 'Aye and like. I said so, didn't I?'

Conyers sighed. 'There's this reeve, see? And he's all awkward about summat, so he goes round to the franklin's house and hammers on the door with his fist.' Conyers mimed the action to suit the words. 'The franklin's out, but his daughter opens the door and…'

'Little girl,' put in Rudcock. 'She's just a little girl, remember?'

Conyers broke off the story to glare at him. 'Who's telling the story, you or me?'

'It's not as funny if you don't tell them she's a little girl, all wide-eyed and solemn-faced and all…'

'I know that,' Conyers said irritably. 'I were just coming to that part, weren't I?'

'Sorry. Go on.'

'So the franklin's little girl opens the door,' continued Conyers. 'But before the reeve can say owt, she tells him: "If you've come here to hire the pedigree bull, my da' charges a shilling for it to swyve a cow." So the reeve shakes his head sternly and says: "I'm not interested in any pedigree bull, little girl. Is your father in?" The little girl shakes her head, and says: "If you wants summat cheaper, we've got another bull, only it's not a pedigree," see? So the reeve says…'

'What's that?' cut in Martin.

'What's what?' Conyers demanded, irritated at another interruption.

'That.' Martin pointed to something he could see moving beyond a coppice about a mile away.

'I don't see owt,' said Rudcock, peering in the direction where Martin was pointing.

'Are you sure it's not just an animal of some kind?' asked Inglewood.

'Do you want to hear this joke, or not?' demanded Conyers.

Ignoring him, Martin lowered his outstretched arm hesitantly. 'I could've sworn I saw summat…'

Rudcock shrugged. 'It were probably just some beast, like Perkin said…'

Something glittered in the landscape, sunlight reflecting off polished metal. 'There!' Martin said urgently, pointing once more. 'Don't tell me you didn't see that!'

'I saw it,' Rudcock agreed soberly.

'Look!' Inglewood said unnecessarily, as a yellow and green banner emerged from the trees a little to the left of where they had seen the flash of sunlight. It was carried by a man on horseback who rode along behind a hedge that came up to the horse's withers.

'That's not one of ours,' said Rudcock, as a line of helmets emerged behind the banner. 'Looks like they're coming this way.'

Chapter Eight

'What should we do?' Inglewood asked nervously.

'Martin, go and find Preston,' Rudcock ordered briskly.

Martin nodded, glancing around in search of the serjeant. Preston was making his way along the lines of pickets and was talking to Oakley, Drayton, Newbolt and Tate on the next dune along. They seemed to be oblivious to the approaching troops. Without another word, Martin slithered down the side of the dune and scrambled up the next to where Preston stood. By the time he got there, Preston was already peering towards the advancing column.

'It's all right, lad,' he told Martin calmly. 'I've seen 'em.'

The French column was more clearly visible from the second dune, marching in close formation along a narrow lane between two hedgerows. Their path would lead them to a point a little to the left of where Martin and Preston stood.

'Run and find Sir Thomas,' Preston told Martin, without taking his eyes off the column. 'Tell him there's about... three hundred foot-soldiers about half a mile away, approaching from the north-west. Have you got that?'

Martin nodded.

'Then repeat it back to me.'

'Three hundred foot-soldiers about half a mile away, approaching from the north-west.'

'Good lad. Off you go.'

Martin scrambled back down the side of the dune to the beach, pushing through the gathering throng of men, to where Holland sat astride his palfrey, talking to Sir Thomas Norwich, Sir Godefroi d'Harcourt and a young nobleman. D'Harcourt was a tall, lean man in his early thirties, with a bronzed complexion, flaming red hair and bright blue eyes set in an angular face. The young nobleman was in his late teens with long, dark hair, a thin face, dark, narrow eyes and a weak chin covered with a stubbly excuse for a beard. As Holland spoke, his tone seemed to be calm but cold, a sure sign that he was displeased, and the object of his displeasure was the young nobleman, red-faced and not a little frightened by Holland's anger. Norwich and d'Harcourt watched the confrontation with evident discomfort.

'Sir Thomas?' Martin said nervously.

Holland did not seem to hear him, continuing his harangue against the young nobleman.

'Sir Thomas!' Martin persisted, a little more boldly.

Both Holland and Norwich, sharing the same Christian name, glanced down at him. 'What is it, boy?' Holland demanded irritably.

Martin swallowed hard. 'Serjeant Preston told me to tell you there's about three hundred foot-soldiers about half a mile away, approaching from the north-west.'

Holland exchanged glances with Norwich and d'Harcourt.

'French troops?' the young nobleman asked, wide-eyed.

'Hell's teeth, Montague!' snapped Holland. 'My Serjeant would hardly bother to warn me if they were English!'

'They *are* French, are they not?' Norwich asked Martin, in a diplomatic attempt to make Montague's question seem less naïve.

'They aren't ours,' replied Martin, aware that he did not know for certain that they were French. He suddenly realised that his reply had sounded sarcastic when no sarcasm was intended; but while Norwich scowled, Holland smiled, as if Martin had backed him up in his argument with Montague.

'Where's Preston now?' Holland asked him.

Martin pointed. Holland dug his spurs into his palfrey's flanks, goading it up the side of the dune, and d'Harcourt, Montague and Norwich followed, Martin sprinting in their wake. The four noblemen reined in their horses on the crest of the dune, and Preston wordlessly pointed out the advancing troops.

'God's love!' exclaimed Montague. 'They've not squandered their time, have they?'

'What did you expect, my lord?' Holland responded snidely. Although Montague's father, the Earl of Salisbury, had been killed in a tournament at Windsor two years earlier, Montague himself was still not old enough to inherit the earldom; nevertheless, he theoretically outranked Holland, a fact Holland clearly resented, and he took no pains to conceal his resentment. 'Three hours have passed since sun-up, and they most likely saw our lanterns when we anchored in the bay last night.' Holland turned to d'Harcourt. 'Do you recognise that banner, Sir Godefroi?'

D'Harcourt nodded slowly. 'Those are the arms of Robert Bertrand, the Marshal of Normandy.' He spoke English with a thick Norman accent. 'He is the warden of these parts. He will remain loyal to Valois, regardless of the odds stacked against him.'

'Hmm,' mused Holland, and turned to Preston. 'What do you make of those troops, Wat?'

'An ill-assorted lot, Sir Thomas.'

D'Harcourt nodded in agreement. 'A hastily gathered citizen's militia, I would say.'

'Order the heralds to sound the call to arms,' Holland told Norwich, taking charge of the situation. Norwich nodded, wheeling his horse about and riding back down to the beach.

'We should get as many men as possible off the beach, and meet them beyond the dunes,' said Montague, trying to reassert his command of the beachhead.

'There's not enough time,' replied Holland, although he was clearly unconcerned by the threat of approaching enemy troops. 'At best we could get a couple of companies beyond the dunes to fight a holding action – trying to meet them on equal terms would be a useless waste of men.' He threw a casual glance back to the beach. There were already several thousand men on shore, and more arriving with every passing moment. He smiled, wondering if Bertrand and his militia had any idea of what they were up against. 'We should throw up a defensive cordon of archers and men-at-arms here on the beach, and wait for the French to come to us. If they *are* just a militia, they'll be ill-disciplined and have little morale – they'll soon enough think twice when they see how heavily we outnumber them.'

D'Harcourt nodded in agreement. 'Sir Thomas is right, my lord.'

Montague nodded ruefully. 'Then let it be so,' he told Holland and d'Harcourt, still clinging to the theory that as the first to land on the beach, he was still nominally in command of the beachhead until a more senior nobleman arrived on the scene.

Holland smiled at Montague's discomfiture, and wheeled his courser about, signalling for Preston to jog alongside him as he rode back to the beach where the rest of his company had rallied around his banner. 'Since your men were the first to espy the enemy, would they like the opportunity to draw first blood, Wat?'

'I'd consider it a great honour, Sir Thomas,' replied Preston.

'Are your men up to it, do you think? At least half of them are raw recruits, are they not?'

Preston grimaced. 'There's a first time for everyone, sir. At least now, when we have such a weight of numbers on our side, there is no risk of their losing us the battle.'

The heralds were sounding the call to arms, and Preston's men fell back from the dunes, rallying around Holland's banner. Holland and d'Harcourt directed the marshals to draw a line in the sand, and three companies were formed up along it, facing in the direction from which the French would approach. Archers were alternated with dismounted men-at-arms who stood with their spears ready to hold off the attack.

'They are brave men, for so few to attack so many,' Villiers observed to his master. 'I see little honour for us in this battle.'

'Aye,' agreed Holland. 'But what would you have us do? Yield to them? If they wish to die, it is only right that we should afford them the opportunity to do so with honour,' he added sardonically.

D'Harcourt studied the scene with the practised eye of an experienced tactician. Holland had drawn up the battle line with the clear intention of relying on numerical superiority and better discipline, with minimal regard for the terrain. These were probably the same tactics d'Harcourt himself would have used if he had been in command, but they were not without their disadvantages. 'We shall not see the enemy until they emerge from the dunes,' he remarked dubiously to Holland.

Villiers nodded in agreement. 'We need a look-out,' he said, and turned to Holland. 'With your permission, Sir Thomas?'

Holland hesitated momentarily, and then gave a curt nod.

Villiers slid out of his saddle. 'I shall signal thus, when they are halfway through the dunes,' he told Norwich, with a downward slice of his open hand. Norwich nodded, and Villiers ran out in front of the battle-line, crossing the beach and scrambling up the nearest dune. He crawled on his belly as he drew near to the crest, so that he would not be seen by the enemy. Lying flat, he peered over the top of a clump of grasses, watching the approaching troops.

Holland's company stood at the right of the line of troops, furthest from the dunes and closest to where the waves lapped against the shore.

Preston's men strung their bows and took some arrows from their belts, planting them upright in the sand at their feet, heads-down, the way Preston had taught them, the quicker to nock a fresh arrow after each shot. Holland's mounted archers had dismounted, leaving their hackney cobs tethered to stakes that they had driven deep into the sand. Behind them, more men-at-arms and hobelars were being drawn up as reserves, but most of the men on the beach were left to continue unloading the ships. Many of them paused in their work to watch the impending battle with the bored indifference of spectators at a fairground sideshow; most of them had seen it all before, but it was more interesting than hefting barrels and sacks.

'Wait for my order,' Preston told his men coolly, as if this were just another drill. Martin knew that the odds were very much on the side of the English, but he nevertheless felt a cold tightness gripping his innards, and his mouth was dry. At the same time, he suddenly felt unaccountably hot, despite the cool breeze that blew in from the sea. He was standing in the front rank; if any of the English were to die that day, he was likely to be one of the first. He had awaited this moment for so long, and now that it was almost upon him he was not sure that he was ready for it.

'I don't think I can do it, serjeant,' Inglewood moaned tremulously.

'You can do it, Inglewood,' growled Preston. 'You did it at Portsmouth enough times.'

'I mean, I don't think I can actually kill a man. Isn't it written in the Bible that it's a sin to kill?'

'Nails and blood, Inglewood, but you've picked a fine time to air such theological concerns!' expostulated Preston, and some of the veterans around them laughed. 'These are Frenchmen – you'll kill them, or they'll kill you. I suggest you stop being so selfish and take their souls into consideration – you wouldn't want your death on their conscience, would you?'

Villiers scrambled a short way back down the dune, signalling frantically to Norwich, who raised a baton in his right arm.

'Ready!' ordered Preston. 'And remember, I'll thrash seven shades of shit out of any man who shoots before I give the word!'

Martin plucked another arrow from his leather retainer and nocked it to his bow. Perkin's protests had set him thinking, making him feel uneasy. Until this moment, he had never really considered the full implications of killing a fellow man, French or otherwise. His concerns were more instinctive than theological. What *right* had he to deprive another man of his life?

An armoured knight on horseback suddenly rode out from between the dunes, carrying a long lance upright. The foot-soldiers charged out behind him, roaring furiously when they caught sight of the enemy, the foreign invaders who had landed in their territory. The sound sent a chill down Martin's spine, and he felt a droplet of cold sweat trickle down from his temple.

'Wait for it!' growled Preston.

The charging men were an ill-assorted bunch, lightly armoured, some of them wielding swords or spears, but most of them armed with farming implements such as sickles, scythes and flails. They charged in a closely bunched mass, forced together by their passage through the dunes.

The knight had covered nearly half the distance between the dunes and the middle of the English front rank, his men charging close behind, still more of them continuing to emerge from the dunes. Three hundred? It seemed more like three thousand to Martin. His qualms about killing vanished like a field of corn before the onslaught of a gale.

The knight couched his lance, resting it in a specially made indentation in his shield.

Martin braced himself, pushing out the bowstave. He tried to will Preston to give the order to shoot.

The knight seemed almost upon them, the point of his lance reaching forward to spit its first victim. Martin took careful aim at the knight's head.

Norwich brought the baton down sharply.

'Loose!' barked Preston.

Martin loosed his first shot. He tried to follow its progress, but it was lost in the volley of arrows that flew over the sand towards the charging men. An arrow that might have been Martin's glanced harmlessly off the knight's helmet. Several more arrows struck the knight's horse. The beast stumbled, pitching its rider on to the sand. Other arrows claimed the charging foot-soldiers, bringing down their front rank as if they were stalks of wheat mown down with a scythe, but there were more men behind.

The English archers were shooting as fast as they could now. Martin plucked an arrow from the sand at his feet. He fumbled the shot in his panic, the shaft harmlessly burying itself in the sand. He cursed the trembling fingers that had suddenly decided to betray him at this critical moment.

The impetus of the French attack had been shattered by the volleys of arrows, but still the men behind pressed on, stumbling over the bodies of their dead and wounded comrades. Now they were almost upon the English front rank.

'Draw your swords!' ordered Preston, his short sword scraping from its scabbard. Martin, caught in the act of nocking a third arrow to his bow, dithered momentarily before dropping both bow and arrow and reaching for his sword. The English men-at-arms dropped their spears and stepped forward, drawing their swords. The clash of steel against steel rang out, and war-cries turned into screams of agony.

A Frenchman brandishing a sickle was almost upon Martin, his face contorted as he roared with aggression. Martin's fingers, damp with sweat, scrabbled uselessly at the hilt of his sword. Then the Frenchman was upon him. Martin raised his arms to defend himself, desperately clawing at the man's right wrist. The man's body slammed into him, bowling him over and driving the breath from his lungs. Martin sprawled on his back in the sand, the Frenchman astride him, forcing the point of his sickle-blade down towards Martin's eye, putting his whole weight on top of it. Martin braced his arms, grunting with the effort of holding the blade at bay. His whole attention was transfixed by the sharp point that trembled inches from his face, straining to pierce the soft jelly of his eye.

The physical effort of keeping that point away combined with the paralysing terror that froze his bowels threatened to overcome Martin. The Frenchman was too strong for him, he had gained the advantage, Martin was going to die. Part of his mind asked him why he sought to prolong the terror and the agony. Why not accept the inevitable and relax, and allow the Frenchman to finish it? Then it would all be over, he would be free from this hellish nightmare, he could rest. But another part of his mind, deeper, stronger, said *no*. No French whoreson was going to kill him now. He was not going to give up. He refused to let himself be killed.

The Frenchman punched Martin in the ribs with his free hand, catching him off guard. Martin's arms buckled, and the sickle-blade came down. Martin jerked his head aside and felt a cold flame sear his cheek. The pain broke through the terror to release him from his overwhelming sense of panic.

The sickle-blade plunged into the sand beside Martin's head. The Frenchman's callused hand gripped the sickle's handle less than an inch from Martin's face. Martin sank his teeth into the heel of the man's thumb, biting through to the bone. The man roared in pain, but refused to relinquish his grip on the sickle. Martin brought his knee up sharply between the man's thighs with all his might, the full strength of his rage and defiance behind the blow. The man screamed in agony. Martin pushed him off. He was winning now, a calmness settling over his mind in the midst of his fury like the eye of a storm. He rolled on top of the Frenchman, his fingers effortlessly finding the hilt of his rondel. He plucked it from its sheath and plunged its blade into the man's stomach, burying it up to the hilt. The man jerked spasmodically, puking blood. Martin tugged the blade clear and then brought it down again, and again, and again. He did not stop when the man fell still, but went on repeatedly plunging the blade into the man's stomach until his abdomen was a mass of bloody stab wounds.

'I think he's dead, Kemp,' remarked Preston.

Martin did not hear him, stabbing again and again at his victim's body in a frenzy of blood-lust. Preston had to seize him by the shoulder and pull him clear.

'It's over, lad. We've won.'

Martin looked up as if in a daze. The French were falling back into the dunes, their attack completely broken. They were fleeing for their lives, a troop of English mounted knights galloping after them. Martin saw Beaumont ride down one of the laggards, spitting him on the point of his lance. The man screamed briefly. Beaumont threw back his head and laughed. It was the first time Martin had ever seen him happy.

Stamford was also there, whirling his broadsword above his head as he rode after the fleeing Frenchmen. Like Beaumont, he was not wearing mail: there had not been time for the English knights and men-at-arms to don their armour. As he overtook one man, he leaned down from the saddle to slash at his back. The man stumbled and fell, his back bloody, but Stamford's rouncy was charging forward, so he could not tell if the man was dead. The squire's eyes lit upon another man. This time he aimed a back-handed slash at the man's face as he rode past, just the way Beaumont had taught him, and was rewarded with the sight of a piece of the man's head being sliced off. Born a nobleman, for as long as he could remember he had been trained to fight, to kill. Now that moment had come, and it felt like fulfilment. The excitement of the moment gave him a thrill that was almost sexual. He giggled nervously. He could not believe how easy it was! His eyes fell on another man, and he spurred his horse after him. It was just like stag hunting, only easier! Stags were faster, nimbler than these pathetic Frenchmen!

As he aimed a blow at the third man, his prey dodged out of the way at the last moment, and Stamford's sword clove through nothing but air. Stamford cursed, and wheeled his horse about after his quarry, determined not to let him get away. The man plunged through a hedgerow. Stamford gripped his reins tightly in his left hand, his rouncy easily clearing the top of the hedge. As the horse's hooves thundered down on the opposite side, two more French peasants who had been hiding behind hedge rose up. Stamford suddenly realised that in his determination to catch up with his quarry, he had allowed himself to become separated from the other English horsemen. Panic welled up within him as he tasted fear for the first time.

But the panic was soon replaced by the rage of desperation. One of the peasants tried to thrust a spear at him. Stamford brought his sword down, slicing through the spear's wooden haft, before urging his horse through a half-turn the better to aim a stroke at the spearman's head. The blade of his broadsword bit deep into the man's skull. Stamford tugged the blade free. Another of the peasants was trying to seize the rouncy's reins. The horse reared up, striking at the peasant with its hooves. Stamford lost his balance and fell from the saddle, rolling on the grass. The peasant was staggering back, his forehead stove in by the rouncy's hooves. Another ran at Stamford, whirling a flail above his head. Stamford remembered the sword he still gripped in his hand, and swung it at the man's midriff. The blade bit deep into his side, cutting into the spine, where it was wedged so deeply that he was unable to withdraw it. He felt hands grab him from behind, pinioning his arms. Another peasant appeared, a short sword in his hand drawn back to be thrust into the squire's stomach. Stamford lashed out with one leg, his booted foot catching the man with the short sword in the crotch so that he doubled up with a scream of agony. Then Stamford was able to get one arm free, and he smashed his elbow into his captor's ribs, breaking free. He whirled around, snatching his dagger from the jewelled sheath at his belt, and driving the blade deep into the man's chest. The man went down, coughing blood. Stamford turned to where his sword was still embedded in the dead man's torso. He placed one foot on the corpse's chest, and managed to pull his sword free with a grunt.

The man with the short sword had recovered sufficiently to come at Stamford again. The squire parried the thrust easily, before swinging his broadsword at the man's neck. The blade sliced cleanly through flesh, bone and sinew.

Stamford looked around. Suddenly, there were no more Frenchmen left to kill. He wiped the blades of his sword and dagger clean on the tunic of a dead peasant and returned them to their sheaths before vaulting nimbly back into the saddle of his horse. He wheeled the animal about, his eyes searching eagerly for fresh victims, but there were none. He suddenly realised that he had killed at least six men. He turned his blood-speckled face to the sky and let out a whoop of sheer exhilaration, before spurring his horse back in the direction of the beach. Let Beatrice try to mock his vow to win glory in the fields of France now!

Back on the beach, it was clear that the fight had been a total rout. The bodies of dozens of Frenchmen littered the sand. Miraculously, not one Englishman had been killed. Inglewood was kneeling in the sand, his shoulders heaving as he gasped great gulps of air into his lungs. A broad, damp patch streaked one of his leggings where he had wet himself, but the bloody sword that lay by his side proved that he had not been found wanting in the moment of truth. Piers Edritch was dancing a jig, waving his bloodied sword above his head and whooping with joy. Tate was crouched on all fours in the sand, dry-retching, while Bart Lefthand was slicing off one of his victim's ears as a souvenir. Brewster was wiping blood from the blade of his short sword with a calm professionalism that belied his years, absent-mindedly chewing the same piece of reed that had been in his mouth before the skirmish. Martin suddenly realised that his own cheeks were wet with tears.

'Are we soldiers now?' asked Conyers, once again imitating Tate's naïvely eager tones. Some of the other raw recruits laughed hysterically in a massive release of tension.

Martin felt completely drained, both physically and emotionally. He stared numbly at the rondel in his blood-drenched hands, and then at the corpse of the Frenchman he had killed. He had half-expected the bogeyman of his childhood to have horns, a forked tail, and cloven goat's hooves for feet; but this was just a man, a man not unlike himself, except that the Frenchman was dead while Martin lived. He wondered what manner of man he had been before he had been called upon to die defending his native soil at such short notice. A peasant farmer like himself, no doubt, by the look of him. Martin wondered if the Frenchman had a woman like Beatrice waiting for him somewhere. A wife, maybe, perhaps even children. Well, that was their tough luck, he told himself, hardening his heart. This was one Frenchman who would not be returning home.

'Martin? Are you all right?' asked Rudcock.

Martin looked up sharply. 'Hmm?'

'I said, are you all right?'

Martin wiped blood from his cheek with the back of his sleeve. 'I'm fine,' he said, and meant it.

Villiers swaggered back from the dunes, wiping the bloodied blade of his broadsword on a rag. He was his usual, grinning self. 'Did you see, Sir Thomas?' he asked Holland. 'I slew three of the scum, falling upon them as they sought to flee through the dunes.'

'Aye, and near got yourself killed, you damned young fool!' replied Holland, scowling. He gestured at the corpses strewn across the beach. 'Where is their honour now? They've earned their glory, but at what price? The only glory in war is won by the victors, the men who live to bask in it.'

Villiers' face fell as the truth of Holland's cynical words struck home. He suddenly felt strangely ashamed.

'All right, lads, just because you can fight off a peasant rabble you outnumber fifty to one, don't let it go to your heads,' Preston told his men. 'This is no time to start resting on your laurels; this is just the beginning. Retrieve as many arrows as you can and form up around the banner.'

Martin replenished the contents of his leather retainer and washed his hands and face in the surf. The salt water stung the scratch on his cheek, but he had received worse wounds playing with wooden swords as a child. He rinsed the blood off his rondel and wiped it on the hem of his tunic before returning it to its sheath.

By the time the platoon was gathered around Holland's banner, the troop of knights was riding back on to the beach, the knights' lances blooded and their faces aglow with victory. The Earl of Warwick rode up, the sopping hem of his cloak and the wet sand clinging to his boots attesting to the fact that he had only just led his horse ashore. He exchanged a few words with Holland, Norwich and Montague before ordering several troops of hobelars and mounted archers to be dispatched to search the countryside for further units of French soldiers. While more troops continued to come ashore, Holland's serjeants formed his company into marching order, and they headed north along the beach with the company under Montague's command.

There was a moderate-sized port about a mile to the north of the beach, a town slightly smaller than Portsmouth. Martin gazed about at the buildings, taking in his first look at a French settlement. It looked little different from any of the handful of English towns he had seen. Doubtless the written signs over some of the shop fronts were in French rather than English, but that made little difference to Martin, who could not read in any language. The sight of a well-kept church surprised him: he had not expected men repeatedly described as devils to attend God's services. Like the French countryside, it all seemed so disappointingly ordinary.

There was something not quite right about the town, though, and it took him several seconds to realise what it was. 'Where are all the people?' he asked. The place seemed completely deserted. It was unnatural, unnerving. He had always associated towns with bustling crowds. He half expected the townsfolk to be waiting for them in ambush somewhere, and found himself nervously eyeing windows, doors and side streets.

'They probably fled the moment they saw our fleet out in the bay,' sneered Preston. 'Can you blame them? I'll wager the mightiest army in England's history was the last thing they expected to find on their doorstep when they awoke this morning.'

They made a cursory search of the streets, alleyways, and some of the larger buildings, but all they found were a few women, children and old men. D'Harcourt questioned a few of them, but it was obvious that most of the townsfolk had indeed fled. Martin had heard how badly the French treated non-combatants when raiding foreign territory, and guessed that they must have assumed they could expect no better treatment in return.

The two companies assembled on the waterfront, and Norwich signalled to the three English ships anchored in the middle of the harbour. Many more of the fleet's vessels rode at anchor beyond the harbour mouth.

Villiers rode his horse at a walk down to where Preston stood with his men. 'My lord of Warwick would like you and your men to form the guard of honour, Wat.'

'This wet-nosed rabble?' Preston scowled at his men. 'Just because they happened to be present when a handful of French peasants decided to commit suicide on our sword-points?'

Villiers smiled. 'Your men *were* the first to sight the enemy and engage them,' he pointed out.

'They just happened to be at the right place at the right time,' sneered Preston. 'A blind simpleton could have *smelt* that rabble approaching long before any of my lads chanced to spot them. However, far be it from me to deny the wishes of his lordship the earl,' he added, with an extravagant sigh.

Preston's men trooped on to the stone pier, preceded by Warwick, Montague, Holland and Norwich. The four noblemen dismounted. As the *Philip of Dartmouth* glided in alongside the pier, Preston had his men line up opposite. 'Come on, you worthless scum, at least try and *look* like God-damned soldiers,' he groaned.

Four mariners jumped down from the ship on to the pier and made the mooring ropes fast to the iron rings set into the stonework. The gangplank was lowered, and a man in his early thirties began to descend. He was a tall and well-made man, dressed in a jupon embroidered with three golden lions on a crimson background quartered with a pattern of fleurs-de-lys on an azure field, over which he wore a scarlet mantle trimmed with ermine. His shoulder-length hair was golden-brown, and he wore a short, neatly trimmed, slightly pointed beard, his cheeks shaven. His eyes were a piercing blue, set in a handsome face made up of regular and even features. It was a face that was proud without being haughty, with sternness written in the firm jaw-line, eyes that sparkled with intelligence, and lips that would be equally swift to curse or smile. He seemed to dominate the whole cavalcade by the very power of his presence, and it was obvious even to the watching archers that this could be none other than their king. They cheered, and he accepted their cheers with a smile and a gracious wave. The noblemen on the pier went down on one knee, as did Preston, signalling for his men to do likewise.

Striding regally down the gangplank, his Majesty tripped over as he stepped on to the pier and landed flat on his face. Martin could not be sure, but he thought he heard the king swear under his breath.

There was a stunned, horrified silence. After a few heartbeats that seemed to stretch out like aeons, the king placed his palms flat against the stones and began to lever himself upright. The movement stung Warwick and Montague into action, the two noblemen hurriedly stepping forward and helping the king to his feet.

'Is your Majesty all right?' Montague asked solicitously.

'I'm fine,' the king snapped irritably. 'Unhand me, you idiots. Contrary to appearances, I am perfectly capable of standing on my own two feet unsupported; let me assure you that I am not in the habit of tripping over twice in one day.' He spoke with difficulty, clasping one hand to his nostrils in an attempt to stanch the flow of blood that gushed on to his white chemise.

Warwick smiled, pleased to see that the king was quite himself, but the expression on Montague's face remained one of acute concern. He gestured helplessly. 'An ill omen, sire. Please, I beg you – land not this day, but return on board your ship. Start out afresh on the morrow, and we shall all pray that the lord God may smile more kindly on this venture then.'

'Spend another day cooped up on that Goddamned...' spluttered the king, and then broke off, smiling. 'An ill omen?' He laughed heartily. 'No, by my faith! To me it is a good omen – it proves that this land is longing to embrace me!'

The other nobles present laughed with relief. The king glanced at his bloody hand. The flow of blood from his nostrils had not abated. 'For God's sweet love! Will no one give me a rag with which to stifle this gore?'

The nobles were at a loss; except, that is, for Holland, who snapped his fingers at Martin.

'S... Sir Thomas?' whispered Martin, bewildered.

'Your coverchief, boy!' hissed the knight.

Realisation dawned. Martin stepped forward, struggling to unwind the coverchief from about his neck and bowing clumsily before presenting it to his Majesty. He felt awkward and uncomfortable at suddenly finding himself the focus of such high-ranking attention. A young nobleman the same age as Martin was coming down the gangplank, and he stared penetratingly at the young archer. He bore an uncanny resemblance to the king, and Martin realised that this must be the king's eldest son, Edward of Woodstock, Prince of Wales, Duke of Cornwall and Earl of Chester.

The coverchief was grimy from constant wear, and now it was spotted with a dead Frenchman's blood. Martin felt ashamed to present such a dirty piece of cloth to the king. His Majesty took the coverchief from him, regarding it dubiously before turning his gaze on Martin, who quailed before him. 'Much obliged to you, boy,' he said rather gruffly, folding the coverchief into a wad which he pressed to his nose. Then he turned back to the ship. 'Well? Don't just stand there, you God-damned idle lay-abouts! Bring my horses!'

Martin bowed again, as clumsily as the first time, but the king no longer paid him any heed. He stepped back into line, glad of the opportunity to sink back into the obscurity of the ranks. He suddenly felt naked without his coverchief. He wondered if he would ever see it again, and consoled himself with the thought that at least he had lost it for a noble purpose. He smiled inwardly, thinking that if Beatrice asked him how he had come to lose it, she would never believe what he told her.

The rest of the king's nobles had disembarked from their various ships within the hour, and they made their way with his Majesty to a tall dune just outside the town, overlooking the north end of the beach, where the king knighted his son, along with Montague, Sir Thomas's younger brother Otho, who was serving in another company, and several other young noblemen. The supply ships were sailing into the harbour now, beginning the mammoth task of unloading all the arms, armour, equipment and victuals, a task that would take the best part of a week.

Large bodies of troops were beginning to move off the beach and into the surrounding countryside. Preston and his men rested at the foot of a dune, watching from a distance as the king performed the dubbing ritual. Once knighted, the Prince of Wales began to dub some of his own retainers.

'How come that lot get to bask in all the glory when we were the ones who did all the fighting?' grumbled Newbolt. 'Most of them weren't even there.'

'I'm sure his Majesty will give you a knighthood too, if you ask him nicely,' Preston sneered sarcastically. 'How can he refuse, after that outstanding display of swordsmanship you gave us down on the beach?' Newbolt had dropped his sword at a critical moment, and would have been killed had not Caynard stepped in to help him.

'At least ways I didn't piss myself, not like some others I could mention not a thousand leagues from here,' said Newbolt, glaring at Inglewood, who flushed hotly.

'I see that coverchief of yours finally came into its own, then,' Rudcock remarked to Martin, who grinned inanely.

'Aye,' agreed Conyers. 'The laugh'll be on him if he catches a fever now, and it kills him.'

'I'm starving,' Newbolt announced to no one in particular.

'We're *all* hungry,' Gilbert Murray snapped pettishly. 'Why don't you shut your face?'

'Actually, for once I'm inclined to agree with Newbolt,' admitted Preston, licking his lips. 'I'm quite hungry myself. Rudcock, take Conyers, Lancelot and Perkin Pisspants here into town and see what you can forage.'

'Aye, serjeant,' Rudcock said eagerly, as he and Conyers picked themselves up and led the way into town.

Martin and Inglewood followed rather more reluctantly.

'So what happened?' Inglewood asked Conyers.

'What?'

'In the story,' said Inglewood. 'The one about the reeve and the franklin's daughter.'

'Let's try this 'un,' suggested Rudcock, indicating a large, two-storey house at the edge of the town.

'Where did I get up to?' asked Conyers.

'The franklin's daughter was telling the reeve about the other bull, the one that wasn't a pedigree,' said Inglewood.

Rudcock tried the latch on the front door. It opened to his touch.

'Should we be doing this?' Inglewood asked nervously.

Rudcock shrugged. 'There's no one here to stop us,' he said, leading the way inside.

'Do you want to hear this story, or not?' demanded Conyers.

'I'm listening,' Inglewood protested petulantly.

'We'll probably find the larder at the back,' said Rudcock.

'Lead the way,' Martin told him.

'Right, so the little girls says: "If you want summat cheaper, we've got another bull, only it's not a pedigree",' continued Conyers, following Rudcock and Martin through the gloomy front room. 'So the reeve says: "I'm not interested in any bulls, little girl. I want to see your father. Your brother Jankin has dishonoured my daughter…"'

'Big house,' observed Martin.

'Big enough,' Rudcock agreed absently, trying a door at the other end of the room. It opened into a flagstone-floored kitchen. 'Here we are. What did I tell you?'

'So the little girl says: "In that case you'll *have* to talk to my father,"' Conyers chuckled. '"I don't know what he charges for our Jankin."'

Rudcock found the larder and peered inside. 'The promised land,' he observed with satisfaction.

'And?' said Inglewood.

'And what?' asked Conyers.

'What happened next?'

'Nowt happened next. That's it. That's the story.'

Rudcock took a side of bacon down from a butcher's hook and handed it to Martin, before reaching for a couple of plucked capons. 'John, see if you can find a blanket or summat we can carry this lot in.'

'I don't get it,' said Inglewood.

'The little girl thinks… her brother Jankin…' Conyers threw up his hands in exasperation. 'You get it, don't you, Lancelot?'

'Aye and like,' replied Martin, clutching the cheeses that Rudcock piled in his arms.

'You didn't laugh,' Inglewood said accusingly.

'It weren't very funny,' Martin said reasonably, carrying the cheeses across to the wooden kitchen table and pilling them up next to the capons and the side of bacon.

Conyers took the stopper from a small wooden cask and sniffed the contents. 'Ah-ha!' he said reverently. 'Liquid gold.'

'What is it?' Suddenly Rudcock and Martin were crowding round him.

'Calvados.' Conyers hefted the cask in his arms and managed to tip some of it down his throat.

'Hey!' protested Rudcock. 'Leave summat for the rest of us.'

'Are you sure we should be helping ourselves to all this?' asked Inglewood.

'If the owners wanted it, they shouldn't have left it here,' Rudcock pointed out evenly. 'They knew we were coming.'

'That's why they left,' chuckled Conyers.

'Besides, half of this lot will probably go rotten before the owners get back,' continued Rudcock. 'We're doing them a favour, if you think about it. Would you want to come back to a home that stank of rotting meat?'

'Shh!' Martin hissed suddenly. The others froze instinctively.

'What is it?' whispered Rudcock.

'There's someone upstairs. I can hear them moving about.'

The four of them remained motionless for a few heartbeats, listening to the silence. If there was anyone upstairs, they were keeping very quiet about it. Conyers relaxed visibly, and was about to say something disparaging about Martin's ears when a floorboard directly overhead creaked ponderously.

They exchanged worried glances. Stealing food from an abandoned house was fair game, but stealing it from a house still in occupation was another matter entirely. Rudcock raised a finger to his lips and slowly eased his short sword out of its scabbard, motioning for the others to follow him. Martin, Conyers and Inglewood likewise drew their swords as they followed Rudcock back into the the front room and up the wooden stairs that creaked alarmingly under their weight.

There were three doors at the top of the stairs, but only one of them could lead to a room above the kitchen. Rudcock turned to Inglewood, and indicated the other two doors. 'Watch our backs,' he whispered.

White-faced, Inglewood nodded, gripping his sword tightly.

Rudcock tip-toed across to the first door and laid his left hand on the latch, glancing over his shoulder to make sure that Conyers and Martin were ready. Martin felt that he was as ready as he would ever be; but it was Conyers who nodded, his features uncharacteristically taut. Rudcock threw the door open, jumping aside in case there were a couple of archers waiting on the other side with arrows nocked to their bows.

There *were* a couple of archers waiting on the other side, arrows nocked against taut bowstrings, but they did not shoot. They were dressed in tunics and coarse woollen cloaks, their faces clean-shaven and their dark hair cut in pudding-bowl fringes. Rudcock froze, his arms spread in what he hoped was an unaggressive stance.

'Who are you?' he asked, after a couple of moments that seemed to last for ever.

'We might well be asking you the same question,' replied one of the archers. He spoke English, but with a strange, rather sing-song accent that sounded alien to Martin's ears.

Rudcock noticed that both the archers wore only one shoe each, and relaxed. He had already recognised the accent. 'Archers,' he told them, lowering his sword. 'Sir Thomas Holland's company. You're Welsh, right?'

The two archers nodded, lowering their bows and tucking their arrows back under their belts. 'You want to be careful who you go creeping up on, boys. You might have got yourselves killed.'

'So might you,' countered Rudcock. It was sheer bravado: it did not fool Martin, who doubted that it fooled the Welshmen, either. 'What are you doing here?' he continued.

One of the Welshmen glanced down guiltily at the open jewel casket that lay on the bed between them. The scene told its own tale. 'Looking for Frenchmen,' he said.

'You won't find any in there,' said Martin, indicating the jewel casket with the point of his sword.

'Get back to your unit,' ordered Rudcock, with more conviction than he felt.

The Welshmen hesitated, but the long knives they wore tucked into the back of their belts would be no match for the four short swords the Englishmen held. Scowling, they shouldered their way brusquely past Rudcock and Martin, and clumped down the stairs. Conyers watched them until they had passed out of the front door.

'Have they gone?' asked Rudcock, sheathing his sword.

'Aye,' reported Conyers.

'Thieving Welsh whoresons.' Rudcock stepped into the bedroom and tipped the contents of the casket out on to the bed. The contents consisted mostly of cheap trinkets – low-grade metals and poor craftsmanship – but still worth more than a peasant could hope to earn in a year. Rudcock started to pick out items more or less at random, looping a medallion around his neck before tossing a bracelet to Martin.

'What am I supposed to do with this?' demanded Martin.

Rudcock shrugged. 'Keep it. Sell it. Give it to your lass,' he suggested irritably. '*I* don't know.'

Inglewood clutched instinctively at the brooch that Rudcock threw him. 'But this is stealing!'

'Spoils of war,' Rudcock told him. 'If the owners wanted to keep it, they shouldn't have left it behind. Same as with the food.'

'But the serjeant didn't tell us we could take all this stuff!'

'Aye and like,' agreed Conyers. 'On the other hand, he'd reckon we were crazy if he found out we'd left it behind. Besides, if we don't take it, others will come along and help themselves.'

Rudcock finished dividing up the booty, and tugged the coverlet from the bed. 'Come on. We've wasted enough time as it is.'

They went back downstairs, where he wrapped up the food in the coverlet, carrying it slung over one shoulder, and they returned to where the others waited. Rudcock lowered the coverlet to the ground and opened it up to reveal the bounties within.

'You took your time, didn't you?' grumbled Preston.

'Are you joking?' retorted Conyers, and indicated the two plucked capons. 'Those were running around someone's back yard when we found them.'

Some of the others had already got a fire going, and they roasted the meat over it. Presently, Sir Thomas Holland returned with Villiers and Brother Ambrose.

'Something smells good, Wat,' said Holland.

'Me and the lads got a little peckish, Sir Thomas,' explained Preston, breaking off a leg of capon and passing it up to Holland. 'I hope you don't mind.'

'Not in the least.' Holland bit into the meat, tearing off the roasted flesh with his teeth. 'Good,' he said, talking around his mouthful of food. 'Very good.' He turned to his squire. 'My lord of Warwick wants us to seek out some suitable lodgings for the next few days. I want you to take Preston and his men and seek out some likely manor house. There should be a small village about two miles in that direction,' he added, gesturing with the remains of the leg of capon. 'See what you can find. I have to speak further with his Majesty and my lord of Warwick, but when they no longer require me I'll round up the rest of the company and come and join you. Send back one of the men to guide us. Where's Kemp?'

Martin pushed himself to his feet. 'Here, Sir Thomas.'

'You can handle horses. Can you ride them?'

'After a fashion, sir.'

Holland chuckled. 'Good. There's your man then, Adam.'

Brother Ambrose remained with Holland, while Villiers led Preston and his men inland, marching down a narrow, dusty lane with tangled thicket hedges growing on either side. They passed across a meadow between two areas of woodland, finally spotting a small manor house not unlike Beaumont's house at Stone Gate.

The master of the house was gone, but the menial staff remained, wisely making no attempt to prevent the entry of Preston's men into the courtyard.

Villiers questioned the steward in Anglo-Norman as he selected quarters for Warwick and the other knights in his retinue. Who was the lord of the manor? The Seigneur de Quettehou. Where was he? Out. When would he be back? The steward did not know. What about the rest of the seigneur's family? The seigneur only had one younger brother, fighting the English in Gascony. Villiers asked politely if there would be any problems if the Earl of Warwick and his retinue were to spend the next few nights at the manor house. The steward despondently asked if there was any alternative. Villiers smiled: the two of them understood one another well enough.

'He's a shifty-looking whoreson,' observed Daw Oakley, as the steward emerged from the house with Villiers. 'Can't say as how I like the looks of him.'

'He's a Frenchman,' said Freeman. 'What do you expect?'

'Can we trust him?' asked Inglewood. 'Supposing he tries to... you know, kill us... during the night?'

'If he does try anything, we'll slit his gizzard for him,' said Preston, and grinned. 'And he knows it. If he's a good little boy, maybe we'll leave this place without razing his master's house to the ground.'

Villiers approached. 'Kemp?'

Martin stepped forward. 'Master Adam?'

'This place will do for a few nights,' Villiers told him. 'Take a horse from the stables and ride back to Saint-Vaast-la-Hougue, where we left Sir Thomas. Give him my compliments, and when his business with his Majesty is complete, lead him back here. Think you can manage that?'

'Aye, Master Adam.'

Martin found a fleabitten grey cob in the stables and saddled it before leading it out into the courtyard, swinging himself up into the saddle.

'Well, axe my arse!' sneered Caynard. 'Looks like Lancelot's finally found himself a destrier. Where's your lance, Lancelot?'

Martin ignored him, digging his heels into the horse's flanks. 'Come on, gee-up!' But the animal refused to budge.

It was Rudcock who realised what was wrong. 'It's a French horse,' he explained to Martin. 'It doesn't understand English commands.'

'Great,' Martin said wryly. 'What's the French for "gee- up"?'

'Try "*allez*"' suggested Rudcock.

'*Allez!*' commanded Martin, and immediately the horse set off at a trot. Guiding it with his knees, Martin rode out through the gateway.

Conyers watched him depart, before turning to Rudcock. 'Very impressive,' he said. 'But don't you think you should have taught him the French for "whoa!" while you were about it?'

Rudcock grinned. 'He's a bright lad – let him work it out for himself.'

Martin left the manor house behind him and rode across the open country towards the road leading back to the harbour. It was a sunny day, and he was able to relax and enjoy the ride. It was a long time since he had sat astride a horse, but it soon came back to him. He rode at a Canterbury-trot, the swift but comfortable pace at which pilgrims on their way to the shrine there liked to ride. He thought about the fight on the beach and his encounter with the king, and wondered which had been the most frightening.

The road came into sight. He could see two men riding along it, their brightly coloured robes and fine horses marking them out as noblemen. If Martin continued on his present course – and he had no intention of doing otherwise – he would meet them where he rejoined the road. Holding the cob's reins in his left hand, he reached instinctively for the hilt of his sword, but as he drew nearer he recognised the banner that one of them carried as that of the Earl of Warwick, the man who had saved him from the gallows in Leicester. He relaxed, and it was at that moment that a dozen riders burst out of the woods on the far side of the road. They galloped towards the two noblemen, brandishing their weapons, their warlike cries carried to Martin on the wind.

Intent on the two English noblemen they now surrounded, the twelve riders had not seen Martin, and his first instinct was to wheel his horse about and ride for safety. But he had not come to France just to flee at the sight of the enemy. After only a moment's hesitation he dug his heels into the cob's flanks, urging it forward at a gallop. The cob leapt the hedge at the side of the road with ease, Martin gripping on to the reins for dear life. As the horse came down on the dusty track, he drew his short sword, goading the cob into the fight.

The scene was a confused mêlée of clashing swords, men shouting, and horses rearing wildly. The two Englishmen were putting up a spirited defence, giving a good account of themselves as they hacked at the Frenchmen who surrounded them. The Frenchmen were more timid, seeking to capture rather than kill this richly dressed English nobleman and his squire, and it counted against them: the Englishmen were not taking prisoners.

No one noticed Martin until he had attacked the French from behind, breaking the loose circle of horsemen as he rode through their ranks, slashing clumsily and ineffectually at one man-at-arms with his sword as he rode past. Another man-at-arms closed with him. Martin struggled to defend himself, barely managing to parry the forceful blows of his opponent. He tried to recall all that Preston had taught him about swordplay, but that had been as a foot-soldier. He had not been trained to fight on horseback, and his attention was fully occupied with trying to stay in the saddle without getting his head cut off.

The cob had not been trained for war, and it reared up on its hind legs, throwing Martin to the ground. He landed painfully on the stony track, his sword flying from his hand. Before he could move, another horseman tried to ride him down, wielding his broadsword above his head to bring it cleaving down against Martin's skull.

Chapter Nine

Martin threw himself flat, below the reach of the arcing tip of the horseman's broadsword. The horse reared up, instinctively avoiding stepping on the prone youth, its rider cursing foully. The horseman backed away, giving Martin a chance to scramble to where his sword had fallen. As he snatched it up and rose to his feet, a man-at-arms threatened to ride him down, but the first horseman shouted something in French that made him back away.

The horseman charged. It all happened too quickly for Martin to have time to think, to be afraid. The horseman swung his broadsword at Martin's neck as he rode past, but Martin ducked beneath the stroke, jabbing the point of his sword at the horseman's hip. The horseman was wearing armour, and the thrust glanced harmlessly off his chainmail hauberk. He swiftly wheeled his mount, riding at Martin yet again, aiming a down-stroke at him. Martin raised his sword to parry the blow. The impact was terrific, agonisingly jarring Martin's arm. It shattered the cheap and light-weight blade of his sword so it broke off near the hilt. Martin could feel the wind of the broadsword as it passed within an inch of his head. He staggered back, his bowels turning to water as the horseman pressed home his attack.

'*When in doubt, aim for the horse.*' Preston's words came unbidden to Martin's mind. He stabbed desperately at the horseman's mount, the ragged end of the broken sword gouging a bloody wound in the horse's neck. The horse reared up, and Martin stumbled out of the way of its flailing hooves, tripping over and sprawling on his back. At the same time, the horseman lost his balance, sliding from the saddle and falling to the stony ground with a crash. Unencumbered by armour, Martin was the first to pick himself up. Seeing the youth approach, the horseman reached for his fallen sword. His gauntleted hand closed around the hilt. Martin brought his foot down heavily on the horseman's wrist and had the satisfaction of feeling the bone snap.

He drew his rondel and dropped on to the man's chest, pinning him to the ground.

'Yield!' Martin held the tip of his rondel poised above the man's face.

'Yield to a churl?' The man spoke thickly accented English, his voice sour with contempt. 'I would rather die!'

'Then die!' Martin plunged the rondel's blade down through the jelly of the man's eye and into his brain. Blood fountained briefly, but the man was dead almost instantaneously.

Gasping for breath like a drowning man, Martin glanced up to see the remaining Frenchmen falter at the sight of their lord lying dead, slain by a peasant's hand. They had been disheartened by the refusal of the two English noblemen to yield without a fight; the death of their master was the final straw. It had been their lord's idea to try to capture the English noblemen, anyway. Almost as one, they broke off their attack and wheeled their horses about, riding back towards the cover of the trees.

'Shall we pursue them, my lord?' asked one of the noblemen, a young squire, elated by their victory.

The other shook his head. 'They are not worth the effort. The only prize here lies yonder, and our young friend seems to have claimed that.' He rode his horse over to where Martin still straddled the dead knight's body. 'What is your name, boy?'

Martin rose hurriedly to his feet, recognising the Earl of Warwick. 'Martin Kemp, my lord.'

Warwick frowned. 'I know you, do I not?'

'Aye, my lord. You saved me from the gallows at Leicester the month before last.'

'It seems you have returned the favour, then.'

Another troop of horsemen rode up, this time from the direction of the port. Martin gripped his rondel tightly, but Warwick and the squire remained relaxed, wiping the blades of their broadswords clean before returning them to their scabbards.

'My lord!' exclaimed the leader of the newcomers, a knight of about fifty wearing a red jupon emblazoned with three black stars on a yellow chevron. Martin recognised him as Sir Reginald Cobham, another knight in Warwick's retinue. 'Are you hurt in any way?'

'Not at all, Sir Reginald.' Warwick was dismissive, speaking with good humour. He gestured to his squire. 'Young Alan and I have

merely been exercising ourselves with these French dogs, that is all.'
The corpses that littered the road told their own tale.

No longer the subject of Warwick's attention, Martin wiped the blade of his rondel clean on the dead knight's jupon and slipped it back into its sheath. He gazed despondently at the broken pieces of his short sword, wondering what Preston would say. He picked them up and slotted them into his scabbard. He did not know if a blacksmith could repair the sword, but at least he could prove he had not simply lost it. Then he turned to the cob which stood, quite unharmed, calmly cropping the grass at the side of the road as if nothing had happened. Martin took the bridle, and was about to remount when Warwick's stern tones arrested him.

'Kemp!'

Martin started guiltily, and turned back.

'Are you not forgetting something?'

At a loss, wondering what he had done wrong, Martin flushed with confusion. 'My lord?'

Warwick indicated the broadsword that lay in the dead knight's grasp. 'The sword. You've earned it, by right of conquest.' A hint of a smile flickered at the corners of the earl's mouth.

Martin picked up the weapon uncertainly. It was wrought from one piece of finely tempered steel, the hilt twined with a leather thong, with a wheel-shaped pommel and a curved crossguard drooping towards the blade. The blade itself was almost three feet long, three inches across at the hilt and tapering to a finely honed point. It was not a gilt-handled, jewel-encrusted sword for ceremonial occasions; it was a sword for killing people. It was considerably heavier than his short sword had been, but it was well-balanced and felt comfortable in his hand.

'And the scabbard too,' added Warwick.

The wooden scabbard was covered in pattern-stamped black leather bound with brass. Like the sword it had been crafted to contain, it was workmanlike rather than showy, but of good quality nonetheless.

'A fine weapon for an archer to carry,' Warwick continued, as Martin buckled the sword-belt around his hips, so that the broadsword hung at his left side. 'But wield it as nobly as you have fought this day, and you'll not disgrace it.'

'Th… thank you, my lord.' Overwhelmed with gratitude, Martin bowed away.

Two more horsemen rode up from the rear of the column, Holland on his palfrey and Brother Ambrose on his pony. 'I hope this boy hasn't been giving you any trouble, my lord?' Holland asked Warwick with a smile.

The earl shook his head. 'To the contrary, I'm much obliged to the lad.'

'Did you find us some lodgings?' asked Holland, as Martin scrambled back into the cob's saddle.

'Aye, Sir Thomas.'

'Then lead the way, young man,' said the earl.

As they rode across the fields to the manor house, the earl explained to Holland and Cobham how Martin had come to his rescue, admitting that while Martin's help had been minimal, it had swung the balance in his favour.

'You *have* had a busy day, haven't you?' Holland remarked to Martin, when the earl had concluded his account. 'On your first day in France, you are one of the first to sight the enemy, and one of the first to engage them,' recounted Holland. 'Not content with that, you are bold enough to offer your coverchief to his Majesty, and then ride to the rescue of my lord of Warwick, slaying a French knight into the bargain.' He smiled. 'Tell me, Kemp, have you any more adventures planned before nightfall?'

Martin knew when he was being teased, even when it was by a knight as stern and gruff as Sir Thomas Holland. He managed a smile, although he still felt shaken from his encounter with the French knight. 'Not that I know of, sir.'

When they reached the manor house, Holland noted with satisfaction that someone had thought to post two men – Piers Edritch and Ned Skeffington – on sentry duty. Holland suspected that had been Preston's idea rather than Villiers'. The squire was courageous enough, and both a skilled horseman and swordsman; but he would never be a great warlord without the practical, hard-headed campaigning experience that Holland had learned from Preston.

They rode into the courtyard, where Preston and the rest of his men hurriedly rose to their feet. The riders dismounted, the noblemen leading their horses into the stable while the mounted archers and men-at-arms tethered their steeds to whatever makeshift tethering posts they could find in the courtyard. Martin rejoined his platoon.

'New sword, Kemp?' asked Preston. It was impossible not to notice the huge broadsword that hung at Martin's hip.

'My lord of Warwick gave it to me,' said Martin. 'I mean to say, I won it in battle.'

Preston raised his eyebrows sceptically. 'Well, which was it? Did the earl give it to you, or did you win it in battle? Both explanations seem highly unlikely to me.'

'Both, serjeant. I won it in battle, and the earl told me to keep it.'

'That's a noblemen's sword, Kemp. Are you trying to tell me you killed a French noblemen on your first day in France?'

'I were lucky,' admitted Martin. 'And I took your advice, serjeant,' he added. 'You know – about aiming for the horse, and stabbing at the eyes?'

'Don't try and butter me up, Kemp. It won't work.'

'I weren't trying to…'

'And don't interrupt me when I'm talking to you; I haven't finished yet. I suppose you can confirm all this?'

Martin nodded eagerly. 'You can ask Sir Thomas if you like.'

'I may just do that.'

'My own sword got broken,' said Martin, showing Preston the truncated hilt. 'Will I have to pay for a new one?'

Preston stared at Martin in wry disbelief. He could not work out whether Martin was dishonest and very clever indeed, or honest and extremely dim-witted. 'Not if what you've told me is true, lad,' he decided at last. 'And it had better be, because I'll check, and if I find out you've been lying to me, I'll…'

Martin never found out what Preston would do to him if he had been lying, because at that moment Villiers emerged from the house and approached the serjeant. 'Sir Thomas wants you in the hall,' said the squire. 'He says to bring Caynard and Kemp.'

Preston glanced speculatively at Caynard. 'Well, I know what Lancelot's been up to,' he said. 'He's been thieving swords. What have you been up to this time, Caynard?'

Caynard scowled, and followed Villiers, Preston and Martin into the manor house. It was the largest private building Martin had ever entered. Relatively humble though it was, Martin was awed by its grandiosity. He was about to follow Preston through the door into the hall when Will seized him by the arm and pulled him back so that he could precede Martin, apparently for no reason other than sheer spite. Martin was unimpressed by such pettiness, and did not rise to the provocation.

The walls of the hall were hung with intricately woven tapestries depicting different scenes from the Song of Roland, while three stags' heads were mounted on the far wall. A large fire was blazing in the hearth at the centre of the room, the flickering flames adding to the illumination provided by the sickly sunlight that filtered through the high, narrow windows. Holland was standing by the fire, lost in contemplation as he gazed into the flames. He glanced up as the four men entered the room. 'Fetch the steward, would you, Adam?' he asked his squire, and as Villiers nodded and disappeared back through the door, Holland turned to the serjeant. 'We're going to question him,' he explained.

Preston nodded in full understanding. 'Aye, Sir Thomas.' He turned to Martin and Will. 'You two stand here, on either side of the door. Make sure he doesn't try to make a run for it.'

Caynard grinned. He had been through this before. 'You want me to toy with my dagger, serjeant?'

Preston nodded. 'That might help.'

Villiers entered, chattering amiably with the steward, who was clearly having a hard time keeping up with the squire's Anglo-Norman. The steward looked disconsolate at the occupation of his master's home, but by no means unduly concerned. Then he saw Holland and Preston waiting for him, their faces grim. A trace of fear entered his eyes. He tried to back out of the hall, but Caynard moved to block the exit. 'Oh no you don't, monsewer.'

The steward whimpered softly.

Holland gestured to a wooden stool he had positioned in the middle of the floor, facing the roaring fire. He addressed the steward in French, his tone mild and unthreatening. He had spent enough time in France to have a better idea than his squire of how French was spoken by the natives.

The steward walked forward slowly, the trepidation evident on his face, and sat down on the stool. Holland had carefully positioned it close enough to the fire to ensure that the steward broke out in a sweat the moment he sat down. Holland stood in front of him and a little to the right, just inside the glow of light cast across the floor by the fire, while Preston had positioned himself behind the stool, out of the steward's line of vision. Caynard took his dagger from its sheath and began to pare his grubby fingernails with it.

Villiers said something in soothing tones to the steward. The Frenchman nodded, but if Villiers had sought to reassure him, then the expression on the steward's face made it clear that he had failed.

Holland asked the steward a question in French. He spoke in mild tones, quite unlike his characteristic gruff and sardonic mode of expression. The steward replied briefly, thrusting out his lower lip and shrugging, lowering his head as much as he raised his shoulders. Holland made a dismissive gesture, and tried another question. It elicited the same response as before. Preston took a step forward and raised a hand as if to strike the Frenchman, but Holland signalled for him to stop.

'Hold, Wat. I have a better idea.' He glanced across to Martin – or, more specifically, to the broadsword that now hung at Martin's hip – with a speculative expression. 'Come here, Kemp.'

Martin crossed the room to stand before Holland, who gestured at the seated Frenchman.

'Show him your new sword.'

Martin was completely bewildered by all this, but he saw no reason not to comply. He drew the broadsword from its scabbard and held it out for the steward to see. The Frenchman's eyes widened as if in recognition.

Holland permitted himself the faintest of smiles. 'Tell him how you came by that sword, Kemp.'

Martin guessed that a succinct reply was called for. 'I killed the knight who bore it.'

The steward flinched as if Martin had struck him, and Preston chuckled. 'It seems our friend here understands some English after all.'

'You understand, do you not?' Holland asked the steward. 'The Seigneur de Quettehou lies slain, his men dispersed in the woods. They won't be returning here tonight or any other night, so you'd best reconcile yourself to the fact that we're here to stay. Now I'll ask you again: what forces does Valois have garrisoned in the Cotentin Peninsula?'

The steward seemed to crumple. 'The marshal was in the process of levying troops for a militia…' His accent was thick, but nonetheless intelligible.

'The marshal,' echoed Holland. 'You mean Robert Bertrand?'

The steward nodded.

'How many men?'

'I don't know,' admitted the steward. 'There was to be an inspection of the men at Saint-Vaast-la-Hougue this day. The arrival of your fleet prevented it,' he added bitterly.

Which explains why the French were able to attack us on the beach so soon after we'd landed, thought Holland. 'What about professional troops?' he asked the steward.

'There were some Italian mercenaries…'

'Genoese crossbowmen?'

The steward nodded.

'Where are they now?'

'They deserted three days ago,' spat the steward, angry at the recollection. 'I don't know where they went.'

'Any other forces?'

'Not that I know of.'

Holland nodded, satisfied that the steward had spoken the truth. 'Very well, you may go.'

The steward rose to his feet and bowed low, the relief evident on his face.

'But don't go far,' put in Preston, gesturing with his rondel. 'I've got my eye on you.'

Ashen-faced, the steward nodded again, and scurried out of the room.

Holland dismissed Preston, Martin and Caynard, before making his way to Warwick's quarters to brief the earl on what he had learned.

The cellars of the manor house proved to be well-stocked with food, and the men of Holland's company dined heartily that night. As darkness fell, Preston organised a rota for sentry duty, and those men who were not on the first watch bedded down in the courtyard for the night.

At first, Martin slept soundly. He dreamed of Beatrice, and in his dream she was able to marry him because he had won great glory and been knighted by the king for valour. At some point during the small hours of the morning his dreams turned to nightmares when his conscience caught up with him. He dreamed not of the skirmish on the beach, but of the mêlée on the road from Saint-Vaast-la-Hougue. The mounted knight was trying to ride him down again, hacking at him with that great broadsword. Then his assailant removed his helm, and it was not a knight at all, but Beatrice, and she laughed at him as she lifted the sword to deliver the death-stroke. He stood there, staring up at her in disbelief, unable to move as the blade came arcing down towards his head...

He awoke with a start, and found himself staring into the dying embers of the fire that had been lit in the courtyard. He sat upright with a gasp, shaken by the vivid dream. The others still slumbered, some of them moaning fitfully in their sleep. The sky overhead was a dark and dingy blue, but beyond the walls of the courtyard to the east the undersides of the clouds were illuminated in a brilliant orange gash. Sunrise, Martin told himself, and pushed himself to his feet. It would be reveille soon; there seemed little point in trying to get back to sleep. He picked his way between his sleeping companions to the gateway, where Brewster and Robin Wighton were on sentry duty. Preston stood with them, leaning with both hands on his cudgel. None of them saw Martin arrive. They were too busy gazing across the countryside to where the sunrise set the horizon ablaze, as if the town of Saint-Vaast-la-Hougue were being consumed by a huge conflagration.

It was then that Martin realised that sunrise was still the best part of an hour away. He stared at the blaze in horrified fascination. Only the very rich could afford houses made entirely of stone; for the poor, like Martin, fire was the ultimate nightmare, destroying homes and crops alike, ruining livelihoods.

'What is it?' he asked, unable to grasp the significance of the huge blaze.

'That?' Preston shrugged. 'That's Saint-Vaast-la-Hougue going up in smoke,' he said absently. 'Beautiful sight, isn't it?'

Martin still did not understand. 'Is it a French attack?'

'The French?' Preston stared at him in bewilderment. 'Why should they burn one of their own towns? No, it's more likely to be some of our own lads, getting a bit careless accidentally on purpose. Such things happen,' he added, with a chuckle. 'That's why we're here. Someone's got to show these French whoresons who their rightful king is.'

'By burning their homes?' Martin could not keep the disgust out of his voice.

'Aye, if needs be.' Preston was unperturbed by Martin's angry tone. He was used to having the occasional idealist like Kemp under his command; he consoled himself with the knowledge that the harsh realities of war would cure the lad soon enough. 'Peasants work for their lords in return for protection,' he explained patiently. 'If we show them that their lords are incapable of protecting them, they'll switch their allegiance soon enough.'

'To the king whose army burnt their homes?'

Preston shrugged. 'Who else can they turn to? We're demonstrating the power of our king, his ability to ravage the towns and countryside of France with impunity. The folks hereabouts may not like it, but there's little they can do about it. They have to think about the future.'

Martin tried to see it from the peasants' point of view, but it still made no sense. The County of Leicester had not known the scourge of war in his lifetime, or even in his father's, and he had never seen Beaumont as his protector; perhaps that was one of the reasons why he resented Beaumont's lordship so much. He wondered how he would feel if it was the other way around, with Valois claiming the throne of England and his armies ravaging the English countryside. He might be tempted to applaud them if they slew Beaumont and Stamford, but not if they burnt the village of Knighton.

Sir Thomas Norwich rode up to the manor house shortly after dawn with orders from the king for Warwick and his retinue to prepare for a march. They did not have far to go. Following the burning of Saint-Vaast-la-Hougue, the king had decided to move his headquarters three and a half miles inland, to an inn in the town of Morselines, and Warwick was requested to join him there.

The king's army was spreading throughout the Cotentin Peninsula. Escorted by troops of hobelars and mounted archers, the wagons of the king's victuallers ranged far and wide in search of forage to supplement the supplies the army had brought with it. Much of the local populace had fled in the face of the invasion, so that the English seemed to outnumber the French resident in the area. The roads were crammed with English troops, marching in companies like Holland's men or working in smaller groups, searching for booty and burning villages and crops. The French knights and men-at-arms of the region had withdrawn behind the walls of their castles and fortified towns, while the peasantry who remained, abandoned by their lords and masters, had no choice but to accept the depredations of the English.

Holland's company encamped just outside Morselines. Norwich and Holland returned from a meeting with the king and his closest advisers at the inn where his Majesty was lodged around mid-afternoon. Holland had his serjeants form up their platoons so that Norwich could address them with an edict that the king had decided to issue to his troops.

'We know not who was responsible for putting the port of Saint-Vaast-la-Hougue to the torch; nor do we desire to know.' Norwich sat astride his palfrey as he addressed the men. He did not shout; his voice was strong enough to carry to the four-score men who were gathered before him. 'However, his Majesty has decreed that henceforth, out of compassion for his French subjects, no town or manor house is to be burnt, no church or holy place is to be put to the sack, nor are any old men, women or children to be threatened, harmed or molested, on pain of life and limb. Furthermore, any man catching anyone in the act of these or any other criminal deeds and bringing them to the attention of his Majesty's marshals, will receive a reward of forty shillings. By order of his Royal Majesty King Edward Plantagenet the Third after the Conquest, at Morselines, on the Feast of Saint Mildred, Thursday the thirteenth day of July in the twentieth year of his reign.'

Recalling his earlier conversation with Preston, Martin felt vindicated by the proclamation, and was pleased that his king remained true to the tenets of chivalry. Some of the veterans were stunned with disbelief, however, grumbling loudly as they were dismissed by the serjeants. Caynard, Lefthand and Murray approached Preston later that afternoon.

'It don't make any sense, serjeant,' protested Caynard. 'I've been fighting the king's wars for upwards of half a dozen years now, and this is the first time I've ever heard of owt like this.'

'What sort of campaign is this going to be, if we aren't allowed to demonstrate our power to the French?' agreed Murray. 'I wouldn't've volunteered if I'd known it were going to be like this.'

'Next they'll be telling us we aren't supposed to hurt any of the French at all,' grumbled Lefthand.

'That's as maybe,' said Preston. 'But let me remind you all that you enlisted to serve the king, and if he chooses to issue such an edict, then by God's bones you'll obey it, or you'll answer to me!'

Caynard and his friends left Preston truculently, clearly unsatisfied with his response but knowing better than to defy him openly. Nevertheless, Preston could understand their bewilderment, and that evening he broached the subject with Holland while the two of them were alone in Holland's tent.

'Begging your pardon, Sir Thomas, but some of the lads aren't happy with his Majesty's latest proclamation.'

Holland was staring at a chess puzzle he had laid out on the chess set he had brought with him. 'What of it?' he asked coldly, without looking up from the board.

'It's just that... well, I've got a certain amount of sympathy with them on this matter. It's like telling them the opposite of what they expected to hear. They're all confused, and to tell the truth so am I.'

Holland picked up a pawn and toyed with it for a moment. 'Are you questioning his Majesty's edict?'

'Nay, sir!' Preston said hurriedly. 'It's just that... I think we'd all be a lot happier if we could see some point in marching through Valois' lands without doing any damage.'

Holland replaced the pawn with a sigh. He had anticipated the men's confusion, and had already broached the subject with Warwick before the edict had been read to them. Now he gave Preston more or less the same reply that he had received from Warwick.

'As you well know, Wat, his Majesty hopes to win his rightful place on the throne of France. To do so he needs the acceptance of the French people. He needs to be seen not only as a powerful warlord but also as a just and kindly ruler.' He paused, choosing his next words with care. 'I think he recognises the difficulty in expecting veterans more used to burning and pillaging suddenly to change their ways. What is important is that henceforth any such behaviour by the men in his service is *seen* to be condemned rather than condoned. Do you follow me?' Preston nodded.

'As regards the next few weeks, I think we can rely on the men to behave as troops on campaign are expected to behave,' continued Holland. 'Can his Majesty be held accountable if, somewhere between the ravages of his men and the curbs of his marshals, a certain number of transgressions of the king's edict go unpunished?'

'Aye, sir.' Preston understood now. The men were to behave as they had done on previous campaigns – burning, raping and pillaging – while the serjeants must be ready to turn a blind eye, so long as the damage done were not so wanton, and the culprits so obvious, that the king's marshals could not ignore them.

Preston was bowing out of the tent when Holland called out to him.

'Wat?'

'Aye, Sir Thomas?'

'I think you may find it useful to acquaint some of your men – at your own discretion – with the Eleventh Commandment.'

Preston creased his brow. 'The Eleventh Commandment, sir?'

Holland nodded. '"Thou shalt not get caught."'

Grinning, Preston nodded, and ducked out of the tent.

–

Early the following morning Norwich rode out to where Holland's men had pitched camp. Holland greeted Norwich outside his tent. 'Orders?'

Norwich nodded, dismounting. 'My lord of Warwick requests that you and your men accompany him on a reconnaissance to the north today, to a port called Barfleur.'

'I know of it,' said Holland.

Norwich started to rummage around in one of his saddle bags. 'By the way, before I forget,' he said, producing Martin's coverchief, neatly folded. 'His

Majesty asked me to see to it that this was returned to its rightful owner, with his gratitude,'

Holland chuckled, and waved Preston across. 'Return this to Kemp, would you?'

'Aye, sir.' Preston took the coverchief across to where his men were breakfasting. Martin had already finished eating, and was polishing his broadsword with all the pride of new ownership. Preston tossed him the cover-chief. 'With his Majesty's compliments.'

Martin dropped the rag he had been using to polish his sword and caught the coverchief one-handed before he had a chance to recognise it. He had not expected to see it again, and was astonished that the king had remembered to arrange its return. He held it delicately, as if it might dissolve in the morning breeze. The coverchief that had stanched the king's blood – *his* coverchief.

'Now there's a souvenir for you,' remarked Rudcock, as Preston stalked away.

Martin slowly unfolded the coverchief. It had even been laundered and pressed, and smelled strongly of lavender.

'The blood's been washed off it!' Conyers exclaimed in disbelief. 'What kind of a souvenir is that?'

Martin grimaced. 'I don't want my coverchief stiff with blood!'

'Ah, but it weren't any old blood,' Conyers pointed out. 'That were the king's blood, that were! You could've kept it for ever, to show to your grandchildren.'

'I haven't got any grandchildren,' said Martin, winding the coverchief about his neck once more. 'I haven't even got any children. Not yet, at least ways.'

'Well then,' said Conyers, with a leer. 'You'd best not waste any time when you get back to that girl of yours.'

Rudcock grinned. 'What's the point, since he's not got owt to show them anyway?'

Sitting down to join them, Newbolt caught the tail-end of the conversation. 'What's the point in our being here at all, that's what I'd like to know,' he grumbled. 'No towns or manor houses to be burnt, no churches or holy places to be sacked, no old men, women or children to be threatened, harmed or molested? The king don't want archers, he wants a bunch of God-damned friars!'

Conyers laughed. 'I wouldn't trust a friar to leave the women alone.'

'Jankin's right, though,' said Lefthand. 'What's the point in us being here, if not to pillage and burn French territory?'

'To fight the French, perhaps?' Martin suggested sardonically.

Lefthand scowled. 'Don't talk daft. If we come up against Valois' army, we might as well dig our own graves. We'll be outnumbered a hundred to one. Isn't that right, Daw?'

Oakley scratched his grizzled jaw. 'Maybe. Maybe not. The odds were against us when we faced the French at Morlaix, but we still beat them.'

'They won't make the same mistakes again, you mark my words,' asserted Lefthand.

Before Oakley could reply, Holland emerged from his tent and gave his serjeants the command to form their men up into marching order. They were soon joined by Warwick, riding with Cobham and his company. The two companies formed a single column, with Warwick riding at its head. They headed north, the foot-soldiers struggling to keep up as they marched in the dusty wake of the mounted troops. Jankin complained about the dust kicked up by the horses' hooves getting in his eyes and throat; Martin simply pulled up his coverchief so that it covered his nose and mouth, his eyes smiling smugly at Newbolt, and the others who had mocked him for wearing it.

The column reached Barfleur without incident. The town was another port, slightly larger than Saint-Vaast-la-Hougue had been. The streets were deserted, and the English troops entered without opposition. Some of the ships from the English fleet had already entered the harbour, and when the troops signalled that the town was in English hands they tied up at the stone piers, while other ships waited beyond the harbour entrance. It had taken weeks to load the fleet at Portsmouth, and to save time they would start unloading some of the supplies at this second port.

Cobham's men were detailed to help unload the ships, while Holland ordered his men to set fire to nine French warships they found tied up in the harbour, along with a couple of fishing boats for good measure, to make way for the English transport ships. Despite his natural horror of fire, it gave Martin a strange thrill to touch a blazing torch to a ship's rigging until it was burning nicely, the flaming ropes tracing out a fiery web. He stood back to watch as the furled sails caught fire, pieces of burning canvas floating in the breeze over the water, and then the flames were fiercely devouring the boat's timbers, sending great billows of smoke up into the air, until finally the hull had burnt down to the water-line and the boat sank below the waves with a loud, prolonged hiss. It had taken men weeks, if not months, to build these ships, and Martin and his companions had destroyed them in less than an hour. He was horrified, not only at what he had done, but at the guilty pleasure he had taken in the spectacle. Fire was something he feared, but it was also something that could be used as a weapon. It gave Martin a sense of power, but at the same time left him feeling cold and empty inside. There was no fun in doing something that, in the normal run of things, would be considered wicked, if it was sanctioned – nay, ordered – by his betters. As a villein he had been bound by the commands of his lord and master, Sir John Beaumont. Simkin had always told him that he could find freedom as a soldier. But this was no kind of freedom at all: he was still bound by the commands of a master; the fact that he had a new master in Sir Thomas Holland did not alter the underlying reality of his servitude.

And then he thought of the fishermen who had depended on those boats for their livelihood, and he felt even more guilty than he had after killing the foot-soldier on the beach or the knight on the road. Those men had taken up arms against his king, in defence of the usurper Valois. What crime had the fishermen committed? He had come to

France in the hope of winning glory on the battlefield. But there was no glory here. Had not the king himself ordered that no wrong should be done to the people of Normandy? And now he had been commanded to destroy the livelihoods of some of those people. Aye, and he had obeyed unquestioningly, too. Once again he had to harden his heart: the fishermen could build new boats. They could count themselves lucky they still had their lives, assuming they had not been amongst the levies killed on the beach. This was war, he told himself, and in war people got hurt. Had not the French themselves – the people of Normandy, no less – ravaged Portsmouth and the Isle of Wight a few years ago?

As Preston and his men watched the last of the charred hulks slip below the waves, Holland rode up and ordered them to undertake a house-to-house search of the town. Martin assumed he meant that they should look for people – French troops in hiding – but once the search got underway it soon became apparent that he was alone in this assumption. Most of the others seemed to think that they were looking for plunder, Preston not excepted. In one house the serjeant found a large, iron-bound oak chest. He smashed the clasp with the heavy pommel of his broadsword and prised open the lid to reveal the contents, gold and silver coins neatly stacked on one side, jewellery piled on the other.

'Well, look what we got here!' he exclaimed in delight, wide-eyed in wonderment. 'We're rich men, lads!' He started to divide the coins among them equally. The others in the room paused in the act of going through the fine clothing they found to gather up their shares, but one pile remained on the bed. 'Did I miscount?' asked Preston. 'Who hasn't taken his share?'

The others looked at one another with suspicion. Rudcock noticed that Martin stood back with his arms folded, an expression of distaste on his face. 'Lancelot?'

'This is wrong,' said Martin.

'What?' Preston stared at him incredulously.

'This is wrong,' repeated Martin. 'The king ordered that we do no wrong to the people of France. This is stealing.'

'It's only stealing if you get caught,' said Preston. 'Now I'm sure none of these lads are going to tell, and I *know* I'm not going to tell.' He made a dismissive gesture. 'Besides, the king's edict was for the benefit of the French, not for us. His Majesty wants them to think he's kind, noble and chivalrous – which he is, of course. That's why he's leaving the sack and pillage to us. Come on, Lancelot, this is war. No one expects us to wipe our God-damned feet each time we enter a God-damned house!'

'It's *wrong*,' Martin repeated stubbornly.

'You didn't say owt when I gave you that bracelet the day before yesterday,' Rudcock pointed out.

'That were before the king issued his edict. I wish I hadn't taken it, now.'

'For Christ's sake, Martin!' Rudcock exclaimed impatiently. 'If you don't take that lot, someone else will, so don't think you're doing the rightful owners any favours.'

'The Devil take him,' spat Edritch. 'If he don't want it, the rest of us can divide up his share. All the more for us, aye?'

'Oh aye?' sneered Caynard. 'And how do we know Lancelot here won't go running to the king's marshals to claim his forty shillings, eh? Or should that be thirty pieces of silver?'

'Shut your face, Caynard,' snapped Preston. 'Kemp won't say owt to the marshals, because it's only his word against ours, and he knows what I'll do to him if he tries it. Besides, he'll be as guilty as the rest of us, because he's going to take that share. Aren't you, Kemp?'

Martin unfolded his arms, but did not move from where he stood.

'Kemp?' persisted Preston.

'Think of your family,' urged Rudcock, gesturing at the small pile of coins and jewellery. 'With what's there, you can buy yoursen a small tavern somewheres and earn a decent living, instead of spending the rest of your life slaving in the fields for someone else's benefit.'

Martin bit his lip. Rudcock's tack had touched a nerve, and he was sorely tempted. 'I *can't*. If our mam thought we were living off…'

'So don't tell her,' Conyers suggested simply.

Martin shook his head. 'I can't leave my lord's manor…'

Preston put an arm around Martin's shoulders. 'Listen, lad. With that much money you can do what the hell you like. Or do you want to be a lowly villein all your life?'

Martin hesitated momentarily, and then snatched up the coins, red-faced, pouring them into his purse until it bulged. Some of the others cheered, and began to drift out of the room in search of other booty: fine clothes, food, wine. Finally Martin and Rudcock were left alone in the room. Martin sat on the edge of the bed, staring despondently at the floor.

Rudcock clasped him by the shoulder. 'You made the right choice, Martin. Everyone does it. It's expected, king's edict or no king's edict. Why should you miss out?'

Martin nodded, wiping his nose on his sleeve. Then he looked up at Rudcock with a wan smile. 'I'm not sure I feel safe carrying this much money on me. They say the man who travels with an empty purse sleeps soundest.'

'Don't be daft,' Rudcock told him with a grin. 'Who's going to risk getting into a fight with you for the contents of your purse when they can walk into any house hereabouts and help theirselves?'

Martin and Rudcock were the last to leave the house. As they emerged on to the street, they immediately had to press themselves flat against the wall as a handful of young squires rode by. 'Watch out, you God-damned churls!' shouted one.

Another, recognising Martin, immediately reined in his horse and stared at him. 'You!' he exclaimed in disgust.

'Aye.' Martin lifted his chin to regard Richard Stamford contemptuously. Rudcock's words earlier had struck a chord within him: he was sick of bowing and scraping to the likes of Stamford. 'What of it?'

Stamford noticed the broadsword that hung at Martin's side. 'Where did you get that sword?' he demanded.

'I won it,' Martin told him proudly. 'In battle.'

'Liar!' spat Stamford. 'That is the sword of a noblemen.'

'More likely the churl stole it,' said another squire.

'I didn't steal it!' protested Martin. 'I won it fairly, in battle. I killed the knight who bore it.'

'Aye, like as not you stabbed him in the back to steal it,' sneered Stamford, flicking back his head.

'Know you not there is a penalty for stealing, by the king's decree?' said the second squire.

'Aye,' said a third. 'And a reward of forty shillings for any man who brings such a miscreant to the attention of the king's marshals.'

'Give me the sword, churl, and we'll say no more about it,' suggested Stamford, with a toss of his head. The broadsword was clearly a better weapon than his own ancient and ill-kept blade, and probably worth more than forty shillings.

Martin hesitated. There were five squires, all on horseback, against himself and Rudcock, who was looking extremely nervous. 'Give him the sword,' Rudcock hissed. 'It's not worth getting killed over.'

'Your friend speaks wisely,' said the second squire. 'Hand it over to Master Richard.'

Martin pulled the sword from his scabbard, holding it with both hands, in a defensive posture. 'Come and take it.'

The other squires laughed. 'It seems he wants a fight, Richard,' said one.

'A fight?' Stamford drew his own sword. 'God's love, I'll give him a fight!' He rode his horse a few steps towards Martin and tried to bring his sword down on Martin's head. Wielding the broadsword with both hands, Martin managed to parry the blow. Then he reached up with one hand to seize Stamford by the wrist, and with one powerful tug he heaved the squire out of his saddle. Stamford hit the ground painfully, losing his grip on his sword.

Rudcock kept his hand away from the hilt of his own short sword; for the moment, the other squires seemed content to spectate, laughing at Stamford's discomfiture; if Rudcock interfered, they might feel obliged likewise to lend a hand, tipping the balance against the two archers. Besides which, Martin seemed to be holding his own.

Stamford snatched up his sword and rolled away from Kemp, nimbly rising to his feet. The two of them circled one another, swords poised to strike, while the other squires cheered and shouted encouragement at Stamford. A crowd was beginning to gather, Caynard and his friends watching the scene with amusement.

'For all loves!' a voice suddenly boomed. 'What in the name of God is going on here?'

All eyes turned to the four horsemen who had arrived on the scene unnoticed. The speaker was the Earl of Warwick, his face as black as thunder. With him were Cobham, Holland and Villiers.

'Put up your swords!' commanded Warwick. Both Martin and Stamford truculently replaced their swords in their scabbards. 'Squires fighting churls?' Warwick continued angrily. 'By my truth, I have never seen such a thing! What is the cause of this quarrel?'

Stamford pointed to Martin. 'This churl carries a sword that he has obviously stolen. The man is a criminal, and should be hanged.'

'I'll decide who's to be hanged, if anyone is,' growled Warwick. '*I* gave him that sword. He earned it.' He wheeled his horse without another word, and rode on.

Stamford was red-faced with anger and humiliation. Not knowing what to say, he took refuge in silence. This was the third time Kemp had made him look foolish.

'Next time you level an accusation at one of my men, I suggest you be certain of your facts,' Holland told Stamford coldly. 'Now get back on your horse and ride on.' He wheeled his horse after Warwick, and Cobham and Villiers went with him, the latter grinning with amusement.

'I'll see you in Hell for this, Kemp,' snarled Stamford.

'Aye and like' Martin agreed with a savage grin. 'But you'll have to wait for me there.'

Chapter Ten

The mammoth task of unloading the fleet's supplies and equipment was completed three days later, and Warwick, Holland and Sir Reginald Cobham were called to attend a war council at the inn where the king was lodged. A plan of campaign was drawn up, and the following morning the army prepared to set out on its march across northern France.

The process of getting the vast army into marching order took up most of the morning. The army was divided into three battalions: the vanguard, under the nominal command of the young Prince of Wales, with the Earls of Warwick and Northampton to advise him; the main body, including the baggage train, commanded by the king himself; and the rearguard, under the joint command of the Earls of Arundel, Huntingdon and Suffolk, and the Bishop of Durham. Holland's company was to march in the vanguard, and was thus one of the first units to be formed up on the road. He and his men had to wait impatiently while the harassed-looking marshals rode back and forth along the column, struggling to organise the units that were to follow.

The rearguard was still forming up when Norwich brought the order for the vanguard to set off. The prince rode at the forefront with his retinue, and behind them came fifty hand-picked archers from Chester, said to be the finest archers in the whole of England and Wales. Like the Welsh archers who followed them on foot, they were dressed in the prince's green and white parti-coloured livery.

Holland's company came next, with Sir Thomas, Villiers and Brother Ambrose riding at the head of the troop of knights and squires, followed by the men-at-arms and then the two platoons of archers. The archers sang as they set off marching. After the debilitating voyage and the five days spent around Morselines where they had recouped their strength while the ships were unloaded, it was good to be on the move at last. The sun was shining, and spirits were as high as they had been on the day they set out from Bosworth. There was little doubt in the ranks that this was the mightiest army ever fielded overseas by an English king, and with Valois' forces reputed to be so far away, it seemed that little could impede their advance. The men boasted that they would be drinking and whoring in Paris within a month; once that great city had fallen, Valois would be forced to acknowledge the king's claim to the French throne.

They set out shortly after noon, marching south-west down narrow lanes through thickly wooded countryside. They covered the best part of ten miles that afternoon, reaching a small town with a castle shortly after nightfall. Unlike Saint-Vaast-la-Hougue and Barfleur, the inhabitants of this town had not had a chance to flee before the English advance. A deputation of the townsfolk was escorted to the king, with whom they pleaded only that their lives and those of their fellow citizens be spared. As Preston explained to his new recruits, the inhabitants of a town or fortress that surrendered immediately were to be treated with honour and respect, while any place that put up any kind of resistance condemned itself to massacre, sack and pillage should it eventually fall to the besieging army, in accordance with the accepted rules of war. That was the theory, at least. In practice, troops would sack and pillage any settlement they came to, regardless of whether or not the inhabitants tried to resist. The difference was that in a town that resisted, the ensuing blood bath would have official sanction and sometimes even – at the end of a long and bitter siege – approval.

Word soon came back from the king that he had received the deputation of burghers kindly and had admitted the townsfolk to his peace. Theoretically this meant that they were as much entitled to English justice as any freeman back in England. These new-found privileges did not, however, stop them from having their larders raided by the king's victuallers searching for supplies for the army; but then those victuallers took the same high-handed approach when they operated on English soil. Apart from this, the inhabitants were left largely unharmed, which was perhaps more than they could have dared to hope for.

Valois' eldest son, the Duke of Normandy, had a manor house just outside the town, although he was absent, presumably still campaigning in Gascony. The king lodged in the manor house for the night, while the Earl of Warwick and his retinue found rather more humble lodgings at an inn to the south of the town, not far from the Bishop of Coutance's palace, where the prince and the Earl of Northampton spent the night.

That evening, many of the men from Holland's company made their way into town, including a group of squires still full of themselves following their first taste of victory at Saint-Vaast-la-Hougue. They were in high spirits, singing songs of love and glory, cursing the townsfolk who got in their way. They found a tavern which was not too full, where English knights and men-at-arms rubbed shoulders with humbler archers. The young squires were the rowdiest of the lot, lustfully pawing at the serving girls who struggled to serve wine without asking for payment, hoping only to make it through the next few days without being molested by the English troops; the arrival of the squires soon put paid to that vain hope. As some of them dragged serving girls upstairs, leaving the other men present to help themselves to wine, one of them turned to where Stamford sat in a corner. Unlike his friends, Stamford had been silent all night, showing little enthusiasm for their boisterous japes.

'Come on, Dickon!' said the squire, waving a flagon about and sloshing dark red wine on to the sawdust-covered floor with one hand as he sought to maintain his grasp around the waist of a struggling girl. 'Don't you want to join in the fun?'

Stamford shook his head and waved dismissively at the squire, scowling. The other squire was curious to know what was troubling his friend, but not to the extent that he would let it interfere with his enjoyment. He shrugged, and hoisted the girl on to his shoulder like a sack of grain, carrying her kicking and struggling upstairs.

Stamford was still brooding over his latest humiliation at Kemp's hands. It was insufferable that a mere villein should be allowed to get away with all that Kemp had done, without any punishment whatsoever. Sometimes it seemed as if the whole world was laughing at him.

'It's that squire, isn't it? The one who Lancelot got into an argument with at Barfleur,' said a voice nearby.

'They got into an argument long before that. I saw him and his master demanding that Lancelot be hanged for rape at Bosworth,' responded another.

'Rape? Lancelot!' snorted the first. 'That gelding couldn't rape a woman if she were stripped naked and tied spread-eagled to a bed!'

'What did Sir Thomas say?' asked a third voice.

'Told him to go to Hell,' asserted the second.

Stamford gave the new arrivals a sidelong glance. Their faces were vaguely familiar: four archers from Holland's company, in the same platoon as Kemp.

'Why that squire lets a villein like Lancelot push him around is beyond me,' said the first.

'Maybe he's a gelding, too,' chuckled a fourth.

'"This churl carries a sword that he has obviously stolen",' mimicked one of them, exaggerating Stamford's noble accent. '"He's a criminal, and should be hanged."' All four of them laughed raucously.

His ears burning with rage, Stamford could stand it no longer. It might be dishonourable to quarrel with churls; but it would be an even greater dishonour if he were to sit by and allow such mockery to go unchallenged. He pushed himself sharply to his feet, upsetting his stool with a crash. The sudden sound commanded silence in the tavern. Everyone stopped what they were doing to stare as Stamford made his way around the table to confront the four archers.

'Does something amuse you?' Stamford asked them coldly, toying with the rings on the fingers of his right hand, as if it required a conscious effort for him to keep his hand from the hilt of his sword. 'Perhaps you would care to share your jest with me? I am much in need of amusement.'

All four archers had blanched and fallen silent. They moved into a huddle, shrinking away from the squire.

'I'm addressing you, if you would have the courtesy to respond...?'

'Please, we didn't...' began one.

Stamford drove his fist into the speaker's jaw, the powerful blow sending him sprawling on the floor. 'Doff your cap when you address your betters, you unmannerly dog!' he snarled.

The other three hurriedly removed their caps as one.

'Well?' persisted Stamford.

'We didn't mean no offence, your lordship,' stammered one of the others.

'That's right,' said the leader of the four archers, a rough, horse-faced individual. 'I were just saying how disgraceful it is for a villein like Kemp to be allowed to treat a man like yourself so disrespectfully. He shouldn't be allowed to get away with it. Isn't that right, lads?'

The other three archers nodded in fervent agreement, murmuring their assent.

'It's a crying shame, it is, the way thieves and rapists like Kemp are allowed to get away with murder,' continued the horse-faced man. 'But that's the way of the world, isn't it? The innocent are punished while the guilty go free.'

'What would you know about it?' scoffed Stamford.

'Oh, I like to think I know a fair bit about justice, having been through the legal system myself a couple of times. Now me, I'm a great believer in natural justice. God takes care of what the courts leave unpunished. Take Kemp, for example. If he were suddenly to suffer a fatal accident in the next couple of days, that might seem like a judgement of God, mightn't it?'

'A dagger-thrust to the heart,' suggested one of the other archers, catching the horse-faced man's drift. 'Men are killed all the time on campaign without anyone asking too closely about the whys and wherefores. Who's to say if it was a French hand that held the dagger, or an English one?'

'And what would the hand that held the dagger seek in return?' demanded Stamford.

'I've always found that gold oils the wheels of justice to make them turn more smoothly,' said the horse-faced man.

Stamford sighed. 'How much?'

'Fifty shillings,' said Caynard, expecting to have to haggle. When Stamford reached for the purse that hung at his belt, it was obvious he had misunderstood. 'Each,' added Caynard.

'That's ten pounds of gold!' protested Stamford.

Caynard glanced about to make sure that no one was eavesdropping; but the other men in the tavern had long since returned to their drinking. 'We're talking murder here, your lordship. If anyone finds out, it'll be our necks they stretch.'

Stamford sighed again. He would have preferred to have reserved the pleasure of killing Kemp for himself, but too many people had admonished him too many times for brawling with the churl. Certainly it would be better not to soil his hands from further contact with the villein, but to leave the dirty work to these archers. The important thing was that Kemp's existence ceased to make a mockery of Stamford's honour. And with a purse now bulging with looted gold, he considered ten pounds a bargain when his honour was at stake. 'Very well,' he agreed, discreetly passing them a few coins. 'Five pounds now, and the other five when it's done. But if you make a botch of the job, don't come crawling back to me. I'll forget I ever met you.'

'Of course,' agreed Caynard, grinning evilly. 'But don't worry, we won't.'

Stamford eyed him appraisingly. 'You've done this kind of thing before, haven't you?'

Caynard's grin was broader than ever. 'When your roof needs mending you go to a thatcher. What you pay for is craftsmanship.' He winked grotesquely at the squire, and then led his three friends out of the tavern, back to where the rest of the company was encamped to the south of the town.

As soon as they had turned into the next street, Edritch whooped with joy. 'Twenty-five shillings for nothing! What a jackass that squire must be!'

Caynard shook his head. 'Fifty shillings. For killing Kemp.'

'But why risk being hanged for murder?' demanded Edritch. 'That squire's not going to turn around and accuse us of taking his money without doing the job for him is he?'

'That squire is perfectly capable of exacting his own justice, if he feels we've given him cause for grievance,' warned Caynard. 'And I for one don't intend to give him cause. Oh, no. We're going to kill Kemp, all right. And I intend to enjoy it.'

-

The army was roused before dawn by reveille the following morning, and after breakfast the heralds reiterated the king's edict that no harm should be done to women, children or the elderly, no churches or holy places robbed, nor any towns or manor houses put to the torch; and the promise of forty shillings to any man who apprehended someone performing such crimes was repeated. Nevertheless, when the rearguard departed from the town they left it in flames. If anyone was punished for starting the fire, Martin did not hear of it. The huge column of smoke that rose from the town behind them made a mockery of the king's promise to admit the townsfolk to his peace.

By now everyone had a better idea of the marching order, and this time it did not take more than a couple of hours to form the army up into its three columns. They set out much earlier than they had done the previous day. Now their route veered to the south-east. The men sang, chatted, and exchanged jests to relieve the monotony of the march. Martin found himself wishing that they could encounter the enemy, if only to relieve the tedium.

They covered over fifteen miles on the second day of the march, reaching another town about an hour before dusk. There the townsfolk told them that the bridge across the River Douve had been broken down to slow the advance of the English. The Earl of Northampton, who had been appointed constable of the army, dispatched two troops of hobelars to search for an alternative crossing, but the reconnaissance parties returned within a couple of hours to report that there was no sign of a crossing for several miles in either direction.

Holland's men were seated around their camp-fires just outside the town, finishing their supper, when Norwich rode up and ordered them to escort the team of pioneers to the site of the broken-down bridge. At Preston's command, his men gathered up their arms once more, and under cover of darkness they escorted the pioneers with their ox-drawn lumber wagons to the river-bank. There they found Cobham and two other knights in command of the crossing point.

The bridge's stone foundations remained intact, but the main wooden span had been hacked and burnt out of existence. The water was too deep to ford, and looked dark and sluggish. There was no moon, and the far bank was barely visible through the gloom. One of the pioneers crossed first, swimming at an angle as he fought the deceptively powerful current. A rope was tied around his waist which his fellow pioneers on the river-bank played out behind him. Finally he reached the far side, scrambling up the bank and disappearing into the darkness. Presently he reappeared, waving to signify that the rope had been secured, and the pioneers hauled it in until it was taut, making it fast to a sturdy tree-stump.

The master carpenter in charge of the pioneers turned to Preston. 'Your turn, now. One at a time.'

Preston ordered his men to take the bowstrings from their bow-bags, coiling them up and placing them under their hoods and caps: if a bowstring became wet, it would slacken and be rendered useless.

'Serjeant...' piped up Inglewood, eyeing the dark water unhappily.

'What?' Preston demanded impatiently.

'I can't swim.'

'No one's asking you to swim,' Preston told him irritably. 'Just hang on to the rope and haul yourself across.'

'I can't do it!'

'You're a king's archer now,' Preston reminded him. 'You don't know the meaning of the word "can't".'

The serjeant went across first. The rope sagged underneath his weight, so that he found himself hanging waist-deep in the water. Oakley went next, slinging his longbow in its cover across his back by its strap. Martin climbed down to the river's edge next, one hand on the rope, keen to get the crossing over with. He waited until Oakley had clambered out at the other side. Preston signalled for the next man to cross, and Martin gripped the wet rope tightly, lowering his legs into the water.

He gasped as he sank up to his waist in the cold water. It swirled about his hips, the current trying to drag him away from the rope. He found himself more concerned that the current would pull his shoes off his feet than he was about losing his grip. He inched his way along the rope, the water buffeting his buttocks, and soon fell into a steady rhythm as his powerful arms and shoulders hauled him across to the far side. He managed to get one foot on the muddy bank, and then Oakley clasped his hand, heaving him up to safety. He stood shivering in the cold as Preston waved the next man across.

'Come on, you lot, keep moving!'

Once the whole platoon was across, Preston divided them into groups of three or four and ordered them to form a line of pickets along the perimeter of the bridgehead. Martin found himself with Newbolt, Pip Herrick and Ned Skeffington, standing in the darkness by a clump of marsh reeds about forty yards from the wrecked bridge. He took his bowstave from its cover and restrung it, his eyes searching the darkness ahead for any signs of movement. All was quiet apart from the steady croaking of frogs. Suddenly, an eerie sound boomed across the marshes. Martin instinctively reached for one of his arrows.

'Marsh bittern,' Newbolt told him, sitting down to take off his shoes to tip the water out of them. 'Christ's pain, I'm cold!' he grumbled. It was characteristic of him that he started nearly every conversation with a gripe of some kind. 'Let's see if we can get a fire going.'

'Are you sure we ought to?' Martin asked dubiously. 'If there are any Frenchmen nearby...'

'We're in the God-damned middle of nowhere, for the love of Christ! Who's going to see a fire out here? Besides, if we don't get ourselves dried out, we'll like as not freeze to death.'

Of the four of them, Newbolt was the only one who had served in the king's army before, so Martin reluctantly acceded to his greater experience, although he half-expected Preston to come thundering out of the darkness the moment they had got it going, ordering them to douse it. Behind them, however, several more of the pioneers had crossed the river, and one of the first things they did was to set up flaming torches on either side of the banks so that they could see what they were doing.

Herrick and Skeffington managed to find enough dead wood scattered about to make a fire, while Jankin stomped up and down, alternatively beating his arms against his sides and blowing into his cupped hands. Martin stood by placidly, gazing across the marshes into the darkness. Behind them, the pioneers quickly set up a pulley system across the river and began to rebuild the bridge. When Martin had first realised that the army could not move on until the bridge was repaired, he had thought it would require a halt of several days, but each time he stole a backwards glance he was astonished by how much progress the pioneers had made in such a short space of time. The noise of hammering and sawing was constant, accompanied by the occasional shout, a call for more nails or a request for help in driving a new strut into the river-bank. The skeleton of the new bridge was completed in a matter of hours, the pioneers scrambling nimbly across the wooden framework with the agility of squirrels. They were obviously used to labouring as a close-knit team in such conditions, and it was almost a pleasure to watch them work.

The night wore on. Preston came by at irregular intervals to make sure that they had not fallen asleep. Martin felt dog-tired, but in spite of the meagre fire that Jankin had managed to get going, the cold kept him awake. Halfway through the night some archers from Sir Hugh Despenser's company came to relieve them. By then the pioneers had laid enough of the bridge's planks to enable men to cross on foot in single file. They encamped for the rest of the night on the north bank of the river, and Martin immediately fell asleep.

It seemed as if he had no sooner closed his eyes than Preston was kicking him awake. Dawn was rising to find the bridge completed, and the rest of the vanguard marching up from the town. Daylight revealed the landscape ahead of them, a vast expanse of marshland with a narrow causeway barely wide enough for six men to march abreast snaking away from the bridge, towards the east.

They marched across the causeway for about three miles until they came to a large, walled town surrounded by an extensive network of dykes and moats. A strong fortress dominated it, and even to Martin's inexperienced eyes the place looked impregnable. As they drew near to the town, however, Sir Godefroi d'Harcourt rode to the front of the column with Norwich and met two Norman knights at its entrance. D'Harcourt and the two Normans greeted one another amicably as if they were old friends, and before long the army was marching into the town unopposed.

At first the streets seemed deserted, but wherever Martin looked he saw nervous eyes peering from windows, or shutters being hurriedly slammed shut. He drew Preston's attention to the fact, instinctively taking his longbow from its bag.

Preston had already seen them. 'Townsfolk,' he said dismissively.

'How can we be certain it's not an ambush?' Martin asked uncertainly.

Preston chuckled. 'If it was an ambush, they would've been sure not to let us see them. Not until it was too late, anyway.'

It was the first French settlement they had reached that had not been largely abandoned by its populace, and somehow that seemed to keep looting and pillaging to a minimum. It transpired that the two Norman knights in command of the town's garrison were protégés of d'Harcourt, in the pay of the English, so the orders to do no harm to the townsfolk were to be strictly enforced. Nevertheless, the army needed to replenish its stock of food, and after a late breakfast Holland's men were put to work foraging for victuals from a whole street of houses.

Martin and Rudcock approached one of the houses. Rudcock tried the door, but it was locked. He hammered on it with his fist. 'Come on, open up! *Ouvrez, ouvrez!*'

Martin stared at him. 'What?'

'It's French,' explained Rudcock. 'It means "open up".'

'Oh.' Martin tried to make a mental note of it. He did not know how long he was going to be in France, but it could do no harm to learn a little of the language.

No one opened up. Rudcock threw his shoulder against the door. It splintered open. Inside, a terrified-looking man stood in front of his family – a wife, two children and their grandmother – who cowered in one corner. The man was wielding an iron poker, but Rudcock snatched it from his hand and tossed it out into the street. He kept his sword in his scabbard to show that he meant no harm, and Martin followed his lead. The family was clearly unconvinced; when Martin raised a hand to push back his hood and run his fingers through his tangled mop of hair, they all flinched as if he had threatened them. It bemused him to find that people could be so terrified of him. These people were all well-dressed compared to peasants, not unlike the townsfolk of Leicester; but Martin had always associated fine clothes with the nobility, whom he held in reluctant awe. Yet here were these well-dressed, important-looking people all trembling with fear at the sight of him. He tried to view the situation from their point of view. How would he have felt if two armed men had broken into the Kemps' cottage at Knighton? Angry, perhaps, but he would certainly not have cowered in fear like these contemptuous creatures, he decided.

Once disarmed, the master of the house tried to be helpful and compliant, but Rudcock was not interested. He knew what he was looking for and where he would find it. With a vaguely apologetic shrug to the family, Martin followed him through to the larder. They gathered up as much food as they could carry between them.

The army spent the rest of that day in and around the town. Exhaustion suddenly caught up with Martin around late afternoon, and after an early supper he fell into a deep sleep, waking up shortly before reveille the following morning.

Its supplies replenished, the army set out shortly after dawn, leaving another town burning in its wake contrary to orders. They marched across a dozen miles of low, marshy ground until they came to a small village on the west bank of another river. There the army halted, and after the best part of an hour spent waiting around, the order was given to make camp. Another bridge in their path had been broken down, and once again the pioneers had to be brought forward to effect repairs.

Preston and his men lit a fire and began to roast some beef. As they were eating, Holland came by. 'You'd best make sure you and your men get a good night's rest,' he told Preston in a low voice. Preston nodded.

'What's going on, Sir Thomas?' Inglewood, belonging to a slightly higher stratum of society than his fellow archers, had no qualms about speaking to Sir Thomas without waiting to be spoken to.

Holland rubbed his jaw, glancing across the river. He took a deep breath. 'There's a town on the other side of the river, about four miles from here,' he explained curtly. 'We were hoping to reach it by nightfall, but since the bridge has been destroyed that's out of the question. Our spies tell us that the Marshal of Normandy has levied a sizeable body of troops, and intends to make a stand at the town.'

'There's going to be a battle?' asked Inglewood, wide-eyed.

Holland nodded absently. 'Aye, it looks that way.'

The following day was the Feast of Saint Mary Magdalen. Once again the pioneers had finished repairing the bridge by dawn, and after a hurried breakfast the vanguard crossed the river and climbed to the top of a nearby ridge overlooking the town that Holland had told them about. The English knights and men-at-arms dismounted, leaving their horses tied behind the ridge, while the marshals hurried to get the troops into battle array. The archers were formed into a long line facing the town, interspersed with dismounted men-at-arms and hobelars, while the Welsh archers were positioned at the flanks. Much activity was visible in and around the walled town less than two miles away, but there was no sign of any French troops approaching.

Martin's mouth felt dry as he took his bow from its cover and planted a dozen arrows in the ground at his feet. The veterans seemed unconcerned at the prospect of imminent battle, chatting and joking amongst themselves as they waited. He tried to feign a similar lack of concern. Inglewood, Tate and Wighton were white-faced and trembling. Martin held a hand in front of his own face and detected a slight tremor. He flexed his fingers. His legs felt weak, and his bowels churned like a mill-race.

Holland had dismounted to stand with his men. Somehow Martin found that reassuring. He had always thought of the nobility as too proud to get down off their horses and face the enemy on foot with the men. Holland had put on armour that morning, the first time Martin had seen him wearing it. He wore a steel breastplate over a coat of mail, cuisses on his thighs made of steel plates riveted to hardened leather, steel greaves on his calves, articulated steel sabatons on his feet, and steel rerebraces, vambraces and couters to protect his arms. A pair of articulated steel gauntlets protected his hands, and on his head he wore a vizored bascinet over a chain-mail coif. His coat of arms was proudly displayed on both his shield and his jupon. He looked dangerous and threatening as he marched up and down the ranks of his company, exchanging a few words here and there with his serjeants and one or two of his men. He was in good humour; it seemed that the prospect of battle pleased him.

Martin wished he could share the knight's feelings. This had been what he had wanted, after all: a chance to fight for his king. Why, then, did he feel so frightened? But he already knew the answer to that one. The battles of his imagination, where he rode gloriously against the foe, cutting a swathe of death and destruction before him, were very different from the grim reality he had encountered on the beach south of Saint-Vaast-la-Hougue, and after that on the road to Quettehou. He was not a knight in armour, able to fight with the advantage of sitting astride a massive war-horse; he was an archer, a foot-soldier, condemned to stand and fight – and perhaps die – on the very patch of ground he now occupied. There could be neither advance nor retreat; he had just to stand and await the French attack. The waiting was the worst part of all: it gave him time to think of all the ways a man might be killed in battle through no fault of his own. In a one-on-one situation he feared no man, but anything could happen in the confusion of a mêlée. He might be spitted on a lance, decapitated by the wildest stroke of a sword, or even killed by an arrow that he never saw coming…

'It looks like they're moving, Sir Thomas,' rumbled Preston.

Martin snapped out of his reverie and glanced up. Sure enough, a column of armed men was emerging from one of the town gates, led by the banner that Martin had seen on that first day on the beach – a green lion rampant on a yellow background.

'Hold your positions,' growled Preston. 'It won't be long now.'

The column continued to emerge from the town. There were several hundred men as far as Martin could tell, perhaps even one or two thousand. And how many on the English side? It was hard to tell from the middle of the ranks, but Martin guessed at least two and a half thousand, maybe even as many as three. The bulk of the army remained on the west bank of the river. The men in the English vanguard seemed to outnumber the French, but the French column was still emerging from the town. How many more men were there yet to appear?

At least the English had gained the advantage of height, Martin noted with approval. The Frenchmen charging on foot up the hill towards them would be sorely tired even before they got to grips with the waiting English…

'Where are they going?' asked Villiers, standing beside his master.

Martin looked towards the French column again. It had not turned to advance on the English position as might have been expected, but was continuing along the road leading east, away from the ridge.

One of the men-at-arms behind Martin laughed nervously. 'They're running away!'

'Retreating, perhaps, but not running away,' Preston observed, almost to himself.

The rear of the French column had emerged from the town now. Two thousand men at the most, Martin guessed; barely two-thirds the number of men in the English formation. The column continued along the road leading to the east.

Norwich rode up on his palfrey and reined in alongside Holland, who now stood with the Prince of Wales, Warwick, Cobham and Despenser, a short distance from where Martin was positioned; close enough for him to be able to hear their conference.

'What's happening?' demanded Norwich.

'The French are withdrawing,' Holland said coolly.

'That much I can see for myself,' Norwich snapped irritably.

No one in the English ranks cheered. It was some time before the realisation that there was to be no battle sank in. In spite of his earlier fear, Martin felt disappointed, deflated. He felt like an iron poker that had been heated up until it was white hot, and then put aside, unused and left to cool. The burning in his blood needed to be quenched in battle, not left to cool in the breeze.

The men were forced to stay in their positions for another interminable hour while two troops of mounted archers were sent to follow the retreating French at a distance, to make sure that the manoeuvre was not a feint. By now it was boredom rather than fear that troubled Martin. There was little doubt in the English ranks that the French retreat was genuine, and not a ruse of any kind. Just to make sure, d'Harcourt rode down to the town with Norwich and a troop of hobelars. Norwich presently returned to report that there were no enemy troops left in the town. As far as d'Harcourt could tell from questioning a few of the townsfolk, Marshal Bertrand had been planning to make a stand, but had not expected the English to cross the river so swiftly, and had found himself outflanked.

The battle lines were broken up, the men complaining about the cowardice of the French and boasting about the great deeds of valour they would have performed if there had been a battle. The vanguard advanced down the side of the ridge in a series of loose formations. Earthworks were visible around the town walls, hastily begun and abandoned incomplete. As Preston's platoon approached the north gate, Martin saw d'Harcourt seated astride his courser, giving terse commands in French to one of his squires. The Norman knight's voice was terse with barely controlled emotion as he indicated two round objects stuck on poles atop the battlements directly over the gateway. Martin had never seen such objects before, but there could be no mistaking them: human skulls, picked clean of flesh by carrion birds and bleached by the elements, their grinning jaws hanging slackly. Whitefaced, the squire nodded and dismounted, hurriedly climbing up to the battlements to remove the offending objects.

'I wonder who they were?' mused Villiers, riding alongside his master at the head of the company. There was neither shock nor outrage in his voice: dismembered body parts displayed in public places as an example to others were a common enough sight in many parts of Christendom.

'Doubtless friends of Sir Godefroi's, executed for treason,' Holland replied absently. 'There were many Norman knights who fought with us in Brittany.' He did not seem to care that at least two of his former allies had been decapitated for having fought alongside the English.

Many of the town's narrow streets had been blocked by barricades of furniture, but with no one to defend them they were easily pushed over by the English troops, each splintering crash of wood accompanied by cheers. Cheated of an opportunity to face the French on the field of battle, they had to slake their thirst for destruction on the property of the townsfolk.

Like the last town they had passed through, this one had not been deserted by its inhabitants, but for an altogether different reason. The last town had been friendly to the English; or at least, the commanders of its garrison had been, and that was what had counted. But it was clear that the folk of this town had been expecting Bertrand and his men to protect them, and had even been helping the French troops to prepare the town for a siege. Bertrand's sudden withdrawal had left them unexpectedly undefended, and now they found themselves at the mercy of the English. The English troops knew that the townsfolk had been planning to resist, and they treated them more roughly than they had done at the last town when searching for food. This time, money and jewellery were seized right from under the noses of the owners. The townsfolk were helpless to prevent it. They could see that the Englishmen, cheated of their battle, were spoiling for a fight, and the townsfolk had to tread warily to avoid provoking them, stoically suffering indignities and humiliations.

Martin watched with Preston as a group of archers robbed a handful of terrified burghers at sword-point, first ordering them to hand over their valuables and then likewise demanding their fine clothes. They were not satisfied even when the burghers stood naked and shivering in the thin sunshine.

'Now kneel,' ordered the leader of the archers. 'Go on, get down on your knees!'

The burghers did not seem to understand, so the archer punched one of them in the stomach with a gauntleted fist. As the burgher bent double, the archer grabbed a fistful of his hair and forced him down on to his knees. The other burghers got the message, and knelt hurriedly.

'Lie down – flat, on your stomachs! Crawl like the worms you are!' The archer kicked another burgher between the shoulder-blades so that he sprawled in the ordure-filled gutter, whimpering. 'Come on, down on your bellies, you French scum!' When they were all lying down, the archer raised the hem of his tunic and urinated on them. His comrades joined in the game, laughing.

'We should do summat,' Martin whispered to Preston.

The serjeant turned to regard him with amusement. 'Like what? Join in, perhaps?'

Martin pulled an expression of disgust. 'The king's edict…'

'The rules of war take precedence, lad,' Preston reminded him. 'If a town surrenders immediately, the citizens are to be treated honourably. If they resist, on the other hand…'

'These people hardly resisted…'

'They were planning to. They would've done, too, if Bertrand and his men hadn't turned tail and fled, like the cowardly scum these French dogs are.'

Martin slipped away from Preston and the others shortly after that. He needed some time by himself, to think. But wherever he went he saw more scenes of brutality. Soldiers trooped in and out of the larger houses, emptying them of food and valuables. Pieces of furniture were thrown from upper-storey windows for the sheer fun of watching them smash against the ground. Martin saw women of all ages pinned to the ground, struggling and screaming while English troops took turns at raping them, laughing, goading one another on. Women who tried to resist were savagely beaten. Sometimes they were beaten even if they did not resist, just for the hell of it. Martin wanted to intervene, but he knew he would only earn himself a beating if he tried to interfere. He was an idealist, but pragmatic enough not to want to get beaten up on principle. There was nothing he could do to defend these people; it made him feel impotent, sick with rage and despair at the senseless brutality of it all.

He thought about what Preston had said about the rules of war. It made no sense to him. He had always considered it chivalrous to admire courage and despise cowardice; yet those who tried to defend their homes were punished, while those who surrendered immediately were to be treated honourably. That was the theory, anyway, but then Martin recalled how the last town had readily surrendered, and the English had nonetheless left it in flames. It might have been argued that that had been the handiwork of common soldiers like himself rather than chivalrous noblemen bound by the rules of war, but the king's edict to protect the people of Normandy did not seem to be too strictly enforced. Martin was learning that pillage, brutality and destruction were an integral part of warfare, and that the nobility evaded the constraints of the chivalric code by leaving the dirty work to the common soldiery, most of whom seemed more than happy to oblige.

He suddenly noticed that dusk was falling. He had not realised how late in the day it was, and hurried through the gloomy streets in search of the rest of his unit, or at least a familiar face. He was making his way down a back alley when two armed men stepped out of the shadows ahead of him, blocking the way. At first he thought they must be French, and he panicked, reaching for the hilt of his broadsword. Then he recognised them as Edritch and Lefthand. His first reaction was one of relief at seeing someone he recognised, and he raised one hand in an uncertain greeting. He was not particularly friendly with Edritch or Lefthand, but that was not enough to explain why they made no attempt to return his greeting. His instincts were screaming that something was wrong long before he heard Caynard's voice behind him.

'Get him!'

Martin glanced over his shoulder to see Caynard and Murray standing at the other end of the alley, blocking his retreat. The two pairs of men advanced, closing in on him. He turned to a back door in one wall of the alley. It was locked. He threw his shoulder against it, but it held firm. He turned his back on the door to face the four men. They stood around him in a half-circle, their faces grim but uncertain.

'What the devil do you want?' Martin demanded angrily, unnerved by their strange and threatening behaviour.

Caynard grinned, showing dirty and jagged teeth in the gloom. 'Scared, Lancelot? You should be.'

'Go to Hell.'

'Go on, Piers!' urged Murray.

Edritch drew a dagger from his belt, taking a step forward as he thrust the blade towards Martin's stomach. It was so sudden, so unexpected, Martin did not have a chance to draw his rondel. He stepped aside to avoid the dagger thrust, at the same time throwing a punch at Edritch, catching him on the jaw. As Edritch staggered back, the other three closed in. Martin tried to break away, but Lefthand grabbed him by the shoulder and threw him back against the wall. Murray drove his fist into Martin's stomach, kneeing him in the face as he doubled up. Pain exploded through Martin's skull. He struggled to keep his grip on consciousness. It was obvious that they intended to kill him, although he could not understand why. He knew that if he fainted now, they must surely finish him.

He felt hands grab him roughly by the arms and haul him upright, so that he was face to face with Caynard. There was a dagger in Caynard's hand, and as Lefthand and Murray struggled to hold Martin steady, Caynard tried to plunge the blade into his chest. Martin tried to squirm aside. The razor-sharp blade sliced through his leather jerkin. He felt an icy, burning sensation in his left side. The blade came away with blood on it, and Martin could see a dark stain spreading rapidly across his tunic.

'Hold still, you God-damned whoreson!' snarled Caynard. 'You'll only make it worse for yourself.'

Martin struggled with renewed frenzy. He might be badly cut, but he was not dead yet, and he was damned if he was going to let these whoresons kill him. He lashed out with his right foot, catching Caynard just below the kneecap. Caynard cried out in agony, dropping the dagger. Then Lefthand's elbow smashed into Martin's cheek. Bright lights exploded in his head. He felt his consciousness slipping away from him. The cloth of his tunic was warm and sticky where it was soaked with his own blood.

'What the bloody hell's going on here?' demanded an unfamiliar voice with a strange accent. It distracted Lefthand long enough for Martin to get his right arm free. He lashed out with his fist, but it failed to connect with anything.

'Scarper!' Caynard's voice, hoarse, panicky. Murray threw Martin against the wall again. His head struck the stonework with an audible crack, and suddenly his legs refused to support him any longer. As he slid to the ground, he felt someone kick him viciously in the stomach. He no longer cared. He heard running footsteps, a scream of agony, but it all sounded very distant, and he was not convinced that it had anything to do with him any more. Not any of it.

Chapter Eleven

Martin awoke to find himself adrift on a sea of pain. His head throbbed dully, his right cheek felt sore and swollen, his stomach was churning, and the whole of his left side seemed to be aflame with agony. He welcomed the pain: it told him he was still alive.

He came to slowly and reluctantly. He seemed to be lying face-down on a straw-stuffed pallet of some kind. He could hear distant voices, talking in a foreign tongue. The accent was melodic yet the tone was terse, as if the two speakers were arguing about something.

He opened his eyes cautiously. A burning brazier stood in the centre of the room, an iron thrust amongst the glowing coals to heat it. By the brazier's light he could see the two men who were arguing. One was tall, thin and elderly, with a long white beard that came down to his belt, dressed in a coarse, knee-length woollen tunic and a long cloak; the other was stocky and broad-shouldered, with a shaggy mane of hair, bushy eyebrows, and a luxuriant beard. His torso was naked except for a leather jerkin, exposing a shaggy mat of hair on his chest, and equally hairy, muscular arms. Martin could not recognise the language, but he guessed it must be French. Beyond the two men he could just make out Piers Edritch, sitting hunched in one corner, bound hand and foot and tightly gagged. So, they had both been captured by the French.

Nearer the pallet – less than an arm's length away – Martin could see his broadsword in its scabbard, propped against the wall. The two foreigners did not seem to be paying any attention to him. He dared not move for fear of attracting their notice, but as far as he could tell the men had neglected to tie him up. He wondered what they were arguing about. It must have been obvious to them that he was only a churl, not worth trying to ransom, so why they had not simply killed him was a mystery. They might yet change their minds on that score, so this was probably the last chance he would get. Slowly, with barely perceptible movements, he began to reach out for his sword.

'I wouldn't bother if I were you, boy,' said a voice close by, speaking with the same sing-song accent that Martin had heard in the alley. He had heard it somewhere else before, too, but he could not place it. He twisted his head around, ignoring the pain that lanced through his neck and up into his skull, and searched for the speaker. He had not previously noticed the fifth man in the room, seated in a chair by the foot of the pallet. He was in his late twenties, short and stocky, with dark brown hair cut in a pudding-basin fringe emerging from beneath a greasy woollen Monmouth cap, and a bushy, drooping moustache. His dark eyes twinkled with amusement in the candle light. 'We're all on the same side, or supposed to be,' he continued. 'You *are* English, aren't you, boy?'

Martin nodded, in spite of the pain. 'Aye,' he managed to gasp. Now he was able to make out the green and white livery of the three foreigners, despite the gloom. He breathed a sigh of relief, the tension melting from his body.

The other two men broke off their argument and turned to face him. 'Oh, so he's awake, is he?' said the broadshouldered one. 'Who's your master, boy?' he asked Martin.

'Sir Thomas Holland.'

The three Welshman exchanged glances. They were obviously familiar with the name.

'I should be getting back to my platoon,' added Martin, making as if to rise from the pallet.

The man with the bushy moustache rose to his feet and gently forced Martin back down. 'You rest easy, boy. You've got yourself a nasty wound there. It needs to be cauterised.'

The word meant nothing to Martin. 'What do you mean?'

The broad-shouldered one chuckled. 'You'll find out soon enough.' He turned to address the elderly man with the long white beard. 'How's that cautery iron coming along, Dafydd?'

'Nearly ready.'

'Have you got a name, boy?' asked the man with the moustache.

Martin nodded. 'It's Kemp. Martin Kemp.'

'I'm Ieuan ap Morgan. This here is Madog Fychan, and old greybeard over there is Dafydd ap Trahaiam, our physician.'

'Why were this fellow and his friends trying to kill you?' Dafydd demanded sternly, indicating Edritch.

Martin shook his head. 'I don't know.'

'And you expect us to believe that?' Madog demanded angrily.

'If you want my opinion, it's the wrong person we're questioning,' said Ieuan, and indicated Edritch. 'If we want to know what was going through his mind, it's him we should be asking.'

'We'll come to him presently,' grunted Madog. 'Is that iron ready yet, Dafydd?'

The physician nodded, wrapping a cloth round the fingers of his right hand and binding it in place with a leather thong. He knotted the thong tightly with his left hand and his teeth. 'Hold him down.'

Before Martin realised what was happening, Madog was seated on his ankles, pinning his legs to the pallet.

'You'd best sink your teeth into this,' said Ieuan, holding a folded leather strap for Martin to bite on. 'We don't want you biting your own tongue off, do we?' He grabbed Martin's wrists and pinned down his arms. In spite of his wiry frame, Ieuan was deceptively muscular.

'Tell me, boy, do you know what extreme pain is like?' Dafydd asked conversationally, drawing the iron from the brazier and inspecting the white-hot tip with a critical eye.

Martin nodded, gripping the leather thong between his teeth.

'Good,' said Dafydd. 'Then this shouldn't come as too much of a shock to you.' He applied the white-hot tip of the cautery iron to Martin's side.

The agony was excruciating. Martin tried to buck on the pallet, but Ieuan and Madog held him down firmly. He could hear the sizzle of burning flesh, and a stench not unlike charred pork filled the room. He squeezed shut his eyes, sobbing through the leather strap on which he had clamped his teeth as if his very life depended on it. The agony was far worse than the pain of the original wound had been. It seemed to last for ever. Just when he thought he must mercifully faint, Dafydd took the glowing blade away. The agony receded, leaving a dull but insistent pain that was mild only by comparison.

Dafydd replaced the iron in the brazier and picked up a candle, bending over Martin's torso to inspect his handiwork. 'That seems to have done the trick,' he remarked, stroking his beard thoughtfully. 'Fortunately for you, it wasn't a deep cut. I'll put an ointment of groundsel beaten with salt-free grease on it – that should take away some of the pain, and help it heal up nicely. You'll have a nice big scar, of course.'

Madog moved off the pallet, and Ieuan released Martin's wrists, clapping him on the other shoulder. 'Something to talk about on your wedding night, eh, boy?'

Martin barely managed to spit out the leather strap. The ordeal had left him too drained to talk.

'You're lucky it was us that rescued you,' added Ieuan. 'Dafydd's a real master at this kind of thing.'

'So I should be,' retorted Dafydd. 'I've been healing wounds like that one ever since I was at Cambuskenneth – long before any of you lot were born.' He produced a mortar and pestle and began to grind up a mixture of mustard seeds and herbs, occasionally adding oils and ointments to the mixture.

'Now, let's find out what all this was about, shall we?' suggested Madog, bending over Edritch and seizing him by the throat. He lifted him easily with one brawny arm and placed him in a chair, before ripping the gag off roughly. Edritch was evidently terrified, his eyes bulging from his head. 'Now then, why don't you start by telling us who you are?'

'Piers Edritch. I'm in the same platoon as Kemp.'

'Why were you trying to kill him?'

'I weren't trying to kill him!' bleated Edritch.

'Ballocks!' scoffed Madog. 'We saw you with our own eyes.' He wrapped a cloth around his hand and grasped the handle of the iron being heated in the brazier. 'The truth now, before I start giving you the same treatment Dafydd just gave your companion. We'll see how much you like it, eh, boy?'

Ashen-faced, Edritch broke out in a sweat. 'You wouldn't dare! I'm one of Sir Thomas Holland's men. If he found out...'

'If he found out, I'm sure he'd be just as interested as we are to know why his men are trying to kill one another,' said Madog. 'But he's not going to find out. In Gwent we like to sort out our own problems, without recourse to your English lords and your English justice. We dispense our own.'

'Look, boy, you're a dead man already,' Ieuan told Edritch mildly. 'How much you suffer before you die is entirely up to you.'

A spasm shook Edritch's body, and he vomited into his own lap. Dafydd grimaced with distaste, while Madog patiently waited for the spasms to die down before drawing the iron's glowing tip from the brazier.

'What about the screams?' asked Dafydd.

Madog laughed. 'The English have been murdering the townsfolk since dusk. Who can tell an English scream from a French one?' He held the tip of the iron an inch from Edritch's nose. 'The truth now, boy.'

'In God's name! Please! I beg you! Don't kill me!' wailed Edritch. 'For the love of Jesus! I'll tell you everything, I swear!'

'Why were you trying to kill him?' demanded Madog.

'We were to be paid fifty shillings each to do it.'

'Fifty shillings!' Madog exclaimed incredulously.

'Someone with a fat purse must hate you a lot, boy,' Ieuan remarked to Martin.

'Who was going to pay you?' Dafydd asked Edritch.

'I don't know.'

Madog flicked the iron against Edritch's cheek. The red-hot metal was in contact with his skin for only a moment, but it was long enough for the flesh to blister and burst. Edritch screamed in agony. Martin felt sick, but only because he knew his own skin must have done likewise when Dafydd had cauterised his wound.

'Who was going to pay you?' repeated Dafydd.

Edritch was sobbing with pain. 'I don't know,' he mumbled, his cracked voice muffled by the awful wound on his cheek. 'I swear it, by the soul of my dead father!'

'Oh aye?' said Ieuan. 'And which one of the thousands you doubtless have to choose from would that be?'

'You must have some idea who was going to pay you,' persisted Dafydd.

Edritch shook his head. 'It were Will who came up with the job. He arranged it all.'

'Who's Will?' demanded Ieuan.

'He means Will Caynard,' Martin managed to gasp. 'One of the other three men who attacked me.'

'And does he have a hundred and fifty shillings to spare?' Ieuan asked him.

Martin shook his head. 'I wouldn't have thought so,' he croaked. It was a princely sum, as much as a ploughman could hope to earn in eleven years.

'There was a squire,' sobbed Edritch. 'I don't know his name…'

'His master's arms?' demanded Dafydd.

'A red dragon with two legs on a white background.' With tears streaming down his blistered face, Edritch nodded in Martin's direction. 'He knows who it is.'

Dafydd turned to Martin, his eyebrows arched questioningly.

Martin managed a faint nod. It was beginning to make some kind of sense at last.

'What about the others who helped you?' demanded Madog, returning the iron to the brazier. 'What were their names?'

'Bartholomew Lefthand and Gilbert Murray.'

'I know them,' said Martin. 'I recognised them when they attacked me. They're in my platoon.'

Madog nodded in satisfaction, and turned away, casually reaching for the haft of a great battleaxe that was propped against the wall nearby. He swung back suddenly, almost casually lopping Edritch's head clean off his shoulders. Blood fountained briefly from his truncated neck. His head rolled into a corner, a look of terror and defeat frozen on its features. Martin buried his face in the pallet. He had not liked Edritch, but even under the circumstances he was not convinced that he had deserved to be so callously murdered, defenceless and bound hand and foot.

Ieuan put a hand on Martin's shoulder. 'It had to be done, boy,' he said grimly. 'If we'd let him live, he would have had no choice but to try to kill you again – not just for the money, but to stop you from talking.'

'But... surely we should've taken him to the king's marshals... ?' protested Martin.

'Then it would've been your word against theirs as to who started the quarrel,' said Dafydd. 'And even if the marshals had believed your word above the four of them, they would have just stretched Edritch's neck for him. Believe me, Madog's way is quicker.' The way Dafydd used the present tense suggested to Martin that he was not ruling out Madog's way for future use. Martin shuddered, the sight of Piers' head flying across the room imprinted on his memory.

'You know this squire he spoke of?' asked Madog, as Dafydd began to daub his poultice on Martin's wound. It looked and smelled repulsive, but felt cool and soothing.

Martin nodded. 'I think so. The arms that Edritch described are the arms of Sir John Beaumont – my master from England. He has a squire named Richard Stamford who believes… that he has cause to hate me.'

'For ten pounds, he must hate you a great deal,' Ieuan remarked sardonically. 'What did you do to earn such a hatred?'

'He can afford it,' Martin said dismissively.

'That's not what I asked.'

Martin shrugged. 'It's a long story.'

Ieuan chuckled. 'Then save it for a long winter's evening.'

'I have to get back to my platoon.' Martin did not want to be accused of deserting. As he tried to raise himself from the pallet, however, he found himself too weak, and Ieuan had little difficulty in gently forcing him back down.

'You're not going anywhere,' the Welshman told him firmly. 'What you need now is rest, boy.'

—

Martin slept feverishly that night. He dreamed that he was back on the road to Quettehou, only this time he watched from a distance as the mounted knight charged at Edritch, who stood stock-still as if frozen in time. The knight bore the arms of Sir John Beaumont, but when he took off his helmet once again it was Beatrice's face that was revealed. Laughing, she swung at Edritch's neck with the broadsword that Warwick had given to Martin. Edritch's head was lopped from his shoulders, and rolled down the road until it came to rest at Martin's feet. He glanced down at the disembodied head, but instead of seeing Edritch's face he saw his own, laughing up at him.

He woke with a scream. He was still lying on the pallet in the room where the Welshman had tortured and killed Edritch in the hellish glow of the brazier, but now, with the coming of dawn, sunlight streamed through the cracks in the shutters on the windows. He sat upright for a moment, gasping for breath.

The door opened, and Ieuan entered. 'What was that?'

'I… I must have had a nightmare,' admitted Martin, feeling foolish.

Ieuan smiled, and began to remove the shutters so that sunlight and fresh air flooded into the room. 'You don't surprise me. You were tossing and turning feverishly all night. We didn't think you'd make it at one point, but you look well enough this morning, considering all you've been through. You stay there,' he added, heading back towards the door. 'I'll get you something to eat. You lost a fair amount of blood last night. You need to build your strength up.' He left the room, and Martin heard his feet descending a creaking flight of wooden steps. Martin swung his legs off the mattress and sat on the edge of the pallet. Even that much movement left him feeling completely drained. There was a dull throbbing in his head, and the wound in his side still smarted painfully.

There was no sign of Edritch's body or the brazier, nothing to remind him of the nightmarish events of the previous night. He wondered if they too had been nightmares. He glanced out of the window, across the rooftops of the town they had entered after Bertrand's men had abandoned it. The sky was blue, the sun already over the horizon. Martin knew that Preston and the others must be wondering where he had got to.

There were more footsteps on the stairs, lighter this time, and Dafydd entered the room. 'I don't remember saying you could sit up,' he told Martin sternly.

'I don't remember you saying I couldn't,' Martin grunted irritably.

Dafydd chuckled, and held the back of one hand to Martin's forehead. 'The fever's gone, anyway,' he said, sitting down on the pallet beside Martin so that he could unbind the dressing he had wrapped around his torso. 'Let's see how that wound of yours is.'

The wound had neither burst again nor gone septic. Dafydd applied some more of his poultice and put on a fresh dressing.

'Will I be able to move about?' asked Martin.

Dafydd pursed his lips. 'You need time to rest and recuperate, to give this wound a chance to heal properly. In the normal run of things I'd insist that you spent at least another week in this bed.'

'To Hell with that,' said Martin, to Dafydd's amusement. 'This isn't the normal run of things.'

'Most of the army's already moved on, and our company is moving out today,' admitted Dafydd. 'While I'm not happy about letting you set out on the march, it has to be healthier for you than leaving you here to the tender mercies of the townsfolk. Those few of them who weren't slain in last night's excesses, that is.'

'Do you know if my company – Sir Thomas Holland's – is still in the town?'

Dafydd shook his head. 'Madog's gone to see if he can find someone from your company to let them know you haven't deserted.'

'Will he tell them how I were wounded?'

Dafydd chuckled again. 'Ieuan thought it might be best if we made out you were ambushed by a couple of Frenchmen. Your Master Caynard and his friends won't be inclined to contradict you, and Ieuan thought you might like a chance to take care of them personally.'

Martin nodded dubiously. 'Surely you can't approve?' he asked tentatively.

Dafydd regarded him in incomprehension. 'Why not?'

'Doesn't the Bible say "Thou shalt not kill"?'

'That doesn't stop the Bishop of Durham. What's good enough for his grace is good enough for me. Are you trying to tell me you've never killed before?'

Martin hung his head. 'Twice,' he whispered. 'But they were both Frenchmen,' he added hurriedly. 'It was my duty to my king…'

'If you can kill a Frenchman, you can kill an Englishman,' Dafydd said with another chuckle. 'The Bible also teaches us "An eye for an eye and a tooth for a tooth." Because if you don't kill them, then believe me, boy, they'll kill you now. Maybe you'd best stop worrying about your duty to your king and start worrying about your duty to yourself.'

Martin still did not understand, but before he could ask Dafydd to explain further, Ieuan returned with a bowl of broth. 'Get this inside you, boy. Soup just like my old mother used to make. It should help you get your strength back.'

Dafydd finished tying the dressing. 'There. Put a fresh dressing on each day, and make sure you keep the wound clean.'

Martin tried Ieuan's broth. It tasted foul, but he felt it would be churlish to say so, considering all that Ieuan and his friends had done to help him. Besides which he was ravenous, and foul or not he devoured it hungrily.

'He's got a healthy appetite on him this morning,' Dafydd remarked to Ieuan. 'That's always a good sign. Here,' he added to Martin, reaching inside a pouch at his belt and pulling out what appeared to be a small twig. 'Chew on this for a while,' he recommended.

Martin eyed the twig dubiously. 'What is it?'

'Liquorice root.'

'Will it help to heal my wound?'

'No,' admitted Dafydd. 'But it tastes nice, and it'll keep your breath fresh.'

Martin shook his head, chuckling, and washed his hands and face in a basin of cold water Dafydd had placed by his pallet. Ieuan searched through the chests and wardrobes in the house until he found a white linen chemise, holding it up for Martin to see. 'I'm afraid your own tunic is beyond repair, but this looks to be about your size.'

'Thank you.'

Ieuan helped him to pull the chemise over his head, and he finished dressing. He was buckling on his sword-belt when Madog returned. 'Holland's company has already moved on,' he announced. 'But the king has sent word for the army to gather at a place called Torigny, a few miles from here. We should catch up with the rest of the vanguard there.'

'Do you feel well enough to walk?' Ieuan asked Martin.

Martin pushed himself to his feet. He felt a little dizzy for a moment, but the feeling soon passed. He nodded. 'Aye.'

'Good lad.'

The Welshmen gathered up their equipment and left the house with Martin, joining the rest of their band outside the east gate of the town. There were about two hundred of them in all, foot-archers under the command of Sir Gruffydd ap Llywelyn. Martin was introduced to all of them, or so it seemed to him. Few of them spoke English as well as Ieuan, Dafydd or Madog, but they welcomed him into their ranks amicably enough.

Martin noticed once again that many of the Welshmen wore only one shoe, and asked Ieuan why this was so.

'So's we can get a better grip on the ground when we're fighting,' Ieuan explained with a grin. 'We Welsh like to stay in tune with nature, not like you English, who prefer to cut yourselves off from it.'

As they set out marching to Torigny, Dafydd rode amongst them on a small white palfrey, playing soft and subtle harmonies on a small harp while the others sang along. In spite of looking like the wildest and most villainous bunch of brigands Martin had ever encountered – and since he had been recruited into the army, he had encountered many – they sang beautifully. They all started on the same note, and then each seemed to break away into different modes and modulations, each one complementing the whole in perfect harmony. As the song drew to a close, they all returned to the same note on which they had started out, to round off the melody. It was so beautiful that even

Martin – who had little appreciation for the finer things in life – was entranced, and he quite forgot about the pain of his wound.

'You can count yourself lucky to have heard the finest singers in all the world, English,' Madog told Martin. 'It's the bardic tradition, see? It never dies.'

One of the others said something in Welsh, and the men around him nodded in agreement. 'They say it's your turn to give us a tune,' explained Ieuan, grinning.

Martin shook his head, blushing. 'I can't sing.'

'Of course not,' said Madog. 'You're English. But since've just entertained you, it's only fair that you repay the debt in kind.'

Martin grimaced; it was clear that he was not going to get out of this one. 'Very well. But don't say I didn't warn you.' And having said that, he launched into the only song he could think of, a half-understood old song called 'The Knight Stained from Battle':

Who is he, this lordling, that cometh from the fight?
With blood-red clothing arrayed to cause fright
Yet apparelled so finely, so seemly a sight
So fearless of tread, so peerless a knight.
'It is I, it is I, who speaks naught but right
A champion to heal all mankind in fight.'
Why, then, is thy raiment all stained crimson with blood
As men from the wine-press with the grapes they have trod?
I have trampled the wine-press all on my own
And for all of mankind I did stand alone.
I have trampled the people in anger and wrath
And my cloak is besmirched with their bloody froth
And it is to their great shame they have fouled its cloth.
The day of vengeance liveth in my thought;
The season of reck'ning I forget not.
I looked all about for some helping hand;
Help was there none though I searched all my band.
Mine own strength it was that this cure wrought,
Mine own doughtiness help to me brought.
I have trampled the folk in wrath and ire,
And cast them down into their shameful mire.'

The Welshmen laughed and cheered. 'You're right, English,' Madog chuckled. 'You can't sing to save your life.'

'From the Book of Isaiah, unless I'm much mistaken, though it seems to me you must have left out a couple of lines,' Dafydd observed with amusement.

At that moment, an English herald galloped up from behind them until he was riding level with Llywelyn at the head of the band. 'New orders, Sir Gruffydd,' he panted. 'All troops are to make for Cormolain.'

'Cormolain, is it?' Llywelyn bellowed good-humouredly. 'And where the Devil is Cormolain?'

'From here?' The herald removed his cap to scratch his head while he glanced about to get his bearings. 'About four miles yonder,' he said, pointing to the north-east. 'The army is to regroup. Word is that Valois has gathered a fresh army and is marching to meet us.'

A murmur of excitement rippled through the Welsh band, but the herald had already taken his leave of Llywelyn and spurred his horse on, galloping on towards Torigny to pass the word on to the other units of the vanguard that had gone ahead. Llywelyn turned his horse about and led his men off the track, across the fields towards Cormolain.

'Did you hear that?' asked Madog, his eyes shining with the promise of battle. 'The French are coming to give us a warm welcome at last.'

'Aye,' said Ieuan, rather more sceptically. 'How many times have I heard that one before?'

'I have to rejoin my company!' Martin said desperately. 'If there's to be a battle…'

'You can fight with us,' offered Madog. 'That way you'll get to see some *real* archers in action.'

'I shouldn't go worrying if I were you,' Ieuan assured Martin. 'We're all in the prince's battalion. If the order's gone out for the army to regroup in Cormolain, then I expect that applies equally to Sir Thomas Holland's company. You'll be reunited with your countrymen soon enough.'

Llywelyn's band reached Cormolain around mid-afternoon, where they found the nucleus of the vanguard setting up camp just outside the village. Martin recognised the banners of the Prince of Wales and the Earl of Warwick, and knew that Holland could not be far away. He took his leave of Ieuan, Dafydd and Madog.

'I expect we'll see each other soon enough,' remarked Ieuan. 'We are marching in the same battalion, after all. Why don't you bring some of your English friends to meet us?'

'Aye,' said Madog. 'Like this Will Caynard and his friends.' Grinning, he drew his finger across his throat in a highly expressive gesture.

Martin shook his head with a wan smile. 'That's summat I'll have to deal with in my own way.'

'Fair enough,' said Ieuan. 'But remember what I told you last night: it's you or them.'

'What about this squire who wants you dead so badly?' asked Dafydd, dismounting from his palfrey. 'Even if you succeed in killing Caynard and his friends, this Richard Stamford may just hire other men to kill you.'

Martin shrugged. He had spent the past two hours considering the situation. He had thought about Stamford's vendetta, Caynard's callous greed and murderous brutality, and the lack of justice in a world where a man could be condemned for a crime he had not committed. It seemed to him that there were two kinds of people in the world, the victors and the victims. He was determined to stop being a victim, and start dishing out some justice of his own. 'If I can kill Will Caynard, I can do the same for Richard Stamford,' he said simply.

Ieuan chuckled. 'That's the spirit. You'll be all right, boy. But make sure that Stamford's death looks like an accident. No one's going to pay much mind if men like Caynard are killed, but if a young nobleman like Stamford dies in suspicious circumstances, there'll be questions asked.'

Martin nodded.

'Better still, make it look like French handiwork. No point in bringing more trouble on yourself than you've already got. No one will question his death if he's found with a Genoese crossbow bolt in his back.'

'Genoese?'

'The French employ Genoese mercenaries as archers,' explained Ieuan. 'Can you use a crossbow?'

Martin shook his head.

'Then learn. If you find a crossbow, bring it to me and I'll teach you. It's a lousy weapon compared to an honest length of yew, but it has its uses – as your present circumstances demonstrate,' he added.

'You sound as if you've had some experience at this kind of thing,' Martin said drily.

Ieuan flashed his teeth in a savage grin. 'Ask no questions, hear no lies, boy.'

'I don't know how to thank you all for all you've done,' Martin told the three of them awkwardly.

Ieuan shrugged, embarrassed. 'Perhaps one day you'll have a chance to return the favour; but if you don't, don't go out of your way to find one. God be with you, Martin Kemp.'

Martin took his leave of the Welshmen and made his way into the village, where he found Villiers and Brother Ambrose erecting Holland's banner in front of one of the larger houses. 'Hullo, young Kemp,' the friar greeted him cheerfully. 'Where've you been? We thought perhaps you'd been killed.'

'Or that you had deserted,' Villiers added with a grin.

'I were wounded, but some Welsh archers treated my wound and brought me here.' Martin avoided telling a lie to the friar and the squire, hoping that they would naturally assume he had been wounded by the French. He had decided that the closer he stuck to the truth, the more likely he was to be believed; at least he had the wound to corroborate most of his story, and his battered face spoke for itself.

'Well, you're here now,' said Brother Ambrose. 'And of your own free will, it seems, rather than dragged back by the marshals. That proves you weren't trying to desert.'

'Here ahead of the rest of your company,' added Villiers. 'We'd almost reached Torigny when word came that his Majesty had changed his mind, and that we were to head here. Sir Thomas sent the two of us ahead to find some lodgings.' He gestured to the house.

'What about the rest of the army?' asked Martin. The tents erected outside the village had seemed pitifully few to him.

Villiers grimaced. 'It's all over the place. The main body was at a place called Sept-Vents, the last I heard. If the French attack us now, they'll be able to wipe us all out piecemeal.'

'Is it true, then? That Valois has gathered a fresh army, and is marching to do battle with us?'

'That's what they're saying,' said Villiers.

'Here come Sir Thomas and Norwich now,' observed Brother Ambrose. 'Perhaps they have some news.'

Villiers and Martin turned to see Holland and Norwich riding up the street at the head of the company, arguing. 'Rumours!' spat Holland. 'Has anyone seen this French army for themselves? No! It's always a friend of a friend, a serjeant-at-arms in some mythical troop of hobelars who interrogated a Norman peasant whose great-aunt in Caen spoke to a Parisian man-at-arms who was told by a lady-in-waiting to Valois' chambermaid that Valois was talking of going to Saint-Denys to fetch the Oriflamme! I'll wait until I've seen this army for myself before I don my armour.' Holland dismounted, handing his bridle to Villiers.

Brother Ambrose indicated Martin. 'The prodigal son has returned, Sir Thomas.'

Holland cast the briefest of glances in Martin's direction.

'So I see. You'd best get back to your platoon, boy.'

Martin nodded, and made his way back to where Preston stood with his men.

'Where the devil have you been?' Preston demanded angrily. 'Nails and blood! You can count yourself lucky you weren't hanged as a deserter.'

'I were ambushed,' explained Martin, once again avoiding a direct lie. 'I were wounded in the side, but some Welshmen took care of me.'

'Oh aye? Did you check your purse after?' Preston asked cynically.

Martin instinctively put a hand to the purse that hung from his belt. It still bulged with coins. He instantly felt guilty for having thought that Ieuan and his friends might do such a thing.

'I hope you killed the whoresons that attacked you,' grunted Preston.

Martin hesitated before replying. 'One of them lies dead,' he said carefully. 'But the other three escaped when the Welshmen came to my aid,' he added, glancing across to where Caynard stood. Caynard avoided meeting his gaze, and Martin suddenly had the satisfaction of realising that Caynard and his friends had had no sleep that night following their botched attempt to kill him. He was determined that they should never sleep easy again. 'But if I ever catch up with them again…' He let the threat hang in the air.

'I see,' Preston remarked dubiously. He was more inclined to believe that Lancelot Kemp had tried to stop some English troops from maltreating the townsfolk, and had received a savage beating for his pains, but he was prepared to let it pass. Whatever Martin had been up to, his bruised face indicated that he might have learned his lesson. 'In future, make sure you don't get separated from your mates,' he said gruffly. 'There's safety in numbers, and you can't trust these Norman dogs. By the way, you haven't seen Piers Edritch since yesterday, have you? It seems he's disappeared as well.'

Martin shook his head. 'Not since yesterday,' he said truthfully.

'All right,' said Preston. 'Get back with your companions.' He jerked a thumb towards the platoon behind him, and then turned to address them all. 'Make camp, lads – we'll be spending the night here.'

The rest of the vanguard reached Cormolain by nightfall. Martin slept little that night, keeping an eye on Caynard, Lefthand and Murray, and one hand on the hilt of his rondel. Occasionally he would catch one of them sneaking a furtive glance in his direction, but none of them tried anything, perhaps thinking that there were too many witnesses around. He realised with a cold certainty that Dafydd had been right: he would never be able to sleep soundly while one of them still lived; and by not reporting their actions to Preston, he had committed himself to dealing with them personally.

He got his first chance much sooner than he expected. The following morning they ate breakfast before dawn, after which Martin changed the dressing on his wound in accordance with the instructions that Dafydd had given him.

'By the Cross that Saint Helen found!' exclaimed Rudcock, seeing the cauterised wound. 'When you said as how you'd been wounded, I didn't think...'

'It looks worse than it is,' Martin cut in curtly.

'Doesn't it hurt?' asked Tate.

'Like the Devil,' admitted Martin.

'You should show that to Preston,' said Rudcock. 'If he saw how serious it is, I'm certain he'd be able to arrange for you to ride with the baggage train for a few days...'

'I'm fine,' insisted Martin. Wounded or not, if there was going to be a battle, he did not want to be left twiddling his thumbs in the rearguard.

After the morning inspection, they started to ransack the village for plunder. Martin was wandering down an alleyway when he glimpsed Lefthand and Murray walking down the street up ahead. He immediately realised that he had been careless enough to become separated from his friends again. But Lefthand and Murray had not seen him, their minds occupied with the task of finding what meagre booty the village could provide. Perhaps here was his chance to even the score. He watched them enter a small wooden house with a thatched roof, closing the door behind them. Martin glanced up and down the street to see if anyone else was in the vicinity. There was no sign of Caynard. The only people in sight were some men-at-arms setting alight some houses a short distance away. That gave him an idea. He hurried down the street to beg a burning brand from one of the men-at-arms. As he made his way back, he noticed a pitchfork thrust into the midden by the door of the house that Lefthand and Murray had entered, and used it to prop the door shut.

He sprinted around the back of the house to make sure there was no other exit, and then hesitated. Killing men in battle was one thing, but murdering them in cold blood... ? Just because these men had tried to kill him, did that give him the right to exact retribution? But no one had ever given any thought to *his* rights. He had none, he was a villein. He could expect no justice in this world. He began to ask himself what Sir Lancelot would have done in this situation, and then caught himself. He was not Sir Lancelot, he was Martin Kemp. No one would ever treat him with chivalry, and in return he was not expected to show chivalry to anyone else. If it was justice he wanted, he would have to forge it himself.

He tossed the flaming brand on to the thatched roof and stepped back.

The flames spread across the dry straw with a rapidity that astounded him, crackling noisily. Lefthand and Murray must have realised what was happening, for he heard their shouts of alarm and their heavy, hurried footfalls on the wooden steps within. He saw the latch on the door rattle, and then the whole door shuddered as one of them threw his weight against it. But the door was sturdy, and wedged firmly shut.

Martin suddenly realised that he had made a careless mistake: they could easily open one of the shuttered windows and climb out. But the two men were panicking, concentrating their efforts on a door they would never open. By the time they thought of looking for the windows, dark grey smoke was oozing out from behind the shutters. Martin could hear them choking as the acrid smoke clawed at their lungs. Now they would be blinded, their eyes stinging, unable to find a window. He could hear them blundering about helplessly inside, disorientated by the smoke. A pity Caynard had not been with them, thought Martin; but at least he had evened the odds in his favour.

The whole building was ablaze now. Martin could hear the screams of the two men as they were roasted alive. He watched as part of the roof collapsed with a roar, sending up a shower of sparks, and then the screams were suddenly silenced.

Martin's lips curled upwards in a grim smile of satisfaction.

–

The vanguard reached the village of Cheux the next day, while the main body of the army, marching east on a parallel course, reached the Cistercian priory at Fontenay-le-Pesnel, less than ten miles from Caen.

The disappearance of Lefthand and Murray had been noticed as soon as Preston's men had gathered to leave Cormolain the previous evening. Piers Edritch had been the first man lost by Holland's company since they landed in France, but the serjeant had let it pass. When two more men went missing from Preston's platoon, the other serjeants in the company began to snigger that old Wat was losing his touch when it came to keeping a tight rein on his men. Irritated by their sniggers, Preston had ordered a thorough search of the village. Lefthand's and Murray's charred corpses had been found in the ruins of one of the burnt houses, the pitchfork propping shut what was left of the door bearing mute testimony to the fact that their deaths had not been accidental. Naturally everyone assumed the murderers to have been French men-at-arms lying in wait, or perhaps even the villagers themselves. By way of retribution, the whole village was burnt to the ground, along with the crops in the surrounding fields. Martin's conscience was not troubled in the least; by now he had learned that such wanton destruction would have occurred regardless of whether or not the locals had done anything to warrant it. Indeed, he had found his conscience surprisingly untroubled by any aspect of the incident. He no longer gave a damn about anything, and it was as if a great burden had been lifted from his shoulders.

Only one man guessed that it might not have been the French who had been responsible for the deaths of Lefthand and Murray. It seemed too much of a coincidence to Caynard that of the four men who had attacked Martin, he was now the only survivor. He could hardly believe that the same callow peasant youth who insisted on wearing a girl's muffler and had been so reluctant to claim his share of the booty at Barfleur could also be responsible for the coldblooded murder of his friends. But he had noticed that a change had come over Martin in the past three days. Perhaps it was only his perception of the man, coloured by the knowledge that if he did not kill Martin, Martin would kill him; but looking at him he no longer saw a precocious lad skilled with a bow, inexperienced in war, his head filled with misplaced ideals of chivalry. Now he saw a young man both willing and able to kill, ready to murder in cold blood if need be. Perhaps what Edritch had once told him about Martin having raped a woman was true after all.

In turn, Martin caught Caynard giving him a glance that told him he had guessed the truth of the matter, and had the satisfaction of knowing that in future it would be Caynard who would spend sleepless nights with his fingers curled around the haft of his dagger.

Norwich rode into Cheux shortly after dawn the following day, and found Warwick breakfasting in one of the town's inns with Sir Reginald Cobham, Holland and Villiers. 'What news?' Warwick asked him, after the briefest exchange of pleasantries.

'Last night his Majesty sent a messenger to the burghers of Caen, with letters calling upon them to surrender with the honours of war,' explained Norwich. The honours of war meant that the persons and property of the people of Caen would not be harmed – theoretically, at least. 'The messenger should have returned hours ago, yet still there is no sign of him.'

'Any news of Valois' army?' asked Holland.

'Scouting parties have been sent out, but those that have returned report there is no sign of it. However, reliable reports indicate that the Constable and Chamberlain of France are in Caen with a sizeable body of men-at-arms and Genoese crossbowmen. His Majesty sends his compliments, and suggests that the army regroups on the road to Caen two miles south-east of here.'

'He intends that we should attack Caen?' asked Cobham.

'Aye, Sir Reginald,' said Norwich.

Warwick nodded thoughtfully. 'We may have by-passed Bayeux, but we cannot afford to leave a city as large as Caen still in hostile hands to the rear.

'On the other hand, his Majesty is reluctant to allow the campaign to become bogged down in a prolonged siege that might give Valois more time to raise an army, in the north of this realm,' said Norwich. 'Either we take Caen by storm, or not at all.'

Warwick nodded in agreement. 'Return his Majesty my compliments, and assure him I will see him at the appointed place.'

Preston's men were ordered to strike camp and before long they were marching south-east to where the army was forming up on the road to Caen. When the advance scouts reported that they were drawing near to the city, Warwick had the vanguard spread out on either side of the road, each company marching across the fields in its own column so that they would approach the city on a broad front from several directions, to make their numbers seem greater. 'His Majesty wishes to avoid a siege,' Warwick explained to Holland. 'If the citizens can be scared into submission, we may yet win the day without bloodshed.'

Riding at the head of his company, Holland reined in his steed on the crest of a ridge towards mid-morning. He paused momentarily to gaze into the middle distance.

'Caen,' breathed Villiers, riding up beside him.

Holland nodded, and signalled the column forward once more, spurring his horse into a trot. As they surmounted the crest of the ridge, Martin and his companions saw their target laid out in the vale before them.

The second largest city in Normandy after Rouen, Caen was far bigger than any other town Martin had seen before. It stood at the confluence of two rivers, where the Odon ran into the Orne, dividing the city into two distinct halves. To the north-west was the old town, dominated by a strong castle that stood on a slight eminence to the north and was joined to the town walls. Where the castle's curtain wall jutted out from the town wall, it was surrounded by a broad moat. In stark contrast to the fortress, the ancient stone walls of the old town were poorly maintained, although it was obvious that for the past few days the citizens had been strengthening the defences to the north and west with trenches and palisades. To the south, the old town was protected by a branch of the Odon, separating it from the new town which lay to the south-east. The new town was a rich and prosperous suburb, containing the largest and grandest houses in the city. It had no wall, for it stood on an island, surrounded on three sides by the two arms of the Odon, and on the fourth by the Ome. A bridge across the Odon connected the old town to the new, while a third bridge spanned the Ome to the south.

Led by the Prince of Wales and the earls of Warwick and Northampton, the vanguard marched around the north side of the old town, giving the forbidding castle a wide berth: the fortress was clearly well-manned. A walled convent stood nearly four hundred yards to the east of the city; finding it deserted, the prince's troops quickly occupied it. Look-outs were posted in the convent's bell-tower to watch any activity in the city. While Holland and Cobham met with the prince and the two earls inside the convent, his men rested in the shadow of its walls.

'What happens, now?' asked Tate.

'Now we wait,' Preston told his men. 'You might like to use your time to check your tackle,' he added. 'I don't want you trying to storm the walls only to find you've left your swords at Cheux.'

Martin inspected his bowstring and counted his arrows, but he knew he was only going through the motions, trying to keep his mind from dwelling on the forthcoming battle. He repolished the blade of his broadsword for the sake of having something to do, watching as the main body of the army marched into sight in three columns, forming up into battle array facing the north and west walls.

A field kitchen was brought up to the convent and began to serve out food. The army had already marched over ten miles that morning, and many of the men were hungry. Martin was not one of them. There was a tightness in his chest and his stomach felt knotted with excitement. Even though the sun surmounted the convent wall at noon to beat directly down upon him, he still felt cold and numb.

He glanced to the south. Beyond the rooftops of the new town, he could see dozens of Caen's citizens streaming across the bridge over the Ome, scattering into the countryside beyond.

Preston had seen them, too. 'There go the wise ones,' he remarked cynically.

'And here wait the fools,' muttered Newbolt. If Preston heard him this time, he gave no indication of it. Newbolt's words were only symptomatic of the tension that lay heavy over the whole company, like a shroud of apprehension.

'Are we soldiers yet?' asked Conyers, in a conscious effort to relieve some of the tension. By now those words had become something between a running in-joke and a platoon motto. This time they solicited only the weakest laughter.

Villiers emerged from the convent on his rouncy, and Preston hailed him. 'Any news?'

'The look-outs report that the people of the old town seem to be withdrawing across the bridges into the Île Saint-Jean,' replied Villiers, spurring his horse towards the king's banner, which could be seen above the main body of the army.

Martin sighed, and slotted his gleaming sword back into its scabbard. He guessed that the Île Saint-Jean must be the name for the new town. He had a feeling that either the French would withdraw from the city, or the king would postpone the attack. Either way, he was reminded of the events of four days previously, when they had failed to get to grips with Bertrand's men. He was plagued by the same feeling of disappointment after all the fear and tension of waiting.

A troop of men-at-arms saddled up their rouncies and began to form up into a loose column, their pennants hanging limply in the still air, their armour and harness jingling lackadaisically. Martin watched them with an air of bored curiosity as they trotted away from the convent.

Towards the city.

Martin sat up sharply and rubbed his eyes, as if not believing what he saw. What did they think they were doing? Did they not realise that the old town was still in enemy hands? No, not the old town – had not the squire said that the townsfolk had withdrawn across the bridge into the new town on the Île Saint-Jean? But the Valois banner of a pattern of yellow fleurs-de-lys on a blue background still hung over the castle, which loomed over the eastern gate that the men-at-arms were now approaching.

Then realisation slowly dawned on him: this was it, this was the attack. No trumpet's blare, no armoured knights charging to the fore with their lances couched. Just threescore men-at-arms riding along a dusty track as calmly as if they were returning from a day's hunting.

The men stationed in the castle seemed to be taken equally by surprise. Martin could see them moving about on the battlements of the curtain wall, but no one shot at the advancing English troops.

The Earl of Warwick emerged from the convent, followed by Holland and Cobham. All three of them were on foot and in armour.

The earl started to march slowly but purposefully after the men-at-arms, his armour clanking noisily. Holland paused only long enough to order his men to follow him, before marching after Warwick.

'All right, lads, on your feet!' ordered Preston. He might have been ordering them to rise for an inspection. 'Let's go.'

'Well, it looks like this is it,' remarked Rudcock, pushing himself upright. Brewster hurriedly followed, tossing down the straw he had been chewing as he rose to his feet. Martin followed. There was no time to form up into an orderly column, the archers marching along behind Warwick, Holland and Cobham in a loose gaggle. Ahead of them, the men-at-arms had dismounted, seizing control of the eastern gate unopposed. The men in the castle had not started shooting at anyone yet, but then Martin reckoned that he and his companions had another hundred yards of open ground to cross before they would be within effective range of bows. Before them loomed the walls of the old town. Clustered in their shadows were the hovels of peasants too poor to be able to afford land within the walls, many of them built actually leaning against the wall.

Martin did not notice that they had come within a bowshot of the castle that loomed to their right until a crossbow bolt plunged into the earth a few yards short of where he marched. After a few moments a couple more bolts sailed over the archers' heads, but it was hardly a withering hail of missiles.

Now they had entered the suburbs, and were hidden from the castle's battlements by the tightly packed hovels. The men-at-arms on guard at the gate ahead of them grinned jovially, the gateway itself gaping like a huge maw waiting to devour the advancing men. Martin felt a sudden chill as he followed Preston through the shadows of the gateway. Then they emerged into the sunlight once more, marching along a dusty, deserted street in the old town. Surely this must be a trap of some kind? Martin could see no one waiting in ambush, but had not Preston told him that if anyone had been lying in ambush, he would not see them until it was too late?

They came to a T-junction, still marching at a steady walking pace. The old town was unnaturally quiet. Martin could see the entrance of the castle to their right. By withdrawing into the new town, the defenders of the old town had left the castle's garrison cut off from the rest of the city's defenders. Warwick led Holland and his men to the left, away from the castle and towards the Île Saint-Jean.

A church rose up ahead of them. As they passed it, the bridge across the Odon into the new town came into view. A towering stone gateway had been built at the far end of the bridge, just over a hundred yards away. A barricade of furniture and lumber, about the height of a man, had been built across the entrance to the gateway, and behind it Martin could make out the faint sheen of dozens of steel helmets in the shadows below the tower.

Warwick signalled for Holland and his men to halt. At Holland's direction, Preston formed his men up into two ranks at the north end of the bridge, facing the well-defended tower. 'All right, lads, let's give 'em a few volleys of ash.' Preston's men took their arrows from their leather retainers. 'Nock! Mark!'

Martin nocked his arrow to the bowstring, picking his mark – the head of a man he could just make out behind the barricade.

'Draw!'

Kemp raised the bow, drawing back the arrow until the fletching touched his ear, pushing out the bowstave with his left arm.

'Loose!'

Nineteen arrows sped through the air towards the men crowded behind the barricade. Martin saw his own target fall back in a welter of blood. It was the first time he had ever shot a man. He was pleased that in spite of the situation he was still calm enough to shoot well.

'Draw!'

Martin selected another arrow and nocked it, taking careful aim.

'Loose!'

The platoon let fly. A dozen more men fell dead.

Some crossbowmen stationed on the roof of the tower started to return the archers' fire, but because of the awkwardness of the angle, none of the Englishmen were killed. The crossbowmen ducked back down behind the parapet to reload.

'Heads up!' ordered Preston. 'Mark! Aim for the embrasures! Draw! Wait for it!'

After an interminably long wait, the crossbowmen bobbed back up over the parapet for their next volley.

'Loose!'

Five of the crossbowmen fell back from the embrasures with arrows protruding from their faces. A crossbow fell from the parapet and splashed into the water below the bridge.

Within two minutes Preston's men had used up their arrows. There was still no sign of the men-at-arms that the Earl of Northampton was supposed to be bringing up to reinforce them. More crossbowmen were appearing on the roof of the tower to replace their fallen comrades.

'We should fall back!' said Cobham. 'We'll be cut to pieces if we stay here.'

'We're not staying here,' Holland told him, drawing his broadsword.

'My lord?'

Warwick drew his own broadsword, and nodded. 'Charge!' he ordered, and began to run across the bridge towards the barricade.

Holland followed suit. 'Saint George for Edward!'

Preston had his sword in his hands and was lumbering after his master. 'Come on, lads, up and at 'em!' he roared.

Running along close behind Preston, Martin drew his own broadsword and waved it experimentally above his head. He felt vaguely foolish. This was ridiculous: he was not supposed to be here; he was a peasant, a mere villein, not a warrior.

Then he heard the sound of crossbow bolts whistling through the air, raining down on the bridge, and he remembered that this was not a game, this was war; which meant that one side would win, the other side would lose, and those on the losing side would die.

Chapter Twelve

Martin heard a scream of agony as one of the crossbow bolts struck home, but there was no time to glance over his shoulder to see who had been hit. Warwick and Holland had already reached the barricade, hurling themselves at the heaped furniture and slashing at the men behind it with their broadswords as they struggled to clamber over. Martin broke into a sprint for the last few yards. He heard a warlike shout of desperation and defiance, and realised it had come from his own lips.

He threw himself at the barricade, as if the weight of his own body would be enough to dash it asunder. He landed awkwardly on the piled furniture. His wounded left side exploded in pain. Winded, he felt himself slipping back down to the surface of the bridge. He reached out with his left hand to grab a table leg while scrabbling for support with his feet. Gaining purchase with one foot, he hauled himself up the side of the barricade. A man at the other side was trying to stab at his face with a spear. Martin hacked at it with his sword, chopping it clean in two. His spear rendered useless, the man began to clamber up the other side of the barricade to meet him, reaching for the hilt of his sword. Martin stabbed him in the throat without hesitation. The man fell back, dead; but there were plenty more men behind to replace him.

It looked as if there were hundreds of Frenchmen waiting for them behind the barricade: men-at-arms wielding swords and spears, ordinary citizens armed with tools or farming implements. Two more men clambered up, swinging their swords at Martin. He parried one blow, barely managing to duck beneath the other. He felt a momentary panic at the precariousness of his situation, and then his companions were climbing up on either side of him. There was no time to look to see who they were, but it did not matter; it was reassuring enough to know that he was not alone. A sword-thrust killed the Frenchman to his left. The one to his right shouted something incomprehensible, and drew back his sword to strike a blow at Martin's head. Martin aimed a back-handed blow at his neck, seeking to lop off his head. He misjudged the distance and succeeded only in slashing the man's throat open, but it was enough. Blood gouted everywhere, blinding him. Something heavy struck him a glancing blow on the head. His blood-drenched hand was unable to maintain its grip on the table leg. He felt himself slipping, falling back to the surface of the bridge. He lay there panting for a moment, trying to wipe the blood from his eyes while another man leapt up to take his place at the barricade.

'...But I'm wounded, serjeant!' To Martin's left, Newbolt was clutching at his upper left arm. The sleeve of his tunic was soaked with blood, while more blood seeped between his fingers.

'You're not wounded!' Preston was snarling. '*He's* wounded!' The serjeant gestured with his sword to young Ned Skeffington, lying on his back at the foot of the barricade, the broken-off haft of a spear jutting from the gory mess that had once been his throat. 'Go on, get back in there!' Preston shoved Newbolt roughly back towards the fray, before turning to where Martin lay. 'Come on, Lancelot, this is no time to be taking a nap!'

Feeling foolish, and not wanting to be thought a coward, Martin reached for his fallen sword and picked himself up, once again clambering up the side of the barricade. As he reached the top, a man tried to strike at him with an axe. Martin parried the blow with a roar of aggression, and hacked at the man's shoulder. His blade bit down to the bone, and Martin grunted with the effort of withdrawing his sword from where it had become embedded in cartilage. Then he thrust the point of his sword into another man's chest and saw his victim fall back, coughing up blood.

Standing beside Martin, Drayton picked up a chair and lifted it above his head, hurling it down on the men behind the barricade. That gave the two of them enough of a breathing space to seize a heavy wooden table between them, and send it after the chair. The centre of the barricade suddenly began to shift under the weight of the men pressed against it. It was as if the table had somehow been holding the structure together. Realising that the barricade was about to collapse, Martin struggled to regain his balance. Then he toppled over as a mass of tables and benches crashed down on to the Frenchmen seething behind it. Men screamed in agony as wood and bone splintered.

Martin felt himself tumble over and over. He found himself sprawled on the ground, dazed, surrounded by Frenchmen baying for blood.

He reached for his fallen sword, but someone deliberately put their foot on it, pinning it to the cobbles. Martin swivelled on his back, driving the sole of his foot into the man's crotch with all his might. Another man tried to plunge the blade of a scythe in his chest. Martin barely rolled clear in time, the blade striking sparks from the cobbles. He pushed himself to his feet and smashed his fist into the man's jaw, feeling the bone snap. Another man ran at Martin with a sword. Drayton rose up behind him, holding a sturdy chair aloft. The chair came down, and the man crumpled and fell, his neck broken, his skull smashed in. Martin scrabbled for his sword, and rolled on to his back to parry another blow.

He smashed a foot into his assailant's kneecap. The man screamed in agony, and Martin stabbed him in the groin.

The breach in the barricade was widened as a troop of dismounted men-at-arms pushed through from the English-held side. The French tried to rally, surging forward to meet them. Drenched in blood and gasping for breath, Martin crawled out of the way, into the lee of the barricade where it met the balustrade at the side of the bridge. Hunched in the corner, he watched as the two sides strove to push through. The din was terrific as steel clashed against steel, battle-cries were roared in English and French, and horribly wounded men cried out in agony. But the French had the weight of numbers on their side in the enclosed space beneath the tower. In the small square beyond, Martin could see what looked like hundreds more Frenchmen tightly packed between the houses, struggling to support their comrades on the bridge. Slowly but surely, the English men-at-arms felt themselves pushed back towards the barricade.

He felt a hand grab him beneath one armpit and hoist him to his feet. It was Preston. 'Come on, Lancelot, we've done our bit. Northampton's brought up fresh troops – let's leave it to them, eh?' Martin followed the serjeant back across the barricade with reluctance. He did not want to abandon the fight now; he was just getting his second wind.

The order to fall back was given by an English trumpeter, and while some of the men-at-arms fought a desperate holding action beneath the tower, the rest followed Preston and Martin back across the bridge. On the other side, Welsh archers were forming up in ranks to shoot at the enemy. Martin recognised Ieuan and Madog amongst them, but they were too busy to acknowledge him as he retreated behind their lines with the shattered remnants of his platoon.

Smoke drifted across the scene, blotting out the sun. The tall, slate-roofed houses across the street from the church had been put to the torch, and were burning fiercely. The few survivors of the troop of men-at-arms scrambled back across the barricade, closely followed by the French. As the French tried to pursue them across the bridge, they were cut down by repeated volleys of arrows from the Welsh, their concentrated hail wreaking havoc in the confined space. The cobbles were piled with blood-soaked corpses. Martin glimpsed the Earl of Warwick through the drifting smoke. He was on horseback now, seemingly unhurt, giving orders and directing troops. The English troops were rallying on the north side of the bridge. The French started trying to rebuild the barricade.

Martin stood to one side as another troop of dismounted men-at-arms was brought up to support the Welsh archers on the bridge. He saw a man climbing up on to the road from the river-bank. His sword drawn, the man suddenly charged at him. Martin's broadsword was still in his hand. Almost instinctively, he slashed at the man with a back-handed up-stroke, neatly severing his arm just below the elbow. The man staggered back screaming, blood jetting from the stump.

More men were pouring up on to the road from below the bridge. Martin hacked at one and parried a blow from another, before driving the point of his sword into the first man's throat.

'Ambush!' roared Preston. The Frenchmen must have been hiding beneath the bridge, lying in wait until the English were entrenched on the bridge before falling on their flanks. But the bloodied men of Preston's platoon met them with an unexpected ferocity, holding them off until more men-at-arms could be brought up to support them. The ambushers were pitifully few, and soon found themselves pushed back to the river's edge. With the river at their back, they fought desperately to defend themselves against the English counter-attack.

Up on the bridge, the Welsh archers stood aside at a given signal to let a fresh troop of men-at-arms rush the barricade. It came to bloody hand-to-hand fighting once again. Having exhausted their supply of bolts, the Genoese crossbowmen on top of the tower hurled rocks down at the English troops below. Mortally wounded, a man fell screaming from the bridge to land in the river with a splash, his heavy armour pulling him straight under. The houses on the north bank of the river were roaring noisily as the flames consumed them, sending a vast pillar of smoke up into the blue sky over the city.

Below the bridge, Martin found himself facing three men. He lunged at one with his sword, stabbing him in the stomach. He punched the second in the throat with his left hand, before parrying a blow from the third. Then Rudcock came to his aid, stabbing the third in the back, allowing Martin to concentrate on the second. He parried another blow before booting the man in the crotch. As the man doubled up with a howl, Martin brought his sword down on the back of the man's head, splitting his skull open.

The fighting below the bridge ended suddenly. Realising that they had lost the element of surprise and were hopelessly outnumbered, the few remaining Frenchmen dropped their weapons and dived into the river. They swam upstream, where a line of boats had been tied up to block the channel, protecting the north-west side of the new town. Martin and his companions rejoiced at having repelled the ambush, and clambered back up the bank to street-level. There they found Ieuan and his friends pulling back, while more men-at-arms were thrown forward into the fray.

Holland was there, directing troops, trying to bring order to the confusion. His armour appeared to be dented in one or two places, but he seemed otherwise unhurt.

'Everything all right?' he demanded of Preston, shouting above the din of battle.

The serjeant nodded. 'It was back-and-edge back there for a while, but we beat 'em.'

Holland glanced to where the mêlée continued on the bridge. 'It won't make much difference if we cannot force a passage into the new town,' he observed grimly. 'All right, Preston, take your men out of here. You've done more than your fair share for today.'

Preston nodded, and signalled for his men to follow him. 'Come on, lads.'

Martin did not seem to hear him. He was gazing upriver to where the retreating ambushers were wading against the current towards the line of boats. Rudcock tugged at his sleeve. 'Come on, Martin, we're just getting in the way here.'

Realisation dawned slowly on Martin. 'There's a ford,' he breathed incredulously. Rudcock did not hear him over the din. 'Christ's blood, there's a God-damned ford!' he shouted.

'A what?' asked Rudcock, distracted.

'A God-damned ford, by my hood!' exclaimed Martin. 'Where's the serjeant?'

'He's gone – and so should we be.' A crossbow bolt struck a man standing nearby in the neck. 'For the love of Saint Peter, Martin, let's get out of this!'

Martin was no longer listening. He was trying to attract Holland's attention. 'Sir Thomas!' he shouted, waving.

'Hell's teeth, boy! Can't you see I'm busy?' snapped the knight.

'There's a ford across the river, sir!' shouted Martin, gesturing frantically.

But Holland had already turned his attention back to the mêlée on the bridge. Martin felt someone grab him by the arm and pull him to one side, a moment before he would have been knocked down by an armoured knight riding past.

He glanced at his saviour. It was Ieuan. 'Trying to get yourself killed, boy?'

'There's a ford!' Martin insisted excitedly. 'We can cross the river there!'

'It's not exactly undefended,' Rudcock remarked wryly, indicating the crossbowmen who manned the line of boats.

'He's right though,' said Ieuan. 'It's a chance. If we can get to the other side, we can outflank the Frenchmen on the bridge.' The stocky little Welshman quickly took charge of the situation, issuing orders for some of his comrades to lay down a covering hail of arrows from the river-bank, before telling the rest to follow him.

Martin and a reluctant Rudcock scrambled back down to the river's edge with Ieuan, Madog, and a dozen other Welshmen. Seeing what they intended, and preferring it to the carnage on the bridge, a few hobelars followed them, wading into the sluggish river. So far it had been a dry, hot summer, and the level of the water was low, only coming up to their chests. Half-wading and half-swimming, they made their way diagonally against the current towards the line of boats.

Seeing them approach, the men on the boats started shooting with their crossbows. Almost immediately, the Welsh archers on the river-bank opened up with a steady hail of arrows, picking off crossbowmen with lethal accuracy and forcing the rest to keep their heads down. Crouching down behind the wooden sides of the boats, they popped up occasionally to shoot at the men who swam towards them.

The crossbowmen wore steel helmets and leather brigandines over chain-mail hauberks. 'Genoese mercenaries,' gasped Ieuan, swimming alongside Martin. Crossbow bolts sliced into the water all around them. A bolt struck a hobelar in the left shoulder, and he jerked spasmodically for a moment before floating still, face-down in the water.

Ieuan ducked under the surface, coming up for air a few yards further on. As a child, Martin had often gone swimming in the millpond at Knighton on hot summer afternoons. Now the skill readily came back to him, but he was no match for the Welshmen, who seemed to be as much at home in the water as ducks.

Madog was the first to reach the boats. The nearest Genoese dropped his crossbow and reached for the short sword he wore at his hip. Madog hooked his left hand on the edge of the boat and flung a dagger with his right. It hit the Genoese in the throat, killing him instantly. One of the Welshmen swimming alongside Martin died as a bolt pierced his skull. Madog swung himself up into the boat, taking a huge battleaxe from his belt in time to face another Genoese who sought to close with him. More Welshmen were struggling up into the boats. The Genoese tried to repel them, stamping on their fingers and stabbing at their faces. Other Welshmen, like Ieuan, ducked below the surface to swim under the keels of the boats, coming up behind the Genoese to slaughter them mercilessly. Martin had reached one of the boats now. A Genoese loomed over him, sword in hand. Before he could thrust the sword at Martin's face, Martin had stabbed him in the chest. Martin pressed himself close to the side of the boat as the Genoese keeled over, landing in the water with a splash. Then Madog seized Martin's left hand, hauling him out of the water and on to the deck beside Ieuan.

There was no time for self-congratulation. The Genoese in the next boat were struggling to reload their crossbows, lining up for a volley. Madog hurled his axe at one. The razor-sharp head buried itself deep in the man's chest. Then Madog snatched a short sword from a corpse's hand and jumped on to the deck of the next boat. He fought like a wild man, maniacally hacking and slashing. Ieuan, Martin and Rudcock followed, closing with the rest of the Genoese.

Unable to do any more good from the river-bank, the rest of the Welsh archers were wading into the water. The battle still raged fiercely on the bridge and below the tower. More and more English troops were being brought up from the rear. There was not enough room for all of them to engage the French on the bridge. Many of them followed the Welshmen into the water, wading towards the boats.

After a savage fight, Martin and his friends killed or maimed about a dozen of the Genoese and put the rest to flight, leaping from boat to boat towards the French-held bank of the river. Nearly three dozen Genoese manning the boats nearest the English-held bank found themselves cut off from the new town by the Welshmen's seizure of three boats at the centre of the line. The Genoese began to advance along the line of boats towards them, intending to fight their way to the far bank before the archers in the water could reinforce those already on the boats. Spotting a smouldering brazier on the deck, Martin snatched up an unlit reed-torch and thrust it into the glowing coals until it began to burn fiercely, sending dark wisps of smoke up into the bright summer sky. He waited until the torch was fully ablaze before tossing it on to the next boat between him and the Genoese. The flames licked at some trailing rigging. Suddenly the furled canvas sail was alight, the flames spreading rapidly throughout the small ship. By the time the Genoese had reached the next boat, their way was blocked by the roaring inferno.

The gentle breeze was enough to fan some of the flames towards the barge on which Martin and the others now stood. Madog retrieved his battleaxe, and they jumped into the next boat. They hacked through the painters that held the line of boats together, setting the burning ships adrift.

Some of the archers in the water had already reached the boats still moored to the south bank and were helped up on deck by Martin and his friends. Others swam directly to the far bank of the river. Madog led the way along the line of boats, leaping from deck to deck, Martin, Ieuan and Rudcock close behind him, until they came to the last boat. There they jumped into the waist-deep water and waded to the bank, scrambling out of the river. A handful of French soldiers came to meet them on the bank, determined to stop the English from gaining a foothold on the Île Saint-Jean. One of them tried to run Martin through with a spear. Martin knocked the spearhead aside with his left hand before smashing the man's skull with his broadsword. His arms were beginning to ache with fatigue. He ignored his exhaustion, thrusting his sword at another man's chest. He was still trying to withdraw the blade from the dead man's ribcage when a third ran at him wielding a sword. Madog stepped in and split the man's skull apart with his axe. Behind them, more and more English and Welsh troops were swarming up the bank. The English had finally got their foothold on the Île Saint-Jean. Realising that they were massively outnumbered, the French rapidly turned tail and fled into the streets of the new town.

Many of the archers collapsed on to the ground, gasping for breath. Martin found himself urging them on. He too desperately wanted to lie down and rest, but he was frightened that if he did so he might not find the strength to get up again, and he had not forgotten that they had made the crossing for a specific purpose. If they stopped where they were, then the fight on the boats would have been for nothing.

'Come on, keep moving!' he roared, kicking at the men who lay down. Some of them swore at him and refused to budge, but the rest rose wearily to their feet and followed him. They charged through the broad streets, Martin brandishing his sword as he led the way. Now Madog and Ieuan were struggling to keep up with him. A few French troops in the streets ahead of them were taken completely by surprise, thinking that the men charging up behind them must be on their side. Martin reached the nearest, hacking at his face before the man had a chance to realise his mistake. The next man was too numb with shock to react in time. Martin thrust his sword through the man's stomach, hardly slowing as he ran past, twisting the dying man around as he tugged his blade free. Realising now that they were facing the enemy, the rest of the Frenchmen fled for cover before this wild mob of English and Welsh troops.

Martin led the way into the next street, turning left and left again until suddenly the tower at the French-held side of the bridge was directly ahead of him. The two sides still strove against one another furiously in the enclosed space below. By now the English were beginning to make some headway, forcing the French back inch by inch.

Seeing his goal in sight, Martin redoubled his efforts, his feet pounding the cobbles as he sprinted towards the enemies' backs. He heard himself roar with bestial fury. Hearing him, some of the Frenchmen turned, but he was already upon them, hacking and slashing left and right. The others still with him likewise fell upon the French ranks. The French at the rear tried to face this new threat, but they were so closely packed in the confined space below the tower that there was hardly room to turn. A wave of panic spread through the French ranks as they realised that they were hemmed in, attacked from behind as well as before. A few of them dashed through a heavy oak door into the tower, slamming it behind them. Others tried to follow them, clawing at the iron-bound door and finding it barred from within. The French ranks broke and fled, retreating into the new town, barging past the English and Welsh troops who tried to block their path. Martin stood in their way, slashing with his sword at the men who ran past him, but none of them were in a mood to stop and challenge him. Someone cannoned into him, sending him sprawling on the cobbles. Feet stampeded all around him. Someone kicked him in the side. Too numb to feel any pain, Martin picked himself up. He was about to pursue the fleeing Frenchmen when someone grabbed him by the arm and dragged him down a side alley behind the tower moments before an English troop of men-at-arms charged past, riding down the French with their lances.

'God's soul, Martin, have you lost your wits?' panted Rudcock. 'Do you want to get yourself killed?'

Martin broke free of his grip with a snarl and stepped back into the street, joining the English foot-soldiers who were now charging past, whooping victoriously, bellowing 'Havoc!' – no quarter.

'For the love of Saint Michael!' Rudcock shouted after him. 'Martin, it's over! We've won!'

Martin gave no indication that he had heard. Rudcock sighed wearily and went after him.

Many of the French were throwing down their arms and trying to surrender, but they were slaughtered without mercy. The streets were filled with carnage as soldiers and civilians alike were dragged from houses and put to the sword. Everything the English had done so far during the fortnight since they landed in France paled into insignificance compared to the butchery of that afternoon. The people of Caen had tried to resist the advancing English army and, in accordance with the rules of war, now they had to pay the penalty. The English and Welsh troops rampaged through the new town, killing everyone and everything that moved in an orgy of bloodshed and destruction. Whether or not the people they encountered were armed did not enter into it: children and old men were slaughtered as a matter of course, women subjected to mass-rape before being horribly mutilated. In their desperation, many of the citizens barricaded themselves in their houses and hurled slates and wooden beams down from the rooftops on to the English troops in the streets below.

It was in the midst of one such scene of carnage that Rudcock caught up with Martin, grabbing his arm. 'Christ's passion, Martin! Will you stop a moment? It's over! We've won!'

'It isn't over until every last one of these whoresons ...'

Before he could finish, Rudcock suddenly seized him, throwing him to the ground, and a moment later a heavy wooden bench crashed to the cobbles where the two of them had been standing.

'God's blood!' Martin flinched as a roof-slate shattered near his head, showering him with fragments. As more missiles were showered down around them, they picked themselves up and ran to the house from which the attack was being launched. Pressing themselves up against the outside front wall, they were out of sight from above, protected from the hail of slates by the eaves, but otherwise pinned down.

Rudcock threw his shoulder against the door, but it held fast. 'Let's see if there's a back way,' he suggested.

Martin shook his head and took a few steps back, hurling himself bodily against one of the shuttered windows. It splintered under his weight and he fell through, rolling on the floor of the front room. He rose up on one knee, pulling his sword from its scabbard. The room was empty. He climbed to his feet and hurried to the front door, removing the bar and lifting the latch to allow Rudcock to slip inside.

They ran up the stairs, Martin leading the way, sword in hand. A dark figure loomed up in front of him at the top of the first flight, and he thrust his sword forward. Blood spattered on the floorboards, and the figure fell back into a pool of sunlight cast through a window. It was a redhaired woman in her early thirties. In life she must have been handsome. Martin found himself wondering what it might have been like to make love to her. A waste of a fair face and a good body, he concluded cynically. He felt no remorse. It served her right for being in the wrong place at the wrong time. Her family should have considered the possible consequences when they started trying to drop furniture on the king's archers.

They stepped over her body and continued up the next flight of stairs until they reached the top, where they found a hatch in the ceiling. They exchanged glances.

'They'll be waiting for us,' whispered Rudcock.

Martin nodded, and sheathed his sword, climbing up the short ladder leading to the hatch. He placed one palm on the underside of the hatch, took a deep breath, and threw it open.

A spear was thrust down at him. He squirmed out of the way, catching the haft of the spear in one hand and tugging on it with all his might. The man holding the spear lost his balance and fell through the hatch, cracking his head as he hit the floor below. Rudcock plunged the tip of his sword into the man's heart to make sure he was dead.

Martin was already hauling himself out on to the sloping roof. A man was scrambling along the side of the roof to attack him, but he was unarmed. Martin drew his sword once more. The man stopped short. Martin grinned savagely, advancing slowly across the slope of the roof towards him. The man prised up a roof-slate and hurled it at Martin's head. Martin ducked, struggling to maintain his footing. The slate sailed over his head and smashed against the cobbles three storeys below. Martin straightened, resuming his implacable advance. Terrified, the man panicked, and tried to run to the top of the roof. He had almost made it when his feet slipped out from under him and he landed heavily on his front. He managed to hook his hands over the apex of the roof, and scrabbled for a foothold on the tiles. Martin hacked at his legs with a grunt of frustration, chopping one of the man's feet clean off. Blood gushed from the stump, coursing down the tiles towards the guttering. After a few shocked seconds, the man realised what had happened and gave a strangled gasp of agony. He released his grip to clutch at his stump, and rolled down the roof, shooting over the edge and plummeting to the street far below with a wail. Martin plucked his dismembered foot from the guttering and carelessly tossed it down after him.

By now, Rudcock had joined him on the roof. 'I saw at least three men up here when we were down below,' he said nervously. It was not the height that made him nervous so much as the strange look on Martin's face.

Martin nodded, and gestured with one hand to encompass a circuit of the roof. 'You go that way, I'll go this.'

Turning the corner of the roof, Martin found a towheaded, freckle-faced youth pressing himself flat against the tiles. Seeing Martin, the youth began to inch away from him. He was the same age as Martin, but lacked his size and strength. Martin sheathed his sword with a contemptuous sneer.

'So, you like throwing things off rooftops, do you?'

The youth did not understand him, but shook his head anyway, trembling.

Martin reached out and seized him by the collar of his tunic, pulling him upright. 'Do you?' he repeated.

A damp stain began to spread down the youth's leggings. Martin grimaced in disgust.

'Well, I'll let you into a little secret,' he hissed. 'So do I.' He swung the youth around so that his back was to the edge of the roof, and shoved him in the face. The youth teetered, his arms flailing, and then he was gone, plummeting with a scream of terror that was soon cut short by the cobbles below.

Martin noticed Rudcock, pale-faced, standing at the next corner, and gestured to the broken body far below. 'Found him.'

'Aye,' Rudcock said softly.

They climbed back in from the roof, and Rudcock hurried back down the stairs without so much as a backward glance. Martin was about to follow when he heard a floorboard creak in one of the rooms leading off the top landing. Facing the door, he eased his sword out of its scabbard and kicked the door open.

The room was dominated by a large four-poster bed, its heavy velvet drapes tied back to the posts. Martin guessed that the people who had lived there must have been nobles, or at least wealthy burghers. Seeing no one in the bedroom, he entered cautiously, his eyes searching the room, sword poised to strike.

Two large blue eyes peered back at him over the edge of the bed.

'Come out from behind there,' he ordered. 'Show yourself.'

She understood the gist of his words, and rose trembling to her feet. She was a young woman, younger than himself, with a pale face and red hair. There was something vulnerable about her as she stood there before him, shaking with fear. Martin's throat was dry, his stomach knotted inside. He suddenly realised he wanted her – more than he had ever wanted anything in his whole life – and there was nothing to stop him from taking her. The other men did as they pleased with the women of Normandy. Why should he be any different? No one expected him to be any different; he was a churl, not bound by the strictures of chivalry.

He fumbled his sword back into its scabbard and closed the door behind him, propping it shut with a chair so that he would not be disturbed. His hands were shaking uncontrollably. He forgot about Rudcock and the rest of his companions, he forgot about Beatrice, and he forgot about the king's edict: after all, everyone else seemed to. Nothing existed for him any more except this woman, and the urgent need he felt to slake this sudden lust that threatened to consume him from within. Part of his mind screamed at him that what he was about to do was wrong, but that part was no longer in control. The same bestial instincts that controlled his actions in battle now took over.

He walked around to the other side of the bed to face her. She shrank away from him, but he caught her around the waist, pulling her against him. She tried to cry out, but he pressed his lips against hers, trying to force his tongue between her clenched teeth. She attempted to push him away, pounding with her tiny fists on his chest, but the ineffectual blows only made him laugh. They emphasised her powerlessness, only serving to increase his lust. She babbled away in French, her eyes pleading with him, but he would no longer meet her eyes. He grabbed the front of her dress and ripped it open. She gasped in horror and tried to break away from him, but he seized her by the arm and hauled her back, throwing her against the wall. She cried out in pain. He slapped her back-handed across the face, drawing blood from the corner of her mouth. He tore the rest of her clothes from her body, using the blade of his rondel when the complex fastenings proved too frustrating for his trembling fingers. She no longer tried to escape, standing there stock-still, her eyes closed, moaning with terror. He pushed her back against the wall with one hand on her throat, the other fumbling with the hem of his tunic. He pushed his breech-cloth down over his hips, and forced himself into her. She screamed in pain as he violated her, but he was oblivious to her suffering. There was no satisfaction in his release, only a sense of anti-climax. Breathing hard, he pressed his forehead against the cold bricks behind her head.

Then the full magnitude of what he had done hit him, and he pulled away from her. He was filled with self-loathing as he realised he had betrayed everything he had believed in, acting the part of the vilest churl in an Arthurian legend by taking advantage of the weak and helpless. He hunched himself up on the floor in one corner of the room, his knees drawn up against his chest and his face buried in his hands as his shoulders shook with sobs of shame.

How long he crouched there he could not be sure, but after a while he felt something touch him lightly on the forehead, and looked up sharply. The girl quickly withdrew her hand. She was kneeling on the floor before him, still trembling, a bedsheet wrapped around herself. Her face was streaked with tears. He noticed now that she was actually quite plain. There was no hatred in her eyes, only fear and... pity? It was the first time in his life he had ever felt completely inadequate.

'I'm so sorry,' he whispered. 'Oh, Christ forgive me! What have I done? I'm so sorry!'

After a while he mopped the tears from his cheeks with his hands, wiped his nose on his sleeve and pushed himself to his feet, readjusting his clothing. Then, after a moment's hesitation, he took the purse from his belt and tossed it on to the bed between them. 'It's not much, I know, but if it will help make amends...'

She stared first at the bulging purse, and then at him. There was no longer pity in her eyes, only contempt. She snatched up the purse and flung it in his face with all her might.

'*Bâtard! Je ne suis pas une pute!*'

The purse was heavy, and the blow hurt his cheek, but not as much as it wounded his conscience. He left the purse where it fell and stumbled out of the room, racked with guilt and shame.

-

Except for the castle, which still held out with a garrison of a few hundred men, the entire city of Caen had fallen to the English. The houses opposite the church were still burning fiercely, sending smoke wafting over the scene of the battle. Corpses lay everywhere, in the streets, on the river-bank, floating in the river itself. The corpses on the bridge lay so thick that the cobbles below were only visible in one or two places. A couple of figures moved amongst the heaps of the dead, helping themselves to the contents of their purses. The looters might have been camp followers or soldiers, but Holland did not much care either way. It was accepted that even the professional soldiers would loot to supplement their pay. One thing was certain: the rightful owners no longer needed the money.

Holland's palfrey picked its way fastidiously across the bridge. Beside him rode Villiers and Sir Thomas Daniels, a knight in the prince's retinue. 'A hard battle,' observed Daniels, as the three of them rode past the shattered barricade.

'Aye,' agreed Holland, ducking his head as they passed under the archway beneath the tower. 'We lost a great many good men.' By which he meant good fighters, rather than men who would be missed by their friends and families.

Some men-at-arms were trying to break down the door of the tower, and making heavy weather of it. Holland, Daniels and Villiers rode past, emerging into the small square behind the tower where some hobelars were trying to torture a merchant into revealing the whereabouts of his cache of gold. The merchant was trying to explain that all his money was invested in overseas trading ventures, but the hobelars did not understand, so they went on with the torture.

A young nun emerged from a side alley at a run. Her features contorted with terror, she glanced over her shoulder at her pursuers, and did not see Holland until she had bumped into his palfrey. The horse shied away skittishly.

'By charity!' Holland exclaimed irritably, patting the beast's neck to soothe it.

The nun backed away, staring up at the bloodied warrior in fear. Her pursuers, three archers, emerged from the alleyway, cackling lecherously. Seeing Holland, they stopped short.

'You!' snapped Holland, indicating one of the archers at random. 'Come here.'

The man doffed his cap and approached Holland, bowing and scraping obsequiously. 'My lord?'

Holland leant forward on the pommel of his saddle to address the archer. 'Have you forgotten the king's edict forbidding the violation of holy places?'

The archer furrowed his brow, not understanding the *double-entendre* at first.

Holland smiled at him benevolently.

The archer's brow cleared, and he was unable to stifle a chuckle. Holland laughed. The other two archers thought it would be diplomatic to join in the laughter, until all four of them were guffawing merrily. It was at that point that Holland's face suddenly fell stern again, and in the same instant he viciously kicked the first archer in the face. He was still wearing his armour, and the steel toecap of his sabaton knocked the archer unconscious before he had even hit the ground.

Holland waved the other two archers across. 'Your friend seems to have fallen ill. Doubtless a judgement from God for his impure thoughts. I suggest you take him away before I have all three of you hanged, so that you can explain yourselves to the Almighty in person.'

The two archers approached Holland fearfully, lest he should mete out similar treatment to them, but he merely watched while they gathered up their friend between them and dragged him away. 'Scum,' Holland muttered under his breath.

'I suppose you expect me to be grateful,' the nun told him coldly. Her English was passable, though thickly accented.

Holland removed his bascinet. 'I expect nothing from you, madam.'

'I cannot say that I approve of the violent means by which my salvation was effected,' she continued. 'You act as though you were the instrument of God's justice.'

'Yet you think me an agent of the Devil,' Holland observed perceptively, with a faint smile.

'Had it not been for you and your countrymen, I should not have needed rescuing at all.'

'And had not the people of Caen resisted, I might not have seen so many of the king's men die in today's attack,' Holland said with a shrug.

The nun was unimpressed. 'They were God's children, not your king's men.'

'God gave them life,' admitted Holland. 'But my king – your king too, by right – gave them something to live for.'

'Something to die for, you mean,' she sneered.

'Better to die for a noble cause than to die uselessly.'

'You call this a noble cause?' She gestured at the blood-soaked streets.

'Aye. Do not tell me you would not also die for a cause. Your faith, perhaps?'

'Naturally. But if I die, at least I can be certain of receiving my just reward in Heaven.'

'That is as maybe,' acknowledged Holland, growing bored with the debate. 'But unless you wish to do so today, I suggest you stay close by me.'

'The Devil's protection!' she spat.

'Perhaps. But will you accept it, I wonder?'

The nun did not reply, but she lingered in Holland's company nonetheless.

One of Holland's archers appeared, walking back towards the tower from the heart of the new town. Recognising him, Holland struggled to put a name to his face. 'Rudcock!' he exclaimed at last. 'What the Devil are you doing here? The rest of the company is seeking quarters in the old town. Why aren't you with them?'

'Sorry, Sir Thomas. Me and Martin got separated from the others during the battle.'

'Separated? How? I thought I gave orders for your platoon to fall back?' Holland said angrily.

'That you did, sir. But Martin saw a ford across the river, and we thought if we could cross to the other side and attack the French on the bridge from behind…'

'You mean, that was you and Kemp I saw leading those Welsh archers across the river to attack the boats?'

'Well, we weren't exactly *leading* them, sir,' squirmed Rudcock.

'And neither of you sought to consult myself or Serjeant Preston before you initiated this flanking attack?' Holland continued sternly.

'Begging your pardon, sir, but you were a bit preoccupied, like, and we didn't think there'd be time to find the serjeant before the French reinforced the boats…'

'So the pair of you decided to take matters into your own hands and acted entirely on your own initiative?' Holland's tone was incredulous.

'You could put it like that, sir.'

'That is exactly how I am putting it, Rudcock. Whose idea was this?'

Rudcock hung his head. 'Mine, sir. It seemed like the right thing to do…' he pleaded nervously.

'It was the right thing to do,' said Holland, reaching for his purse and tossing a shilling to the astounded Rudcock. 'That rear attack turned the enemy flank not a moment too soon.' He permitted himself one of his rare smiles. 'Well done, Rudcock.'

'In that case, sir, you'd best give this to Martin,' said Rudcock, offering back the coin. 'It were his idea, not mine.'

'And you were covering for him, thinking I might be wrathful?'

'Aye, sir.'

'Then keep it. Honesty deserves its own reward as much as initiative. Where is Kemp now?'

'I lost him somewhere in the new town,' admitted Rudcock, gesturing back the way he had come. 'He's not himsen today, sir. To tell the truth, he's been acting queer for a few days now. I'm worried about him…'

But Holland was no longer listening, his attention caught by the sound of a man's voice, calling out his name. *'Monsieur Thomas! Est-ce vraiment vous? Sauvez-nous, par la grâce de Dieu!'*

Holland and Daniels both glanced around, but saw no one.

'Ici! Up here!'

They glanced up, and saw a pale face at an upper-storey window of the tower. Holland walked his horse backwards a few paces, shading his eye with one hand as he gazed up at the window. 'Should I know you?' he demanded coldly.

'Oui! C'est moi! It is I, Raoul de Brienne, Comte d'Eu! We campaigned together in Prussia and Granada, *n'est- ce-pas?'*

Holland remembered d'Eu. Three years ago, immediately following the Truce of Malestroit, Holland had travelled to Spain with Henry of Derby and the Earl of Salisbury to crusade against the Moors in Granada. The Comtes d'Eu and de Tancarville had travelled with them, and the five had been present at the siege of Algeçiras. D'Eu was an honourable man, but a little naïve: he had never suspected that the three Englishmen had been on a secret mission to draw the King of Castile away from his alliance with Valois.

D'Eu was also the Constable of France, and as such would earn his captor a handsome ransom. Holland smiled, and bowed in his saddle. 'Good day to you, my lord. Do you wish to surrender?'

'Yes, if you can offer us safe conduct.'

'How many of you are there?'

'Myself; Jean de Melun, Comte de Tancarville, with whom you are also acquainted; and a dozen men-at-arms.'

Holland and Daniels exchanged glances. De Tancarville was the Chamberlain of France and, like d'Eu, he would fetch an impressive ransom. 'Throw your weapons out of the window, and then let us in,' ordered Holland. D'Eu nodded, and disappeared from the window. 'Fetch Preston and his platoon,' Holland told Villiers, who nodded, digging his heels into his palfrey's flanks and galloping back across the bridge.

As a collection of swords, spears and daggers dropped out of one of the windows, Holland and Daniels rode back under the archway to where the men-at-arms were still trying to prise open the tower door. 'Who's in charge here?' demanded Holland.

One of the men-at-arms, a grim-faced young serjeant, stepped forward. 'I suppose I am, sir,' he said.

'Do you know who I am, serjeant?'

'Aye, sir. You're Sir Thomas Holland.'

Holland nodded in satisfaction. 'The gentlemen in this building have surrendered to myself and Sir Thomas Daniels here. They are not to be harmed. Do you understand?'

The serjeant nodded. 'Aye, sir, right you are.' He turned to his companions. 'Right, lads, you heard Sir Thomas. Come away from there.'

Holland and Daniels dismounted, handing their bridles to Rudcock, and presently the door to the tower was opened from within. When Villiers returned with Preston and his men, Holland took some of them inside with Daniels. D'Eu formally surrendered to Holland, while de Tancarville did likewise to Daniels, and since Daniels was a knight in the prince's retinue, de Tancarville became a prisoner of the prince himself, no small honour in a way. Holland ordered some of his men to take the French men-at-arms to where the captives were being assembled. The two French noblemen gave their word of honour that they would make no attempt to escape, and were allowed to keep their swords as a symbol of their honourable surrender.

That night, Holland lodged at d'Eu's large mansion in the new town, and he dined with the two noble captives, along with the king himself, the prince and Daniels, as well as the Earls of Warwick and Northampton. Preston and his men were quartered in the tavern next door. The innkeeper and his family had already been slaughtered, so the wine was free, and Preston made no attempt to encourage his men to stint themselves. 'You fought well,' the serjeant admitted grudgingly. 'Sir Thomas is pleased with you. He's promised to give each of you a *regard* of twenty shillings for your work this day.' His seamed features cracked into a grin. 'And since we'll be staying in Caen for a few days to lick our wounds, as it were, you don't have to worry about getting up in the morning.'

The men greeted this news with a half-hearted cheer. Once they would have viewed twenty shillings as a small fortune; but now it was a fraction of the money most of them had taken in booty, let alone compared to the small fortune they knew Holland himself would receive for taking the Constable of France captive. Two of their number had died that day, and Robin Wighton, who had lost a hand, was in bed with a severe fever and not expected to last the night.

They helped themselves to food and wine, some of the younger ones boasting of the feats of arms they had performed in the assault. 'I killed five men on the bridge!' Tate asserted proudly, and turned to Preston. 'Am I a soldier now?' he asked with a grin, pleased to be able to turn Conyers' mockery on its head.

Preston glanced across to Martin, who stood alone by the counter, his head tilted back as he poured a flagon of wine down his throat: he had not forgotten his vow never to touch wine again, but there was no ale to be found, and he needed to get drunk. He allowed much of the wine to splash over his face: it was cold and refreshing, and cleaner than the blood that already smeared his features.

'How many men did *you* kill today, Kemp?' asked Preston.

Martin shrugged, and made a dismissive gesture. 'I lost count,' he said bleakly.

Preston pointed him out to the others. 'Now that's what I call a real God-damned soldier.'

Such praise coming from Preston might once have warmed Martin's heart, but that night he was not feeling proud of anything he had done that day. He desperately wanted to get drunk, but no amount of alcohol seemed to be able to blot out his terrible feelings of remorse. As the others sank steadily deeper into a state of complete drunkenness, Martin slipped out of the inn and wandered through the streets of the new town in the dark. He wanted to confess his sins, he realised. Nor did he want to talk about how he had murdered Lefthand and Murray at Cormolain; now, he considered that the least of his crimes.

He found Brother Ambrose sitting outside the mansion next door to the tavern, sharing a flagon of wine with Villiers. 'Hullo, Martin,' said the squire. 'A good day's work, eh?'

Martin nodded, although he did not consider any of his own deeds that day to have been good. 'Pardon me, Master Adam, but I were wondering if I could talk to Brother Ambrose? In private, like?'

Villiers grinned, and made as if to rise to his feet. 'Don't mind me. I can take a hint.'

But the young friar was on his feet first. 'It's all right, Master Adam, you stay put. Young Martin and I can go for a stroll. I need to stretch my legs anyway.'

Villiers nodded, and Martin and Ambrose began to walk down the street, side by side. 'Well then, young Martin, what can I do for you?'

Martin hesitated. 'Do you hear confession?' he asked uncertainly, feeling guilty that after having served in Holland's company for so long, he still had no idea whether or not Holland's chaplain took the men's confessions.

'Rarely, with such benighted, ungodly lost sheep for my flock,' Ambrose replied, gesturing at the tavern with a smile. 'You wish to confess, I take it?' Martin nodded. 'Splendid. Just when I was beginning to think you were beyond salvation. Not,' he added hurriedly, 'that any of the Lord's children ever fall so far that they are entirely beyond redemption.'

They were wandering through the darkened streets illuminated by the moon and stars, and the ruddy glow of the houses that still blazed in the old town.

'Well, what are you waiting for?' asked Ambrose, when Martin did not reply. 'We're neither of us getting any younger.'

'Should we not find a church? A chapel?' asked Martin.

Ambrose shrugged. 'God is everywhere. He hears all and sees all. This is as good a place as any.'

Martin bowed his head. 'Forgive me, Father, for I have sinned. It has been twelve weeks since my last confession.' That had been the Sunday before he had been arrested, accused of rape. It seemed more like twelve months had gone by since then.

'Twelve weeks?' echoed Ambrose. 'Hold your horses. This isn't going to take all night, is it? I rather got the impression that there was one sin in particular that you wanted to confess.' Ambrose seemed to have a very different approach to moral guidance than the curate of Saint Margaret's.

Martin nodded. 'I dishonoured a woman against her will,' he whispered.

Ambrose received this information with equanimity. 'I see. When was this?'

'Today.'

'Immediately after the battle?'

'Aye.'

Ambrose nodded. 'It happens. It's a dangerously short step from blood lust to carnal lust. Well, you can say a few *Ave Marias* if it will make you feel better.'

Martin stared at him incredulously. 'Is that all? Should I not undertake some kind of penance?'

'Such as? A pilgrimage, perhaps? Believe me, boy, if everyone guilty of rape in this army were ordered to go on a pilgrimage to Jerusalem, we might as well abandon this war here and now and go on a crusade to the Holy Land instead,' Ambrose said with a chuckle.

Martin was astonished by the chaplain's attitude. 'But surely...'

'Listen, lad. There are those who say that we pay for our sins in this life rather than the next. From the look on your face, I'd say that you're paying already. At least you have the decency to feel guilty about what you've done. That's more than most of the king's men ever do – aye, and the king himself, as some do say. There's more rejoicing in Heaven over one sinner who repents than over ninety-nine righteous people who do not need to repent. The harm you've done to that girl cannot be undone. But perhaps in time she'll come to realise that what you did to her is no true stain on her honour, for it happened through no fault of her own, and with God's guidance she'll be able to draw some comfort from that. You, on the other hand, will have to bear the burden of your guilt until your dying day, and perhaps beyond it.'

'I truly feel better for knowing that,' Martin replied sarcastically.

'If you want me to wave a magic wand to make you feel better, then I'm afraid I can't help you. It's a pardoner you're wanting, not a confessor. All I can do is make you face up to the things I think you already realised, deep down in your heart, if you did but know it. Perhaps that is punishment enough; I don't know, so I can't say. Only God can judge us.'

Martin took his leave of Ambrose. He did not feel any better.

–

Rudcock was awoken in the small hours of the morning by the overwhelming need to relieve himself. He had bedded down for the night in the main room of the tavern, all of the rooms upstairs having been claimed by knights, squires or men-at-arms. There was no pot handy, and not wanting to foul the room he was likely to be sleeping in for the next few nights he stumbled towards the door, tripping over only half his companions in his drunken stupor. Curses and imprecations followed him as he staggered out into the cool night air.

The city was far from silent, even at that late hour. The men who had marched with the rearguard – and consequently had not started their revels until a few hours after those who were first into the city – were still going strong. The houses burning in the old town still lit up the skyline and the noise of raucous singing and shouting filled the night, along with the occasional burst of laughter and one or two screams.

Rudcock lifted the hem of his tunic and unfastened his breech-cloth to urinate into the gutter that ran down the middle of the street, sighing with relief. He could hear someone singing nearby, the voice slurred with drink but vaguely familiar.

'…I've tram'led the folk in wrath and ire, An' cast 'em down into… their sh… shameful mire.'

Rudcock shook off the drips and readusted his clothing, turning to search for the singer. A dark figure was walking along the apex of the tavern's tiled roof, swaying drunkenly, arms outstretched to maintain his balance, a flagon in his right hand. Every few steps, he would pause in his song and tilt the flagon to his lips.

Rudcock furrowed his brow in disbelief. He had never seen his friend so drunk before. '*Martin?*'

Martin halted, swaying alarmingly, and peered into the gloom below. 'Hullo, Hodge,' he said, recognising his friend at last.

'For Holy Charity, Martin! What in the name of God are you doing up there?' hissed Rudcock.

'Singing,' Martin replied absently, and glanced at the flagon in his hand. 'And drinking,' he added. 'Why don't you come up and join me, and we can sink a couple of flagons of this French horse-piss they call wine?'

'You're drunk!'

'Aye – not that it's done me any good.'

'Are you trying to get yourself killed?'

'Summat o' that, aye and like.'

'Hold still while I fetch a ladder.'

'There's one round the back.' Martin gestured with his right hand and swayed wildly on one foot, inadvertently dropping the flagon as he struggled to maintain his balance. It rattled noisily down the tiles and sailed out into space, smashing against the cobbles. 'God-damn it! Bring up another couple of flagons on your way, would you, Hodge?'

'I'd say you've had enough,' Rudcock muttered under his breath, making his way round to the yard at the back of the tavern.

One of the dormer windows opened, and a man thrust his head out. 'Will you keep the God-damned noise down? There's decent folk trying to sleep in here!'

'Decent folk?' sneered Martin. 'There's no such thing!'

'Shut up, by Saint Paul's thumb, before I come out there and shut you up!'

'Kiss my arse,' suggested Martin, unfastening his breech-cloth to bare his buttocks at the man, who scowled, withdrawing his head and slamming the shutters on the window.

Rudcock found a sturdy ladder propped up against the eaves, probably the same one Martin had used to climb up there in the first place. 'For Gods sake, Martin, will you come down?'

'Aye, like as not – one way or another.'

Rudcock sighed heavily, and began to climb the ladder. He hauled himself up on to the tiles to find Martin seated on the apex of the roof, his elbows on his knees and his chin resting on his fists as he stared across the rooftops of Caen. Rudcock crawled up to join him. 'I'm asking you nicely,' he panted. 'Will you... please... come... *down*?'

'It's a bonny view from up here,' said Martin, gazing across to where the fires raged in the old town.

'Christ's tears and wounds! What is *wrong* with you, Martin? There's more to this than too much to drink.'

'Don't you think it's a bonny view?'

'Martin!' Rudcock snapped.

'What?'

'Why all this? You hardly touched wine before, and now you're as pissed as a lord and dancing with death like there's no tomorrow. What's got into you? Apart from several dozen flagons of wine, that is?'

'Hodge. Roger. You're my companion-in-arms, aren't you?'

'I try to be,' Rudcock replied evenly. 'You aren't going to turn all maudlin on me, are you?' he asked nervously.

Martin shook his head. 'If I asked you to do me a favour, you would, wouldn't you?'

'Aye, I reckon so.'

'I want you to take me to the king.'

'Take you to the king! What makes you reckon his Majesty wants to see a disgusting drunk like you?'

'He'll pay you forty shillings to take me to him. Someone's going to get that forty shillings, and I'd rather it were my old friend Roger Rudcock.'

'Forty shillings? Martin, what in Christ's name are you…?' Then the penny dropped. 'Oh-ho, so that's what happened to you when I left you in that house. I were wondering how you got that shiner. Crack you one, did she?'

'Christ's blood, Hodge, this is serious.'

'What's the matter? Are you feeling guilty about it?'

'Aye, God damn you!'

'Did you kill her afterwards?'

'Kill her? No!'

'Then she's the lucky one, I reckon. There can't be many women in this city between the ages of twelve and sixty who weren't raped and murdered today. She can count herself lucky she's still alive; if someone else hasn't come along and raped her after you, and slit her throat into the bargain. The king's edict doesn't apply here in Caen. They tried to resist, so now they have to pay the penalty. That's the rules of war, that is.'

'Aye? And what about the rules of God?'

'God closes his eyes when men go to war,' Rudcock opined philosophically. He tried to shift into a more comfortable position, and slipped. He might have fallen from the edge of the roof had not Martin swiftly caught him by the wrist and hauled him back to safety. Rudcock clung to the roof in silence for a few moments, sick with shock and gasping for breath. 'Martin?' he said at last.

'Aye?'

'Can we get down now?'

Martin considered the proposition ruminatively for a moment. 'Aye,' he agreed finally.

In spite of the amount of alcohol he had consumed, Martin still had difficulty in getting to sleep that night. Even when he finally nodded off shortly before cock-crow, he was tormented by nightmares. He dreamed that he had been condemned to suffer for eternity in the fiery pits of Hell. The infernal regions looked remarkably like a burning Norman village, and the Devil who presided over the domain of the damned wore a patch of white silk over one eye.

Sir Thomas Holland rose late the following morning and dressed briskly, picking up a clean towel before making his way downstairs. Like his men, he had made a heavy night of it, drinking hard to keep up with his king. He blinked at the bright sunlight as he stepped out of d'Eu's town-house, making his way to the stone horse-trough that stood in front of the tavern next door. Removing his eye patch, he doused his head in the cool water, before straightening and towelling his hair and face dry. He was replacing the patch when Norwich rode up on a palfrey, looking bright and fresh. Norwich was not a renowned drinker, and had been one of the few who had abstained the previous night.

'Good day to you, Sir Thomas,' Norwich greeted Holland.

'Aye; and a fine one it is, too.' The events of the previous day had been more or less satisfactory, and Holland was in good spirits despite his hangover. 'What news do you bring?'

'And what makes you think I have any news?'

Holland smiled thinly. 'Well, I doubt even you would come solely to gloat over a knight with a thick head.'

Norwich chuckled and nodded. 'Five men tried to sneak out of the castle earlier this morning,' he said. 'We managed to capture two of them alive.'

'And the other three?'

'God rest their souls,' said Norwich, crossing himself piously. 'According to one of the men we captured, the garrison of the castle is ready to surrender.'

'That is good news indeed,' remarked Holland, mopping his neck with the towel. 'What is stopping them?'

'The Bishop of Bayeux,' explained Norwich. 'He still commands the garrison.'

'He is a brave man, then.'

'Or a stubborn one.'

'Does his Majesty intend to assault the castle?'

Norwich shook his head. 'You've seen for yourself how impregnable it is. In addition to that, it has a garrison of one hundred men-at-arms and two hundred Genoese crossbowmen. Yet by the same token, that is a great many mouths to feed, and I do not believe that the bishop had much time to stock the castle with victuals. If morale is as low as they say, I doubt they will hold out for long, even with our stubborn friend the bishop to hold them together.'

'I thought that his Majesty desired to avoid a protracted siege?'

'He does. The word is that Valois went to fetch the Oriflamme from Saint-Denys six days ago.' The Oriflamme was the sacred banner of scarlet silk kept in the crypt of the Abbey of Saint-Denys, and given to the kings of France by the abbot when they intended to lead an army to war.

'Then he intends to raise a fresh army here in the north, without waiting for his son to return from Gascony with his troops.'

–

Norwich nodded. 'Valois could be here with a fresh army within two weeks, if he acts swiftly.'

Holland snorted derisively. 'I have never associated the name of Valois with swift action,' he sneered.

Norwich shrugged. 'Be that as it may, his Majesty is resolute in his intention that we should leave Caen before the month is out.'

'Within four days,' deduced Holland. 'And if the castle has not surrendered by then?'

'A token force will remain behind to garrison the city and maintain the siege of the castle. But I did not come here to tell you this.' He took a parchment scroll from one of his saddle bags and handed it down to Holland. 'This is a copy of a letter that we found last night in the mayor of Caen's house. His Majesty feels it should be read out to the men, to remind them of why we are at war with Valois.'

'I think my men are happy enough to serve their king without concerning themselves with the whys and wherefores,' replied Holland, unrolling the scroll and casting an eye over the writing within. It was an English translation of a letter from Valois to the burghers of Caen, enjoining them to prepare for an invasion of England. Holland tapped at the date with a forefinger. 'This letter is eight years old.'

Norwich shrugged again. 'It takes a great deal of time to prepare an invasion. You will have it read to your men? They saw the French warships at Saint-Vaast-la-Hougue. Let them draw their own conclusions.'

Holland nodded. He could see through the king's propaganda, but he approved of its intention, and had never been a man to shrink from using unscrupulous methods to achieve what he believed in.

'You may keep that copy,' Norwich told him, guiding his horse on down the street. 'Plenty more are being made.'

—

English and Welsh troops roamed the surrounding countryside during the four days the army lingered at Caen, setting alight the crops that were ripening in the July sun. When they were not sent out foraging for victuals, Martin and his companions had their time more or less to themselves. They spent it wandering the streets of the city. They visited the great abbey to the west of the old town, where they found the tomb of William the Conqueror. Inglewood had to explain the Conqueror's significance to some of the less well-educated members of the platoon. Newbolt remained resolutely unimpressed by the fact that they were standing by the tomb of one of England's most famous kings. Martin, on the other hand, was more inclined to revere the bones of a warrior than a saint. Although he did not doubt for a moment that his family was of Saxon rather than Norman origin, he had always been an admirer of the Norman duke who had conquered England with a relatively small band of followers. But then, as Conyers was quick to point out, history had a habit of heaping praise on victors as much as it cast odium on the defeated.

As they returned to the new town, they encountered Ieuan ap Morgan and Madog Fychan by the church of St Peter. Martin performed the introductions, while his English companions regarded the two Welshmen with a certain degree of suspicion.

'I knew a Welshman once,' said Newbolt. 'They hanged him for thieving.'

'Oh aye?' Ieuan was unperturbed. 'Well, that's English justice for you.'

'Martin's been telling us you reckon yourselves to be bonny archers,' said Rudcock.

'Better than you English, that's for certain,' said Madog.

'Have you ever seen any of our platoon shoot?'

'We saw you lot shooting on the beach at Saint-Vaast. It's a wonder Bertrand and his men didn't sweep us back into the sea.'

'The best man in our platoon can outshoot the best man in yours any day.'

'Is tomorrow soon enough for you?'

'Tomorrow?' Rudcock was caught off guard.

Ieuan nodded. 'At noon, on the common to the southwest of the Île Saint-Jean: an archery contest. Our best man against yours.'

'You're on,' said Rudcock. 'The stake?'

'Our respective reputations as archers,' Ieuan said with a grin. 'Although you're welcome to make a wager on the side if you want.'

'I'll give you two-to-one on Ieuan,' said Madog.

'I'll take it,' Rudcock said eagerly. 'Ten shillings.' He spat into his palm, and they shook on it.

They went their separate ways, the Englishmen returning to the tavern.

'Who is our best archer?' asked Martin.

'You are,' Brewster told him dryly.

News of the impending contest spread rapidly throughout the army. By the time Martin and his friends arrived at the appointed place the following day, there was already a small crowd of soldiers, as well as one or two knights and nobles. Martin had shot well in front of crowds before now, and was determined not to let them put his aim off; but as the appointed hour drew near, he was astonished to see the young prince arrive with Holland. As Martin was taking his longbow from his bow-bag, Preston approached him.

'Sir Thomas has enough faith in your skill to wager twenty marks on you, so don't you dare muff it,' he growled.

A herald had agreed to adjudicate the match with the consent of both sides, and he called the rival archers to join him in the centre of the common, accompanied by their seconds. Martin had chosen Rudcock to be his second.

'So you're the best man your platoon could field,' observed Ieuan, with a smile. Inevitably, he had chosen Madog to be his second.

Martin nodded. 'What are we to use as targets?'

Ieuan waved to Dafydd, who approached leading a mule with a closed-top wicker pannier strapped to its back. The sound of doves cooing was clearly audible.

'Birds in flight?' Rudcock exclaimed in horror. 'That's impossible! I'm sorry, all wagers are off.'

Ieuan shrugged. 'It's no more impossible for Martin than it is for me,' he pointed out evenly.

'He's right,' said Martin. 'Besides, I'm not going to back down now. Not in front of this crowd.'

'If you're ready?' asked the herald. 'I'll release the first dove. When I give the command, you may both loose one arrow each. If either party lets fly before I give the word, then they will be disqualified.'

'What if both parties let fly before you give the word?' demanded Conyers, who had wagered five shillings on Martin, and wanted to be sure that everyone had the rules straight.

'Then it's a draw,' the herald told him with a grimace. 'We replay.'

'Shut up, John,' Rudcock suggested irritably.

Conyers looked put out, but for once said nothing.

The herald ordered Martin and Ieuan to stand at their marks, large, round, smooth, flat pebbles found on the river-bank, spaced ten yards apart. They nocked arrows to their bows and braced their legs.

'Draw...' ordered the herald, and released the first dove. It fluttered up into the air, silhouetted black against the pale blue sky. 'Loose!'

The two archers let fly simultaneously. Martin's shot came close, but it was Ieuan's arrow that pierced the dove's breast. Martin did not question the result, but Conyers insisted that they checked the feathered shaft that impaled the bird, just to be sure, much to everyone else's exasperation.

'Best out of three?' Martin asked wryly.

Ieuan grinned. 'What did you think we'd brought more than one bird for?'

The herald reached for the second dove, and the two archers nocked fresh arrows to their bows. Chafing at his initial defeat, Martin realised that he had not used his longbow in over two weeks, the longest he had ever gone without practising since he had taken up the sport as a young boy; he had grown over-confident.

The second dove winged its way heavenwards. Martin took careful aim, trying to gauge where the bird would be by the time his arrow reached it.

'Loose!'

This time, no one could be sure whose arrow had brought down the dove until its body was retrieved from the marshes nearby, its white feathers stained with crimson blood. The feathered shaft was examined, and Ieuan ap Morgan was proclaimed to be the winner. A groan of disappointment went up from the English ranks.

'Never mind, boy,' Ieuan told Martin. 'You shot well. It takes years of practice to master something like this. Stick at it.'

Martin nodded, accepting his defeat phlegmatically. He had never been a bad loser. 'No time like the present. How about that third dove? I wouldn't mind one more go at it.'

Ieuan shrugged. 'Fine by me, boy.' He turned to the herald, who took out the final dove. Ieuan nocked another arrow to his bow, while Martin surreptitiously took out two more arrows, planting one in the ground at his feet.

The dove lifted skywards. 'Loose!'

Martin's first shot skewered the dove before Ieuan even had a chance to let fly; his second struck home before the bird had hit the earth. Ieuan pushed his cap back on his head and puffed out his cheeks in astonishment.

'I reckon I'm getting the hang of it now,' Martin remarked laconically, as he unstrung his bow before replacing it in its cover and walking slowly away.

Rudcock was grinning as he handed his money to Madog. 'Can *you* do that?' he asked Ieuan gleefully. The English might have lost, but at least some of their pride had been restored.

—

The English fleet – at least, those ships that had not disobeyed the king's orders by abandoning the army in order to return to the more profitable business of trade – had been sailing parallel with the march of the king's army, ravaging the coast of Normandy until it reached the port of Ouistreham at the mouth of the River Orne. From there it had turned inland and sailed up the river, reaching Caen on the same day that the city fell to the English and seizing all the French vessels it found on the river. All the French captives taken for ransom so far during the campaign were placed on board the ships, along with all the booty.

The fleet left Caen the day after the archery contest, sailing back down the Orne. In addition to booty and prisoners, the ships also carried men too sick or badly wounded to continue with the army, from the Earl of Huntingdon, who was one of the many who had contracted dysentery, to the ashen-faced Robin Wighton, who managed a wan grin as he waved the stump of his left arm from the deck of a small cog. Standing on the south bank of the river, his companions waved back to him. He was expecting a hero's welcome when he returned to his village in the County of Leicester; it would be some time before he realised that an uneducated man with only one hand was fit for nothing but begging for alms.

The army resumed its advance the next day, leaving behind a small garrison to continue the siege of the castle. The countryside around Caen had been laid waste by the depredations of the English troops. The huge column – still about thirteen thousand men strong – made poor time, ravaging the villages and countryside on either side of its route as it passed. In the next three days it covered only twenty-seven miles, reaching the town of Lisieux, which was promptly occupied and put to the sack.

The change in Martin had become more noticeable in the past week. Never garrulous at the best of times, now he had become taciturn and withdrawn. Whenever his companions addressed him, he generally replied in monosyllables, or made a cynical and sarcastic reply. He grew short-tempered.

Most of his friends had no patience with Martin's introspective behaviour. They began to shun him, without making any real attempt to establish the cause of the change that had been wrought within him.

Martin was not the only one who found himself set apart from the camaraderie of the platoon. Following the deaths of Lefthand and Murray, Caynard found himself friendless. None of the others had ever particularly liked him. Now that he sought to spend more time in their company, they became increasingly irritated by his weaselly behaviour, and ignored him all the more. Unlike Martin, who now seemed to prefer his own company, Caynard was desperate for friends and was increasingly ostracised because of it. Occasionally he would glance up from whatever it was he was doing to find Martin glaring at him malevolently, forcing him to look away. The reckless courage and ruthlessness Martin had displayed in the assault on Caen made it clear that he was not a young man to get on the wrong side of; but for Caynard it was too late. In addition to sleeping with his hand on the haft of his dagger, Caynard took his short sword with him whenever he went to answer the call of nature.

He let his guard drop only once.

Preston's men camped just outside Lisieux on the morrow of the Feast of Saint Peter in Chains, the second day of August. As they were bedding down for the night, Caynard glanced across to where Martin sat, leaning with his back against the bole of a tree. Like many of the archers, Martin had helped himself to a 'kettle' helmet from amongst the dead at Caen, and now he wore it tipped forward over his eyes as his chest rose and fell rhythmically. Reassured that the young man was fast asleep, Caynard slipped away from the camp-fire and made his way through the darkness towards the town. As soon as he had disappeared into the gloom, Martin pushed back his helmet and rose to his feet, checking that he had his rondel in its sheath before heading after Caynard. No one asked him where he was going; everyone needed a little privacy from time to time.

Martin followed Caynard into the streets of Lisieux. He had already had a chance to familiarise himself with the town when they had put it to the sack earlier that day, although all the towns and villages they had passed through in Normandy were beginning to merge together in Martin's mind.

Caynard seemed to know where he was going, however. He made his way around the side of one of the larger houses and hammered on the back door. It was answered by a young serving wench, one of the town's many inhabitants who had been naïve enough to stay behind in spite of the approaching English army. It was a miracle she had not already been raped and mutilated. She regarded Caynard in puzzlement, but he pushed her back inside and followed her in, closing the door behind him.

Martin hesitated in the shadows outside. What if this were some kind of trap? There was only one way to find out. He crept silently up to the house, his rondel tightly clenched in hs fist, and pressed his ear to the door.

He heard a woman scream, the sound of a slap, and then Caynard's voice: 'Shut up, bitch, or I'll cut you. I'm not going to hurt you,' he added, and then guffawed nastily. 'Not much, anyhow.'

Martin suddenly felt sick. He did not need this reminder of that afternoon in Caen. Then he realised that this was his chance not only to end his quarrel with Caynard, but also to redeem himself. He took a step back, and kicked at the door with the sole of his shoe, the way he had seen Preston do it. The door sprang open with a snap, and he stepped inside.

The room was a small kitchen, illuminated by the flames that crackled in the hearth at the centre of the floor and by a few rush torches that had been positioned around its sides. The wench was flat on her back on the flagstones, Caynard crouched over her with his dagger in one hand. It was the same dagger he had used to stab Martin, and the very sight of it was enough to make Martin's wound itch painfully.

Caynard leapt away from the girl and whirled around to face the newcomer. 'I were here first,' he hissed. 'If you know what's good for you, you'll...' He broke off, his eyes widening with fear as he recognised Martin. 'You!'

Martin grinned savagely. 'Aye, me.'

Caynard's lips twisted into a cruel leer. 'It had to come sooner or later. You're still worth ten pounds to me, and this time you haven't got any friends to save you.'

'And neither have you.'

Caynard snarled, and suddenly lunged at Martin's stomach with his dagger. Martin leapt back, and then moved in close again. The two of them circled warily in the dim light cast by the flickering flames in the hearth.

Caynard feinted at Martin's belly, before darting the blade of his dagger towards his throat. Martin moved swiftly aside, and stepped in close in an attempt to drive the blade of his rondel into Caynard's stomach. Caynard caught Martin's wrist in his left hand and forced the blade aside, at the same time tossing his dagger a few inches into the air and catching it by the haft with the blade inverted. He tried to plunge it into Martin's heart, but Martin caught him by the wrist.

The two of them struggled chest to chest, each striving to plunge his blade into the other. Martin was the stronger of the two, and he smashed Caynard's right hand against the edge of a table in an effort to break his grip on the dagger. Caynard reacted in desperation, trying to lift his knee into Martin's crotch. Martin twisted at the hips, catching the blow on his thigh. Then he butted Caynard on the bridge of the nose with his forehead. Caynard broke free, staggering back. He slashed at Martin's face with the dagger. Martin jumped back, but he was too slow. He raised the back of his hand to his chin, and it came away with a few drops of blood. He altered his grip on his rondel, holding it with the tip of the blade pinched between thumb and forefinger. He flung it at Caynard, the way he had seen Madog kill a Genoese on the boats at Caen.

The rondel missed Caynard's throat by several feet, the haft clanging against a pot hanging from an overhead beam before it clattered into the far corner of the room. Martin reached for his broadsword, only to find that he had left it at the camp.

Caynard grinned wolfishly. 'Jackass!' he sneered. 'You should have stayed in England.' He advanced slowly, relishing his moment of triumph.

Martin glanced about the kitchen in desperation. A carving knife lay on the table, but it was too far away. The girl was cowering in a corner, gibbering with terror; he could expect no help from that direction.

There was a cauldron of water suspended over the central hearth by a wrought-iron tripod. Martin kicked away one of the legs so that the cauldron was up-ended, sending a tidal wave of boiling water surging across the floor. The girl scrambled clear with a squeal, but Caynard, who stood immediately in its path, was not so lucky. He screamed as the scalding-hot water splashed his legs. Martin dived across to the table at the far side of the room, snatching up the carving knife. With a howl of pain and rage, Caynard closed in for the kill. Martin slashed upwards with the knife, catching Caynard under the jaw with the tip of the triangular blade. All his strength was behind the blow, driving the blade in up to the haft. Caynard was dead before he even had a chance to scream.

The water rolled back across the floor, extinguishing the fire with a hiss so that the only remaining illumination was a couple of rush torches that guttered fitfully in the smoky room. Martin released his grip on the handle of the carving knife, and Caynard's body crumpled in a heap on the floor.

He glanced at the girl who was still cowering, as terrified of him as she had been of Caynard, and he realised that having preserved her honour did not make him feel any better about what he had done in Caen.

But at least he no longer had to worry about Caynard.

He picked up his rondel and returned it to its sheath. He was turning to the door when Preston suddenly entered, followed by Villiers. The two of them took in the scene – Will's corpse, the frightened girl – before turning their gaze on Martin.

'I think you'd best come with us, lad,' Preston said quietly.

Martin made no attempt to resist. If they decided to hang him for murdering Caynard, it was probably no more than he deserved.

Chapter Thirteen

Martin spent the night in an upper-storey room in one of the houses in Lisieux, watched almost unblinkingly by two tough-looking men-at-arms. But escape was the last thing on his mind: for the first time in a week, he slept soundly, untroubled by nightmares.

Preston entered the room half an hour before dawn, and signalled for the two men-at-arms to leave. Once they had closed the door behind them, he glanced across to where Martin still slept, seated in a chair, his chin resting on his chest, snoring softly. Preston positioned another chair directly facing him, and sat down. He coughed loudly.

Martin snorted and raised his head, blinking his eyes open to peer blearily at the serjeant. Preston waited for him to say something; but as had been the case the previous evening, Martin had nothing to say for himself.

'You deserve to be hanged, if you ask me,' Preston said finally. He spoke conversationally, without malice.

Martin rubbed his right cheek with the heel of his palm, still saying nothing.

'Don't you want to tell your side of the story?' Preston demanded in exasperation.

Martin shrugged. 'Would it make any difference?'

'Not at this stage. We've already questioned the girl. She tells us that you arrived just in time to preserve her honour. We're giving her the benefit of the doubt, of course, and assuming that she had any honour to preserve in the first place.' He chuckled. 'Ironic, really, when you remember that the only reason you're here now is because you're supposed to have raped a woman back in England.'

Martin smiled thinly, without humour. 'Aye, very ironic.'

'I suppose you're going to tell me that you were trying to redeem yourself?'

Martin hung his head, staring fixedly at his knees. 'Summat o' that,' he muttered.

'The Earl Marshal was annoyed that you killed Caynard, of course, or so I'm told,' Preston continued evenly. 'He would have preferred to have taken him alive, so that an example could have been made of him – string him up in front of the townsfolk, let them think the king's serious about punishing anyone who mistreats the locals, all that sort of thing – but since the girl gave the impression that you killed him in self-defence, he doesn't see any reason why you shouldn't receive the forty shillings reward for bringing a transgressor to justice.'

The full implications of Preston's words finally dawned on Martin. 'You mean, I'm free to go?' he asked, stunned.

'Wait a moment, I'm not finished yet!' snapped Preston. 'His lordship may choose to believe that cock-and-bull story about you protecting the lass's honour but, by God's two arms, I'll be damned if I do. First you and Edritch disappear on the same day. You turn up a day later with a wound in your side and a face covered in bruises, but that's the last we see of Edritch. Coincidence, I says to myself. Then Lefthand and Murray, friends of Edritch, burn to death accidentally on purpose, like. At the time, I was ready to believe that it was the French that murdered them, but now that you've killed Caynard I'm inclined to think different. All four of them as thick as thieves, all four of them dead. Concidence again? Just what were you doing following Caynard into that house anyway? You and him never did see eye to eye, did you?'

'You can't prove any of this,' sneered Martin.

'Maybe. Maybe not,' admitted Preston. 'But Sir Thomas certainly believed me when I told him of my suspicions.'

Martin hung his head once more. 'What did he say?'

Preston scratched the underside of his jaw, and grimaced. 'He laughed. Then he said as how someday you'd make a fine serjeant-at-arms. I resent that. To tell the truth, I don't reckon he thought much of Caynard and his cronies, either.' He pushed himself to his feet. 'Come on – time you and I were getting back to the platoon.'

Holland was waiting in the street outside. 'I'll see you back at the camp,' he told Preston, who nodded, taking the hint. Holland began to stride down the street, Martin trotting along beside him uncertainly. Martin did not know what to say, or even if he was expected to say anything, so he kept quiet.

Holland said nothing until the two of them reached the town gate, emerging into the countryside beyond where the rest of the army was encamped outside the walls. 'You cost me twenty marks last Saturday,' he remarked, as they walked between the tents. He did not seem angry, but then he did not seem overjoyed, either. It was often difficult to tell with him.

'Sir Thomas?' ventured Martin, not understanding.

'In that archery contest with the Welshman.'

'I'm sorry, sir...'

Holland chuckled. 'Mark you, it was worth it to see you hit the same bird twice before it hit the ground! Perhaps one day we'll see you kill two birds with the same arrow, eh, Kemp? That would be rare archery indeed!' He chuckled again, and fell silent for a few moments before continuing. 'Tell me, Kemp. Why *did* you kill Caynard and the others?'

The sudden change of subject caught Martin off guard. 'They... they tried to kill me, sir,' he stammered.

'For any particular reason?'

'None that I know of, sir.'

'You're a God-damned liar, Kemp. I ought to have you flogged.'

'Aye, sir.'

Holland shook his head in disbelief. Martin could play the role of the obtuse peasant to the hilt when he chose to, but Holland was no longer convinced. 'It will go ill for you if you persist in trying to take the law into your own hands, Kemp. We have laws in England, and since this land is rightfully the king's, those laws must be applied here, too. You've got away with it this time, but don't think it will always be so. Do you understand me?'

'Aye, Sir Thomas,' replied Martin, chastened. He felt no guilt at having killed Caynard and his friends – that had been necessary, and he did not doubt that they deserved it – but somehow he felt chagrin at having displeased Holland.

–

Two papal envoys arrived at the camp that morning, and the army lingered around Lisieux for the rest of the day while the envoys negotiated with the king. They were received courteously enough, but the king made it clear that, while he was prepared to treat for peace, any negotiations would have to be based on firm proposals from Valois. The Pope was a Frenchman, and it was widely believed – not without some justification – that he favoured Valois' side of the quarrel; with the papal court in Avignon, exiled from Rome, the Pope was very much dependent on maintaining the good will of the *de facto* king of France.

The envoys were sent to Valois, who was rumoured to be marching to Rouen with an army. The next day the English army set out before dawn, the king apparently eager to make up for time wasted in the negotiations. The English marched thirty-five miles in two days, reaching the town of Neubourg, only twenty-three miles from Rouen. The following day was spent resting at Neubourg, while a reconnaissance party was sent to Rouen under d'Harcourt's command. It returned to the English camp that night, bloodied by combat, to confirm the rumours that Valois had indeed gathered an army, one vastly superior to the king's in numbers.

A pitched battle between the two armies would almost certainly prove catastrophic for the English. Any hopes that the king might have had of marching on Paris to claim the throne of France were now dashed. The best hopes of the English lay in a march to the northeast, to meet with an Anglo-Flemish force under the command of Sir Hugh Hastings that was supposed to have invaded northeastern France from Flanders about three weeks previously. If the two armies combined, then they might stand a chance against the overwhelming numerical superiority of the French. But no one could be sure how far the Anglo-Flemish army had penetrated, or even if it had set out at all; and between that force and the king's army lay the River Seine. The lowest possible crossing place was at Rouen itself, and d'Harcourt reported that the French were too heavily entrenched there to make a crossing viable.

The English army left Neubourg the following day, marching north-east until it reached the Seine at Elbeuf, eleven miles away, only to find the bridge there destroyed. The Seine was far greater than any of the other rivers it had crossed, being several hundred yards broad at that point, so there was no hope of repairing the bridge in the course of a single night. The army spent the rest of the day at Elbeuf, many of the troops spreading out across the surrounding countryside, setting fire to villages and laying waste to crops.

The next day the army began to march along the south bank of the Seine in search of a crossing, heading upstream towards Paris, now less than sixty-five miles away. It was met on the road by the two papal envoys again, this time accompanied by a French archbishop. The clergymen claimed to have firm proposals from Valois, but the king was not convinced and sent them on their way, determined not to lose another day's march in fruitless negotiations. With Valois' army closing in for the kill, time was not on the side of the English.

The next bridge the army came to lay about eight miles upstream, and was still intact; but a walled town stood on the south bank between the bridge and the English army, and the walls were heavily defended by French troops. The Earl of Northampton ordered those companies of archers marching in the vanguard to take up position facing the walls, while several companies of men-at-arms prepared to assault the town, the siege engineers hurriedly bringing up scaling ladders from the baggage train.

As Holland's company lined up and began to advance, Martin felt the now-familiar stirrings in the pit of his stomach; but now he realised that this was not fear, but excitement. The company halted when it was only two hundred yards from the foot of the town wall, and Preston gave the signal for his men to loose, while Holland paced up and down behind the ranks, ordering them to pick their targets carefully to conserve arrows. Martin recalled Preston telling them at Portsmouth that a few bowshots that found their targets with lethal accuracy could be far more unnerving than a general hail of arrows that bounced harmlessly off the parapet. A few crossbowmen on the battlements loosed a desultory smattering of bolts, but this soon dried up when the English began to shoot. Martin saw a figure peer over the parapet, and took careful but nonetheless swift aim before letting fly. He was rewarded with the sight of the man falling back out of sight without even so much as a scream.

Once the enemy were pinned down behind the parapet, the men-at-arms charged towards the walls on foot, led by the Earl of Warwick and several dismounted knights. Martin recognised Beaumont's jupon, and found himself casually wondering if he could pick the knight off from where he stood without anyone noticing. Then the scaling ladders were thrown up against the walls. As the English troops began to climb up towards the battlements, Holland ordered his men to cease shooting, for fear that they might inadvertently hit their compatriots. Martin was disgusted: if he were to hit a compatriot with a bowshot, he would certainly not do so inadvertently. But perhaps it was for the best, he reflected; he had been lucky to get away with the murders of Caynard, Lefthand and Murray, but if an English nobleman were found dead with an English arrow in him, it was highly unlikely that Holland would be prepared to turn his blind eye a second time.

With the hail of arrows ended, the Frenchmen on the battlements reappeared over the parapet, hurling rocks down at the men-at-arms who swarmed at the foot of the walls. Other defenders attempted to push away the scaling ladders using long forked poles. Martin watched grimly as one ladder was pushed past the point of no return, the men who clung to it screaming as it toppled away from the wall to smash them against the ground. Those who had been near the bottom of the ladder were only bruised, but those at the top... Martin felt little pity for the men who died in such a manner: they were soldiers, like him, and like him they had a duty to risk their lives for the king. But it angered him to see the lives of good men wasted so uselessly. The town walls had been constructed with the specific intention of repelling such an attack, and it seemed foolish to pretend otherwise. The English might vastly outnumber the men on the battlements, but it was the defenders who had the advantage.

Martin speculated as to how he would have handled the assault if he had been in command. He decided he would have ordered the walls to be attacked at several points simultaneously, so that the defenders would be forced to spread their forces more thinly. Perhaps a three-pronged attack, commencing with a feint attack that would draw defenders away from other parts of the wall, leaving them weak and ill-protected against a surprise assault. It occurred to him that this might be what the Earls of Warwick and Northampton had in mind, but as the slaughter stretched into hours without any sign of the English gaining a foothold on the battlements, he realised that this escalade had not been that well-planned. It was too late now. All Martin could do was watch impotently from a distance as more lives were wasted in a hopeless conflict, and thank God, or the Devil – whichever was responsible – that his life was not to be one of the many so senselessly wasted that day.

The battle had been raging for nearly three hours when Villiers rode up on his rouncy towards mid-afternoon, gesturing frantically beyond the town and across the river towards the north bank. 'Sir Thomas! Look yonder!'

They all looked, and this time it was pure fear that gripped Martin's innards. Hundreds – no, wait, thousands – of armed men were coming into view over the crest of the ridge beyond the river: armoured knights and men-at-arms on horseback; Genoese crossbowmen marching on foot; peasant levies, ill-equipped with farming implements for weapons. The banners that fluttered above this mighty host could just be made out by the English: the arms of France, golden fleurs-de-lys on an azure background; the arms of Godemar du Fay, commanding the Genoese mercenaries; and a three-tailed banner of scarlet silk with a green fringe and tassels, the Oriflamme – the sacred banner of France that symbolised that no quarter was to be given, no prisoners taken. There could be no doubt that this was the fresh army raised by Valois, come from Rouen to oppose the English crossing of the Seine.

After the initial shock of seeing so many of the enemy in such close proximity, Martin's terror quickly subsided. With the walled town standing immediately below the bridge, there was no way the French could cross the river to charge straight at the unprepared English ranks. But with so many troops come to reinforce the men who stoutly defended the town, any attempt to continue the assault would clearly be futile. The Earl of Warwick immediately called off the attack.

Suffering the jeers of the French, the English vanguard abandoned the assault, forming up into a column with as much dignity as it could muster. The army continued its march along the south bank of the Seine, reaching a large village about an hour before dusk and making camp for the night. Valois' army marched parallel with the English on the north bank, and when darkness fell Martin and his companions could see the lights of the French camp-fires across the river. Even though there was neither bridge nor ford for miles in either direction, it was unnerving to be bedding down with such a mighty host of enemy troops so close by. Martin slept little that night.

It was still dark when they were roused the following morning, not by the usual blare of trumpets, but by the serjeants-at-arms kicking their men awake and then whispering orders to keep the noise down. They skipped breakfast and set out marching before dawn in an effort to slip away from under the noses of the French.

They left the river-bank after a couple of miles, cutting across land where the Seine meandered away to the north in a broad loop. In the distance, they could just make out the chalk cliffs of Les Andelys towering above the river on the north bank. It was impossible to cross there, and the short cut would give them a few hours' march on the

French. Behind them, a vast plume of dark smoke began to blossom into the sky as the main body of the army sacked the town of Louviers, famous for its cloth, and put it to the torch.

A large castle loomed up before them, its massive curtain walls frowning over the road ahead. It was surrounded by a deep ditch filled with sharpened stakes, and the drawbridge was raised. Martin could see armed men on the battlements. The river bank became so steep there that the path was forced into a narrow defile, dominated by the castle. Any attempt to give the castle a wide berth would lead the army on a considerable detour. Warwick decided to save time for the main body of the army by taking this fortress by storm.

In a repeat of the previous day's events, the archers of the vanguard were brought up to harry the battlements with arrows, while knights and men-at-arms prepared to charge with scaling ladders. Once the escalade was begun, the archers were once again ordered to cease shooting and became impotent spectators in the battle as the men-at-arms were hard-pressed to gain a foothold on the enemy battlements. Holland paced furiously up and down. He constantly switched his gaze from the men-at-arms being slaughtered at the foot of the castle walls to his archers, idly standing by, while three extra scaling ladders lay unused on the ground nearby. He turned to Preston. 'Are you thinking the same as I, Wat?'

Preston grinned. 'Aye, Sir Thomas.'

Villiers could see what the two old warriors were thinking. 'Should we not get permissiom from my lord of Warwick?' he asked dubiously.

Holland smiled. 'Nervous, Adam? It's not like you to shy from an opportunity to win glory.'

Villiers straightened self-assertively. 'Wherever you go, sir, I'll follow.'

'Then I say we join the attack,' determined Holland.

Preston turned to his men. 'Ready for a fight, lads?'

The men needed no further bidding. They threw down their bows and snatched up the ladders, dashing off after Holland and Villiers. They charged past the castle's barbican, dodging the desultory smattering of crossbow bolts that fell around them. They made their way around the rim of the ditch, closely followed by the rest of Holland's company. Preston split his men into two groups of four and one of three, each team carrying a ladder and led by Holland, Villiers and Preston himself respectively.

They halted at the rear of the castle, on the outer rim of the ditch, to raise their ladders against the wall: that would save them from having to clamber down into the ditch, thread their way between the sharpened stakes and haul themselves out at the other side; besides which, the less steep the angle at which the ladders were propped against the wall, the harder it would be for the defenders to push them away.

The unwieldy ladders were heavier than they looked, and it took the strength of four men to manhandle them into position. They had iron hooks at the top end and spikes at the bottom to hold them in position. All three teams managed to hook the tops of the ladders into embrasures in the parapet. There was no sign of any defenders on the parapet directly above them; presumably they were still engaged in fending off the initial attack on the far side of the castle.

Holland began to climb one of the ladders without hesitation. Martin was right behind him. It was the waiting that Martin hated: he preferred to be in the thick of the action, where he was too busy to have time to be scared. He paused at the foot of the ladder, recalling the terrible screams of the men he had seen plummet to their deaths the day before. In for a penny, in for a pound, he told himself, and began to climb. Yesterday he had told himself that it was a soldier's duty to risk his life; well, now it was his turn.

Holland was about two-thirds of the way to the top when the defenders appeared on the battlements above them. They managed to unhook the top of the ladder, and began to push it away from the wall with a forked pole. Martin's first instinct was to start climbing back down so that he would have less far to fall, but Conyers was immediately below him. Holland continued to climb until he had reached the top. Gripping on to the top rung with his left hand, he drew his broadsword from its scabbard and reached around the ladder to hack at the pole. He suddenly drew in his breath sharply, and Martin glanced up to see the shaft of a crossbow bolt protruding from his left shoulder. Undeterred, Holland maintained his grip and hacked through the pole. Martin clung to the ladder for dear life as it fell back against the wall with a bonejarring shudder. For a moment he thought the ladder must snap, dropping them all to certain death on the sharpened stakes in the ditch, but it was made of sterner stuff than that.

Badly injured, Holland did not have the strength to pull himself through the embrasure, but he managed to maintain his grip, jabbing with the point of his broadsword at the men on the battlements. Then Villiers and Preston were over the parapet at the top of the other two ladders. While Preston and his team held off the defenders on their right, Villiers and his team pushed the enemy back along the catwalk to the left, until Hal was able to help Holland up on to the battlements. Martin and Conyers climbed up after him, followed by Newbolt and Tate.

They had gained a foothold on the battlements, a feat that Martin would have dismissed as impossible a few moments earlier. From their new vantage point they could see how thinly manned the castle's garrison was: there could not have been more than four dozen armed men in the place altogether. But it did not take many men to hold a well-constructed castle against an entire army. Once the attackers had gained a foothold on the battlements, however, it was a very different story.

The defenders fell back, entering the tower at the end of the catwalk and slamming the heavy oak door behind them. Martin and Drayton worked together, repeatedly throwing their shoulders against the door in unison, until the bar that held it shut snapped. They tumbled through, sprawling on the wooden floorboards inside. The rest of the platoon poured through after them, led by Villiers and Preston now, while a pale-faced but grimly determined Holland brought up the rear. They clattered down the spiral staircase and emerged at the foot of the tower in the outer bailey. The Frenchmen in the bailey outnumbered Preston's platoon, but Villiers led them in a charge anyway, seizing the initiative. Terrified by the warlike shouts of the English archers, the French panicked, scrambling for the safety of the inner bailey.

Holland took advantage of this diversion to lead Martin, Rudcock and Conyers across to the gatehouse. They broke down the door and killed the three guards within before the Frenchmen had a chance to surrender. Then Holland directed them to lower the drawbridge and raise the portcullis, showing them how to operate the system of counterweights and levers.

The drawbridge down, a troop of men-at-arms charged through the gateway on foot. They crossed the outer bailey to where Villiers, Preston and the others had seized control of the gates before the French could seal them. The surviving defenders had pulled back into the keep. A battering ram was swiftly brought in, and within a matter of moments the door to the keep had been smashed in.

Every Frenchman found inside the castle was slain without mercy, regardless of whether or not they were armed. The capture of the castle was complete.

The English made no attempt to garrison the castle, moving on as soon as they had ransacked the place for valuables. Holland's company, by now marching with the rearguard, passed another great fortress that had fallen to other units of the vanguard. They caught up with the rest of the army after nightfall, by which time they had reached another walled town that dominated a bridge over the Seine. The town was too well-defended to be attacked, especially by an army that had marched eighteen miles that day, storming two strong castles on the way. The English troops encamped for the night a short distance to the south of the town's suburbs.

Preston's men were flushed with victory when they sat down to supper that night. For the new recruits, it was the first time they had stormed the walls of a castle, and they had been successful, taking the fortress without losing a single man from their platoon, despite having been in the thick of it.

'We showed 'em, didn't we!' boasted Tate. 'No one can say we aren't soldiers now.'

'I can,' sniffed Preston. 'Beginners' luck, that's what I call it.'

Tate's face fell. He did not understand Preston well enough not to be genuinely hurt by the constant stream of derogatory comments the serjeant poured on his men. 'We faced an enemy charge on the beach at Saint-Vaast, took the city of Caen by storm, and assaulted the walls of Gaillon Castle,' he protested. 'What do we have to do to become real soldiers?'

Preston pointed across the river where the camp-fires of the French sparkled in the night. 'Face that lot in open battle without flinching,' he told Tate.

Valois' army had caught up with them.

-

'It is naught to be ashamed of,' the whore said brightly. Her English was thickly accented. 'It happens to men all the time.'

Martin turned his back on her and tugged his tunic over his head. He had never been preoccupied with appearing manly. No one had ever questioned his manhood when he had lived in Knighton, and certainly no one had found cause to question it since he had joined the army; except Caynard, of course. Martin had never felt the need to prove himself to anyone.

But the sight of the whore's naked flesh had reminded him of the girl he had raped at Caen. There was little physical resemblance, but the prospect of sexual intercourse had suddenly brought the memories of his last sexual encounter into sharp focus, making him feel sick with guilt and self-loathing.

'What do you know of shame?' he demanded angrily, and there was so much bitterness in his voice that she flinched.

It was exactly two weeks since they had taken the Chateau Gaillon. The king's army had marched to within twenty miles of Paris, crossing the Seine at Poissy and evading Valois' army. They had moved swiftly to steal a march on Valois, heading due north and covering more than seventy miles in five days, reaching the town of Airaines in Picardy. The town was less than six miles from the River Somme, the last major obstacle between the king's army and the Anglo-Flemish force led by Sir Hugh Hastings.

Yet despite the fact that the English had gained a two-day start on the French, news reached the English camp that Valois had already reached Amiens, only sixteen miles away. Warwick had led a large reconnaissance detachment to find a suitable place for the army to cross the Somme. They had scouted three bridges across the river. The first two had been heavily guarded by local militia forces, while at the third they had become involved in a brief but bloody engagement with the men of two of Valois' allies, the King of Bohemia and the Count of Hainault. Warwick's knights and men-at-arms had suffered heavy casualties and had been driven off, returning to the main army to report that no unguarded crossing places could be found.

Holland and his men had not been part of the reconnaissance detachment. The surgeon who examined Holland's shoulder had forbidden him from riding if he wanted his wound to heal. Holland had wanted to ignore the surgeon, dismissing him as a charlatan, but Warwick ordered him to ride in a cart in the baggage train. Marching with Cobham's company in the rearguard, Holland's men had missed out on all the engagements the army had fought since the taking of Chateau Gaillon. The only action they had seen was when the townsfolk of Poix went back on their promise to pay an indemnity to the king if their town was left unharmed. The army had marched on, for once leaving behind a settlement unburnt. The townsfolk had taken advantage of this by attempting to murder the clerks sent by the king to collect the indemnity. The clerks had been wearing chainmail hauberks under their fustian habits, and it saved their lives. When they caught up with the rearguard to tell their tale to Holland and Cobham, the two knights were furious at this treachery. They led their men back to the town to exact retribution, ruthlessly massacring the inhabitants and razing the houses to the ground.

That had been the day before Warwick's strong reconnaissance. The following day, the vanguard had marched eight miles due west, away from the Somme, towards the coast. Reaching the fortified town of Oisemont, the chief market town of the district, the vanguard had found a scratch army of local volunteers drawn up in front of the gates. This militia had been quickly dispersed by a cavalry charge, its members butchered as they fled.

The rearguard had left Airaines the following morning, only a couple of hours ahead of Valois' approaching army. When it reached Oisemont that afternoon, it had been Conyers who contrived to find the stewhouse, and it had been his suggestion that he and his companions visit it that evening. Martin had gone along reluctantly, leaving his coverchief behind where they were camped outside the town walls. He had already been unfaithful to Beatrice once, and in the nastiest possible circumstances; he did not want to be wearing her coverchief again when he deliberately set out to betray her. But he was not sure that he would ever be able to face her again; indeed, bearing in mind that the army's advance was blocked by the Somme, and Valois' army was close behind them, he was not sure that he would ever have an opportunity to see her again. It was in this fatalistic frame of mind that he had tried to steel himself for one final fling. The wench was both pretty and willing enough, but the shadow of Martin's recent sins still hung over him.

He finished dressing and left a few silver coins – booty from Poix – on the table. It was probably more money than she would have charged, but he had a feeling that he would never get a chance to spend it otherwise.

'That is not necessary,' she said. 'You did nothing…'

He laughed bitterly, and slipped out on to the landing, leaving the coins where they lay.

The next door along opened just as he was passing, and Rudcock stumbled out, ashen-faced, naked except for his breech-cloth. There was an expression of puzzled astonishment on his face.

'Hodge?'

'She's killed me!' gasped Rudcock, and it was then that Martin noticed the haft of a knife protruding from an ugly gash in his chest, crimson blood gushing down his pale skin. He stumbled, but Martin caught him in his arms. Rudcock was coughing blood as Martin lowered him almost tenderly to the floorboards. 'Tell my wife… tell her I loved her,' he gasped, his eyes glazing over.

Martin found himself laughing and weeping at the same time. 'Which one?' he asked, the tears coursing down his cheeks.

But Rudcock said nothing more. Another spasm of coughing racked his body, and then his eyes rolled up in his head.

Martin was trembling all over. Rudcock had been the first friend he had made in the army, and it had been Rudcock who stuck by him when the others had felt inclined to shun Martin's company. He could not be dead. It was ridiculous to think that a man who had survived so many battles, assaults and skirmishes could be dead, killed by a wench in a stewhouse.

Martin rose slowly to his feet and let out a roar of anguish so loud and terrible that it silenced the moans of passion emanating from the other rooms. Then he pulled his rondel from his belt and kicked the door wide open.

The whore was trying to climb out of the window, dressed in nothing more than a large cloak wrapped over a muslin shift, one bare leg cocked over the windowsill. She paused, wild-eyed, as Martin burst into the room. He crossed the floor in two short bounds and grabbed her by the upper arm before she could jump to the ground below. She kicked and struggled as he dragged her back into the room, clawing at his face with her fingernails.

'*Cochon anglais!*' she hissed, and spat in his face.

'Murdering bitch!' He threw her on to the floor, pinning her down with his left hand on her throat while his right hand plunged the blade of his rondel into her belly. She screamed, bucking beneath him in agony. He stabbed her repeatedly until she stopped struggling.

Then he went on stabbing her, until Drayton and Brewster burst into the room, dragging him away from her bloody corpse.

Martin struggled wildly. 'She's killed Hodge! The God-damned bitch murdered him!'

'It's all right, Martin,' Brewster said soothingly, as Conyers, Freeman, Newbolt, Oakley and Tate followed him into the room to find out what the shouting was about. 'We know.'

'Well, she's burning in Hell for it now,' Conyers remarked grimly, nudging the mutilated corpse with the toe of his boot.

Oakley gestured to the hysterical Martin. 'For Christ's sake, get him out of here.'

Martin stopped struggling, trying to get a grip on his emotions. 'It's all right,' he said, as calmly as possible. 'I'm all right now.'

Brewster and Drayton released him, and they all carried Rudcock's body downstairs to the main room. 'Is everyone else here?' asked Oakley. 'For all we know, this whole God-damned stewhouse could be an ambush.' He scowled at the whore-mistress, who trembled.

The companions glanced at one another. 'Where are Hick and Pip?' asked Tate.

'They stayed at the camp with Pisspants,' Freeman assured him.

That made twelve, including Preston. Twelve out of the twenty men in the platoon who had landed at Saint-Vaast- la-Hougue.

Tate gestured helplessly at Rudcock's body, which they had laid on one of the tables. 'What should we do with him? Bury him?'

'I'm not staying up all night digging no hole,' protested Newbolt.

'But you'd stay up all night fucking given half a chance, wouldn't you?' Conyers sneered bitterly. 'By the Holy Cross of Bromholm! That's Hodge lying there, for Christ's sake!'

'There's no need for anyone to dig a hole,' decided Martin. 'We'll give him a funeral pyre. That's a fitting tribute to a good soldier and a good friend.' He picked up a rush-light from one of the tables and carried it outside.

The others glanced at one another in puzzlement. 'Where in Hell is he going with that?' demanded Newbolt.

He was answered by the sudden crackle of burning thatch. The seven of them scrambled out of the door to where Martin stood in the street outside, gazing solemnly up at the roaring flames. The whores came running out of the burning building after them, screaming, but the men paid no heed to them. Conyers made the sign of the cross with uncharacteristic solemnity.

'Someone should say a few words, like,' Freeman muttered awkwardly.

'Lancelot already said them,' replied Oakley. 'A good soldier and a good friend. That's as fine a tribute as the best of us can ever hope for.'

They watched in silence as the fire raged, and eventually what was left of the roof collapsed in a shower of sparks. Martin turned away with tears in his eyes. 'Come on,' murmured Brewster.

The sound of trumpets blared forth from beyond the town walls, and they glanced at one another in bewilderment. 'What was that?' demanded Newbolt.

'Sounded like the order to strike camp to me,' said Conyers, a touch of his more usual sarcasm already creeping back into his voice.

It was barely midnight. 'But I haven't even been abed yet!' Newbolt protested.

'You haven't slept yet is what you mean,' said Conyers.

'Come on, let's get moving,' Freeman said briskly.

They hurried back to the camp to find Perkin helping Pip Herrick and Hick Lowesby dismantle Holland's tent, while Villiers was saddling his master's horse. There was no sign of Holland or Preston. 'What's going on?' Tom asked Herrick.

Villiers answered on Herrick's behalf. 'I'm damned if I know,' he said brightly. 'But the order's been given for us to strike camp, so that's what we're doing.' He started tying Holland's equipment to the packhorse, while the archers gathered up their arms. Martin picked up his coverchief, toying guiltily with it for a few seconds before winding it around his neck.

Presently Holland and Preston returned. 'What's happening, Sir Thomas?' asked Villiers.

'We've been interrogating the prisoners,' explained Holland. 'One of them claims to know of a way across the Somme. There's a ford about four miles below Abbeville, but we can only cross when the tide is out. We have to get there before morning.'

While the rest of the army was still forming up, Holland and his archers met up with Warwick and d'Harcourt at the edge of the camp. Led by Warwick, they set out through the darkness, guided by a French peasant. They marched first to Acheux, just under ten miles away, where they were joined by another knight, Sir Hugh Despenser, and the archers under his command.

They reached the marshes in the half-light of the summer dawn. Before them lay a desolate landscape of water channels, lagoons, reeds and mud-flats, stretching out as far as the eye could penetrate the pale-grey mist that hung over the scene. The guide led them through the thick clumps of reeds to where a mud-churned track led down to the water's edge.

'*Ici!*' said the guide. 'Here it is. The water is too deep now, but when the tide goes out in an hour or two...'

Warwick nodded, dismounting from his horse. 'We'll have to wait, then.'

'You will give me my money and let me go now, *non*?' the guide suggested hopefully.

Warwick shook his head. '*Non*. I keep you by my side until the army is safely across the river,' he said. 'If I find you've been lying, I'll have your hide flayed from your bones.' He turned to Norwich, telling him to ride back to Acheux and bring up the rest of the vanguard.

Preston was crouching by the mud at the water's edge. He straightened, removing his helmet awkwardly to address the earl. 'My lord? Some soldiers have been through here recently. These footprints were made by boots, not peasants' sabots; and these here are the marks of a well-shod horse – a large one, perhaps a courser.'

'How many men, serjeant?'

'Too many for me to be certain. Well over a hundred, I'd guess.'

The noblemen exchanged glances. 'It could mean nothing,' Despenser said dubiously, not even convinced of his own words. 'There are French troops all over the area at the moment.'

Warwick nodded. 'How fresh would you say those tracks are, serjeant?'

'Hard to say, my lord. There's been so little rain of late ...'

'We can't take any chances,' Warwick decided. 'As soon as the river is low enough, we'll send some scouts through the marshes.'

The sun was rising by the time Norwich returned with the rest of the vanguard, and they settled down to wait for the tide to ebb while the rest of the army caught up. After a couple of hours the level of the water had dropped sufficiently to make a causeway of white gravel visible on the bottom. It would be at least two more hours before the water would be shallow enough for the wagons to be hauled across, but as soon as the Earl of Northampton arrived with the king at the head of the main body of the army, they sent Cobham into the marshes with a troop of hobelars to scout ahead, the French peasant going with them as a guide. They returned presently to report that the ford was guarded on the north bank by several hundred French men-at-arms and even more foot-soldiers, including a large force of Genoese crossbowmen. 'But I think we may be able to fight our way through,' Cobham concluded in his report to the king. 'The enemy do not seem to have carried out any defensive works on the north bank.'

'It seems we have little choice,' replied the king, who had received word that Valois had heard of the army's early departure from Oisemont, and had set out in pursuit. Now Valois' army was only a few hours behind them. 'We must waste no more time,' he added firmly, and commanded Northampton to lead the attack.

The earl relayed the order of battle to his men. Ten platoons of archers were chosen to lead the attack, including Preston's. Northampton and the two knights mounted their horses, riding into the marshes at the head of the column of archers.

The archers waded into the water with their longbows clasped over their heads to keep the bowstrings dry. The brackish water came up to their chests, but the gravel bottom gave them a firm footing. The ford was wide enough to allow a dozen men to march abreast, and they marched in good order. Several companies of mounted men-at-arms under the Earl of Warwick's command entered the water behind the archers.

The rising sun shone brightly, casting a haze over the scene. The air was humid and oppressive. An unearthly silence hung over the landscape, broken only by the occasional eerie cry of a marsh bird. None of the men felt like talking: they were too busy concentrating on keeping their balance as they waded through the sluggish current of the ebb tide. Martin's arms began to ache from holding his bow aloft. He wondered how much further it was before they could reach the other side. He suddenly noticed that the water had dropped to his waist. At first he put it down to the ebbing tide, but then he thought he detected a distinct incline in the gravel beneath his feet; or perhaps that was just his imagination.

At that moment the pale mists before them seemed to part, revealing the north bank of the Somme about three hundred yards away. Hundreds of French and Genoese troops stood underneath the trees that lined the bank, their brightly polished arms and armour glinting in the morning sun.

The two opposing sides saw each other at precisely the same moment; but the Genoese crossbowmen had been waiting, and they began to shoot. Their bolts wrought havoc amongst the closely packed ranks of the archers, and the entire front rank seemed to melt into the water. The English were as yet unable to reply with their longbows, as they could not use them without dipping their ends in the water, ruining the strings. The English continued to advance doggedly, the bolts splashing into the water around them or falling amongst their ranks. Some of the archers cried out as they were hit, but the rest remained silent, taking their bows from their bags with a workman-like air. The three noblemen riding at the head of the column refused to be hurried, seemingly immune to the swarm of missiles that filled the air, although none of them wore armour.

Northampton signalled the archers to halt when they were about two hundred yards from the shore, the water only coming up to their knees. Oblivious to the continuing hail of bolts, the archers closed ranks and nocked arrows to their bows, taking aim. Martin pushed his helmet back, so the metal brim would not get in the way when he drewbow. The earl gave the signal to loose.

The effect was devastating. It was as if a huge, invisible fist had punched a hole clean through the Genoese ranks. The crossbowmen struggled to reload their weapons. They wore large shields strapped to their backs to offer them some protection when they turned their backs on the enemy while going through the complicated ritual of reloading. The rate of fire of the English longbowman was far higher, and they shot with mechanical regularity at Northampton's signals. The Genoese continued to create casualties amongst the English ranks, but they were swiftly cut down by the volleys of arrows. This duel of archers continued for several minutes, until the Genoese fire began to slacken off. Realising that they were on a hiding to nothing, the crossbowmen had begun to fall back.

Northampton ordered the archers to stand aside from the ford to allow Warwick's men-at-arms to come through. The French men-at-arms rode into the water to block their way at the head of the ford. The Englishmen charged, their horses surging through the water to meet the Frenchmen in the shallows. Holland led his archers to one side of the confused mêlée of rearing horses and shouting men, from where they could shoot into the flanks of the French formation, harrying the men-at-arms who struggled to push to the fore.

It was not long before Holland's men had exhausted their supplies of arrows. He directed them to draw their swords and charge the foot-soldiers who guarded the bank, while he himself wheeled his courser about to join the troop of mounted knights under Warwick's command, preparing to charge.

Martin replaced his longbow in its bag and slung it across his back, replacing his helmet on his head. Drawing his broadsword, he splashed through the shallows after Preston. The men who waited on the riverbank had the advantage of height. They thrust their spears down at the archers struggling to scramble out on to dry land. Martin swung his sword at one of the men standing above him. The blade sheared through the man's calf just below the knee, biting deep into his leg. He fell, screaming, his blood pumping out on to the churned mud at the water's edge. The men on either side of him were already occupied with Martin's companions, giving Martin a chance to climb out of the reeds. He closed with a dismounted man-at-arms, hacking at his shoulder. The man-at-arms fell back, his arm hanging uselessly at his side, the other hand clamped over the bloody gash.

Then three frenchmen came towards Martin from the rear. He seized the initiative, whirling around and lunging forward to stab one in the face. He barely withdrew his blade in time to parry a blow from the second. Then the third arched his back and dropped his sword, the point of Brewster's sword emerging from his chest. Martin thrust the point of his sword in the second man's heart, finishing him off. Grinning, he nodded acknowledgment of gratitude in Brewster's direction.

Tate was struggling to defend himself against two Genoese who had abandoned their crossbows in favour of short swords. As Brewster turned away to go to Tate's aid, Martin glanced about in search of his next victim. He saw an unhorsed English knight being attacked by three men-at-arms. The knight managed to kill one of his opponents, but was hard-pressed to defend himself against the other two. Martin attacked them from behind, stabbing one in the base of the spine before swinging his sword at the other's waist, the blade biting deep into the man's side.

Gasping, the knight pushed himself up from where he had been forced to his knees and turned to face his saviour. Seeing Martin, his face twisted into a snarl of hatred. Martin did not recognise those contorted features, framed by a mail coif and a bascinet, but he recognised the arms on the knights shield: a crimson wyvern on a white background; the arms of Sir John Beaumont.

Martin realised with a pang of regret that if he had recognised Beaumont sooner he would not have gone to his aid. His attitude was immediately proved to be justified when Beaumont suddenly lunged at him with his broadsword. Astonished, Martin was caught completely off guard, and was barely able to parry the thrust. Beaumont swung at him. Martin raised his sword to ward off the stroke, but such was the strength behind it that his sword was dashed from his grip. Disarmed, he backed away as Beaumont closed in for the kill.

Martin tripped over a tree root and fell flat on his back. He reached out in desperation to grip the hilt of his fallen sword, but Beaumont kicked it beyond his grasp. Grinning triumphantly, the knight raised his sword above his head, aiming to decapitate him.

The next few moments seem to last forever. Martin found that his limbs refused to obey him. Images flashed through his mind's eye: the great hall of Leicester Castle during his trial; the day he had been saved from hanging by the Earl of Warick; and that shameful afternoon in Caen…

Beaumont began to bring his sword down. The shining blade caught the sun, dazzling Martin.

He remembered the rondel at his belt. But it was too late for that now. Even if he had been able to grab it, it would have been little use against a man in armour.

Beaumont's blade arced downwards. Martin heard a loud clang, and then everything seemed to go dark.

Chapter Fourteen

'Jackass! He's one of ours!'

Martin recognised Holland's voice. It came as no surprise to him that the ruthless knight had intercepted his progress to the gates of Heaven, claiming him for the fires of Hell. Had Holland also died in the battle, then?

Holland lowered his left arm, and Martin found himself still gazing up at Beaumont, who scowled at them both before stalking away. Martin realised that the darkness that had fallen over him had been the shadow of Holland's shield, and felt very foolish.

Holland returned his broadsword to its scabbard and leaned over Martin, seizing him by the arm and hauling him to his feet. 'Are you injured?'

Martin shook his head numbly, too shaken by his narrow escape to find his tongue.

The two of them gazed across to where the battle was turning in favour of the English. The French ranks had broken, and were fleeing east along the north edge of the marshes, towards the sanctuary of Abbeville. They were pursued by several companies of men-at-arms led by Sir Reginald Cobham. Even as the laggards tried to escape, the men-at-arms would overtake them, cutting them down with a backhanded slash of a broadsword or plunging the tip of a spear between their shoulder blades. Bloody corpses were sprawled on the river-bank or floating face-down amongst the reeds.

Holland chuckled with satisfaction. It was clear that he and his men had done all that could be expected of them that day. 'Perhaps you archers should wear special livery, such as the Welsh do,' he suggested to Martin. 'Warfare is dangerous enough without the added risk of being killed accidentally by your own side. Eh, Kemp?' He hooked the toe of one boot under the hilt of Martin's sword and flicked it into the air with a sudden jerk of his leg, catching it by the grip.

'It would prevent accidents, Sir Thomas,' agreed Martin.

Holland regarded him curiously. Holding the sword in his right hand, just below the hilt, he offered it back to Martin.

'Thank you, sir.' Martin grasped the hilt, wiping the blade clean with a rag before returning it to its scabbard. 'For saving my life, I mean.'

Holland shrugged, turning away to gaze across to the rest of the army, which was emerging from the marshes as it began to straggle across the ford. 'I acted only for selfish reasons,' he said, without turning back. 'I've lost nearly a quarter of my company since we landed at Saint-Vaast, one way or another; your private war against Caynard and his friends has not improved the situation.' He winced, and massaged his wounded shoulder; the sword-stroke meant for Martin that he had caught on his shield had jarred his arm quite badly. 'I may need every man I have before this campaign is out.'

'Then you acted not for selfish reasons, but for his Majesty, sir,' Martin pointed out stoutly, with the stoicism of blind loyalty.

'Aye...' Holland acknowledge vaguely. 'Yes, I suppose I did.' He turned back to face Martin. 'Tell me, Kemp. What will you do when you have served out your twelve months?'

Martin shrugged. He had not really thought about it. 'I don't know. Return to my family in Knighton, I suppose.'

'Return to a life of tilling the soil?' Holland was contemptuous of the suggestion. 'Could you really go back to that, after tasting the joys of war?'

'Joys of war' was not exactly the phrase Martin himself would have chosen to sum up his career in the king's service so far, but he had to admit to himself that the prospect of a life of servitude on Beaumont's manor did not exactly appeal to him. 'What else could I do?' he asked.

'You fought well this day, Kemp. Today, and at Caen. You lack experience, of course, but I doubt that will still be the case in nine months' time, when you've earned your pardon. You could work for me.'

Martin was overwhelmed. 'Sir Thomas?'

'I shall be a wealthy man when I receive the ransom for the Comte d'Eu. I'll be able to employ my own retinue of armed men. Not a large one, perhaps, but I think I can see a place for you in its ranks. I'd pay you thruppence a day during peacetime, plus board and lodging, of course. That would increase to half a shilling when we are indentured to serve the king in his next campaign.'

It was a generous offer. On Stone Gate Manor, Martin earned the equivalent of a shilling a month, and he rarely got to see any of that. He badly wanted to say yes, but he knew he was not in a position to accept the offer. He hung his head disconsolately. 'I am but a villein, Sir Thomas. I could not leave my lord's manor without his consent.'

Holland smiled. 'I'm sure that if I spoke to him… offered him a small recompense…'

Martin shook his head. 'Sir John hates me. He would never give his consent.'

'This Sir John… would his coat of arms be argent, a wyvern gules?'

Martin bit his tongue.

Holland chuckled. 'And you truly desire to go back to slave for this whoreson in a knight's armour who wages private war against his own bondsmen?'

'Desire? No.' Martin shrugged. 'But what choice have I?'

'You have plenty of choices,' Holland told him. 'You could go and live in a borough town for a year and a day: that confers freedom on any villein, by law.'

'A town like Leicester, you mean?'

'Somewhere further from your home would be better, unless you want to be dragged back to the manor in chains and flogged to within an inch of your life. London would be best. I have friends in London. After you have served out your twelve months fighting for the king and earned your pardon, I might be able to get you a temporary post in some rich burgher's household.'

'It all seems like a long time in the future,' Martin said dubiously.

'Aye, and so it is,' agreed Holland. 'But you are young; you have your whole life ahead of you. What do you say, Kemp?'

'We'll have to wait and see, sir,' Martin said pragmatically.

'Wait and see?' Holland was astounded that a churl such as Martin could even contemplate rejecting such a generous offer. 'What is there that remains to be seen?' he demanded irritably.

'Whether or not I live that long.'

Holland stared at him for a moment and then laughed, clapping him heartily on the back. 'Aye, right enough,' he admitted. 'We may yet both be dead before this week is out.' A sudden gust of cold wind blew a thick tuft of cloud in front of the sun, and Holland shivered. 'You'd best get back to your platoon now,' he told Martin.

'Aye, sir.' Martin began to walk along the river-bank towards Holland's company, which was rallying around Villiers and the banner.

'I always thought poaching was against the law, Sir Thomas,' a voice said dryly behind Holland. He whirled around and saw Preston sitting on the trunk of a fallen tree, industriously wiping the blade of his sword clean.

'He has potential, Wat,' said Holland. 'You've as much as admitted it yourself. He would be wasted behind a plough.'

'Like enough,' agreed Preston, rising to his feet and ramming his sword home into its scabbard. 'As you say, he lacks experience, but he's one of the best archers I've ever had under my command, and he's beginning to handle that broadsword as if he was born to it. He'll make a good soldier. My only concern is that deep down inside he may still have some traces of a conscience.'

'So may I, Wat,' Holland said softly. 'It's something you have to learn to live with.'

When the rearguard finally made it through the marshes, it reported that it had been attacked on the south bank by the vanguard of Valois' army, and had lost several wagons from the baggage train. The rearguard had been able to hold off the French until the rest of the baggage train had made it across the ford. By then the tide was coming in again and the French, unable to pursue the English, turned in to Abbeville for the night.

The king's army halted on the north bank of the river for the rest of that day, while Sir Hugh Despenser led a large detachment of mounted troops on a foraging raid towards the coast, burning a nearby port along with the ships he found in the harbour there. He returned to the main body of the army to report that there was no sign of the English fleet which, it had been hoped, would be waiting off the coast with reinforcements and supplies.

The army was in a bad way. True enough, it had successfully evaded Valois' army a second time, and had put the last major obstacle between itself and the Anglo-Flemish force behind it. By now it was barely twelve thousand men strong, while Valois was said to have five times that number. The men were exhausted and footsore from having marched so far so quickly, and many of the foot-soldiers found that their shoes were worn out. They had moved so swiftly since they had crossed the Seine that there had been little time for foraging supplies along the way, and now the victuals carried in the baggage train were almost completely exhausted. There was no more bread left, and hunger had reduced many of the men to eating unripened fruit picked off the trees along the way. Martin knew better than to eat such fruit, but the hunger that gnawed at the pit of his stomach sharpened the temptation. He recognised the irony in having wanted to become a soldier so that he would become rich, and never have to go hungry again. Now his purse bulged with gold and silver, but there was no food to be bought or foraged for miles around.

They set out again the following morning, marching north-east through thick woodland for nine miles until they came to a small valley. A stream shallow enough to be forded ran through the valley beyond the tree line, and a village stood on the north bank. They halted before they reached the village, the king sending out orders for his men to rest while they were hidden amongst the trees. At the same time, he sent out scouting parties: some riding south towards Abbeville, searching for signs of Valois' army to see if it was still in pursuit; others riding to the north-east, hoping for contact with the Anglo-Flemish force. Both sets returned that evening to report in the negative. It was the Feast of Saint Denys, the patron saint of France, and Valois was using the holy day to rest his army at Abbeville while the rearguard caught up. There was no sign of the Anglo-Flemish force led by Sir Hugh Hastings.

–

That night, Martin dreamed.

He dreamed that his twelve months in the king's army were over, and that he had been granted a pardon. He dreamed that he had lived in London for a year and a day, and had been granted the status of a freeman. He dreamed that he had returned to Knighton, where he confessed everything to Beatrice, how he had raped a girl in Caen. And she told him that it did not matter, she forgave him, she loved him, and she still wanted to marry him. And suddenly he knew that everything was going to be all right.

And then the trumpets sounded reveille, shattering his dream.

'How I love to be woken by the dawn chorus first thing in the morning,' groaned Conyers.

Martin sat up, and slowly realised that he was in a forest somewhere in France. He did not know it, but he was the closest to home he had been since he had landed at Saint-Vaast-la-Hougue, though home was still a long way away. About twenty-one months away, and nine of those yet to be spent fighting for the king. And before those nine months were up he could easily be killed, as easily as he had killed… God alone knew how many men he had killed since he had arrived in France.

He pushed himself to his feet. His stomach ached with hunger, and his feet, clad in shoes with almost worn-out soles, were sore; but on the whole he felt good. In fact, he felt a great deal better than he had done for a few weeks now. The previous day's rest had been just what he needed, he decided.

He did not imagine for a moment that today would be the longest day of his entire life.

It was still an hour shy of dawn, the pale grey light of the false dawn visible through the trees overhead. The rest of Martin's companions were beginning to stir.

'Come on, on your feet, sluggards!' growled Preston. 'Mass and communion in half an hour.'

'Mass?' Inglewood was bewildered. 'Is it Sunday already?'

Brewster sat up, rubbing sleep from his eyes. 'Saturday, I think.'

'Mass!' spat Newbolt. 'To Hell with that! A Luxembourg shilling for your mass!' 'Luxembourg shillings' was the name given to the counterfeit coins that were leaching into the markets of Europe.

'You'll all attend mass this morning,' Preston told them firmly. 'King's orders. Do you want to die without absolution?'

'I'd rather not die at all, if I can help it,' said Brewster, smiling.

'There's to be a battle today,' Preston told them simply. 'Four large battalions of French troops have been seen headed this way.'

Martin received this news without much excitement. He had often heard rumours of an impending battle; sometimes there had been one, and sometimes there had not. He would believe it when he saw one side or the other charge. In the meantime, all he felt was a mild irritation: he did not feel like fighting today.

'What's for breakfast, serjeant?' asked Conyers.

'You let the cooks worry about that,' Preston told him gruffly. 'You'll have enough on your trencher as it is.' He chuckled at his own witticism.

Conyers and some of the others groaned. 'I can't fight on an empty stomach!' protested Newbolt.

'You can die on an empty stomach,' Preston replied evenly. 'I don't see why you can't fight on one. If you don't like it, I suggest you take it up with his Majesty.'

Martin shaved himself with his rondel, honed to razor-sharpness with a leather strop; if he were destined to die today, he thought wryly, there was no reason why he should not be well-groomed. Then he polished the blades of his weapons, prompting the others to do likewise. They were subdued but optimistic. The general appearance of things in the camp gave the impression that the king was in earnest about doing battle with Valois. Whether the French would take up this opportunity was another matter entirely, although given that all the scouts' reports implied that Valois had at least four times as many troops at his disposal, it seemed unlikely that he would pass it up.

'Four battalions,' Tate mused out loud, and turned to the others. 'How many men are there in a battalion, anyway?'

'Plenty,' said Conyers.

'Enough,' said Brewster, and shrugged. 'How long is a river?'

'How long is a river?' Newbolt echoed incredulously. 'What in Hell is that supposed to mean? "How long is a river?"!'

Despite the impression given by their constant bickering, they were in good spirits. If the king were ready to give battle, they reasoned, then that must mean he thought they stood a good chance of winning. Like Martin, many of the younger ones were sick of evading any formal confrontation with the enemy. Ever since they had reached the Seine at Elbeuf, it had seemed as if they were running away. Now at last it looked as if they were going to stand and fight.

After mass, the army began to move out of the forest and across the valley. There was a small wood in a hollow about four and a half furlongs to the north of the village, and the baggage train moved around to the far side of this wood. The waggoners formed a leaguer – a large, square-shaped enclosure that had the wagons themselves as its walls – and all the horses were corralled within it. After taking the Earl of Northampton's advice, the king had decided that the knights would fight on foot with their men.

There was a low ridge to the north-east of the village, running for about nine furlongs and facing south-east across a shallow valley. It was on the south-east face of the ridge that the marshals drew up the battle lines, about three hundred yards from the bottom of the valley, where the land had been moulded into terraces for easier cultivation.

There was no confusion. The marshals took their time, working carefully and methodically. If they were going to fight a pitched battle, it was important to get the preparations right. Heralds rode back and forth between the battle lines and the camp, ordering each company in turn to pick up its equipment and directing them to their exact spot on the field.

Holland's company was assigned to the Prince of Wales' division in the vanguard, positioned just below a windmill on the end of the ridge that overlooked the village. When the time came, they would stand facing across the shallow valley in the direction from which the French were expected to approach; but in the meantime the pioneers and sappers handed out a spade to each of the archers, and told them to dig.

Newbolt spat distastefully on the ground, and then spat on his palms with a reluctant shrug, picking up his spade and attacking the soil. 'God's curse! I might've known it! I only joined up because I were sick of working the land. So here I stand, about to face the entire might of Valois' army, and what am I doing? God-damned digging, that's what!'

'Shut your trap, Newbolt,' Preston told him good-naturedly. 'The only reason you're here is that you'd've wound up kicking your heels at the end of a length of hemp otherwise.'

'What are we supposed to be digging, serjeant?' asked Tate, as Preston showed them where to dig.

'Holes,' the serjeant told him succinctly. 'A foot across and a foot down should do it – just enough to make them stumble when they're approaching our lines.'

Fletchers passed among the archers while they were digging the holes, distributing baskets of arrows so that there would be no danger of them running out. Every archer in Holland's company received at least one sheaf of bodkin-tipped arrows, with steel, pyramidal heads that were specially designed to pierce armour. It was likely that they would be facing armoured knights charging *en masse* for the first time.

Those ugly-looking arrowheads brought the full reality of the situation home to Martin far more than any of the other extensive preparations that were being made. This would not be just another skirmish, it would be a head-on collision between two mighty armies.

He began to experience that tight feeling of excitement in his chest and his stomach, but by now it was an old, familiar and trusted friend; like his longbow and his broadsword, the tools of his trade. What happened there that day would either put the king on the throne of France, or cast him into a French dungeon to rot.

It was late morning. The sun shone brightly in a sky that was blue except for a few high-up wisps of cloud. The archers were wet with sweat from the back-breaking toil of digging holes in the hot summer sunshine.

Conyers chuckled nervously. 'I'll laugh if, after all this preparation, the French decide not to fight.'

'Make these holes six feet longer and a few feet deeper, and I reckon they'll make nice graves,' said Freeman.

'Aye and like,' agreed Martin. 'Let's hope it's French corpses that fill them.'

Off to the right they could see the king riding along the front of the lines on a small white palfrey, accompanied by the Earl of Warwick, Sir Thomas Norwich, and Sir John Beauchamp, Warwick's younger brother, the Royal Standard Bearer. Like Holland, none of them had yet donned their armour. Martin found that he could draw strength from their relaxed confidence. The king halted in front of each company to make a short speech.

The archers began to plant their arrows in clusters in the ground at their feet. 'Remember, no one is to loose until the order is given,' said Holland, raising his voice so that the whole company could hear. 'And once battle is joined, on no account is any man to break ranks unless specifically ordered to do so. If anyone does, they'll not only be putting his own life in peril, but also the lives of their companions. If any one of you disobeys either of these commands and lives to tell the tale… I'll see to it that he never gets around to finishing it.'

The king rode up with Warwick and Norwich to where Holland stood before his men. He was unarmed but for a white marshal's baton with a gilt head, elegantly dressed in robes of emerald green velvet, his handsome countenance smiling and cheerful. He saluted Holland with his baton. 'Good morning, Sir Thomas. Are you and your men ready for battle?'

Holland bowed low. 'Ready and willing, sire.'

'Excellent.' The king turned to address the archers. 'Well, stout fellows, this is it. We've come a long way since we landed in Normandy nearly seven weeks ago, and in that time you have all fought nobly and bravely for the furtherance of my cause.' He did not need to shout, his strident tones carrying clearly through the ranks. 'I would take issue with any man who claimed that there was one amongst you who had failed in his duty to me. If there were any justice in the world, I could fain send you all home now and ask no more of you, to let others in their turn fulfil the duty that they yet owe to me.'

There was a slight frisson throughout the ranks at the suggestion that they might wish themselves elsewhere that day, but the king raised a hand to calm them, smiling. 'But you all know as well as I that if there is to be any justice in this world then we must make it ourselves,' he continued gravely. Then his features cracked into a grin. 'And if all of you had the opportunity to leave this place at this moment and return to England and safety, I doubt not that each and every one of you would reject it, and in preference stand with me against the usurper Valois.

'Doubt not that our cause is just, and that God the Father, the Son and the Holy Ghost is on our side. And though the enemy may be greater in number, each one of you, armed with the power of God, shall have the strength of ten, and behind you shall stand all the legions of Heaven.

'I speak to you now not as your king, but as your countryman and your companion-in-arms, when I ask you to stand up for my honour and to defend my rights; and that when the time comes for you to do your duty, not one of you shall be found lacking in strength or courage.'

'Three cheers for his Majesty!' said Villiers, and as the archers joined the young squire in his cheers, not one of them suspected that his outburst of boyish loyalty was the result of a strong hint from Holland.

The king waved in acknowledgement, exchanging greetings with one or two men whose faces he was able to put names to. 'Is that old Daw Oakley?' he called.

'Aye, your Majesty,' responded Oakley, grinning with pleasure at being recognised.

'We've come a long way since we fought together on Halidon Hill, have we not?'

'Aye, sire.'

The king spotted Martin in the ranks, recognising him by his coverchief. 'It is Martin Kemp, is it not?'

Martin flushed, overwhelmed at being picked out by the king in front of so many people. 'Aye, your Majesty,' he managed to stammer, bowing clumsily.

'I'm much obliged to you for the loan of your coverchief at Saint-Vaast-la-Hougue. Let us hope that this day it is Valois who gets a bloody nose!'

The men all laughed raucously. The story of the king's accident on landing at Saint-Vaast had spread throughout the army.

The king took the reins of his horse in his left hand and rode on to address the next company. Holland made his way through the press of men as if to speak to one of his serjeants. As he passed Martin, he paused momentarily to murmur in his ear. 'It seems you made quite an impression on his Majesty,' he said humorously. 'Don't let it go to your head.'

'Nay, sir.'

There was still no sign of the enemy by the time the king had completed his inspection of the battle lines at noon. The men were dismissed one unit at a time to make their way to where the cooks were preparing food by the leaguer. While they were awaiting their turn, Holland's men sat down in their positions and began talking amongst themselves. Some played at jacks or dice, while others boasted of the feats they planned to perform that day. Conyers, as enterprising as ever, managed to combine both these activities by arranging a game of jacks and using the French noblemen they hoped to capture as stakes. 'I'll wager the Count of Blois to the Duke of Alencon that you can't pick up all seven on the next throw,' he told Brewster, the platoon's jacks champion.

Brewster grinned. He was on a winning streak. 'Your Count of Blois, and I'll raise you the Count of Hainault.'

'There'll be no taking prisoners this day,' Preston cut in firmly. Taking prisoners usually meant leaving the ranks, and that had already been strictly forbidden. 'You'll leave taking prisoners to your betters and concentrate on your own task: killing Frenchmen'.

Preston's words cast a cloud over his men, reminding them that this was no game they were looking forward to, but a bloody battle. Martin wondered if the tough old veteran could be nervous. If a hardened campaigner like Preston had cause to be worried, he mused to himself, what hope was there for the rest of them?

Norwich rode up towards mid-afternoon and told Holland that it was time for his men to go and get something to eat. The archers cheered without waiting for the order to be relayed to them through their serjeants, and pushed themselves to their feet, marking their places with their bows, caps and helmets.

'But if you hear the call to arms, you get back here smartish, I don't care what you're doing!' Preston called after them.

A pale-faced Inglewood made no attempt to move. 'Not coming?' asked Tate, replacing his bow in its cover to protect it in his absence.

Inglewood shook his head. 'Not hungry.'

Tate shrugged, and made his way after the others, who were crowding around the field kitchen. 'I hope there's some God-damned food left for us,' shouted Newbolt. 'God's doom, I'm starving!'

Martin skewered a pork chop with his rondel. He did not feel as if he were on a battlefield; the spirits of the men around him were so high that it was more like being at a fair. He washed down the meat with a cup of watered-down wine and strolled into the wood with Conyers.

'You've been in a battle before, haven't you?' said Martin. 'A real battle, I mean.'

Conyers nodded. 'I were at Morlaix four years back. We were commanded by the Earl of Northampton that time. We lined up on a hillside facing the French, just like we're doing today, and we thrashed them hollow. Me and Hodge.' He suddenly fell silent, remembering that he would never again stand side by side with Rudcock facing the enemy.

Martin felt the same way about Rudcock's absence from their ranks, but did not want to dwell on the matter. Rudcock was dead, and no amount of mourning could ever bring him back. 'What were it like?' he pressed Conyers. 'At Morlaix, I mean.'

Conyers chewed his last mouthful of pork ruminatively and swallowed. 'It were like the skirmish at Saint-Vaast, only bigger,' he decided, licking grease from his fingers. 'More men – on both sides, I mean.' He turned his head to glance speculatively at Martin. 'Scared?'

'Aren't you?'

'Aye – scared witless. Don't worry, we'll be all right.' They crouched on opposite sides of a tree to answer the call of nature. 'If we don't do it now, we'll most likely do it in the heat of battle, and we don't want that,' chuckled Conyers.

It was late afternoon when they got back to their positions. There was still no sign of the enemy. 'Pisspants reckoned he saw four or five knights at the edge of yonder forest while you were off stuffing your faces, but I'm damned if I could see owt,' said Preston, gesturing vaguely across the valley, to the south-east. 'Mark you, my eyes aren't as strong as they used to be.'

'Five knights do not an army make,' Freeman said in disgust, and hawked loudly before spitting on the ground. 'I'll wager ten to one they don't show.'

'I'm inclined to take you up on that, Freeman,' said Holland, suddenly stepping up behind him. 'Four or five knights could have been a reconnaissance party. Perhaps the rest of Valois' army is not so far behind.'

A dark shadow fell across them, rapidly spreading across the whole valley as dark and gravid clouds suddenly filled the sky. 'Looks like rain,' Villiers said dubiously. Even as he spoke, the first few drops began to patter down. Newbolt swore and unstrung his bow hurriedly. The others did likewise, coiling up their bowstrings and tucking them under their hoods, caps and helmets to keep them dry.

'Can we go and shelter under those trees, serjeant?' asked Conyers, grinning, as the rain rapidly increased in intensity.

'What, and risk missing all the fun?' Preston replied dryly.

The downpour was heavy, and before long they were all soaked to the skin. 'I can't see the French coming out in this,' Hick Lowesby said miserably.

'Not if they've got any sense,' agreed Newbolt. 'They're probably still in Abbeville, sitting warm and snug in front of their fires, and laughing at us stuck out here in the rain.'

'It won't last,' Preston assured them. 'It's just a summer shower.'

As usual he was right. The downpour abated after half an hour, and then died away as suddenly as it had started. The rain-cloud had passed on, and the sun came out once more, low in the sky to the west as it sank towards the horizon, warming their backs. A rainbow appeared across the valley.

'I hope that's a good omen.' said Villiers.

'If we beat the French today, it'll be thanks to English yew, not any omens,' Holland replied cynically.

'If the French show up at all,' grumbled Newbolt.

'What hour do you suppose it is?' wondered Tate.

'It must be nearly vespers,' Inglewood told him.

'The French won't come now, will they?' Tate sounded hopeful. 'It'll be dark soon.'

A couple of black birds winged their way across the battlefield, cawing. They landed in the field near the bottom of the valley, searching the wet grass for earthworms brought to the surface by the downpour. They seemed oblivious to the thousands of armed men massed only a few hundred yards away. Martin wondered if they were some kind of omen… or was it black cats he was thinking of? No, it was magpies. One for sorrow, two for joy, went the old saying. But these were not magpies.

Tate's mind seemed to be working along similar lines. 'What kind of birds are those?' he asked suddenly just for something to say.

'Crows, I think,' said Lowesby.

'No, rooks.' Inglewood was adamant.

'What difference does it make?' demanded Newbolt. He always got irritable when he was nervous. 'Who cares?'

'How can you tell?' Drayton asked Inglewood.

'My father taught me an old saying,' explained Inglewood. 'If you see a rook standing in a flock of crows, then it's a crow. But if you see a crow standing on its own, then it's a rook.' He frowned. 'Or is it the other way around?' He bit his lip, as if the whole outcome of the battle might depend on his getting it right.

There was a pregnant silence while the whole platoon ingested this titbit of country wisdom. It was Newbolt who broke the silence.

'Ballocks,' he said.

'What?' Inglewood was caught off guard by the vehemence of Newbolt's response.

'Ballocks,' Newbolt repeated succinctly. 'Rooks is just as gregarious as crows.'

Conyers laughed out loud. 'Come again?'

'Gregarious,' repeated Newbolt, self-conscious at his sudden display of erudition. 'It means friendly, like. You know, sociable.'

'There's no such word!' scoffed Conyers. 'You just made it up!'

'There is too! Anyways, how would you know? You can't even spell your own name.'

'And you can, I suppose?'

'All I'm saying is that rooks always hangs around with other rooks,' said Newbolt. 'That's why they always builds rookeries together.'

'Don't talk daft,' cut in Freeman. 'You talk about flocks of crows, don't you? Whoever heard of a flock of rooks?'

'Anyway, whatever those two birds are, they aren't standing in a flock, and they aren't standing on their own, neither,' pointed out Oakley.

A shout went up some distance behind them, and they all broke off their debate on ornithology to glance over their shoulders. A look-out had been stationed on the roof of the windmill, and he was waving frantically towards the king's tent, which had been erected to the rear of the lines, about halfway between the crest of the ridge and the wood behind it. The tent was out of sight to the men in the prince's division, but presently a handful of figures appeared silhouetted on the ridge behind them, gazing over their heads towards the south-east. Holland and his men gazed too. Armour could be seen glinting about a mile and a half away, where troops were emerging from behind the trees that blocked the view of the road to Abbeville. A herald blew the call to arms, a call that was taken up by trumpeters throughout the battle lines. The clamour put the two birds to flight.

Valois had finally arrived with his army.

Martin felt the familiar tightness return to his stomach and chest. He had been so engrossed in his companions' discussion that he had quite forgotten why they were all there. Men who had wandered away from their positions now hurriedly scrambled back into place.

Norwich was standing by Holland. 'The hour is late,' he observed. 'It will be dark anon, and they must be weary from their march. If they have any sense, they will not attack until the morrow.' There were traces of both hope and fear in his voice.

Holland stared at him deprecatingly. He for one had never credited Valois and his vassals with any sense when it came to fighting battles. He made his way unhurriedly to the rear of the line to don his armour with Villiers' help, returning about a quarter of an hour later. He looked invulnerable in his suit of plate armour, chain-mail and reinforced leather, but Martin knew he was no better protected than the knight he himself had slain near Quettehou. Armoured knights were hard to kill, of that there could be no doubt; but it was reassuring to know that they were not invincible. Martin checked his bodkin-tipped arrows. They had parchment fletchings, unlike the feathered fletchings of his ordinary arrows, so it was easy to tell them apart, even by touch.

Then he remembered that he had not yet restrung his bow since the rainstorm. He took the coiled string from under his helmet and fastened it on to the bowstave. But his neglect had made him panicky, and his trembling fingers made a mess of the task. He forced himself to get a grip. The enemy were still over a mile away, and in marching order; it would take them time to form into battle array. He unstrung his bow and started from scratch, forcing himself to take his time.

The archers could see the vanguard of Valois' army more clearly now. There were knights and men-at-arms on horseback, and the usual Genoese crossbowmen with their red and white pennants. There were thousands of the enemy all told, more men than Martin had ever seen at one time before, stretching back along the Abbeville road until they disappeared behind the trees. He could make out the by-now familiar banners of Valois and Saint-Denys.

Holland, Norwich and Villiers were also studying the enemy's banners and pennants. 'There's the famous Oriflamme,' observed Norwich.

'The pennant that signals no quarter is to be given?' Villiers asked nervously.

'The same,' agreed Holland.

'Valois must be with them, then,' said Norwich. 'The Oriflamme is only raised when the French king rides with his army. I can see the banner of Valois' brother, the Duke of Alençon, and the Duke of Lorraine, and our old friend Robert Bertrand...' As he continued, he might have been noting the arrival of contestants at a tournament. 'The Counts of Auxerre, Namur, Blois, Aumale, d'Harcourt... does Sir Godefroi know that his brother rides in the enemy ranks, I wonder?'

'He must be expecting it,' Holland said grimly.

'And look there,' said Norwich, pointing. 'Do you see yonder banner? Gules, a lion rampant *queue fourchée* and passed in saltire argent – the arms of John of Luxembourg, King of Bohemia.'

Holland nodded. 'I'd heard he was allied with Valois. They say it was his men who fell on our vanguard at the ford the day before yesterday.'

'Is it true his Majesty is blind?' asked Villiers.

'So they say,' replied Norwich. 'And there is the banner of King Jaime of Mallorca... four kings on a single battlefield, eh?'

'Three kings and a usurper,' corrected Holland.

'Quite so,' Norwich agreed hurriedly. 'A fine array of nobility, nonetheless. Have you ever been the guest of honour at a feast where a stuffed peacock was served, and it almost looked too fine to eat?'

'Today I am feeling extremely hungry, I'm afraid,' said Holland, flexing the articulated fingers of his right gauntlet around the hilt of his scabbarded broadsword.

They could hear the advance of the enemy by now, a cacophony of trumpets, cornets, kettle-drums and war-cries. The vanguard of Valois' army seemed to be in some confusion, but eventually the Genoese crossbowmen began to advance into the valley.

'It seems they wish to take us up on our offer of battle after all,' sneered Holland. 'I was beginning to think they might not have the stomach for a fight.' He raised his voice to address his archers. 'All right, men, this is it. Stand by!'

'Remember, no one is to loose until I give the order!' Preston reminded his platoon.

A herald came riding past at a gallop, reining in his palfrey long enough to murmur briefly in Holland's ear. Holland nodded curtly, and the herald rode on to where Sir Reginald Cobham stood with his men. Holland spoke to Preston, and the serjeant smiled broadly at his master's words before passing them on to his men.

'The first volley is to land sixty yards short! Pass it on!'

'Sixty yards short?' echoed Inglewood. 'You mean, we're to miss on purpose?'

Preston nodded. 'That's right, lad!'

'But what for?' protested Inglewood.

'Never you mind! You just do as I tell you! Any man shoots over two hundred, I'll have his guts for garters!'

'Pisspants is right!' Martin muttered to Brewster. 'What's the point of shooting short? It's just a waste of arrows!'

'Oh, I think the serjeant knows what he's about,' replied Brewster, with a lazy smile.

'You just do as you're told,' agreed Oakley. 'You'll see why soon enough.'

Martin shrugged. He suddenly realised that in spite of all he had been through since landing in France, this was still only the second time he had stood and faced an enemy attack head-on. He remembered how he had panicked and made a mess of things that first time on the beach. This time, his earlier anxiety seemed to have vanished entirely. Now he felt calm and fatalistic. If he was to die, then so be it: it was no worse than he deserved, and death could be no worse than the terror of the mêlée on the bridge at Caen. He selected his first arrow – an ordinary one: the Genoese were poorly armoured compared to the French knights and men-at-arms – and nocked it with practised, workman-like motions. He did not take aim yet: the Genoese were still too far away.

They were advancing in skirmishing order, their crossbows presented. They crossed the bottom of the valley, three hundred yards away. A great shout suddenly went up from their ranks, doubtless some kind of war-cry intended to intimidate their opponents. Martin and his companions were unperturbed. He idly wondered if it meant anything in Genoese; to him it sounded like a meaningless, animalistic bellow, but that could happen to any word or phrase roared by hundreds of men simultaneously.

Another shout rose from the Genoese as they continued their inexorable advance up the slope towards the English battle lines. The sun was already setting behind the ridge, shining in the eyes of the crossbowmen. Martin recalled what Preston had said on the first day of training about not attacking with the sun in your eyes. It was somehow reassuring, as if the French did not know the first thing about war. Norwich had been right when he said that it would be wiser for the French to postpone their attack until morning, when the sun would be shining in the eyes of the English. Martin smiled to himself, thinking that it was just as well that Valois had not been trained by Wat Preston.

A third shout rose from the Genoese ranks, and at that moment they loosed their first volley.

All the bolts fell short.

Stupid whoresons, thought Martin.

'Steady, lads. Don't loose yet,' cautioned Preston, lest the Genoese volley provoke any of his men into retaliating. He need not have bothered: his men were well-drilled, and knew what was expected of them. 'Remember, sixty yards short!'

The Genoese paused to reload their crossbows. They did not have their large shields strapped to their backs, but they instinctively turned their backs on the English nevertheless. They could not march and reload at the same time anyway. Reloading a crossbow seemed like an awkward and time-consuming process to Martin, and he decided that he was much happier using his longbow. The Genoese resumed their advance. They were only two hundred and fifty yards away now, and Martin knew that at that range he could pick off any one of them; but he also knew better than to disobey orders.

The Genoese were still advancing, loosing the occasional shot towards the English ranks, but they were shooting up-hill, and practically into the sun.

Preston was watching Holland. 'Steady, lads,' he told his men.

Holland drew his broadsword from its scabbard, holding it aloft so it caught the sun's last rays, glinting in the twilight.

'Step up and nock,' ordered Preston. The archers each took one pace forward, nocking their arrows to their bows. 'Mark – sixty yards short, remember! Draw!'

Martin raised his bow, pushing away the bowstave with his left arm, aiming sixty yards short of the advancing Genoese. He reckoned he could easily hit one of them, but if Preston wanted him to shoot short…

Holland brought down his sword with a sharp, chopping motion.

'Loose!'

Martin let fly. Suddenly the sky seemed to grow darker as a cloud of arrows filled the air, soughing with eerie menace as they whirred towards their targets. He had never seen anything like it. The arrows – literally thousands of them – seemed to arc downwards as one, like a swarm of bees or a flight of birds flying in formation.

They all fell short of the Genoese, just as had been ordered. To Martin it seemed like a waste of good arrows.

But now the Genoese were running forward, stopping just short of where the English arrows were embedded in the ground. Now Martin could see the reason for shooting short: the Genoese had assumed that was the maximum range of the English archers, and that they would be safe provided they went no further.

'Nock,' ordered Preston. 'Mark to kill this time.'

Martin selected his mark, a crossbowman who was pausing to reload his weapon. The Genoese were targets, just like any other.

'Draw!' ordered Preston, waiting for Holland to give the signal once more. 'And… loose!'

Once again the sky was darkened with arrows. They curved down, this time raining amongst the ranks of the Genoese.

The effect was devastating. The crossbowmen were falling dead or wounded on all sides. Martin saw the man he had aimed at go down, and smiled with satisfaction. He was so pleased with the result, so astounded by the impact of the English volley, that for a few moments he forgot to nock another arrow to his bow. Then he remembered where he was and why he was there, and he realised that for every Genoese who had been killed or seriously injured, another ten were still standing.

That's no problem, thought Martin; we'll just have to shoot ten more volleys.

After five more volleys, the Genoese were already beginning to waver. The English and Welsh archers were positioned in wedge-shaped formations on the wings of the prince's division, so that the Genoese found themselves caught in the crossfire as they advanced to attack the men-at-arms in the centre.

There was a sound like a crack of thunder, but instead of lightning, smoke and flame seemed to fly down towards the Genoese. Astonished, Martin followed the trail of smoke back to where the ribauds he had seen at Portsmouth were positioned beyond the gap between the prince's division and the Earl of Northampton's division on the left flank. Even as he watched, he saw the engineers operating another ribaud. They ran clear of the weapon, and seconds later it belched flame with another crack of thunder. Martin did not know what power lay behind such engines, but he was glad it seemed to be on his side.

Such weapons were known to the French, who had used them long before the English had taken them up, but it was a new experience for the Genoese to come under fire from these engines. At that range, the wide spread of bolts and pellets was largely ineffectual, killing only a handful of the crossbowmen. But the Genoese were terrified by the thunderous noise, the flame-spewing tubes and the trails of smoke. It was as if the English had harnessed the power of thunder and lightning. Did the French not say that the English were demons? Did this not prove that they had the power of Satan on their side? Scared witless by this new and unexpected development, they broke ranks and fled in confusion.

A great cheer went up from the English ranks. 'That'll teach Valois not to hire mercenaries!' shouted someone.

'I hope he demands his money back!' Conyers shouted in reply.

Some of the English archers started to gesticulate at the retreating backs of the Genoese, demonstrating the fact that unlike the archers supposedly captured and mutilated by the French, they still had the first two fingers of their right hands.

Tate was grinning nervously, his face shining. 'Have we won?' he asked.

'Er... not yet, lad,' Preston told him dubiously.

They gradually became aware of a rumble like distant thunder, and looked to their front to see several companies of armoured archers and men-at-arms riding into the valley. Even in the failing light they made a brave show in their shining armour, their banners and pennants fluttering. They rode at a trot, lances carried upright.

Then they broke into a canter, callously riding down the fleeing Genoese who got in their way, some of them even aiming sword-strokes at the crossbowmen.

The horsemen were charging in a disorderly mob, and the Genoese who got in their way only served to break up the ranks even further. The hooves of their massive coursers sent tremors through the ground as they charged forward, and it seemed as if nothing could break their impetus.

'Nock!' ordered Preston.

Martin selected a bodkin-tipped arrow and nocked it.

Now the Frenchmen were charging up the slope towards them. It was the kind of slope that looked gentle enough until one tried to run up it. Already the pace of the horses was beginning to slacken, the uneven terraces breaking their rhythm.

'Mark!'

Now Martin felt fear: not the tightness in the pit of his stomach, but a sharper, paralysing fear that turned his limbs to water. It was not the speed of the charging horsemen that frightened him so much as the seemingly implacable power of the charge. Part of him told him he was a fool to stand there, waiting to die, either spitted on one of those long lances or trampled underfoot by the massive horses. Wondering if he was alone in his fears, he glanced briefly left and right. Conyers and Brewster stood on either side of him, their faces pale and taut with fear, but their expressions resolute. Their resolution gave him heart, and he fought back the temptation to turn and flee for his life.

'Draw!'

The serjeant's words snapped Martin out of his paralysing fear. He marked his target, pushing out the bowstave and taking aim.

'Loose!'

Martin loosed his arrow. Horses reared as the volley struck home. Armoured knights fell from their saddles to crash to the ground. Other horses tripped and stumbled over the bodies that had fallen before them, some of them losing their riders. The noise of shouting men, neighing horses and crashing armour was terrific.

But the majority of the knights and men-at-arms rode on. They couched their lances, urging their mounts into a canter. They were less than a hundred and fifty yards away now.

'Loose!' ordered Preston. 'At your own rate.'

Martin had already nocked another arrow to his bow and now he loosed it, reaching for a third arrow and loosing that before his second had yet struck its target. On either side of him his fellow archers did likewise, so that the air was continuously filled with arrows. The horsemen were charging towards the front rank of men-at-arms in the prince's division, so now they found themselves shot at from both sides by the archers in the wings, caught in the same lethal crossfire that had broken the advance of the Genoese. The slaughter was terrible to behold.

Perhaps half the horsemen in this initial charge managed to reach the men-at-arms to the right of where Martin stood, but they could not persuade their horses to charge through the fence of levelled spears that greeted them. They struggled to goad their mounts forward, jabbing at the men-at-arms with their lances or hacking at the spearheads with their swords. A few English men-at-arms were slain, but even more Frenchmen died on those spear-points, and the front rank held firm. The English and Welsh archers continued to pour their arrows into the flanks of the French formation. The ground immediately before the English men-at-arms, between the two wings of archers, had become a killing ground.

Another formation of French knights and men-at-arms was charging across the valley floor towards Northampton's division, further along the ridge. They received a similar reception.

Now the attack on the prince's division began to break, the horsemen wheeling their chargers about and riding back down the slope. The archers continued to shoot after them until they were out of range. The slope was littered with the corpses of men and horses.

Another cheer went up from the English ranks.

Martin felt elated. They had done it! The flower of French chivalry had been routed by a handful of English yeomen armed only with their crooked sticks. He had been told that archers and dismounted men-at-arms could defeat armoured knights on horseback, but he had never really believed it until now.

His elation was short-lived. On the far side of the valley, the survivors of the initial charge were rallying, joined by fresh troops brought up from the rear; and there were plenty more where they had come from.

The battle had only just begun.

Chapter Fifteen

The French charged again, this time in better order. But in the gloom of dusk, the corpses that now littered the slope presented an even greater obstacle than the holes dug by the archers. The mounted knights and men-at-arms advanced their horses at a walk, breaking into a trot when they were only two hundred yards away and slowly but steadily accelerating into a canter, the powerful haunches of their destriers driving them up the slope.

The archers showered them with repeated volleys of arrows, killing dozens of them.

But dozens were not enough.

The formation of horsemen smashed like a mailed fist into the front rank of men-at-arms. Martin watched in fascinated horror, still shooting arrows as fast as he could nock them to his bow and draw. Swords rose and fell, vaguely silhouetted against the darkening sky. Men shouted and screamed. Horses neighed. The clash of steel against steel rang out.

Then the French were pulling back. The English front rank remained intact, those who had fallen immediately being replaced by the men behind them. It was difficult to see in the thickening gloom if the French were rallying for a third charge. Martin wondered how many more such attacks they could hope to hold off. The French seemed to have no shortage of men in reserve, and Martin had already run out of arrows. Most of his companions were no better off. Preston had sent Inglewood and Tate to the rear to fetch more arrows, but that would take time. In the meantime, he dispatched Martin and Drayton down the slope to recover as many arrows as possible before the French charged again. Men from other platoons of archers were doing likewise.

It had grown so dark that Martin could barely see a few yards in front of him, let alone find any arrows. He skidded and slid over the damp grass, into the mud churned up by the horses, stumbling over corpses in the gloom. He could hear the rallying cries of the French; they sounded uncomfortably close.

If I can live through this battle, he told himself, then God is prepared to give me a chance to make amends for the terrible things I've done; if not… then it means that Hell cannot claim me soon enough.

It was easier to find arrows than he had expected. The ground seemed to be carpeted with them. It was impossible not to find them, like looking for corn in a wheat field in August. They were planted in the soil, in horses, in men. Martin plucked them free indifferently. Before long he had as many as he could carry.

He could hear the approach of more horsemen in the distance as the French prepared to charge once more. 'Come on, Hal, let's get out of it.'

'Just let me get a few more arrows,' the big man replied ponderously.

'God-damn it, Hal, there isn't time! We have to get these arrows back to the others.' Martin began to climb back up the slope without waiting to see if Drayton followed.

The ground seemed to tremble beneath his feet. He could hear the thunder of approaching hooves. Panic seized him. Alone out on the side of the ridge in the darkness, he felt exposed. In his mind's eye, he could see the sharp tip of a lance reaching out towards his back as a knight sought to ride him down. Breathing hard, clutching the arrows to his chest, he stumbled through the mud and corpses to where his companions waited. His feet could not seem to get a grip in the churned mud.

Then he was walking on grass, his friends only a few yards away now. He stumbled in one of the shallow pits, but managed to maintain his balance without dropping the arrows. He had only collected enough to give out three or four each; but if two men from each platoon had found that many, it amounted to at least seven devastating volleys.

'Where's Drayton?' demanded Preston, as the men jostled one another – and Martin – in their eagerness to restock their supplies of arrows.

'Right behind me,' panted Martin, hoping it was true.

A gibbous moon was rising over the battlefield, casting its pale light over the scene. Now they could see the French charging across the valley floor. Perhaps it was a trick of the light, but this time there seemed to be more of them than ever. Martin could see Drayton, about fifty yards down the slope, stumbling up through the darkness with perhaps four dozen arrows clutched to his chest, his teeth shining in the moonlight as he grimaced with desperation. The French were riding up the slope perhaps a hundred yards behind him. Once again the steep incline slowed their pace, but they were moving fast nevertheless.

Drayton was not going to make it.

'Loose!' ordered Preston. Another volley of arrows tore into the ranks of the mounted Frenchmen. They came on. This time they were heading not into the death trap between the wings of archers, but were instead driving their horses directly into the hail of arrows that came from the left wing, where Holland's company was positioned. The English formation had worked for as long as the attacking horsemen allowed their instincts to guide them, turning away from the volleys of arrows and riding to their deaths on the spears of the men-at-arms, while the archers continued to shoot at their flanks. Now the French had seen their error, and changed their tactics accordingly. The archers in the left wing could only shoot at the men in the front rank of the charge, and they would not be able to withstand the impetus in the same way that the men-at-arms could fend it off with their spears and lances.

Drayton was only a couple of dozen yards away now. The others shouted encouragement at him. 'Come on, Hal!'

'You can do it!'

'Shift your arse, lad!'

Drayton stumbled and fell. A groan went up from Preston's platoon.

The horsemen were only fifty yards away now. The archers continued to shoot at them desperately.

'Come on, Hal, they're right behind you!' screamed Martin. He had already used up two of his four recovered arrows.

Drayton picked himself up, and to Martin's horror he began to collect the arrows he had dropped.

'For Christ's love! Leave them!'

A horseman had seen Drayton now, and was charging directly towards him, lance couched. Martin let fly, his shaft catching the knight's mount in the chest. It reared up, throwing its rider from the saddle, and then stumbled and fell.

Drayton was moving again now, but the front rank of horses was right behind him. They did not even seem to notice him in the darkness, they were so intent on charging the formation of archers. One moment he was there, and the next he had disappeared, stampeded beneath a hundred hooves. He did not even have a chance to cry out.

'Whoresons!' screamed Martin, nocking his last arrow to his bow. The French were so close now it seemed as if nothing could stop them. Their lances were couched, the tips promising imminent death to any archer who stood in their way.

Martin saw one French knight riding at the centre of the formation. He wore a dark-coloured jupon patterned with fleurs-de-lys. The same design decorated his shield. In the moonlight, Martin could see that his bascinet was encircled by what might have been a jewelled crown.

Valois, thought Martin.

'I'll give you a bloody nose, you pox-ridden whoreson!' he screamed, taking careful aim at the man's head and letting fly.

The man clapped a gauntleted hand to his cheek and seemed to slump in his saddle.

'Got you, you bastard!' Martin roared triumphantly.

Then the mounted knights smashed into the formation of archers. Freeman screamed horribly as a lance pierced his chest and emerged from his back. A horse reared up, striking Pip Herrick a glancing blow on the head with one of its hooves. Herrick staggered back, bumping into Martin, who fell against the side of another horse that was ploughing into the crush of bodies. The horse's rider tried to swipe at him with his broadsword. Martin ducked beneath the blow. He reached for the hilt of his own sword, but then another horse cannoned into him. He fell, sprawling in the mud, his sword trapped beneath his body.

Holland plunged into the thick of it, bringing the blade of his sword down on the head of a horse whose rider tried to skewer him with a lance. The horse slumped forward, its brains exposed, glistening in the moonlight. Men struggled to get clear as the massive beast keeled over. Hick Lowesby slipped in the mud and screamed in agony as the horse fell across his legs, pinning him to the ground.

Martin scrambled clear of another horse's hooves and managed to haul himself up through the crush by holding on to a rider's stirrup. Seeing him, the rider tried to kick him in the face with his spur. Martin jerked his head out of the way. The man tried to reach for his sword. Martin finally managed to draw his own sword, slashing the man's face open on the follow-through. The man reeled back in his saddle, his face a mask of blood, his lacerated jaw hanging slackly.

Martin pushed the man out of the saddle and used the riderless horse as a shield, turning it sideways to the knights who rode up to the breach in the English ranks. He placed one foot in the stirrup, lifting himself up to slash at a knight who rode past. His blade failed to penetrate the knight's coat of mail, but the impact of the blow was enough to knock the knight from his saddle. He crashed to the ground, struggling to lift himself from the mud until a horse put its hoof on his head, crumpling his bascinet and crushing the skull beneath.

Another knight tried to run Martin through with his lance. Martin knocked the lance-point aside with his sword, severing it near the tip. The knight threw away the ruined lance with a roar of outrage, drawing his sword as he goaded his mount to where Martin clung to the side of the riderless horse. He swung his blade at Martin's head. Martin parried the blow, before jabbing his sword-point into the knight's face.

Something struck Martin on the side of the head. Blinding white agony exploded behind his eyes. He lost his grip on the pommel of the saddle and felt himself falling back into the crush. He gripped the hilt of his sword tightly, determined not to lose it.

He sprawled in the mud. A man-at-arms inadvertently put his foot on the blade of the sword, pinning it to the ground. Martin swivelled on his back, lashing out with one foot at the side of the man's knee. He felt rather than heard the bone snap. Then the sword was free, and he pushed himself up on to one knee, parrying another sword-stroke. His helmet had gone. He could feel his own blood coursing warmly down the side of his head. He stabbed one man-at-arms in the stomach and hacked at another, carving himself just enough space to rise to his feet. There was hardly any room to swing his sword. Someone tried to stab him but he squirmed aside, punching the man in the face with his left hand. Another man-at-arms was thrown against him. Martin lifted his knee into the man's crotch, and then kneed him in the face as he doubled up. Someone elbowed Martin in the stomach. He butted his assailant on the bridge of the nose, and managed to get his sword free of the crush, swinging with all his might at another man's neck. The blade sheared through flesh, bone and sinew. Something smashed into the small of Martin's back. He staggered forward, lost his balance and fell face-down in the mud. He tried to crawl out of danger, but it was all around him. Someone kicked him in the side, someone else trod on his left hand. He rolled on to his back and found a knight standing over him, wielding a sword above his head. Martin managed to raise his own sword to parry the blow, but before the two blades could connect, the knight's features contorted as someone stabbed him in the back. Then Preston was there, roughly hauling Martin to his feet.

There was no time for expressions of gratitude. More mounted knights were riding into the breach. Welsh spearmen moved amongst them, cutting their horses' hamstrings with long knives. A dismounted knight was carving a passage through the English ranks. Preston stepped up behind him and seized him in an arm-lock, swinging him around to face Martin. 'Do it, Kemp! In the face!' Martin did not hesitate, drawing his rondel with his left hand to plunge it into the knight's eye.

Brewster ducked beneath another rider, cutting through the belly-strap of his saddle. Conyers and Oakley hurled him to the ground, stabbing him in the face. The enemy pressed in on all sides. A mounted knight hacked at Holland, who caught the blow on his shield before driving the point of his sword up at the man's side. The force of the thrust drove the point through the knight's chain-mail hauberk and up into his ribcage. Newbolt took a sword-thrust in the chest and sank to the ground with a look of annoyance on his face. 'God *damn* it!' he mumbled, and died. His killer followed him to Hell when Preston buried the edge of his sword deep into his left shoulder.

Holland was attacked by three dismounted knights simultaneously. He stabbed one, barely withdrawing his blade in time to parry a blow from the second before a stroke from the third dented his bascinet. He fell on his back, his heavy armour making it almost impossible for him to rise from where he sprawled in the mud. He caught another sword-stroke on his shield, slashed at the second man, the stroke going wide. Then Preston and Oakley stepped in and engaged the third, Oakley seizing the knight from behind while Preston delivered the death-thrust. The second stood over Holland and raised his sword for the killing stroke. Then his body arched grotesquely as a spearhead emerged from his chest. The Frenchmen on either side of him were cut down as a dozen English knights and a platoon of men-at-arms attacked them from the rear. Holland felt a hand grab him by the arm, and recognised the Earl of Warwick peering down at him.

'Are you hurt?'

Holland shook his head, allowing the earl to help him to his feet. He recognised the young prince himself in his darkly burnished armour, charging into the thick of it, hacking and slashing left and right as he carved a passage deep into the enemy ranks. Close behind him, his standard-bearer received a sword-thrust in the face, but no sooner had the prince's banner fallen than Sir Thomas Daniels rushed forward to raise it aloft once more. Sir Reginald Cobham appeared at Holland's side, and the two of them rushed to back up the prince. The French knights and men-at-arms pressed close, determined to win the prize that would assure his captor of the greatest glory of the day: the heir to the throne of England.

–

Sir Thomas Norwich struggled up the side of the slope to where the king observed the battle from a vantage point on the crest of the ridge, not far from the windmill. In the front line below all was confusion, and in the moonlight it was impossible to tell which side was gaining the upper hand. A fresh wave of French men-at-arms could just be made out charging towards the breach in the English ranks. His face streaked with dirt and dried blood, Norwich went down on one knee before the king, breathing hard, struggling to remember the exact wording of the message Sir Godefroi d'Harcourt had asked him to deliver.

'Your Majesty. My lord of Warwick, Sir Reginald Cobham, and the others who are with your son are hard-pressed on all sides by the French, and they beg that you send in the reserves before more reinforcements arrive for the French.'

The king could not imagine Warwick or Cobham begging for assistance if their lives depended on it. But if the prince's life were threatened...? 'Is my son dead, or so badly wounded that he cannot support himself?' he asked, without taking his gaze from the battle-scene to meet Norwich's eyes. To the left of the position, he could see a troop of men-at-arms led by the Earl of Arundel, charging from Northampton's division to counter-attack the right flank of the French.

'Nothing of the sort, God be thanked, but he is in so...'

The king raised a hand to silence Norwich. 'Now, Sir Thomas, return to those who sent you and tell them not to send for me again, nor expect me to come to their aid, come what may, so long as my son lives,' he said sternly. 'Say that I command them to let the boy win his spurs. I want all the glory of this day to go to him, and to those into whose care I have entrusted him.'

—

If John Conyers had had time to reflect, he might have been overwhelmed with awe at the noble company in which he fought: the Earl of Warwick, Sir Reginald Cobham, and Sir John Chandos, not to mention the prince himself. But there was no time for standing around open-mouthed. Their only significance in his mind at that moment was that they, along with Holland, were five of the greatest warriors in the world; and, more importantly, they were on his side. But chivalric prowess would not be enough against such an overwhelming number of enemies, and their arms were growing tired.

Conyers found himself attacked by an armoured knight. He desperately parried a sword-stroke, and then thrust the blade of his short sword at the knight's chest. But his sword-point only lacerated the fabric of the knight's jupon before glancing off his coat of mail. The knight swung his broadsword at Conyers' head, gripping it two-handed. Conyers raised his own sword to deflect the stroke. The blow broke Conyers' sword near the hilt, jarring his arm. The knight thrust at Conyers, the point of his sword entering Conyers' side. The archer gasped in shock as the steel plunged into his flesh, his legs crumpling beneath him as he sank to his knees. Then the knight withdrew his blade, swinging it back over his shoulder. Conyers raised his arms to protect himself in an instinctive if useless gesture.

A pale figure loomed up behind the knight wielding a broadsword. The blade came arcing down, cleaving through steel, flesh and bone to split the knight's head in two. Conyers felt himself spattered with blood and brains. He wiped the gore from his eyes to recognise Martin standing over him. He had tied his coverchief around his head like a bandana, and the left side of it was dark with blood. His pale face was white in the moonlight but streaked with more blood. He swung the broadsword to his left, hacking off a man's arm near the shoulder, before thrusting the point at a man to his right. He roared savagely as he fought, his teeth bared in a wolfish grin as he swung his sword tirelessly.

Suddenly there were no more French to kill. Arundel's counter-attack had smashed into the French flank, and now the enemy were turning and fleeing into the night. Even if their orders had not strictly demanded that the English troops hold their positions, they were too exhausted to pursue the enemy.

Martin sank to his knees amongst the heaps of bodies and wiped the blade of his broadsword on the hem of a dead man's jupon, returning it to its scabbard. He crawled over to where Conyers lay. 'Are you all right?'

Conyers gestured listlessly at the wound in his side. His ripped tunic was matted with blood. 'I think I'm dying,' he whispered.

'Ballocks,' Martin told him crisply, using his rondel to cut a jupon off a dead knight and wadding up the cloth, pressing it against the wound to stanch the flow of blood. 'Hold this in place,' he said, while searching for some more cloth to make a tourniquet. 'Can you walk?' he asked, when he had finished binding the makeshift dressing in place.

'I'll try.'

Martin helped Conyers to his feet, supporting him as the two of them stumbled through the darkness in search of their companions. 'Why's a miller's cloak the bravest thing in the world?' asked Martin.

Conyers managed a wan smile. 'Because it's the only thing that would clasp a thieving rogue by the neck every day. That's an old one, Martin. How about if I stick to making jests, and you stick to fighting?'

Martin laughed. 'It's a deal.'

They met some Welsh archers moving forward to fill the gaps punched in the left wing by the French attack, and Martin recognised Ieuan ap Morgan. He waved, and the Welshman waved back, grinning. 'Been having fun, boy?'

'Go to Hell,' Martin replied good-naturedly.

'Didn't they tell you? We're already there.'

'I can well believe it,' Martin said grimly. 'Have you seen Sir Thomas Holland's banner around?'

'I've not seen his banner, but the man himself is over yonder in some very exalted company indeed,' Ieuan said, pointing. 'Dafydd's over there, too, looking after some of your countrymen who were too careless to keep their hides intact. Looks to me as if your friend could do with some attention.'

'Thanks,' said Martin. 'Good luck.'

Ieuan chuckled. 'Don't worry about me, boy. A year from now we'll be sitting together in a tavern in Gwent, laughing about all this over a cup of mead.'

'Very well, but you're paying,' Martin told him, smiling.

Martin and Conyers found Holland and Preston seated on the ground amongst the piles of corpses with the prince, the Earls of Warwick and Arundel, d'Harcourt, Cobham and Norwich, and some men-at-arms and a few archers, including Brewster and Oakley. The prince's burnished armour was battered and dented, and covered in blood. He no longer looked as youthful as he had seemed at Saint-Vaast-la-Hougue, but he was smiling, and his princely bearing was unmistakable. The noblemen sat alongside the common soldiers, sharing their gourds of water and chatting as equals. Differences in social status no longer seemed to matter. Dafydd was there, tending to the wounds of the prince's standard bearer.

Martin was unsure how to react to finding himself in such exalted company. He bowed as far as he could, at the same time struggling to support Conyers.

The prince made a dismissive gesture. 'Don't stand on ceremony, man. Sit down before you fall down.'

Martin gently lowered Conyers to the ground before thankfully sinking down beside him. 'Can you see to my friend?' he asked Dafydd.

The Welshman nodded. 'As soon as I've finished with this one.'

'You've got your work cut out for you tonight, eh, Dafydd?' said the prince.

'Indeed, your Highness.'

'What about you, Kemp?' asked Holland. 'That looks like a bad wound you've got there.'

'I'll live.'

'Have you seen Adam?'

Martin shook his head, gratefully taking the gourd of water that the prince handed him.

'What about Pip?' asked Preston.

'He's dead,' Martin said flatly. 'A lance point took him clean in the throat. I don't reckon he felt much,' he added vaguely.

They could hear the rallying cries of the French in the distance, but apart from the moans of the wounded and dying, everything in the immediate vicinity was quiet.

Dressed in full armour and toting a large and vicious-looking mace, the Bishop of Durham suddenly rode out of the night, accompanied by a score of knights and a troop of men-at-arms. He dismounted to kneel before the prince. 'Your father asked us to reinforce your position, your Royal Highness,' he said. 'But it seems our assistance was not required after all.' He sounded morose at having missed out on the opportunity of a fight.

The prince laughed. 'I fear you come too late to make a noble rescue of it, my lord bishop, but I beg you remain with us a while; I fear we have not seen the last of the French for this night,' he said kindly.

Inglewood and Tate arrived at that moment, struggling under the weight of a basket of arrows that they carried between them. 'Did we miss aught?' Tate asked innocently.

Martin found himself laughing helplessly until the tears streamed down his cheeks.

'Not much,' Preston said dryly. 'You might take those arrows down to where those Welsh archers stand. They may be in need of them soon enough, I reckon.'

As if in confirmation, a French trumpet in the distance sounded the charge. The prince pushed himself to his feet, and those around him who could still stand likewise arose. 'Well, gentlemen,' he said. 'Duty can be an insatiable mistress, but one I shall never tire of serving.' He drew his sword and marched back down to the battle line, accompanied by the bishop, the two earls, and all of the knights present except Holland, who lingered, turning to Preston.

'You and your men have done more than enough for a lifetime's service in this one day alone, Wat. No one will hold it against you if you withdraw now.'

Preston looked disgruntled at the very suggestion. 'Will you be withdrawing, Sir Thomas?'

Holland shook his head.

'Well then,' the serjeant said simply.

Holland turned to Martin. 'Kemp? You look as though you're ready to drop.'

Martin stood defiantly with his arms akimbo, his fists balled on his hips, his face implacable. 'I'm not finished yet, sir.'

Holland sighed, and drew his sword. 'Come on, then.'

-

Afterwards, no one could really be sure how many times the French charged the English positions. Some said eight times, others were adamant that it had been as many as fifteen. Somehow, Martin had expected a battle to build to a decisive climax; but after that third, shattering charge which had barely been repulsed, each subsequent attack seemed more and more lacklustre, until the battle seemed to peter out some time towards midnight. No one was sure if either side had won, or how many of the French were left out there in the darkness. But the bodies of slain French noblemen were heaped on the terraces before the English ranks in their hundreds, and every now and then a handful of disorientated French men-at-arms, deprived of their leaders, would inadvertently stumble into the English lines only to be cut ruthlessly to pieces.

There were no more trumpets, no more battle cries or rallying shouts, only the pitiful moans of the wounded and the dying. Preston and his men sat down where they stood, waiting to see what would happen next. Where once Preston had had nineteen men under his command, now there were only five: Martin, Brewster, Inglewood, Oakley and Tate. Conyers had been taken to the rear, out of the line of battle. Like Villiers, Hick Lowesby seemed to have disappeared, and was presumed dead.

Seated on the ground in a numb daze, Martin found himself staring at the boots of a dead man-at-arms. They were good boots, well-crafted, made of stout black leather, their tops folded down. They were also, he noted, about his size, and in far better condition than the pathetic rags of leather that still clung to his own feet. No harm in trying them on, he told himself.

'Dead men's boots, is it?' cackled Oakley, his voice wheezy from the exertions of the battle. 'There's no good will come of wearing dead men's boots.'

'I'm not superstitious,' Martin replied curtly. The boots were a very good fit indeed.

'It's bad luck, I tell ye.'

'Says who?' demanded Brewster.

Oakley paused to give the question the consideration it deserved. 'Well, they weren't very lucky for him, were they?' he replied, indicating the bare-footed corpse.

'Luck had nothing to do with it,' asserted Martin, stomping around in his new boots to make sure that they would not chafe or pinch his feet.

Brewster rubbed his jaw thoughtfully. 'He had the misfortune to run into you, didn't he?'

Martin grinned.

Tate lay on the ground nearby, pale-faced, the front of his tunic awash with French blood. He might have been mistaken for a corpse had it not been for the rhythmic rising and falling of his chest. He slept with one hand on the hilt of his sword. Preston sat nearby, watching him with almost paternal fondness. 'Well, I reckon he's a soldier now,' he murmured to himself.

The serjeant heard a footfall behind him, and twisted to see Martin standing there. 'Well?' he demanded irritably. 'What do you want?'

'I thought I might go to the river to refill my gourd,' said Martin. He had suddenly realised that his throat was parched, and his tongue felt numb and swollen.

'Not a bad idea,' Preston admitted grudgingly. 'You can take mine while you're at it – my mouth's as barren as Isaac's wife.' He turned to the others. 'Everybody give their gourds to Lancelot – he's kindly volunteered to fetch us all some water.'

'Can I go with him?' asked Inglewood. 'I'd like a chance to stretch my legs.'

Preston shook his head. 'They're quite long enough as it is, Pisspants. You stay here with the rest of us. You never know, those French whoresons may be cooking up another charge for us, and you wouldn't want to miss out on any of the fun, would you?'

Martin started walking along the slope of the ridge towards the village, carrying the empty water bottles so that they hung by their thongs from his hand in a cluster. Torches had been lit throughout the English lines so that they could see if the French attacked again, although that seemed increasingly unlikely. The windmill had been set ablaze, and it burnt fiercely, casting an orange glow far and wide. To his left, Martin could hear the Welsh troops singing *Te Deums* as part of a thanksgiving mass. He wondered if they were giving thanks for victory, or just because they were still alive. Martin was not yet convinced the English had won, but he was glad he was still living. Did God intend him to have a second chance? The battle might not yet be over; and even if it was, who knew what the next day might bring?

He made his way through the deserted village to the river that lay beyond the cottages along the far side of the road. Compared to the Seine and the Somme it was little more than a stream, really. He crouched down by the water's edge and laid the gourds down on the grass beside him. He splashed water on his face; it was cold and refreshing, reviving him a little. Then he turned his attention to the gourds. He was filling the first of them when he heard a shuffling noise behind him. Reaching instinctively for the hilt of his sword, he rose to his feet and span around, at the same time throwing the half-filled gourd at his assailant's face.

Richard Stamford jerked his head aside with a snarl, and the gourd flew over his shoulder. The element of surprise lost, he lunged forward, his handsome young features twisted in a scowl of hatred, and tried to thrust his broadsword into Martin's chest.

Martin threw himself to one side, rolling on the river-bank and tugging his sword free of its scabbard. Stamford whirled to face him, raising his sword above his head. He tried to bring it down on his opponent. Martin parried the blow before lunging. The squire danced nimbly aside, deflecting the thrust with his blade, before riposting with a swing at Martin's head. Martin leapt back, clear of the blade's arcing tip, only to lose his footing on the grass. He slipped and landed on his backside. Stamford tried to hack at his neck, but Martin was already rolling clear, scrambling away before rising to his feet.

Ever since he had killed Will Caynard, Martin had stopped worrying about the possibility of being caught alone by an enemy, now it looked as if it might cost him his life. Stamford had obviously seen him leaving the battle lines alone, and had followed him, intent on taking the opportunity to settle the score.

The two of them stood facing one another on the river-bank, breathing hard. Martin was the stronger of the two, and in the hard-won experience of the past few weeks he had proved to be a proficient swordsman. But Stamford was nimbler, faster, and he had been trained for warfare since childhood.

The squire lunged, thrusting his sword-point at Martin's midriff. This time Martin held his ground, deflecting the thrust with his blade.

He allowed his opponent to move in close before aiming a swipe at his head. Stamford ducked, swinging his sword at Martin's side. Martin tried to parry the blow. Stamford's blade slid down Martin's, jumping over the crossguard, the point scoring a line of blood across the back of Martin's hand. Martin hissed in pain, dropping his sword. He tried to pick it up, but Stamford swung at him again, forcing him to dodge back. Stamford raised his sword above his head, trying to bring it down on Martin with a grunt of effort. Martin dived to one side, rolling in the grass as Stamford's blade bit into the earth. The squire was still trying to tug his blade out of the ground when Martin hurled himself at him, catching him around the waist. The two of them went down, leaving Stamford's sword buried point-first in the ground. They rolled down the bank and into the river.

Martin floundered about in the cold water for a few moments, struggling to regain his footing. He rose to his feet in the waist-deep water, turning to meet Stamford's next attack. Stamford had his dagger in his upheld fist. He tried to plunge it down into Martin's chest but Martin caught his wrist in his left hand, holding the blade at bay above their heads, and drove his fist into Stamford's stomach. Stamford dropped the dagger with a winded gasp, and Martin pushed him over backwards, his hands clutching at the squire's neck as he forced his head underwater. Stamford thrashed about frantically, his hands scrabbling for purchase on the river bed, his lungs filling with water as he gulped for air, Martin's hands squeezing his throat. The squire's fingers curled around a rock, and he lifted it out of the water, smashing it with all his might against the side of Martin's head. Martin's hands released their grip and Stamford managed to swim clear, coughing and spluttering as he gulped air into his lungs on resurfacing.

Martin was sprawled on his back at the river's edge, the upper half of his body out of the water. He lay unmoving. Almost completely drained, Stamford waded to the bank and dragged himself out of the river, crawling over to where his sword stood. Grasping the crossguard, he pulled himself to his feet. It took him almost his last reserves of energy to tug the sword free of the soil. He dragged it over to where Martin lay at the river's edge, and with a supreme final effort, he managed to raise it above his head.

'Did you truly think yourself worthy of my Beatrice's love?' he panted. 'This will make sure you never trouble her again!'

'Kiss the Devil's arse.' Martin's eyes flicked open, and he thrust his rondel up into Stamford's crotch, burying it to the hilt. Stamford screamed horribly, releasing his grip on the sword. Martin rolled clear a split-second before the massive blade crashed down. Stamford fell to the ground, writhing in agony. Martin was astride him in a moment, grabbing fistfuls of his hair on either side of his head. He smashed the back of the squire's head repeatedly against a rock, grunting savagely with each blow. He did not stop until the back of Stamford's head had been reduced to a pulpy mess, his pale, blood-spattered face staring sightlessly up at the moon.

Martin sank down beside him, breathing hard. After a few minutes he summoned the energy to push himself to his feet, retrieving his sword and rondel. He nudged Stamford's body with the toe of his boot until it rolled down the river-bank and landed face-down in the water. The corpse was caught by the current and whipped away downstream. Martin picked up Stamford's broadsword and hurled it into the centre of the river. Then he calmly finished filling the gourds with water, before walking back to where Preston and the others waited, whistling the tune of 'The Knight Stained From Battle' to himself.

-

Dawn rose the following morning to reveal the battlefield shrouded in mist. The king, finding himself master of the field, charged Cobham and another knight to make a careful tally of the corpses of the men of quality amongst those strewn across the slope of the ridge. They were assisted by Norwich and two heralds to help identify the coats of arms of the slain, and a couple of clerks whose task it was to make a note of their names. One thing that soon became apparent was that by far the greatest number of them were French. Among the dead were the Kings of Bohemia and Mallorca; Valois' brother, the Duke of Alencon; and d'Harcourt's elder brother, the Count d'Harcourt.

There was no trace of Valois himself, although some Frenchmen captured later claimed that he had escaped the battlefield with the Count of Hainault. Martin was disappointed to learn that he had not slain the king's enemy after all, but was gratified to learn that Valois had indeed been wounded in the face by an arrow. He hoped it had been his own.

Casualties on the English side were astonishingly light. Holland's company had suffered disproportionately high casualties because it had been in the front line where the French had almost broken through;

all told, only a few hundred English and Welshmen had been killed. The French dead numbered in thousands.

Hick Lowesby was found beneath a pile of corpses. He was not dead, but his legs had been crushed beneath a horse. He and Conyers were taken with the rest of the wounded to the nearby abbey of Crécy-Grange. Lowesby would never walk again; like Robin Wighton, he too was doomed to a life of beggary.

Adam Villiers was also found. He lay where the heaps of corpses were thickest, the broken-off point of a lance in his stomach, his bloodied sword in his right hand, his left hand clutching Holland's banner to his breast, as if he had died trying to save it from capture. His blue eyes gazed blankly up into the misty sky.

Holland stood with Preston, Martin, Brewster, Oakley, Inglewood and Tate. They had all liked the bold and happy-go-lucky young man, and were grieved at his death, no matter how noble the manner of his passing. Holland's face was stony as he gazed down at his squire's body, but he was silent for a few moments, as if grappling with some inner emotion. Finally he spoke.

'It seems he found his glory, then,' he said bleakly.

Epilogue

Two Years Later

The black-clad rider burst out of the swirling autumnal mists like one of the four horsemen of the apocalypse. He was tall and well-built, dressed in a voluminous black cloak with a large, loose-fitting cowl. The hooves of his fleabitten grey hackney clopped against the frozen, compacted earth of the lane as he rode through the gateway into the courtyard, reining in his horse near the foot of the wooden stairway that led up to the entrance of the manor house.

Treroose came down the steps to greet him. 'Good morning. Welcome to Stone Gate Manor.'

The rider ignored him, gazing slowly around the courtyard with a pair of flint-blue eyes. He appeared to be about twenty years of age, with a haggard, careworn, lean-jawed face and close-cropped pale blond hair. A small scar marked his chin, and a large one ran into his hairline on the left side of his head. There was something vaguely familiar about this young man, although Treroose could not at first recall where he had seen him before.

'Sir John is presently at his devotions,' the steward continued. 'If you'll give me your name, I'll let him know you're here as soon as the service is ended. If I can offer you the hospitality of the household in the meantime…'

The rider swung himself out of the saddle and handed the reins to the steward, before striding slowly and deliberately to the small chapel adjoining the manor house.

'Excuse me,' Treroose called after him, rather angrily. 'Sir John does not take kindly to being disturbed when he is at prayer.'

The stranger halted, and then turned back to face him. As he did so, his cloak billowed outwards, affording the steward a brief glimpse of a large broadsword that hung in a leather-bound scabbard at his hip.

'Good.' The stranger's voice had a sepulchral tone to it, as if it had come from the depths of a tomb. It sent a shiver down the steward's spine.

The stranger turned away again, walking to the door of the chapel. He stared contemplatively at the sturdy oak portal for a moment, and then lifted one leg to kick it open with a sharp, practised motion.

Sir John Beaumont was kneeling on the flagstone floor before the altar with Beatrice at his side while his chaplain prepared the sacraments. All three of them looked up sharply as the young man strode in, sweeping his cloak back across his left shoulder so that his broadsword hung in plain view.

'How dare you barge into this house of God bearing that tool of Satan?' the chaplain demanded angrily. 'Do you want to burn in Hell for eternity?'

'Hell holds no terrors for me,' the stranger replied laconically in that sepulchral voice of his. 'I was at Crécy.'

Beatrice stared at him in astonishment. 'Martin?'

Looking at her for the first time in over two years, Martin Kemp felt a lump choking his throat. The thought of her had kept him going through the horror of the campaigning in France, and now he found that she was even more beautiful than he remembered. 'Hello, Beatrice,' he said hoarsely.

Both Beaumont and Beatrice were on their feet now to face the stranger. 'You!' exclaimed Beaumont.

Turning his attention back to Beaumont, Kemp bared his teeth in a cruel sneer. 'Aye.'

'I'd heard you were dead! Killed by the pestilence...'

'It takes more than the pestilence to kill me,' Kemp responded simply.

'How dare you burst in here unannounced?' Beaumont struggled to regain his composure. 'You should have returned to Knighton over a year ago. You owe me fifteen months' labour, churl. I shall have you flogged, by God's flesh!'

Kemp reached inside his cloak and produced a scroll of parchment that he unrolled to show to Beaumont. 'Do you see that seal? That is the seal of the Lord Mayor of London. It testifies that I, Martin Kemp of Knighton, having resided in the Borough of London for a year and a day, have been granted the status of freeman in accordance with the laws of this realm.' His broad Leicester accent had gone, lost somewhere in the camp before the besieged walls of Calais and in the streets of London. 'I don't owe you a God-damned thing!' he spat.

Beaumont trembled with rage. 'Get out of here!' he snarled. 'Get out of here at once!'

Kemp shook his head. 'I've come for Beatrice.'

Beatrice blanched. 'What the Devil are you talking about?'

'Come on. We're leaving.'

She stared at him in astonishment. 'Has the moon touched your wits? I'm not going anywhere with you!'

Kemp was confused. Suddenly, the dreams he had built around him, the dreams that had kept him going through so many nightmares, seemed to come crashing down. 'But… I thought you loved me!' he protested petulantly.

She stared at him in mute horror for a moment, and then her face softened, and she threw back her head with a peal of laughter. 'Oh, you poor, sweet, naïve churl! How ridiculous you are!'

He frowned. 'How so, my lady?'

'Jackass! Surely you don't believe that I could ever love you?'

'But I thought…'

'It's not your place to think,' she sneered. 'Besides, what can a churl like you understand of the nobility of true and genteel love?'

'I'm as good a man as any noble. A better man than Richard Stamford ever was, aye and like.'

Suddenly Beaumont understood everything. 'It was you who slew Richard, wasn't it?'

'Aye,' Kemp admitted freely, absently.

'God's love, I ought to…' Beaumont broke off abruptly, moving close to Kemp, fists clenched to strike him. Kemp was faster, driving a powerful punch into Beaumont's stomach. The knight doubled up, gasping in pain and clutching his midriff. He found himself torn by both anger and fear. This was not the bold but naïve peasant lad he had encountered three years ago; this was a vicious and ruthless killer.

The chaplain moved to intervene. 'How dare you fight in a house of God…?'

Kemp's sword leapt from its scabbard, and he levelled it at the chaplain's chest. 'I've never killed a holy man, father,' he said harshly. 'Do you wish to be the first?'

Ashen-faced, the chaplain backed away hurriedly, and at that moment the door opened and Edith walked in, leading a small, blond-haired, blue-eyed toddler by the hand.

'No!' Beatrice screamed a warning to Edith. 'Don't bring him in here!'

'Bring him in, Edith!' wheezed Beaumont, rising painfully to his feet. 'Let him see the man who slew his father!'

Kemp stared first at the toddler, and then at Beatrice. 'Your child?'

'Aye, mine and Dickon's,' she said coldly. Then she turned her back on him, scooping the child up in her arms and walking towards the chapel door, followed by Edith.

It was as if the scales had fallen from Kemp's eyes. She had been betraying him all along, telling him she loved him while giving herself equally to him and to Stamford. He felt rage flare up within him. 'You talk of noble love?' he snarled after her, seething with rage and humiliation. 'You're nothing more than a whore! One day I'll be a greater man than your father! When that day comes you'll beg to be my wife! And beg in vain!'

Beatrice's hollow laughter echoed back from outside.

'You can leave now,' Beaumont told him sternly, realising with relish that what Kemp had intended to be a triumphant return was turning into a moment of humiliation.

Kemp shook his head, and seized Beaumont by the mantle, dragging him outside. 'Don't you believe it. I've a score to settle with you.'

'Unhand me, you dog!' protested Beaumont, struggling. But Kemp was eighteen now, and his time in France had hardened him, putting even more muscle on his big bones.

There was no sign of Beatrice, Edith or the child, but the steward was still standing there, unsure of what to do. 'Treroose!' shouted Beaumont. 'For the love of God, aid me!'

'Get the whip, Treroose,' Kemp ordered.

Torn between his loyalty to Beaumont and his fear of this bold, brutal and terrifying stranger, Treroose hesitated.

'The whip,' insisted Kemp. He still had his sword in his free hand, and he held the blade against Beaumont's throat. 'Or your master dies.'

Treroose nodded, and hurried into the stable.

Beaumont continued to struggle, so Kemp sheathed his sword and punched him in the stomach. Winded, Beaumont was unable to resist as Kemp tied his wrists to the tailgate of the cart that stood there. Then he tore open Beaumont's robes to bare his back. The steward emerged from the stables, and as soon as Kemp had taken the whip from him he fled into the manor house.

'I'll see you burn in Hell for this, Kemp!' screamed Beaumont.

'Your squire once said exactly the same thing to me,' Kemp replied coolly. 'I dare say his soul awaits mine there even now.' He lashed the whip across Beaumont's back, and as the first bloody weal was raised, the knight howled in agony.

On the seventh lash, Beaumont fainted.

'Stop it!' Beatrice had emerged from the house and was running down the wooden steps into the courtyard. 'For pity's sake, stop it! Can't you see he's suffered enough?'

'No,' Kemp said tightly, lashing Beaumont's back once more. The fact that Beaumont could no longer feel it only angered him further, so that he lashed even harder.

Beatrice tried to grab him by the arm, but he pulled free of her and struck her in the face with his free hand, knocking her to the ground. She lay there, sobbing, and Kemp delivered the last four lashes. Then he coiled up the whip and tossed it down beside Beatrice. He turned away, and then paused, unlooping the coverchief wound around his neck and screwing it up into a tight wad, dropping it on top of her before swinging himself back into his horse's saddle and riding out of the courtyard without a backward glance.

The ride to Knighton from Stone Gate Manor House did not seem half as far as it had done two and a half years earlier. The fields were rich with overripe corn that would soon be killed by frost if it was not harvested, but there was no one working in the fields, just a herd of untended cattle roaming through the ears of wheat. Once such a sight would have filled Kemp with outrage and horror. But after campaigning with the king's army in northern France? The depredations of brutal soldiers soon put a little agricultural neglect into perspective.

This air of neglect extended to the village itself. Pigs and hens roamed loose in the lane, wreaking havoc amongst the vegetable patches, but otherwise the place seemed quiet and deserted. He dismounted outside Simkin Sewell's cottage and knocked on the door. No one answered. He pushed the door open. The place was empty, the floor spattered with bat-droppings. Bewildered, he led his horse down the lane to his mother's cottage. Even though it was over two years since he had last been there, he entered without knocking out of force of habit. There was no one in the main room, but hearing sounds from next door he went straight through to the bower.

Naked, Michael struggled to free himself from the bedclothes, seizing a pitch-fork and stabbing at his youngest brother with it. Kemp snatched it easily from his grip and tossed it into the far corner of the room. He glanced at the bed, where a young woman was trying to cover her nakedness.

He turned to his brother, who was cowering before him. 'Michael! It's me! Your brother, Martin! Don't you recognise me?'

'*Martin?*' Michael peered at him in disbelief. 'By God that sits above, it *is* you! But Beaumont told us you were dead…'

'Not yet,' Kemp told him with a bleak smile, and gestured at the girl. 'Who's this?'

Michael shifted uncomfortably. 'You remember Lucy Petling, don't you?'

'Lucy Petling?' Kemp was incredulous. The last time he had seen her she had been little more than a girl. Now she was very much a young woman. She nodded and smiled, embarrassed, not really connecting him with the youth that had been Michael's youngest brother. 'So, you married little Lucy, did you?'

Michael shuffled even more uncomfortably, and said nothing.

'I see,' Kemp said dryly.

'Martin, what's happened to you? You look so… *old*. And where have you been?'

'London. I've been working for a rich vintner to earn my freedom. Where's our mam?'

Michael's face grew dark. 'Martin, there's something I have to tell you…'

Kemp felt sick, suspecting that he already knew the answer to his question. 'Where is she, Michael?'

Marjery Kemp was buried in the graveyard of the church of Saint Mary Magdalen. The markers at other nearby plots showed the last resting places of Thomas Croft, Simkin Sewell, the Foresters, and dozens of other villagers. 'It were a band of brigands,' Michael explained grimly. 'They rampaged through the village, stealing everything they could find of value, raping the women…'

'What about Beaumont? Didn't he try to protect you?'

'He were away at the time. Looking for you,' Michael added, glowering significantly at his brother. 'Not that he could have done much if he had been here. They took us by surprise. Simkin, Croft and some of the others tried to put up a defence with their bows, but they were no match for these men. They tortured Hayward Forester to death – they were convinced he must have had a cache of gold somewheres, and nowt anyone could say would convince them otherwise. A few were spared. I only escaped by hiding down by the river…'

'I can well imagine,' Kemp snorted contemptuously.

'What would you have had me do?' Michael demanded angrily. 'I'm a farmer, not a warrior. These were hard men, Martin, veterans of Crécy. Trained killers…'

'Men like me, you mean,' Kemp observed wryly.

'I didn't say that.'

'You didn't have to.'

The two of them stared at the grave markers in hostile silence for a few moments.

'What about Nicholay?' Kemp asked finally, tonelessly.

'He's well – at least, he were the last time I saw him. He visited the village briefly during the summer. He came top of his class at college and won a bursary to study at the Sorbonne College in Paris. He seemed pleased at the prospect.' Michael tried to put warmth into his voice, to forget the row they had just had.

Kemp said nothing.

'I know the future looks bleak, but things will be different now that you're back,' Michael continued. 'We can start afresh…'

Kemp was not listening. He stared down at his mother's grave. He should be feeling something more than this… this *emptiness*, he thought to himself. 'I'd like to be alone for a little while,' he told his brother.

'Of course.' Michael moved away, walking to the lych gate where Kemp had tied his horse.

Kemp stared at the various grave markers. The people he had grown up with – all dead. It was as if the world he had left behind all those months ago no longer existed. Could this be God's punishment for raping that girl in Caen? They had been good people, on the whole; why kill them, to make him pay? There was no justice in the world.

He rose to his feet and tilted his face to the heavens, roaring in anguish: 'Why not me?'

He half expected a peal of thunder in reply, but there was nothing, just the cold grey sky and a few spots of rain. He took his rondel from its sheath, gripping it tightly as he pressed the tip of the blade against his chest. His hand was shaking uncontrollably. He tried to grip the dagger in both hands, but he still could not bring himself to plunge the blade into his own heart. Cursing his own weakness, he returned it to its sheath.

He walked sorrowfully back to the lych gate, unfastening the hackney's halter.

Michael looked at him uncertainly. 'Things will be better now, you'll see,' he persisted. 'We must be strong. We have our whole lives ahead of us.'

'Aye,' Kemp agreed grimly. 'That's what I'm afraid of.' He swung himself up into the saddle.

'What are you doing?'

'I'm not staying, Michael. There's nothing for me here now.'

'But where will you go? What will you do?'

Kemp shrugged. 'I'll follow the trade I've learned.' He patted the hilt of his broadsword.

'Fighting?' Michael was disgusted. 'What kind of a life will that be?'

'Life is for living,' Kemp told him softly. 'And I died a long time ago. Maybe it was on a beach in Normandy, maybe it was in a city called Caen, or maybe it was in a field in Picardy. But my last rites are long overdue.'

Michael furrowed his brow. 'What are you talking about? I don't understand.'

'Goodbye, Michael.' Kemp dug his heels into his hackney's flanks, and chucked the reins, riding out of the village and back into the world beyond.

Historical Note

The Hundred Years War never really excited my interest when I studied it at school. At that level it never seemed more than a list of peace treaties and battles, each one accompanied by a date, each battle consisting of the English archers standing in a line on a hill and shooting at the French as they charged on horseback. At exam time one could rely on questions along the lines of: 'Why did the English win at Crécy/Poitiers/Agincourt?' Whichever battle it was, the correct answer was always more or less the same.

I first started writing about Martin Kemp while studying history – specifically, the Italian City Republics of the Middle Ages – at university. He was originally conceived as an ageing, cynical, embittered mercenary, fighting in Italy in the mid 1370s. As I wrote about him, I started asking myself about his past, the events in his life that had made him what he had become by that stage. Since he is loosely based on Sir John Hawkwood, a real-life English mercenary of the time, I reasoned that he would have had a similar career: fighting as a young man in the Hundred Years War. So I went back to study the period once more, looking not only at the battles, but also the massacres, the pillage and the destruction waged by the English – an aspect of the Hundred Years War that is all too often glossed over. I particularly wanted to understand it from the point of view of an individual caught up in the events, rather than a student writing in broad terms with all the benefit of hindsight.

What I discovered astonished me. Studying the subject in depth for the first time, I found that there was a great deal more to the war than a few battles where the English archers invariably stood in a line on a hill and shot at the charging French horsemen. Now there were men-at-arms rushing to seize bridges before the French; duels between English yeoman archers and Genoese crossbowmen struggling waist-deep in the ford at Blanchetaque; criminals impressed into the king's service for a year and a day in return for pardons (forerunners of the Dirty Dozen?); and knights performing great deeds of valour and generally behaving like outrageous *poseurs*. The knights and earls who fought in those wars ceased to be nothing more than a set of names that cropped up again and again, but instead became personalities who leapt out of the pages of the documents and the chronicles of the time. Here was a collection of characters and tales that were just as exciting as anything I could dream up. Thus this book – hopefully the first in a series – was born.

The Hundred Years War began in 1337 and petered out around 1453, so it was nearer a Hundred and Sixteen Years' War; although if one subtracted all the years in which no fighting took place because there was a truce, or simply because no one could be bothered, I suspect the resulting figure would be rather less than one hundred. Martin Kemp is a relative late-comer to the scene, for the war has already been going on for nine years by the time he lands in France – three years longer than the Second World War in its entirety. The English have already won a decisive sea victory against the French at Sluys (1340), and the Earl of Northampton has already used the new technique of getting the archers to stand in a line on a hill and shoot arrows at the charging French to good effect at Morlaix (1342) – tactics which the English had learned from the Scots the hard way at Bannockburn (1314), subsequently beating them at their own game at Dupplin Moor (1332) and Halidon Hill (1333). So it was hardly an innovative tactic by the time Northampton advised King Edward III to use it at Crécy.

The impact of the English victory at Crécy was enormous. Previously France had been thought of as Christendom's greatest military power; the fact that the French could be beaten by a considerably smaller force of men from a smaller country considered to be backward and peopled by a race thought to be hardly better than barbarians stunned the Christian world and inflicted a massive blow to French prestige and self-confidence. Perhaps as importantly in terms of the conduct of the war, a large portion of the French nobility was slaughtered in the battle. The nobility being the military elite of the time, this was perhaps equivalent to a modern army having most of its tank regiments and most of its general staff wiped out in a single fell swoop. It was years before the French recovered sufficiently to face the English in battle on the same scale again – just in time for the battle of Poitiers, ten years later.

Why Edward III did not go on to capture Paris and claim the French throne after Crécy is now and will always remain a matter of conjecture. Apparently he did not feel his position was strong enough to make that move; the extent of England's overwhelming victory seeming to have stunned the English themselves as much as anyone. In his defence, it should be pointed out that when he marched to Rheims to have himself crowned King of France in 1359 in a position of perhaps just as much strength, the French were still able to resist him. Even after Henry V was acknowledged heir to the French throne in 1420, the thought of an English king on the throne of France was so abhorrent that most of the French nobility rallied to the Dauphin's cause. In the twelfth century, when Henry II of England ruled more than half of France (and spoke French; indeed, Edward III was the first English king to have more than a smattering of English), it might have been acceptable for an English king to rule France; but the Hundred Years War saw the emergence of nationalism both in England and in France. In the fourteenth century, most of the common people of France hated their nobility, but they probably hated the English nobility even more.

So after Crécy, Edward III continued north, away from Paris, instead besieging the town of Calais, a noted haven for pirates who attacked English shipping and raided the coast of southern England, and a town the capture of which would make future campaigning in northern France so much easier for the English. But the siege of Calais is another story.

The song in Chapter 11, 'The Knight Stained From Battle', is my own adaptation of a real one from the early fourteenth century, by William Herebert. The song appears to be a precursor to 'The Battle Hymn of the Republic', both being drawn from the Book of Isaiah, 6:1–7.

Since many of the characters who feature in this book are based on men who actually lived, it seems only fair that I should write briefly of their provenance.

Foremost of these is, of course, Sir Thomas Holland. Although information about him is scanty, I have nevertheless managed to take certain liberties with his characterisation. Any student of the chronicles of the time will find that the chroniclers portray him less as the tough, cynical, hardened campaigner that I have described, and more as what – by modern standards – might be described as a *poseur*, over-imbued with chivalric ideals. During the Crécy campaign, when Edward III's army reached the Seine only to find the nearest bridge broken down, Holland 'and a handful of other exhibitionists'[1] rode up to the edge of the water and shouted 'St George for Edward!' across the water to the Frenchmen standing on the other side. While the famous – if unreliable – chronicler Jean Froissart describes him as having only one eye, at least one historian[2] has suggested that Holland wore his white silk eyepatch as part of a chivalric vow not to uncover that eye until he had performed some deed of valour against the French. But the picture of him having one eye so suited the scarred, experienced campaigner I wanted to portray that I tempered my historical judgement with a little artistic licence and for once went along with Froissart's explanation.

To me, the two different aspects of Holland presented by what little we know of him – the *poseur* and the seasoned campaigner – are not incompatible; in my portrayal, I have merely down-played the former and concentrated on the latter. Indeed, an appreciation of this dichotomy is essential to understand chivalric society. While the vow described above may seem ludicrous to us today, it was very typical of the nobility of that time; and it did not stop the nobility from winning battles and campaigns through cunning and brutality.

Other characters who merit passing mention are Sir Thomas of Norwich, and Edward of Woodstock, Prince of Wales. References to Sir Thomas of Norwich are even fewer and farther between. He seems to have been a younger brother of Lord Norwich. His only apparent role in history was to carry d'Harcourt's message to Edward III on the field of Crécy, enabling the king to give his famous response concerning his son: 'Let the boy win his spurs.'

As for the 'boy' himself, Edward of Woodstock was to be remembered by future generations as the Black Prince, although there is no evidence that he was ever referred to by this name – which seems to have been a Tudor invention – during his lifetime. Nor is there any evidence to confirm the claim that he wore black armour. A more likely derivation for the nickname is the many 'black' deeds he was later responsible for, such as the sack of Limoges in 1370, a massacre

---

[1] Jonathan Sumption, The Hundred Years War, Vol. 1: Trial by Battle, p. 514.
[2] Michael Packe, Edward III, p.114.

that seems to have been particularly brutal in an age in which slaughter, pillage and wanton destruction were accepted methods of waging war.

Finally, one cannot write either of the Crécy Campaign or of the dichotomy between chivalry and medieval warfare without sparing a few words for Edward III himself. During his own lifetime, Edward III was admired by friends and enemies alike as the epitome of a chivalric ruler. Yet it was Edward who encouraged the use of massed archers to break up charges of mounted knights, a tactic that was considered particularly ignoble and sneaky by the French, who felt that warfare was too noble a pursuit to allow commoners to win any of its glory. He was also expert in the use of espionage, strategic deceit and misdirection, and propaganda: vital weapons in the arsenal of the twentieth-century general, but hardly appropriate – or so one might be forgiven for thinking – in a chivalric milieu. Nevertheless, these weapons contributed to the English victories in the early part of his reign, and thus – indirectly – heightened the glory of his kingship. That he was both an extremely intelligent and an extremely cynical man cannot be denied. According to one story, while he was a guest at one of his noblemen's castles, he is supposed to have raped the nobleman's wife while the nobleman himself was absent. The more one tries to pin down this story, the more ephemeral the evidence becomes; but the very fact that such a story, no matter how unfounded, could gain currency tells us a great deal about the character of Edward III as he was perceived by his contemporaries.

And, yes – if Froissart is to be believed, which is not always the case – Edward III really did trip up and bloody his nose when he first landed at Saint-Vaast-la-Hougue in 1346.

A Note on Names and Terminology

As I have updated the dialogue spoken by the characters in this novel from the Middle English, Anglo-Norman and Old French that they would have spoken into modern English and French, I have also up-dated the names into more familiar forms. Thus the names de Floland and Montagu become Holland and Montague, while Martin Kemp, had he not been illiterate, would have spelled his name 'Martyn Kempe'. At the same time, I have used fourteenth-century diminutives rather than their modern equivalents in order to capture the feel of the period: thus Daw rather than Dave for David, and Hal rather than Alf for Alfred (Hal as a diminutive for Henry came at a later date). In the case of non-English characters, I have used the form native to their own country, unless they are so well-known that it would be ludicrous to change their name so much. Thus Godfrey Harcourt becomes Godefroi d'Harcourt, but Philip of Valois does not become Philippe, and Sir Walter Manny, a knight from Hainault, does not become Sir Gautier; as a naturalised Englishman, he would probably have been known by that name anyway. However, since 'Manny' is now widely agreed to be the result of a misreading of 'Mauny', I have made that change, on the assumption that Sir Walter Mauny will remain recognisable to those who have already heard of him, while 'Sir Gautier de Mauny' is so far removed from 'Sir Walter Manny' as to be all but unrecognisable.

To avoid peppering this book with parentheses and footnotes, I have replaced terms in use at the time with terms more readily understood by the modern reader, even when the latter are not strictly accurate. Thus the fourteenth-century term 'arrowstring' has been replaced by its modem equivalent, 'bowstring'. English archers were largely formed into units of one hundred men (*centaines*) subdivided into units of twenty men *(vintaines)*, whilst a large formation on the march or on the battlefield was called a 'battle'. These terms I have loosely translated into 'company', 'platoon' and 'battalion', which while not being entirely accurate are more easily recognisable to the modern reader.

To confuse the issue further, I have also used the word 'company' to describe a body of men commanded by a knight, not necessarily one hundred strong, in anticipation of Kemp's future adventures, in which the word 'company' will come to describe a band of mercenaries. The word 'companion' derives ultimately from the Latin word *panis*, 'bread'; literally, a companion is someone with whom one shares bread, and thus a company is a group of men who eat together. This terminology was originally used to describe an association of merchants who worked together for mutual aid and protection; its subsequent application to bands of mercenaries seems particularly apt in view of the fact that both companies of merchants and companies of mercenaries worked together to achieve the same end: making money. One of the most distinguished mercenary captains of the Hundred Years War was Sir Robert Knollys, who openly boasted that he fought neither for the king of England nor for the king of France, but for himself. At a time when professional soldiers were raised under terms of indenture to fight for pay – not dissimilar to the *condotta* system for hiring mercenaries in Italy at that time – the distinction between the men who fought for their kings and the men who fought for themselves was blurred, especially when one remembers the vast profits to be made from booty. Mercenary companies were led by captains, and to this day a company of regular soldiers is commanded by a captain.

A *vintaine* was commanded by a *vintenar* (literally, 'twentieth man'); once again I have exercised a certain amount of artistic licence by translating *vintenar* as 'serjeant-at-arms'. Strictly speaking, by medieval terminology a serjeant-at-arms was any man-at-arms who was not a knight, a concept I have already translated simply as 'man-at-arms'; I have, rather synthetically perhaps, used the term 'serjeant-at-arms' to describe something closer to what we think of as an army serjeant today.

I make no apologies for these and other conscious misusages. This book is intended to be an accurate portrayal of warfare under Edward III in general, and an account of the Crécy campaign in particular; but first and foremost it is a piece of fiction intended to entertain before it educates, and thus my main priority was to create something that would be readily accessible to the general reader without resorting to the use of footnotes or a glossary.

Acknowledgements

Thanks to the following people, without whom this book would not have been:

Michael Curtiz, Errol Flynn, Olivia de Havilland, Basil Rathbone, Claude Raines *et al* for exciting my interest in the Middle Ages at an early age; Terry Gilliam and Terry Jones for showing me what the Middle Ages were *really* like; Norman Housley for encouraging my interest at an academic level; the late Alfred Burne, whose book *The Crécy War* inspired me to write about the Hundred Years War in particular; Jonathan Sumption, Michael Packe, R. J. Barber and H. J. Hewitt (along with countless others) for their scholarship; Tony Harcourt for technical advice about longbow archery and many other aspects of the medieval life; Duncan Cloud for his scholarship in medieval ecclesiastical Latin; and James Hale for advice, support, encouragement and, most important of all, faith.

Milton Keynes UK
Ingram Content Group UK Ltd.
UKHW011937230823
427374UK00004B/294